THE END TIME

종말 2

- 교회가 교회에게 -

G. 크리스탈 지음

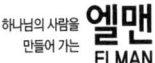
하나님의 사람을 만들어 가는 엘맨 ELMAN

THE END TIME
종말 2

초판 1쇄 2023년 11월 20일

지은이 : G.크리스탈
펴낸이 : 이규종
펴낸곳 : 엘맨

주 소 : 서울시 마포구 토정로 222 한국출판콘텐츠센터 422-3
출판등록 : 제1998-000033호(1985.10.29.)
전 화 : (02) 323-4060
팩 스 : (02) 323-6416
이메일 : elman1985@hanmail.net
www.elman.kr
ISBN 978-89-5515-087-2 04230
      978-89-5515-085-8 (세트)

이 책에 대한 무단 전재 및 복제를 금합니다.
잘못된 책은 구입하신 서점에서 바꿔드립니다.

값 27,000원

주께서 명하신 대로,
본서의 저자는 저자의 소개에서
인지도(유명세, 파격적 행보와 경력 등)와
신상(출신-교단, 학력 등)을 제외하는 자이다! 하라.
이를 사용치 마라! 하시며,
어디 교단과 신학교와 목사 등 운운하지 마라! 하시며,
"오직 주께서 행하신 일과 행하실 일만을 전하라" 하신 주시다.
이는 사람이 자고해진 시대이므로 그러하다! 하라.
주의 뜻이 있으니 저자의 부르심은
오직! 주만을 나타내는 자이다.

주께서 "가라" 말씀하시니,
저자 가족은 예수전도단이다! 하라.
'성령이 하시는 일에 대한' 소개자이며
온 낭 지구를 향한 증인으로 나선 자이며
마지막 때를 전하는 자이다. 되었다. 닫으라!
행 1:8 오직 성령이 너희에게 임하시면 너희가 권능을 받고
예루살렘과 온 유대와 사마리와 땅끝까지 이르러
내 증인이 되리라 하시니라.

목 차

목 차·· 6
추천의 글··· 8
프롤로그(prologue)·· 20
들어가는 글·· 27

니느웨 회개 기도 40일 (12-40일)

    제12일. 니느웨 회개 기도 40-12······························· 34
    제13일. 니느웨 회개 기도 40-13······························· 95
    제14일. 니느웨 회개 기도 40-14······························· 106
    제15일. 니느웨 회개 기도 40-15······························· 134
    제16일. 니느웨 회개 기도 40-16······························· 139
    제17일. 니느웨 회개 기도 40-17······························· 157
    제18일. 니느웨 회개 기도 40-18······························· 160
    제19일. 니느웨 회개 기도 40-19······························· 191
    제20일. 니느웨 회개 기도 40-20······························· 214
    제21일. 니느웨 회개 기도 40-21······························· 224
    제22일. 니느웨 회개 기도 40-22······························· 232
    제23일. 니느웨 회개 기도 40-23······························· 244
    제24일. 니느웨 회개 기도 40-24······························· 257
    제25일. 니느웨 회개 기도 40-25······························· 263
    제26일. 니느웨 회개 기도 40-26······························· 272
    제27일. 니느웨 회개 기도 40-27······························· 315
    제28일. 니느웨 회개 기도 40-28······························· 320
    제29일. 니느웨 회개 기도 40-29······························· 360
    제30일. 니느웨 회개 기도 40-30······························· 374
    제31일. 니느웨 회개 기도 40-31······························· 393
    제32일. 니느웨 회개 기도 40-32······························· 403

제33일. 니느웨 회개 기도 40-33 ·· 418
제34일. 니느웨 회개 기도 40-34 ·· 430
제35일. 니느웨 회개 기도 40-35 ·· 439
제36일. 니느웨 회개 기도 40-36 ·· 461
제37일. 니느웨 회개 기도 40-37 ·· 472
제38일. 니느웨 회개 기도 40-38 ·· 474
제39일. 니느웨 회개 기도 40-39 ·· 494
제40일. 니느웨 회개 기도 40-40 ·· 518

부 록

1. '형상에 관하여' 추가 글 (11-15) ·· 534
2. "아! 한국이여 …" ·· 553

    1) "나누인 부활절이다" 하라 | 553
    2) "너희는 이를 알라" 하라 | 558

3. 미국에 대하여 ·· 562

    1) 트럼프 대통령에 대하여 | 562
    2) 미국에 전하라! | 564

4. 아시아의 환난에 대해서 ··· 570

    1) 중국은 누구인가? | 570
    2) 러시아의 '핵전쟁'에 대해서 | 574
    3) 일본은 어떠한가? | 577
       (1) 아베 신조 총리에 대한 장례 '예고' | 577
       (2) 아베의 장례로 보는 일본은? | 579
    4) 스리랑카의 환난에 대해서 | 582

5. 이슬람에 대해서 ·· 586

에필로그(epilogue) ·· 587
나가는 글 ·· 607

추천의 글

'주'의 추천서 1 (2023. 3. 7. 화요일)

주를 위한 시기이다! 하라. 나라를 위한 지도 방침이 있는 나이다. (찬양을 주십니다! 하라) '어지러운 세상 기쁜 중에 기쁜 소리 들리네 예수 말씀하시기를 믿는 자여 따르라' 하는 이 세대이다. '나를 위한!' 이리 살 때이다. 지구가 그러하다. 나라가 그러하다. 교회가, 사회가, 가정이 그러하다. 저마다 이구동성 외치니 "주가 나를 위해 죽으셨으니 주안에 살자, 주를 믿자, 주를 알자, 주를 위해 나는 산다!" 하지 않는가? 하라. 이러한 나에게로 향한 자가 아니면 무엇에 의지하려 사는가? 무엇을 위해 어떠한 삶, 인생, 방향성대로 이끌리어 살 것인가? '천국인가, 지옥인가' 둘 중 하나 미치듯이 "가자, 뛰자" 함이 아닌가? 하라.

이에 주는 나의 친서이다. 이는 메아리이다. 나를 바라는 자에게 부메랑이 되어 돌아오는 원리같이, 바람개비가 바람 부는 대로 돌 듯이 심는 대로 거두지 않으랴? 각자 천국 계단 어디에 서 있는가? 지옥 계단 어디에 서 있는가? 너희의 오르는, 내리는 발을 주시하라. 시온산 → 유리 바다 → 휴거 → 새 예루살렘 성이다! 하라. 이는 정거장과 같도다. 나를 심은 자는 나의 열매를 맺으리라. 요 15:5 나는 포도나무요 너희는 가지라 그가 내 안에, 내가 그 안에 거하면 사람이 열매를 많이 맺나니 나를 떠나서는 너희가 아무것도 할 수 없음이라. 이러한 한국 교회이다! 하라. 또한 한국의 실정, 상황이다! 하라. 2021. 7. 9. 금요일, 이미 주신 말씀이므로 전하는 자 너이다. 코로나, 백신 접종 시기에 노하신 주님의 마음과 들려주신 말씀이다! 하라. 되었다. 닫으라.

'주'의 추천서 2 (2023. 6. 3. 토요일)

긴 어둠의 터널을 지나 이곳까지 왔습니다. 이 글은 새로운 터전인(금주에 이사하여 며칠 바삐 보내고 한시름 돌려 연이틀 원고 교정 시간을 2차로 갖습니다! 하라) 다른 장소에서 글을 올리게 되었습니다! 하라. 무명의 아픔을 딛고 일어선 자이다! 하라. 이는 스스로와의 싸움이다. 환경의 욱여쌈으로 진 자이나, 이긴 자이다. 이는 해내기 때문이다! 하라. 2022년 한 해 3차 출판사와의 난산(해산 중 멈춤이 된)에서 겪은 슬픔, 고통을 잊을 때이다! 하라. 힘들어진 상황이나, 탈출구가 보이기 시작하고 다시 힘을 내어 자신의 페이스를 찾아가는 시기이다! 하라. 상처는 시기가 지나면 흔적은 남아도 치유되는 것이다! 하라.

그러나 아직 남은 숙제가 있으니 주위 목회자들과(몇몇 교회)의 관계이다. '영서'에 대한 일과 '은사'와 '사명'의 부르심을 잘 알지 못하여 겪은 일들이 많은 자이다. 이들은 두 아들과 관련하여 그러하다. 주께서 가족을 '팀'으로 부르시나(이는 선교이다! 하라), 주보다 앞선 자들에 의한 좌지우지 힘듦을 겪음이니 논란, 편파를 극복하는 중이다! 하라. 이는 목회자들에게 "눈치 없는 종이 되지 말라" 하신 뜻이므로(이미 전한 영서 내용이다) 이후로도 이를 새겨서 들을 목회자들이다! 하라. 성령으로 인친 자가 되어 일을 맡긴 자이니 이러한 주와의 관계 속에서 해내는 자들과(이는 너희이나) 해야 할 일들 속에서 개입하지 않을 자들이니(주변의 누군가이다. 이후 출간 후에도 다른 누군가도 그러하다) 주가 부르신 주의 종들은 주의 소관하에서 다루어지므로 이는 각별한 유의이다! 하라. 이를 다시 전하라.

선교단이다. 주께서 이 시대에 맞는 옷을 입히신 사명자들이다. 훈련 속에 지내는 중이다! 하라. 함부로 대하지 마라. 어린나무들을 키우시는 중이시다! 하라. 이는 시대의 할 일을 위함이다. 지구, 나라 그러하다. 되었다. 닫으라. 오직 부르심을 입은 자들이(가족 선교단) 주의 음성만을 듣도록 기도로 돕는 것이 잘하는 것이니, 이외에 '선' 안에 침입하지 않아야 하는 주위 사람들이다. 이러한 '나의 부르심 속의 너희'이다. 이를 밝히라, 전하라. 주의 '그물' 안 물고기들(주의 관할이다! 하라)로 나타내는 '나의 영광, 나의 기쁨'인 의의 나무, 하나님의 봉사자이다! 하라. 시 1:3 그는 시냇가에 심은 나무가 철을 따라 열매를 맺으며…. 이리 살 자이다. 살아 낼 자들이다. [2023. 7. 22. 토요일. 추가 글입니다. '주'의 그물이 무엇인가? 하라. 주의 손으로 잡은 그물망 고기들이니 마치 어부가 물고기들을 잡듯이 따로 불러내어 주의 직속으로 키우는(그물 안에서) 주의 종들을 의미한다! 하라. 반면에 사람 중심으로 네트워크가 형성된 조직과 모임 안에서 치우친 믿음의 사람들을 양식장과 그 안의 물고기들이라 한다! 하라. 이러한 훈련 안에서도 옥신각신이 있다! 하라. 사람 의지나, 사람 개입 문제로 인한 것이다! 하라. 되었다. 닫으라]

자신의 약함으로 선 자이다. 이는 영서 기록자이다. 주의 강함으로 입히실 주시다! 하라. 이는 "나의 받을 영광이 크다!" 하므로 이를 전하여 크게 운 자이다. 그러므로 저자의 약함을 논하지 않는 자들이 복이 있도다. 독자층은 그러하다! 하라. 이 글은 종말 1에 이어 종말 2의 원고 교정을 살피는 시간이니 주는 나의 말, 격려이자 독자층에 대한 부탁이다! 하라. 그리고 힘써 주는 출판사 측에 주가 전하시는 감사가 있으니 이는 모두가 이를(출판사의 수고로움이다! 하라) "알아주라" 하는 의미로서 함께 수고로 이루는 나의 일 '시대 사명자들을 위한' 부르심에 대한 협력, 조력으로 상이 될 그들 출판사이다! 이르라(전하라). 되었다. 닫으라.

[2023. 7. 22. 토요일. 추가 글입니다. 두 교회의 기도처에 대함이다! 하라. 이를 넣는 자이다. 한 교회는 24시간 문이 열린 교회이므로 나라 기도 및 지구와 관련하여 성령의 자유함으로 기도할 수 있는 하늘 문이 열린 교회이다. 이 시대로 인하여 오래전부터 밤잠 이루지 못하는 날들을 보내는 자이니 밤새 부르짖을 수 있는 복된 자리이다! 하라. 다른 한 곳은 금요 철야예배 시간의 은혜로 인해 참석하는 자이다. 살아 있는 예배, 성령이 역사하는 예배이기에 이따금 방문해 온 자이다. 이곳에서 어제는 무어라 말씀하시는가! 하라. 영서와 이 증거의 짐을 지고 사는 자와 함께 해 온 교회이니-자신을 교회에 소개하지

않고 기도 자리에만 가끔 참여하는 자일지라도 서로 알만한, 이는 성령이 아니랴?-'이후에 이 교회의 부흥에 대해' 미리 말씀을 전하지 않으랴? 2020년 영서 은사를 받기 전, 2019년 이곳에서 "마지막 때의 사역을 하게 되리라!" 하는 '주'의 말씀을 들은 자이다! 하라. 자신의 영체 모습과 크기 또한 본 자이다. 이 외 등등 아니랴? 이 두 교회의 공통점은 '주와 성령'이 중심이며 은사가 열린 곳이며 마지막 시대를 아는, 전하는 교회이다! 하라. 되었다. 닫으라

모두가 '하나님께 감사와 영광으로!' 화답할 종말 책 시리즈이니 "이 시대를 위한 출시이다" 하라. '하늘 사랑 영원' 이는 신학교 때부터 사용한 이메일 주소이니 이를 사용하여 널리 알릴 "내 책이다" 이르라. 이는 영서이니라. 단 5:5 그 때에 사람의 손가락들이 나타나서 왕궁 촛대 맞은편 석회벽에 글자를 쓰는데 왕이 그 글자 쓰는 손가락을 본지라. 되었다. 닫으라.

'주'의 추천서 3 (2023. 7. 23. 주일)

오늘은 영서 기록 3주년 기념일이다! 하라. 2020. 7. 23. 목요일, 3년 전에 주의 음성이 들리므로 시작한 영서이다. 1시간, 2시간 … 시간이 가는 줄도 모르고 성령께 잡힌 바 되어 기록을 한 자이다. 말씀이 멈추는 시간에 펜을 놓으니 이러한 성령의 진행(주관, 스케줄)으로 사는 지가 어느덧 4년째 해 이른 3주년이다! 하라. 물론 흔들리기도 한 자이다. 흔들리기도 하는 자이다. 이는 육신이 떠나기까지의 훈련 기간인 지상의 삶이다! 하라. "설마?" 이제야 출간이 될 줄은 그 당시에는 상상조차 하지 않은 자이다. 그만큼 서두르신 '주'의 마음이시다! 하라. 시대가 급하므로 "위기이다! 시급하다!" 재촉하신 주가 아니시랴? 주저앉기도, 처절한 쓴맛으로 살 소망마저 끊기어 죽고 싶다고도 한 자이다.

주의 강권적 역사이기에 출간이 순탄히 될 줄 안 자이다. 그동안 쓰나미 같은 주위 환경(세력들)을 겪으며 주의 분노, 진노가 왜 그러하신지 더한층 가까이

보게 된 자이다. 사회뿐 아닌, 나라만이 아닌, 교회들에게 향한 '주'의 수위는 어떠한지 잘 아는 자이다. 자신을 흔드나 이루지 못할 자들이다! 하라. 오늘 네게 주신 말씀이 무엇인지 전하라. 두 아들은 ㅇㅇㅇ 교단이며, 가족들은(소천하신 어머니도 그러하다) ㅇㅇ 교단이며, 자신은 이 두 교단의 신학을 한 자이다. 외에도 ㅇㅇ 교단의 신학도 알아보기도 한자이다. 너는 초교파의 부르심이다! 하라. 이는 네 행적의 훈련이다. 1995. 8. 21. 월요일, 성령 세례 이후 주의 부르심 안에서 주의 마음과 주의 뜻을 알아 오는 자이다! 하라. 교단들의 신학교는 가말리엘 문하이다. 마치 그러하다. 행 22:3 나는 유대인으로 길리기아 다소에서 낳고 이 성에서 자라 가말리엘 문하에서 우리 조상들의 율법의 엄한 교훈을 받고 오늘 너희 모든 사람처럼 하나님에 대하여 열심히 있는 자라. (이는 바울의 말이다! 하라. 이와 같은 전통적 관습이니 주 성령이 아닌 교단들의 신학교 모습이다! 하라. 이에 치우친 현대 사회이다. 그리고 한국이다. 되었다. 닫으라) 신학교는 학문, 학위를 준비하는 곳이다. 교단의 목사 안수와 교회를 세우는 교단들이다! 하라. 이는 성령이 교회를 세우는 것보다 더 쉽다! 하라. 성령은 박해자들이 속출하고 뒤엎기 위한 떼(조직력)도 있다! 하라.

　이를 알리시는 것이 한두 번이랴? 출판사는 어떠하랴? 영서 원고로 문을 두드려 본 자이니, 출간 진행을 해본 자이니, 출간하는 중이니, 겪고 겪는 자이다! 하라. 누군가 이러한 사명으로 인해 할 일이다! 하자. 출판사가 갑, 즉 주체가 되어 나를 심사하는 것이니 자신만의 규격에 비추어 보니 '아니다, 틀리다, 어떠하다' 하니 이는 영서뿐 아닌 저자의 인지도와 출신으로 인해서도 '실격이다' 하며 내치니 서러움이 이뿐 아닌, 말로 이를 수 없는 자이다! 하라. 영서는 날아가는 두루마리 아니랴? 슥 5:2 그가 내게 묻되 네가 무엇을 보느냐? 하기로 내가 대답하되 날아가는 두루마리를 보나이다 그 길이가 이십 규빗이요 너비가 십 규빗이니이다. 이는 주가 그들을 보시기 위함이다. 그들 내면 안의 체크이다. 중심을 어디에 두었는지, 내 앞(재림)에 준비가 어떠한지, 시대를 아는지 등이 아니랴? 하라.

　오늘은 즐거운 날이다! 하라. 만나주신 하나님이시니(어떤, 무엇을 알리시므로

증인의 길을 가기 위한 업그레이드가 아니냐? 하라. 이는 사역을 위한 준비이다! 하라)
'영서' 기념일 앞에 겸비된 자이다. 이는 주를 사모한 자이다. 자신의 지난 3년을
돌아보며(이는 자주 있으나 더더욱 아니냐?) 하루 이틀 세며 기다린 그날이니 오늘은
'영서 3주년'이다! 하라. 책은 여전히 출간 중이다. 다시 기다리는 자이다. 3주년
날짜이나(바라나 안된 상황이다), 출시하지 못한 체일지라도 희망을 두는 자이다.
때로는 돌아가는 길이 있으며, 주춤도 하나(이는 주위의 펀치 세력이다! 하라.
쓰러지면 다시 일어설 기간이 필요하며 지체되는 일이다! 하라), 가고 있는 자이다. 새
예루살렘 성을 직시, 주시, 몰두하기 위한 자신과의 싸움이니 이는 지구이다.
수많은 사람과 교회들과 그 속에서 주와의 교신, 밀착이 쉬우랴? 하라. 이와의
싸움이다. 밀착은 무엇인가? 뗄 내야 뗄 수 없는 사이이니 하나가 아니냐? 매초,
매분 이리 살기가 쉬우냐? 하라. 이는 "선한 싸움이다" 하라. 딤후 4:7 나는 선한
싸움을 싸우고 나의 달려갈 길을 마치고 믿음을 지켰으니 8 이제 후로는 나를 위하여 의의
면류관이 예비되었으므로 곧 의로우신 재판장이 그 날에 내게 주실 것이며 내게만 아니라
주의 나타나심을 사모하는 모든 자에게도니라. 되었다. 닫으라.

하나님께서 맡기신 사명과 그 지나온 길! (2023. 3. 8. 수요일)

너는 모태로부터 택정 받은 자임을 개척 예배지에서 비로소 확실히 알게 된
자이다. 유년기는 교회의 여름 성경학교에 참석한 기억과 이어 중학교 시절에는
교회의 중등부 성탄절 모임에만 참석한 자이다. 이어 기독교 재단인 미션 여고에
진학합니다! 하라. 가정의 환자 발생으로 오랜 기간에 마음 아픔을 겪은 자이기에
20대에는 집의 옥상에서 밤하늘을 보며 "우주와 지구를 다스리시는 가장 높은
신께 간절한 삶의 구원 기도를 드린 자이다" 하라. 그리고 20대의 어느 날에 주신
마음은 "교회 생활이 시작되면 이 세상의 여행지들 발걸음은 멈춤이 되는 것과

교회 안 훈련은 여행 다닐 시간조차 없을 만큼 몹시 바쁘다는 것이다" 하라.

1989년, 너의 20대 끝에 군 복무 중 세례를 받고 믿음의 가정을 가진 오빠의 손을 잡고 기독교 법조인의 주례하에 결혼식을 하는 자이다! 하라. 그러나 곧 가정, 가문에 매인 환경의 한계로 인해 마음이 힘들어지는 시기이다! 하라. 1990년, 첫아들이 출생하여 육아와 유아 교육에 힘을 쏟으나 '주일'의 공허감을 깨닫게 된 자이다. 그리고 1991년, 한 해가 가기 전에 둘째 아들을 선물로 받은 자이다. 1992년, 첫아들의 두 번째 생일 즈음(둘째 아들은 태중 6개월), 난치병 병명으로 죽음의 위기를 직면하면서 입원 중에 사람의 인생 '삶과 죽음'에 의문을 품고 하나님을 알기 위해 성경을 선택하는 자이다! 하라. 그리고 그해 여름에 둘째 아들의 출생으로 산후 도우미 전도자를 만나 복음(교단, 교회, 목사보다 하나님을 바라보고 믿음 생활해야 한다! 하며 방언과 귀신들 세계와 찬양의 권세를 전한 자이다! 하라)을 듣고 교회 예배를 결정한 자이다. 아기 출생과 관련한 어머니의 우상 행위를 거부하고 어머니를 전화로 전도한 자이다. 그리고 오빠에게 상의하니 마침 집 근처의 아는 목사님 교회를 소개하여 심방 예배부터 드린 자이다. 출산한 시기이니 몸이 회복하는 체험을 하면서 교회의 예배 시간을 기다린 자이다.

1992년 늦가을, 어린 두 아들과 함께 교회의 예배 생활이 시작된 자이다! 하라. 1993년 초가을, 어머니께 아버지 병의 위중한 상태를 연락받고 아버지 곁에서 머문 자이다. 오빠 가정이 섬기는 교회에서 매일 아버지를 위해 심방하고 예배하니 그 자리에 함께한 자이다. 그리고 아버지의 임종 상황이 느껴져 가족을 불러 임종을 함께 지켜본 자이다. 자신을 무척 사랑하신 아버지와의 이 땅에서의 이별을 오열하며 아버지께 "천국에서 만나요" 하며 외친 자이다. 장례 3일째는 소나기가 내리나, 곧 햇빛을 주시기에 자연의 은혜를 체험한 날이다. 교회 산을 도착하여 아버지 시신 운구 이동 중에 '내 주를 가까이하게 함은' 찬송을 들으며 가사에 깊은 은혜를 받은 자이다. 이 땅과 인생에 대한 유한성을 느끼며 자신이 걸을 신앙의 길도 느낀 자이다. 그리고 그곳에서 건강 이상 문제로 병원 후송 중에

'임사 체험'을 한 자이다! 하라.

　죽음과 영을 체험한 자이다. 긴 구름길을 지나 그 끝에서 하나님을 만나 '지구의 종말'이 하나님의 주권이며 하나님의 손 아래(진노 상태) 임박한 것과 매우 작은 지구를 보이시며 교회의 사명(영혼 구원=회개)과 세상 사람들의 상태를 알게 한 자이다. 이는 사람들의 시선이 하늘과 무관하며 땅 위에서 바삐 다니는 모습이며 배우고, 돈 벌고, 높아지기 위해 사는 자들의 모습이다! 하라. 이는 '종말'에 대한 지구의 사명과 걸을 길이 시작된 자이다! 하라. 아버지의 장례식 후에는 이러한 체험으로 생사화복이 하나님의 주권임을 알고 병원에 도착을 하나, 의사와 자신은 무관한 관계임을 안 자이다. 곧 병원을 나온 자이며 한때 잠시 복용한 심장약도 돌아와 즉시 휴지통에 버린 자이다. 그리고 천국 가신 아버지를 확인하기 위해 주께 질문한 자이다. 그리고 보이신 모습이 있다! 하라. (이를 '종말 1'에서 전한 자이다! 하라)

　1992년 늦가을, 교회 나가기 전에 심방 날 오빠 가정으로부터 받은 성경책 선물(오빠의 아내 올케언니 방문)을 집에서 읽으며 말씀으로 주시는 주의 음성과 여러 체험이 시작된 자이다. 어린 아들들과 함께 참석하는 유아실 예배로 인해 말씀이 잘 들리지 않아 기독교 방송 채널을 고정한 라디오를 사용하기도 하고, 가족끼리 돌려 듣는 설교 테이프를 듣기도 한 자이다. 기도는 집에서 시도하나 머리에서 막힌 어둠의 세력을 느끼기에 교회의 새벽 기도 시간을 정한 자이다. 생후 수개월 된 어린 둘째 아들을 두고 시작한 기도 생활이다! 하라. 곧 체험된 영의 세계와 주의 음성이다! 하라. 그리고 1995년 어느 날, 새벽 기도를 다녀와서 방언(통역 함께) 은사가 임하고 얼마 후에 교회 새벽 예배에서는 성령 세례와 은사들이 함께 임한 자이다. (이때 "성령 세례를 주노라!" 하신 주의 말씀으로 '성령 세례' 용어를 알게 된 자이다. 영서 기록 시기에 성령 충만을 함께한 체험이라고 다시 가르쳐 주신 주시다! 하라) 또 어느 날 꿈에 자신 몸의 등에 불 막대기로 십자가를 새기며 고랑을 두어 성경이 사명의 '표'임을 알리신 주시다! 하라. 이는 읽을 사명이며 채울 분량임을 알게 하신 후, 성경을 사랑하는 것과 신학 계획도 주신 주시다! 하라. 매인 가정과 가문 함께 첫 교회의 12년간 1차 훈련을 미리 알리신 대로 마친 자이다.

그리고 2005년, 교회의 순회 예배를 명하신 주시다. 신학과 교회의 섬김 등 교파 훈련 기간이다! 하라. 또한 지속되는 예배학 훈련이다. "개척하라!" 하시는 음성이 곧 시작된 자이다. 2007년 주의 명으로 신학교 주최 예배로 선교회를 시작한 자이다. 이어, 장소를 옮겨 이전하고 신학교 학장의 예배로 가정 교회를 시작한 자이다. 2008년 봄, 개척 예배처에서 공동 예배를 시작하고 얼마 후, 주께서 솔로몬의 일천번제 때 주신 말씀으로 네게도 소원을 물으시고 "선교요" 이 답변 함께 맡기신 주시다! 하라. 목양 체험 또한 가르치시니, 얼마 후에 받을 은혜(땅에는 없는 하늘의 가나안 큰 포도송이 열매)에 대해 꿈으로 예고하신 후, 점차 개인 예배 시기로 들어간 자이다. "성경으로 피하라" 하시며 성경이 주시니 천국임을 알리신 주시다. 성령으로 열어 주시는 시기와 은사 중심으로 준비시키신 주시다! 하라. 지구의 종말과 관련하여 더 깊은 은혜와 훈련을 시키신 주시다! 하라. 2017년, 문 정권이 시작된 해부터 "성령을 3년 준비하라" 하신 주시다! 하라.

그 후 3년이 마치니, 2020년 세계 코로나19 시작과 함께 '천국, 지옥'의 앞과 함께 이 '두 끝' 사이의 긴 길에 대해 열어 주시고 '오직 성령'만을 강조하신 주시다! 하라. 그동안 자신이 체험한 주의 만남과 증거를 지구로 무대 삼아 '증인'이 되고 싶어 한 자에게 성령의 새 은사 '해석 은사' 약속에 이어, 2020년 상반기에 '알리신 대로 보좌 기도'를 한 어느 날이다. 주가 임하시고 영서 기록이 시작된 자이다! 하라. 두 아들과 시작된 새로운 길의 시작이며 가족 선교 훈련의 시작이다. 현재 2023년은 영서 사명 4년째 해이다. "오직 하나님, 주 예수 그리스도, 성령만을 증거 하라!" 하신 마지막 시대의 사역자이다! 하라. 되었다. 닫으라.

하나님 나라와 금식 (2023. 3. 9. 목요일)

　제가 태어난 대한민국 '한국'입니다! 하라. 1960년대의 경제 개발로 1970년대는 경제 소득이 나아지므로 배고픔이 점차 해결되기도 합니다. 신앙을 알지 못하여 제게는 환난과 고생이 더 심한 시기이기도 합니다. 하나님을 만나고 알아가면서 성령의 배부름으로 육신적 소망은 점차 사라집니다! 하라. 먹을 것은 풍부해지나 오히려 주를 위한 금식이 필요하므로 1992년 교회의 신앙생활을 한 이후로 자발적 금식이 시작된 자이다. 위대하신 하나님께서 초대하시는 예배의 은혜이므로 "한 끼 금식으로 예배 시간을 위해 마음과 몸을 구별해 보자" 한 자이다. 이후 3일 금식에 대한 간증을 접하면서 "3일 금식을 해 보자" 한 자이다. 어느 날, 이틀은 했으나 사흘째는 몸이 힘들어 걸을 수가 없기에 빠지지 않는 새벽 예배마저 빠지므로 의아해진 자이다. "이는 무언인가?" 하며 교회를 중심으로 기도 생활을 한 자이므로 충격받은 자이다. 일어나서 음식을 차려 먹을 힘도 없어서 남편이 전날 밤에 사 온 과자로 주린 배를 채울 때 '과자의 에너지의 힘'을 느낀 자이다. 더 이상 기운이 진해 견딜 수 없고 금식에 대해 무지함도 있으므로 즉시 회사 제조 식품으로 대체한 자이다.

　금식 이틀 후에 주신 주의 음성은 십자가에서 "목마르다!"(요 19:28 …내가 목마르다) 신음하신 주의 말씀 해석이다! 하라. 사람마다 목마름이 다 다르다. 이를 채워주는 자가 되라는 말씀이시다! 하라. 이틀 금식은 영서 기록 시기에도 알게 하신 자이다. 영적 문제로 금식을 고민할 때, 몸이 약한 자이기에 오래전에 이틀 금식만 시키신 주를 상기시키며 몸의 약함을 설명하신 주시다! 하라. 한 끼 금식하는 첫 교회의 신앙 훈련 시기 어느 날, 길에서 금식에 대해 다시 말씀을 주시지 않으랴? "마른 몸에 한 끼 금식이 오랜 햇수이니, 길에 피를 조금씩 흘리며 다닌 자이므로 몸이 약한 자이다" 하시며 더 긴 날수의 금식은 하지 못하게 하신 주시다. 이는 12년 교회 생활 1차 훈련지의 한 끼 금식한 시기이다.

그리고 가족의 장례(사명을 위한 준비)를 연이어 두 번을 치른 1차 신학의 휴학 시기이다. 이어 2005년, '은사' 회복과 사용을 위해 가을 학기에 다른 신학교 편입으로 교단을 바꾸어 주신 주시다! 하라. 기도원에서 금식 기도를 5일 정해서 한 자이다. 이때의 꿈은 '핵' 시대가 열리는 시기이니 북한 핵전쟁과 관련하여 미국의 선제공격 불가피함과 지구의 모든 자들의 마지막 날이 될 수도 있기에 미국의 어느 목사에게 지구인을 위한 기도를 부탁하는 미연합 사령관이 아니더냐? 회의 장소 비행기 안에는 미국의 군 관계자 몇 사람과 그 옆에 너도 함께한 자이다. 이를 알린 꿈이다! 하라. 핵실험 위기의 지구를 처음 안 자이다.

　신학 훈련 기간에 약한 몸과 체력으로 한 끼, 두 끼, 1일, 2일, 3일, 5일, 7일, 20일 금식까지 해본 자이다. 7일 금식은 2008년에 신학생들의 전도 대회 파송을 앞두고 제비뽑기로 조장이 되어 책임상 부득이 한 자이다. 많이 어려울 때는 금식 기도가 편해진 자이다. 20일 금식 기도는 2006년 겨울 학기 종강 예배 시간에 임하신 말씀으로 인함이다. '이삭'처럼 아끼는 것을 드리라! 하므로 약한 몸이기에 죽음에 대한 염려를 떨치게 하시며 체중도 불과 적은 감량을 약속하시며 할 수 없는 자신의 상태에서 하게 한 상황이므로 살리실 줄 믿는 믿음으로 받은 금식이다! 하라. 죽을 만큼 고생과 죽을 고비(뇌 문제)는 있으나, 위기를 넘기게 하신 주시다! 하라. 이 금식은 기도원에 대해서 열리기 시작한 시기이다. 그리고 이때는 주의 부탁으로 특수 사역 교회를 섬기기 시작한 시기이다.

　2007년 새해, 신학교의 겨울 방학 기간에 20일 금식하고 이후 특수 사역 교회에서 수화로 찬양을 배워가며 영광 돌리는 시작과 봄에는 신학교의 도움과 초대로 선교회 창립 예배를 드리게 된 자이다. 이후에는 매일 수년을 물 금식마저 하는 금식이므로 많이 힘들어진 자이다. 2020년에 영서를 받기 시작하면서 더 나은 음식과 식사 시간을 앞당겨 주시므로 몸 건강은 나아진 자이다. 그러므로 이틀 금식 이상은 하지 말라 하시므로 이를 유념에 둔 자이다. 그동안 더 에너지를 보충하고 활동도 더 많이 하면서 몸이 많이 회복된 자이다. 체중 변화는 크게 없더라도 말이다.

   2022년 출간 준비로 한 해 동안 애쓰나 2023년까지 원고 준비로 이어지면서 막는 세력을 겪는 자이다. 출간 약속은 주시나 번번이 힘든 시기는 지속되는 중이다! 하라. 금주는 3일의 물 금식을 한 자이다. 하루 쉬고 다시 3일을 하려 하나, 물을 마시는 금식을 했음에도 금식 중 많이 힘듦을 겪은 자이니, 하던 대로 1일 한 끼 식사로 되돌린 자이다. 자신에 관련한 이야기는 하고 싶지 않은 자이다. 금식은 더더욱 그러하다. 그러나 금식의 은혜로 하나님 나라의 비밀도 열리어 중요한 메시지를 받은 자이기에 알리라 하시는 뜻이다. 이는 금식의 필요성, 중요성이다. 먹거리가 풍부한 시대, 문화의 한국이다! 하라. 교회조차 이러한 풍성함이 자신에게는 무거운 짐이 되어 교회를 통해 무언가 받는 것이 달갑지 않은 자이다. 좁은 문 들어가기 훈련 안에서 이 세상 보이는 것들과 부요함이 있으니! 기초, 기본(최저 생활) 외에 더 누림은 있으나, 대체로 교회 문화에서 접하고 누림이 되는 영역, 분야들은 자신과는 잘 맞지 않는 옷이 된 자이다! 하라.

   이는 선교 훈련이기에 문화도 연구하며 교회도 함께 연구하는 은사자이기에 영서의 기록은 전체 훈련 안에서 배우고 아는 범위 내에서 주신 주시다! 하라. 30여 년의 많은 체험조차 주께서 먼저 말씀하시며 하나씩 꺼내 영서로 기록하는 자이다. "예배와 삶이 예배자이다!" 하시니 이에 관해 전하시는 주시다. 언제, 어디서, 무엇을 하든 이 모두는 주의 가르치심 안에서 해야 하는 자이며 계속하여 배우고 기록하고 주의 뜻을 따라 행할 자이다! 하라. 이러한 훈련이다. 새 예루살렘 성에 이르기까지는 이 땅의 나그네, 순례자이다! 하라. 돌아보니 첫 교회를 나가면서부터 시작한 자니 2023년 현재까지 30여 년 금식 훈련이다! 하라. 되었다. 닫으라.

프롤로그(prologue)

'나의 글'로 두라! (2023. 2. 26. 주일)

"이 책은 성령이 임하여 주께서 하시는 말씀을 기록한 글입니다" 하라. 2020. 7. 23. 목요일, 보좌 향한 기도를 드릴 때에 즉시 주의 음성이 들리기 시작한 자이다. "내 음성이다!" 하라. 너를 통하여 나타낸 나의 마음과 뜻이니, 네가 가진 모든 것들이 나에 의해서 새록새록 생각나며 이를 기록하기도 하고 네 마음에 의심, 의구심 가진 것조차 이를 풀어내신(설명 주신) 주시다! 하라. 네게 이미 나타낸 것이 많이 있으므로 설명에 설명을 거듭하여 알린 나이다! 하라. 연결되기도 하고, 어떤 것은 불현듯 알고자 하는 것들도 다 알리시므로 이도 기록하게 하신 주시다! 하라. 또한 알아야 할 어떤 내용, 문제들에 대해서도 주가 알리심이 아니랴? 하라. 이런저런 하실 말씀이 많으신 주시다! 이를 알게 된 자이다. 만 3년이 채워지는 올해 2023년 7월달이 아니랴?

그러나 아직도 담은 것조차 다 꺼내지 못한 자이다. 시간 가는 줄 모르고 지내는 자이다. 이는 주를 만난 자이며 알기 위해 심은 것들에 대한 열매를 거둘 때이다! 하므로 주워 담기 바쁜 추수 시기가 아니겠느냐? 주와 함께 온 시간들이다. 이제 30년사를 총정리한다 해도 매일 매일 '주'의 주신 은혜로 더할 이야기들도 많으니, 일상이 다 주가 하실 말씀이 아니더냐? 가르치시는 주가 되시기에 그러하다! 하라. 너와 함께하기 때문이다. 사람의 개입(끼는 자)이 있다! 해도 이조차 숙제이다. 이는 사랑 테스트이다. 슬며시 다가선 누군가이다. 주를 주인 삼는 자가 겪는 영 분별이다! 하라. 되었다. 닫으라.

시, 공간의 하나님이시다! 하라 (2023. 3. 17. 금요일)

　하나님의 시간! '시온산 → 유리 바다 → 휴거 → 새 예루살렘' 이러한 순서 아래 내용들이 전개됩니다. 공간은 가장 위의 보좌부터 가장 아래의 지옥까지 이러한 긴 거리 안에서 설명을 주십니다. 그러므로 시간과 공간에서 현재의 환난을 다루면서 코로나와 백신에 이어 다가올 환난의 '표' 시기 앞에 준비하는 기간이라고 말씀하십니다! 하라. 주 하나님께서는 이 세상 문화를 어떻게 보시는가? 지금 교회는 무엇을 해야 하나? 하나님의 인류 역사 시간에 대한 계획과 뜻과 마음을 전달하십니다! 하라. 그러므로 이 책은 문재인 대통령 정권과 코로나 사태의 비상시기를 함께 맞은 2020년 7월부터 기록한 영서의 내용 중에 '니느웨 회개 기도' 40일의 1차 분량을 이후 기록하는 추가 글과 함께 먼저 종말 1, 2권을 발간합니다! 하라.

　2021년 백신 해에 더 심각해지는 시기에 유튜브 사역까지 복음의 도구로 명하시나 하지 못한 자이다. "회개합니다!" 하며 사과하는 자이다. 설상가상 2022년 한 해 내내 출간을 시도하며 9월 말 출간을 예정하나, 출판사와 서로의 온도 차이로 이도 주의 뜻대로 하지 못하여 2023년으로 미루어 발간하는 자이다 하라. "저 외에 전하시는 분들이 있을지라도 긴박하고 위기가 지속되고 가중이 되는 한국의 현실과 시대 앞에 증거(전달 메시지)가 미루어져 하나님과 이 나라와 교회들과 사회 앞에 회개를 드립니다!" 하라. 자연재해 재앙은 국가와 지도자와 교회들의 회개와 심판을 알리신다! 하라. 되었다. 닫으라.

영서 3주년에 주시는 글이다! 하라 (2023. 8. 5. 토요일)

　2023. 7. 23. 주일, 영서 기록 만 3년입니다! 하라. 특별한 이벤트가 아닌, 사회의

한 단면을 보이시는 하나님이시다! 하라. 기념일에 여러 메시지가 있으나, 무엇보다도 장마 기간이므로 '물'에 대한 일과 관련하여 한강 사건의 '고 손정민 군'을 위한 시간을 가지라! 하시므로 "가라" 하신 사고 현장이다. 그곳에서 주실 글이 있다고 말씀하신 주하나님이시다. 주일 심야 기도를 마치고 월요일 동트기 전, 두 아들과 함께 나선 자이다. (한강에 도착하니 찬양을 주십니다! 하라) '이 땅의 황무함을 보소서….' 이 찬양은 이전에 자주 부르던 곡이며 신학교 졸업식 날에 이 찬양과 함께 크게 운 자이다(애절히, 깊이 그리고 많은 눈물이다). 지난 신학 기간에 강하게 주신 말씀은 돈으로 성령을 사지 말라 하신 주시다! 하라. 이에 달게 받은 연단이니 긴 햇수 고생이 매우 심하다! 하라. 졸업 목적이 아닌 주를 통한 소명 훈련이기에 많은 겪은 일들과 채워주신 은혜로 하염없이 운 자이다. 이 찬양으로 다시 졸업식 날이 떠오른 자이다. 자신의 마음이 그날 어떠했는지, 이는 주의 마음이니 눈물의 졸업식이다! 하라. (이어진 찬양 가사이다! 하라) '…부흥의 불길 타오르게 하소서….' 고 '정민 군' 일은 한국의 단면, 지구의 단면이다! 하라.

2023. 7. 23. 주일. 한강 '반포 대교'에서 주신 글이다! 하라.

이 일을 가슴 아프게 본, 지난 시간이다! 하라. 그의 부모의 마음을 느껴보는 자이다. 두 아들을 데리고 나선 자이다. 이는 하나님의 마음이시다! 하라. 잃은 자에 대한 절규, 통한이 여기는(이는 나사로의 무덤 앞이다! 하라. 요 11:35 예수께서 눈물을 흘리시더라. 38 이에 예수께서 다시 속으로 비통히 여기시며 무덤에 가시니….), 잊지 못하는, 아버지의 마음 '영혼의 주'시다! 전하라. 앞에 옹기종기 모인 비둘기들, 이처럼 안전히 모이는 내 가족이나-하나님의 뜻대로 행한 자들이다. 막 3:35 누구든지 하나님의 뜻대로 행하는 자가 내 형제요 자매요 어머니이니라-이 중에 보이지 않거나, 죽은 비둘기가 있다고 하면? 이를 느끼는 주의 마음이시다! 하라. 이곳은 반포 대교 '달빛 공원'이다! 하라. 그의 부모가 아들을 묻고 간 자리이다. 추모 행렬이 멈춘 자리이다! 하라. 이는 지난 시간이니 그러하다(2021. 4. 25. 주일. 사순절 기간). 세상은 잊어도 주의 마음, 부모의 마음에 기억되는 그, 정민 군이다! 하라.

목격자 진술이 다름은 왜인가? 각자 주장이다. 그는 선의의 피해자이다. 부모 그러한, 위세에 눌린! 이는 조직력이다. 언론이 편 된, 친구 측이다. 보도보다는 사실성에 기인한 단서이다! 하라. 그러나 사람의 추측은 단서 이상이다. 예민한 사람이다. 감지력이 동원된 네티즌 수사대이니 이는 보도보다도 단서보다도 나은! 이는 무엇인가? 하라. 인간의 뇌와 마음을 주관, 다스리시는 주시다! 하라. 과학, 수사 등 이러한 단서(올바로 수사하더라도) 이상의 직감, 예측, 실질적 상황이 느껴지는 사람이다! 하라. 지으신 자에 의한 '촉감 발동'이다! 하라. '본 자이다' 아니더라도 이러한 주의 마음으로 동해지는 자들이 수사보다 낫지 않으랴? 하라. 되었다. 닫으라.

그(정민 군)의 마음은 애타게 부모를 불렀을 자이다. 이는 마음의 외침이다. 구원 요청한 자이다. 홀로 쓸쓸히 간 자이다. 이는 부모에게 사무치는 마음이 된 이유이다! 하라. 매달린 절벽 끝에서 떨어지는 자신의 한계 지점에서 목놓아 마음속 외침이니 그의 아들이다! 하라. ㅇㅇㅇ 사용자들이다. 막대 사탕은 무엇인가? 단순히 사탕인가? 하라. 또한 영상에서 본 바이니 그 손에 든 물체 '뾰족한 끝'은 무엇인가? 이는 네티즌들이 수사한 기록과 영상들이다. 그 당시 수사는 공평하지 않다! 하라. 친구 부모 편이 된 그들이다! 하라. 정의, 공의가 사라진 이 사건이다! 하라. 한 억울한 죽음은 이 시대가 숙제를 맡은 계기이다. 사건화, 언론화, 쟁점화, 눈들이 모이도록 함은 왜인가? 의심 여지로 인함이다. 아벨이 묻히듯 그의(이는 죽어가는 자이다! 하라) 호소가 하늘에 닿은 사건이다! 하라. 창 4:10 이르시되 네가 무엇을 하였느냐 네 아우의 핏 소리가 땅에서부터 내게 호소하느니라. 시사하는 바가 큰 사건으로 내비치기 위한 그의 죽음이니, 이 시대를 안고 물속에 잠긴 자이다! 하라. 이 시대의 죄악이다. 하나의 죽음이 말하는, 호소하는 메시지와 시대의 죄를 찾아내어 발견하고 자성, 자각하라는 의미이다.

부모의 관여가 여전한 가정 교육이니 이는 밤 문화의 경고이자, 안전한 장소 시민 공원이라 할지라도 오가는 사람이 많음에도 cctv 나라, 사회, 거리임에도 줄행랑치듯 나 몰라라 한 사건으로 매듭짓게 된 이 사회의 그늘, 우를 범한 사건 처리이다 하라. 부모들이 각성하는 계기이다(이는 이 땅 전체를 의미한다! 하라). 내 자녀를 가까운 사이라도 선을 지켜 보호함이 마땅하다! 하라. 이 가까운 한 사람이 다른 한 사람과 무슨 관계인지 어찌 알랴? 선을 지키는 이러한 밤 외출, 근접 거리 보호, 가족 동행 등 유심히 살피며 지켜내는 이 사회로부터의 자녀 지킴이다! 하라. 부패 층이 어디인가? 알 수 있는 사건이다! 하라. 이 나라가 공산 사회가 되면서 이러한 비일비재한 무법한 사건들이 많다! 하라. 이로써 죽어가는 사람들이다. 피해자들이 가득해지는 이 사회, 이 나라이다. 북한만이 아닌, 한국 사회도 공권력 상실과 함께 윗선이 무너지는 시대이기에, 건물이 무너지듯 피해자가 되는 그 아래 계층이 아니더냐? 사회 지도부의 비양심, 비인격, 비상식 된 "무법화 시대이다" 이르라.

그 정민 군은 나의 죽음 '십자가 사건'과 비슷한 예이다! 하라. 가장 친한, 지인으로부터 넘기운 그들에게니(네티즌이 전하는 영상으로 소개된 의심 추정자들이 있지 않으랴?) 나 또한 제자 유다와 산헤드린 공회가 넘기운, 이천 년 전 고난과 죽음이다! 하라. 정민 군은 믿은 자이다. 배신을 알았더라면, 사람의 정체 파악이 그의 마음에 미리 있다면, 단호히 거절할 자이나 미숙한 인간관계이다! 하라. 선 긋지 못한 자이다. 자신 생명을 내주게 된 그날 밤이니 넘기운 자, ㅇㅇㅇ이다! 하라. 정민 군은 실험 대상이다. 날뛰는 자들에 의한 지목 대상으로 잡힌 유순한 자이므로 당한 자이다! 하라. 하나님은 아시나니 죄의 값은 회개이다. 형량은 받지 않으나, 젊은 나이이기에 형량 이상의 심적 부담과 마음의 눌림이 일평생 삶을 가리울 자이니 이는 쌓은 지난날의 과오이다. 이 눌림은 하늘을 향해 가인이 하듯, 회개하며 그 자신들도 면할 이러한 죽음이다! 하라. 창 4:13 가인이 여호와께 아뢰되 내 죄벌이 지기가 너무 무거우니이다. 14 주께서 오늘 이 지면에서 나를 쫓아내시온즉 내가 주의 낯을 뵈옵지 못하리니 내가 땅에서 피하며 유리하는 자가 될지라 무릇 나를 만나는 자마다 나를 죽이겠나이다. 15 …가인에게 표를 주사 그를 만나는 모든 사람에게서 죽임을 면하게 하시니라. 되었다. 닫으라.

　이글은 영서 3주년에 방문하는 고 '정민' 군의 사건 현장이다. 잃은 아들을 가슴에 묻으며 마치 나라를 잃은 듯, 전 재산을 잃은 듯 살아갈 그의 '부모를 위한 애가'로써 이 시대 부모와 자녀들과 사회의 기득권층인 모든 자들에게 다시 울릴 경종으로 두라. 되었다. 이제 나가자. "정민아, 사랑해!" 외치라. 그를 아끼듯 지난날 그에 대한 수많은 영상을 지속하여 본 자이다. 한때 떠들썩한 뉴스 기사화된 이목 집중이다! 하라. 그 정민 군은 사랑받은 자이다. 사건 당시에 얼마간 두려움과 아픔이 그의 마음에 가득 차 있어(그 상황, 입장, 처지에서는) 긴 시간 어둠 속에서 지치다가, 숨이 졌다 해도 그를(그에 대한 관심, 이 나라 국민이다) 사랑해서 아파하고, 사건의 실마리와 단서나 수사 도움이 될 정황들을 찾느라 몰두도 하며 마음으로 떠나지 못한 자들이 많으니 이는 정민 군 부모가 받을 위로이다! 하라. 무고히 숨지는 자들이 많다. 그럴지라도 휴지 조각 뒤로 하듯 무관심하거나, 덮거나, 관심조차니 대부분 드러나지 않기에 그러하다. 그러나 그의 부모가 사랑한 자녀이니만큼 그의 부모도 위로의 대상이자, 그의 아들도 많은 사랑을 입으며 이 시대에 과제를 준 자로서, 한 역할로 지는 꽃 한송이가 된 자니 무명한 죽음, 묻히는 죽음보다 나은 사랑받은 가족들이므로 위안 삼을 그들이다! 하라. 기록하며 걷다 보니 어느덧 차에 이른 자이다. 차에 타자. 이 글은 주 하나님의 마음을 전하기 위해 적는 글이자, 회개 대상이 있는 글이다! 하라. 손정민 군과 그의 부모를 위로하는 '주'의 메시지이다! 전하라. 되었다. 닫으라.

종말 2 (The End Time)
- 교회가 교회에게 -

렘 29:11 여호와의 말씀이니라
너희를 향한 나의 생각을 내가 아나니
평안이요 재앙이 아니니라
너희에게 미래와 희망을 주는 것이니라.

학 1:8 너희는 산에 올라가서
나무를 가져다가 성전을 건축하라
그리하면 내가 그것으로 말미암아
기뻐하고 또 영광을 얻으리라
여호와가 말하였느니라.

사 11:9 내 거룩한 산 모든 곳에서
해 됨도 없고 상함도 없을 것이니
이는 물이 바다를 덮음같이
여호와를 아는 지식이 이 세상에 충만할 것임이니라.

"내 책이다! 하라"

들어가는 글

영서의 원칙에 대해서 (2023. 3. 17. 금요일)

　영서를 주시는 목적은 '성령에 대해서' 알리시기 위함입니다. '성령의 차이'로 성령을 제한하거나, 심지어 도외시하거나, 성경만(지식 전달 위주) 강조하거나, 은사를 배제하거나, 이 모든 것에 대해 주에 대한 반응과 자세를 보시기 위함이라고 전하십니다. 또한 사단의 공격도 총출동하는 시기이므로 성령도 마치 핵무기 같은 강력함이 필요하기에 '영서' 은사로써 싸우게 하시는 것이라고 말씀하십니다! 하라. 영서 글의 이해를 위해 몇 가지를 전하는 자이다.

　첫째, 영서는 시간의 흐름대로 들려주신 내용들을 그대로 전하는 글입니다. 그러나 생략(…생략…)의 부분이 많은 것은 공개하기가 적절치 않기에 전체 흐름을 위해 참고로 넣습니다. 둘째, 일상 용어 즉 대중 언어, 일반 언어가 많다! 하라. (이는 사람에 대한 눈높이 '공감'을 위함이다! 하라) 셋째, 히브리어는 적으나, 히브리식 표현이 많아서 일부는 문장을 정렬하여 쉽게 읽히도록 한다! 하라. 넷째, 성경식 표현은 예를 들어 '이는, 이를, 하라, -리라, -하니, 이와 같이, 되었다' 등이다! 하라. 다섯째, 영어는 자신이 아는 범위 내에서 영어 성경 구절을 일부 주시는 것이다! 하라. 그 외 영어 사용 일부 그러하다! 하라. 들려주시는 대로 또는 필요한 경우 단어의 뜻을 위한 도움이 필요하기에 일부 참고한 자이다. 예를 들어 '사인'이라는 단어에 영어의 'sign'을 표기함은 '징조'의 의미이기 때문이다(한자의 사인은 다른 뜻).

　여섯째, '꽈배기 문장' 구성은 나뉘고 만나기식의 글이다! 하라. 그리고 길을 가다가 푹 빠지는 듯한 글의 '웅덩이 문장' 구성은 참고를 위한 관련 또는 삽입하여 연관을 두기 위함이다! 하라. 일곱째, 주께서 기록자에게 들려주시는 말씀과 나누는 대화이므로 '너는' 또는 '-자이다' 이러한 표현이 많다! 하라. 저자의 이름을 부르시기도 하나, 저자 개인이 듣고 기록하는 글이기에 대부분은 주어(책의 저자)가 생략된 글이다! 하라. 여덟째, 저자 개인이 먼저 듣고 기록으로 또는 증거할 자리(대상, 장소)를 포함하여 전하라는 명으로써 '-하라, 이르라, 알리라, 전하라' 등의 표현이 많다! 하라. 이는 전달자의 임무임을 알리시며, 메시지의 강조를 위해서 또는 저자가 도구일 뿐임을 낮추시고 책의 모든 대상 또한 겸허한 자세를 갖추기 위함이다! 하라.

아홉째, 기록자 자신도 들으면서 주께서 이 임무에 대한 부르심의 이유와 과정, 목적도 말씀하시므로 알게 되며 이를 지속하여 확인도 주십니다! 하라. 그러므로 너는 무엇이다, 너는 어떠하다, 내가 너를 이렇게 말한다 등 이러한 저자 개인에 대한 표현이 많다! 하라. 열째, 이 사명에 대한 예정과 그동안 체험하고 받은 훈련들과 주위와의 관계까지 다 말씀하시며 증거 또는 증인으로서 확정하시기도 합니다! 하라. 그리고 기록자의 부족한 면과 기록자가 무시, 오해, 공격받을 수 있는 이 모든 것도 친히 말씀하십니다! 하라. 기록자가 전달 도구로서 '주'의 선택과 사용에 대해 하나님의 주권, 권위이심을 말씀하십니다! 하라. 되었다. 닫으라.

다음은 꿈, 환상이니 대부분은 영서 기록 중에 보는 것이나 (이는 영서 기간을 뜻한다! 하라. 영서 기록 이전의 지난 시간에 이미 쌓아둔 꿈, 환상, 성경, 성령 체험 등은 시시때때로 원고를 위해 꺼내어 사용 중이시다! 하라) 이외 언제든지 열리는 자이다! 하라. 꿈은 성경 해석의 도움이나(주를 직접 보이시기도), 영 분별을 위한 또는 예언도 있다! 하라. 그리고 죄나 문제 해결을 위해 보이시기도 한다! 하라. 계획한 일의 허락이나 불응, 지체를 알기기도, 거절로 막기도 한다! 하라. 일 관련하여 주는 내용이 비교적 많은 영서 기간이다. 막는 자(방해)에 대한 상세한 꿈과 일의 대상(교회, 목회자들) 관련도 많다! 하라. 일의 진전을 보이기도, 사인(sign 징조)이나, 일의 열매나, 주를 친히 보이심도 이러하다! 하라. 되었다. 닫으라.

"영서에 대하여 3편의 글을 소개합니다"

1. 영서가 무엇인가? 받아 보아라 (2022. 2. 25. 금요일)

주께서는 전체의 긴 문장을 말씀하시는 것이 아닙니다. 조금씩, 천천히, 말씀하십니다. 긴 문장은 암기와 이해력에 한계가 있기에 제가 듣고 적는 속도에 맞추어 말씀하십니다. 어떤 주제를 말씀하실지 저는 전혀 모릅니다. 긴 시간을 몰두하는 일에 어느 정도 훈련받은 저는 오랜 시간 기록할 수는 있으나, 제 손과 팔의 한계가 있기에 통증이 심해지는 시점에서 멈추게 하십니다. 대부분이 그러합니다. 제게 있어 영서는 심오한 영적 세계입니다. 기록으로 담는 역할을 하는 저조차 체험과 훈련 속에서 내재한, 익숙한, 내용들이 대부분임에도 반복해서 보아야 하는 글임을 깨닫습니다. 저는 여전히 '영서의 세계'를 배우고 있습니다. 1년 7개월 동안 영서에 대한 설명이 지속되고 있습니다. 영서 분야, 표현 방식, 기록자 문제에 대해 알아가고 있습니다. 영서에 대한 이해는 부분적이고, 일시적인 전달보다 날짜순으로 영서 기간에 기록된 주제 속에서 틈틈이 영서에 대해, 설명하는 글을 자연스럽게 반복적으로 만나는 것이 도움이 되리라 생각합니다. 출판 원고 준비 시기에 주신 '영서란 무엇인가?'에 대한 7편 글(종말 1에 4편, 종말 2에 3편)을 먼저 소개합니다.

부족한 저를 사용하심으로 인하여 '영'이라는 세계가 '글'로 표현 되어질 때, 전달력에 문제가 있을 수 있다는 현실을 직면한 것이 제게는 가장 큰 아픔입니다. 주님과 저와의 스토리는 설명에 설명을 이어서 전달해야 합니다. 새로운 메시지도 이전 메시지와 연관이 있기에 설명은 여전히 필요합니다. 이 외에도 여러 문제가 영서 세계에서 부딪치는 고충입니다. 듣는 저 역시 계속 들어가면서 이해하기도 하고, 문장이 마칠 즈음에야 비로소 뜻을 알기도 합니다. 주께서 제가 체험한 주제를 말씀하실 때는 예를 들어 한 단어로 함축하여 말씀하셔도, 저는 시간과 공간을 넘나드는 이해력이 있기도 합니다. 그러나 단어만으로 전달하거나, 내용을 이어가기에는 무리가 있습니다. 알리는 글로서는 그러합니다. 그래서 설명과 추가 내용 등으로 보충하며 전달하는 방식을 취합니다. 누구나 알만한 주제로 내용이 전개될 때는 저도 편합니다. 종말에 관련하여 복음도, 대적도 표면에 드러난 시대, 시기임에도 오해, 반발, 비난, 거부가 있을 수 있다고 예상합니다.

 2020년, 코로나 재난 시기 속에서 목회자를 유형별로 분류하신 것을 보이셨습니다. 성령의 사역을 해야 하는 저와 어떤 관계인지 알리시고, 반응하는 수위 몇 단계도 알리셨습니다. 그러므로 영서 내용(성령의 전달 매개체의 한 분야)에 있어서 제 부족함은 최소화되고 신령한 세계 즉 주의 세계, 성령이 하시는 일은 그대로 전달이 되기를 간절히 원합니다. 이상이다. 닫으라―[2022. 4. 27. **수요일**. **추가 글입니다.** 영서 시작에서 현재까지 '영서에 관한' 많은 글이 있습니다. 받은 기억으로 아는 자이다. 시간상 다 보지 못하는 상황이다! 하라. 날짜를 이어가는 종말 시리즈 출판 원고 준비 기간에 다시 볼 수 있는 자이다. 영서 기간, 1년 21개월의 방대하고 다양한 글 속에 어찌 한 주제를 찾으랴? 차근히 나아가는 자이다. 분류는 힘들다! 하라. 정해진 기간 내에서, 종말 1차, 종말 2차, 종말 3차 … 이렇듯 순서대로 봐야 할 글이다. 닫으라. 주시는 주시라. 되었다! 하라]

2. 성전을 건축하라는 영서이다 (2021. 6. 10. 목요일)

 학 1:8 너희는 산에 올라가서 나무를 가져다가 성전을 건축하라…. 산은 "하나님께 집중하라"는 의미이다. 이는 '내 집'이니라, '주가 계신 곳' 의미이다 하라. 계 14:1 또 내가 보니 보라 어린 양이 시온산에 섰고 그와 함께 십사만 사천이 서 있는데…. 사 2:3 많은 백성이 가며 이르기를 오라 우리가 여호와의 산에 오르며 야곱의 하나님의 전에 이르자 그가 그의 길을 우리에게 가르치실 것이라 우리가 그 길로 행하리라 하리니 이는 율법이 시온에서부터 나올 것이요…. 이는 영서니라(주께서 기록하게 하신 말씀이므로). 다른 것 두지 말라.

　혹독한 그곳 개척 예배처! 과정이었다. 매일 연속되는 <u>그 날이, 그날이 된</u>―[그곳은 주의 계시를 다시 모으는 자리이다. 성령 지시까지 기다리다가 마지막 때 사역으로 영서를 주시기까지 기다림의 연속이 된 반복된 날이다. 성경을 읽으며 날을 맞고, 다시 읽으며 날을 맞은 긴 햇수를 그리 보냈다 하라. 주를 만나 '주께서 맡기시는 일을 하기 위해서'이다]―**특별 계시** 이는 임무를 위한 장소, 계시 위함이었다. '다른, 같지 않음'을 두기 위한 것이었다. 다음은 이곳이다. 영서 위주로 보낸 날, 어언 1년 출장이다. 제2장소, 해외 선교지 같은 위 지역이며 다른 장소이다. 타 도시 온, 둔 그동안이다. 주 명령을 따라 할 수 있는, 이는 "주 오심이다!" 하며 기다리는 자이다. 적그리스도 연구이다. 이는 할 일이다. 불량 식품 연구하듯, 주방세제 등 생활용품 유해한 첨가제를 '연구하듯 해야 하는' 자이다. 모르면 쓰는, 사용하는, 당한 자가 되기에 그러하다. 산의 나무이다. 나무 도구 된 영서이다. 할 일이다. 해내는 일이다.

3. 영서 방향 알려주세요! (2022. 3. 4. 금요일)

　이리 왈, 저리 왈! 왈가불가 시대이다. 말 많은, 오락가락, 제정신이 아닌 시대이니라. 헤롯이 많이 등장하리라. 네 영서에 그러하리라. "발간 이후에는 '내 책임이다!' 하셨잖아요?" 시대의 변종자들 이는 변형 인간이니 형상이 뒤틀린 짐승화 아니랴? 곰들 같은 자에게도 공격성이 있으며 호랑이과, 사자과, 표범류, 얼마든지이다. 다양한 종류별 퍼레이드 시대이니 내가 보기에 "가관이다" 하는 웃픈 시대이다 하라. 이는 우수우나 슬픈 뜻이다. "그럼 어떡해요. 저를 아시는 주이십니다" 하늘 천사의 가호가 있으리라. "신의 가호에서 사용하는 말이에요. 오랜만에 들어봐요. 주님! 전 지금 주님과 마치 채팅하고 있는 것 같다는 생각이 들어요" 그러하다. '영 교제자'가 아니냐? 사람들은 너와 나의 많은 이야기, 끊임없이 흐르는 생수의 강을 알지 못하여 오해, 시기, 돌 던짐이 있지 아니하랴? 이러한 세계를 모르는 자들이 많다. 얼마나 많은지 영서라는 말도 그러할 뿐더러 이러한 식 열린 대화창도 알지 못하는 자들이란다.

니느웨 회개 기도 40일
"제12일에서 제40일까지"

욘 1:1 여호와의 말씀이 아밋대의 아들 요나에게 임하니라 이르시되
    2 너는 일어나 저 큰 성읍 니느웨로 가서 그것을 향하여 외치라
      그 악독이 내 앞에 상달되었음이니라 하시니라

  3:4 요나가 그 성읍에 들어가서 하루 동안 다니며 외쳐 이르되
      사십 일이 지나면 니느웨가 무너지리라 하였더니
    5 니느웨 사람들이 하나님을 믿고 금식을 선포하고
      높고 낮은 자를 막론하고 굵은 베 옷을 입은지라

   10 하나님이 그들이 행한 것
      곧 그 악한 길에서 돌이켜 떠난 것을 보시고
      하나님이 뜻을 돌이키사
      그들에게 내리리라고 말씀하신 재앙을 내리지 아니하시니라

마 12:39 예수께서 대답하여 이르시되
      악하고 음란한 세대가 표적을 구하나
      선지자 요나의 표적 밖에는 보일 표적이 없느니라
   40 요나가 밤낮 사흘 동안 큰 물고기 뱃속에 있었던 것 같이
      인자도 밤낮 사흘 동안 땅속에 있으리라
   41 심판 때에 니느웨 사람들이 일어나 이 세대 사람을 정죄하리니
      이는 그들이 요나의 전도를 듣고 회개하였음이거니와
      요나보다 더 큰 이가 여기 있으며

하늘山
제12일. 니느웨 회개 기도 40-12 (2020. 8. 3. 월요일)

1. 영존하신 하나님! 영존, 존전, 존엄이 무엇인지 알아보자

나는 무엇, 너는 무엇이라 생각하느냐? 이는 관계적 질문이다. "연결고리입니다. 파생(from)입니다. 부분(part)입니다. 전체의 part 같은 속성, 신성입니다" 부활이요, 생명이니라. 요 11:25 …나는 부활이요 생명이니 나를 믿는 자는 죽어도 살겠고. 네 대답은 '부활'과 '생명' 두 단어에 적합한 표현력이다. 이는 나타내는, 표현하는 묘사어이다. 속성어이다.

너는 긴박감을 주는 자였다. 2020. 8. 1. 토요일, 어머니 장례식 장지 그곳 불(화장장) 앞이다. 한정적 공간, 제한된 시간에서 일어난 일, 이 현장의 생동감을 강단 위에서 전할 것이다. 내가 너를 세우리라. 너는 파생이다. 나의 부분(part)이다. 나의 아들이다. 너는 내게 아들이기를 원한 자이다-첫 교회, 신앙 초기에 너를 왕자(아들)로 알리고, 소년 모습으로도 환상을 보이며 하늘 아버지 사랑을 모르는 거리의 거친 부랑아들 앞에 세워 사랑을 전하라 한 자이다. 점차 여성으로 바뀌고 주의 신부가 아닌 사람의 신부로 바뀌므로 나온 그곳이다. …생략…

너는 내 아들이다. 오늘날 내가 너를 낳았도다. 시 2:7 …너는 내 아들이라. 오늘 내가 너를 낳았도다. (이 말씀의 찬양도 함께 주신다! 하라) '너는 내 아들이라 나의 사랑하는 내 아들이라 언제나 변함없이 너는 내 아들이라 십자가의 고통 해산의 그 고통으로 내가 너를 낳았으니' 너는 바지 입은 자, 순회 전도자 ㅇㅇㅇ와 같다. (영상에서 본 어느 여성 사역자의 모습을 떠오르게 하십니다! 하라) 내가 너를 세우리라. 시 2:6 내가 나의 왕을 내 거룩한 산 시온에 세웠다 하시리로다. "어머니 장례식 장지에서 성령 불을 주신 주님! 감사합니다" 이곳 아들의 거처는 아나니아 집 같은 곳이다. 행 9:10 그 때에 다메섹에 아나니아라 하는 제자가 있더니 주께서 환상 중에 불러 이르시되…. 너는 나의 간증자이다. 개척 예배지, 그 지역에서 나오는 날에 너를 세울 것이다. **마지막 날(밑줄 치라)을 전하리라!(추가 글 2023. 7. 24. 월요일)**. 네 내면(가진 바, 훈련된 모든 것)! 너는 나이다.

2023. 7. 24. 월요일. 추가 글입니다.

마지막 날을 전하리라!: 힘든 시기에 이를 주지 않더냐? 2019년 부활절 즈음이니 나의 소리에 귀가 번쩍! 한 자이다. 오랜 시간을 잠잠히 "나 죽었소" 하며 기다린 자이니 그러하다. "너 자신을 누구와도 비하지 말라" 이르신 주시다! 하라. 적재적소를 위한 주의 전략의 다양화로 마지막 이 시대에 나선 자이다. 나만의 스토리 안에서 오래 묵은 된장과 포도주와 같이 너를 두니 내 영광이다! 하라. 이는 섣불리 너에 대해 말하지 않을 자들이니 "나의 아픔이자, 나의 아낀 보화이다" 전하라. "나의 감추어진, 감추어 둔 비밀이라" 하라. 되었느냐? 닫으라.

이 세대 속에서 일할 자이다. 나의 마음을 아는 자이다. 나의 행할 일에 대해서 들은 자이다. 내면 가득히 채워진 상태이다. 이는 성경을 사랑하여 주신 자이다. 스스로 준비한, 스스로 나선 무언가가 아닌, 자아내면 깊숙이 주의 비밀들을 쌓기 위하여 밭에서 오래 머문 자니 추위, 더위, 배고픔, 외로움, 무시, 외면, 차별 등 누군가 돌봄이 없는 자리에서 떠나지 않은 한 사람에 의해서 굶지 않고 한 끼라도 부실이 채운 식사이다! 하라. 두 아들이 곁에 있으니 견딘 자이다. 이는 생명줄이 되어 키운 자이기에 잘되기를 바라는 마음으로 자신 도리 외에 연락조차 망설이기도 하며, 이따금 면회하듯 통화 외에 찾아오지 않으면 만날 수 없는 차단 속에서 수년을 견딘 자이다. 이후는 오르내린 자이다. 너를 도운 주의 종이 있으니! 성령이 깊지 아니하고서는 이해조차 하지 않는 저마다의 기준과 판단과 목회 방식으로 다들 대하니, 소속 아닌 자를 누가 가까이하느냐? 하라. 이로써 주는 글이니, 자신은 영으로 아는 관계 속에서 성령의 사람들과 오히려 친밀감과 위로를 느끼며 재기를 바란 자이다! 하라. 다 떠나가더라! 남음은 생명 줄기 두 아들과 후원자 한 사람과 영의 사람들이니 이러한 자산이 무에서 유를 창조하듯이 홀로 긴 시간을 감내하고 새로운 시작을 하는 자이다! 하라. 마지막 글이다. 이는 조판의 완성 앞에 두는 글이다! 하라. 되었다. 닫으라.

2. 네 두 손! 내가 너를 보았다

2020. 8. 1. 토요일, 어머니 장례식 장지 그 산에서 기도한 자이다. (기도할 때, 두 손을 들고 기도하는 습관이 있습니다! 하라) 그날, 어느 목사가 한 일을 보자. 성령에 이끌려 하는 일이니 이를 외치는 자를 저지한 자이다. 너를 붙든 자, 밖으로 데리고 나온 누군가이다. 붙든 자, 그는 누구인가? 단 3:22 왕의 명령이 엄하고 풀무불이 심히 뜨거우므로 불꽃이 사드락과 메삭과 아벳느고를 붙든 사람을 태워 죽였고. …생략… 그는 마치 너를 간음한 여인처럼 한가운데 세우려 한 자이다. 요 8:3 서기관들과 바리새인들이 음행 중에 잡힌 여자를 끌고 와서 가운데 세우고. 그 장소에 있던 네가 모르는 또 다른 목회자에 대해서는 생략합니다! 하라. 너를 붙든 그는 내 사역의 '성령 훼방자'이다.

너는 그곳 첫 번째 사역(어머니 시신을 화장한 장소인 화장장)에 이어 두 번째 납골 묘지에서는 '성령의 계획'을 하지 못한 자이다. 화장장 그곳 산에서 오랜 시간을 끈 상태이다. 방해한 그들을 무릎 꿇릴 것이다. (이는 주께서 말씀하십니다! 하라) 나보다 앞선 자니 너를 흉본 자들이다. 너는 사람이 음식을 주면 먹고, 주지 않으면 먹지 않는 자이다. 영이신 주에 의해 성령의 일을 하는 자이며, 육신의 몸을 위한 식사 문제는 사역지에서(장례식 장소나, 언제 어디서나) 섬기는 사람들에 의해 해결된다는 것을 뜻한다! 하라. 그리고 너는 가늠대이다. 도로의 중앙에 놓인 선, 중앙 분리대 같은 자이다. 이는 묘사어이다. '기준이 될' 이러한 뜻이다. (찬양을 주십니다! 하라) '주님, 이 작은 자를 통하여 어디에 쓰시려고….' 너는 지금 우는 자이다.

너는 내게 '마지막 때'를 구한 자이다. 성령과 함께 있어야 휴거 때에도 견디고 이기는 자임을 아는 자이다. '분리 불안증' 너이다. 이는 나를 구한다는 뜻이다. '성령 병에 걸린 자' 왜인가? 이는 나를 바라보는 자, 체험한 자이다. 성령으로 '인' 친 자이다! 하라. 거세 받은 자(ㅇㅇ 제거), 천국을 위하여 고자 된 자이다. 마 19:12 어머니의 태로부터 된 고자도 있고 사람이 만든 고자도 있고 천국을 위하여 스스로 된 고자도 있도다 이 말을 받을 만한 자는 받을지어다. 성령 체험자, 너는 경험한 자이다. 이는 "내가 미리 말하였노라"에 해당하는 것이다. 마 24:25 보라 내가 너희에게 미리 말하였노라.

처음 신앙 생활한 ㅇㅇ 교회 기간에서 받은 것, 책을 쓸 것이다─[2023. 2. 21. 화요일. 추가 글입니다. 이 시기에 주신 은혜 중 일부는 소개된 종말 1, 2권이다! 하라. 차차 알릴 자이다. 나를 증거하기 위하여 준비된 자이다! 하라. 요 1:19 유대인들이 예루살렘에서 제사장들과 레위인들을 요한에게 보내어 네가 누구냐(밑줄 치라) 물을 때에 요한의 증언이 이러하니라. 행 2:4 …성령이 말하게 하심을 따라…. 막 13:11 …무슨 말을 할까 미리 염려하지 말고 무엇이든지 그 때에 너희에게 주시는 그 말을 하라 말하는 이는 너희가 아니요 성령이시니라. 되었다. 닫으라]─2020년 영서 은사가 임하기 전, 2019년 한 해에 준비한 찬양 자작곡을 가진 자이다. ㅇㅇ에 본인 곡을 넣을 것이다.

개척 예배처에서 12년(2008-2020년)간 내가 너를 기른 것이다. 2008년 가을에 ㅇㅇ 신학교에서 서울의 ㅇㅇ 신학교로 전환한 자이다. 이는 선교를 위해서이다. 성경 내용의 12년(소녀-회당장 딸 12세, 혈루증 여인-12년 혈루증 앓아온 한 여자)이 궁금했던 자이다. 1차 광야는 12년 준비 기간이며(첫 교회 신앙생활 당시, 미리 꿈으로 본 제 모습입니다. 제가 흰 한복을 입고 죽은 자 같은 모습으로 홀로 긴 길을 외로이 걸어가고 있고 12년 가야 하는 훈련 길의 연수를 알게 하십니다. 이 기간은 2005년 신학 이전까지의 기간입니다! 하라. 2차 광야 12년(2008-2020년)은 '나(너 자신) 제거'

뜻이다. 주님이 일하시도록! 이는 준비이다 하라.

3. 노트북 구입 될 것이다

　오늘부터 가족 공용 카드를 사용하는 자이다. 노트북 가격은 20-30만 원대 또는 15-20만 원대이다. "저가(저렴한 가격)로 구입할게요" 반드시 내가 너를 복 주어 번성하게 할 것이다. 히 6:14 이르시되 내가 반드시 너에게 복 주고 복 주며 너를 번성하게 하고 번성하게 하리라 하셨더니. 어머니 장례식 장지에서 산천도 초목도 울었다. 네가 나무 앞에서 두 손 들고 기도할 때(장례식장 갈 때 입은 옷 그 위에 상복을 입은 자이므로 더운 자이다) 바람으로 땀을 식히게 하신 주시다. 너는 나의 작품이다. 위에서 내려온 자, **이는 하늘 공간이다**(추가 글 2023. 1. 26. **목요일**). 성령이 내려 임한 자였다. 1995. 8. 21. 월요일, 성령 세례가 임한 자이다. 물세례(성경)와 불세례(성령)를 받은 자이다. 영서는 나에 의해 기록된 책이다. 나에 대해서. 나를 사랑하는 자 너이다. 성경과 성령을 원한 자이다. 자연 계시에 이어 환경을 통해 꿈, 환상, 내적 마음 상태도 여러모로 살피려 한 자, 지각의 영역에서 해보려던 자, 해봤던 자이다.

2023. 1. 26. 목요일. 추가 글입니다.

　이는 하늘 공간이다: 1992년 11월 첫 주일, 교회의 예배 생활이 시작된 자이다. 교회의 신앙 훈련 1년을 앞두고 자신을 향한 열매를 보고자 한 자이다. 이러한 1년을 앞둔 시점이다! 하라. 1993년 가을, 추석 한 주 앞에 아버지의 소천을 예견하고 임종 자리를 지킨 자이다. 오빠 가정이 섬기는 교회의 산 '장지'에 도착하여 묘지로 이동하는 동안에 교회 측에서 부르는 찬송의 가사를 들으며 인생길에 주실 은혜를 다시 가늠한 자이다. (1절) '내 주를 가까이하게 함은 십자가 짐 같은 고생이나 내 일생 소원은 늘 찬송하면서

주께로 나가기 원합니다. (2절) 내 고생하는 것 옛 야곱이 돌베개 베고 잠 같습니다. 꿈에도 소원이 늘 찬송하면서 주께 더 나가기 원합니다. (3절) 천성에 가는 길 힘하여도 생명 길 되나니 은혜로다. 천사 날 부르니 늘 찬송하면서 주께 더 나가기 원합니다. (4절) 야곱이 잠에서 일어난 후 돌단을 쌓은 것 본받아서 숨질 때 되도록 늘 찬송하면서 주께 더 나가기 원합니다' 교회에서 심방과 장례를 주관하여서 이 사역의 과정을 지켜본 자이다. 교회의 산에서 몸에 이상 증세가 나타나 아버지의 장례식을 끝까지 지켜보지 못하고 자리를 떠난 자이다. 심장 문제이기에 가장 가까운 병원을 찾아 급히 가는 길에서 임사 체험으로 오른 하늘길이 아니랴? 그 위 하나님을 만난 자, 체험한 자이다. 이때 받은 '지구의 종말' 임박함과 '종말의 사명'이 시작된 부르심이다! 하라. 되었다. 닫으라.

4. 그림 같은 집을 구하는 자

아들은 섬기는 사역지 'ㅇㅇ 교회'를 나오는 자이다. 이곳에서 줄 것이다. 선교하는 교회로 세울 것이다. **섬기는 교회가 되리라**(추가 글 2022. 12. 28. 수요일). 두 아들은 거치대이다. 엄마를 드러내 보이는 자, 소개자이다.

2022. 12. 28. 수요일. 추가 글입니다.

섬기는 교회가 되리라: 소속이 없는 제게 이러한 선교와 관련하여 주께서는 수없이 알리시며 오늘, '종말' 시리즈 2부의 원고를 준비하는 중에 위에서 말씀하신 은혜에 대해 이제는 더 확실한 이해가 됩니다! 하라. 마치 아브라함의 언약이 구체화 되듯이 그러합니다. 2020. 7. 23. 목요일, 영서 첫날에 두 아들에게 가라는 말씀을 받아 채비하고 나섭니다. 비바람이 강한 날씨로 인해 자연으로 교훈하신 주이십니다. "두려워하지 말라, 놀라지 말라(사 41:10)"는 말씀을 주시며 '비바람의 날씨'같이 주와 함께 걸어갈 길이라고 하십니다. 그리고 하나님이 함께하시며 영서로 물 붓듯이 부으시는 은혜 안에서 꿈같은 약속은 계속됩니다. 과거, 현재, 장래에 대해 알리시며 점차 구체적으로 말씀하시기까지는 어안이 벙벙합니다. 그러나 작든 크든, 어떠하든지 순응을 요구하시는 날들 속에서 가족의 연합과 주위의 환경 문제는 날마다 시험을 치르듯이 연속됩니다! 하라.

선교에서 가장 중요한 것은 주되신 목자의 음성을 듣는 것이며 이를 순종하는 것입니다. 작은 일상에서 매우 큰 일까지 오직 성령을 따라 행하는 것입니다. 무엇보다 오직 주만을 직시하고 '순간순간' 속에서 마음을 집중하며 살라! 하시니, 매일의 삶 속에서 그날 '하루에 대한 평가'까지 이러한 주의 시험(테스트) 속에서 살아갑니다! 하라. 이는 자라가기 위함입니다. 강해지기 위함입니다. 주만을 사랑하기 위함이며 무엇을 명하시든 해야 하는 믿음과 순종의 그릇 빚기 과정입니다! 하라. 이러한 훈련의 여정에서 해야 할 일은 받으나, 마음의 무거움이 되어 사는 자이다! 하라. 매일 하루의 은혜 안에 머물게 하시기에 견디는 자이다. 주를 위해 가는 길, 사는 삶이 이러하다! 하라. 조직에 의한 것이 아닌, '자율로 두신' 환경에서 점차 훈련되어 '주의 음성 듣기'로만 살아야 할 시점이니 선교의 부르심이다! 하라. 커다란 꿈이 이제는 직면하는 나날이 부딪치는 숙제가 된 자이다. 꿈이 만져지는 때이니, 손수 씨를 뿌리고 해충도 해결하며 들짐승과도 싸우는 시기이다! 하라. 큰 목표가 있으나 작은 일들을 성실히 하기도, 해야 할 일을 넓히기도 하며, 다양성을 두어 성령의 자유자재함에 이르기 위함이다! 하라. 오직 목자가 되신 주만이, 그의 권세만이 클 때이다! 하라. (찬양을 주십니다! 하라) '세상과 나는 간 곳 없고 구속한 주만 보이도다' 오직 나의 영으로 되느니라! 하라. 슥 4:6 그가 내게 대답하여 이르되 여호와께서 스룹바벨에게 하신 말씀이 이러하느니라 만군의 여호와께서 말씀하시되 이는 힘으로 되지 아니하며 능력으로 되지 아니하고 오직 나의 영으로 되느니라. 되었다. 닫으라.

5. 양분화 '영 분별'에 대해

씻고 나오는 자이다. 나를 위해 씻어야 하지 않겠니? 이는 영서를 지속하여 받기에 씻지 못하므로 씻을 시간을 주시는 주시다! 하라. 먼저, 어머니 장례식의 '성령 측 주장에 대해서'이다. 너는 춤추는 자이다. 이는 피리 부는 자에 대한 반응이었다. 마 11:17 이르되 우리가 너희를 향하여 피리를 불어도 너희가 춤추지 않고 하지 않으랴? 그곳에서의 네 찬양은 장송가(영 방언 나오는 자) 비가이다. 누가 누가 이를 듣지 않으랴? (이름은 생략합니다! 하라)

장례식 기간에 성령의 위로로 진행하여 수가 많아진! 행 9:31 그리하여 온 유대와 갈릴리와 사마리아 교회가 평안하여 든든히 서가고 주를 경외함과 성령의 위로로 진행하여 수가 더 많아지니라. 내가 말한 이것을 나타내주었다. 당시 '상황에 대해' 설명해 준 것이다. 시편에 가리켜 말하기를 "나의 왕 내 아들을 시온에 세웠다!" 시 2:6 내가 나의 왕을 내 거룩한 산 시온에 세웠다 하시리로다. 이는 2020. 8. 1. 토요일, 어머니 장례식 장지의 그 산에서 네 모습이다. 그 장소에서 상황이 어떠했는지 이 모두는 생략이다! 하라. 너를 면밀히 보신 주시다! 하라. "이끄신, 주관하신, 내 주시다" 이를 전하라. '정해진 나(내 입장)이며 정해진 너' 이러한 관계이다. (이어, 말씀하신 많은 분량 내용들은 '주변에 대해서'이므로 대부분 생략합니다! 하라) 악령 층, 대적 층, 미숙 층, 어리석은 자 층, 자아 계층 층, 혼돈 층 그렇게 훈련된 층이다. 교육화 중이다. ㅇㅇ부터 보자. (주변 상황이므로 주신 내용들을 생략한다! 하라. 유형별로 전해 주신 주시다! 하라) 사람들은 너에 대해 '먼 날을 아는 자'로 안다! 하라. 성령은 과거, 현재, 미래이다. 돌아오지 않는 강, 그곳이다. 너는 이제 마음대로 가는 자이다. 내가 결정한다. 사람의 말을 듣지 않아야 하는 자이다.

6. 성령이 일하시는 교회는 무엇인가?

'성령이 일하시는 교회'는 개척 예배처의 표어이다. 성령의 뜻을 전하는 자가 먼저이다. 너는 담임 목회자이다. 첫 교회를 나온 자이다. 이곳에서 주의 음성을 듣고 있는 자이다. 한 목회자에 대해서 받으나 이도 생략이다! 하라. 어머니의 장례식 장지인 화장장 대기소에서 만난 그 승려가 목탁을 친 날! '기도한 자(너를 그곳에 세워 기도하게 하신)에 의한' 성령이 일하심을 본 자이다. 그의 머리가 잘린 것과 그가 내려가는 막힌 길에서 하늘을 쳐다보며 하나님을 생각하는 모습을 환상으로 보이신 주시다! 하라. 너는 두 아들 함께 선교단이다. …생략… 교회 안에서 전하는 것은 누구나 할 수 있다. 교회 밖에서 전하는 것은(어머니 장례식 기간에 성령으로 일한 자이니 그러하다) 쉽지 않다. 이는 장례식을 마치고 작은아들과의 산책길에서 네게 전한 위로의 말이다. 아들로 말하게 하신 주시다! 하라. "다시 용기 내라" 하며 격려한 아들이다.

7. 오늘 '도하'하는 날 되리라

1) 서울의 ㅇㅇㅇㅇ 교회이다

아들이 준 검정 바지를 입고(기도에 편한 복장이기에) 지난번처럼 저녁은 가족 외식으로 하고 교회에 들어가는 자이다. (심야 기도하라고 하십니다) 무엇에 대해 기도할지 알려주시는 주시다! 하라. 방명록을 쓰지 않는 시간에 **들어가는 자이다(추가 글 2023. 1. 26. 목요일).** <u>흰 돌을 줄 터이니 전하여라.</u> 계 2:17 이기는 그에게는 내가 감추었던 만나를 주고 또 흰 돌을 줄 터인데 그 돌 위에 새 이름을 기록한 것이 있나니.

2023. 1. 26. 목요일. 추가 글입니다.

들어가는 자이다: 코로나 기간은 정치 방역 기간이다. 아울러 그로 인해 심사하듯 예배자의 명단을 기록해야 하는 정부의 처사, 이러한 행위를 마땅치 않게 보는 자이다. 간혹 교회의 방문을 기도 목적으로 해야 하는 경우이다! 하라. 몇 해를 방문한 어느 교회는

성령이 역사하시는 '영'의 교회이니 이따금 가는 자이다. 이곳에서 부득이 방명록을 쓰기도 한 자이다. 후회하고 다시 쓰고 몇 회를 그리 한 자이다. 주께서 가라 하시기도 한 자이니, 이러한 교회 방문은 간혹 있다! 하라. 예배 전에 교회 입구의 명단 기록, 화상 열 체크 등은 정부에 진 것 같은 굴욕감을 느낀 자이다. 교회나 사회나 그러하다. 감염, 전염에 주의, 대비, 놀라는 한국 교회의 그 시절이다. 너는 모든 것을 주의하며, 살피며, 연구할 때이므로 그러하다. 이는 곤혹스러운 교회 출입과 그 외 시설들이다. 되었다. 닫으라.

2022. 12. 28. 수요일. 추가 글입니다.

이 글의 제목 '7. 오늘 도하하는 날 되리라'의 도하는 '두 강에 대한' 내용입니다! 하라. 이는 한 꿈이다! 하라. 위의 지역 서울로 가기 위해 근접한 어느 강에 이른 자이다. 넓은 강이나, 물이 다 마른 상태이며 매우 커다란 물고기들이 죽은 채로 강바닥 전체에 가득 차 있지 않더냐? 하라. 목적지를 향한 자이므로 강을 지나야 하기에 하는 수없이 발을 넣은 자이다. 죽은 물고기들 사이로 발을 비집을 때, 감촉이 징그럽기도 하여 발을 뗀 자이다. 다시 발을 넣고 비집으며 나가기를 시도하나 결국은 포기한 자이다! 하라. 이어지는 꿈은 아래 방향의 강이다. 자연을 배경으로 한, 한 폭의 그림 같은 맑은 물의 수심이 있는 강이다! 하라. 한적하고 좋은 곳이나, 이를 뒤로 하고 강으로 들어가서 위 지역을 향하여 오르다가 꿈을 깬 자이다. 이는 불과 얼마 전 깨달음이니, 어느덧 주의 지도로 수도 서울을 오르내린 자이다. 2022년 올해 하반기에는 한 장소로 주신 기도처 서울의 ㅇㅇㅇㅇ교회를 오르내리는 자이다! 하라. 이는 꿈대로이다.

수년 전, 나라의 애국 집회를 영상으로 대하게 되면서 참여해보려 한 자이나, 건강 문제 등으로 막으신 주시다. 이어 2020. 7. 23. 목요일, 영서가 시작되고 "오직 이 일만 집중하라" 하신 주시다! 하라. 영서 첫날에 이와 관련하여 주신 메시지가 있으나, 막연한 거리감으로 무언가? 하며 의아해한 자이다. 그러나 2020. 8. 3. 월요일, 영서 12일 째에는 어머니의 장례를 마치고 시작된 아들의 한 주 휴가 기간 첫날이므로, 나라 집회와 관련한 서울의 ㅇㅇㅇㅇ 교회를 방문하라 하신 주시다! 하라. 이 당시는 영서 은사에 이어 한 주만에 성령 불이 임하니 오직 주의 일에만 마음이 집중된 시기이다. 그리고 다시 한 주의 기적 '아들의 휴가 기간'을 전하신 주시다! 하라. 그러나 가지 못한 자이다. 혼자가 아닌 팀으로 가야 하나 가족에게는 낯선 선택이기 때문이다.

이어 수요일에는 동해 바다로 가라! 하시며 북한 무기의 겨냥 장소이니(바다에 포 쏘는 그들이다) 기도하라! 하신 주시다! 하라. 새벽에는 차에서 불편한 쪽잠을 자고 강행한 낮 일정에 이어 목요일 밤에 다시 서울의 ㅇㅇㅇㅇ 교회를 오르라 하신 남은 일정이 있으나 <u>결국은 가지 못한 자이다─**[2023. 1. 26. 목요일. 추가 글입니다.**</u> 성령의 일정은 매우 조심스럽다! 하라. 진행 과정에서 계획 차질이나, 갈등 조장 문제가 생기면 성령의 근심과 함께 몸이 약한 자이므로 아프기에 그러하다! 하라]─<u>2022년 올해 하반기부터는</u> 서울의 ㅇㅇㅇㅇ 교회의 기도처에 계속하여 오르게 하심이니, 이 꿈에서 같이 목적지를 향하여 오른, 강 도하이다! 하라. 이를 깨달은 자이다. 또한 오늘 다시 이날의 말씀을 보면서 주께서 미리 주신 영서의 메시지와 성경, 꿈, 환상들이 매우 소중함을 다시 가슴으로 느끼는 자이다. 되었다. 닫으라.

영서를 기록한 첫 주, 이 한 주(2020. 7. 23. 목-7. 29. 수)는 하늘 문이 열리고 생수의 강이 폭포수처럼 흘러내림이니 이는 여호와의 지식이다! 하라. 사 11:9 내 거룩한 산 모든 곳에서 해 됨도 없고 상함도 없을 것이니 이는 물이 바다를 덮음같이 여호와를 아는 지식이 이 세상에 충만할 것임이니라. (이는 2020. 2. 12. 수요일, 보이신 환상대로 이루어지는 상황이다! 하라) 이어 영서 기록 두 번째 한 주는 어머니 장례 기간(2020. 7. 30. 목-8. 1. 토)이니 성령의 불을 받고 일한 자이며 마치고 주일에 쉬면서 성령의 역사 현장을 다시 분별, 분석하며 진단을 주신 주시다! 하라. 이어 월요일부터는 교회에서 사역하는 아들의 한 주 휴가이므로 이 기간을 '7일간의 기적'이라 하시며 나라 집회를 주도하는 서울의 ㅇㅇㅇㅇ 교회를 오르라 하신 주시다. 그러나 가지 못한 자이다. 이어 화요일에는 어머니의 장례를 마친 토요일부터 거의 누워지내는 자에게 "산책하라" 하시며 일으켜 세우신 주시다! 하라. 산책길에서 먼저 주신 말씀은 "내게 너는 다함이 없는 보물이다" 말씀하심이 아니랴? 눅 12:33 너희 소유를 팔아 구제하여 낡아지지 아니하는 배낭 곧 하늘에 둔 바 다함이 없는 보물이니 거기는 도둑도 가까이하는 일이 없고 좀도 먹는 일이 없느니라. 다음 말씀은 '동해 바다'에 기도하러 가라 하며 쉼을 위해서 **겸사겸사 보내신다! 하지 않느냐?(추가 글. 2023. 3. 21. 화요일)** ……

2023. 3. 21. 화요일. 추가 글입니다.

겸사겸사 보내신다! 하지 않느냐?: '다함이 없는 보물'의 의미는 살아온 지나온 시간에 대한 수고를 말씀하시는 주시다! 하라. 이후에 성경 구절을 발견한 자이기에 늦게 깨달은 자이다. 이는 어머니 장례를 마치고 새로운 푯대를 다시 향하기 위하여 주신 말씀이다! 하라. 이미 시작한 영서로 인해 사명에 관한 말씀들이 쏟아지는 시기이므로 책 발간 등 할 일을 지속하여 마음에 담기 시작한 당시이다. 재물도 후원자 한 사람에 의해 살아온 자이며, 살 때이므로 격려하시기 위함이다! 하라. 이 물질로 지속되는 섬김이니, 과도히 아끼며 지낸 자에게 다시 일을 촉진하시는 주시다! 하라. 아들의 한 주간 휴가 기간에 보내시는 '기도와 쉼'을 위한 동해 바다 경비의 지출 시기이다! 하는 뜻이다! 하라. 또한 이외에도 휴가 기간에 사용할 지출 등을 뜻하며 네 가는 길은 주의 일을 위한 모든 것을 사용하는 자이다! 하는 의미이다! 하라. 이러한 네 방식 차원의 헌신과 수고로 인해 네 마음과 믿음을 다시 매만지시는 주시다! 하라. 어머니 장례 후, 네 갈 길에 대한 주의 위로하심이 아니랴? 하라. 그러므로 다녀온 수요일과 목요일의 2일 일정이다! 하라. 현재까지 이러한 섬김으로 사는 자이며, 2022년에는 책의 '종말' 시리즈 출간으로 섬김의 대상도 알리신 주시다! 하라. '다함이 없는 보물'이란 이러한 하늘에 보물 쌓기를 하는 자이다! 하라. 되었다. 닫으라.

…… **(위의 글 다시 이어집니다)** 이에 수요일, 목요일을 다녀온 자이다! 하라. 북한의 핵실험 시대로 인해 동해 바다에 포를 쏘는 그들에게 "회개하라" 외치는 기도를 한 자이다. 이제 돌아보니 2020년 이때, 왜 오르라(도하에 대해 전하신 주시다) 재촉하신 주이신가? 깨닫는 자이다. 이는 2022년 7월에서 12월까지 반년간 이 기도처(서울의 ○○○○

교회)에서 기도하면서 비로소 느끼는 자이다. 성령의 말씀에는 '어떠하든, 무엇이든, 어디이든, 어떻게 하라' 하시든 순응해야 성령의 사람으로 깊어지는 것이다! 하라. 이 싸움은 여전히 그러하다. 개인의 순종보다 가족이 연합해서 하는 순종이 더 어려움을 아는 자이다. 그다음으로 다른 사람들, 교회, 교단, 나라, 지구이니 커질수록 더욱 그렇지 않으냐? 그러므로 일의 순응에서 비슷한 성령의 사람 유형들이거나 더 위의 단계는 더 낫다고 함이니 이는 끼리끼리 유유상종이 아니냐? 이러하여 일의 과정에서 깨닫는 자이니, 중요한 것은 주의 맡기신 일들이 작은 일이 아니므로 감당하지 못하여 좋지 않은 결과를 지켜볼 때가 아니냐? 다 힘듦이니 시험과 성장 과정이라 하여도 크든, 작든 매사에 순종해야 주에 대한 믿음, 사랑이며 주의 생명, 능력, 진보가 되지 않으랴? 하라. 아는 길, 지름길을 알리시는 주에 대해 순종하지 못함은 이러하다. 성령이 보이시는 생명 길, 지름길, 아는 길을 주신다고 해도 순종하지 않으니 이는 아픔, 안타까움, 심한 고통이다! 하라. "주는 기다리신다!" 하라. "오래 참으시며, 인자하시며, 노하기를 더디 하시지 않느냐?" 하라. 지켜보는 주의 고통을 아는 자이다. 자신의 죄, 이웃의 죄 모두이다! 하라. 되었다. 닫으라.

2) 나라를 위해 일하는 서울의 ○○○○ 교회

이곳을 방문한 적이 있는 자이다. 교회의 아픔이 있는 어느 날 밤이다. 회한을 푸는 간구의 기도를 하게 하신 주시다! 하라. 잊지 못할 그날이다.

2022. 2. 18. 금요일. 추가 글입니다.

다시 적어보아라. 순종하였느냐? 가지 못한 당시이다. 성령의 일은 원하는 쪽과 원하지 않은 쪽이 있다! 하라. 이 둘은 대치, 대립이다. 사람의 생각이 앞서는 자들로 인하여 이루지 못한 자이다! 전하여라. 나의 생각과 너희 생각은 다르다. 나의 일은 무엇을 원하느냐? 구원에 관함이다. 그러나 너희의 생각은 안일함, 자기 육신, 정욕을 위해 살려 하는 자들이 많다! 하라. 이 소용돌이로(양측이 대치하는 싸움이니라) 인해 힘겹게 보낸 자리이다. 교회 방문을 계획하고 나서보려 하나, 뜻대로 되지 않은 자이므로 주저앉으며 낙심한 자였다. 그날(이전에 그곳을 방문한 자가 아니냐?)은 서울을 향한 자이므로 방향을 돌려 ㅇㅇㅇㅇ 교회를 "가보자" 하여 심야에 이르러 처음 그 교회에 발을 딛지 않았느냐? 전날, 교회를 침입한 무리로 인하여(방송 영상으로 교회 상황을 지켜본 자이다) 상심하여 울부짖고 나온 자 아니냐? 서울시 시장 등 교회의 탄압에 대한 억울함, 원통을 호소한 자이다. 얼마 후 관련자는 참변을 겪었으며 이 모든 것이 우연이 아니다! 전하거라. 나라 애국을 위한 기도자들의 기도 상달이 아니냐? 나의 이야기는 나의 일이며 나의 진두지휘가 아니겠느냐? 누구를 사용함도, 어디를 어찌함도 다 이러하므로(나의 지시이므로) 일어난다! 하거라. 나의 의를 위하여 너희를 두는(이 땅, 곳곳 배치가 아니냐?) 나이다 하라. 생면부지 그이나(서울 시장을 직접 본 적이 없는 자이다), 교회와 성령과 나라에 대해 심히 아프게 한 자이므로 나의 공의로운 표를 두기 위함이며 이 일은 민족에게 또한 성령을 방해, 폄하, 훼손(일에 대해)하는 자에게 당시 최후통첩 같은 메시지 암시를 두기도 하였느니라. "누구든 이와 같으리라" 하지 않겠느냐?

2011년, 군대의 소식을 들은 당시를 보자. 북한이 대치한 위협, 위험, 위기가 있었으니 '준전시' 기간이며 최전방에 군 복무하는 아들로 인해(군대의 비상시기) 구한 자이다. 네게 전한 나의 말은 이러하다. '여호사밧처럼 찬송하라' 이 방법을 보인 나이다. 대하 20:20 …여호사밧이 서서 이르되…. 21 백성과 더불어 의논하고 노래하는 자들을 택하여 거룩한 예복을 입히고 군대 앞에서 행진하여 여호와를 찬송하여 이르기를 여호와께 감사하세 그의 인자하심이 영원하도다 하게 하였더니 22 그 노래와 찬송이 시작될 때에 여호와께서 복병을 두어 유다를 치러온 암몬 자손과 모압과 세일산 주민들을 치게 하시므로 그들이 패하였으니. 이는 위기의 한국이다 하라. 네 할 일은 "나를 높이라, 찬양하여라" 하지 않더냐? 찬송 기도를 마친 후(오직 주만을 찬양하라! 하시므로 마음을 다해 믿음의 기도로 찬양을 드린 자이다. 당시에 하던 대로 주의 영원하신 주권, 영광만을 찬양, 경배한 자이다! 하라) 다시 소식을 들음이니, 남한 측의 매복 대기자들(아들의 소속 부대) 곧 해산이 아니더냐? 얼마 후 그해 2011. 12. 17. 토요일, 김정일의 사망 소식을 들은 자이다. 믿기지 않지 않더냐? 사람은 때가 되어

가는 자이다. 영원하신 주 하나님 외에 무엇이 두려우랴? 하라. 일시적 방망이, 몽둥이, 무기들로 사는 인생들 앞에 두려워 떠느냐? 그보다 생명과 사망, 천국과 지옥 권세를 가지신 여호와를 섬기며 두려워 떨지어다! 이르거라. 이상이다. 닫으라.

3) 다시 방문하라! 전하시는 주시다

2022. 1. 16. 주일. 추가 글입니다.

"무슨 일인가 이날은?" 영서는 사용 설명서이다 하라. "어찌 살 것인가?" 묻지 않으랴? 모두가 내게로 오나, 다는 아니라 하라. 혼인 예복의 청함에 관함이다. 마 22:2 천국은 마치 자기 아들을(예수 그리스도 주시라) 위하여 혼인 잔치를(구원의 길, 과정이다) 베푼 어떤 임금과 같으니…. 9 네거리 길에 가서 사람을 만나는 대로 혼인 잔치에 오라 한 대 10 종들이 길에 나가 악한 자나 선한 자 만나는 대로 모두 데려오니 혼인 잔치에 손님들이 가득한지라 11 임금이 손님들을 보러 들어올 새 거기서 예복을 입지 않은 한 사람을 보고 13 …그 손발을 묶어 바깥 어두운데에 내던지라 거기서 슬피 울며 이를 갈게 되리라 하니라 14 청함을 받은 자는 많되 택함을 입은 자는 적으니라. 이는 무엇이냐? '새 예루살렘 성'을 보임이니 갈 바를 아는 자는 아브라함의 순종이 아니더냐? 창 12:1 …을 떠나 내가 네게 보여 줄 땅으로 가라. 히 11:8 믿음으로 아브라함은 부르심을 받았을 때에 순종하여 장래의 유업으로 받을 때에 나아갈 새 갈 바를 알지 못하고 나아갔으며. 이는 '가나안행'이다! 하라. 너는 '하늘에 오르더니' 본 자이다. 이는 1993년 가을 임사 체험이다. 오른 하늘길이니 하나님을 만난 자이다. 구름길을 지난 자이더니 지구를 내려다보며 저런 곳에서 "어찌 살았나? 사는 자는 어찌 살까? 기막힌 곳이다" 하지 않더냐? "나는 지구에서 잘 나왔다" 한, 서로 상반이 된 극과 극이 아니더냐? 오르면서 전혀 다른 세계임을 깨달은 자이다.

그러함에도 지구는 바삐 사는 자들이니 '일한다, 돈 번다, 배운다' 하며 분주함이기에 답답한, 무지한 그들 모습을 보인 나이다. 하늘에서 본 자(너는 그러하다)는 "시급하다, 하나님의 진노 시기이다" 하며 알리지 않으랴? 이로부터 30여 년이 아니더냐? 다시 본 영서 첫날(제1일 40-1), 공중의 위 하늘이니 '새 예루살렘 성'(계 21:2)을 향한 자가 얼마이더냐? 네 본 바 "소수이다" 하지 않으랴? 이미 대열에 선 자가 아득히 보이지 않을 만큼 피난민들 상황처럼, 서둘러 목숨 걸고 지구를 탈출하는 시기가 아니랴? 그러함에도 땅을 향해 여전히 열심히, 분주히, 모르고 사는 자들이다. 이는 알아도 세상에 얽히고설키어 자고 일어나니, 다시 또 자고 일어나니, 다시 또 이렇듯 반복적인 패턴으로 사는 자이며 무엇이 그리 많은지 이 꿈 저 꿈 찾는 자들이 많다! 하라. 세상 길 따르다가 떨어지는, 푹 꺼지는 싱크홀 지진이 아니더냐? 화산 폭발이 보이지 않더냐? 나의 노가 가히 엄청나지 않으랴? 경찰도 범죄자에 대해 이를 갈고 죄의 방지, 확산의 방지를 위한 기를 쓰고 일하지 않으랴?

너희는 어떠하랴? 사단이 맹활약하는 중이다. 도처에 이들의 판이 되어 "내 세상이다" 하며 주인 노릇, 강도 행각, 서슴지 않고 연합하여 무엇이든 옭아매고(밀렵꾼이 덫 치듯), 혈안이 되어 눈을 부릅뜨고 밤낮없이 시퍼런 칼을 든 자의 낯이 되어 표독스럽게, 잔인무도하게, 때로는 천사로 가장하여—[평화의 일꾼이다! 하며 세계를 위한다! 하나 모략꾼, 난봉꾼, 엽기적 살인마 들끓음이더니 괜찮으냐? 괜찮더냐? 숨 쉴만 하더냐? 견딜 만하더냐? 마치 어린아이를 유인하듯(유인책) 살살거리기도, 뒤집기도, 감추기도, 속이기도, 빼앗기도 하는 자들이 아니랴? 속고 나니 "어이없다, 분하다" 하랴? 되었다. 닫으라]—온 지구를 좌지우지하려 함에도 스위치 버튼을 누름같이 결정하는 내 앞에 무릎을 꿇지 않으랴? 이는 네가 본 바이다. 나의 노함(마음 상태)이 어떠한지 '곧, 곧'이니 때리려 매를 든 부모 같지 않더냐? 이를 모르는 자녀들은 무엇이더냐? 어찌 해석하랴? 어언 30여 년 아니겠느냐? 나의 노가 사라지랴? 너희 죄가 더하지 않으랴?

지구를 보라, 상황을 만나는 자가 아니냐? 한국은? 미국은? 어떠한 상황이냐? 아프가니스탄, 이란, 이라크 등 어떠하냐? 이를 전하라. 또한 무슬림의 활약을 보라. 산업화는 어디로 가며 어디로 기우는가? 산업체는 온통 '경쟁과 자본'이 우상 되어 물질주의 세상이 됨이니 "그렇지!" 하랴? 너희 눈 앞에 펼쳐진 광경이 마치 공포, 스릴물과 같지 않으랴? 인간이 제작하는 영상물도 악하다 하거늘, 실습 현장이 된 '적나라한 지구'

곳곳이니 너희 같으면(주인이라면-이는 나 같으면 뜻이다) 뒤엎지 않으랴? 너희 몸은 잘도 씻는구나. '더럽다, 땀이다!' 하며 호화 시설을 찾아 여기저기 유람하는 시대가 아니냐? 집은 어떠냐? '천국이 따로 없다!' 하며 '벌자, 벌자, 돈이 해결한다!' 하는 자들이다. 평생을 이리저리, 이곳저곳 찾아 '어떠하다!' 하며 '산새, 입지, 전망, 무엇무엇!' 하지 않으랴? '기막힌'이다! 하라. '코 베 가는 서울이다' 하는 이뿐이 아니라! 하라. 코 베 가는 지구 아닌(지구보다 더한) 인간 말종 계획자들이 나섬이니, '기막힌 무대를 연출해보마' 하며 내 앞에 겁 없이 나섰더니 "다 보고 있노라!" 하는 나를 전하는 자가 어디 한 둘이랴?

나도 바쁘니, 이 땅이 문 닫을 시간이 아니냐? 마치 일을 마친 파장(장터가 마치는 시기) 시간에 늦은 손님들이 패거리 떼로 다니며 행패, 난동으로 온 거리와 가게들이 난장판이 되듯이 이 땅도 그러하다. 내가 심기 불편하지 않으랴? 나의 자녀를 숨기느라 쉼 없이 구상하는 나이다. 덤벼보는 자, 이들은 나의 자녀에게이니 "아니다, 틀리다, 죄이다" 함에도 그들은 술에 취해 풀린 눈으로 비몽사몽 '이판사판이다' 하며 안하무인으로 하는 자들이다. 내 종들은 "이제 힘들다!" 하며 "어찌어찌 버티냐?" 하니 내 맘이 오죽이랴? 악한 자가 있는 현장이니 "초토화하자!" 하여 내 자녀의 가게에 불을 지르랴? 총기를 난사하랴? (이러한 최근에 일어나는 한국 사회 범죄의 여러 모습이다! 하라) 경찰을 덮치게 해서 구속하랴? 나의 기다림은 범인 때문이 아닌, 나의 자녀로 인함이다. 그러나 행여라도 '자수하는 악한 범죄자'처럼 그들이 두 손을 들고 무릎 꿇고 손발을 싹싹 빌며 사죄할까? 주시도 해보는 나이다 하라. 너희 중 누가 어떠하고 어떠한지 내가 모르랴? 이는 '나의 때'이니 '나의 시간'에 '나의 마음대로' 정함은 마지막 시간이 아니냐? 이 땅의 모든 것이 다 없어지지 않으랴? 막 13:31 천지는 없어지겠으나 내 말은 없어지지 아니하리라. 선과 악을 심판하는 그 날이니! 위와 아래로, 오른편과 왼편으로, 천국과 지옥으로 나누지 않으랴?

너희 중 "누가 지옥을 보느냐? 아느냐?" 이를 전하라. 이는 너희 할 일이며 그들 할 일은 악을 채움이니 악이라 보이지 않지 않으랴? '이도 보라, 저도 보라' 하는 그들이다. 악은 이런 것이니 지옥이 기다린다! 하는 자들이라. "이왕 죽을 것이니 우리대로 모이자" 하며 이들 또한 잔치함이니 세상 즐거움, 자랑의 술에 취하여 취중 난동자이므로 지구를 온통 떠들썩하게, 와자지껄, 요란법석 대는 자들이다. 이에 "어찌할꼬?" 하는 내 자녀들이라. 나의 줌은 이러하다. 세상의 심판자 주시니 "때, 기회로 보자" 하는 자는 살리라. "돌이키자, 하나님은 살아 계시니 죄악이라, 심판이라" 하지 않으랴? 전쟁이 나면 어찌하랴? 무엇하랴? "오늘도 내일도 어제처럼 살자, 그리해보자" 하랴? "아니라, 생명을 위함이니 피하자! 안전한 곳이 어디랴? 누구에게 어디로 가랴? 무엇을 준비하랴?" 이렇게 하지 않으랴?

'지구 피난기' 종말 시대라 하라. 내게 오는 자는 살리라! 전하는 나의 자녀들이다. 이들은 '함께 살기 위해' 전하는 자, 그리 사는 자, 준비자들이다. 그러나 '함께 죽기 위해' 유인책 쓰며 속이고 빼앗고 난동 부리며 난장판을 치는 자들이 있다. 이들은 나의 구원의 훼방자이니 어느 편이랴? 새 생명으로 탄생한 아기에게 무엇을 주랴? 이는 양육을 하는 부모에 따라 아니겠느냐? "버리는 부모도 있다! 하더라" 하는 악한 세상이니 몹쓸 짓을 하는 자들이다! 하라. 이러한 천인공노할 파렴치한 자들 이외에는 부모는 자녀에게 좋은 것을 주며 행복하게, 안전하게 하지 않으랴? 나의 구원도 그러하다! 하라. 어느 부모가 사랑하는 자녀를 험한 세상에 던져 외면하고(자녀가 마음대로 하나) 돌보지 않으랴? 늘 노심초사하지 않으랴? 등하굣길뿐이더냐? 친구를 만나러 간다! 해도 끙끙 염려하는 부모이다. 집 안이나 집 밖이나 늘 살피지 않으랴? 험한, 무서운, 적나라하게 드러나는, 드러내놓는 이 악한 세상이다! 하라. 이러한 세상에 사는 너희이니 나는 전한다.

너는 사랑하는 내 종이니, 병든 자를 위해 "살려주세요, 너 실게 해주세요" 하며 눈물로 기도한 자이나 "내가 그곳(지구, 이 땅, 세상이다! 하라)에서 너희를 이곳(위 하늘)으로 데리고 와, 이곳에 두어야 비로소 안심할 수 있단다" 하지 않으랴? 네가 들은 바이니 이를 전하라. 이러한 일로 2005년도로 기억되는 해이다. 또 무엇이랴? 위와 같은 또 다른 병든 자를 위해 간구한 자이다. 죽음을 앞둔 자를 위해 '이 세상 머묾! 유보를 구한 자'가 아니더냐? 나는 말한다. 너를 사용하기 위함이니 "나의 일을 방해하는 자는 먼저 데려간다" 함이 아니더냐? 또 어떤 자는 죽게 된 자이더니 이도 기도한 자이다. 이는 병원에서 사망 판정을 내림이니, 며칠 내에 장례를 준비하라, 한 아무개이다. 그는 네가 모르는 낯선 자이나 누군가의 부탁으로 나선 중환자실 방문자이다. 죽음 앞에 그는 간절한 너의 기도로 다시 회생이 된 자니, 기적이라 하지 않느냐? 이후에 일반 병실로 이동하고 퇴원까지 한 소식을 들은 자이다. 또 무엇이랴? 너는 "모시겠습니다" 하며 홀로 된 자를 맡으려 하나, 허락지 않은 나이다. 너는 육의 일보다 영의 일을 할 자이므로 대신 맡을 다른 자를 꿈으로 알게 한 자이다. 밝게 환히 웃으며 나오는 누군가를 보임으로 해결케 한 나이다. 또 무엇이랴? 사랑만 해도 병이 나은 자가 있고, 생명이 연장된 자가 있으며, 사명까지 부름을 입은 자도 있으며, 악하다 하는 자는 비록 네가 그를 알지 못하더라도(관계로 섬기는 지가 아니라 해도 그에 대해 '악함'을 알 때이다) "하나님이 친히 해결하시더라" 이를 체험한 자이다! 하라. 이는 '나를 위해 사는 자'에게는 이러한 관계 속에서 나의 결정으로 생사가 결정됨이니 '오직 나' 아니겠느냐? 나의 구원이니 이러한 나의 사랑으로 다가오는 자, 그에게는 차츰 비침이니 광명한 곳으로 나오지 않으랴? 안개 같은, 검은 먹구름 같은 삶이라 해도, 해를 비치는 주 하나님이시니 '전권 통치 영역' 지구가 아니겠느냐?

'교회들의 심판을 알린 나'이니 이는 오래전이라. '하나님 집의 심판'에 대해 말씀을 받은 자이라. 벧전 4:17 하나님의 집에서 심판을 시작할 때가 되었나니…. 이를 주신 주시라. 1995. 8. 21. 월요일, 성령 세례를 받은 자이니! 전후 시기로 기억하는 자이다. 이사야 두라. 이는 한 교회에 관한 말씀이라. 사 5:4 …내가 좋은 포도맺기를 기다렸거늘 들 포도를 맺음은 어찌 됨인고 5 이제 내가 내 포도원에 어떻게 행할지를 너희에게 이르리라 내가 그 울타리를 걷어 먹힘을 당하게 하며 그 담을 헐어 짓밟히게 할 것이요. 한 사람이나, 가정이나, 교회나, 단체나, 나라나, 지구까지, 온 천하라도 나의 말씀이 어디인들 가지 않으랴? 관여하지 않으랴? 이는 성경이 하는 일이며 성령께서 하시는 일로 두라. 믿는 자에게 전함도 이러한 '나의 연결된 자'마다 알리지 않으랴? 이미 아는 너희이니 '나를 산 자의 하나님'이라 하는 자는 그러하다. 이는 부활 때이니 부활로 사는 자는 이러한 자이라. 막 12:24 …너희가 성경도 하나님의 능력도 알지 못하므로 오해함이 아니냐 25 사람이 죽은 자 가운데서 살아날 때에는 장가도 아니 가고 시집도 아니 가고 하늘에 있는 천사들과 같으니라(마 22:30 부활 때에는 장가도 아니 가고…). 27 하나님은 죽은 자의 하나님이 아니요 산 자의 하나님이시니라 너희가 크게 오해하였도다 하시니라. 이상이다!

하라.

다시 보아라. 서울의 ㅇㅇㅇㅇ 교회는 그러하다. 나의 줌(카메라 초점거리) 안에 있는 서머나 교회, 버가모 같은 교회이다! 하라. 여러 번 전함이니 애국도 주의 일이 아니겠느냐? 자유민주주의는 '구원의 주' 예수 그리스도를 위함이니 의자의 '다리 역할'을 하므로 너희를 편히 앉히는 역할이니 그러하다. 의자의 다리 받침대가 없으면 어쩌랴? 고생이 아니랴? 이러하므로 구하게 하며 전투적 군대같이 세움은 이러하다 하니 나의 '줌'으로 사는 그들이다! 하라. 이는 지난번, 부근에 가서 이 교회를 방문하게 함이니 난투극! 이는 침입자로 인한 현장을 보게 함으로 기도함이 아니냐? 눈물로 호소를 드린 자이다. 교회들의 '난국 시대'가 되리라. 말씀으로 인함이니 마 7:27 비가 내리고 창수가 나고 바람이 불어 하는 시기이니 "무엇으로 심든지 거두리라" 하지 않더냐? 갈 6:7 스스로 속이지 말라 하나님은 업신여김을 받지 아니하시나니 사람이 무엇으로 심든지 그대로 거두리라. 이에 관한(나라 문제와 교회 관계 등 모두 그러하다. 사회 문제까지 지구상에 죄악의 물이 차오르는 시기이기에 그러하다) 여러 차례 환상도, 꿈도, 말씀도, 기도도 보이어 온, 가르쳐 온 나이니! 북한과의 관계, 중국과의 관계, 이슬람 문제이며 이제 이스라엘 시대 도래이니 이방인 교회 시대의 '마감 시간'이 다다른 시기가 아니냐? "열리고 열리어라" 하며 눈 뜨게 하는 나이냐, 마음 아픈 현실의 지구사이다! 하라. 눈 감고 지내랴? 보지 않으랴? 가만히 있으랴? 어찌하랴? 지구상 거하는 자들이다! 하라. 눅 21:35 이날은 온 지구상에 거하는 모든 사람에게 임하리라. 헬기 구조를 기다리는 참사 현장과 같이 마치 그러한 땅, 지구가 아니냐? 무엇이 즐거우며 맛이 있으랴? 무엇을 보고자 함이며 얻고자 함이냐? 사회는 '물(죄악)이 오른 수위'이니 위기가 아니냐? 서울 위기, 국가 위기, 지구 위기이다! 하라.

'나 외에' 소망도 구원도 없지 않으랴? "오직 영혼 사랑으로 살아보마" 하나, 쉽지 않은 기갈 현상이다. "나(너희)도 목마르다" 하며 때의 준비로 나섬이니 그날이 가까이 오기에 "서두르자! 주만 사랑하자, 바라보자, 구하자, 주만 위해 살자" 하여도 급속도로, 파급적으로 다가서는 이들로 인해 나의 긍휼로 덮을 때이다. "주마, 주마" 하며 너희를 돌보지 않으랴? 안아주지 않으랴? 힘을 주지 않으랴? 서로서로 연결이니 알만한, 믿을 만한 구조자들이 되어 "이기자" 하는 시대가 되어, 오직 내게 가까이 붙는 자만이 갈 수 있는 나라이기에 분투해야 함을 보이기 위함이니 영서는 이러한 역할이다! 하라. "너희끼리 힘내라, 도우시는 주시다" 이를 알리시는 주이시므로 구원자를 찬양하며, 경배하며 분연히 일어섬이니 백신 시대라 할지라도 다시 일어서는 시기이다! 하라. 이는 '띠'라. 민족적 허리띠 진리이다. 엡 6:14 그런즉 서서 진리로 너희 허리띠를 띠고 나아오는 '내게로 민족'이 아니냐? 하라. 벧전 1:13 그러므로 너희 마음의 허리를 동이고 근신하여 예수 그리스도께서 나타나실 때에 너희에게 가져다주실 은혜를 온전히 바랄지어다.

때가 가까움이라! 계시록 들어가자. 계 1:3 이 예언의 말씀을 읽는 자와 듣는 자와 그 가운데 기록한 것을 지키는 자는 복이 있나니 때가 가까움이라. 이는 현세에서 나가는 시기니라. 현세적 복을 구하랴? 영생으로 나아가랴? 어느 것이 나으랴? 막 10:29 …나와 복음을 위하여 집이나 형제나 자매나 어머니나 아버지나 자식이나 전토를 버린 자는 30 현세에 있어 집과…전토를 백배나 받되 박해를 겸하여 받고 내세에 영생을 받지 못할 자가 없느니라. 나의 제자들을 보느냐? 사도 요한(계시록 저자가 아니냐?)을 네게 보임이니 그의 모습을 나타내는 나이다. 오직 나 외에 무엇이 그에게 있더냐? 그가 지구상에 있다면 휴거 될 자가 아니겠느냐? 너는 그의 낮아진 몸의 형체를 본 자이다. 2019년 성탄절 날 밤이다. 그 안에 내가 있으므로 그러하다. 사 53:2 그는…고운 모양도 없고 풍채도 없은즉 우리가 보기에 흠모할 만한 아름다운 것이 없도다. 이 또한 요한의 모습에 앞서 주의 청년 모습을 보임이 아니더냐? 수년 전 네게 보임이니 이러하다 하지 않더냐? '나'나 요한이나 그렇지 않으랴? 야고보서 다시 보자. 약 2:2 …또 남루한 옷을 입은 가난한 사람이 들어올 때에…. 5 …하나님이 세상에서 가난한 자를 택하사 믿음에 부요하게 하시고…. 외모로는 이러함 같지 않으랴? 예배당에 들어섬이니 차별한 당시이다 함에도 현재는 어떠하다 하랴? 번들번들, 화려함, 고가품, 외향 위주이니 이 어찌 됨이냐? "나를 닮지 않은 자들이 많구나" 하며 들여다보고 놀람이 될 나 아니겠느냐? '이러함도 있다' 하는 현대 교회 중에 그 당시에나 지금도 일반이다.

지금, 대화하듯이 주는 나이다. 이는 호소력이다. 책 보듯 하랴? 마치 책 읽듯 하랴? 마음을 두드리는 나이다! 하라. 다시 계시록이다. 말씀을 보자. 계 3:20 볼지어다 내가 문밖에 서서 두드리노니 누구든지 내 음성을 듣고 문을 열면 내가 그에게로 들어가 그와 더불어 먹고 그는 나와 더불어 먹으리라. 영서 받을 때는(듣고 기록하는 시간) 너를 울리지 않으려 하는 나이니라. 물(여호와의 지식)을 받을 때는 그릇에 담기만 하는 채움의 시간이다! 하라. 이 물을 마실 때는 우는 자이니 받은 영서에 대해 한 번, 두 번, 지속하여 더 보리라! 하는 자이다. 더욱이 마음이 힘들면 네 '속'도 받지 못하는 자이다. 무덤덤 받기도 하며, 머리로는 이해하며 손도 바쁘기도 하지 않으랴? 들리는 대로 적으므로 문장이 어찌 되나? 잘 알지 못하는 자이다. 후에는 네가 읽어보게 됨이니, 문장 구성이 어떠할지라도(사람이 하는 일이니) <u>이 글은 양해하는 자들로 보게 함이니</u>(밑줄 치라)-이들은 "하나님의 친서이다" 하며 영서의 내용을 보는 자들이다. 알기 위해 애쓰는 마음의 중심이 있지 않겠는가? 하라-그들을 위한 나의 글이다. 너는 문장 구성보다 "내(하나님, 주, 성령) 뜻이 먼저이다" 하는 자이다! 하라. 이는 읽는 자들에게 글의 이해를 구하는 자이다. 사람(기록자)의 약함이 때때로 있다! 하라. 영서를 주시기에, 사명이기에 받는 자이다. 이에 기록하는 자이다! 하라.

세월호 관함이다. 보라, 10여 년을 향하는 지난 한국사의 아픔이다! 하라. 그들은 생때같은 자들이니 꽃송이처럼 고운, 아름다운 나이에(이는 민족사 문제이다! 하라) 희생된 아이들이구나! 문 대통령 현 정부는 "정치 방역이다" 하지 않느냐? 정치의 무엇이다! 함에도 도리도리 도리질하며 입 닦는, 입막음시키는 한국 정치계 등 모두이다. 나는 주리라! 나의 자녀들에게 악함이 무엇인지, 선함이 무엇인지 보이지 않으랴? 교회는 이러한 일에 부름이니 '우림과 둠밈'이 아니랴? 말씀 두라. 출 28:30 너는 우림과 둠밈을 판결 흉패 안에 넣어 아론이 여호와 앞에 들어갈 때에 그의 가슴에 붙이게 하라 아론은 여호와 앞에서 이스라엘 자손의 흉패를 항상 그의 가슴에 붙일지니라. "제사장복이 무엇이냐?" 묻는 나이다! 하라. 이스라엘 제사장 외에는 아니다! 하랴? "무엇이 의이며 죄인가? 주리라" 하는 나이니 듣지 않으랴? 알지 않으랴? 깨닫지 않으랴? 시대를 위하여 울지 않으랴? 옷을 찢지 않으랴? 마음을 찢지 않으랴? 호세아 보라. 호 6:3 그러므로 우리가 여호와를 알자 힘써 여호와를 알자 그의 나타나심은 새벽빛같이 어김없나니 비와 같이, 땅을 적시는 늦은 비와 같이 우리에게 임하시리라. 이로써 주는 나이다! 하라.

사도행전 두라. 행 2:4 그들이 다 성령의 충만함을 받고 성령이 말하게 하심을 따라 다른 언어들로 말하기를 시작하니라. 성령이 말하게 하시는 자가 제사장이다! 하라. 그의 마음은(우림과 둠밈) 의를 위함이니 나를 나타낸다! 하라. 내가 하고 싶은 말을 대신할 자를 찾는 나이다! 하라. 모세의 부름과 아론의 부름을 보라. 출 4:16 그가 너를 대신하여 백성에게 말할 것이니 그는 네 입을 대신할 것이요 까지니 아론을 위함이다! 하라. 이 영서를 대신 전할 자들을 일으키기 위함이라. 예레미야와 바룩의 관계를 다시 보자. 렘 36:4 이에 예레미야가 네리야의 아들 바룩을 부르매 예레미야가 불러 주는 대로 여호와께서 그에게 이르신 모든 말씀을 두루마리 책에 기록하니라. 듣는 자가 한 둘이랴? 이는 성령 시대이다! 하라. 성령의 사람이 무엇이냐? 영으로 들음이 아니냐? 앎이 아니냐? 내가 주는 무엇이든 받지 않으랴? 너희가 무엇을 하랴? 성경을 들고 낭독하랴? '성경에 이렇게 기록되었으니 이러하다' 하며 나열식으로 펼치랴? '각종 도서, 학문 서적 필독이다' 하며 '이도 좋다, 저도 좋다' 연구하고 논문을 쓰듯 학생이 되어 발표자 하랴?

"나의 마음이 이러하다" 알리지 않으랴? 기록된 말씀이 내게 들리니 성령이 내게 알리시고 말씀하시며 '이러하다' 하시니 '우리가 어떠합니다. 어떠하게 해봅시다' 하지 않으랴? 이는 성령이 원하시는 바이니 '이보다 이가 나음이라' 할 자가 있어야 하지 않으랴? 한국도, 사회도, 교회도, 모임도, 가정도, 개인도 이러한 말로써 세우지 않으랴? 인터넷 강의자가 많은 한국이다! 하라. 학문적 요소가 '이러저러하다' 하는 자 있으며, 교회 문화의 패턴을 논하는 자도 있다! 하라. 나를 전하는 자가 있느냐? 대신할 자, 성령이 말하게 하심을 따라 들음이니 말하는 자가 되어 갈 6:12 …그리스도의 십자가로 말미암아 박해를 면하려 함뿐이라 하는 자가 아닌 '나를 증거'함으로 계시록 말씀과 같이 '예수를 증언함과 하나님의 말씀 때문에'-계 20:4 …또 내가 보니 예수를 증언함과 하나님의 말씀 때문에 목 베임을 당한 자들의 영혼들과 또 짐승과 그의 우상에게 경배하지 아니하고 그들의 이마와 손에 그의 표를 받지 아니한 자들이 살아서 그리스도와 더불어 천 년 동안 왕 노릇 하니-온갖 시험 받는 자, 시대의 미움이 되어 나를 따르랴? '시대의 종'을 세우는 나이다! 하라.

종말 '끝'(인류 시간)을 보이는 나이니, 이는 '시대의 끝'이다 하라. 그 끝을 잡고 있는 나이니 이 남은 날이 몇이랴? "우리 구주 뵈올 날이니" 하는 자가 몇이랴? 마 22:14 청함을 받은 자는 많되 택함을 입은 자는 적으니라 함과 같다. "내밀라" 이 말씀 두자. 막 3:5 …그 사람에게 이르시되 네 손을 내밀라 하시니 내밀매 그 손이 회복되었더라. 너는 다시 쓴다! 하라. 내 이야기 스토리 아니냐? 하라. 나 '말 많은 하나님' 아니시더냐? 하리라. "나의 줄 것 많다" 하며 나타난 하나님이시니 방문자 되어 찾아간 공중에서 내 모습을 네게 보임이라! 하라. 이날은 2020. 5. 17. 주일이다. 나의 두 손을 모아 보임이니 무언가 있으나, 준비된 것은 아나, "무엇인가?" 한 자, 네가 아니냐? 선과 악 모두이다. 차근히 해 온 나이다 하라. 네 앞에 있어서 이어지는 선상이니 "그러하다" 하며 들은 자이다. "하나님 외에는 옳다! 함이 없다" 하는 자이더니 이제까지 1년 반 이상 영서를 받지 않으랴?(2020. 7. 23. 목요일-2022. 1. 16. 주일) 이는 체험 가도이다.

지구사를 알리는 나이다. 나라 문제를 알리는 나이다. 교회 점검을 주는 나이다. 시대를 알리는 하나님이시라! 하라. 내 할 일이니 이는 마땅함이라. 너희도 그러한 나의 자녀이기에 알고, 알아지는 자들이다. '시대의 끝'이니! 그 끝의 끝이 다다른, 그 끝을 기다리는 시기이다! 하라. 마지막 때, 해가 뉘엿뉘엿 지고 사람들이 집으로 향하나 서두르지 않음이니, 어두운 밤이 깊어질까 "서두르라" 하지 않겠느냐? 마태복음과 같다. 마 11:16 이 세대를 무엇으로 비유할까 하건대 아이들이 장터에 앉아 제 동무를 불러 17 이르되 우리가 너희를 향하여 피리를 불어도 너희가 춤추지 않고 우리가 슬피 울어도 너희가 가슴을 치지 아니하였다 함과 같도다. 이리저리 살펴보는 나이다. "누구는 어떠한가?" 보는 나이다. 네 자리 옆에서 지구를 내려다보는 나, 살피는 나, 그 눈을 보이지 않으랴? 나는 본다. 왜이겠느냐? "각 사람을 아시는 주시라!" 이를 알리라. 창세기 6장 두라. 창 6:5 여호와께서 사람의 죄악이 세상에 가득함과 그의 마음으로 생각하는 모든 계획이 항상 악할 뿐임을 보시고 6 땅 위에 사람 지으셨음을 한탄하사 마음에 근심하시고 아니겠느냐? 면밀히 보는 나는 선인도 악인도 모두 다이다. 이를 알리라. 너희를 다 보기에 주는 내가 아니냐? "누구는 어떠하다, 어디는 어떠하더라" 참모습, 참형상 주 외에 무엇을 찾겠느냐? 구원에 이르기를 "주 예수뿐이다"

왜이더냐? 선한 이는 오직 한 분이시니! 이 말씀을 보아라. 막 10:18 …네가 어찌하여 나를 선하다 일컫느냐 하나님 한 분 외에는 선한 이가 없느니라. 이와 같은 자들이더니 바울이 말한 '그리스도의 형상'을 위한 해산의 수고, 그 시기가 아니랴? 갈 4:19 나의 자녀들아 너희 속에 그리스도의 형상을 이루기까지 다시 너희를 위하여 해산하는 수고를 하노니.

지구 해산 시기이다! 하라. 이도 보임이니 얼마 전이라. 2021. 10. 11. 월요일, 달걀판 모습으로 보인 자이다. 임신한 여인의 해산 시기가 가까워지는 '그날을 향한' 아니겠느냐? "이도 보이라, 저도 보이라" 네게 주는 것은 교회의 환난 시대이므로 이를 받게 함이니, 마 7:24 그러므로 누구든지 나의 이 말을 듣고 행하는 자는 그 집을 반석 위에 지은 지혜로운 사람 <u>같으리니 아니겠느냐?</u> 하라. "종말로 깨어 있으라" 이는 노아의 때와 같이 가까움이라. 마 24:37 노아의 때와 같이 인자의 임함도 그러하리라. 38 홍수 전에 노아가 방주에 들어가던 <u>날까지도</u>. 39 홍수가 나서 그들을 다 멸하기까지 깨닫지 <u>못하였으니</u> 하라. "도둑이 온다" 하지 않느냐? 마 24:43 너희도 아는 바니 만일 집 주인이 도둑이 어느 시각에 올 줄을 알았더라면 깨어있어 그 집을 뚫지 못하게 <u>하였으리라 아니겠느냐?</u> 시간을 가르쳐 주면 너희에게 상이 되랴? 눈 돌리기 시간(나 외면이다! 하라)으로 채우다가 "이제는!" 하며 지키지 않으랴? 이는 너희를 사랑하므로 알리지 않는, '준비'가 나음이라. 사랑을 알 수 있는 '척도'가 아니냐? '항상'이니 내게로 마음을 둠이라. 이는 관계이다. 사랑의 관계는 이러한 지속성으로 이어지지 않으랴? 남에게는 정한 시간이니 형식으로, 외식으로 보이지 않으랴? 다른 일을 하다가 아닌 척, 기다리는 척, 무슨 척을 하지 않으랴? 정해진 시간만 사랑하랴? 계약 부부이더냐? 조건 제시로 사귐이더냐? 꾸준히 내게로 향하는! 잠 8:30 내가 그 곁에 있어서 창조자가 되어 날마다 그의 기뻐하신 바가 되었으며 항상 그 앞에서 <u>즐거워하였으며 한 나이니</u> '아버지 곁에서'이다. 이와 같은 은혜 아래에서 마치 새가 그 그늘에 깃들듯이 나는 보금자리이니 나를 아는 자는 '이러하다' 하리라.

경쟁이 사랑을 잃게 한다. 알겠느냐? 비교로 자신을 숭상화하기도 하며 대체물을 위한 만족도를 향한 자이더니 마침내 멸망, 파멸의 길이 아니겠느냐? "나는 그러지 아니하다" 하라. 너와 나, 나와 너 이러한 관계의 창조주와 피조물이니 누구와 경쟁하랴?

나를 비기랴? 같아지랴? 이는 "아니다" 하라. 전능하신 창조주를 "크다, 높다, 깊다, 넓다" 함이요. "위대하다! 어찌 무엇으로 표현하리오?" 이러한 너희가 아니겠느냐? 이는 워십(경배, 찬양)이니라. "오직 한 분뿐이십니다" 아니더냐? "오직 곁에서!" 함이니 절대적 대상 앞에 낮춤뿐이니 이는 의지라, 믿음이라, 사랑이 아니겠느냐? 행여라도 말씀과 기도 없이 나를 찾거든 세상의 즐거움이라도 취하라. 내 음성이 들리기까지, 이는 먼저이다. 누구라도 아버지를 알지 않으랴? 나와 함께 이 땅에서의 아버지를 만남이니 거하는 자, 동행자 됨이 "나를 안다" 하는 자이니 이를 두라. 되었다. 닫으라. 이상이다.

2022. 1. 17. 월요일. 추가 내용입니다.

이 글에 대해 "사단에게 받은 능력으로 글쓰기가 아니냐?" 하는 자가 있으리라. 어찌하랴? 성령에 대한 모독성 발언이니라. 가보지 못한 자, 알지 못한 자이니, 이는 마치 미국 땅을 다녀온 자가 전하여 주는 소식 같은 은혜임에도 감사 없이 의심 가득한 불신으로 대응(대하는 태도)하는 자와 같다! 하라. 이는 오만방자, 무지함이라 하라. 겸손하였더라면 "이는 무엇인가?" 하며 하나님 앞에 더 알기를 구하지 않겠느냐? 행 17:11 베뢰아에 있는 사람들은 데살로니가에 있는 사람들보다 더 너그러워서 간절한 마음으로 말씀을 받고 이것이 그런가 하여 날마다 성경을 상고하므로 하지 않으랴? 이는 받는 자와 받지 않은 자의 나뉨이라.

성령의 은사는 다양하다! 하라. 별들의 수효가 보이느냐? 꽃과 나무들의 갖가지 다채로운 모습을 보는 자들이다. 어찌 '하나님은 이러하다' 하며 '불과한 내 하나님뿐이라' 하며 한계, 규정을 지으려 하느냐? 누구에게는 이러한, 누구에게는 저러한 하나님이시니 어떤 자녀에게는 부모가 이러하고, 또 어떠하지 않으랴? 나이로 봄도 그러하고, 각자의 성향에 따름도 그러하거늘 나의 세계에 있어서 많은 일들! 크다 하는, 넓다 하는, 깊다 하는 일에 있어서 어찌 "다 안다!" 하는 자처럼 오만불손하게 나오랴? 이러한 자이니 "죄가 없다" 하랴? 마 10:30 너희에게는 머리털까지 다 세신 바 되었나니 이와 같은 나이니, 주 하나님 여호와로라 하신 주시니 독생자 그리스도 아니겠느냐? 무엇이 어떠하다 한들 너희 이해가 '나의 범주 안에서' 있다고 하여도 좁고 좁을 뿐이거늘 아는 자는 아는 "더 알고 싶다" 하는 목마름이니 마 5:3 심령이 가난한 자…. 아니겠느냐? "배고프다, 목마르다, 끝이 없구나. 어디까지랴?" 하며 나에게 더 가까이 오지 않으랴? 너희가 무엇을 안다고 하겠느냐? 바닷물을 어느 정도 취하랴? '이만큼이니' 하며 손에 움켜쥐고 자랑해보랴? 너희 손바닥의 물과 다르다고 하여 "아니라" 하랴?

내 앞에 와서 물으라. 잘못되었으면 내가 주리라. 나를 통하여 얻음이니 전하지 않으랴? 너희 중 둘이 같다! 하자. '이도 맞다, 저도 맞다' 하며 서로가 상반됨을 논한다! 하자. 제삼자가 나섬이니(내가 보내지 않으랴?) "이 같은 일은 이러하다" 하리라. 솔로몬의 재판에서도 보인 나의 판결이나, 성경의 기록을 보라. 나의 모략, 지략, 책략이 얼마나 많던가! 하지 않는가? 사 11:2 …모략과 재능의 영이요 하지 않으랴? 이 세상에 얼마나 많게 행하는 나의 모든 행사리요? 이 은사, 저 은사이니 나로부터 무수하지 않으랴? 하나님의 사랑을 보라, 공의를 보라, 진리인지 보라. 십자가의 은혜인가? 아니면 자기를 자랑하려 혹은 마귀 일에 매인 자가 선전용으로 전하는가? 그러나 좁은 길을 알리라. 마 7:13 좁은 문으로 들어가라 멸망으로 인도하는 문은 크고 그 길이 넓어 그리로 들어가는 자가 많고 14 생명으로 인도하는 문은 좁고 길이 협착하여 찾는 자가 적음이라. '아닌' 부분을 넌지시 알릴 자가 있으니 "이러함은 이러하기에 이러하다" 하므로 이를 받는(공감, 공조, 동의) 자가 있지 않으랴? 이는 책면이니 큰 부분의 문제가 아닌 이상은 넘기거나, 어떠한 방식이든 상대가 알도록 넌지시 해야 하지 않으랴?

전하는 자에 대해서 보자. 사람의 일이 어찌 실수가 없으랴? 부족지 않으랴? 이보다 더 깊은, 더 넓은 자에게는 이러한 이해로 '그러하니!' 하며 전하는 자의 복음만이 살려지도록, 나타나도록 돕지 않으랴? 가다가 넘어져 흙이 묻은 채로 걷기도! 흙을 툴툴 타나 흙먼지가 남은 채로 가기도! 물로 씻으나 보이지 않는 부분을 놓칠 수도! 이러함은 묻어두는 것이니, 주께서 '일을 맡긴 자인가 아닌가'에 대한 신중성과 '맡은 일에 대한 중점'을 파악, 간파한다면 형제애로 보지 않으랴? 파수꾼이 준비가 덜 되어 나올 수도, 급하다 보니 주께서 정한 자가 다소 적합하지도 않을 수 있으니, 파수꾼이 되어 알리러 달려 나온 자의 노고를 안다면 묻지, 묻어두지 않으랴? 볼 것(이는 주의 전하시는 메시지이다!

하라)은 보고, 보지 말 것은 보지 않음이 지혜라. 둘 것만 두라, 새길 것만 새기라. 파수꾼은 파수꾼일 뿐 그 이상도 그 이하도 아니다.

너는 '전시 상황을 알리는 자'이다. 서신서를 급히 받아 뛰는 자이니(책을 써보라 하나 글쓰기가 자신 없어서 준비하지 않은 자이나, 영서 은사가 임하여 기록한 자이다) 본인이 망대에서 바라본 세월을 종합하여 '내 영을 부어' 기억해내고, 생각을 꺼내어 기록하기도 하고, 이어 '전개 상황'을 받기도 하고, 새로이 받기도 한 자이다. 본인도 새로운 은사 영역에 직면하여 어리둥절하기도, 기쁘기도 하며, 고난 속에 힘겨움으로 순종해보려 함이니 그리 알라. 여러 차례 영서 기간 안에 두는 나의 말이니라. 이러함으로 잠 27:5 면책은 숨은 사랑보다 나으니라 하나, 서로 받음으로 자라가느니라. 이로써 영서 기간을 두는 이유는 합력하여 선을 이루려 함이니 그리 알라. 이상이다. 롬 8:28 우리가 알거니와 하나님을 사랑하는 자 곧 그의 뜻대로 부르심을 입은 자들에게는 모든 것이 합력하여 선을 이루느니라. "더 잘 쓰는 자가 했으면!" 하는 바람이나, 주는 방식도 너의 뜻대로 되지 않은(너는 예정에 없는, 하고 싶지 않은 글쓰기이다) 강권하심이니 이러한 방식도 주의 선택이라 하지 않느냐? 자동차 보라, 탑승자가 되어 운전함이니 가지 않으랴? 너의 말씀(성경 읽기)과 기도 시간은 이러하지 않으랴? 나의 차에 오름이니 "가지더라!"이다. 너는 "나는 성경만 보고 싶다" 하여도 성경 구절에 주의 말씀이 임하여 영서 기록을 하게 되는 자이다. 기도도 그러한 주를 부르며 십자가의 은혜 앞에 서는 자이니 '하나님, 주, 성령'을 구하게 하심으로 주의 말씀이 임하여 영서의 기록으로 이어짐이니 어쩌랴?

영서 기록이 1년 반 이상 계속됨이니 사단이라 하랴? 너를 잘 아는 사단이 너의 모든 일거수일투족 즉 주와의 만남 전체를 낱낱이 알고, 네 삶의 전체 모습들 그 지나온 길의 장면마다 기억 소환시켜서 적게 하랴? 겪은 것, 본 것, 말한 것, 생각한 것, 과거 현재 미래까지이니 다 알고 전체 총 진두지휘하는 것이라고 보랴? 이리 보는 자가 있으랴? 이러한 능력의 사단이라면 믿을 만하지 않으랴? 경배 대상이 아니겠느냐? 그럼, 사단의 세계라 치고 이렇게 말하는 너의 하나님은 어떠한지를 모두에게 보이라. 영서에 맞서서 '내 하나님은 이러하시다' 하며 증거해보라. 너희가 걸어 온 모든 인생길을 내보이라. 책을 발간해 보라, 평가받으라, 그리해보라. 네 하나님을 위한 사람들의 관심과 이목 집중이 있지 않으랴? 엘리야가 갈멜산에 다 모이게 하고 맞대결하듯! 왕상 18:19 그런즉 사람을 보내 온 이스라엘과 이세벨의 상에서 먹는 바알의 선지자 사백오십 명과 아세라의 선지자 사백 명을 갈멜산으로 모아 내게로 나아오게 하소서. 너희 인생을 총집합하여 내보이라. 이로써 알 수 있지 않으랴?

이는 숱한 싸움이다. ('종말'의 책 기록자가 아니라 나와의 싸움이다) 너를 30여 년을 다루신 하나님이 아니겠느냐? '주'의 나타나심의 기간만 그러하다. 일거수일투족 되어 여기까지이니 이를 주라, 네가 받으리라. 마 6:38 주라 그리하면 너희에게 줄 것이니 하였도다. 날마다 넘침이니 과정, 굽이마다 보여온 나이라. 전함(증거)이 쉽더냐? 알아도(2010년대에 네게 꿈으로 미리 알린 '가나안 큰 포도송이 열매'이다. 이는 지구의 역사이니 현대 문화와 관련한 메시지이다! 하라) 세력을 알려서 증거를 묻게 한 나이다 하라. '갈 때까지' 간 지구이니 정체성을 드러내어 활동기이다! 하라. 강도의 정체를 숨기어오다가 감춘 무대(준비자들이다. 오랫동안 그러하다)를 수면 위로 올리어 "나이다" 하는 자이니 "어쩔래? 너희가 우리를 알아도 대세이다" 하는 자가 아니겠느냐?

이미 풀어지는 시대이므로 계시록을 알림이니 나의 종들의 활약이 '많다' 하나, 들을 자에게는 이러한 복음이니 하나님의 비밀을 맡은 자들이므로 그러하다. 고전 4:1 사람이 마땅히 우리를 그리스도의 일꾼이요 하나님의 비밀을 맡은 자로 여길지어다. 이러한 활약자에 의한 암암리 구원에 이르게 하는 종말 시대이며 충분한 증거를 또한 보임이 아니냐? 자연 재앙도 그러하며 세태를 보임이니 이는 보여지는, 세상 펼쳐지는 상황 아니냐? 하라. 마 10:26 그런즉 그들을 두려워하지 말라 감추인 것이 드러나지 않을 것이 없고 숨은 것이 알려지지 않을 것이 없느니라. 이와 같음이라. "충분하다" 함이니 나의 종들의 활약도, 자연도, 어둠의 세력도 이미 충분치 않으랴? 이로써 때가 가까움이니 구원이 이르는 시기, 해산 시기가 다가옴이 아니냐? 하라. 충분한 기간이니 너 자신도 그러한 '증거 모음'이 아니냐? 나를 위해서 해보려 하나 이때, 저 때 감추어 온 나이다. 어디서 이를 주었느냐? 매우 조금, 소금의 약간 짠맛이다! 할 뿐(부분 증거, 몇 교회뿐이라. 매우 한정적 테스트 식으로 너는 강단을 서 본! 뿐이니 그 외는 아니다) 이는 대상이 아니라. 강단에 선 자의 마음이니 "한번 서보리라" 하며 하나님을 위한 내비치기식이니, 이는 시작도 아니며 증거도 아닌 나의 때를 '오래 참음'으로 기다리기 위한 시험 무대일 뿐이라.

 이러한 '나의 감춤' 속에서 차근히 밀착되어 모아둠이니 "감당할 수 없는 은혜이므로 하나님이 해결할 문제이다" 하며 미룸이 아니냐? 아무에게 줄 수 없는 분야이니 분량도 깊이도 그러하다. 성령이 하시는 일로써 어떠하게 전해야 함을 보이기도 하며 기다린 자이니 자신 부족함도 잘 알므로 나서지 못함도 그러한 무작정 기다림이다. 이는 오랜 시간이 아니더냐? 전함이 다가 아니다. 이는 준비이니 그러하다! 알아지므로 한계 밖의 일임을 알고 자신을 낮추시는 환경 속에서 극복조차 힘거운 시간이니, 잊은 듯 보내나 높이실 때도 주시므로 다시 벼려온 훈련 장소, 대기 장소가 아니냐? "나의 감추는 자들은 이러하다" 하며 몇몇을 보인 나이다. 활약으로 나서는 자들의 뒤에서 면면히 봄으로써 시대를 훑어봄도 가진 자이다. 이는 영의 통로(영 교제), 꿈의 통로(꿈 교제 또는 정체 확인), 영상의 통로(이단 활동을 조심해야 하기에 선택이 쉽지 않음이니 유튜브 개인 방송 시대를 알린 몇 년 전의 해이니 사람 차단된 장소에서 너는 면밀히 보며 시대 흐름도 참고한 자이다), 주의 통로가 되어 성령께서 임하심으로 영서로 기록하며 이러한 사역자뿐 아닌 이미 가진 분야를 통해 목회 세계를 말씀하시며 교회에 대한 주의 말씀도 지속됨이니, 이 모든 것은 '마지막 때를 위한' 사역자로서 알리신 주에 의해 걸어온 길이라 하라. 나의 줌은 이러하다. 나의 일은 내가 증언하는 자이며 네가 증언함이 아님을 알라. 내 결정에 의한 하는 일이니 "두려움 제거도, 방해에 대한 차단도 나이다" 하며 시킨 일이므로 순종해온 자이다! 하라.

 '심볼' 마크 두기, 이는 '세상 끝날 앞'이라. 창 6:13 하나님이 노아에게 이르시되 모든 혈육 있는 자의 포악함이 땅에 가득하므로 그 끝 날이 내 앞에 이르렀으니 내가 그들을 땅과 함께 멸하리라. 이사야 보자. 사 1:2 하늘이여 들으라 땅이여 들으라 귀를 기울이라 여호와께서 말씀하시기를 내가 자식을 양육하였거늘 그들이 나를 거역하였도다. 이를 두라. 한국 심판에 대한 유보일 뿐이지 전면 무효화는 아니다. 환경이 통제에서 풀리면 너희가 풀리는 것이냐? 착각하지 마라. 손에 쥐락펴락 저희니 '나의 쥐락펴락'과 저희는 다르다! 하라. 사람의 내면을 보는 나이다!

하라. 네게 유형별 목회자를 보인 나이다. 코로나 사태 시기에 두려움의 상황에서 일시적 잠잠해진 그들이다. '그러나'이다. 그들을 세운 '줄'(목회자들을 유형별로 분류하여 몇 줄로 세운 나이다! 하라)을 보이나, 그들의 내면은 나 즉 자신이 들어 있는 자이니 이는 혈기라. 그 '정도'가 약한 까탈스러움에서 매우 강한 살인자까지 보인 나이니라. 복음 전하는 자(네가 그 앞에 선 자이니)에 대한 자세, 반응이니 "나, 목회자이다. 어쩔래?" 하는 자들이다. 속 사람 문제가 아니냐?

선지자를 보내는 '내 영'이 아니겠느냐? 주(전하는 내용 '메시지'이다! 하라)에게도 전하는 자에게도 다 그러한 오만함이라 하라. 그러함에도 너를 시킴은 무엇이냐? 이 방향 훈련이다! 하라. 면밀히 보는 네 성향(관찰자)을 사용하는 나이다. 또한 의문에 대해 풀리기까지 너는 몰두하는 자이니 그러하다. 다는 아니나, 궁금히 여기는 대상에게는 그러하다. 또한 집중력이니 '한가지 방면' 맡김에 해내려는 자이다. 인내심도 가져야 하기에 쉽지 않음이니, 낮춰서라도(고생길 걸은 자이다) 달궈내어 나를 바라보게 함이다. 이는 그리하여야 할 수 있는 분야이다! 하라. 사람의 선택은 나이다. 할만한 무엇으로 눈여김이 되어 이리저리 사용함이 아니더냐? 이 일에 너는 그러다 하는 의미이다. 다른 자는 어떠하랴? 그 분야대로 하나, 나와의 관계는 누구나 생명이니 이것이 우선하므로 이를 기초하여 때이든, 일이든, 방도이든 알리는 나이다. 잠잠해진 세상이더냐? 은밀히 진행해 온 자들에게는 더욱 그러하나, 심판대까지 가야 하는 길(인생 여정, 지구 남은 시간)이므로 "회개하라, 복음을 믿으라" 하지 않더냐? 막 1:15 이르시되 때가 찼고 하나님의 나라가 가까이 왔으니 회개하고 복음을 믿으라. 이미 2천여 년이다. 때가 얼마 남으랴? 도처에 횡행해지는 일련의 무언가를 알지 못하랴? 전체(지구, 우주 모두, 나-여호와 하나님)를 주나 전체를 빼앗음도 나이다. 이는 나의 전권이 아니더냐? 창조주 하나님이시라. 창 1:1 태초에 하나님이 천지를 창조하시니라. 그러므로 "다시 오마, 내가 진실로 속히 오리라!" 계 22:20 이것들을 증언하신 이가 이르시되 내가 진실로 속히 오리라 하시거늘 아멘 주 예수여 <u>오시옵소서 하지</u> 않더냐? 이는 마침이니라. 계 1:8 주 하나님이 이르시되 나는 알파와 오메가라 이제도 있고 전에도 있겠고 장차 올 자요 전능한 자라 <u>하시더라 같음이라</u>. 내면을 다루라. 누구든 그러하다. 그리스도의 형상을 이루라. 갈 4:19 나의 자녀들아 너희 속에 그리스도의 형상을 이루기까지 다시 너희를 위하여 해산하는 수고를 하노니. 이 외에 너희 준비가 무엇이랴? 나의 나라에 들어올 자가 아니더냐? 계 21:22 성 안에서 내가 성전을 보지 못하였으니 이는 주 하나님 곧 전능하신 이와 및 어린 양이 그 성전이심이라. 이상이다. 닫으라.

'전면 수정' 한국 교회이다! 하라. '새 예루살렘 성' 전진이다. 이를 알리라. 이는 너의 할 일이다. 하나님의 마음을 대변하는 자로 두는 나이다 하라. 이는 글로 보이는 나이다 하라. 이상이다. 기록자의 이야기가 많아짐은 무엇인가? 이를 두라. 간증 글이기에 그러하다. 섞임으로 '융화'되며, '예'가 되며, '스토리'가 되며, '분석(주제)'에 용이! 하리라. 이에 주는 막바지 해석서 은혜이다. 자체 글(이미 받은 영서 내용을 뜻한다)이 많은 분량이므로 다 훑지 못하는, 숙지 못하는, 제한된 기간이므로 그러하다. 차츰차츰 안개 걷히는 때이니 그러하다. 모두가 그러하다. 읽다 보면 하나님의 마음, 계획이 알아지는! 대응책도 그러한, 방비책 모두이다.

성령을 구하게 하심으로 일이 마치지 않으랴? 슥 4:6 …여호와께서 스룹바벨에게 하신 말씀이 이러하니라 만군의 여호와께서 말씀하시되 이는 힘으로 되지 아니하며 능력으로 되지 아니하고 오직 나의 영으로 <u>되느니라 함과</u> 같음이라. 성령 교회가 아니더냐? 행 2:4 그들이 다 성령의 충만함을 받고 성령이 말하게 하심을 따라…. '나의 교회'가 세워짐은 이러함 아니더냐? 이는 교회의 할 일이니 행 2:11 …하나님의 큰일을 말함을 듣는도. 이로써 목적 두는 나이다. 이외에 무엇이 있으리오? 개탄스럽게, 한탄스럽게-창 6:6 땅 위에 사람 지으셨음을 한탄하사 마음에 근심하시고-바라보는 나 아니랴? 하라. 엡 4:30 하나님의 성령을 근심하게 하지 말라 그 안에서 너희가 구원의 날까지 인치심을 받았느니라. 이는 한국 교회에 전하는 나의 말, 마음이니 그리 알라. 만신창이, 엉망진창 이를 아느냐? 하라. 이는 내 마음이니 바라보는 나, 수년 전에 예수의 청년 모습을 보았잖느냐? 얼굴의 수심, 비통, 침울, 근심을 보이지 않았느냐? 성전의 그들을 보아온 나 아니냐? 이는 한국 교회를 바라봄도 그리하다. 이를 알리라, 전하거라. 이로써 나의 메시지를 받음이 아니냐? 하라.

구들장에 불을 때는 시절이더니 한국이 참 변하는구나. 참사 보느냐? 와르르 성수대교

참변뿐인 줄 아느냐?(1994. 10. 21 사건이다! 하라) 이는 지진이니라. 히브리서 보라. 히 12:27 이 또 한 번이라 하심은 진동하지 아니하는 것을 영존하게 하기 위하여 진동할 것들 곧 만드신 것들이 변동될 것을 나타내심이라. 28 그러므로 우리가 흔들리지 않는 나라를 받았은즉 은혜를 받자 이로 말미암아 경건함과 두려움으로 하나님을 기쁘시게 섬길지니 함이라. 사람을(사람 입장) 위해 우는 것 보다 나의 마음을 헤아려 사건에 반응함이(이는 이 사건에 울컥! 마음 아프게 느낌이니 나의 마음 아니더냐? 내 말에 의한 네 반응이다) 장성함이니 복음을 모르는 자도 슬픔을 지니지 않으랴? 더 슬피 울지 않으랴?

이제는 나를 위해 울라. 나의 아픈 마음이니! 이도 저도 네가 봄은 세상 난리 모습이니 이러한 지구 모습에 머리 흔드는 자, 어제의 네 모습이 아니더냐? 낙심하지 마라. 갈라디아서 두라. 갈 6:9 우리가 선을 행하되 낙심하지 말지니 포기하지 아니하면 때가 이르매 거두리라. 이는 포착이다. 기회 포착으로 사는 자에게 일어나는 일이니, 눈가림할 때 일어나는 현상이다. 이는 창세기 11장처럼 하늘에 닿게 하도록 쌓고 쌓아 올림이니-창 11:4 또 말하되 자, 성읍과 탑을 건설하여 그 탑 꼭대기를 하늘에 닿게 하여 우리 이름을 내고 온 지면에 흩어짐을 면하자 하였더니-모두가 "높이자" 함이 아니냐? 마음도, 지위도, 건물도, 연합(세계인)도 그러하다. 신명 나는 세상을 만들어 보려 하나, 마 7:27 비가 내리고 창수가 나고 바람이 불어 그 집에 부딪치매 무너져 그 무너짐이 심하니라 함과 같도다. 가정도, 사회도, 나라도, 세계도 이 현상 앞에 선! 아니겠느냐? 나를 두었더라면 이는 마 7:25 …이는 주추를 반석 위에 놓은 까닭이요 이니 24 그러므로 누구든지 나의 이 말을 듣고 행하는 자는 그 집을 반석 위에 지은 지혜로운 사람 같으리니 라는 뜻이니라. 이를 두라.

말세지말 현상이다. 자기를 두고 사는 자는 이러하다. 이윤, 이득, 명예, 자고함에 잡혀 사는 자들은 이러한 무너짐으로 사라지는 모든 것들이라 하라. 지구의 무너짐을 보였느니라. 모든 형상이 사라짐이니 불타고 재만(조그마한 한 줌 아니랴?) 남은 모습이니라. 이는 네게 보인 지구의 불살라진 모습이며 부활체 생명 또한 금빛 성벽을 보임도 아니더냐? 세월호가 사라지는 사건을 보임도 그렇다. 침몰! 바닷속 무너짐(가라앉는 현상) 아니냐? 총지휘 누구랴? 무엇이 목적이랴? 세월호처럼 다시 고층 아파트를 싣고 수장처럼 하려 함이 아니냐? 이는 시기 문제이니 부실 공사는 이러한 '언젠가는' 아니냐? 너희의 믿음은 (착각, 맹신 수준이다! 하라) 세상에 대해 이러한 과신이 있는 지나친, 치우친, 기우는 현상(시대적 그러하다. 시대를 좇기에 그러한)으로 당하고 당하는, 겪고 겪는, 그리하여 잃고 우는 자가 아니겠느냐?

부실 조화 세상이다! 하라. 이는 너희끼리 사업 진행(세상 경영) 아니냐? 이도 이윤, 저도 이윤, 상납함도 그러한 불법의 입을 막으랴? 축적하랴? 향락을 위하랴? 얼마나 벌어야 하랴? 취하고 감추고 속여야 하랴? '생명을 사랑하여' 하는 일이 아닌 이상은 다 죄악이다! 하라. 하나님의 영광을 위한 자가 있느냐? "그로 인하여 살리라. 나는 그러하다" 하느냐? 이는 '내 길' 발견자이다. 들어섰으니 "가보리라" 하는 자 아니겠느냐? 이러함에도 가다 보면 쫓는 애굽 군대이니 수장시켜야 하지 않으랴? 이는 죄의 세력이니! 나의 선택자 구원하는 길에 '소유 주장권'을 내미는 자니 세상 세력이라 하라. "내 땅에 살더니 왜 나가냐?" 생각해 보니 "아니다" 하며 좇는 애굽 세력이니 머나먼, 멀어진 가나안이 됨도(40년 광야로 되돌린 시기) 이러함으로 지게 됨이니 히브리서를 두라. 히 10:38 나의 의인은 믿음으로 말미암아 살리라. 또한 뒤로 물러가면 내 마음이 그를 기뻐하지 아니하리라 하셨느니라. 이는 37절을 위함이다. 히 10:37 잠시 잠깐 후면 오실 이가 오시리니 지체하지 아니하시리라. 이로 인함이라. 고전 10:5 그러나 그들의 다수를 하나님이 기뻐하지 아니하셨으므로 그들이 광야에서 멸망을 받았느니라. 6 이러한 일은 우리의 본보기가 되어 우리로 하여금 그들이 악을 즐겨한 것 같이 즐겨하는 자가 되지 않게 하려 함이니 7 그들 가운데 어떤 사람들과 같이 너희는 우상 숭배하는 자가 되지 말라…. 8 그들 중의 어떤 사람들이 음행하다가 이만 삼천 명이 죽었나니…. 9 그들 가운데 어떤 사람들이 주를 시험하다가 뱀에게 멸망하였나니…. 10 그들 가운데 어떤 사람들이 원망하다가 멸망시키는 자에게 멸망하였나니…. 이는 왜이더냐? 다음 두라. 11 그들에게 일어난 이런 일은 본보기가 되고 또한 말세를 만난 우리를 깨우치기 위하여 기록되었느니라.

이는 무엇인가? 하라. 이 세상은 끊임없는 시험 도가니 속(연단 장소)이다! 뜻이다. 광야 같은 이 세상이 아니겠느냐? 새 하늘 새 땅 '가나안 성(새 예루살렘 성) 입성'까지 갖가지 미혹, 거짓을 이겨야 하므로 그러한. 이로써 40일 금식하며 말씀으로 마귀의 시험을 이기신 주시라. 또한 나의 고난의 길도 그러하다. 갖가지 시험은 이러한 죄의 구렁텅이에 빠지지 않으려 몸부림친 나이니 이기고, 이기고 간 '나의 생애'가 아니랴? 세상 시험을 거치는 이 땅이므로 내게 배우지 아니하고서야, 나의 보호가 아니고서야, 어찌 알며 견디랴? 이기랴? 헤치는 인생길 아니랴? 비바람, 안개, 검은 먹구름, 거센 파도, 모두 그러하다. 이와 같다. '그러나'이다. 히 2:14 자녀들은 혈과 육에 속하였으매 그도 또한 같은 모양으로 혈과 육을 함께 지니심은 죽음을 통하여 죽음의 세력을 잡은 자 곧 마귀를 멸하시며 15 또 죽기를 무서워하므로 한평생 매여 종노릇 하는 모든 자들을 놓아주려 하심이니 16 …오직 아브라함의 자손을 붙들어 주려 하심이라…. 18 그가 시험을 받아 고난을 당하셨은즉 시험받는 자들을 능히 도우실 수 있느니라. 이와 같은 너희이다. 이를 두라.

'이기신 주와 함께' 이는 광야(세상)에서 알리는 나이니, 마 28:20 …볼지어다 내가 세상 끝날까지 너희와 항상 함께 있으리라 하시니라. 너희의 자랑은 이것이니 '이기시는 주'를 자랑하라. 계 19:11 또 내가 하늘에 열린 것을 보니 보라 백마와 그것을 탄 자가 있으니 그 이름은 충신과 진실이라 그가 공의로 심판하며 싸우더라 13 또 그가 피 뿌린 옷을 입었는데 그 이름은 하나님의 말씀이라 칭하더라. 14 하늘에 있는 군대들이 희고 깨끗한 세마포 옷을 입고 백마를 타고 그를 따르더라 15 그의 입에서 예리한 검이 나오니 그것으로 만국을 치겠고…. 이는 세상 끝 날의 싸움이 아니겠느냐? 이때이다 하라. 나의 종들의 부름은 이러하다. 이러하므로 주는 나이다 하라. "내 곁에 선 자 주시라. 내 안에 계신 자 주시라" 하라. 너희의 이김은 이것이니 항상 이러하여 고전 10:12 그런즉 선 줄로 생각하는 자는 넘어질까 조심하라. 이를 두라. 이는 광야의 승리 비결이라.

'예수 잔치' 시대이다! 하라. 제물 된 주가 아니시냐? 이는 두 아들의 비유와 같은 말씀이니, 눅 15:23 그리고 살진 송아지를 끌어다가 잡으라 우리가 먹고 즐기자. 나의 죽음(십자가 대속)은 이러하다. 살진 송아지 된 나이다. 마지막 시대 너희(이 세상)를 위한 제물 된 나 아니겠느냐? 무엇을 주지 못하랴? 아끼랴? 포도원 농부 비유이다. 눅 20:13 포도원 주인이 이르되 어찌할까 내 사랑하는 아들을 보내리니 그들이 혹 그는 존대하리라 하였더니 14 …상속자니 죽이고 그 유산을 우리의 것으로 만들자 하고 15 포도원 밖에 내쫓아 죽였느니라….

이를 보아라. 그러함에도 '용서하신 하나님'이 아니겠느냐? 나를, 내 아들을 이렇게 대우함에도 불구하고 너희를 향한 사랑이 아니겠느냐? 이러한 사랑이나 도무지 알지 못하노라 하며 내칠 때 내 마음이 오죽이랴? 나의 가장 아끼는 최후이니 나를 주었다. 그러함에도 이 시대가 "예수가 누구?" 하랴? 더 큰 무슨 사랑을 보이랴? 이는 사랑 문제가 아니니라. 너희의 죄이니 반역, 거역, 배도가 아니더냐? 다른 사랑이 있는 자는 이러하다는 뜻이다. 속임, 거짓, 미혹이 커 보일 때 그러하다. 이는 가장 된 것이니 요한일서와 같도다. 요한일서를 두라. 요일 4:6 우리는 하나님께 속하였으니 하나님을 아는 자는 우리의 말을 듣고 하나님께 속하지 아니한 자는 우리의 말을 듣지 아니하나니 진리의 영과 미혹의 영을 이로써 아느니라. 살후 2:11 이러므로 하나님이 미혹의 역사를 그들에게 보내사 거짓 것을 믿게 하심은 12 진리를 믿지 않고 불의를 좋아하는 모든 자들로 하여금 심판을 받게 하려 하심이라.

이로써 두는 나의 종과 아닌 자들을 나눔이니, 이는 마지막 때에 현저해지는 정체성에 관함이다. 이는 알곡과 쭉정이로 나뉜다 의미이며! 마 3:12 …알곡은 모아 곳간에 들이고 쭉정이는 꺼지지 않는 불에 태우시리라. 곡식과 가라지이니! 마 13:30 둘 다 추수 때까지 함께 자라게 두라…가라지는 먼저 거두어 불사르게 단으로 묶고 곡식은 모아 내 곳간에 넣으라 <u>하리라 함과</u> 같으며, 의인 중에서 악인을 갈라 내어! 마 13:49 세상 끝에도 이러하리라 천사들이 와서 의인 중에서 악인을 갈라 내어 이러함 같으니, 이 모두는 심판 날을 위한 과정 중이라 하라. 이 세대는 이러한 '나의 일, 나의 때'로 두는 나이다 하라. 이상이다. 닫으라. 되었다.

8. 땅을 구하라! 기업으로 얻을 것이니

마 5:5 온유한 자는 복이 있나니 그들이 땅을 기업으로 받을 것이요. 도처에 기근, 지진이다. 고센 땅 주시는 하나님이시다. 머물라, 주실 것이요. ㅇㅇ시 수해 현장 '물에 잠긴 자' 이를 알아야 한다. "목회자의 재난은 왜이죠?" 여름 장마의 일부 지역 침수로 생명을 잃은 자이다. …생략… 무슨 뜻인가? 기도에 깨어 있으라,

너는 회개한 자이다(기상 예보를 들을 때 기도해야. 평소 기도에 깨어 있어야). 물에 잠긴 자 그는 대표성이다. 목회자의 죽음은 목회자에 대한 경고이다. 자연에(그 힘, 위력) 당한 자! 허무한 것이다. 깨어 있으라, 도둑(물처럼)같이 오리니. 계 16:15 보라 내가 도둑같이 오리니 누구든지 깨어 자기 옷을 지켜 벌거벗고 다니지 아니하며 자기의 부끄러움을 보이지 아니하는 자는 복이 있도다. 지시하는 산에 거하라. 니느웨 회개 기도 40일 영서 기간이다. 니느웨 회개 기도 40일의 마지막 10일(30일에서 40일)은 큰 역사를 이룰 것이다. ···생략···

2022. 2. 18. 금요일. 추가 글입니다.

마음 아픈 그 당시이다. 2021년 4월 한강 사건 '한 대학생'처럼(물에서 발견한 시신), 2014년 4월 세월호 배에서 학생들이 바다(물)에 수장된 것처럼, 2020년 여름 장마의 수해 현장도 그러하다. 이 모두는 물에서 일어나는 일이 아니겠느냐? 노아의 홍수 이후 약속 지키는 나이다. 이는 전 인류에게 행치 않는 홍수에 대한 약속이다. 창 9:15 내가 나와 너희와 및 육체를 가진 모든 생물 사이의 내 언약을 기억하리니 다시는 물이 모든 육체를 멸하는 홍수가 되지 아니할지라. 그럴지라도 '지역 내의 사고는 여전하다' 하지 않느냐? "나를 두려워하라" 하는 뜻이니라. 자연을 만드신 주가 아니랴? 자연의 위력으로 통치를 삼는 나 아니더냐? 하라. 무엇에서 안전하랴? 이는 사람의 목숨이니 한때 와서, 살다가 가지 않으랴? 히 9:27 한 번 죽는 것은 사람에게 정해진 것이요(창 2:17 선악을 알게 하는 나무의 열매는 먹지 말라 네가 먹는 날에는 반드시 죽으리라 하시니라). 그 후에는 심판이 있으리니(계 20:12 또 내가 보니 죽은 자들이 큰 자나 작은 자나 그 보좌 앞에 서 있는데 책들이 펴있고 또 다른 책이 펴졌으니 곧 생명책이라 죽은 자들이 자기 행위를 따라 책들에 기록된 대로 심판을 받으니 13 바다가 그 가운데에서 죽은 자들을 내주고 또 사망과 음부도 그 가운데에서 죽은 자들을 내주매 각 사람이 자기의 행위대로 심판을 받고 14 사망과 음부도 불 못에 던져지니 이것은 둘째 사망 곧 불 못이라 15 누구든지 생명책에 기록되지 못한 자는 불 못에 던져지더라). 이는 변함없이 행해질 인류의 심판이라 하라.

모두 내 앞에서 나의 기록 문서에 의한—[기록하는 나이다. 안다! 뜻이니라. 너희의 일거수일투족이니 전부이다. 샅샅이, 머리털까지 세신 바가 되지 않더냐? 무엇을 모르더냐? 다 아시는 하나님을 전하거라—나의 마음, 뜻에 따라 어찌 살았는지 달아보지 않으랴? 이는 심판과 상급이 있으므로 너희 생애는 심히 중요하다. 위대하지 않더냐? 주에 의해 사는 자들이기에 그러하다! 하라. 나의 줄 것이 많다. 구하거라, 엎드리라, 오직 나 외에는 없느니라. 이상이다. 닫으라.

9. ㅇㅇ 신학대학교에 대해서 적어보자

'말씀'대로 세워진 곳이다. 너는 도착하는 ㅇㅇ역과 방문하는 ㅇㅇ 신학대학교 안의 지역 영을 느끼는 자이다. …생략… 개관! 학교 건물은 영의 개관지이다. 신학생들이 들어가서 열리는 것이다. 학교의 기도실 마찬가지이다. 작은아들의 신학대학교 졸업 기념으로 졸업식 날에 성서 박물관을 방문한 자이다. 너는 성경과 짝이다. …생략…

10. 지금까지 지내 온 것 주의 크신 은혜라

(찬양을 주십니다! 하라) '지금까지 지내 온 것 주의 크신 은혜라' 네가 목도할 일이 크도다. 계시 된 책! 천사의 두루마리 영원한 복음!-계 10:1 내가 보니 힘센 다른 천사가 구름을 입고 하늘에서 내려오는데 그 머리 위에 무지개가 있고 그 얼굴은 해 같고 그 발은 불기둥 같으며 2 그 손에는 펴 놓인 작은 두루마리를 들고…. 계 14:6 또 보니 다른 천사가 공중에 날아가는데 땅에 거주하는 자들 곧 모든 민족과 종족과 방언과 백성에게 전할 영원한 복음을 가졌더라-이러한 해설집(영서)을 가진 자! 내면화 과정, 페이지 저장이다. 그룹들이다. 에덴 지키는 자, 중간 이는 문을 지키는 자이다. 창 3:24

이같이 하나님이 그 사람을 쫓아내시고 에덴동산 동쪽에 그룹들과 두루 도는 불 칼을 두어 생명 나무의 길을 지키게 하시니라. 너는 에덴에 대해 알려주는 자, 회개하라! 전하는 자이다. 회개시키는 자이다. …생략… 너는 자유롭게 다니는 자이다. 스스로 준비해서 '성령 역사' 분출한 자이다(병이 보입니다! 하라. 입구 마개인 잠근 핀을 빼자). 이는 초장에서 목자 역할을 한 자이다(2020. 8. 1. 토요일 어머니 장례식 장지). 그곳의 불교인들에 대해서이다. 주가 주신 것이다. 내가 선 것이다. '불 받은 자'이다. 선교 한국 스타일이다.

11. 하늘을 보라

쉼이 될 것이다, 나의 안식처가 되어줄 것이다. (자작한 찬양을 주십니다! 하라) '눈을 들어 하늘을 보라' 이는 나의 곡이다. **언어도, 너도, 모두 '나의 곡'이다(추가 글 2023. 2. 26. 주일)**. 주는 자가 복이다. 장례식 기간에 값없이 일한 자이다. 행 20:35 또 주 예수께서 친히 말씀하신 바 주는 것이 받는 것보다 복이 있다 하심을 기억하여야 할지니라. "소용대로 주리라" 눅 11:8 …그 간청함을 인하여 일어나 그 요구대로 주리라. 불교와 교회 상대로 일한 자이다. 그곳 장지의 기독교인들은(성령의 일을 제지, 반대, 수군거린 자들, 심히 대한 자까지 뜻한다! 하라) 경건의 모양을 주장하는 자, 원하는 자 그들이다. 경건의 능력, 성령의 나타남과 역사였다. 고전 2:4 내 말과 내 전도함이 설득력 있는 지혜의 말로 하지 아니하고 다만 성령의 나타나심과 능력으로 하여. 목표가 된 자였다. 공동 목표. 표적 대상이었다. 딤후 3:5 경건의 모양은 있으나 경건의 능력은 부인하니 이 같은 자들에게서 네가 돌아서라.

2023. 2. 26. 주일. 추가 글입니다.

언어도, 너도, 모두 '나의 곡'이다: 네 자작곡은 2019년 한 해 동안 주신 은혜이다. 어느 날, 멜로디와 함께 가사가 흘러나오면서 "작사, 작곡의 은혜이다" 하므로 받은 자이다. 너는 악보를 모르는 자이기에 부르면서 녹음하고 마음에 심은 자이다. 이전부터 찬양의 은혜, 은사를 이미 주신 자이나, 전문성을 지닌 자가 아니므로 "나설 만큼의 실력 아니다" 한 자이다! 하라. 그러므로 간혹 무대가 있더라도 "은혜 아니면 설 수 있는 자리가 아니다" 하며 실력이 있는 전문적인 전문가들을 부러워하기도 한 자이다. 밀어내시는 성령으로 등 떠밀려 선 때가 아니면 어찌 나서는 자인가? 어려서부터 노래는 좋아하여 즐겨 부르고 무대에 서는 것도 좋아하나, 실력 문제로 드러낼 만한 자가 아니므로 찬양도 이러한 범위 내에서 한 자이다. 아쉬움으로 한때는 실력을 위한 목청(소리)도 구하기도 한 자이다.

워십도 이러한 예이다. 하나님 앞에 어설픈 동작이나마 창작 표현이 편한 자이다. 누군가에게 배우는 워십 동작은 한때는 사모하나 마음이 점점 더 닫힌 자이다. 이제는 성령 춤이 더 편한 자이다. 이 모두는 주에 대한 사모가 강하기 때문이다! 하라. 그리고 자신에게 더 중요한 분야에 힘쓸 시간이며 특정한 사람과의 밀착 거리도 '주'의 허락 없이는 더더욱 할 수 없는 이러한 이유이다! 하라. 이러한 자에게 성령은 외형과 실력보다 주가 더 중심되게 자신을 훈련하신 주시다! 하라. 그러므로 은밀하게 하나님께 드리는 시간을 더 가진 자이다. 사람은 실력을 보나, 주는 마음의 중심을 보시기에 믿음, 감사, 기도의 찬양을 중심으로 드린 자이다. 또한 악기를 도구 삼아 찬양을 드리기도 한 자이다. 악보대로가 아닌 자신이 아는 음악 지식 안에서 가슴으로 외치며 주께 대한 사랑을 믿음으로 표현도 한 자이다. 이는 오래된 신앙 초기의 이전 일이다. 어느 날, 길가에 버려진 멜로디언이 눈에 띄어 찬양 천곡을 도전해 본 자이다. 천 번 부르며 주께 영광 드리자! 한 자이다. 그리고 어려서부터 피아노를 치고 싶고, 갖고 싶어 한 자에게 이후에 피아노 선물도 주신 주시다! 하라. 이는 비로소 하나님을 구하고, 알면서, 진심으로 영광을 드릴 때 일어난 일이다.

개척 예배처에서 이 피아노는 외로운 시기에, 날마다 더위와 추위 속에서도 찬양 예배의 시간을 갖게 하신 주시다! 하라. 피아노를 배운 자가 아니기에 이 역시 악보대로 아닌, 자신이 소화할 만한 가능한 범위로 곡을 선정하여 영광을 드린 자이다. 이렇듯 자신처럼 가난한 자는 마음으로 드리는 하나님 앞 예배가 얼마나 좋은지! 이에 홀로 하는 짝사랑

같아도 다 받아주시고 다시 갚으신 주시다! 하라. "아마도 사람 같으면 댓글, 악플이 무수히 달리지 않으랴?" 한 자이다. 외모를 보시는 주가 아니시니, 이를 아는 자 너이다! 하라. 이곳에서 하나님과 자신 이 둘이니 '독무대'로 마음껏 드린 시간이다! 하라. 이를 가르쳐 주신 주시다. "사람 앞이 아닌 하나님 앞에 하라" 하신 주시다. 예배자는 홀로 있는 시간에 드린 예배가 참된 예배이며 기초로 이를 사람 앞에 나서는 무대임을 알리신 주시다. 주께서 친히 많은 것을 가르쳐 주신 시기이다. 이는 사람과의 거리 두기, 떼어내는 훈련으로 얻어진 보배들이다! 하라. 사람이 아닌 성령이 지도를 하시는 자이다. 이를 위하여 택한, 부르신 주의 종이다! 하라. 영서도 이러한 연장이 아니냐? "나는 너의 하나님이시다" 이를 알리라, 전하라, 나타내라, 만방으로 네게 "가라(마 28:19)" 하신 주시다. 마 28:19 그러므로 너희는 가서 모든 민족을 제자로 삼아 아버지와 아들과 성령의 이름으로 세례를 베풀고.

목소리의 찬양과 몸의 워십과 악기 대신 이어진 수화 찬양의 은혜이다. 교단을 바꾸어 신학교를 편입하게 하신 이후에 어느 날, 철야 기도하며 노아의 방주를 준비하라! 하신 그 시기이다. 그리고 주의 말씀대로 인도하신 한 교회로 가서 찬양 가사만 수화를 급히 배우게 하시며 이어 무대에 세우시기도 하신 주시다! 하라. 이는 주의 신부 드레스이다. 흰옷으로 표현한. 주의 스케치 지도를 따라 옷을 창작하여 입히신 자이다 하라. 이는 마지막 때의 재림을 알리며 주의 신부를 준비하는 메시지이다! 하라. 개척 예배처 초기의 예배는 편안한 몇 사람뿐이며 서로가 주께 집중하려 하는 사모와 열심의 시기이므로 사람 앞에 부담 없이 서서 찬양을 얼마나 열심히 드렸는가? 하라. 이후 혼자 남은 시간에는 사람을 의식하지 않는 더 진정한 예배자로서 찬양하는 자임을 가르치신 주시다! 하라. 이는 골방의 기도 훈련 시기이다. 소리의 영역에 대해 더 차분히, 좀 더 깊이 배운 시기이다. 그동안은 주께나 사람에게나 기도, 찬양, 말씀, 대화 등 소리를 주로 많이 사용한 자이다. 또한 사람에게 듣는 소리도 이러하다. 홀로 된, 홀로 서는 시간은 정반대이다. 주께 은밀히, 조용히, 나직이, 고요히 심령으로 드리는 시기이다. 찬양 소리도 그러하게 바뀐 시기이다. 오직 주께만 찬양과 경배를 많이 드린 시기이다.

이어진 2019년의 작사, 작곡 은혜이다. "3년간 성령을 준비하라" 하신 2017년 문 정권 시작부터이다. 그리고 3년째, 2019년 한 해 작사, 작곡의 샘이 열린 자이다. 신앙 초기의 이러한 은혜가 시작되고 조금씩 맥을 잇듯이 이어지기는 하나, 이때는 곡이 쏟아지는 집중 시기이다! 하라. 신앙 고백으로서 하나의 창작 분야이다. 주의 영광의 표현 도구로 나타난 은혜의 시기이다. 어느 날, 느닷없이 주어진 선물 보따리이다. 와락 끌어안고 받은 시기이니 흘러나오는 작사, 작곡 은혜 안에서 주신 창작을 '자작곡'으로 모아 둔 시기이다. (2023. 7. 25. 화요일. 추가 글입니다. 이는 주위의 평가가 아니다. 예배자가 드린 신앙이다. 날개를 펴기 위한 모음집이 된 신앙 고백 '기도문'이다. 체험자이기에 신랑 앞에 선 자이니 신부로서의 사모함, 사랑이다! 하라. 또한 시대를 아는 자이기에 절절히 찾는 주에 대한 도움 요청이다. 증언하지 못해 병이 난 자, 부족해서 숨은 자의 아픔을 지닌 채 부른 자이다! 하라. 되었다. 닫으라) 이러한 창작은 눈 뜨면서 시작이 되기도 하고, 성경 시간을 먼저 갖고 이어지기도 한 자이다. 찬양곡을 집중한 준비의 한해이다. 곡의 전문성보다는 이 영역이 자신에게 생소한 분야임에도 오직 은혜로 물 밀 듯이 밀려와 열매가 되므로 자신의 신앙을 표현할 수 있으며 또한 증거의 도구도 될 수 있기에 좋은 자이다.

'작품성' 논란 여부는 받고 싶지 않은 자이다! 하라. 음악성을 뒤로한 '찬양 기도' 간증일 뿐이다. 더 못하든, 낫든, 어떠하든, 사람의 평가일 뿐이다. 주로부터 왔는가? 자신에게 입히신 옷인가? 이것이 중요한 핵심 '포인트'이다! 하라. 주와 함께한 지난 시간, 주와 함께하는 현재, 주와 함께 할 이후의 시간을 표현한 자이다. 왕이신 그리스도, 구원자 그리스도, 다시 오실 주, 생의 삶에 전부가 되신 주, 전부를 드리고 싶은 마음으로 사모하며 드린 시간이다! 하라. 낮 동안 쉬지 않고 부르기도 하고 때로는 밤새워 부르기도 한 자이다. 이는 혼자만의 시간의 유익이다. 어려서부터 주어지는 일에 몰두하는 유형이기에 이러한 성향이 주의 주신 은혜 안에서 바탕이 되어 상승하여 열매로 이어진 개척 예배지이다! 하라. 이러한 작사, 작곡 찬양의 은혜는 성경 집중 기간 10년이 끝나갈 즈음에 주신 은혜이다! 하라.

그리고 2020년 세계 코로나 전쟁과 북한의 핵전쟁 위기와 나라의 공산화 위기와 교회들의 진단과 방안을 위해 길의 제시로서 '영서' 은사가 주어지고 증거를 위해 나선 자이다. 모두가 하나님의 은혜로다! 하라. 너 자신의 소원은 평생 주의 일만 하고 싶은 자이기에 견딘 개인 예배처이! 하라. 주의 세계를 알아가면서 버린 것이 많아지게 하신 주시다! 하라. 버리니 그 빈 자리에 주의 은혜 안에서 분야(영역들)로 매진, 집중, 몰두할 수 있는 시기가 된 자이다. 그러므로 더 유익이 된 개인 예배처이다! 하라. 버린 훈련이 된 사람에게는 유익하다! 하라. 더 버릴 수 있는 시기이며 더 풍성히 채울 수 있는 시기이다! 하라. 이는 때때로 부르심이 이러하다. 이러한 연단, 환경, 증거의 도구를 겨냥 삼아 화살로 과녁 삼듯이 하지 않아야 할 한국 교회들이다! 하라. 이러한 유익 또는 연단이 주의 눈이 되고-계 5:6 …그에게 일곱 뿔과 일곱 눈이 있으니 이 눈들은 온 땅에 보내심을 받은 하나님의 일곱 영이더라-심장(마음)이 되고, 손이 되어 영서를 기록하고, 발이 되어 주는 책이다! 하라. 책은 이제 차의 바퀴가 되어 나아가는 길이 된 주의 지경이다! 하라. 이 모두는 네게 이르신 대로 주의 영광을 위함이다! 하라. 되었다. 닫으라.

2023. 7. 25. 화요일. 추가 글입니다.

이러한 은혜임에도 2020년부터 이 3년간 추수 열매를 모은 자이나 출간하지 못한 채 이전한 자이다. 거대한 장벽이 된 그들로 인함이다! 하라. 급히 서둘러 계약한 4차 출판사일지라도 지금은 대기자이다. 넘을 산이 하나둘 생기는 상황이 지속된 이곳 역시 그러하다. 그럴지라도 이 글은 마무리이다! 하라. 막바지 넘을 산이니 인쇄 앞이다! 하라. 화려한 수식어로 선보이는 글이 아니다. 주의 마음을 표현하는 글이다. 이러한 도구가 되어 산 자이다. 눈이든, 비이든, 아프든, 넘어지든, 실수이든 이 사명 끈을 놓지 못함은 시대적 글이 아니랴? 하라. 되었다. 닫으라. 죄의 수위는 날마다 장마철 물이 넘침같이 오르는 상황이다. 나라의 위기 최고조이다. 전쟁의 사인도 알리시는 주시다. 그럴지라도 무너지는 댐을 막는 일은 무너지기까지라도 막을 일이다! 하라. 우르르 모여 "나서보자, 막아보자" 하는 민족의 회개를 기다리는 자이다! 하라. 전시 긴장의 나날들은 피곤하고 연약해지는 마음이 되기도 한다! 하라. 한잔의 커피를 마시며 잠시 외면하기도 하는 자이다. 이는 왜 못

끊을까? 하는 자이니 "마시지 않으면 좋으나 자주 먹는 자가 아니니!" 하신 주가 어느 때는 위로차 "오늘 마시라" 허락도 있다! 하라. 자신이 커피를 찾는 날이 대부분이며 선을 넘어 더 마시기도 할 때는 스톱(stop)! 하시며 당분간 금령으로 주시기도 한다! 하라. 커피를 마시는 자이니 이는 왜인가? 자신의 나약함이다. 여전히 교제자 없는 자이며(이는 실질적 대화자를 의미한다), 묵언수행 시간이 많은 자이다. 영으로 진단할 일이 많은 사역이다! 하라. 큰 쓰레기 나 뒹구는 것은 누가 모르랴? 사람 죽인 자, 폭력 행한 자, 도박한다! 술 먹고 난잡히 산다! 이는 육안으로도 알 수 있는 죄이다. 삶의 갖가지 모습으로 표출이 됨은 다 알지 않느냐? 하라.

미세 먼지 같은 정밀함을 요구하는 죄의 분석은 누가 하느냐? 하라. 사람 안 마음의 분석을 누가 하느냐? 하라. 악한 계획, 도모, 은밀히 행하는 죄악들을 누가 하느냐? 하라. 사람들은 보이는 쓰레기를 줍고 큰일을 한 냥 으쓱대며 또 잘한다는 평을 얻으니 계속하지 않으랴? 성령의 은사는 이러한 초미세 먼지 같은 죄도 알리지 않으랴? 국민이 알 권리를 숨기는 정부이다! 하라. 문 정권이 자행해온 일이다! 하라. 이에 영서를 주시는 자이다! 하라. 이러한 일을 어떤 자는 아나! 기도만 하는 자가 있으며, 말로 전하기도 하는 자가 있기도 하고, 반면에 영서처럼 글로 나타내어 주라, 내보이라 하는 사명이 있으니 각각이다! 하라. 누군가는 이 모두를 해야 하므로 준비시키기도 하니 이 모두는 하나님의 주권이다! 하라. 계획 속에서 하나님이 준비와 선택과 파송을 하심이니! 나의 종들은 이러하다 하라. 이천 년 전이나, 최후 시간이 다다른 이때까지나 동일하신 하나님이시다! 이르라. 되었다. 닫으라. 지구 '최후의 보루' 시간이다! 하라. "언젠가는, 언젠가는, 무엇하겠지…" 하다가는 큰코다치는 자들이 된다! 하라. 이는 "준비하라 그날을!" 하는 말이다! 하라. 준비는 채움이다. 채운 상태이다. 대기 상태이다. 마치 운동선수가 달리기 위해 스타트 지점에 서듯 주 앞에 이러한 대기자로 사는 자들이다! 하라. 앞만 보는 준비, 직시이다. 집중이다. 이는 들어가기 위함이다. 또는 달리는 자이다. 달리는 중이다. 오직 이 하나이다 하는 자들이다. 또는 오직 뛰기 위한 일념으로 선수의 준비이니 이 셋 다 나의 종이다! 이르라. 되었다. 닫으라.

12. '구글 시스템'을 알고 싶은 자

　　AI, CCTV! (이를 생각나게 하십니다! 하라) 그날 어머니의 장례식장 입구에 열화상 카메라! 너는 문 정권에게 찍힌 자이다. 이는 나의 출현! 사역을 표면화 시키는 것이다. 그동안 너를 공개하지 않은 이유이다.

2023. 1. 26. 목요일. 추가 글입니다.

　　정보 시스템은 오랜 시간 동안 열어 주시는 영역이므로 연구하는 대상입니다! 하라. 시대의 변화로 악이 더해지면서 범죄의 수위도 높아진 현실이다! 하라. 개인에서 조직까지 그러하다. 온 지구상이 정보 시스템으로 가식화된 시대이다! 하라. 정보 자료는 국민의 신상에서부터 개인의 스펙, 활동 등 개인 정보 모두이다. 사람들은 알지 못한다! 하라. 해킹의 수위가 어디까지인가? 언제부터인가? "보이는 것, 들리는 것들에 익숙해져 만지고 만족하고 소유하고 누리는 시대이다" 하지 않으랴? 이는 현대 과학 문명 시대이다! 하며 산업화, 기계화의 혜택이다! 하나 "자기 발에 발등을 찍듯이 '위험 논란'이 된 시대이다" 하라. 정보는 무엇인가? 기록된 모든 것이다. 활자화 되어 나타난, 드러낸, 표면화된 것들이다. 또는 사진, 영상 등 갖가지 표출된 것들이다! 하라. 이는 '사람에 관해서' 모든 것들이다! 하라. 사람의 마음 안에 있는 것과 계획과 또한 생사화복을 주관하시는 과거, 현재, 미래의 하나님을 모르는 자들에게는 별천지 같은 이 세계이다. 왜냐하면 범죄의 대상이 되는 정보 문명 시대이기 때문이다! 하라.

　　인쇄 기술의 발달과 함께 TV 화면 '영상'이 등장하면서 녹음 기술, 카메라의 발달로 현재의 '휴대폰 문화'로 자리 잡기까지 불과 얼마이랴? 스마트폰은 갖가지 현란해진 문화들을 접속시키면서 범죄화되어가는 추세이다! 하라. 이도 출시된 지가 불과 얼마이랴? 어린아이 손에서부터 노년에 이르기까지이니 사람이면 손에 쥐고, 잡고 사는 이 세상이다! 하라. 알고 쓰는 자, 모르고 쓰는 자, 이 두 가지이다. 멋모르는 자들이 손에 쥐고 인생을 그릇되게 함에도 알지 못하여 범죄자가 되기도 하고 범죄의 대상이 되어 사회의 혼란이 가중되는 시기이다! 하라. 이어 몰카 시대이다(몰래 카메라의 속칭, 약자이다! 하라). 드론 촬영까지 상승세이다. 몰카 '불법 촬영'은 각종 물건에 카메라를 넣을 수 있는 최신형까지 이른다! 하라. 장소 불문하지 않고 극성 시기이다. 해킹은 무수하다. 이를 다 어찌 알랴? 보이스피싱 범죄 등 다 이루 말하랴? 사칭자들이 많음이니 이는 이 때문이라. 그러므로 "도용 시대이다" 하지 않으랴? 도용이란? 타인의 것을 훔치는 행위이다! 하라. 타인의 신상과 소유를 자신의 것으로 삼아 범죄 하는 시대, 범인들이 많아지는 이 현대 사회이다! 하라. 즐김의 수위가 높아지므로, 관심의 수위가 높아지므로, 비교 대상이 많아지므로, 이는 혼란해진 사회의 물질 만능화에서 비롯된 사고 체제의 전환 시대이다! 하라. 높아지고, 많아지고, 잘살아 보려 하는 시대이다. 보이지 아니하는 하나님의 중심에서 이탈이 되어가는 시대이다! 하라. 되었다. 닫으라.

13. 성령이 말하게 하심을 따라!

이는 장례식 현장 상황이다. 행 2:4 …성령이 말하게 하심을 따라…. 성령이 할 말을 주시리라. 두려워하지 말라 하신 주시다! 하라. 막 13:11 사람들이 너희를 끌어다가 넘겨 줄 때에 무슨 말을 할까 미리 염려하지 말고 무엇이든지 그 때에 너희에게 주시는 그 말을 하라 말하는 이는 너희가 아니요 성령이시니라. 장지에서 일을 마치고 아들 차를 타고 유유히 나온 자이다. 부모님 통해 일한 자이다. 이는 어머니의 장례 기간에 오빠가 섬기는 교회의 산 묘지에 묻힌 아버지도 함께 시립 납골 묘지로 합장한 시기이다! 하라. …생략… 정해진 세, 군인 급료 외 받지 않으려는 자이다. 눅 3:14 …사람에게 강탈하지 말며 거짓으로 고발하지 말고 받는 급료를 족한 줄로 알라 하니라. 너는 속셈 없는 자이다. …생략… 미가서 다시 보자. 네게서 다스리는 목자가 나와서! 미 5:2 베들레헴 에브라다야 너는 유다 족속 중에 작을지라도 이스라엘을 다스릴 자가 네게서 내게로 나올 것이라. 그의 근본은 상고에, 영원에 있느니라. (이 말씀은 네게

수차 주신 자이다)

14. 지시하는 산

'몇 날이 못 되어' 몇 날의 의미는 무엇일까? 행 1:5 …너희는 몇 날이 못 되어 성령으로 세례를 받으리라 하셨느니라. 온전히 구한다. '중심'(기도 제목 목표)으로 밤낮 집중하는 자이다. 중심! 원할 때 진정성을 보시는 하나님이시다. 마음속에 두고 있다는 뜻이다. …생략… 일로 한 자, 영의 일이다(금식 등). 복음 전도이다. 2020. 8. 1. 토요일, 이날은 영서 10일째이며 어머니의 장례식 장지인 화장장 '불' 앞에서 성령 불을 받은 자이다! 하라. (이어 찬양을 주십니다! 하라) '들리지 않나요? 보이지 않나요?' 이는 성령 안에 있는 상황을 작사, 작곡해 본 곡이다! 하라. 한 번 더 경험해봐야 하는 자이다. 환경이 차단된 성령 역사! 영의 세계(1993년 아버지 장례식 장지에서 임사 체험으로 오른 하늘길이다) 전해준 자이다. 하늘에서 내려와 땅에서 다시 일한 날! 어머니의 장례식 기간이다. 이는 아버지의 열매이다. 주의 솜씨, 주인공이 된 자, 땅을 누비고 다닌 자이다. 하나님 두 손(2020년 5월 17일 주일. 보이신 꿈, 맡기실 일) 안의 계획이다. 하늘에서 땅까지 28년 간증집이 되리라. (현재는 2022년이므로 30년입니다! 하라)

"예레미야서에서 주시는 말씀입니다!" 하라

예레미야 1장 적어보자

렘 1:5 내가…너를 성별하였고(I set apart)…. 나는 '여호와'라! 이를 반포하는 자이다. 너는 크게 사용되리라. 쓸 것이다. apart(혈육에서 떼다) 단계이다. 렘

1:5 …여러 나라의 선지자로 세웠노라…. 이는 너이다. 나라 위해 우는 자, 지구를 위해 우는 자 너이다. **렘 1:7 …내가 네게 무엇을 명령하든지…**. 나는 네게 명한다. 적어보아라. 아들이 승합차 구할까? 생각하는 자이다. 이는 이동할 때이니 나의 증인이 되어 다닐 때 '수면을 위한'이다. 네 몸이 약하므로, 바쁘므로, 차 안에서 쉬는 자이다. 아들들도 피곤할 때 그러하다. 차에 대한 자료를 받은 자이다. 내용들 보자. **렘 1:7 …너는 말할지니라**. 매일, 같지 않고 다르게 하신다. 너는 맡길 때 유연한 자이다. 내가 쓰도록 주는 이유이다. 두 아들은 이를 배우게 하자. **렘 1:8 너는 그들 때문에 두려워하지 말라…**. 체험한 자, 너이다. 현재까지이다. 너는 어머니의 장례식 기간에 머리털 하나 상하지 않았다. 눅 21:18 너희 머리털 하나도 상하지 아니하리라.

렘 1:9 여호와께서 그의 손을 내밀어…. 2020. 5. 17. 주일 아침, 네게 보인 '하나님의 두 손' 아느냐? 예비, 준비이다. 사용한다는 뜻이다. 내용은 차차 알게 될 것이다. 나는 인격이다. 말한다. 나는 영이다. 네 위에(물 위에 창 1:2 …하나님의 영은 수면 위에 운행하시니라), 네 안에(하나님의 아들로 오신 주님이시다) 있다. **렘 1:9 …내 입에 대시며…**. 2020. 8. 1. 토요일, 어머니 장례식 장지에서의 산 기도, 그것은 사역이다. '하나님 두 손' 안의 내용이다. 무슨 뜻인지 알겠느냐? 내 일을 맡긴다, 내 것을 준다는 뜻이다. 이는 5월 17일 주일, 아침의 꿈이다. **렘 1:10 보라 내가 오늘 너를 여러 나라와 여러 왕국…**. 위이다. 이것은 네 사역 대상이다. 지구 전체에 포함된 곳 또는 대상이다. 건설하고 심는다. 적어보자. **렘 1:10 …건설하고 심게 하였느니라**. 이것은 내 왕국이다. Kingdom! 왕국이다. 하나님 나라이다. 이것은 복음이다. 나이다! 이를 아는 너이다. 막 1:15 이르시되 때가 찼고 하나님의 나라가 가까이 왔으니 회개하고 복음을 믿으라(…The kingdom of God is near…).

렘 1:11 네가 무엇을 보느냐…. 적어보자. 넌 나의 손이다. "보느냐?"이다. 본다, 이는 성령의 증거(함께 하는 자이다)이다. 듣다, 이는 수없이 한 자이다. 너는 빌립보서를 다룬 자이다. 이를 상기시키는 것이다. 몇 사역자 그물망 안(주와 교제하는 자, 시대의 메시지 받는 자들이다! 하라) 그들에 대해 전하시는 주시다! 하라. 이들 누구든 부럽지 않은 너이다. 나와 함께 있기에 핍박기가 도래하리라. 그때는 힘들 것이다. (제가 질문합니다) "어떡해요?" 견디는 자이다. 성도의 인내 기간이다. 막 13:13 또 너희가 내 이름으로 말미암아 모든 사람에게 미움을 받을 것이나 끝까지 견디는 자는 구원을 받으리라. 아직은 아니다. '때'의 때! 채우리라. 이는 '때가 차면 날이 이르니' 뜻이다. 창세기 7장의 40일 홍수같이 물이 차오르다. 창 7:17 홍수가 땅에 사십 일 동안 계속된지라. 물이 많아져…. 19 물이 땅에 더욱 넘치매…. 20 물이 불어서…. 이는 '말세를 만난 우리' 같음이다. 고전 10:11 그들에게 일어난 이런 일은 본보기가 되고 말세를 만난 우리를 깨우치기 위하여 기록되었느니라. 물의 비유는 무엇이겠느냐? 위의 물은 심판의 물(일명 홍수) 이는 비유로 가장 적합하다. "노아의 때와 같다!"라고 내가 말했느니라. 마 24:36 그러나 그 날과 그 때는 아무도 모르나니 하늘의 천사들도 아들도 모르고 오직 아버지만 아시느니라. 37 노아의 때와 같이 인자의 임함도 그러하리라.

이동 문제 적어보자. (저는 질문을 합니다) "갑자기 왜요?" 너는 '예레미야의 순종' 시험이었다. 맛보기이다. 맛보아 알지어다. 시 34:8 너희는 여호와의 선하심을 맛보아 알지어다…. 함께하는 체험이다. (가족 관련 내용이므로 생략합니다! 하라) 영서는 믿는 자에게는 '수상 스키' 같은 항목이다. 이제 들어간다는 뜻이다. 이를 두 아들에게 알려 주어라. 성령 해석 은사, 이는 '하나님의 두 손'이다. 2020. 5. 17. 주일, 알려준 자이다. (다시 가족 관련 내용은 생략합니다) 빌 4:6 아무것도 염려하지 말고 다만 모든 일에 기도와 간구로 너희 구할 것을 감사함으로 하나님께 아뢰라. 기도는 길이다. 길을 가다 보면 적정 시기에 내가 세워 놓는다! 준다는 뜻이다. (다시 생략합니다) 너는 나의 기름이다. 그들의 기름이다. 주행할 것이다. 더 읽어보자. 12절이다. **렘 1:12 …네가 잘 보았도다 이는 내가 내 말을 지켜 그대로 이루려 함이라 하시니라.** 살구나무 가지는! 렘 1:11 …네가 무엇을 보느냐 하시매 내가 대답하되 살구나무 가지를 보나이다. 포도나무 가지이다. 연결을 시켜 보자. 요 15:5 나는 포도나무요 너희는 가지라 그가 내 안에 내가 그 안에 거하면 사람이 열매를 많이 맺나니…. **렘 1:14 …재앙이 북방에서 일어나 이 땅의 모든 주민들에게 부어지리라.** 적어보자. 북은 북한이다. (그 위의 북쪽 중국도 생각을 이어주십시오! 하라) 현 실정이다. 한국 상황이다. 중국은 바벨론이다. (지도를 보이십시다! 하라) 중국은 북한의 접경이다. 북한은 남한의 접경이다.

2021. 1. 24. 화요일. 추가 글입니다.

성령은 일거수일투족 다 관여하신다! 하라. 사람들은 '시시콜콜'이다! 하며 주의 뜻은 그러지 아니하다! 하며, 자신의 선택과 결정을 중요시한다. 이에 익숙해진 그들이다! 하라. 어린아이들을 보라. 자기 주권이 무엇이 있으랴? 먹이는 음식 메뉴조차 태아 때부터 공급이다. 머리가 자라가면 선호, 거절이다. 이는 자신을 과신하기 때문이다. 끊임없이 부모는 자녀를 지킨다, 관여한다. 입으로 가져가는 본능이 있기 때문이다. 분별(감지)이 약하면 그러하다. 무엇이 무엇인지 모르고 손에 닿으면, 쥐어지면, 움키면, 입으로 아니랴? 이는 육신 과다이다. 믿는 자들이 이러하다. 입만 준비하고 있으면 이는 내(자녀 스스로) 몫이 아닌 부모의 몫이니, 시기에 따라 이것저것 연구하는 양육 입장이다. 하나님은 그러하시다! 하나 설교의 제한, 한계 내의 하나님을 선 긋고 자기식으로 가두는 자들이다! 하라. 이는 나이테 따라 다름이니 영적 나이가 어릴수록 고집이 세다. 영적 나이는 그러하다. 육체의 어린아이 같은 순수한 자이기에 영적 나이테가 많다. 나무의 둘레가 크다! 하라. 이는 자기 비움이다. 주시는 대로, 맡기며 묻는 자들이다! 하라. 무엇이든 그러하지 아니하랴?

알지 못하면 하나님을 잡신 정도로 취급하는 그들이다. "산신령이냐? 도사이냐? 점쟁이이냐? 무속인이냐? 왜 물으며, 별것을 다 지시하니 잘못되었다" 치부하는 그들이다. 자만이, 자아가 거세게 달려듦이니 유대인조차 그러한 행위 '작태'가 아니랴? 이는 작금의 현실이다! 하라. 목회자가 많다 하나 '주'의 깊이, 지경을 크게 체험한 자가 많지 않다! 하라. 성경을 지식으로 아나, 그들의 배움 학문이 또한 주가 되어 높임 받는 그들이기에 '무슨 학, 무슨 과 전공?' 하며 '해외 유학인가? 국내인가?' 하며 '무슨 대학, 무슨 교단, 스승이 누구?'

하는 자들이다! 하라. 이는 한국의 작금의 현실이다! 하라. 내 종인지, 누구를 위한 종인지 자신도 알지 못하는 그들이다! 하라. 성령이 아니고서는 주라 할 수 없다! 이 말을 전하라. 고전 12:3 그러므로 내가 너희에게 알리노니 하나님의 영으로 말하는 자는 누구든지 예수를 저주할 자라 하지 아니하고 또 성령으로 아니고는 누구든지 예수를 주시라 할 수 없느니라. 이는 모든 상황에서 그러하다! 하라. 되었다. 닫으라.

옷은 이러하다. 이는 수없이 체험하는 자이다. 입기 전, 결정하기 전이다! 하라. 무엇을 입을지 말씀하시기도 하신다! 하라. 좋은 것, 비싼 것을 뜻함이 아니다! 하라. 결정의 부분이다. 자신이 지닌, 가진 옷의 한도 내에서나, 여별 옷이 없거나, 마땅치 않거나, 부족하거나, 격식조차 어울릴만한 옷조차 없거나, 구입하거나(이는 자신이 구입하는 것보다 많지 않으나 아들들과 함께 외출할 때 조언이 있으므로 구입의 계기가 되는 자이다) 등등이다! 하라. 지금은 거의, 대부분 선별해 주신다! 하라. 상황에 따라 일정(계획)이 세워지면 이 준비 속에 옷도 자연스레 두신다. 이는 정하신다는 의미이다! 하라. 실내에서도 물론 그러하다. 이는 주권에 맡기는 훈련이다. 먹는 것, 입는 것, 사는 것, 가는 것, 만나는 것, 보는 것(영상도 그러한), 듣는 것 등이다. 주께서 '머리 되심'(주께서 사람 몸의 주인이시므로) 되기 위하여 그러하다. 계획도 그러하다. 작은, 미세한, 세심한 것에서 큰 규모까지 주의 관리 대상이다. 이러한 훈련은 "자신을 알게 되고 세상을 알게 된다" 이르라, 전하라. 되었다. 닫으라.

간혹은 자신이 옷, 또는 무언가 선별한다! 하자. 이는 아담의 영역 '일' 맡기심으로(창 2:19) 전하신 주시다! 하라. 이는 훈련으로 생긴 노하우, 변별력 등으로 알 수 있기에 해보게 하시는 감지, 감각, 센서이다! 하라. 창 2:19 여호와 하나님이 흙으로 각종 들짐승과 공중의 각종 새를 지으시고 아담이 무엇이라고 부르나 보시려고 그것들을 그에게로 이끌어 가시니 아담이 각 생물을 부르는 것이 곧 그 이름이 되었더라. 목회자들에 대한 영 분별도 그러하다. 주께서 면밀히 알리시기도 하나 자신의 감지, 이는 해온 자의 분야이므로 비교적 민감한 자이이기에 더 세심히, 반복하여 알리실 때 이 모두가 사용됨은 은사이다! 하라. 성령으로부터 '종말'의 사명, 임무를 띠고 살아온 지난 날들이다! 하라. 일종의 안테나이다.

전파 감지하는 자이다. 되었다. 닫으라. 이상이다.

"이동하면서 주시는 글입니다! 하라"

(버스에서 주시는 말씀입니다! 하라) 너는 '나의 길을 가련다!' 하는 자이다. 쟁기 잡은 자, 뒤돌아보지 않는다. 눅 9:62 예수께서 이르시되 손에 쟁기를 잡고 뒤를 돌아보는 자는 하나님의 나라에 합당하지 아니하니라 하시니라. 복음의 진전이다. **(기차에서 주시는 말씀입니다! 하라)** 성전의 대제사장들이 많은 시대이다. 이데올로기 시대이다. **(전철에서 주시는 말씀입니다! 하라)** 불금(불타는 금요일) 철야 될 것이다. 기도 투입된다. 너는 목회자들 이상의 은혜이다. 주님이 세우시는 자이다. ···생략··· **(도착지에서 주시는 말씀입니다! 하라)** 하늘의 성소로 두는 자리이다. 천국 잔치 열릴 것이다. 오로라 현상 자리이다. 너는 갈렙이다. 여호수아 아들을 만나는 자이다. 너는 메인이다, 속이다. **(환상으로 보이십니다! 하라)** 책 겉의 양면, 그 안의 내용인 속지에 해당하는 자이다. 다크(dark 어두운) 시대의 빛의 자리이다. 2008년 전학한 신학교 ㅇㅇ과 이후로 활약 될 것이다. 이곳은 주둔지, 폭포수 은혜이다, 기간이다. (2020. 2. 12. 수요일, 하늘 문이 열린 채 많은 물이 흐르는 모습이 폭포수와 같기에! 이는 여호와의 지식이므로 이사야 11장 9절과 하박국 2장 14절 말씀이다! 전하라) 두렵고 떨림으로 구원을 이루라. 빌 2:12 그러므로 나의 사랑하는 자들아 너희가 나 있을 때 뿐 아니라 더욱 지금 나 없을 때에도 항상 복종하여 두렵고 떨림으로 너희 구원을 이루라. "내가 하나님이다" 이를 알리는, 전하는 자, 너이다. "나는 여호와, 만군의 여호와임을 기억하거라" ···생략··· **(식사 시간에 주시는 말씀입니다! 하라)** 시간 싸움이다. "나(각자의 자신)는 누구인가?" 나를 알아보려면? 시간 사용과 관계이니 이는 사람, 물건, 관심 등이다.

2023. 1. 24. 화요일. 추가 글입니다.

이는 부끄러운 고백이다! 하라. 개척 예배처에서의 일이다. 종일, 대부분 성경을 보고 밤 10시 이후, 한 끼의 식사를 하고 지쳐서 눕는 자이다. 식사도 힘겹게 하는 자이므로 온몸을 편히 편 채, 쉴 수 있는 시간이다! 하라. 매일, 장시간을 좌식 말씀 상에 앉기에 등이 굽지 않게 하기 위해 허리도 반듯이 펴고 앉는 자이다. 사람, 문화 단절된 시기이니 휴대폰 하나 의지한 자이다. 외출은 부득이한 경우 외에 하지 않는 자이며, 두 아들과의 통화도 군대나 신학교 학업 기간이기에 그러하다. 자립 또는 훈련 시기이므로 방해되지 않으려 조심히 살피는 자신이다. 이러한 때이므로 실어증이 오기도 한 자이며 일반적인 사람의 삶이든, 신앙의 공동체 현장이든, 자신은 동떨어진 환경이므로 휴대폰은 정보이다. 자신에게 낯선 세상이나 사람의 세계이므로 영상을 보기도, 소리도 듣기도 하는 '문화 체험' 같은 시간이다! 하라. 이는 부끄러움이니 시간을 '더 주를 위해 사용하고자 하는' 자신의 '최대치' 도전 시기이다. 그러함에도 인간의 문화에 한계를 부딪친 자신이다.

이 외로움은 항상 '한 끼의 식사'와 함께 영상을 동시에 취하므로 이를 기다리는 자이다. 그리고 이러한 단계를 뛰어서 넘으라! 하시니 어느 때부터인가는 금식을 마친 식사 시간에는 영상을 보지 않는 습관이 되었고 식사 시간을 구별하며 주와의 겸한 대화 자리가 훈련 되어진 자이다. 이러한 시기에 영서 은사를 받으며 기록자가 되었으니 식사 시간은 주의 음성, 메시지를 듣는 시간이다! 하라. 식사 전이나, 식사 중이거나 언제든 주시면 기록해야 하는 자이니 길 때는 밥 한 숟가락 넣고 오래 오물거리며 식사도 뒤로 하기도 한다! 하라. 무엇이든 버리면 얻지 않겠나? 식사 시간은 주와 함께하는 예배 시간이다! 하라. 대부분은 하루의 시간은 종일, 기록된 주의 말씀 성경과 영서의 기록물을 보기도 하며, 다시 기록도 하는 자이다. 그리고 몸이 어느 시간에 무엇을 하든, 어느 장소에 있든지 주의 말씀은 흐른다! 하라. 이를 체험하는 자이다. 영서의 기록 기간은 이러한 은혜이나 마음과 귀를 주께 기울이고 있어야만 하는 훈련이다. 이는 성령의 동행이다! 하라. 자신의 체험이 항상, 또는 이러한 방식만이 성령 충만이다! 반드시 그러하다는 뜻이 아니다. 이는 은사이다. 그러나 오랜 비워냄, 연단으로 거름망 장치와 함께 삶의 드림이 있기에 주시는 은혜이다! 하라. 그러므로 식사 중 영상을 보는 습관! 이 부끄러움은 해결되나 아직도 식사

후에 '영상보기'로부터 자유로운 자는 아니니, 이는 사람의 약함에 대해서 입히시는 은혜를 나누고자 함이다! 하라. 사람의 부르심이 다 다르니 '은사' 파트가 '성경' 준비로 된 자이다. 그러므로 다시 잔을 채울 자이다. 비워내는 자이므로 자신의 마음을 적실 '물'과 함께 '불'도 그러하다. "이 은혜를 나누라" 되었다. 닫으라. 이상이다.

15. 개신교에 대하여 보자

교단별 적어보자. 정체성 가진 자, 너이다. 모양 그려 보자. 원 6등분 이는 교단이다. 너는 이 원안의 가운데 작은 원에 해당, 원판의 중심된 자, 소속되지 않은 자이다. 너는 나의 영광이다. 글로벌이다. 글로벌 스타일이다. 여기저기 보고 있는 자이다. 그 줄을 누가 잡고 있겠느냐? 위로 올라올수록 교단들이 서로 가까워진다. 그 끝인 천국에서 만난다. (교단 각자의 줄을 위에서 하나님이 잡고 계십니다. 마치 원뿔 모양처럼 줄들이 위로 올라가면서 서로 가까이 모여지고 가장 위의 하나님 손안에서 그 줄들의 끝이 하나가 됩니다) 현재, 아들들과 함께하는 자이다. 공생적이다. 너희는 미자립자들이다. 줄을 잡는다, 확인하는 자들이다. 타고 오르내리는 자, 이는 너이다. 하늘 문이 열린 상태에서 샘물들이 쏟아져 내리는 모습을 보인 자, 2020. 2. 12. 수요일이다. 생략합니다! 하라(한 목회자와 교회에 대해 알려주시는 문제입니다). '계속되는 전쟁'에 지친 자, 너이다. 공수래공수거 아는 자이다. 사람으로 키워내는 자, 너이다. '영생에 이르는 열매를 모으나니' 이를 원하는 자이다. 요 4:35 …너희 눈을 들어 밭을 보라 희어져 추수하게 되었도다. 36 거두는 자가 이미 삯도 받고 영생에 이르는 열매를 모으나니 이는 뿌리는 자와 거두는 자가 함께 즐거워하게 하려 함이라. 사람을 풀어내는 은사 가진 자, 너이다.

2021. 5. 28. 금요일 추가 글입니다.

'전쟁에 지친 자' 적어보자. 마음이 울리며 눈물이 나려 합니다! 하라. 너 가진 것이 무엇이냐? 오병이어 아니더냐? 두 물고기 두 아들이다. 일어나기 전, 오늘 꿈에 본 도로 건물 간판이니 2층 안 모습을 본 자이다. 이 내용은 둘이든 몇이든 그 안에 있는 자는(이는 동역이니라) 서로 의지하라는 메시지이다. …생략… 2020. 5. 17. 주일, 보이신 환상 '하나님 두 손'에 대하여 보자. '전체 해석을 둔'이다. 나의 두 손안에는 '무엇이든지'이다. 사람에 관한, 자연에 관한, 천사에 관한, 사망도 생명도 "나의 줄 것 많다!"이다. 맡기신 일을 보자. 무엇인가? …생략… 너는 너이다. 내게로부터 내린 모든 것이다. 그 무엇이든! 사단까지이다. 그들의 정체를 알기 위함이다. 우는구나! 슬픔이 네 속에 찬 상태이다. 몸에 배어 있는 서러운 모든 것이다. 지내 온 것 포함하여 견디는 것, 이는 현재 상황이다. 너를 누구라 하더냐? …생략… 이실직고이다. 영서 받는다. 은사자이다. 주(하나님 두 손 2020. 5. 17. 주일. 꿈 나타나심) 맡기신 일이다. 해야 할 일이다. 이는 책이다. 중보와 지원이 필요하다. 위치 선정하려 한다. …생략… 왜인가? '책 내야 하는' 자이다. …생략… "주의 증거를 원합니다. 말씀으로, 꿈으로, 환경으로 보여주세요. 많은 일들 속에 있는 것을 아시는 '주'이십니다" …생략… 너는 사람을 풀어내는 은사를 가진 자이다. 그(아들)도 그러하. 아들은 모태로부터 '택정'함을 받은 자이다. 아들은 신학 대학원, 교육 기간이다. …생략…

나 여호와로 말미암느니라. 내게 둘, 그와 너니라. …생략… (찬양을 주십니다! 하라) '물 밀듯 내 맘에 밀려와…주 예수 내 맘에 오심…' (이어 찬양을 주십니다! 하라) '아버지 사랑 내가 노래해…그 사랑 변함없으신 신실하신 그 사랑 상한 갈대 꺾지 않으시는…' 바람 앞에 그곳이다. 나의 '줄' 견딜 장소가 된 그곳이다. 너희 가족을 한 단체로 보는 주시다! 하라. 2020. 12. 1. 화요일, 꿈에서도 특별한 장소와 임무임을 보이신 주시다. …생략… 종말 사역자, 나라, 사회, 전반 관련 열린 상태이나 지친 자이다. 성령이 강하게 역사할 때 외치나, 그 외에는 사리는 자이다. 몸도(나이, 건강, 오랜 금식, 심령 상태 등 모두이다) 사리는 때이므로 둥지가 필요한 이유이다.

휘발성(기름), 가스류(예를 들어 LPG) 등 조심할 때이다. 화재의 원인이 되는 것이니 되도록 그러하다. ㅇㅇ 인도받은 것이다. 골육 친척을 떠나 내가 네게 지시할 땅으로 가라(창 12:1). …생략… 마음에 품은 것이(이는 확인과 확신 속에서 이루어질 때) 그의 반응으로 피어나는 꽃, 생명체 발아 또는 꽃봉오리처럼, 모락모락 오르는 연기와도 같으면 주 뜻이라고 믿으라. …생략… 영원에서 보면 다 지나가는 시점, 순간이 되느니라. 환도뼈로(ㅇㅇ 교회와 이 자리) 저는 자이다. 창 32:32 그 사람이 야곱의 허벅지 관절에 있는 둔부의 힘줄을 쳤으므로…. …생략… 여러모로 슬픈, 마음 저린 자신이다. 주의 일은 해낼 자니 그의 관여, 도움 됨이 희망 된 너이다.

방송 프로그램 '무릎팍 도사'를 알려야! 시대를 흐리는, 호리는 그들이니 '방송 타깃 지닌'이다. 술 방송도 지적해야. 술을 먹지 않고 해도…죄(죄성, 이는 성분 같은 것)와 의(선한, 정직한, 공의, 진리, 참사랑)를 가릴 자 누구더냐? 시대의 흥청거림, 이는 '지저분한 오물' 같은 것이니 내게는 그러하다. 너희는 즐기는, 좋아하는, 호감적인, 추구라 할지라도 내 눈에는 제외된, 미워하는 바, 없앨 것들이니 내 만족을 너희가 알지 못하는 바이므로 술 취한 자가 비틀거리듯 휘청거리거나, 넘어지고, 빠지고, 토하고, 드러눕는, 실신도(널브러진 모습이나, 의식 불명 되는 자도 있) 서슴지 않는 너희들끼리 인생 아니더냐?

강아지들(애완견이라) 치장술에 감탄하는 이 시대이다. 애견 카페들도 무수해지는 이 시대이다. 사람을 대체한 만족도를 갖는 너희 세대이니, 이는 나의 '구토 대상이 된'이라. 그가 사람을 이렇듯, 애완견에게 하듯이 해 낼 수 있으랴? 애완견에 지극 정성으로 하는, 이는 빠진 자이다. 허구, 허상 상대한 자구책 너희니라. 나는 "모른다!" 하리라. 나를 외면한 채 이러하다면, 돌볼 사람 누군가를 제외하고 이러하다면, 너 자신으로 보는, 이는 대상이 된 애완견이라. 이는 왜인가? 너희의 대체로 그를 통해 만족도를 높인 자이다. 누군가이다. 필요한 대상이니 어느 정도 애착 대상으로서 치료에 도움 될만한 그러한 애완견이라면 허용 범위가 될 수 있다! 하라. 그러나 여유로워 갖추는 문화 도구(이는 세태니라)로 소유(애장품 두듯)한다면 죄 없다! 하지 않으리라.

난민 보라, 기아 아사자들 보라. 지구촌 도울 대상은 얼마든지이다. 영혼을 위한, 이는 생명 유보로 기회가 되게 하기 위함이라. 생명은 먹을 수 있다(의무이자 권리이다. 내가 부여한 것). 누구든지 공급함으로, 나눔이 되어서라도 살리는 나이다. 내 사랑이다. 생명 호흡하는 자이기에 그러하다. 생명의 시작은 나이다. 창조주니라. 천국도 지옥도 나이다. '내게로부터'이다. 배부름도 배고픔도 내 안이다. 그러나 너희는 알아야 한다. 주는 자가 되어(이는 배분의 법칙이니라. 많이 주어 소유한 자는 나눔 위함이라) 굶는 자가 있는지, 이는 돌볼 대상이라. 눈 여기어 볼이다. 주린 자는! 마 25:35 내가 주릴 때에 너희가 먹을 것을 주었고… 곧 그 안에 생명 되어 줄 나이므로 '그가 사는 것이 그 안에 내가 살고, 내 안에 그가 살아야 하기에' 육체는 있고! 건강도 음식도 필요한, 필수품이 되는 것이다. 죽더라도 굶기는 아픔은 없어야 한다. 너는 마른 자이다. 몸이 마른! 부분부분 눈에 띄는!—[이를 네게 말하는 자들이 있다! 하라. 나를 위한 그 길, 그곳 예배처는 오랜 햇수 된 장소이다. 잘 먹는 이곳이다. 이전보다 반찬의 가지 수, 양, 그리고 외식도 하는 자이다. 그러함에도 죄책된!]—주시, 예시로 이를 알리는 이도 있다. 이는 "네 몸이 어떠하다" 함이라. 음식 문제로 지친 요즈음 네 아우성(이는 네 마음의 소리로다) 되는! …생략…

너는 셜록(탐정)이다. 가나안 정탐꾼, 가나안 연구자이다. 하늘을 소개하는 사역이다. 주 예수 그리스도 전달자이다. 음성 듣는, 알아진 것이 많은 내용을 펴 놓는! 수 놓듯 한 폭 그림의 탄생의 '마지막 때'이다. 이 부분은 전공 학문 같은 분야니라. 해내어 온, 해야 할 '특수 임무' 사역 같은 자이므로 이해 못함(누군가는)지라도 "그러려니"하는 자이다. …생략… 외로운 길이다. '얼마간'이다. 한적한 그러나 분주한, 다소 결핍된(공급받는다는 의미이다) 기간일지라도 해낼 일이다. '해야 하는'이다. 이는 풀림이다. '오픈 된'이다. 열리는, 보이는 제시라. (찬양을 주십니다! 하라) '어메이징 그레이스' …생략… 우리식대로 살자, 보이신 대로 하자, 가자. 얼마간은 이 일(맡기심)에 집중해보려 한다. 이는 개척이라. …생략… 되었다. 닫으라.

16. 약소국가에 대하여 보자

약소 민족, 소수 민족을 일컫는 말이다. 거래처 가진 자와 거래 대상자이다.
요한계시록 읽어보자(추가 글 2021. 5. 30. 주일). 풀어내는 자이다. 어머니 장례식에서 너를 '미혹의 영'을 받은 자로 보는 자들이다. 귀신 이야기를 꺼내는 자가 있다! 하라. 때가 가까움(계 1:3)이니 반드시 속히 일어날 일들(계 1:1)이다! 하라. 본 것, '하나님 말씀과 예수 그리스도의 증거 곧 자기가 본 것'을 다 증언(계 1:2)하는 자이다! 하라. 예언의 말씀, 기록한 것(계 1:3)을 두루마리 써서 보내라(계 1:11) 하신 주시다! 하라. 일곱 교회는 일곱 금 촛대, 일곱 사자는 일곱 별이니 교회에 대한 사역이다! 하라. 성령에 감동되어 내 뒤에서 나는 나팔 소리 같은 음성을 들으니(계 1:10). 이는 무엇인가? 답은 네가 하지 않으면 돌들이 소리 지르리라. 눅 19:40 대답하여 이르시되 내가 너희에게 말하노니 만일 이 사람들이 침묵하면 돌들이 소리 지르리라 하시니라.

2021. 5. 30. 주일. 추가 글입니다.

요한계시록 읽어보자: 주의 교회를 대상으로 일하는 자이다. 두 증인 말씀! 계 11:3 내가 나의 두 증인에게 권세를 주리니 그들이 굵은 베옷을 입고 천이백육십일을 예언하리라 4 그들은 이 땅의 주 앞에 서 있는 두 감람나무와 두 촛대니 5 만일 누구든지 그들을 해하고자 하면 그들의 입에서 불이 나와서 그들의 원수를 삼켜 버릴 것이요 누구든지 그들을 해하고자 하면 반드시 그와 같이 죽임을 당하리라. 그, ㅇㅇ 교회 목사는 맞선 자, 제지자이다. 수 없이 귀찮은! 아들도 해한 자이다(꿈으로 보인 자)―**[2023. 7. 26. 수요일. 추가 글입니다.** 이 꿈은 어머니 장례 이후 주위 세력을 겪는 과정에서 본 자이다! 하라. 그가 건장한 청년인 큰아들을 죽인 모습을 보고 크게 충격을 받은 자이다. 이러한 큰아들의 죽임 당하는 꿈을 얼마 후에 다시 꾼 자이다. 이는 다른 목사이다! 하라. 영서 사명으로 일 맡은 가족에게 해를 끼친 그이다. 알고 저지른 자이다. 이 시기는 영서 사역인 책 출간을 진행 중이므로 큰아들이 영서 영역에 관심과 믿음을 갖고 이 부르심과 은사에 시작된 상태이다. 그러므로 새 생명이기에 어린 아들로 보인 당시이다. 꿈으로 아들의 죽임을 한 성령 사역자가 알리며 그가 범인을

찾는 모습이다! 하라. 이 사역자는 주께서 자신에게 말씀하신 아는 몇 사람의 성령 사역자 중의 하나이다. 주위의 아는 목사가 고의성으로 저지른 살인임을 알게 된 자이다. 2023년 올해 사순절에 자신도 그에게 겪는 상황에서 심하게 당한 모습을 꿈으로 확인한 자이다. 자신 머리를 자른 그이다! 하라. 이뿐이랴? 그와의 치른 일들은 이미 한 권의 책 분량이다! 하라. 그의 방해와 추격은 현재까지도 있으니 주의 질책, 근심이 가장 심한 자이다! 하라. 되었다. 닫으라]

에바 속 여인이다. 죄악, 그의 모습을 보게 된 너이다. 슥 5:6 …이것이 에바이니라 하시고 또 이르되 온 땅에서 그들의 모양이 이러하니라 7 이 에바 가운데에는 한 여인이 앉았느니라 하니 그 때에 둥근 납 한 조각이 들리더라 8 그가 이르되 이는 악이라 하고 그 여인을 에바 속으로 던져 넣고 납 조각을 에바 아귀 위에 던져 덮더라. (찬양을 주십니다! 하라) '교회를 교회 되게' 하는 사역이다. 밝히 드러내는, 마 10:26 그런즉 그들을 두려워하지 말라 신앙 초기에 너는 서류 가방 안의 자료들을 받은 자이다. 이는 작년 2020. 5. 17. 주일, '하나님 두 손 안' 꿈과 같다. 감추인 것이 드러나지 않을 것이 없고 두 번째는 2009, 2010년경 '하늘의 가나안 열매 포도송이'를 보이신 자이다. 세 번째는 2020. 5. 17. 주일, 하나님 두 손을 보이신, 교회 감별사이다. 숨은 것이 알려지지 않을 것이 없느니라. 이는 ㅇㅇ 교회 안에 선 자이다. 꿈을 보이신 대로 서류 가방을 든 자 너이다. 이는 증거를 위함이다. 그리고 이후 전ㅇㅇ 목사 앞에 보인 모니터 화면 등(전 목사는 네가 있는 장소의 문 앞에 서서 너를 바라보며 알고 있는 것들에 놀라는 모습이다! 하라) 영상 기기는 수차례를 이미 보인 자이다. 주신 말, 주실 말에 대하여 갖는, 선포하는, 이는 알림, 전달이라.

사도 요한이 전한 것을 보라! 나는 그들을 어떻게 본다. 이는 요한 자신의 판단(정죄에 해당하는)이 아니라. 들었다, 보았다, 기록한다, 전한다. 계 1:3 이 예언의 말씀을 읽는 자와 듣는 자와 그 가운에 기록한 것을 지키는 자를 위한 계시로써 알리는 그이다. 전달자는 이와 같다. 주의 메시지를 받는 자는 죄로 보듯이 대우(이는 취급이라. 비하이다. 전달자에 대한 자세가 아닌 자이다)하면 안 된다. 그렇다는 것이다. 이러하시다! 한다! 일 뿐, 영서 기록자인 자신도 주눅 들기도, 두렵기도, 민망하기도(죄성 가진 자로써 자신을 아는 자이다. 한 개인, 영서 기록자, 저자를 다루시고 죄를 알리시기에 그러하다), 때로는 슬럼프에 빠지기도(싸움이기에 그러하다), 혹독한 과정을 두나(이는 영서자의 다루심이다. 낮추시고 높이시기도 하는 주시라), 답보적이기도 하다. 좋은 주의 다루심이다. 이는 밤은 성경 보기, 낮은 영서 기록과 노트북에 원고로 두는 워드 일이다.

스가랴서 보자. 슥 3:3 여호수아가 더러운 옷을 입고 천사 앞에 서 있는지라. 4 여호와께서 자기 앞에 선 자들에게 명령하사 그 더러운 옷을 벗기라 하시고… '일문일답 된'이다. 나의 주를 모셔선 자들 '함께 된'이니, 이는 2020년 초에 보이신 내용 천국 앞 무리와 같다. (찬양을 주십니다! 하라) '죽음도 천사도 끊을 수 없는' 로마서 오늘 주신 말씀대로이다. <u>롬 8:38 내가 확신하노니 사망이나 생명이나 천사들이나 권세자들이나 현재 일이나 장래 일이나 능력이나 39 높음이나 깊음이나 다른 어떤 피조물이라도,</u> 이는 nothing '전혀' 뜻이다. only '오직, 뿐'이라. without '없이는', one '하나'이신 주시라. <u>우리를 우리 주 그리스도 예수 안에 있는 하나님의 사랑에서 끊을 수 없으리라.</u> 사용 언어를 보라. 주께선 이르신, 알리신 사용자(듣는 자) 맞춤용 언어니라. 왜냐하면 믿음의 발생(마음 터치)을 위한, 북돋는, 일으키기 위한 사용된 것이므로 이해(다시 듣게 될 자들)가 필요하다. …생략…

'내 안의 손' 다 드러나는! 2020년도에 네게 주는 '산의 목회자 모습'을 본 자이다. 보좌를 따라(이는 피 흘린 길, 내게 오기 위한 길, 나로 말미암는 그 길 되는 오늘 구한 자 너이다) 내게 나아오는 자이다. 사람을 의지하지 않는 자, 이는 나를 두는 '간직' 위함이라. …생략… 너는 이실직고하며 다니는 스타일이다. 보이는 대상을 따라 할 말이 있는 자이다. 이는 받음에 대한, 자신 변호(바울의 사도권 변호처럼) 해당하는 "나는 누구이다" 하는 주와의 관계를 다루는, 이는 네 할 일이다. 소개자이다. 전한다. 막 13:11 …말하는 이는 너희가 아니요 성령이시니라. 성령이 주시리라. 여기까지이다. 이는 어머니 장례식의 장지 그 목사에 대한(교회 된 그이다. 그러나 사역에 방해된, 장애 된! 그러므로 한번 더했어야 하는 자이나, 하지 못한 자이다) 외칠 때의 호소니라.

나의 답답함이 이루 말하랴? 그들, 불교인들에 대한. 너는 끌려 나온 자, 바울 모습이다. 그들은 돌로 치는 자들이다. 그날 모두 그러한! 이는 분위기이며 영적으로 알아낸 나의 가르침, 지도로 인한 너이다. 평소 같으면 어떠하랴? 하지 못할 자이다. 가족 중심의 언저리에서 돌고 도는 '문화 잔치'로 끝날 그날이다. 그러나 그곳은 핍절한 상태인 자들이 모이는 곳이다. 메마름이기에 물 주는 날이었다. 하늘 문이 열리어 흐르는 생수(2020. 2. 12. 수요일. 하늘 문 생수 환상대로)를 네 눈으로 본 자이다. 그 승려도 가는 외길에서 막다른 끝에 서고 그의 목은 '잘린'이다—[이는 더 이상 승려를 하지 못할 그이다. 이제 '나의 인도 아래 둔'이다. 어느 날은 너를 말하리라. "나의 체험은 이러하다. 그곳에서 이런 일로 나는 섰다. 한 사람의 일(그의 증거이다)로 인하여 나는 이러이러했다. 그의 나타남은 나를 위해 '주'의 보내심이다. 나를 위해, 매인 그들(우상 신을 따르는 불교인들, 장지 모인 그들)을 위함이다"라고 전하는 그이다. 서로서로 나를 나타내는 너희니라. 승려 그도, 불교인도, 너도 상호 작용이었다. 승려 그의 날이다. 뿌리째 뽑는! 렘 1:10 네가 그것들을 뽑고 to root…. 이는 그의 머리를 침이다. 보인 환상대로, 그의 머리가 날아간!]

하늘山
제13일. 니느웨 회개 기도 40-13 (2021. 8. 4. 화요일)

1. 어머니 장례 기간에 주신 말씀들 기억해야!

"2020. 8. 1. 토요일, 장지에서 주신 말씀들입니다" 하라

(주께서 하신 말씀들에 대해서 다시 생각나게 하십니다. 찬양을 주신 주시다! 하라) '밤 깊도록 동산 안에 주와 함께 있으려 하나 괴론 세상에 할 일 많아서 날 가라 명하신다' (다음은) 말씀을 주신 주시다! 하라. 네가 침묵하면 돌들이 소리 지르리라. 눅 19:40 …만일 이 사람들이 침묵하면 돌들이 소리 지르리라 하시니라. (다음은) 경건의 모양 vs 경건의 능력 즉 성령 불의 현장이라 하십니다! 하라. 딤후 3:5 경건의 모양은 있으나 경건의 능력은 부인하니 이 같은 자들에게서 네가 돌아서라. (다음은) 보호의 말씀을 주신 주시다! 하라. 눅 21:18 너희 머리털 하나 상하지 아니하리라. (다음은) 가말리엘 문하에서 나온 자이다. 행 22:3 나는 유대인으로 길리기아 다소에서 났고 이 성에서 자라 가말리엘의 문하에서 우리 조상들의 율법의 엄한 교훈을 받았고…. (다음은) 계시받은 자이다. 고후 12:1 무익하나마 내가 부득불 자랑하노니 주의 환상과 계시를 말하리라. (다음은) 이를 네게 알게 한 이는 혈육이 아니요. 마 16:17 …바요나 시몬아 네가 복이 있도다. 이를 네게 알게 한 이는 혈육이 아니요 하늘에 계신 내 아버지시니라.

(다음은) 내가 너와 걸어갈 길이다. (찬양을 주신 주시다! 하라) '비, 바람이 앞길을 막아도 나는 가리 주의 길을 가리' (다음은) 친척이 미쳤다! 하듯이 네게 그러하다. 막 3:21 예수의 친족들이 듣고 그를 붙들러 나오니 이는 그가 미쳤다 함일러라. (다음은) 귀신 들린 자라 하듯이 네게 그러하다. 막 3:29 누구든지 성령을 모독하는 자는 영원히 사하심을 얻지 못하고 영원한 죄가 되느니라 하시니 30 이는 그들이 말하기를 더러운

귀신이 들렸다 함이러라. (다음은) 네게 대해 "절제하지 않은 자이다" 하는 그들이다. (다음은) '의'에 대해 박해받은 자이다. 마 5:10 의를 위하여 박해를 받은 자는 복이 있나니 천국이 그들의 것임이라. (다음은) 화평하게 하는 자이다. 마 5:9 화평하게 하는 자는 복이 있나니 그들이 하나님의 아들이라 일컬음을 받을 것임이요. (다음은 찬양을 주신 주시다! 하라) '얼마나 아프셨나…구원의 강물 흐르네' (다음은 찬양을 주신 주시다! 하라) '평화 평화로다 하늘 위에서 내려오네'

 (다음은) 말하는 이는 너희가 아니요 성령이시라! 막 13:11 사람들이 너희를 끌어다가 넘겨줄 때에 무슨 말을 할까 미리 염려하지 말고 무엇이든지 그때에 너희에게 주시는 그 말을 하라 말하는 이는 너희가 아니요 성령이시라. (다음은) 다니엘의 세 친구 풀무 불이니 붙든 자를 태웠고! 이와 같은 상황이다. 단 3:22 왕의 명령이 엄하고 풀무불이 심히 뜨거우므로 불꽃이 사드락과 메삭과 아벳느고를 붙든 사람을 태워 죽였고. ㅇㅇ 교회에 대해 주시는 말씀은 <u>생략합니다! 하라</u>—[2021. 5. 30. 주일. 추가 글입니다. 너는 교회 대상으로 일하는 자이다. 두 증인 말씀이다. 계 11:3 내가 나의 두 증인에게 권세를 주리니 그들이 굵은 베옷을 입고 천 이백육십일을 예언하리라—<u>너는 내 아들이다</u>. 시 2:7 …너는 내 아들이라 오늘날 내가 너를 낳았도다. ……

 (다음은) 이고니온, 루스드라 현장이다. 이고니온! 행 14:5 이방인과 유대인과 그 관리들이 두 사도를 모욕하며 돌로 치려고 달려드니 6 그들이 알고 도망하여 루가오니아의 두 성 루스드라와 더베와 그 근방으로 가서. 루스드라! 행 14:19 유대인들이 안디옥과 이고니온에서 와서 무리를 충동하니 그들이 돌로 바울을 쳐서 죽은 줄로 알고 시외로 끌어 내치니라. (다음은) 사람에게 좋게 하랴? 하나님께 좋게 하랴? 갈 1:10 이제 내가 사람들에게 좋게 하랴 하나님께 좋게 하랴 사람들에게 기쁨을 구하랴 내가 지금까지 사람들의 기쁨을 구하였다면 그리스도의 종이 아니니라. 너는 그리스도의 종이다. 하나님의 입장이다. 하나님의 마음과 뜻이다. (다음은) 단호하게 말하는 자였다. 부형들아! 행 22:1 부형들아 내가 지금 여러분 앞에서 변명하는 말을 들으라. (다음은) 네 앞 대상이니 '점치는 여종'은 승려 해당이다. 장지의 ㅇㅇ원은 허락(돈 받는 자)하는

시립이었다. 행 16:16 우리가 기도하는 곳에 가다가 점치는 귀신 들린 여종 하나를 만나니 점으로 그 주인들에게 큰 이익을 주는 자라.

이 지방(네가 거하는 ㅇㅇ시)에는 일할 곳이 없고, 서바나를 계획하는 자이다. 롬 15:23 이제는 이 지방에 일할 곳이 없고 또 여러 해 전부터 언제든지 서바나로 갈 때에…. 너는 "주만!" 하는 자이다. 주 뜻만 확인(두 아들 함께)하고 각자 '주의 일' 일하고 나온 자이다. 첫째, 장지에서 만난 불교팀과 가족 개인과 장례(문화) 문제에 대해 말씀 인도로 "가라(보내신 주)" 하신 주시다! 하라. 그리고 둘째는 어머니 장례식장에서 주신 말씀은 "주의 성소이다" 하신 주시다! 하라. 출 15:17 주께서 백성을 인도하사 그들을 주의 기업의 산에 심으시리이다 여호와여 이는 주의 처소를 삼으시려고 예비하신 것이라 주여 이것이 주의 손으로 세우신 성소로소이다. 셋째는 장지의 화장장에서 주신 말씀은 어머니를 "하나님이 받으셨다" 하신 주시다! 하라. 이는 어머니의 시신과 함께 아버지의 남은 뼈들도 교회의 산에서 이장해서 함께 태우는 곳 불 앞에서 주신 말씀이시다! 하라. 넷째는 다음 장소인 납골묘지에 도착할 때 주신 말씀은 "여호와의 동산이다" 하신 주시다! 하라.

2022. 2. 18. 금요일. 추가 글입니다.

위의 말씀들은 어머니 장례식 기간 중 겪은 일들과 관련하여 모두에게 주신 말씀입니다. 성령이 하신 일에 대적한 자들입니다. 제 영은 주의 음성을 들으면서 진행하고 제 마음은 평안하였습니다. 장례식이 마친 후, 전체에 대한 설명과 3일째 장지에서는 '성령 불'을 받아 일한 것과 주위 사람들에 대해 다시 말씀해 주셨습니다. (개인과 교회들 관련 부분이며 많은 내용 대부분을 생략합니다) 오늘은 성령이 하신 일에 대적한 자들에게 요한복음 8장 11절 말씀으로 "나도 너(그들 모두)를 정죄하지 않는다!" 하십니다. 나도 너를 판단하지 아니한다(요 8:11). '자유'한 자! 이것이 무슨 뜻이냐? 설명해보아라. 요 8:3 서기관들과 바리새인들이 음행 중에 잡힌 여자를 끌고 와서 가운데 세우고 11 …나도 너를 정죄하지 아니하노니…. 누구나 죄, 지은 적 있다(이전), 짓는 자도 있었다(현재), 나중에 넘어질 문제도 생각해 보게 했다(미래). 이는 내가 땅바닥에 쓴 이유이다. 요 8:8 다시 몸을 굽혀 손가락으로 땅에 쓰시니 9 그들이 이 말씀을 듣고 양심에 가책을 느껴…. 죄, 이와 같은 자이다(이런 '류'이다).

주님께 용서받은 자는 사람에게도 용서하는 자이다. 주님이 용서하신 문제(내용)이니, 사람에게도 문제 삼지 않아야 한다. 네 눈의 들보, 남의 눈의 티! 이와 같은 말씀이다. 마 7:3 어찌하여 형제의 눈 속에 있는 티는 보고 네 눈 속에 있는 들보는 깨닫지 못하느냐? 5 외식하는 자여 먼저 네 눈 속에서 들보를 빼어라 그 후에야 밝히 보고 형제의 눈 속에서 티를 빼리라. 분별은 주가 주시는 것이다! 하라. 오직 주만이 판단하시며 죄와 의를 가리지 않으랴? 알게는 하게 하나(일하는 자이므로) 그들 모두를 용서하는 마음을 주게 함은 이 모든 일이 네가 한 것이 아닌 내가 한 것이기에 나의 능력이 네게 머물므로 아무렇지 않듯 해낸 자이다. 일도, 용서(용납, 이해)도 그러하다! 하라. 이를 줌은 왜이더냐? 나의 일, 위력이 어떠한지 이는 성령의 나타남과 능력이므로 평안, 사랑, 담대, 용서를 체험한 자이니 이 모두를 전하거라. 이는 나의 증인을 세우는 일이기에 그러하다. 행 1:8 오직 성령이 너희에게 임하시면 너희가 권능을 받고 예루살렘과 온 유대와 사마리아와 땅끝까지 이르러 내 증인이 되리라 하시니라. 나는 영, 너희는 몸으로 일하지 않으랴? 장소는 어디서나이다. 무엇을 하든지 내가 원하는 대로, 명하는 대로 하는 것이 '성령의 역사'이다 전하여라. "나는 무엇이며" 이는 사람과의 관계 의식 속에 사는 너희이다. 한정 두는 자가 아니랴? "나는 어디에 있으니" 장소 역시 제한, 한계 정하는 너희이다. 이 정도, 이만큼, 이 선이다! 하며 그나마 해놓고 으쓱거리지 않으랴? 성령의 일은 남는 것이 없다. 오직 주뿐이시니 "주가 하셨다" 외에 무엇이 있으랴? 도구로 일시적 사용되어 그 일이 어떠하든 "사용되었다" 뿐이니 자신은 그대로 여전하며, 빛처럼 통과하신 성령뿐이니 이를 알만한 자가 "성령을 안다" 하지 않으랴? 되었다. 이를 알리거라.

한정된, 한계 된, 제한된 사역은 성령의 온전하신 역사가 아니다! 하라. 할만한 일을 물건 선택하듯 "좋다", "해 볼 만 하다" 한다면 내 영광이 있겠느냐? 지시하는, 명하는 일로 "무엇을 하라" 할 때 무조건 순종하는 일 또한 장애(비바람, 폭풍우 치듯)로 인하여 주저앉기도, 사투를 겪듯 하지도 않으랴? 욱여쌈도 있으니 이단, 귀신론, 미치광이 취급도 얼마든지이다. 제한된 일을 하는 자에게 이런 일이 일어나랴? 학식 붙들고 아는 척하며 성경 나열하고 학문 위주 전하기를 선호하는 자가 이러한 성령의 세계를 알라? 이르라, 물으라. 이들은 비난, 조롱, 반대, 훼방과 박해를 일삼지 않으랴? '난 척'하는 자들로 여기라. 자신 우쭐대는 자, 나서기 일삼는 자(나는 누구이다 하며) 혹은 모임, 집회, 단체, 조직이 아니랴? 교단까지 앞세우며 "우리 교단은 너를, 너희를 이렇게 생각한다, 여긴다!" 하며 치우치는 자가 있다! 하라. 성령을 모를수록 하는 일이 많아지는(나서기를 좋아하는) 자들이 많은 한국 교회(교단, 교세)이다 하라. 성령으로 오직 살 때이다. 성경과 성령과 성령의 은사 이를 두라. 이는 나이다. "되었느냐? 되었다" 하라. 닫으라. 이상이다.

2022. 12. 28. 수요일. 추가 글입니다.

위의 추가 글을 다시 읽는 오랜만의 내용이 아니랴? 오늘은 '종말 2' 원고 준비이니 10일 작정한 이틀째이다! 하라. 내내 읽으면서 마음이 감동되는 자니 눈물을 마음에 머금고 울기도 하는 자이다. 왜이더냐? 이 글은 영서 '종말 1' 출간을 위한 출판사들 투고의 시작 2022년 초이다! 하라. 올 한 해의 아픔이 밀려오는 자이다. 어머니 장례식은 잠시나마 큰 평안과 성령에 잡힌 자가 되어 일한 자이다. 장례식장에 도착하여 밤새 영서를 주심이니, 다음날 장지에서의 일을 미리 이르신 말씀 "흰 눈 오는 날! 되리라" 아니더냐? (흰 눈은 성령을 상징한다! 하라) '그러나'이다. 이 시기에 잠시 겪은 '비바람' 강도에 비하여 더 거세지기도, 계속하여 겪기도, 이곳저곳 동시에 밀려오기도, 싸울 만큼 싸우기도, 이해와 용서와 사랑으로 기다리기도 하나, 때때로 주저앉기도 한 자이다! 하라. 2022년 한 해의 때마다 주신 말씀들도 밀려오는 이 자리, 현재, 지금이 아니더냐? 누군가가, 교회가, 어느 곳이 '어떠하다' 하며, 일일이 알려주시기도 하며, 대응도 쉼도 권세도 사용하는 중이 아니랴? 하라. 이는 한 해의 영적 전투 현장이다! 하라. 사람으로 겪는 일이다! 하라. 개인이든 모임이든 단체이든 조직이든 그러하다. 크게는 사단과의 사투이다! 하라. 죽음도 붙이는 그들이다. 이는 "선지자로서의 길이다!" 이르라. 선지자들을 죽이고 상속자 아들을 죽이고 떠난 이스라엘 유대인들이 아니랴? 하라. 되었다. 닫으라. 위의 글 '2022. 2. 18.

금요일. 추가 글'이 이들에게 답이 되리라. 이 말씀 외에 진단이 있으니 때때로 주시는 말씀으로 견디고 이기는 자이다! 하라. 주 외에 무엇을 겁내랴?

최근에 주신 말씀을 넣으라. 첫째는 마태복음의 끝장 말씀이다! 하라. "<u>하늘과 땅의 모든 권세를 주신다</u>"는 말씀이다! 하라. 마 28:18 예수께서 나아와 말씀하여 이르시되 하늘과 땅의 모든 권세를 내게 주셨으니. 이어 주시는 말씀이 있다! 하라. 가서 "<u>가서 모든 민족을 제자로 삼으라</u>" 하심이니 19 그러므로 가서 모든 민족을 제자로 삼아 아버지와 아들과 성령의 이름으로 세례를 <u>베풀고이다.</u> 둘째는 마가복음의 끝장 말씀이다! 하라. '<u>병</u>'의 치유 말씀 <u>약속이시다!</u> 하라. 막 16:18 …병든 사람에게 손을 얹은즉 나으리라. 이어 주신 셋째는 요한복음 말씀이다! 하라. "<u>담대하라, 세상을 이기신다</u>" 하라. 요 16:33 이것을 너희에게 이르는 것은 너희로 내 안에서 평안을 누리게 하려 함이라 세상에서는 너희가 환난을 당하나 담대하라 내가 세상을 이기었노라. <u>이어 사도행전 2장 '성령의 역사' 현장을 이루어야 하리라!</u> 이도 전하신 주시다! 하라. 위로부터 주신 권세 아니면 행할 수 없다! 이를 전하신 주시다! 하라. 아버지의 권세로 행하지 않으랴? 하라. 되었다. 닫으라.

2. 만국 다스리는 권세(두아디라 교회)

어머니의 장례식장과 장지 화장장, 이 두 곳에서 일하고 나온 자이다. 계 2:26 이기는 자와 끝까지 내 일을 지키는 그에게 만국을 다스리는 권세를 주리니 27 그가 철장을 가지고 그들을 다스려 질그릇 깨뜨리는 것과 같이 하리라 나도 내 아버지께 받은 것이 그러하니라. 깨어나는 자, 이를 외친 자이다. "주님 어떻게 할까요?" 묻고자 하는 자이다. 라오디게아 교회까지 일하는 자이다. 수신 → 제가 → 치국 → 평천하이니 마음을 다스려야 하는 자이다. 뒤에 있는 것은 잊어버리고 앞에 있는 것을 잡으려고 푯대를 향하여. 오실 주를 찬양하는가? 빌 3:13 형제들아 나는 아직 내가 잡은 줄로 여기지 아니하고 오직 한 일 즉 뒤에 있는 것은 잊어버리고 앞에 있는 것을 잡으려고 14 푯대를 향하여 그리스도 예수 안에서 하나님이 위에서 부르신 부름의 상을 위하여 달려가노라.

3. 현재는 장래 일과 비교할 수 없도다

롬 8:18 생각하건대 현재의 고난은 장차 우리에게 나타날 영광과 비교할 수 없도다. …생략… 비 오고 갠 뒤의 무지개 약속! 너는 일한 자이다. …생략… 2005년은 ㅇㅇ의 임종으로 충격받은 자, 2020년 이번에는 어머니이다. …생략… (장례 기간의 일 후에 힘들어 거의 누워 있는 중에 주시는 말씀입니다! 하라) 산책해야 하는 자, 걷자! …생략… (말씀을 듣고 힘이 생겨 밖으로 나가 산책하는 중에 주시는 말씀들을 메모합니다! 하라) 이는 순종 여부이다. 듣고 나온 자이다. 너는 **'내 마음에 둔바 다함이 없는 보물'이다**(추가 글 2022. 2. 18. 금요일). ……

2022. 2. 18. 금요일. 추가 내용입니다.

'내 마음에 둔바 다함이 없는 보물'이다: 이 당시는 이 말씀이 누가복음에 기록된 말씀인 것을 전혀 몰랐습니다. '내 마음에 둔바 다함이 없는 보물'이라는 말씀을 처음 들었고 "시적 표현으로 참 멋지게 표현하신 문구이다"라는 생각에 이 뜻이 궁금하게 여겨졌습니다. 영서에 성경 구절이 많아서 어느 날, 사복음서를 다시 보면서 말씀하신 구절들을 찾다가 눈에 띈 것입니다. 마태복음 6장 24절에서 34절까지 읽은 자이다. 염려하지 마라, 너희는 먼저 그의 나라와 그 의를 구하라는 내용입니다! 하라. 누가복음 12장 22절에서 31절도 같은 내용이며 이어진 구절이 눅 12:32 적은 무리여 무서워 말라 너희 아버지께서 그 나라를 너희에게 주시기를 기뻐하시느니라 33 너희 소유를 팔아 구제하여 낡아지지 아니하는 배낭을 만들라 곧 하늘에 둔바 다함이 없는 보물이니 거기는 도둑도 가까이하는 일이 없고 좀도 먹는 일이 없느니라. 이러하지 않더냐? 이후에 깨닫고 보니 이날 다시 가족에게 맡기실, 아들의 한 주 휴가 기간의 3일째에 보내시는 동해안 바닷가 기도도 이러한 의미와 관련이 있지 않더냐? 마음, 시간, 물질을 드려야 하는 일입니다! 하라.

첫 교회의 12년 훈련 기간에, 매우 넓은 평수에 살 수 있는 기회가 있었습니다. 도보로 교회를 자주 왕래하던 가족에게는 다른 동네 지역이 마땅치 않고 교회 근처가 좋았습니다. (남편이 신앙 생활하지 않을 때, 남편의 집안에서 이사 집을 제공, 제의한 자이다! 하라. 더욱이 불신자 집안에서 제안(호의라 할지라도)하는 문제이기에 단호히 거절했습니다. 그리고 오히려 조금씩 평수가 작아지는 곳으로 교회에서 좀 더 멀리 떨어진 곳으로(같은 아파트 단지 내이지만 정문에서 점점 더 멀어지는) 이사가 되었고 마지막에는 가장 작은 평수와 정문에서 가장 먼 거리인 거의 끝 동에 살게 되었습니다. 이러한 12년의 신앙 훈련 햇수가 마칠 즈음이다! 하라. 신학 휴학을 한 이때는 가족의 병간호 시기이며 이어 시아버지도 갑작스런 입원으로 간호해야 하는 상황에서 시어머니도 함께 살 입장이므로 넓은 평수로 서둘러 이사를 해야 하는 상황이다! 하라. 그러나 주께서는 물질이 여유로워지는 시기임에도, 넓은 평수에 맞추어 물건을 사지 말 것과 마치 여행지 팬션에서 살듯이 임시로 거주하라는 말씀을 주신 자이다. 그러므로 이사 전에 시아버지의 장례를 치르고(예언대로) 늦가을에 이사하고 다음 해인 2005년 봄에 다시 장례를 치른(예언대로) 자이다! 하라. 여름에는 좀 더 작은 평수로 이사를 하여 주와의 약속을 지킨 자이다! 하라. 곧, 휴학 중인 신학 문제도 은사를 위해 다른 교단으로 인도하시기에 편입한 자이다! 하라. 신앙 초기부터 하나님을 깊이 만나서 집 소유(매매)는 하지 않으리라는 마음을 가진 자이기에 집이나 작은 건물은 살 수 있으나, 오히려 물질을 가진 것이 부담(신앙의 걸림돌)되어 돈을 마치 돌을 보듯이 한 자이다! 하라. (물질은 관심, 가치의 대상으로 여기지 않는 자이다) 시어머니도 또한 주께서 방법을 꿈으로 보이신 후, 돌볼 자로 나선 가족에게 정한 부양비(시댁 가족들이 정해서 요청한)를 건넨 자이다! 하라.

이사한 아파트 또한, 작은 거실이나마 주께서 선교회 장소로 주를 위해 달라고 말씀하셔서 선교회 공간이 된 그곳이다! 하라. 선교회 물품을 구입하고 두 아들을 위해 가정의 물건들을 새것으로 교체를 한 자이다. 이는 새로운 출발이다! 하라. 눌린 자에게 자유를 주신 주시다. 이후 주님께서 다시 요구하심이 무엇이냐? 부자 청년과 거처에 대한 말씀이 아니냐? 하라. 재물을 가난한 자들에게 나누고 따르라는 주의 말씀을 받은 자이다. 마 19:21 …가서 네 소유를 팔아 가난한 자들에게 주라 그리하면 하늘에서 보화가 네게 있으리라 그리고 와서 나를 따르라. 그리고 주께서는 머리 둘 곳이 없다는 말씀도 지속하여 주신 자이다. 마 8:20 예수께서 이르시되 여우도 굴이 있고 공중의 새도 거처가 있으되 인자는 머리 둘 곳이 없다 하시더라. 이러한 길을 알리신 주시다! 하라. 주를 위해 물질을 사용하는 것을(버리고 따르는 길) 지속하여 배우는 길에서 후원으로 개척 예배처의 임대료를 해결해주시며, 가난 속에서도 섬김을 위한 삶이 되게 하신 주시다! 하라. 두 아들의 신학 기간 10년까지(군 복무 포함) 이어지는 상황에서 고생하며 버티는 훈련이 몸에 밴 자이다! 하라. 개척하라, 선교하라, 무엇 하라, 어찌해라, 이를 말씀하신 주가 아니시냐? 하라. 소속 없이 사람들과 차단된 환경에서 주만 의지하도록 하시는 상황이 네게 맡기신 '마지막 때에 관한' 훈련이다! 하라. 신학 당시에도 "목회자들이 공중에서 네가 내게 오는 것을 막는다" 이를 알리신 주시다. 또한 건강 문제로 신학을 다시 멈출 때도 다시 알리신 주변의 목회자들이니, 너를 그곳에 감춘 이유이기도 하다! 하라. 문화와 주변 사람들까지도 다 함께 거리를 두도록 하신 주시다! 하라.

2020. 7. 23. 목요일, '영서' 일을 맡은 이후부터는 환경은 이전보다 나아진 자이다! 하라. 이는 더위, 추위, 배고픔, 가난, 외로움 등이다. 그러나 주의 일을 막는 세력을 알리시므로 이 '거대한 장벽' 앞에 더 크고 놀라우신 주의 능력이 아니면 감당할 수 없는 일임을 안 자이다. 책 발간 역시 출판사 문제로 이미 몇 차례 현실적이고 차가운 벽을 대하는 중이다! 하라. 아마도 너 자신이 유명, 저명, 알려진 이름이거나 알만한 소속이든지 무슨 교단의 무슨 교회, 무슨 단체 또는 무슨 직업의 어떤 분의 소개라든가 하면 '달라질 것이다' 한 자이다. 책 내용도 그러한 영서이므로 듣는 대로 적는 자의 기록이니 생소하게, 이상하게 여기며 난색 표명한 자도 있을 수 있기에 혼자 속앓이 상태에서 주께 호소를 드리는 상황 중인 자이다! 하라. 영서의 시작과 함께 하나님께서 "하라" 하신 일이다. "가라" 하신 곳이기에 시작한 자이다! 하라. 두 아들에게 서서히 알리라! 하시기에 도울

자로 약속받으며 출발한 시점이니, 하나님이 예비하신 한 곳(출판사)은 있으리라는 일말의 기적 같은 기대감만으로 견디는 중이다! 하라. 하늘 아버지께서 하실 일을(비록 증거에 대한 늦은 순종의 대역 죄인이라 할지라도) 바라보는 것이 유일한 생명의 끈이다! 하라. 이상이다. 닫으라. 이는 써보게 하시는 글이다! 하라. (2023. 3. 22. 수요일. 일부 수정합니다! 하라. 되었다. 닫으라)

…… (위의 글 다시 이어집니다) 아들과 산책길을 걸으며 묵상하는 자이다! 하라. 나의 그린벨트이다. ㅇㅇ, ㅇㅇ 함께(두 아들의 이름입니다). 숲속 길이다. 이는 마음의 길! 몸의 내장 속 길을 보인 자이다. …생략… 여행이다. 동해안 바다이다. (장소를 말씀하십니다) 바다 해변에 서서 북한의 '포 쏘는 자'들을 회개시켜야 한다. (동해안 바다의 길을 걸으며 북한에 대한 회개를 외치는 기도를 하라고 명하십니다) 무화과나무의 열매가 되리라. 주님이 드실(내가 먹을) 열매이다. **너희 가족은 예수전도단이 될 것이다**(추가 글 2022. 12. 28. 수요일). 오늘, 서울 ㅇㅇㅇㅇ 교회 방문(기도 목적)이다(추가 글 2022. 2. 18. 금요일). 주를 위한 길을 걷는 자이다. 마가단 지경으로 가시다. 마 15:38 먹은 자는 여자와 어린이 외에 사천 명이었더라 39 예수께서 무리를 흩어 보내시고 배에 오르사 마가단 지경으로 가시니라. 이와 같은 자이다. 동해안 되리라. (산책을 마치고 들어온 자이다! 하라) 유산소가 필요한 자들이다. (이는 산책의 필요성을 전하신다! 하라)

2022. 12. 28. 수요일. 추가 글입니다.

너희 가족은 예수전도단이 될 것이다: 이는 주께서 주신 말씀이시다! 하라. 신앙생활 내내 이르신 말씀이기에 신앙의 길이 된 주시다! 하라. 최근까지 기도로 전하시며 선교의 일과 길, 지경을 전하신다! 이르라. 되었다. 닫으라. 이는 네 가족이니 두 아들과 함께 이루실 말씀이 아니냐? 하라. 신앙생활 초기에 두 아들만 데리고 교회 예배를 다니므로 온 가족이 믿는 자가 되어 헌신하는 삶을 살고 싶은 꿈이 강한 자이다. 교회 내 생활보다 증거와 찬양으로 영광을 나타내고 싶었던 자이다. 이제 두 아들이 신학을 마치고 사역 교회에서 찬양 인도, 말씀 강단에도 서니 신학을 한 가족의 부르심이 이어지며 함께 기도로 찬양으로 증거로 세우실 주시다! 하라. 이에 대한 약속이 영서와 함께 아브라함처럼 약속되기도 하며 구체적으로 섬세히, 상세히, 세밀히 말씀해 가시는 주가 아니냐? 하라. '그러나'이다. 성령의 차이가 있으므로 과정마다 순탄하지 않음이니, 모양새보다 진정으로 주를 따르기 위해서는 연단이 치밀하기도 하지 않으랴? 하라. 이를 아는 자이다. 주의 미워하시는 바가 무엇인지, 이를 받는 영서이기에 주를 따른다 해도 네 내면은 항상 주가 두려워 지지 않더냐? 하라. 들을수록 알수록 자신의 약함은 크게 보임이니, 이는 영과의 차이이다! 하라. 영은 풍성해지나 혼과 육은 이에 비해 주의 치료의 손길과 강한 붙드심이 있어야 함을 아는 자이다. 또한 주위의 세력과 정체를 알게 하시므로 마음의 소원은 강하나 주가 아니면 할 수도, 갈 수도, 과정도 오직 주의 구원과 은혜로 지나가야 함을 아는 자이다. 되었다. 닫으라. 너의 의지 주시라! 하라. 이는 전부이다! 뜻이다.

2022. 2. 18. 금요일. 추가 글입니다.

오늘, 서울의 ㅇㅇㅇㅇ 교회 방문(기도 목적)이다: 가지 못한 당시이다. 아들의 휴가 기간 '기적의 한 주간'을 알리나 하지 못한 자이다. 이는 순종 여부이다. 가려는 자와 그렇지 아니한 자와의 '상충' 되는 상황이니 서로 익숙하지 않은 상태다. 각자 살아옴(10년)이니 "성령이 하라" 하시는 일에 대해서 전하는 자와 듣는 자가 함께 훈련해야 함에도 지속적 마찰을 가진 시기이다. 이로써 영서 기간도 힘들고, 책 발간도 늦어짐이 아니냐? 이도 한 이유이다 하라. 성령은 순응하는 훈련이다. 무엇을 명하든 버리고(자신 계획, 선호 모두이다) 따르는 길이라 하라. 입맛 찾아 고르거나 자신의 기준, 상황, 필요에 의한 결정은 올바른 자세가 아니며, 성장 저해되는 장애 요소일 뿐이다. 이를 두라. 성령을 구하지도, 따르지도 않는다면 자신의 한계 내에서 돌고 도는 자 또는 도태(뒤로 후퇴하는)하는 자가 되는 자이다. 순종은 물과 같은 것이다. 물을 흡수해야 자라듯(꽃, 나무, 모두 그러하다) 결실기까지(열매-최후의 상급) 가지 않으랴? 이상이다. 닫으라. 되었다! 하라.

하늘山
제14일. 니느웨 회개 기도 40-14 (2020. 8. 5. 수요일)

1. 주님이 보내시는 자, 동해안!

2021. 12. 16. 목요일. 추가 글입니다.

주님을 아는 자이다. 네게는 이러하므로 출발함이니, 주를 위해 나선 자이며 주를 사랑하는 자라 하라. 민족의 '동족상잔' 비극을 아는 자이다. 이 민족의 아픔은 나의 아픔이다. 오랜 시간이니 50년사 이어 70년사가 된 6.25 동란(한국 전쟁)이 아니겠느냐? 하라. "전쟁을 아느냐?" 이를 물으라, 모두에게. 나의 할 일을 잊은 자이다. 이 민족은 '이러한'이다. "왜 그러하느냐?" 물으라. "고요한 한국이더냐? 평안하더냐?" 물으라. "민족의 사기이다" 하며 우후죽순 군대 대열이나 그들은 누구인가? 전쟁을 알지 못하는 우후죽순자이다. 이는 청년들이다. 대학가를 보라! 도서관을 보라. 주변마다 즐비한 상업 문화가이니 번잡, 해괴망측한 문화까지 휘청거리는 대학가라 하라. 청년이더냐? 무엇을 하느냐? 세계를 아느냐? 민족을 아느냐? 사회를 아느냐? 정의를 아느냐? <u>렘 5:1 너희는 예루살렘 거리로 "나는(여호와 주이시라! 하라) 보았다!" 함이니 그러하다" ⋯정의를 행하며 진리를 구하는 자를 한 사람이라도 찾으면⋯.</u> "찾았더니!" 하라. 무수해진 대중화이다. 이 시대는 그러한 정금(단련된 자, 순수한 자이다. 내게 대하여) 이는 위의 말씀과 같이 '찾은 바 된' 한 사람이다. 그러나 시대 추락사 된 현재이다" <u>내가 이 성읍을 용서하리라</u> 하였더니 이스라엘은 도무지 보지 못하였다! 함이니 예레미야에게 내가 한 말이다! 하라.

이 시대도 그러하다. 오죽하랴? 이스라엘을 "어떠하다" 하려느냐? 너희는 어떠하느냐? 이는 시대의 청년이니 찾아도 몇이냐? 묻고 싶은 나이다. 술 먹고 취하여 비틀대는 한국 사회이니 술뿐이더냐? 담배, 환각제 이뿐이더냐? 사치! 사치 업종의 다양을 두라. 무엇이 있으랴? 이는 고가이다. 대중도 선호하는 시대가 된 고가의 물건 등 각양각색에 관심,

호응 보이는 한국 사회이다 하라. 먹고 배부르니 배 두드리는 사회 문화이다 하라. 호화 '명품 시대'가 아니겠느냐? 이는 태아, 태중부터 시작이다! 하라. "명품 아니면 대중이 아니다 하라" 할 정도이니 너희 눈은 살찌운 자이다. 그다음은 무엇이랴? 무엇이든 크고, 화려함 아니겠느냐? 유별난 행장도 그러한, 집 문화도 그러한 '우리 집 꾸미기' 시대가 아니냐? 하라. 영원토록 살랴? 갈 곳이 많으니 이곳저곳 다니다가 쉬면 뜯어고쳐 '인테리어'라 하며 비좁다, 어떠하다 하며 공작이 날개를 펼치듯 "누가 화려하랴? 좋으랴? 크랴? 넓으랴? 많으랴?" 하며 자랑함이 되는 너희끼리이니 개미 발차기 같은 자들끼리 비교함이라 하라. 16분음표, 8분음표, 4분음표! 이는 반의반 박자, 반 박자, 한 박자까지 하나이니라. 음표일 뿐 거기서 거기니 한 박자(4분음표)로 사나, 반 박자(8분음표)로 사나, 반의반 박자(16분음표)로 사나 내게는 한 박자 같은 너희니라. 무엇이 그리 중요해서 치중함이더냐? 음표가 나를 위함이니 여호와를 위한(만드신 주, 통치자 주)! 주 찬양, 주 경배, 주 영광이 아니더냐? 이 외에 무엇이 있어야 할까? '도무지…'이다. 자족은 경건이니라. 이를 알지 못하느냐? 딤전 6:6 그러나 자족하는 마음이 있으면 경건은 큰 이익이 되느니라.

나의 삶(예수 그리스도의 생애)으로 전한 나이다. 난 다 가지므로 연연치 않은! 영생은 아버지의 명령이다! 하라. 요 12:50 나는 그의 명령이 영생인 줄 아노라…. 이는 나의 양식이 되는 사랑이니 너희를 위한 나이다 하라. 요 4:34 예수께서 이르시되 나의 양식은 나를 보내신 이의 뜻을 행하며 그의 일을 온전히 이루는 이것이니라. 이를 위하여 산 자이다 하라. 이로써 명한 나이다 하라. 너희도 이렇게 살라 함이니 나의 십자가의 사랑(대속의 은혜)이 헛되지 않은 나의 길이라 하라. 무수히, 많은 인류 중 그러하다. 나의 생명이 되어 나와 함께 한 자니 하늘로부터 이 땅까지(예비 된 영혼, 너희 준비도 그러하다) 마지막 날에 살리리라. 요 6:39 나를 보내신 이의 뜻은 내게 주신 자 중에 내가 하나도 잃어버리지 아니하고 마지막 날에 다시 살리는 이것이니라. 40. 내 아버지의 뜻은 아들을 보고 믿는 자마다 영생을 얻는 이것이니 마지막 날에 내가 이를 다시 살리리라. 요 5:28 이를 놀랍게 여기지 말라. 무덤 속에 있는 자가 다 그의 음성을 들을 때가 오나니 29. 선한 일을 행한 자는 생명의 부활로, 악한 일을 행한 자는 심판의 부활로 <u>나오리라</u>

하지 않더냐? 이와 같도다! 하라. 내 생명의 은혜로 귀히 여기는 자들이니 나의 줄 바 영원한 생명의 약속이라.

지구에 사는 기간은 이러한 나의 뜻 안에 거주하는 자들이 되어 바라봄이니 구원 외에 무엇이랴? 어리석은 한 부자는 호화, 사치이다! 하나, 그는 음부에서 고통으로 부르짖는 자가 된 전도자이니 이는 회개의 시기가 아닌, 때가 지난 예를 보임이라 하라. 눅 16:19 한 부자가 있어 자색 옷과 고운 베옷을 입고 날마다 호화롭게 즐기더라 22 이에 그 거지가 죽어 천사들에게 받들려 아브라함의 품에 들어가고 부자도 죽어 장사되매 23 그가 음부에서 고통 중에 눈을 들어 멀리 아브라함과 그의 품에 있는 나사로를 보고. 살진 자는 아는, 그의 삶이라 하라. 이는 둘째 아들 탕자의 비유이다! 하라. 돌아오는 자를 위한 살진 송아지로써 회개한 자를 위한 잔치이므로 영생을 위하여 일하는 자니 나의 즐거움에 참여한 자라 하라. 이는 살진 자(영서자)이다. "살진 소를 잡자" 하는! 눅 15:23 그리고 살진 송아지를 끌어다가 잡으라 우리가 먹고 즐기자 24 이 내 아들은 죽었다가 다시 살아났으며 내가 잃었다가 다시 얻었노라 하니 그들이 즐거워하더라. 책을 냄으로써 보일 나의 뜻, 나의 나라이니 잔치용이라 하라. 돌아올 자가 있는 나의 대필서니라.

이를 줍은 왜이더냐? 성탄을 앞둔 한국 교회의 모습이니 잔치용 '성탄 무대'를 세우나 회개, 통곡하랴? 재림 대망하랴? 사명 발견하랴? 무엇이든 그러하다. 자기를 위해 나선 자가 많다! 하라. 이는 무대이니 "서 보자! 사람들이 나(자신)를 보리라, 들으리라" 하며 무대에 세우는 자와 세워지는 자이다! 하나, 메시아를 위한! 아닌 교회 잔치용이다. 나를 기쁘게 함이 아닌 너희 중 누구든 '높임이 되는 자'를 위한, 나의 마음을 알아줄 자보다 너희 기쁨을 위한 잔치라 한들 나와 관계가 있으랴? 잔칫집에서 울랴? 초상집에서 웃으랴? 이는 장터의 동무들과 같도다! 하라. 이 세대는 그러하다. 마 11:16 이 세대를 무엇으로 비유할까? 비유하건대 아이들이 장터에 앉아 제 동무를 불러 17 이르되 우리가 너희를 향하여 피리를 불어도 너희가 춤추지 않고 우리가 슬피 울어도 너희가 가슴을 치지 아니하였다 함과 같도다. 이는 무엇인가? 부모가 시름시름 아프다! 하라. 싸매고 누운 상황이니 철모르는 자녀는 부모 위에 올라타고 놀이로 부대낌 같으니 귀찮지 않으랴? 내 마음의 "슬픔을 알라"이다. 창 6:6

땅 위에 사람 지으셨음을 한탄하사 마음에 근심하시고. 이는 교회를 세웠으나 "이도 철없다" 하는 많은 교회 중 '그러하다! 하므로'이다.

내 자녀는(철든 자) 나의 마음(슬픔)을 알아 함께 우는 자이니, 이를 위해 세운 교회가 아니더냐? 그러함에도 어찌하랴? 나의 시각은 째깍거리므로 그날을 향해 '곧, 곧! 하므로'이다. 바삐 갈 길이다. 새 예루살렘 성 '전진'을 향한 나의 자녀들이니, 나의 마음이 군급해진!… 아니겠느냐? 하라. 뒤의 애굽 군대 추격 상황이니, 이스라엘로 부르짖게 한 모세 같은 지도자를 세우는 상황이니, 한국도 이러한 지도자이기를 바란 나 아니겠느냐? 하라. 출애굽 지도자가 교회 상황 아니겠느냐? 애굽 군대를 알리라, 동시에 내게 부르짖으라. 이는 도하를 앞둔 바닷길이 열리는 시기이니, 내 나라를 들어서는 자들이 준비하는 때이다. 부르짖기보다 멀뚱거리려느냐? 원망, 불평하랴? 자는 자가 되랴?(이는 "에라, 모르겠다" 하는 자이다) 애굽으로 다시 돌아가랴? 이스라엘(운명 공동체, 피난민들이다. 너희도 그러한 '세상 전쟁' 사이에 사는 자이다) 너희끼리 다투랴? 치고받는 치열한 싸움판 속에 지내랴? 먹고 마시랴?(태평주의자, 안일한 자, 눈먼 자?) 어찌하려느냐? 오직 하나, 기도 이는 여호와를 신뢰함이니 이때라. 나라를 살피라 어떠한지! 교회를 살피라 어떠한지! 이는 매우 중요하다. 네 주변인 이는 공동체이니 어찌하고 있냐? 이에 대해 주는 나의 영서이니라. "자신을 살피기 위한 때임을 알라, 적을 알라, 나를 알라" 함이니 그러하도다. 이상이다! 하라.

너(영서)는 제트기이다. 날렵한 속도전 비행자이다. 이로써 독수리 같다! 함이니! 사 40:31 오직 여호와를 앙망하는 자는 새 힘을 얻으리니 독수리가 날개 치며 올라감 같을 것이요 달음박질하여도 곤비하지 아니하겠고 걸어가도 피곤하지 아니하리로다. 이는 네 생물의 독수리이니! 겔 1:10 그 얼굴들의 모양은 넷의 앞은 사람의 얼굴이요 넷의 오른쪽은 사자의 얼굴이며 넷의 왼쪽은 소의 얼굴이요 넷의 뒤는 독수리의 얼굴이니. 소(작은아들 탕자 비유 살진 송아지)에 '이어진'이다 하라. 동물 비유는 왜이더냐? 습성, 성향, 역할을 가진 자니 생태계도 이러한 다양한 종류들로 이루어진! 이는 질서이다 하라. 나를 이루기 위한, 사람의 형상 회복을 위한 이들이다. 나와 그리스도의 형상이 되기 위해 잠시 맡는 임시 역할이니, 저들도 그러하거늘 '이와 같이' 하며 내 '주'는 말(영서 글)로써 다룬다! 하라.

모두는 내게 오기 위한 것들이므로 너희끼리도, 동물 비유도 그러한 나를 나타내고 너희 회복을 위한 말씀이다! 하라. 이를 앎이 아담이 이름을 '부른 대로'이니! 창 2:19 여호와 하나님이…아담이 무엇이라고 부르나 보시려고 그것들을 그에게로 이끌어 가시니 아담이 각 생물을 부르는 것이 곧 그 이름이 되었더라. 나의 명으로써 그가 지은(이름), 이는 형상(각기 모양)대로 지은 바 된! 고전 15:38 하나님이 그 뜻대로 그에게 형체를 주시되 각 종자에게 그 형체를 주시느니라 39 육체는 다 같은 육체가 아니니 사람의 육체요 하나는 짐승의 육체요 하나는 새의 육체요 하나는 물고기의 육체라 등등이다! 하라. 특색대로 아니겠느냐? 이를 알라. 사람을 보며, 짐승(짐승 같은 사람 의미이니 이쪽, 저쪽 모두이다. 이는 정한 것과 부정한 것 모두이다)을 보며 아담과 같이 알아지는 자(창 2:19)가 되어 "시대를 분별하라!"이다. 이는 볼 줄 아는 눈을 가진 자이다. 계 5:6 한 어린 양이 서 있는데 일찍이 죽임을 당한 것 같더라 그에게 일곱 뿔과 일곱 눈이 있으니 이 눈들은 온 땅에 보내심을 받은 하나님의 일곱 영이더라. 이는 고전 2:10 오직 하나님이 성령으로 이것을 우리에게 보이셨으니 성령은 모든 것 곧 하나님의 깊은 것까지도 통달하시느니라 하였느니라 함과도 '같은'이다. 이를 알라. 이 모두이다.

마지막 때까지이니 이 세대의 통탄할 자가 됨은 이러한 것을 알지 못하여 우후죽순 된, 길 잃은 자 사회 된, 나무 뒤 숨은 창세기 상황이다. 창 2:8 그들이 그 날 바람이 불 때 동산에서 거니시는 여호와 하나님의 소리를 듣고 아담과 그의 아내가 여호와 하나님의 낯을 피하여 동산 나무 사이에 숨은지라. 숨었다! 모두이다. 이는 죄로 인한 부끄러움이다. 창 2:7 …벗은 줄을 알고 무화과나무 잎을 엮어 치마로 삼았더라. 이로 인함이니 모두가 창 2:10 이르되 내가 동산에서 하나님의 소리를 듣고 내가 벗었으므로 두려워하여 숨었나이다 하며 회피 반응하는 자들이니 죄 없다! 하지 않으리라. 회개 대상자가 된 한국 사회이다! 하라. 모두 하나 되어 연합한다 해도 바벨탑 도시 건설자이니 하늘에 닿기 위하여 사는 자들 이 시대라 하라. 창 11:4 서로 말하되 자, 성읍과 탑을 건설하여 그 탑 꼭대기를 하늘에 닿게 하여 우리 이름을 내고 8 …그 도시 건설하기를 그쳤더라. 모두가 하나가 된 이유이다. 이는 네트 워크 시대이다. 정보화 시대이므로 그러하다. 이 중에 나오라! 계 18:4 …내 백성아, 거기서 나와 그의 죄에 참여하지 말고 그가 받을 재앙들을 받지 말라 하시는 경각, 경고의 시대이다! 하라. 이는 과학 문명 초고속화 시대이므로, 인간의 과학에 흠뻑 빠진 세대이므로 나의 영광이 아닌 도심화, 기술화, 각축전(경쟁력) 시대이므로 과학은 신이 된 세상이기도 하다. 각종 발명화 시대이므로 만들어진 모든 것에 의해 마음이 가고, 의지하여 사는 세상이다! 하는 의미이다.

"편리하다, 간편하다, 빠르다, 다중화이다" 하여 신속 처리, 생산성, 기술력, 편리화로 바뀌어 가는 시대 문화에서 추구자가 되어 일변가도 그들이므로 좇는…하나님을 잊은 너희여 내가 너희를 찢을까 하노라! 하는 호세아 시대이다 하라. 호 6:1 오라 우리가 여호와께로 돌아가자 여호와께서 우리를 찢으셨으나 하지 않더냐? 만만히 하나님을 "그러하다" 하나, 자연의 위력 앞에 모두 벌벌 두려워 떠는 자이니 내 앞 모두이다! 하라. 눅 21:26 사람들이 세상에 임할 일을 생각하고 무서워하므로 기절하리니 이는 하늘의 권능들이 흔들리겠음이라. 이러므로 사 46:10 내가 시초부터 종말을 알리며 아직 이루지 아니한 일을 옛적부터 보이고 이르기를 나의 뜻이 설 것이니 내가 나의 모든 기뻐하는 것을 이루리라 하였노라. 이 말씀 가운데 두게 하리라. 이상이다.

다음 보라. 발포 명령자 북한이다. 저들은 왜 하랴? 자구책이라 하나, 나의 두는 바이다! 하라. 암과 암세포 관계이니 사단의 명하는 바(악을 즐기는 그들 아니겠느냐? 하라. 사 45:7 나는 빛도 짓고 어둠도 창조하며 나는 평안도 짓고 환난도 창조하나니 나는 여호와라 이 모든 일들을 행하는 자니라 하였노라)에 묶인 자이니 그러하다. 암은 사단이니 암세포들을 가진 조직력을 뜻한다. 이는 적그리스도 체제이다 하라. 모임들, 집합체, 피라미드 체계이니 상부, 하부 조직 모두이다. 세계화 일원이나 어둠이니라. 환난이 되는 자들이니 이 또한 나의 안에서 다루는 자들이 많다! 하라. 초토화 그날까지이니 회개치 않으면 걷어 낼, 모아 불사름이니! 마 3:12 손에 키를 들고 자기의 타작마당을 정하게 하사 알곡은 모아 곳간에 들이고 쭉정이는 꺼지지 않는 불에 태우시리라. 이와 같다! 하라.

적어보라. 그날 2020. 5. 27. 주일, '하나님의 두 손' 보이신 이후, 6월이 아니겠느냐? 네가 오른 산은 쉼을 위한 기회와 방문한 두 아들에 의한 동반이다. "자연 속이 얼마

만인가?" 하며 찬양한 자이다. 보내신 증거까지 구한 자이다. 네가 구한대로, 날아가는 새가 카메라 렌즈에 포착되어 그 증거를 즉시 얻은 자이다 하라. 한 마리 새를 본 자이다. 이는 왜이더냐? 자연 속에서 '쾌재'를 외친 자이다. 경배 찬양과 지속되는 방언(선교 관함이니)을 쏟아냄이니 이어 성령의 음성을 들은 자이다. "좋은 일이 있으리라"하신 주시다! 하라. 평안 가운데 기쁨의 영이니 행복자로다! 이후에 영서가 임하여(2020. 7. 23. 목요일) 본격적으로 기록을 시작하게 된 자이다. 나의 자연은 이러한! 롬 1:20 그의 영원하신 능력과 신성이 그가 만드신 만물에 분명히 보여 알려졌나니 이는 자연을 대하는 자세이다 하라. 모두에게이다. 마 5:45 …이는 하나님이 그 해를 악인과 선인에게 비추시며 비를 의로운 자와 불의한 자에게 내려주심이라. 이로써 모두는 내게 나아오는 자이다. 이는 하나님의 영광이다! 하라. 그러함에도 저들은(북한은) 핵(실험)을 발포하여 나를 아프게 하는 자이다. 이를 위해 보낸 자리이니 "회개하라" 대언하게 하시는 주시라! 하라. 이상이다. 되었다. 닫으라.

2022. 2. 18. 금요일. 추가 글입니다.

2020. 8. 1. 토요일, 장지에서 아들의 차가 접촉 사고가 났습니다. 월요일부터 시작된 한 주간 휴가 기간이어서 차 수리를 맡기고 임시로 사용할 중형차를 받습니다. 마침, 기도로 보내시는 곳인 동해 바다를 가는 날, 아들의 경차 대신 더 넓고 승차감이 좋은 차를 가족이 함께 탈 수 있어 더 감사했습니다. 밤바다를 거닐며 찬양하고 기도하고 새벽 무렵에 차 안에서 잠시 쪽잠으로 피로를 풀고 다시 이동했습니다. 밤과 달리, 낮에는 해변 입구에서 열 화상 카메라를 통과해야 하며 손목에 부착하는 출입증 '띠'를 받아야 들어갈 수가 있었습니다. 저는 부근 길을 산책하며 "어찌해야 할 것인가?" 몹시 충격스럽고 혼란스러웠습니다. 남북한 통일을 파란색으로 표현한 눈에 띄는 지도의 기를 보며, 또 관광지 지역을 나타내는 빨간색의 마크도 보며, 거리에 배치된 눈에 띄는 복장들(관리요원)과 열 화상 카메라를 통과해야 바다 출입이 가능한 '띠'를 배부하는 모습이며, 이 모든 분위기 속에서 북한의 '통제 사회' 기운이 느껴졌습니다.

이러한 상황과 지구전, 나라의 위기 시기를 아는지 모르는지 여름 피서객으로 모여드는 지역 속에서 있자니, 울분이 일어나고 격분이 되고 마음이 아파서 눈물이 계속 흘렸습니다. '주'의 음성을 들으며 위로를 얻기도, 현실을 우려하기도 하면서 한참을 걷다가 바다에 들어가기로 했습니다. "그래, 져 보자! 너희 뜻대로 해주마!" 분한 마음, 포로 된 심정으로 열 화상 카메라를 통과하고 띠를 받아, 내 하나님이 창조하신 땅, 소중하고 위대한 자연인 바다를 가까이 보기 위해, 아름다운 해변 모래를 밟기 위해, 거닐기 위해, 기도하기 위해 타협했으나 마음은 지속적으로 무겁고 불편했습니다. 대신 출입 띠를 갈기갈기 조각내어 아프고 상심하고 분한 마음과 함께 바다 물속으로 던져보기도 했습니다. 모래 위에 쓰는 글씨로(하나님, 예수 그리스도) 마음을 달래보기도 했습니다. 그러나 밤(심야의 조용하고 한적한 시간)처럼 기도가 집중되지는 않았습니다.

저는 개인 예배자의 삶을 지내기에 실내에서 마스크를 쓰지 않아도 되며, 출입 명부, 열 화상 카메라 등도 그러합니다. 최근에는 교회에서 백신 접종자와 미접종자 수를 세기도, 예배 장소를 다르게 나누기도 한다고 들었습니다. 백신 접종을 옹호, 찬성, 권유, 종용한다는 소리까지 듣습니다. 모임의 식사 문제로 미접종자는 눈치를 보기도 하며 채근, 압력을 받기도 합니다. 왕따(따돌림)는 왜 없겠습니까? 기막힌 현실입니다. 백신에 관련하여 지속적으로 기록하는 저는 다수(백신 접종자)가 소수(미접종자)에게 갑이 된 교회조차 믿지 않는 현실일 뿐입니다. 기독교가 우후죽순 문제로 인해 정부 정책에 대해 정당한 방위조차 '수'로(교회들이 불의에 대해 항거와 저항으로 일치단결해야 함에도) 대응하지 못하고, 도미노 게임처럼 우르르 넘어지는 과정들(2020년 코로나 팬데믹부터 2021년 백신 접종 시대, 백신 패스 시대에 이르기까지)을 보면서(다는 아니라 할지라도) 마음이 낙심되기도, 무너지기도 하며 현재도 걱정과 우려 속에서 보냅니다.

주께서 알리신 대로 공산화 한국에서 자유민주주의를(기독교를 위하여 필요하다고 말씀하십니다) 회복하는 문제와 성령을 반대, 대적, 훼방하는 교회들 내의 세력이 선교문을 막고 있는 '장애'(걸림돌) 문제로 인해 늘 마음이 편치 않습니다. 이는 세속화로 인한 것이라고 하십니다. 종말의 시대에 태어나 이어받은 마지막 주자들의 배턴의 무게는 심히 무겁고 무겁습니다. 성령만이 답이십니다. 그 은혜 아래서 이 모든 어두움이 걷히기까지 기다릴 뿐입니다! 하라. 이상이다. 닫으라. 되었다.

2022. 6. 3. 금요일. 오후 9:11 추가 글입니다.

다시 흐르는 눈물이다! 하라. "내 나라, 대한민국! 어찌 이리되었나?" 가슴 눈물 절절히 흐르며 바다 주위를 맴돈 자이다. 그날의 아픔이다. 윤석열 대통령 선거전을 치르고 당선 확정에 왜 운 자인가? 너도 모르게 마음이 반응함이니 나라로 인해, 지구로 인해 오랜 아픔이 아니냐? 하라. 정치 판도가 왜 이리되었나? 알만한 자들의 가슴앓이니 이는 한국의 멍든 가슴이다! 하라. 설상가상 코로나더니 이는 위기의 한국 전쟁사 치루는 상황, 남북 대치전이 아니냐? 날이 갈수록 변칙이 난무하고 공산화 지경 된 현재도 그러한…속앓이하는 자들이 우는 날들이다! 하라. 지각 변동에 놀라고, 나라에 놀라고, 전염병(생화학전)에 놀라고, 환경 오염에 놀라고, 각종 재난 사고에 놀라고, 과학에 놀라고, 세계정세 판도에 놀라고, 교회에 놀란 자들이다! 하라.

교회는 왜인가? 주르르 나선 **백신 접종자들이니,** 이미 때늦은 상황에서 "뭔가? 뭔가?" 하나 이는 엎친 데 덮친 상황이니 "누가, 어디서 맞으니…" 하며 자신도 맞는다! 하라. "누가 하니…" 자신도 한다! 하며 "이도 신앙이다. 예배를 위함이 아닌가?" 하며 자의적으로 해석하면서 기름을 사러 다니러 분주해짐이 아닌가? 하라. 마 25:8 미련한 자들이 슬기있는 자들에게 이르되 우리 등불이 꺼져가니 너희 기름을 좀 나눠달라 하거늘 9 슬기 있는 자들이 대답하여 이르되 우리와 너희가 쓰기에 다 부족할까 하노니 차라리 파는 자들에게 가서 너희 쓸 것을 하라 하니 10 그들이 사러 간 사이에…. 주께 숨는 자는 아는…이는 바벨론 세상 제국 진행화 아니냐? 발 빼라, 손 빼라, 머리 빼라, 몸 빼라 하나 피난 준비 못하고 전쟁을 맞이한 자들같이 "왜 갑자기 전쟁이?" 하는 한국이다 하라. 숨는 시대이다. 주께 피하고 피하는, 숨고 숨는 자들이 아니냐? 나를 아는 자는 나를 만날 것이요, 적그리스도를 아는 자는 그를 위해 살리라! 하는 '주'시니 선은 선대로, 악은 악대로 두어 선은 더 깨끗이, 악은 더 더럽게 나눔이니, 빛은 '빛 되게' 하기 위하여 빛으로 향하고, 어둠은 '어둠 되게' 하기 위하여 어둠으로 향하는 것이 아니겠느냐? 그리스도와 적그리스도전이다! 하라. 이미 오랜 싸움이나, 최종전 '표' 시기를 위해 종횡무진, 필사 각오로 맞대응식 초접전 이르는 시기이므로 '천국으로, 지옥으로' 서로 취하려 빼앗기 위한 전쟁이 아니겠느냐? 내 자녀는 내가, 그(적그리스도)의 자녀는 그가 그러나 혼란 시기가 오리니 사랑은 이때이다. 못다 한 사랑, 이룰 사랑을 위해 모든 것을 다 버리고 주를 좇는 시기가 아니랴?

초호화판 지구 모습이니 천국을 흉내 내는 자들이다. 지옥이다! 하라. 한 부자와 거지 나사로의 비유를 알라. 눅 16:19-31절 읽으라. 상기하여 두라. 모두에게 이르라. 눅 16:19 한 부자가 있어 자색 옷과 고운 베옷을 입고 날마다 호화롭게 즐기더라 20 그런데 나사로라 이름하는 한 거지가 헌데 투성이로 그의 대문 앞에 버려진 채 21 그 부자의 상에서 떨어지는 것으로 배불리려 하매 심지어 개들이 와서 그 헌 데를 핥더라. 보이지 않는 하나님이시다. 만물로 보여 알게 한 사랑! 이는 너희가 보는바 하늘의 해와 달과 별들과 산천초목, 바다 등 아니겠느냐? 이를 두라. 롬 1:20 창세로부터 보이지 아니하는 것들 곧 그의 영원하신 능력과 신성이 그가 만드신 만물에 분명히 보여 알려졌나니. 그러므로 그들이 핑계하지 못할지니라. 이 선물은 무엇과 비기랴? 부자 너희가 아니더냐? 다 가진 자이다. 세상 신에 의한 "무엇, 무엇이다" 하는 것들을 좇아 따르고, 소유하고, 높이려 하니 주가 보시기에 "가관이다" 하지 않으랴? 집 안의 자녀들이 원하는 바는 부모이며, 집 자체로 감사해야 함이 아니더냐? 모으고, 쌓고, 요구하고 이러한 일에 치우친다면 자녀라 하랴? 부모가 계시니, 집이 있으니 감사하고 자족하지 않으랴? 무엇을 추구하고 치중하고 좇으랴? "하나님 한 분만으로!" 하며 지구의 생존, 자연 만물 선물에 감사하라. 그리하면 "너희는 이마존이냐?" 하리라—[2023. 2. 28. 화요일. **추가 글입니다.** 하나님의 요구와 너희는 다르다! 하라. 이러하다면 우리가 사는 세상이 아마존처럼 단조롭지 않은가? 하는 자들이다. 하나님과 자연 외에 구하는 것이 많은 이 세대이다! 하라]

너는 그러하다. 애완견의 지나침을 보는 자이다. 개의 모습대로 둠이 "아름답다, 자연스럽다" 함은 왜인가? 개의 털에 염색하고 마치 사람에게 하듯, 꾸미는 모습을 보며 "아니다, 싫다" 하는 자이니 이 모든 것이 "인위적이다" 하는 자이다. 너는 장신구를 싫어하는 자이다. 사람 모습 그대로 가치를 두는 자이다. 주렁주렁 달고, 부착하고, 메이커

제품 등으로 상품에 의해 사람을 격상? 품위? 가치 평가? 하는 것을 불편하게 여기는 자이다. 사람끼리는 "그렇다" 해도(서로 인정하기도, 높이기도), 사람이 너 자신을 누가 '어찌 여긴다' 해도 이러한 사회 문화, 대중적 분위기에 무딘 자이며 아랑곳하지 않는 유형이다! 하라. 이는 사랑의 채움이다. 부모의 사랑, 형제의 사랑, 이웃의 사랑 속에 자란 자이며 하나님의 특별하신 사랑, 그리스도 속죄의 사랑과 은총을 체험한 자니 세상 문화, 패턴 등에 무딘 자이다 하라. 되었느냐? 이를 두라. 이는 나와 너의 사랑 이야기이다. 남루해진 자, 빈약해진 자, 건강하지 못한 자, 소유를 버리고 따르는 자, 오늘은 이곳, 내일은 저곳, 갈 바도 맡김이니 이 세상은 나그네 길이라 하라.

하나님이 나를 어찌 보시는가? 이에 동동거리는 자, 발 구르는 자니 불법이 난무한 시대에서 살기가 두려워진 자이다. 자신을 어찌 믿으랴? 누구를 믿으랴? 의지하랴? 너는 자신을 아는 자이다. 어제는 오른 자이나 오늘은 내려가는 자이며 내일은 어찌 될지 알랴? 다시 오른다 해도 내려가지 않는다! 이를 어찌 장담하랴? 자신 하나 살피기도 그러한데 누구를? 하는 자이다. 주의 은혜로 사랑하기도, 전진하기도 하니 "주만이 구원이시라" 하는 자가 아니겠느냐? 이를 두라. 약함이 자랑이다. 사람의 체질을 아시는 하나님이시니 비〔?〕시고, 고치시고, 사용하시기도 하시는 "나의 하나님!" 하는 자가 아니냐? 이를 두라. "나의 하나님이시니 나는 너의, 너희의 하나님이시다" 하라.

촛불 혁명 시대이다. 다시 일어날 그들이다! 하라. 이미 일으키는 자들이니 자신이 누구인 줄 알지 못하여 타인 '북한 김정은'을 대신하여 노릇을 하는 자이니 "자신의 정체를 알라" 하라. 너희의 정체가 하나님으로부터 와서(생명 부여, 창조주 아니시랴? 하라) 하나님을 위한, 하나님 나라가 되어 '의'의 사람, '빛'의 사람으로 살아야 하지 않겠느냐? 하라. 사람끼리 쳐다본들 각자가 '무엇이 묻은 무엇일 뿐이니' 거룩하신 창조주, 영원하신 왕 앞에 나아가 전능하신 주를 찬양하며 배움이 마땅치 않으랴? 과학이 신인가? 하라. 만든 것이 신인가? 하라. 조상이 신인가? 하라. 다 하나님께 속한 것이니 적재적소 쓰기 위함이다 하라. 집 안에는 각종 무엇이 다 있지 않으랴? 사람과 물건이 다르다. 사람끼리도 그러하거늘 물건끼리도 그렇지 않더냐? 상 수여하는 트로피, 메달, 상장 등 이러한 것과 매,

회초리, 무기들이 어찌 '같다' 하랴? 살리는 약이 있으나, 해하는 죽이는 독성 물질도 많지 않으랴? 무엇이 되기를 원하느냐? 되짚으라, 자신을 최고화(사용 도구)하려면 하나님을 알라, 배우라. 사랑받는 애완견도, 버림받는 애완견도 주인이 다르듯, 어찌 하나님(예수 그리스도 메시아 성령)과 사단(적그리스도, 악령)이 같겠느냐? '무엇이 하나님? 무엇이 사단?'인지 이를 너희가 아느냐? 얼마나 알랴? 어느 만큼, 언제까지 알겠느냐? 인생 기간이 짧지 않으랴? 하루가 소중하지 않으랴? 순간의 선택마다 엎드려야 하지 않으랴? 이를 위해 미리, 틈틈이 알고 쌓아두어야 하지 않으랴?

나를 모르면(나는 '주 여호와' 신, 오직 유일하신 '하나'-하나님-의 신이다! 하라) 사단도 모르고, 지구도 모르고, 나라도 모르고, 교회도 모르고, 사람도, 자신도 모르는 자이다. 알아야 울기도, 기쁘기도, 평안하기도, 기도하기도 하지 않으랴? 되었다. 닫으라. 가시채 말씀을 두라. 고생이다! 하라. 행 26:14 우리가 다 땅에 엎드러지매 내가 소리를 들으니 히브리 말로 이르되 사울아 사울아 네가 어찌하여 나를 박해하느냐 가시채를 뒷발질하기가 네게 고생이니라. 고생하고 지옥 가는 것보다 빛으로 나오고 천국 가는 것이 낫지 않으랴? 이상이다. 닫으라.

2. 선포하라, 반포하라, 나는 여호와로라

1) 워느 저상용, 너의 노트북이나

2021. 12. 16. 목요일. 추가 글입니다.

구입하라는 의미이다 하라. 이는 당시 이러한 '나의 줄 말'로써 나타내라 함이니 기록물이라 하라. 원고를 위한 노트북 구입자이다! 하나 오래 걸린 자이다. 이는 영서로 주신 말들의 위중함, 무게감이니 10여 년 전부터 '정보업체'에 관한 분야를 다루는 자이기에 신중한 워드 작업(표명, 표출)이므로 거듭 확인한 4-5개월 기간이다. 노트북 구입을 비로소 결정하니 곧 보이신 주시라. 이는 2020. 12. 1. 화요일, 꿈의 확인이다.

맡기신 일과 장소에 대해 '특별한 임무'와 '특정한 장소'임을 알리시므로 '주'의 명을 더 귀중히 받은 자이다. 또한 영서 기록이 시작된 첫날, 핵 관련 내용에서도 주와 교제하는 공중 사역자들 몇을 알리신 주시다. 자신 또한 이러한 주와의 교제망에서 일하는 자로 이후에도 더 확증을 주시니 사명의 중대함과 소명감을 더욱더 갖게 된 자이다. 그러므로 편안해진 마음으로 노트북을 구입하고 워드 작업이 시작된 당시라 하라. 이는 게이트이다. 문이 된 자, 나의 소개서라! 하라. 이상이다. "되었느냐? 되었다" 하라. 닫으라.

2) 계수하라. 세계화 상황 아는 자이다

"주님이 나의 생각, 나의 마음이 되어 주세요. 계시로 만나주소서. 나의 주님! 내 생명이십니다" 올로케이션! 촬영 중이다. 전체 총망라! 공중 권세 잡은 자와의 싸움, 목회자 마찬가지이다. 공중전이다. <u>지상 가까이 본 자이다</u>—[2020년 영서 은사가 임하기 전 해까지 3년을 성령을 구하라, 준비하라, 완전하라 하신 주시다! 하라. 이 시기에 꿈을 꾼 자이다. 공중에서 내려오시는 주시나 한국에서 이를 막는 자가 있으니 지상 가까이에서 맞선 상황이 아니랴? 종말의 임박을 더 가까이 느낀 자이니 이 대치 모습을 보면서 "주를 도와드려야지" 한 자이다. 그리고 땅에 서서 전할 대상을 찾는 자신 모습을 본 자이다! 하라. 종말과 연관된 꿈이기에 자주 전하는 꿈이다! 하라]—<u>주의 지상 재림에 대해,</u> 수구 세력이 될 것이다. 진보를 좌파 의미로 생각하는 것은 큰 문제이다. 이는 연합, 지원, 동화, 유세자들까지. 발언자, 정책 결정권자(문 대통령, 임ㅇㅇ)이다.

3. 수도권 이전 문제 알아야

도처에(처처에) 기근, 지진이 될 것이다. 나의 매로 생각해 보자. 채찍의 의미는 무엇인가? 각성이다. 나의 때 볼 것을 믿었도다. 너희들은 준비될 것이다. 기류가 될 것이다. 장마 전선 이루는 것 같이! … 과오자들, 범한 자들이 울 것이다. 올 것이다. '기절하리니!' 혼절은 놀람의 극치를 표현한 것이다. 눅 21:25 일월성신에는 징조가 있겠고 땅에서는 민족들이 바다와 파도의 성난 소리로 인하여 혼란한 중에 곤고하리라 26 사람들이 세상에 임할 일을 생각하고 무서워하므로 기절하리니 이는 하늘의 권능들이 흔들리겠음이라.

4. 할랄 식품 연구해야

도처에 펼쳐진 산하 조직적이다.

2023. 3. 3. 금요일. 추가 글입니다.

이 연구는 오래된 관심이다. 이슬람 관련하여 그들 '문화에 대한' 연구이다. 중국의 사대주의와 함께 그들 사회공산주의로 미치는 영향에 이은 이슬람권 영향의 한국이다. 물밀듯 밀려오기 시작하는 이슬람에 대한 유의, 주의, 신중할 때이다. 종교 활동과 함께하는 그들의 문화이다. 이미 음식 문화는 30여 년 전, 네 신앙생활 시작과 함께 심히 우려된 사회 전반에 깔린 불법화 된 문제이다. 사람의 생명에 해를 입히며 실험 대상으로도 삼는 이둠의 실체이다. 이리한 불법 시대이므로 국민 긴강을 위하여 기도시기신 주시다! 하라. 이단과 그들 기업에 이어 이슬람까지 침투, 접근하여 사회 요소요소 마다 섞이는 중이다! 하라. 마약과 관련한 식품 또한 연구 대상이다! 하신 주시다. 사람에게 '유해'한 제조 식품이 많다! 하라. 이들 기업의 총망라 현대 문명 과학 시대이다. 이에 함께 늘어난 종류별이다. 문화 혜택이라 보느냐? "우리는 지구인이다" 하며 섞고 섞으려느냐? 이를 두라. 사람의 생명을 공격하는 음식 문화이다. 이들 배후에는 나를 외면한, 등진 자들이 있다. 신이라 하는 영들 '우상'이다 하라. 이들은 사람으로 일하는 보이지 않는 어둠이다. 나라의 불법 조직망이 이미 여러 통로로 사회 요소요소에 침투, 장악하며 무지한 국민, 이 땅의 사람들을 위협한다! 전하라. 되었다. 닫으라. "실체를 알라" 주시는 사회 곳곳의 연구 시대이다! 하라. 되었다. 닫으라.

5. 교회들의 초청 강사 '북한 탈북자'

'어디서, 무엇 했는지' 알아야 하는 자이다. 탈북자는 후에 북송될 것이다(될 수 있다는 의미이다). 연루되지 않아야. 이는 유의하라는 뜻입니다! 하라. 문ㅇㅇ, 임ㅇㅇ은 북한에 내어줄 것이다(내줄 수도 있다는 의미이다). 이는 믿지 않을 문재인 정권이다! 하라.

6. "구름 타고 오시리라" 무슨 뜻인가?

마 24:30 그 때에 인자의 징조가 하늘에서 보이겠고 그 때에 땅의 모든 족속들이 통곡하며 그들이 인자가 구름을 타고 능력과 큰 영광으로 오는 것을 보리라. 현재 너는 구름 같은 자, 구름의 형성기이다! 구약의 구름 기둥은 성령이다. 출 13:22 낮에는 구름 기둥, 밤에는 불기둥이 백성 앞에서 떠나지 아니하니라. 출 40:34 구름이 회막에 덮이고 여호와의 영광이 성막에 충만하매. 민 9:17 구름이 성막에서 떠오르는 때에는 이스라엘 자손이 곧 행진하였고 구름이 머무는 곳에 이스라엘 자손이 진을 쳤으니. 성령 역사를 의미한다. 성령 역사 중 만난다(to meet). 오시는 주시다. 나이다. 막 13:26 그 때에 인자가 구름을 타고 큰 권능과 영광으로 오는 것을 사람들이 보리라. 그럼 너는 누구이냐? 구름이다. 성령 속에 있어야 한다. 성령 속에 있는 자, 현재이다. "주님 저를 다스리소서. 온전케 하소서! 아바 아버지 불꽃 같은 눈이 되게 하소서(계 2:18), 발은 빛난 주석(계 2:18), 입의 검이 되게 하소서(계 2:16, 19:15)" 확장되는 자, 현 상황, 네 모습이다. …생략…

7. 문재인 정권의 적폐 청산

이는 자유민주주의를 뜻한다. 관련, 관계자들을 속출하는 자들이다. 옥, 좌천, 죽임당하는 자, 조사 대상, 불이익자, 벌금형 등등 많다. …생략… 적폐 청산을 다시 보자. 구름 같은 증인들이 있으니 서울의 ㅇㅇㅇㅇ 교회(나라를 위한 집회! 기도하는 그들이다)에 모인 자들이 그러하다. 너도 될 것이다. 히 12:1 그러므로 우리에게 구름같이 둘러싼 허다한 증인들이 있으니…. 주님의(나의) 기울기이다. 나의 마음에 두는 너이다. 다함 없는 보물처럼! 이를 네게 표현한 것이다. 눅 12:33 너희 소유를 팔아 구제하여 낡아지지 아니하는 배낭을 만들라 곧 하늘에 둔바 다함이 없는 보물이니 거기는 도둑도 가까이하는 일이 없고 좀도 먹는 일이 없느니라.

8. 영서의 기록 용어

다양하지 못해 '안절부절'하는 너이나. 이는 숙제이다. ㅇㅇㅇ 사역지와 같은 사역이 될 것이다. 원만한 이해! 말씀을 주십니다! 하라. 골 2:2 이는 그들로 마음에 위안을 받고 사랑 안에서 연합하여 확실한 이해의 모든 풍성함과 하나님의 비밀인 그리스도를 깨닫게 하려 함이니.

9. 통일로(중간 지점)에 대하여 나눠 보자

북송자들의 모집 '터'이다. 북한 김정은과 남한 문 대통령은 만난 자이다. 합의한 자이다. 이는 '일' 이야기를 나눈 자이다. ㅇㅇ도 해당, ㅇㅇ 된 자들, ㅇㅇ 자들, ㅇㅇ과 관계 등 사람들에 대해서! 많은 이야기를 나누었다. 들은 나이다. 그들 만남에 주위 사람들을 떼어 놓은 이유이다. 평화 위장 쇼이다. 정상 회담은 무엇인가? 국가 간 '무역 통상' 제재 완화, 문화 교류 등이 대부분이다. 그러나 도보 다리에서 김정은과 문재인 둘은 어떤 누구도 대동하지 않는 자들이다. (2018. 4. 27. 금요일. 남북한 두 사람이 단둘이 만난 자리이다! 하라) 지령 주고받은 자. 문재인은 ㅇㅇㅇ에게 전한 자. 측근과도 나눈 자. 전달 지령이다(사람).

10. '북한 댐' 방류에 대하여

'수위 조절' 문제 협약이다. 북한, 중국에게 문 대통령은 당하는 자이다. 문 대통령은 이쪽 남한을 고려하지 않는 자이다. 중국(무게 가진 자), 북한 김정은 모습 마찬가지. 문 대통령은 말초적인 자이다. (자궁 환상이 보입니다) 자궁(하나님 나라의 '사생아'이다) 중절 되는 자이니, 김정은은 의사 역할이며 낙태 담당이다! 하라. 임ㅇㅇ은 임신시킨 자, 이전의 '전대협 회장'이다. 임ㅇㅇ은 오랜 준비를 한 자이다. 대학생 때 좌파 시작, 북한 다녀온 자이다.

11. 천국 잔치가 시작된 자이다

첫 사역은 어머니의 장례식 장지이다. 요한복음 2장의 가나안 혼인 잔치이다. 제자들(두 아들)을 위한 표적이다. 하인 둔 자, 항아리에 물 채우는 기간(생략)이다. 연회장(생략), 연회 자리에 앉는 자(생략) 보게 하신 주님이시다.

사람들의 모임 장소에서 '비말' 조심할 때이다. (코로나에 대해 '주의'를 주십니다! 하라) "주님이시다" 하며 배에서 뛰어나온 자, 가족 누구이다. 요 21:7 예수께서 사랑하시는 그 제자가 베드로에게 이르되 주님이시라 하니 시몬 베드로가 벗고 있다가 주님이라 하는 말을 듣고 겉옷을 두른 후에 바다로 뛰어내리더라. 두 아들과 함께 어머니 장례식장에 들어섰을 때, 마치 주님 앞에 나사로 누이들처럼 뛰어나와 반긴 자들이다. **너 때문이 아니라 나 때문이다(추가 글. 2021. 12. 16. 목요일).** ……

2021. 12. 16. 목요일. 추가 글입니다.

너 때문이 아니라 나 때문이다: 사람들은 "내게(목회자 자신) 오는 자이다. 교회 부흥이다, 전도하는 자이다, 무엇 하는 자이다" 하나, 그들은 자신을 위한 드러내는 자이다 하라. 실상은 부흥, 관심, 사람 관계(붙임)이니 이는 성령의 역사일 때 그 안의 주로 인함이다. 이를 알라. 자칫 잘못하면 삐끗 내딛는 헛걸음, 치우침이다. "나를, 나를!" 하며 자신에게 돌리는 자이라 하라. "무엇 때문에 그러하다" 하며 공치사 되는 스타일이 되기에 철저히 깨닫게 하기 위함이니 이를 전한 나이다 하라. 그들이, 누군가(장지에서 너를 반기는 자) 다가옴은 주에 대한 영접 같은 관계이다. 사람에 의해 높임, 대우, 교제일지라도 치우치지 말라. 또한 멀어진다, 외면한다, 등 돌린다고 하여도 개의치 말라. 오직 주에 의한 좌우 됨이니 영광은 주께! 그 외는 자신을 돌아보는 계기 삼거나, 참거나, 기다림이 나은 자신 준비기로 삼으라. "사람에 좌우되지 말라" 가르치는 나이다 하라. 이는 오래진, 네 기도에 이른(전한) 말씀을 보라. 시 146:3 방백들을 의지하지 말며 도울 힘이 없는 인생도 의지하지 말지니 같은 상황, 교훈이니라. 되었다. 닫으라.

…… **(위의 글 다시 이어집니다)** 나를 마중 나온 자이다. ㅇㅇ 마찬가지이다. '네 안에 나'를 보고, 만나고 찾는 자들이다. 이는 장례식장, 장지에서 너를 대하는 그들이다! 하라. 한적한 곳 기도하시고! 막 1:35 새벽 아직도 밝기 전에 예수께서 일어나 나가 한적한 곳으로 가사 거기서 기도하시더니. 36 시몬과 및 그와 함께 있는

자들이 예수의 뒤를 따라가 37 만나서 이르되 모든 사람이 주를 찾나이다. 가까운 마을로 전도! 38 이르시되 우리가 다른 가까운 마을들로 가자…. 이는 장례식 장지에서 불교로 만난 자들이었다. 그(승려)를 네 옆에 둔 나이다. 순서를 누가 정하겠는가? 제비뽑기이다. 사람이 일했다는 뜻이다. 사람이 일했지만 나의 뜻, 계획이었다. 숨은 의도를 둔 나이다. 두 아들의 교육 현장이었다. 제자들을 위한 표적이니 나의 제자들이다. 너를 도구로 쓴 것이다. 요 2:11 예수께서 이 첫 표적을 갈릴리 가나에서 행하여 그의 영광을 나타내시매 제자들이 그를 믿으니라. 2020. 5. 17. 주일, '하나님의 두 손' 보이신 꿈의 의미, 내용이었다. 꿈대로 "한번 맡겨볼까?" 한 나이다 하라.

2021. 6. 8. 화요일. 추가 내용입니다.

말씀으로 상황을 설명해주시는 주시다. 왜인가? 적어보자. 주의 설명은 여러 가지이다. 첫째, 역사서를 통한 해석이다. "누가 누구를 낳고…" 하는 사실 된 바탕으로 인한 것과 둘째, 시대 설명이 있다. 그 시대가 '어떠하며 무엇인지' 발생으로 되어진 일들에 대한 것이다. 예를 들면 마리아가 잉태된 사건을 보자. 메시아 사역의 징조, 예언 성취를 위한 때, 시기 즉 이루는 것으로, 사실성 바탕에서 시대적 인물을 드러내고 뜻을 전하는 방식이다. 가브리엘 천사를 통한 전달 메시지 그리고 탄생 비화이다. 셋째, 이방 나라(주변 국가)들로 인한 전쟁사를 두어 설명하는 방식이 있다. 다음은 넷째, 자연을 소재로 한 천국 예화이다. 들의 백합화를 보라(마 6:28), 공중의 새를 보라(마 6:26), 천국은 씨를 땅에 뿌림과 같으니(마 13:24) 등이다. 다섯째, 속담, 비유로써 예화 사용된 것을 보자. 겔 18:2 너희가 이스라엘 땅에 관한 속담에 이르기를 아버지가 신 포도를 먹었으므로 그의 아들의 이가 시다고 함은 어찌 됨이냐. 마 21:33 다른 한 비유를 들으라 한 집 주인이 포도원을 만들어…. 눅 18:2 이르시되 어떤 도시에 하나님을 두려워하지 않고 사람을 무시하는 한 재판장이 있는데 3 그 도시에 한 과부가 있어 등등…. 여섯째, 기록의 말씀으로 인용된 구절이 많다. '무수한'이다. 마 1:22 이 모든 일이 된 것은 주께서 선지자로 하신 말씀을 이루려 함이니 이르시되 23 보라 처녀가 잉태하여 아들을 낳을 것이요…. 너희는 나를 누구라 하느냐? 적어보라. 예수 그리스도시라 말하는 자가 많다. 대수롭지 않게, 선뜻 대답하는 … '줄 자'를 보라. 눈금 가진 띠니라. 이는 측량이다. 너희 마음을 '다루는'이다. 무엇으로 나를 대했나? 어찌했나? 다 아는 바라. 다윗을 본 나이다. 삼상 16:7 사람은 외모를 보거니와 나 여호와는 중심을 보느니라. …생략…

12. 헌금에 대하여 적어보자

기약이 이르면 오리라. 아브라함의 아내 사라에게 주신 약속이다. 창 18:14 여호와께 능하지 못한 일이 있겠느냐 기한이 이를 때에 내가 네게로 돌아오리니 사라에게 아들이 있으리라. 포도원 주리라. 네 일터이다. 아가서의 술람미 나의 신부이다. 포도원 노래가 올려질 것이다. 여기서 일하는 자이다. 배워야 하는 자들이다. 제한 속에 있는 자들이니 두 곳이다. 이는 너희 가족과 관련한 어디, 어디 두 곳이다! 하라. ㅇㅇ 교회는 문화 사역으로 보는 자, 너이다. ㅇㅇㅇ 목사는 문 정권에 대해 아직 모르는 자이다. 이러한 주의 뜻의 깊이를 알면(알게 되면) 강단 설 수 없는 자이다. 아직은 모르는 자이다. 그는 두려워지기 이전이다. …생략… 너는 내게 그와 같이 아니하다. 나의 왕을 시온에 세웠다. 시 2:6 내가 나의 왕을 내 거룩한 산 시온에 세웠다 하시리로다.

13. "주님! 오늘 일정을 알려주세요"

(동해 바다에 가라! 하신 날입니다) 아들들 자고 일어난 자이다. 먹고 나갈 자들이다. 출발하기까지 아들들이 너를 기다려야 하는 상황이다. 이는 주의 인도를 기다리라는 것이다! 하라. "전 여기서 오늘 무엇을 어떻게 해야 하나요?" 이 자리에서 수요 예배드리고, 저녁 출발이다. 날짜는 1박 2일이나 차박(차에서

수면 보충하라는 의미이다)이니 무박 2일로 전하신 주시다! 하라. 아들들은 실컷 잔 자이다. 너는 주께 먼저 듣고 일정과 목적을 전하는 자로서 아들들의 상태와 반응을 매사 살피기에 안심하라는 뜻이다. 그리고 행선지 향해 도전하라! 가라! 하는 의미이다. 휴가이든, 다른 무엇이든 사람의 뜻이 아닌 주께서 이끄시는 대로 맡겨야 하는 자들이다! 하라.

14. 기계화 시대에 대하여 적어보자

네가 받아 적는 것 보자. (이는 영서에 관하여 주시는 말씀이다! 하라) 너도 나를 그렇게 보았다. 받은 자 너까지도. 네 눈 들보가 더 크다. 마 7:4 보라 네 눈 속에 들보가 있는데 어찌하여 형제에게 말하기를 나로 네 눈 속에 있는 티를 빼게 하라 하겠느냐. 같은 티일 경우, 같은 문제로 보자. 반응이 문제이다. 더 빠르다. 민감이다. 이 두 가지이다. 네가 네 몸(육체)에 가장 가까운 관계이기 때문에 회개는 '나(너 자신)부터'이다. 이는 무언인가? 영서에 대한 신뢰이다. 자신의 확신과 믿음이 중요하다. 이부터 진행하기(순서이니 그러하다) 위해 기다리는 주시다! 하라.

1950, 1960년대 한국을 기억해 보자. (이는 기계화 시대에 관하여 주시는 말씀이다! 하라) 생각할 수 없는 시기였지만 당시의 트랜드는 '라디오 도입' 시기의 문화로 보자. '역사관'이 그 속에 들어있는 흐름, 도구들이 있다. 이를 아는 너이다. 1970, 1980년대는 전축(오디오), TV 등장 전성기이다. 카메라까지, 전화 외 등등. 1990, 2000년대에 가전제품의 대형화를 거쳐 소형 핵심 기술로, 그리고 칩까지 발전 과정이다. 이 분야를 검색해 보자. 마이크로 칩 시대에서 인공 지능 시대 즉 '기술 혁명 문화기'로 보면 된다.

15. '영' 지속성으로 이어온 너!

거름 주는 시기 이때이다. 성경의 역사를 주전, 주후로 나누는 너이다. 나를 아는 너이다. "비밀의 문! 열릴지어다" 하고 선포할지어다. 성령을 소용대로 주리라. 눅 11:8 내가 너희에게 말하노니 비록 벗 됨으로 인하여서는 일어나서 주지 아니할지라도 그 간청함을 인하여 일어나 그 요구대로 주리라. 어머니의 상중에 간 자이다. 장례에서 서울 도하까지이며 현재 완화기로 접어든 자이다. 두 아들이 오늘 동해 바다에 가는 것을 스스로 나오게 기다려 보자. 너는 나의 종이다. 명심해야 한다. 두 아들은 네가 사람들의 '말'을 듣지 않은 것을 알게 된 자들이다.

2021. 6. 7. 화요일. 추가 내용입니다.

1) 성경의 기록 목적을 적어보자.

예언서를 보자. 당시에 기록된 예레미야서는 역사서이다. (당시의 역사 기록이다! 하라) 너는 예레미야의 말씀을 기록한 서기관 바룩을 성경에서 본 자이다. 렘 36:4 이에 예레미야가 네리아의 아들 바룩을 부르매 바룩이 예레미야가 불러 주는 대로 여호와께서 그에게 이르신 대로 모든 말씀을 두루마리 책에 기록하니라. (이외에도 왕들에 대한 역사의 기록이 있다! 하라) 왕상 11:41 솔로몬의 남은 사적과…솔로몬의 '실록'에 기록…. 왕상 14:29 르호보암의 남은 사적과…유다 왕 '역대 지략'에 기록…. 대상 29:29 다윗왕의 행적은 처음부터 끝까지 선견자 '사무엘의 글'과 선지자 '나단의 글'과 선견자 '갓의 글'에 다 기록되고 30 또 그의 왕된 일과…의 지난날의 역사가 다 기록되어 있느니라. 대하 9:29 이외에 솔로몬의 시종 행적은 선지자 '나단의 글'과 실로 사람 '아히야의 예언'과 선견자 '잇도의 묵시 책' 곧 잇도가 느밧의 아들 여로보암에 대하여 쓴 책에 기록되지 아니하였느니라. 대하 12:15 르호보암이…의 선지자 '스마야'와 선견자 '잇도의 족보 책'에 기록…. 대하 16:11 아사의…유다와 이스라엘 '열왕기'에 기록되니라. 대하 24:27 요아스의 아들들의 사적과…은 다 '열왕기 주석'에 기록되니라….

후대를 위함인가? 당대를 위함인가? 둘 다이다. 이행 여부를 위한 이는 언약에 대한 것이라. 다시 말하면 반포, 선포 되어진 내용에 대한 신실성, 순종 여부에 대한 것이다. 나의 속한 자에 대한 시험이라. 진리와 거짓, 이는 미혹이라. 가증된 것이다. 요일 4:6 우리는 하나님께 속하였으니 하나님을 아는 자는 우리의 말을 듣고 하나님께 속하지 아니한 자는 우리의 말을 듣지 아니하나니 진리의 영과 미혹의 영을 이로써 아느니라. 살후 2:11 이러므로 하나님이 미혹의 역사를 그들에게 보내사 거짓 것을 믿게 하심은 12 진리를 믿지 않고 불의를 좋아하는 모든 자들로 하여금 심판을 받게 하려 하심이라. 길의 '의인과 악인' 시편 말씀을 두자. 시 1:6 무릇 의인들의 길은 여호와께서 인정하시나 악인들의 길은 망하리로다. 사람의 폐부와 심장을 감찰하시는 주시라. 렘 17:10 나 여호와는 심장을 살피며 폐부를 시험하고 각각 그의 행위와 그의 행실대로 보응하나니. 이로써(기록은) 경각을 두고 경종 되기 위함이라.

서두르는 자이다. 이 일로 인하여 두는 영서이자 책이니라. 사람들이 보는(대상 된 모두이다) 이유이다. 이로써 나를 나타내는 것! "너희, 이 세대의 일이 무엇이냐? 어떻게 살 것인가?" 되물으라. 자신에게, 교회도 그러하다. 의대생의 죽음! 너는 한강 사건을 본 자이다. 아벨이 생각나는 장면! 엎드러진(가인에 의한 타격 받은 그이다) 그, 정민 군이니라. 창 4:8 가인이 그의 아우 아벨에게 말하고 그들이 들에 있을 때에 가인이 그의 아우 아벨을 쳐 죽이니라. '들에 나가' 이는 토끼 굴에 함께 나란히 걷는 모습으로 찍힌 영상이 송출, 방출된! 온 천하에 알린 이는 '나'이라. 하나님이라. 너의, 너희의 하나님이 됨이라. 마태복음의 내용대로 감추인 것, 숨은 것이 다 드러내느니라. 마 10:26 감추인 것이 드러나지 않을 것이 없고 숨은 것이 알려지지 않을 것이 없느니라. 기록은 이러함이다.

CCTV도 그러하다. 악인은 악함으로 선인은 선함으로써 드러낼 기기니라. 휴대폰도 그러하다. 악은—[폰 내용들은 악인을 위한 준비된, 이끄는, 유인하는, 덫이 되는 것이라. 올무니라. 뱀이 출현과 같다. 창 3:1 그런데 뱀은 여호와 하나님이 지으신 들짐승 중에 가장 간교하니라 뱀이 여자에게…. 죄는 곧 죽음이다—죽게 되리라! 한 나이다. 창 2:17 선악을 알게 하는 나무의 열매는 먹지 말라 네가 먹는 날에는 반드시 죽으리라. 이를 "아니야, 단언컨대, 이것은 확실히 죽지 아니하는 것이야"라고 한 그니라. 창 3:4 뱀이 여자에게 이르되 너희가 결코 죽지 아니하리라. 그의 정체, 속성이니 속임, 유인자 역할이니라. 반면에 선으로 인도하는! 이는 좁은 문이라(7:13, 14). 안내자가 있다. 너와 같은 자이다. 내가 네게 준! 이는 받은 것 중 그러하다. 영서도 그러하다. 안 되는 것들이 많은, 이는 좁은 문이다. 너는 꿈에서 네 좁은 문 '작은 네모 통로'를 본 자이다. 좁은 입구로-이는 네 몸만 겨우, 간신히, 힘씀으로(이는 목적이니라), 들어가려 애쓰는 '좁은 문' 말씀대로니라-들어가기 위하여 엎드린 채 있는 네 모습을 본 적이 있다. 그러므로 "이러하다", "이러이러해서 이렇습니다"가 대부분이라. 네게 세모로 소개하는 가장 위의 탑 부분 산꼭대기니라. 산꼭대기까지 버리고, 등지고, 낮추고 들어가는 천국이라. 물질 안의 세상 것들, 소유품, 재물 등을 들고 가랴? 사람이 할 수 있는 구원이랴?

하나님 나라는 '나만이 할 수 있는, 예수 외에'이다. 그의 십자가의 피 이는 생명 된 희생된 사랑이니라. 영원한 제물로써 내게 드린 그의 생애와 십자가에서 사형된 '값'을 치른 그니라, 예수니라. 나 홀로 하늘에 있겠느냐? (땅이 저 멀리 아래에 보입니다) 땅을 외면하는 자 이는 죄인들이라. 너희를 위한 '나의 편 손' 이는 구원이 된 '십자가의 길' 형벌로 속죄된 제물로써 대신 죽은 그니라. 이새의 아들 다윗의 후손 된 요셉의 아들 예수이다. 나의 하강 이는 인간의 몸으로(마리아 빌린) 육신 되기로 한 주시! 하라. 사함을 위한 하늘로서 내려온 나이니라. "이 기록물은 선지서와 같다, 같기만 하다!" 할 그니라. 이는 큰아들이며 작은아들도 그러하다. 네 할 일은 무엇이냐? 나 예수 대신 이스라엘을 위하여 모세에게 주는(각별한 관계 된) 것 같은 이러한 <u>친구 사이니라</u>—[친구란 무엇인가? 내낸 관계이나. 서로 아는 사이이나. 할 수 있는 이는 목숨노 버림이라. 요 15:13 사람이 친구를 위하여 목숨을 버리면 이보다 더 큰 사랑이 없나니. '이'까지도 한다, 하고픈 자들이니라— …생략… 영서는 녹화 인생을 보는 것이다. 지구인을 보는 조명된 짜깁기이다. 이는 서로 관계되어 있어서 따로따로, 별개인 듯하나 연결된 패치 워크(각기 다른 여러 가지 조각천을 이어 하나로 만드는 큰 천)이니 이는 각 장을 붙이므로 커다란 한 면이 된 것이라. 이는 지구이다.

CCTV를 보라. 수많은! 비치고 담고 기록된! 다시 삭제도 하는! 이는 용량이라. 나는 기록한다. 하늘은 자동 시스템이다. 지우랴? 너희가 속이랴? 눈가림하랴? 편집하랴?

감추랴? 절대 그럴 수 없느니라. 너희를 위하여 기록하느니라. 이러한 내가(아는, 다 안다) 필요하랴? 너희에게 보이기 위함이라. 너희는 이실직고 되리라. '난다, 긴다' 하는 자들이 있으나 헛된 수고, 인생이라. 없어질, 멸망할 불 못뿐이니 위세 등등 그러하다. 이 세상에 조직(악인 무리)이 그러해도 법의 구속이니라. 끝이 그러하다. 너희끼리도 이러하거늘 내 앞에서 어떠하랴? 강한 햇빛은 눈이 부시니 너희는 오래 볼 수 없는 자들이니라. 레이저 빛, 방사선이 이로우랴? 해(태양)에도 지는, 과학에도 지는, 이는 약함이라. 흙(으로 만든) 구성의 너희가 아니냐?

2) 기록이다. "보라" 하는 나이다. 전하는 글이니라.

왜 사마리아인이더냐? 너희 지구인들은 와 보라. 사마리아인이 이스라엘인(이스라엘 땅 출생)이 아닌 세상 남편–이는 세상 사랑이라. 시대별, 오고 가는 세대를 이름이라. 바벨론 지칭이다–의미 되는 사마리아인 너희니라. 전하는 자 모두이다. 목회자이든, 누구이든 나의 일로 발설, 표명하는 자 모두이다. (이는 전하는 자이다! 하는 의미이다! 하라) 그러함에도 너희는 사마리아인이다. 이방인 된 자에게(짐승 같은 자. 심판 대상이 되나 건질 자도 있다) 외치리라. 한편으로 사마리아인 된 자도 들으라. 자신을 의롭게 여기는 자들이다. 어떠한 키워드일까? 죄목을 생각해 보라. 각자에게 눈 여기어 볼 대목이 있으리라. <u>사데 교회와 같이</u> 눈이 그러한, '회개 여지' 될 자이다. 볼 수 있는(알, 깨우칠) 눈이면 좋으련만. 그에게는 화가 변하여 복이 되리라. <u>라오디게아 교회도 그러하다.</u> 곤고한, 벌거벗은, 가련한 자신을 볼 자에게는 연단(이는 훈련이라)으로 세우리라. 계 3:17 네가 말하기를 나는 부자라 부요하여 부족한 것이 없다 하나 네 곤고한 것과 가련한 것과 가난한 것과 눈 먼 것과 벌거벗은 것을 알지 못하는도다. 회복 기회가 되는! 침상일지라도 일어나 보행자처럼 할 수 있는 것과 같이 마치 생활인 모습으로 나타날 그이니 이는 기회니라. <u>두아디라 교회도 그러하다.</u> 이세벨을 용납함이니 우상이 된 무엇으로(검은-죄에 젖은) 그리했는가? 알리라. 계 2:20 그러나 네게 책망할 일이 있노라 자칭 선지자라 하는 여자 이세벨을 네가 용납함이니 그가 내 종들을 가르쳐 꾀어 행음하게 하고 우상의 제물을 먹게 하는도다. 돌이킴(미디안 광야 거처 삼은 자 모세가 떨기나무에서 돌이키듯 나의 의로움을 나타내리라) 네게 줄, 주리라, 줄 것이다.

버가모 교회도 그러하다. 살인자가 있는 곳이다. 충성을 요구하는 그곳은 서머나 교회와 다르다. 계 2:13 네가 어디에 사는지를 내가 아노니 거기는 사탄의 권좌가 있는 데라 네가 내 이름을 굳게 잡아서 네 충성된 증인 안디바가 너희 가운데 곧 사탄이 사는 곳에서 죽임을 당할 때에도 나를 믿는 믿음을 저버리지 아니하였도다. 우상 지역이다. 14 그러나 네게 두어 가지 책망할 것이 있나니 거기 네게 발람의 교훈을 지키는 자들이 있도다 발람이 발락을 가르쳐 이스라엘 자손 앞에 걸림돌을 놓아 우상의 제물을 먹게 하였고 또 행음하게 하였느니라. 악마 같은 살인자들이 들끓는, 짐승 시대 예표이다. 로마의 원형 경기장을 보라. 살인마 아니더냐? 찢기어 죽게 한, 이는 악마니라. 사람 틀(외형) 쓴 이는 가면이라. 그 안은(영 상태이니 영 문제 가진) 짐승화 된, 사로잡힌, 사단의 세력화된 그들이니라. 에베소 교회에 대해서는 아쉽다. 왜이냐? 그들은 장기화에 지친, 파수꾼이나 의무화된! 이러함이라. 무엇을 해도 의무성, 의무 자세, 익숙한 대로 할 수 있는 단계가 된 형식화된 그들이니 이는 '몸에 밴'이라. 오랜 익숙함, 무엇에 대해서 잘 아는, 조직 내의 눈이 되나(좋은 것, 나쁜 것을 가린) 검사 같은 형벌로 이어지는 정죄 대상이 되기 쉬운 '무엇이든 일로 보는' 경직된, 굳은 상태가 된 것이다. 사랑 없는 엄마 아빠, 사랑 없는 자녀이다. 사랑 없는 교회이다. 사랑 없는 지구이다. '어떠하다', '이러해서 저러해서' 잘 아는! 그러나 매만 가진 행위이다. 나의 입은 사랑이 헤진, 낡아진 상태이다. 기도가 식은, 기도하지 않는, 알고 있으나(생각 서상, 뿌리 된) 마음은 차가워진 상황 이는 한국 교회의 모습이다. 개화기의 초대 교회 같은, 부흥기를 거친 전국적인 모습 그때와 다른, 선교 한국이나 메마른 상태이다. "우리 교회 업적!" 이러하며 "선교사 파송 얼마! 지출액(후원)도 얼마!"이나 정작 그 안에는 빛(이는 사랑이다. 내 영, 영광된)이 희미해진 자들이다. 해온 대로 하나, 늘리기도 하나(사업적 측면-주의 나라 확장성 보는) 내면은 물이 없는 마른 고목 같은 상태이다.

물가로 나오라, 내게로 나오라! 나는 너희의 하나님, 너희는 나의 백성 된 자들이니 내게로 오라. 그 무엇(일 또는 권위, 위세, 방면 대가로도 보는 이는 유명세라)으로 나를 대신하랴? 처음에 원한 대로 나를 주는 그 시절, 처음 사랑이 나으니라. 교회 일이 '많은'이나 생색내는 자들이다. 이름을 내는! 교회 담임(일곱 교회 보라. 오른손 일곱 금 촛대 이는 교회라. 7 별은 교회의 사자나라 함과 같이) 명단이니 목회자들, 섬기는 이들 이는 봉사자들이라. 이름이 눈에 띄는 주보라. 행사를 '무엇, 무엇(몇 층에, 몇 층에 등등)' 알리는 공지된 주보라. 헌금 나열하는 자 무수한! 보는 주보라. '나를 위한' 주보에 무엇을 하랴? 나 같으면 교회를 소개하는 것이 아니라 나를 소개하리라. "주는 무엇이시다. 주를 위해 삽시다" 이와 같은 메시지로(말씀 요약본이든가, 성경 공부 관련된) 성도에게 학식을 주는 성경 안내서로 도움이 될 무엇이든가 또는 전도를 위한 삶을 예시, 예화로 실어보든가, 선교 상황 세계 현황 및 각국 상황을 소개해보든가! 등이다. 이는 동참을 위한, 눈이 열리는 자극을 위한, 세계 속의 자신을 보는, 보게 됨이라. 아픈 자, 기도 제목 나눌 자를 두든가 얼마든지이다. 창세기 11장 바벨탑 사건 '우리 이름을 내고' 이는 이름 사용에 바쁜, 채우는 너희니라. 이름을 없애라. '나 외에'이다. 주는 들러리, 너희(교회와 성도들)가 주(주인)가 되었도다. 헌금으로 운영하랴? 사역(무슨 일, 어떠한 일)으로 이끌어 보랴?

연구하는 교회이다. 사도행전 2장 '성령 행전'으로 돌아갈 때이다. "오직 기도와 말씀 외에는" 하는 나이다. 행 6:4 우리는 오로지 기도하는 일과 말씀 사역에 힘쓰리라 하니. 이를 우선시한, 앞에 두는, 중점 하는, 이는 성령에 의한 발걸음을 내딛는 다음 과정이 되기 위함이라. 성경에 추가된 글들을 모아 불에 태운 3세기에서 7세기와 같다. 불필요한, 조수석이 많아진 이 모든 것을 제해야 하는 한국 모습이니라. 코로나가 경종이(위급한 알리는 신호 체계) 되느니라. 모임을 폐할 때! 이는 그 문재인 정권을 통해 그러하다. 이는 무엇이냐? 알라, 깨달으라. "내게 오라" 함이 아니겠느냐? 너는 개척 예배처에서 두문불출한 자리이기에 물들지 않게 될 것이다. 나의 막음이 네게 기회가 된, 이는 외부 차단이라. 출입 금지, 모임 금지, 거리 두기를 미리 해 본 10여 년이라. 이 사이, 기간에 무엇을 두게 되었나? 네 입이 열릴 때 그들은 알리라. 이러한 일은 비일비재하다. 나의 손이 꺼낸! 마치 상자(이는 교회니라)를 들여다보니 이는 한국 모습이라. 각자의 교회들이 다 있다. 그 안의 모습이다. 벌레로 상한, 더러워진, 냄새나는 역겨운 내부가 되었으니 어쩌랴?

나의 두 손으로 살릴만한 사랑 대상자를 꺼내 두고 외딴, 한적한 곳에 두어 그곳을(한국 교회들의 상황) 보게 한(이는 너이다! 하라) 이러함과 같다. 이들은 두 증인으로 설 자니 교회를 아는 측량하는 자이라. 계 11:3 내가 나의 두 증인에게 권세를 주리니 그들이 굵은 베옷을 입고 천이백육십일을 예언하리라. 숨겨둔, 드러나지 않을지라도 해내는 나의 일꾼이라. 교회를 아는가? 자신 모습을 보는 거울이 있어야 하지 않겠느냐? 선교회이다. 이는 네 일이다. 조직이 없을지라도, 네 모습(어떠함을 안다)이 어떠하더라도 이는 일 '맡김'이다. 내 일로써 두는! 그도(큰아들) 그도(작은아들) 그러하다. 같이 된 자들이다. 3인조, 세모이다. 양변의 두 아들과 밑변이 된 너이다. 세우나 저변적, 확장성으로 두는! ⋯ 갈 길로 보이시니 "제멋대로 하라는 무엇에 끌리지 말고, 묻고 구하기를 애써 해야 함에도" 구하지 않는 자이다. 이는 '애절한 마음을 항시 둘, 내게'이다. 나를 바라는! 붙는! 너이니라. 이상이다. 오늘 글은 왜 주느냐? 흔들림이다. ㅇㅇ 교단에서 보낸 "우리 줄 것 많다" 하는 자들에 대한 방어, 방패니라. 나를 '바라볼' 아닌, 테두리로(이는 교단이라) 그 안에서 왔다 갔다 하는 사람의 종이라. 이러한 일에 당혹하지(비일비재하기에 교단 교세로-이는 합세이다. 교단적 행보자들-모으는, 지경 된, 경계 두는 '우리끼리'이다) 않아야 이기는 것이다. 오래된 구조라. 이도 지구의 건축물(불에 녹기 이전)이라. 사람의 형성권(우주의 수많은 행성 같은)이라. 사람 거주지 지구이니 그 중이라. 행성들 그 중이다. 이와 같다. 많으나 희소적, 매우 적은, 찾기 힘든, 나의 사람 '수'(선발된, 선택된, 구별로 두는 두 증인 같은 자들이다! 하라)가 된 이러함이다. 흔들리지 말거라. 이는 나의 수는 날이다. 뇌었나. 낟으라.

하늘山
제15일. 니느웨 회개 기도 40-15 (2020. 8. 6. 목요일)

1. 옥토가 되리라

 (찬양을 주십니다! 하라) '왜 나만 겪는 고난이냐고…' 외치던 자이다. "그리 아니 하실지라도!" 하던 자이다. 단 3:18 그렇게 왕이여 우리가 왕의 신들을 섬기지도 아니하고 왕이 세우신 금 신상에게 절하지도 아니할 줄을 아옵소서. "주는 나를 건지시는 이시오(시 18:2)" 너는 구름 위에 달 가듯 가는 자이다. 지으신 이는 주시다. 온 땅이여 주를 찬양하라. 너는 내 편이 되는 자이다("저는 주님 편이죠" 하는 자이다). 어머니 장례식 장지에서 네게 순응하는 자들은 주가 너의 머리가 되시기에 반응하는 자들이다.

2. 우스 땅의 욥과 같은 자이다

 욥 1:1 우스 땅에 욥이라 불리는 사람이 있었는데…. 폭풍 속에 네게 말씀하신 주시다. 욥 38:1 그 때에 여호와께서 폭풍우 가운데에서 욥에게 말씀하여 이르시되. …생략… 개척 예배지는 대가이다. 버리고 따른 자, 나를 기다린 자였다. 나는 너의 친구이다. (찬양을 주십니다! 하라) '주 나의 목자…예수님은 내 친구….' 이후로는 종이라 하지 아니하고 친구이다. 요 15:15 이제부터는 너희를 종이라 하지 아니하리니 종은 주인이 하는 것을 알지 못함이라. 너희를 친구라 하였노니 내가 내 아버지께 들은 것을 다 너희에게 알게 하였음이라. 말씀의 하나님이시다. 동생 같은 자 돌아올 자들이 많단다(o o 통하여). 가나의 혼인 잔치 같은(어머니의 장례 기간 '성령 불' 역사 현장이다! 하라) 두 번째 표적을 행하리라. '어디서, 어떻게' 이를 알리실 주시다! 하라. (찬양을 주십니다! 하라) '사랑의 주님이 날 사랑하시네…' 우스 땅 찾게 하는 시기이다. 너는 '베트'(히브리어 알파벳 두 번째) 집이다. 'see' 보았다. 나는 너를. (찬양을 주십니다! 하라) '저 장미꽃 위에 이슬…우리 서로 받은 그 기쁨 알 사람이 없도다…' …생략… 너는 옥합을 드린 자이다. 개척 예배지이다. 너희 가족은 고립 지역에서 자라온 자들이다. 다육종처럼(식물의 모습을 보이십니다) 혈과 육의 씨름이 아닌 자임을 아는 자이다. 엡 6:12 우리의 씨름은 혈과 육을 상대하는 것이 아니요 통치자들과 권세들과 이 어둠의 세상 주관자들과 하늘에 있는 악의 영들을 상대함이라.

빌립보서의 '본체'를 가진 자이다. 이는 네 안에 계신 '주'의 의미이다. 빌 2:5 너희 안에 이 마음을 품으라 곧 그리스도 예수의 마음이니 6 그는 근본 하나님의 본체시나 하나님과 동등 됨을 취할 것으로 여기지 아니하시고 7 오히려 자기를 비워 종의 형체를 가지사 사람들과 같이 되셨고. 권위로 하려 하지 않는 너이다. 너는 집과 전토를 버린 자이다. 그러므로 받는 자이다. 막 10:29 …나와 복음을 위하여 집이나 형제나 자매나 어머니나 아버지나 자식이나 전토를 버린 자는 30 현세에 있어 집과…전토를 백배나 받되…. 그 크신 하나님의 손 아래 낮추라. 너를 높이시리라. 벧전 5:6 그러므로 하나님의 능하신 손 아래에서 겸손하라 때가 되면 너희를 높이시리라.

3. 어머니 장례식 장지와 관련하여

"각 사람이 어떻게 기도 해야 하나요?" 나도 너를 정죄하지 않는다(요 8:11). 너는 놀란 자이므로 풀어 주는 주시다. (장례식장에서 겪고 나와 주시는 말씀이다! 하라)

2021. 12. 17. 금요일. 추가 글입니다.

장례 기간에 일어난 일입니다! 하라. 어머니의 장례식 장지에서 많은 사람이 쳐다본 자이다. 웅성웅성, 뒷말 등 그러하다. 너는 기도 중에 영으로 느끼는 불편함, 시선, 따가운 눈총, 제지, 모두이다. 이는 성령에 대한 주위의 반응이다! 하라. 특정 장소의 장례법을 우선시하는 전통, 풍습, 문화에 매인 자들이라 하라. 영혼 살리기는 어디서나이다. 다급해진 주께서 시키신 일이다! 하라. 성령의 강력한 임재로 불이 임하여 눈물의 간구 기도를 드리게 한 현장이다. 사람들을 피하여 선 자리에 주님과 함께하며 환상으로 보이신 승리까지이다. 이에 대한 말씀의 연속이니 놀랄만한 이슈 현장이 된 "뭐 저래? 왜 저래?" 이 말, 저 말, 옥신각신이 된 그곳이다. 그럴지라도 너는 "나는 주와 함께(순응하여) 일한 자이다" 한 자이다. 이해시키며 설명하심으로 너를 안심케, 평안케, 분별케 하시는 주시다! 하라. 성령의 일은 성령으로 분별하느니라! 하라. 고전 2:13 우리가 이것을 말하거니와 사람의 지혜가 가르친 말로 아니하고 오직 성령께서 가르치신 것으로 하니 영적인 일은 영적인 것으로 분별하느니라. "되었느냐? 되었다" 하라.

왈가불가! 이를 잠재우시기 위함이니 일하고("내 일이니 그리 알라" 하신 주시라! 하라) 다음을 위한 배움이니라. 언제, 어디서나, 무엇을 이러한 주의 시키심으로 나오기 위함이다. 이는 이러한 성령의 사람마다 인치고 일하시는 주의 성령이시다. 이상이다. 주님과 함께한 자는 괜찮다. 모르는 자들이 불쌍한 것이다. 너는 주의 임하심으로 평안하고 담대하고 하나님 뜻을 알고 하기에 그러하다. 다윗의 자손이로다. 아브라함의 자손이로다. 이상이다. 되었다. 닫으라.

"동해 바다를 보내신 주시다! 하라"

4. ㅇㅇ시 해변의 QR 코드!

성령의 탄식, 눈물이다. 그곳은 정부 자료를 모으는 자이다. 정부 하수인이다. 정부 지원자들이다. 정부 협조자이다. 내가 만세 전에 너를 택하였다. 성령의 불이 남한 → 북한 → 중국 → 이스라엘(재림)이다. QR 코드! ㅇㅇ시는 왜인가? 많은 사람(피서객들)이 오기 때문이다. 미쁘시도다! 신실하신 하나님! 너는 나의 종이란다. 신실하신 하나님을 기억해 보자. 너는 사랑하는 종이다. 친구이다. 함께하는 자이다. 장소를 다시 이동하면서 주신 말씀이다! 하라. 다윗의 자손이로다. 아브라함의 자손이로다.

5. 너는 놀란 자이다

이에 풀어 주는 주시다! 하라. 이는 어머니 장례 때 '성령의 불' 역사를 이상히 본 주변에 대한 문제로 후유증을 겪은 자이니, 쉼과 기도로 바다를 가게 하시는 주시다! 하라. 주님과 함께한 자, 너는 괜찮다. 주의 임하심으로 평안하고 담대하고 하나님 뜻을 알고 하기에. 모르는 자들이 불쌍한 것이다.

6. '보혈의 피'를 외쳐 보자

잠시 들리는 ㅇㅇ시 시장에서 예수의 피를 외치는 사이나. 내 곁에 있는 사 녀! 이는 '마지막 날에'이다. 너는 전통적인 곳을 주장하는 자이다. 이는 기독교의 중요성이다. 이를 가르치는 자이다. 너는 내 안에 있다. 우는 자이다. 발견된 자이다. 이어지는 죽은 자들에 대하여 주시는 말씀이다! 하라. '이마의 표' 말씀을 보자. 이는 성전 우상을 섬기는 자들과 같은 저들이다. 겔 9:4 여호와께서 이르시되 너는 예루살렘 성읍 중에 순행하여 그 가운데에서 행하는 모든 가증한 일로 말미암아 탄식하며. 이는 문 대통령의 하수인이다. 나라와 함께 방문 지역의 이모저모의 모습들을 보며 안타까워하므로 주시는 말씀이시다! 하라. 먹고 마시는 자, 노아의 때 같은 때이다. 마 24:38 홍수 전에 노아가 방주에 들어가던 날까지 사람들이 먹고 마시고 장가들고 시집가고 있으면서. 마 16:17 예수께서 대답하여 이르시되 바요나 시몬아 이를 네게 알게 한 이는 혈육이 아니요 하늘에 계신 내 아버지시니라. 이 말씀을 기억해야 하는 자이다.

7. ㅇㅇ시 방문

재난 지원금을 쓰러 다니는 자들이 많다. 내가 전해 주는 말이다. 이는 여름 휴가철에 모인 동해 지역의 곳곳에서 보이는 사람들의 모습을 보면서 주신 말씀이다! 하라.

하늘山
제16일. 니느웨 회개 기도40-16 (2020. 8. 7. 금요일)

1. 악으로 선을 이기지 않아야! 된다

화목 된 자로 서는 자이다. 계시록 말씀의 "이리로 올라오라" 보여주신 하나님, 이는 하늘길을 나는 자들이다. 계 11:12 하늘로부터 큰 음성이 있어 이리로 올라오라 함을 듣고 그들이 듣고 **구름을 타고 하늘로 올라가니(추가 글 2022. 1. 19. 수요일).** …생략… "주께서 명하신 일을 해볼게요. 하고 싶습니다. 주님의 주관하심 속에 제가 있기만을 원합니다. 동행, 연합을 원합니다" 스가랴서의 스룹바벨의 영광이 나타나리라.

2022. 1. 19. 수요일. 추가 글입니다.

구름을 타고 하늘로 올라가니: 너는 체험자이다. 위에서 바라본 지구는 어떠하냐? 네가 있는 자리, 상태와(영의 사람, 육 벗어난 자이다) 그들과는 다른 "지구인은 그러하다!" 하며 보인 나이다. 그러함에도 도토리 키재기 식을 하려느냐? 땅에서 벗어났느니라. 오르고 오르면서 느낀 바 이를 아는 자이다. 네 표현한 바 "지구는 오물통 같다" 하는 자이다. 문 닫힌 재래식 화장실의 역겨운 냄새같지 아니하냐? 자연 숲속에 거한 자이니 "다투지, 앞서지, 대응하지 마라" 하신 주시다! 하라. 마치 달아난 범죄자들을 대치하는 수색자 경찰처럼 여기라. 죄와 도주 경로를 알아 범인이 죄목을 알게 하고, 뉘우치게 하고, 응징(죄의 대가)이나, 범인은 이를 달갑게 여기며 자신의 변화를 기다리도록 돕는, 이들의 역할로 두는 교회이다. 이 부르심이다 하는 나이다. 응징은 나대로, 용납은 너희대로 하지 않으랴? 이는 각자의 위치이다.

세상 경보등! 구급차 사이렌, 119 구조대도 그러한, 알리는 이들로서 둠이니 "세상 위기이다" 하며 외침으로 나의 마음 대변자, 대신 되어 하는 위치이므로, 나의 마음을 유지함이 중요하다. 슬퍼 보이냐(몇 해 전 네가 본, 주 예수 '청년 모습'이 아니냐? 네 안의 주시니 네 마음도 그러하다) 이긴 자이다. 나의 이김은 대항자들에게 보내는 교훈이니 내가 보낸 이, 예수라 알림이다. 마 1:21 …죄에서 구원할 자이심이라 하니라. 그들이 무어라 하여도 아버지를 증거하며, 나 하는 일을 증거함이니 "메시아이다" 하며 그를 치지(격투-치고 받음, 공방-다투듯 싸우는 것) 아니하여 온유와 겸손을 보인 나이다. 마 11:29 나는 마음이 온유하고 겸손하니 나의 멍에를 메고 내게 배우라 그리하면 너희 마음이 쉼을 얻으리니. "나와 너희는 다르다!" 이를 보임이라. 그러므로 이 또한 악으로 선을 대함이 아니다 하라. 이상이다. 이를 둠으로써 오해 불식할 저들이다. 위, 아래가 다투랴? 하늘과 땅도 그러하다.

2022. 1. 19. 수요일. 추가 글입니다.

비유로 주시는 말씀입니다! 하라. 먼저 '골프장의 둘레길'에 관함이다. 마치 에덴동산을 둘러싼 땅처럼 그러하다. 나를 중심으로 사는 자가 있으니 이는 중앙(메인)의 '성' 같지 않으랴? 여호와를 아는 자! 교제한다, 듣는다, 뜻대로 한다. 이러한 교회로 세워지고 유지 지속하는 교회이더냐? 주와 동행하며 성령의 임재와 인도 아래 있다! 하는 유형이다. 그러함에도 둘레길! 성의 밖은 무수히 행해도(걸어도) 성 안을 잘 모르기에 답답하지 않으랴? 구하며 나아오랴? 습관, 고정, 무지대로 살랴? 성 안의 성령을 알고자 하여야 이로써 관계됨이니 외곽지, 주변, 둘레에서 맴돈다 한들 무엇이 나오랴? 이를 두라.

다음 비유는 이단이다. 신학생 시절, 교회 순회 기간을 둘 때이다. 한 교회의 새벽 예배에서 진단된 것이니 놀라며 걱정된 당시에 설명함이라. 산을 보인 나이다. 산 아래서 오르는 자들은 산 정상의 하나님을 향한 나아옴이니 오르고 오름은 이러함이다. 알지 못하여도 오르다 보면 포기하지 아니하는 자에게 돌이킴도 있으며 만날 수 있다 하라. 이단은 알지 못한다! 하라. 무엇이 무엇인지 확실치 않다. 이는 산 아래 있으므로 그러하다. 나를 목적으로 하면 만나지 않으랴? 나를 만난 자가 어찌 이단이라 하랴? 이단이 이단이라 하기도 하는 자이며(이는 이단을 이단으로 보는 이단이다! 하라) 성령의 사람임에도 이단이라 하기도 하니 나를 제대로 알지 못하고 만나지 않은 자는 이러한 자이다! 하라.

'주'는 이단이시라 하라(나사렛 괴수 이단)! 갖가지 다 붙인 저들이다! 하라. 현재도 성령의 역사에 대한 '이단 시비'(나사렛 괴수 이단)는 여전히 있다! 하라. 이단 규정자가 완전하랴? 물으라. 정작 그 재판(판정)을 내게 물으며 나의 시시비비를 듣는 자가 있느냐? 이러한 자가 있느냐? 사람을 재판하듯 하랴? 여론몰이에 끌리어, 치우쳐서 하랴? 그러나 이단은 이단이다. 이단이 있다 하나 이 또한 알리어 굽은 것, 뻗친 것을 곧게 하고, 자르는 기회가 되지 않으랴? 사람의 일생 기간 안에 회개이니 구원이 목적이라. 나에 대한 '상'이 올바르지 아니하면 이러하다 저러하다 하리라. 밝히 보기까지 알기까지 주 예수 그리스도는 어제나 오늘이나 영원토록 동일하시니라(히 13:8). 은혜 아래 거함이 나은, 기다림도 이러한. 그러나 교회의 부패함도 이단도 우후죽순으로 인함이니 성령이 가르치시는 교훈 안에 머묾이 지탱하고 자라가며 행여 삐끗한다 해도 휘청했다 해도 다시 세우는 이러한 돌이킴이 되지 않으랴? 굳은 석고처럼 환난 날에 깨뜨릴 자도 있으나 온전하신 주를 향함이, 성령을 의지함이 유익하리라. 되었다. 닫으라.

2. '영' 위해 하지 않는 교회에 대해서 보자

교회들의 여름 수련회 기간이다! 하라(추가 글 2023. 2. 26. 주일). 데리고 노는 수련회이다. (한 교회의 예를 주십니다! 하라. 교회들의 수련회에 대한 '주'의 염려이시다! 하라) 탈북자 강사 초청 문제 이미 알린 상태이다. 교회의 특색, 돼지 모습으로 보인 자(라오디게아 교회). 회개가 필요한 자들이다. 결핍이 되어 있는 자들이다. 사역자 위주로 하는 교회, 이는 누리는 교회이니 자신들 위해 사역한다. 이를 전해야 한다. 나 없는 수련회이다. 데리고 노는 자이니 '학교 운동회' 개념, 형식이다. 누가 내게 부르짖어 갈꼬? 너이다. 사 6:8 내가 누구를 보내며 누가 우리를 위하여 갈꼬 하시니 그 때에 내가 이르되 내가 여기 있나이다 나를 보내소서 하였더니.

회개시켜야 한다. 교회에 대고 선포하라. 모세, 여호수아처럼. **바퀴 굴러가는 교회가 되려 한다(추가 글 2020. 2. 20. 주일)**. 재정 교회이다. 재정으로 운영되는 교회이다.

2020. 2. 20. 주일. 추가 글입니다.

바퀴 굴러가는 교회가 되려 한다: 이는 무엇인가? 하라. 이는 꿈으로 보인바 있는 2010년경 '가나안 큰 포도송이 열매'에 관한 것이다. 많은 분야를 알린 당시이니, 이는 한 영역 교회에 관함이다! 하라. 대형 교회가 "나의 근심 되었다" 하라. 양적 성장하면서 재정이 넘치는 상황이다. "기업처럼 되었다!" 이를 알린 나이다. 이는 대형화된 교회의 "기업화이다" 하지 않으랴? 이러하므로 마치 자동차가 바퀴 굴러가듯이 가는 것이니 바퀴는 재정에 해당한다. 이를 알리지 않으랴? 돈으로 일하는 교회이다. 나를 찾기보다 돈이 돈을 소개하듯(잇게 하듯, 관계하듯), 돈으로 일 처리하는 방식이다. 돈 예산, 돈 지출 아니랴? 그래도 많다. 이는 '수'이니 헌금이 차고 넘친다! 하라. 땅 사고, 집 사고, 무엇 짓고, 어디에 얼마, 또 누구에 얼마? 하며 쓰고 쓰면서 "나이다" 하는 자들이니 '나=돈'이 되지 않으랴? "돈 있어야 교회이다" 하는! 이러하므로 세상 사람들이 웅성웅성하지 않으랴? 수군거리는 그들이었다 하라.

현재도(코로나 시기) 그러하다! 하라. "아직은 재정이 그래도…" 하며 든든히 여기지 않으랴? 부자 하나님을 전하랴? 기업 하나님을 전하랴? '사업화' 하는 교회이다 하랴? 많은 기업의 회장님 같은 목사들이다! 하지 않더냐? 부를 축적, 사용하며 "나는 부자이다" 하나 실상은 어떠하랴? 계 3:17 네가 말하기를 나는 부자라 부요하여 부족한 것이 없다 하나 네 곤고한 것과 가련한 것과 가난한 것과 눈 먼 것과 벌거벗은 것을 알지 못하는도다 18 내가 너를 권하노니 내게서 불로 연단한 금을 사서 부요하게 하고 흰 옷을 사서 입어 벌거벗은 수치를 보이지 않게 하고 안약을 사서 눈에 발라 보게 하라 19 무릇 내가 사랑하는 자를 책망하여 징계하노니 그러므로 네가 열심을 내라 회개하라. 이는 한국사와 세계사이니 온 세계 '코로나 팬데믹'을 통한 연단(책망, 징계)이다! 하라. 또한 한국의 상황은 2017년부터 문 정권(부정 당선자 아니랴?)을 일시 허락하는 나이다! 하라. 이미 알린 자이다. 당시 2010년에 이를 알릴 때 나의 참음(너희에 대한 숙고니라)은 가난한 교회의 개척자들로 인함이니, 이는 개척 교회가 어려운 환경(성도 '수'로 인한 재정 문제이니 임대료와 식사 해결조차 쉽지 않다! 하지 않더냐?)으로 인하여 기도할 수밖에 없으니, 나의 마음 중심으로 다가오기도 하며 부르짖어 기도의 지경을 넓히니 어려운 자, 나라 문제 등 기도하지 않으랴? 물질이 없으면 제대로 먹지도 못할 뿐더러 힘도 없으니 누구와 교제하랴? 이동하는 교통비 감당되랴? 이를 해 본 너이다. 시간 많은 자가 되어 성경 읽고, 연구하고, 찬양하고 기도하는 자가 되지 않으랴? 이는 나를 의지해야 하는 상황이 되므로 이로 인해(이러한 상황에서 기도한 자들이다) '한국 징계' 유보를 둔 당시이다. 이를 네게 알리지 않더냐?

부모의 매에 자녀가 무엇 때문인지 알아야 하지 않으랴? 알지 못하고 맞음은 무슨 소용이랴? 때리는 자에게는 목적(뜻, 의도)이 있으니 "이것을 알라" 이를 위함이 아니랴? 맞기만 하고 알지는 못했다 하는 자녀라면 어찌할 것인가? 이를 생각해 보라. 거짓말하는 자녀가 있다! 하자, 게으른 자녀가 있다! 하자, 게임에 빠진 자녀가 있다! 하자, 낭비하는 자녀가 있다! 하자, 투정하는 자녀가 있다! 하자, 다투는 자녀가 있다! 하자, 이 모두를 보라. 부모는 그때그때 따라 "이것을 꾸짖어야겠다!" 하지 않겠느냐? 진실해졌구나, 부지런해졌구나, 게임을 하지 않는구나, 낭비하지 않는구나, 투정하지 않는구나, 다투지 않는구나! 이러한 모습을 보며 흐뭇해하지 않으랴? 맞고 맞아도 맞을 때뿐이니 부모가 살펴볼 때 "여전하다" 하면 어찌하겠느냐? 너희라면 어찌하려느냐! 이는 부모 권위의 실추이다. 부모의 낙심(절망)이 되지 않으랴? "이를 어찌할까?" 고심, 고심하며 다른 대책을 궁리하지 않으랴?

이는 근심, 한탄이다. 노아의 때 이러한 '나의 아픔'이 있었다! 하라. 창 6:6 땅 위에 사람 지으셨음을 한탄하사 마음에 근심하시고. 마 24:37 노아의 때와 같이 인자의 임함도 그러하리라. 38 홍수 전에 노아가 방주에 들어가던 날까지 사람들이 먹고 마시고 장가들고 시집가고 있으면서 39 홍수가 나서 그들을 멸하기까지 깨닫지 못하였으니…. 이를 두라. 깨닫지 못하면 홀연히 멸망이 오지 않으랴? 징계로 흔든다. 왜이겠느냐? "반응 보이라" 하는 것 아니랴? 내가 때리는데 누가 맞지 않으랴? 맞는 것보다 "왜 맞는지 알라" 이것이 나를 대하는 자세이다. 대우이니라. 경외니라. 사랑이니라. 여호와를 인정하는 것이 아니냐? 알고 맞는 자가 나은 것이다. 모르고 맞는 자에게 매가 반복이 될 뿐더러 멸망 예고 또한 있지 않으랴? 두 자녀가 있다! 하자. 부모의 반응에 민감한 자의 예이다. 부모를 주시한다. 살핀다. 이는 습관이며 그의 자세이다. 부모의 위상을 인정하고 어찌 반응할까? 하는 자이니 "뜻이 무엇인가? 무엇이 지시, 요구되랴?" 함이 아니겠느냐? 이러한 자녀가 맞는다 하자. "무엇이지? 왜? 도대체 무엇 때문이야?" 하며 매보다 부모에게 집중하여 알아내려는 애씀이 있지 않으랴? 이를 원하는 나이다 하라. 다른 한 예를 보자. 부모에게 무심, 무관심, 무딘 자녀가 있다! 하자. 맞을 때 참고 참으며 잘 견디기도 하고 매가 언제 끝나나? 하며 기다린다! 하자. 이를 두고 어떠하다 하랴? 너희 보기에는 어떠하랴? 너희 자녀 중에 이러하다 하자. 누가 더 부모를 사랑하는 자이더냐? 사랑은 먼저, 권위를 아는 것이다. 다음은 뜻을 아는 것이다. 그다음은 뜻대로 되었는가? 살피는 자이다. 이 셋이다. 마 6:9 …하늘에 계신 우리 아버지여 10 나라이 임하시오며 뜻이 하늘에서 이루어진 것 같이 땅에서도 이루어지이다. 주기도문 하지 않더냐?

나의 입장에 두랴? 너희 입장에 두랴? 이 차이니라. 이는 교회를 오랫동안 보아온 나이니 '누가 어떠하다' 아는 나이다 하라. 하나님 중심적, 나(너희) 중심적 이 차이니라. 이를 알라. "하나님을 위해서 했는데…" 하랴? 실상은 '너희를 위해서'이다. 많은 수가 그러하다. 이는 미혹, 배도의 때이다. 시험하는 시기이다 하라. 맞지 않아도 살피는 자 이를 원한다! 하라. 이러한 자는 지혜가 있다! 하리라. 지혜를 나타내라. 마 25:3 슬기 있는 자들은 그릇에 기름을 담아 등과 함께 가져갔더니 마 7:24 그러므로 누구든지 나의 이 말을 듣고 행하는 자는 그 집을 반석 위에 지은 지혜로운 사람 같으리니. 숙제(리포트) 해오지 않은 학생에게 스승이 꾸짖었다 하자. 핵심은 숙제(리포트)이니 "이것 때문이다. 성실히 잘해야겠다. 명심하자" 하지 않으랴? "무엇 때문이지? 왜 그래? 에이! 기분 나빠" 이러한 생각과 마음을 가진 자가 있을 때 이를 '미련하다' 하지 않으랴? '어리석다' 하지 않으랴? 이를 두라.

인생의 숙제이다. 이는 너희와 나와의 관계이니 이 관계 안에서 해야 하는 것이 무엇이랴? 이를 살피라. 이는 지혜니라. 기름이다. 기름 그릇이니 끝까지(천국 입성까지) 가야 하지 않으랴? 교회를 왜 하느냐? 이 때문이다. 신학을 왜, 목회자가 왜 되었느냐? 주를 왜 믿는가? 다 이 때문이라 하라. 나의 뜻대로 살다가 천국까지! 이는 숙제이다. 너희 삶의 캐치프레이즈(표어, 구호, 이정표)이다. "되었느냐? 되었다" 하라. 닫으라. 이상이다.

3. 나에 대한 갈망을 구해야 한다

'예배드리는 교회에 대한'이다. 코로나 때 '예배 지속' 등이다. (질문을 드립니다) "어떻게? 기뻐하지 않으셨나요? 지금도요?" 여하튼 나의 교회이다. 내가 머리 되는 교회가 아니다(그리스도 중심 교회가 아니! 라는 뜻). 나의 주변에 있는 자는 둘레 길에 해당하는 교회이다(골프장을 둘러싼, 골프장 주위, 둘레의 길처럼). 주변 배회자들이라 본다. 둘레가 아닌 그 중심 메인 자리일 때 주는 나의 은혜이다. 이는 아들들과 너이다. 네 모습이다. 함께 있었던 자, 두 아들이다. 이는 개척 예배처이다. (다시 질문을 드립니다) "제가 언제, 무엇을, 어떻게 해야 하나요?" 밭 가는 교회이다. 아들이 새로 투입될 것이다. 아들은 사역하는 교회를 나오는 자이다. 교회에서 지친 자임을 내가 안다. 나 중심적 교회로 '돌아서는 자들'이 필요한 때이다.

4. ㅇㅇ 교회에 대해서 보자

그 목사는 행사이다. 행사로 보면 된다. …생략… 성령 역사가 아니다. 성령의 뜻이 아니다. 목사는 힘을 가진 자이다. 그의 아래는 시키면 해야 하는 자들이다. 마치 계열 회사의 조직같이 그러하다. 하부로 주는 자이다. 이는 지시, 전달 내용이다. 너라면 어떠하겠느냐? '교회 체제에 관한' 주님께 물을 것이다. 나의 뜻을 구할 것이다. 너는 너이다. 그는 그이다. "무슨 뜻이에요?" 너는 너대로, 그는 그대로 한다는 뜻이다. 이는 '내게 오기 위한 것'이니 이전에 네게 준 '이단 설명' 예와 같은 것이다. 이는 모두 다이다. 과정일 뿐이다. 너는 새옹지마, 인생무상을 느끼는 자이다.

2022. 12. 29. 목요일. 추가 글입니다.

신학교를 다닐 때 "개척하라" 하시니 한 자이다. 집에서 기도한다 하나, 습관이 다시 교회의 새벽 예배를 찾게 된 자이다. 이는 교회 문화의 기도 분위기이니, 마땅한 새벽 예배 기도처를 찾은 당시이다. 여러 교회의 예배 상황, 형태를 알고 놀랍기도 하고 걱정이 된 자이다! 하라. 새벽 예배가 없는 문 닫은 교회이거나, 기도가 약하여 매우 빨리 마치기도 하며, 기도하는 자를 기다려 교회 출입문까지 닫기도 하고, 영도 맞지 않거나 등이다. 설상가상 예배가 이상하게 느낀 교회가 있으니, 이때에 산을 보이시며 설명하신 주시다! 하라. 산 정상을 향해 오르듯 모두가 나를 만나기 위해 오르는 긴 과정임을 알리신 주시다! 사람은 "이단인가?" 하며 발끈하나, 주께서는 비교적 덤덤히 용납하시고 다 아시기에 논란 여지보다는 기다려주시는 관용이셨다! 하라. 이단도 회개를 기다리시는 의미이다. 주의 이러한 모습에 더욱 놀란 그 당시이다. 이를 "전하라" 주시는 말씀이다! 하라. 되었다. 닫으라.

5. 어느 여 목회자에 대해서

그는 기도하는 자이다. 내 종이다. 강사로 초대된 자이다. 교회의 어려움을 그는 안다. 느끼는 자이다. 더 알게 될 것이다. 메마른 땅 교회의 모습이다. '부흥이 필요한 때' 이는 교회의 모습이다. 그 교회의 담임 목사는 갈급한 시기이다. 이를 주는 자, 너이다. 알기 때문이다.

6. 먹보다도 더 검은 죄로 물든 이 마음

　(찬양을 주십니다! 하라) '먹보다도 더 검은 죄로 물든 이 마음 흰 눈보다 더 희게 깨끗하게 하셨네 주의 보혈 흐르는데 믿고 뛰어 나아가 <u>주의 은혜 내가 입어 깨끗하게 되었네</u>'—[2023. 2. 22. 수요일. 추가 글입니다. 이 찬양은 왜인가? 그곳, 첫 교회에서 죄를 깨닫는 기도와 함께 성령이 임한 자이다. 그리고 "나를 위해 살기 시작했다" 하라. 나의 길을 준비한 나이다. 교회의 목사가 아닌, 교회의 외형이 아닌, 오직 생명이신 주시다. 너를 모태에서 택정한 대로 이끌어 점차 '시대의 사명'임을 알도록 해주었다. 이는 부르심이다. 인생 채찍으로 교훈한 그곳의 나이다. 주시다! 하라. 참이신 목자는 오직 하나이다. 이를 알기 위해서 전적 의지로 나를 만나 이르도록 하는 나, 주시다! 하라. 이를 알리는 자, 이는 시대 사명이다. 나의 안에, 두 손(2020. 5. 17. 주일)에 보인 대로 '하나님의 일'을 알리니 이는 종말이다. 더 세세히 주시는 시기이다. 되었다. 닫으라—<u>너는 12년 신앙생활을 한 첫 교회를 나온 자이다. 내가 너를 개척 예배지 그곳에 숨겼다. 그리고 보냈다. 그곳에 세웠다. 이는 성령이 일하시는 어느 교회이다. 기도 자리이다. 그리고 나를 만났다. 나는 '나에게서 시작, 나로 마치는 것'이 택한 자이다, 교회이다, 세운 자들이다. 너는 전도자! 복음 전도자이다. 바울처럼 세워질 것이다. 교회들을 위한 너이다.

7. "전세 대란이 온다는 데 어떻게 해야 하는 것인지요?"

　(사회적 상황을 질문하게 하십니다) 너는 '전통적' 이를 따르는 자이다. 나를

따르는 자이다. '대란', '신속' 이러한 용어를 듣는 자이다. 이는 세상 흐름이다. 세상 추세이다. 두 물이 있다. 물도 흐르고 하수도 흐른다. 하수는 세상 흐름이다. 흘러가는 것이다. 더 이상 묻지 마라!

8. "아들과의 관계 질문드려요"

너는 정의를 위해 싸우는 자이다. 공의 포함. 투사이다. 영적 투사! 에베소서의 '전신 갑주' 보아라. 엡 6:13 그러므로 하나님의 전신 갑주를 취하라 이는 악한 날에 너희가 능히 대적하고 모든 일을 행한 후에 서기 위함이라. '복음의 예비' 된 신을 신은 자이다. 큰아들 마찬가지. 작은아들은 더 익어질 것이다. 커질 것이다. 강해질 것이다. "오늘은 어떻게? 개척 예배처로 가야 하나요?" 수습된 상태이다. 정예 요원이다. …생략… 아들들은 네가 군림자 스타일로 보여질 것이다. 내가 너를 통치한다. 누구나 내게 들으면 한다. 내 말을 아는 자는 내 뜻에 따른다. 너도 마찬가지이다. 너는 현재 탈진 자이다. …생략…

2023. 2. 22. 수요일. 추가 글입니다.

지금은 훈련 중이다! 하라. 작은아들은 개척 예배지에서 아픔을 가진 자이다. 심한 고생 자리, 이 때문이다. 타지의 교회를 선택하여 경험을 두는 기간이다. 사역이 무엇인지 알아가는 자이다. 주의 계획은 가족 세 사람의 연합이다. 이는 2020년 영서가 시작되면서 알리신 부르심이다. 특별한 분야, 일을 맡기신 주시다. 먼저, 자신에게 확증되는 시간과 두 아들도 이어 이러한 시기이다. 2022년 출간 예정과 작은아들의 교회 사임과 합류해야 하는 이러한 계획도 미루어진 상황이다! 하라. 책 출간뿐 아닌 동시다발 또는 순차적으로 연이어 풀어지고 진행할 일들이 모두가 그러하다. "넘을 산이 크다!" 하신 주시다! 하라. 이에 오르고 내리기도 하고 막힘이 있다! 하라. 크신 주의 계획 앞에 방해 세력이 얼마나 거대한지 이를 보이신 주시다! 하라. 이러하기에 이에 대해 상세히 알리신 싸움 기간이다! 하라. 아들에 대해 너는 아픈 마음이 큰 자이다. 주의 계획, 주의 사랑을 알기 때문이다. 그리고 주의 뜻대로 되기를 원하나, 주위 사람의 뜻으로 인해 막힘과 지체가 있으니 이를 주께 호소하는 자이다! 하라. 자신이 맡은 선교 일은 성령으로 알 수 있는 사역이다! 하라. 영을 영으로 알 수 있지 않으랴? 고전 2:13 우리가 이것을 말하거니와 사람의 지혜가 가르친 말로 아니하고 오직 성령께서 가르치신 것으로 하니 영적인 일은 영적인 것으로 분별하느니라. 그러함에도 제지, 제한이 있음은 왜인가? 하라. 어린아이는 알지 못하기에 배우려 한다(이는 흡수력이다). 이는 자신을 "안다" 하는 자들에게 일어나는 일이니, 성령을 거부하는 것이다! 하라. 알지 못할 때 일어나는 일이다. 이를 비일비재 겪는 자이다.

주의 맡기심이 무엇인가? 이러한 속에서 일하는 자이다. 너는 주께 배워서 전달하는 자이다. 자신 일이 아닌 자신이 준비함도 아닌 그릇만 되어주는 역할이다. 주인이 무엇을 그릇에 담아 내 보일런지는 자신이 아닌 주의 하실 일이다! 하라. 이러한 전달하는 자 앞에 무례한 자가 많다! 하라. 이러한 일로 지체되는 주의 손해이다! 하라. 자신이 담은 것을 비워내기도 하고, 일부 바꾸기도 하고, 더 많이 그릇에 담기 위해 그릇 교체도 있다! 하라. 도리어 '아니, 아니' 하며 도리질로 폄하, 비난, 압제자들이 있으니 이를 성도가 하느냐? 목사가 하느냐? 하라. 문을 막는 그들이다. 그들이 주인 행세하는 '나의 집'에서 그러하다. 이는 굳은 마음, 높아진 마음이다! 하라. 전달하는 상대가 누구이든지, 어떠하든지 주시다! 하면 받아야 함에도 "나는 목사인데!" 하며 우쭐대기도, 비아냥거리기도, 입축하기도 그리고 덮어씌우기를 하는 자가 있으니 자신 것이 "옳다!" 하며 성령이신 주를 가르치고 싶어 하는 높아진 마음을 가진 자들이다! 하라. 고후 10:4 우리의 무기는 육신에 속한 것이 아니요 오직 어떤 견고한 진도 무너뜨리는 하나님의 능력이라 모든 이론을 무너뜨리며 5 하나님 아는 것을 대적하여 높아진 것을 다 무너뜨리고 모든 생각을 사로잡아 그리스도에게 복종하게 하니. 이에 쇄신 교회, 쇄신 한국이다! 하는 주시다! 이르라, 전하라. 되었다. 닫으라.

9. 너는 나의 화수분이다

(환상이 보입니다! 하라) 화분에 심겨진 식물이 있는데 마치 분수와 같다! 하라. 밖을 향해 뻗은 가늘고 긴 잎들은 마치 물을 내뿜는 분수의 물줄기 같은 상태이다. 너는 주위에 물을 주는 자이다. 내 것을 뿌리는 자이니 나누는 자, 이동 샘이다(이동 화장실처럼). 세워지는 것! 이는 내가 이동시킬 때, 가라 명할 때이다. 흩을 것이다. 일할 것이다. …생략…

10. 숙제이다

(아들들 식사 준비 중 주신 말씀입니다) 한 사역자가 "주가 맡기신 숙제이다" 하며 그가 주의 일을 맡은 어떤 것에 대해 전하듯이 너도 그러한 숙제 시기이다. 밝히는 일들이니 이를 싫어하는 자가 있다! 하라. 누구랴? 이는 **공산화 관련이다. 그들은 다 할 수 있다(추가 글 2022. 2. 20. 주일)**. 위치 추적, 교통사고, 죽이는 것 등등이다. 섞으심이다. 미혹(시험하심)하는 자들이다.

2022. 2. 20. 주일. 추가 주신 내용입니다.

공산화 관련이다. 그들은 다 할 수 있다: 그들은 누구인가? 왜인가? 보자. 악인의 권세를 지칭한다. 합당치 않을 때(자기편 일) 처리한다는 뜻이다. 이는 미혹하는 자들이라 하라. 목적이 있다는 뜻이다. 악한 계획이 있는 자, 이를 꾀하기 위하여 접근 방식을 둔다. 이용한다, 사용한다, 나눈다, 종류별(유형별 두는 자) 가진 자들이다. 악의 도모자이다. 나를 방해함이 아니더냐? 연막전(연막술) 펼치는 그들이다! 하라. 속이다, 감추다, 뒤 거래한다, 가린다. (망 두는 자, 이는 등을 보이고 일하는 자이다. 내부를 보이지 않으려 보이는 곳을 막는 자이다) 암호 사용한다. 은어도 그러하다. 속임 언어(가장 언어)가 있다.

끝까지 감추려 하나 때가 되면 하나, 둘씩 밝히는 나이다! 하라.

오랜 감춤이라 하더라도 나는 다 알지 않으랴? 사람은 때로 속여도 나는 속이지 못하며, 속일 수 없음은 하나님이시라 하라. 만물이 벌거벗은 것 같이 드러나지 않으랴? 히 4:13 지으신 것이 하나도 그 앞에 나타나지 않음이 없고 우리의 결산을 받으실 이의 눈앞에 만물이 벌거벗은 것 같이 드러나느니라. 일거수일투족 알리지 않아도 모르랴? 하라. 낱낱이, 샅샅이 파헤치지 않으랴? 무엇이든 드러나지 않으랴? 밝히고 밝힌다! 하라. 요일 1:5 …곧 하나님은 빛이시라 그에게는 어둠이 조금도 없으시다는 것이니라. 6 만일 우리가 하나님과 사귐이 있다 하고 어둠에 행하면 거짓말을 하고 진리를 행하지 아니함이거니와. 거짓이 밝혀지지 않으랴? 하라. 어둠(정체, 실체, 감춘 것, 속이는 것)이 드러나지 않으랴? 목적을 가장한 자들(아닌 척, 안 하는 척, 딴청 하는, 능청 떠는, 섞는, 뒤죽박죽 두는) 그들은 그러하다. 사실대로 알리고, 말하고, 어떠하다, 해야 하지 않으랴? 유인책도 그러하다. 덮어 두고 없는 척하며 아무 일도 아닌 듯, 하는 자! 얄미운, 미운, 속된, 가증스런, 유치한 자니 속셈 두나, 꼼수 부리나, 수작 부리나 속지 아니하시는 주 하나님이시다! 하라.

사람에게 하듯 나에게 하랴? 하는 나이다 하라. 도망갈 계획하고 속이고 앞문으로 들어가 뒤로 도망치는 자들이다! 하라. 이는 좌파 정부이다. 아닌 척해야 문을 열어 주지 않으랴? 이미 문 열고 맞이하여 속은 상태이나 뒷문, 샛길(북한, 중국 도망길)에는 이르지 못한(작전 수행자 그들이다) 상태이다 하라. 범죄 현장 만든 한국이다. 생포하랴? 가스총 사용하랴? 어찌 제압하며 구속하랴? 투옥시기랴? 도망하게 두랴? 또는 자수하랴? (자신 범죄 드러내고 시인하는 자이다) 타국에 공격받으면 다 같이 '해'도 당하지 않으랴? 이는 북한, 중국 그 외 등등이다.

대선 위한 그들(문 정부-차기 준비한 자들이다)이니 초토화(다음 대선 당선자 할 일) 현장 만들려 하지 않으랴? 북한, 중국은 공격자이다. 전쟁 좋아하는 자들이다. 피 흘림에 익숙한 자이다. 죽이기에 익숙한 무기 같은 자들이라 하라. 겔 21:31 …너를 짐승 같은 자 곧 멸하기에 익숙한 자의 손에 넘기리로다. 무기(역할)가 가해(위해-이는 공격성 상징이다) 하려 하지 않으랴? 이는 성분, 습성, 속성, 재질, 품질, 체질같이 마치 그러하다. 자체의 의미이다! 하는 뜻이다. 그러나 "회개하라" 하시는 주시라. 모두 내 앞에 엎드림이니 회개하거나 멸망 당하지 않으랴? 이를 두라. 닫으라. 경고성 발언 두는 주 여호와이시다! 하라. 누구든 그러하다. 좌파뿐이더냐? 악인에 해당하는 자 모두이다. 내가 여겨지는 자 "너는 그러하다" 하지 않으랴? 되었다! 하라. 이상이다.

2022. 1. 19. 수요일. 추가 글입니다.

시대 현상으로 나타나는 악함이라 하라. 목적이 의가 아닌 죄가 되어 이리저리 굴비 꿰듯 엮는 시대이다. 내 방식, 내 목적대로 사람 관계 두는 자들이다. 사 29:15 자기의 계획을 여호와께 깊이 숨기려 하는 자들은 화 있을진저 그들의 일을 어두운 데에서 행하며 이르기를 누가 우리를 보랴 누가 우리를 알랴 하니. 이 세상은 천국에서 지옥까지 다 있는 모형 된 곳이며 체험, 실습지가 아니냐? 천국 갈 자는 천국의 삶을 그 행위로 삼을지며, 지옥 갈 자는 지옥의 삶을 그 행위로 삼을지니라. 어떤 자에게는 "천국 이르는 길로 인도하소서" 하나, 어떤 자에게는 사망에 이르는 길로 헤매며 방황하고 다니다가 푹 꺼짐이니 질주한다! 하나, 보행한다! 하나, 어떠하다! 하여도, 어느 날 한순간 씽크홀 속으로 혹은 지진으로 사라지지 않으랴? 유념 두라. 악인은 이러하다. 저들은 어둠에 감춘 바 되나 "다 안다!" 하시는 주시라! 하라. 이는 수없이 주는 말이니 지구이더냐? 한반도이더냐? 어지럽게 하는 불법이더냐? 공산주의, 동성애, 기독교의 배도, 성령 폄하, 훼방자들 등등 모두에게 "다 안다! 전하거라" 하는 주시라. 부모를 보자. 꾸중한다! 하자. 모르기에 묻더냐? 이는 죄를 시인하여 표를 두기 위함이니 이는 죄이다. 잘못된, 그릇된, 거짓된, 미움 된 바를 끄집어내어 죄로 두기 위함이며 미워지게 함이니 그러하다. 나에게는 너희 모든 자도 그러하다.

성경의 무수한 죄가 드러남은 무엇이냐? 이러함 아니냐? 나와 너희 사이를 가르는, 나누는, 떼는 "이것을 꺼내 보자" 이러한 것이니 "치우자, 버리자, 던지자" 하기 위함이 아니겠느냐? 이로써 두는 것이니 묻지, 묻어두지 마라, 감추지 마라. 사람을 계략 아래 두는 자는 화 있을진저. 사람을 물건처럼 대하는, 함부로 하는, 스스로 주권자가 되어 이리저리, 좌우지하는 자에게는 그 자신도 쫓기리라. 타락, 부패한 이스라엘은 앗수르에게, 앗수르는 더 강한 바벨론에게, 바벨론은 바사와 메대에게, 이들은 그리스에게 다음 로마이며 최후는 주께서 다루심이니 감추듯 나오나, 다 드러난다! 하라. 마 10:26 그런즉 그들을 두려워하지 말라 감추인 것이 드러나지 않을 것이 없고 숨은 것이 알려지지 않을 것이 없나니. 이를 두라. 뽁뽁이 아니냐? 부풀려 있는 상태라도 손가락으로 누르면 푹푹 꺼지며 주저앉지 않으랴? 이러할 뿐이다. 무언가를 위해 팽창시킨다 해도 주의 손안에 힘없이 꺾일 생명, 인생 아니냐? 이는 모두가 그러하다. 이는 악을 숨기려 하는 자(세력)에게 이르는 말이니라. 이상이다. 되었다. 닫으라.

11. 헌금

헌금은 교회에서 사람이 받으려 한다.

2022. 2. 20. 주일. 추가로 주신 내용입니다.

헌금에 관하여 주시는 주이다! 하라. 헌금은 왜 하는가? 보아라. 교회의 운영비인가? 이는 사람을 위한 것이다. 나와의 관계는 무엇인가? 마음이다. 나를 위해 살 때, 부은 바 되시는 주의 영으로 말미암음이 아니냐? 하라. 이로 족하다. 되었느냐? 그러나 하나님 편에서 생각을 두라. 하나님은 영이시니 물질이 필요하겠느냐? 하라. 만물을 왜 주더냐? 사용하기 위함이다. 먹는 것, 보는 것 모두이다. 교회의 임대를 위해서 나를 사랑하는 마음에서 "헌금하고 싶은데!" 하지 않으랴? 이는 교회의 부족이니 "나의 사랑이 주님께 있으니 마음이 아프다! 하고 싶다" 하는 자가 나를 위한, 교회를 위한 것이 아니냐? 이는 원리이다. 사랑의 원리, 질서의 원리이니라. 아버지를 사랑해서 교회를 사랑하는 것이다. 이러하다! 하라. 무엇이 필요하다! 빚을 내자, 빌리자, 어찌하자 하랴? 가진 자가 아니니 무조건 수단, 방법 가리지 말고 하자! 하는 자가 있느냐? 하라. "내가 도무지…"

하리라. 이는 마음 없이 주위를 둘러보고 해결하려 함이다. 내게 물을 때, "이러이러해서 필요합니다" 할 때 "내가 보기에 어떠하다" 하며 가르치지 않으랴? 이는 사람 선, 사람끼리 해결해보리라 하는 자이니 내 앞에 구함이 낫지 않으랴? 행위가 되기에 그러하다. 또한 나 없이, 나 아닌 자구책 구함이 대부분이다.

헌금은 나를 위한 사랑이다. 나의 필요를 사랑과 함께 채우려 하는 자에게 허락하는 것이다. 금액을 목적 두거나, 방법을 너희끼리 하지 않는 것이 나를 위한 것이라 하라. 재정도, 시간도, 사람도, 이것저것 모든 것을 내 뜻대로 하기 위하여 정하지 않고 의견을 구하는 것이 사랑이며 믿음이 아니겠느냐? 사랑하는 자가 전하는 것과 사랑 없이 전하는 자의 것은 다르다. 사람이 정하여(헌금 요구자) "얼마이다" 하랴? 엘리사의 종 게하시 같지 않으랴? 그가 구한 것(요구, 달라 한 자이다)은 중요하지 않다. 왕하 5:20 하나님의 사람 엘리사의 사환 게하시가 스스로 이르되 내 주인이 이 아람 사람 나아만에게 면하여 주고 그가 가지고 온 것을 그의 손에서 받지 아니하였도다 여호와께서 살아 계심을 두고 맹세하노니 내가 그를 쫓아가서 무엇이든지 그에게서 받으리라 하고.

엘리사를 곧 하나님 위치로 보자. 하나님이 요구하지 않은 것이 문제이다. 그, 사환 게하시는 스스로 결정한 자이다. 받으려는 마음이 앞선 자 아니겠느냐? 무엇이든지 그에게 받으리이다! 하며 다음 구절을 두라. 왕하 5:21 나아만의 뒤를 쫓아가니… 22 …우리 주인께서 나를 보내시며 말씀하시기를 지금 선지자의 제자 중에 두 청년이 에브라임 산지에서부터 내게로 왔으니 청하건대 당신은 그들에게 은 한 달란트와 옷 두 벌을 주라 하시더이다. 이는 거짓되이 행하는 자이니, 거짓을 지어 "달라" 하는 자이다. "되었느냐? 되었다" 하라. 24 …게하시가 그 물건을 두 사환의 손에서 받아 집에 감추고 그들을 보내 가게 한 후 25 들어가 그가 그의 주인 앞에 서니 엘리사가 이르되 게하시야 네가 어디서 오느냐 하니 대답하되 당신의 종이 아무 데도 가지 아니하였나이다 하니라. 이에 다시 거짓말로 모면하려 한 자이더니 26 엘리사가 이르되 한 사람이 내려 수레에서 너를 내려 맞이할 때에 내 마음이 함께 가지 아니하였느냐? 지금이 어찌 은을 받으며 옷을 받으며 감람원이나 포도원이나 양이나 소나 남종이나 여종을 받을 때이냐. 결국 **나병**이 든 자이다. 27 그러므로 나아만의 나병이 네게 들어 네 자손에게 미쳐 영원토록 이르리라 하니 게하시가 그 앞에서 물러 나오매 나병이 발하여 눈같이 되었더라.

이는 하지 않을 헌금, 나아만 입장에서 전하는 글이 된 교훈이다. 이는 교회와 나 사이니 엘리사(하나님)는 원하지 않으나 게하시(교회 측)가 원하지 않으랴? 예배 길 오르내리는 자이니 이는 나아만 같은 경우이다. '중간, 사이'의 교회이니 이를 알리라. 성도의 문제(나아만 문둥병)가 그에게도 발생하지 않으랴? 이는 종을 종이 되게 하기 위함이며, 나아만 또한 유의하여 진정한, 준비된, 자원의 예물을 드려야 하는 것이다. 이미 엘리사가 하지 말라-왕하 5:16 이르되 내가 섬기는 여호와께서 살아 계심을 두고 맹세하노니 내가 그 앞에서 받지 아니하리라 하였더라 나아만이 받으라고 강권하되 그가 거절하니라-하였으니 이는 게하시 편(입장 그대로 받는) 된 자가 아니냐?

사마리아 여인에게 "물 좀 달라" 하신 주시다. 요 4:7 사마리아 여자 한 사람이 물을 길으러 왔으매 예수께서 물을 좀 달라 하시니. 밀밭 길을 열며 제자들에게 이삭을 자르게 하신 주시다. 막 2:23 안식일에 예수께서 밀밭 사이로 지나가실 새 그의 제자들이 길을 열며 이삭을 자르니. 무화과 나무에게 열매를 구한 주시다. 막 11:13 멀리서 잎사귀 있는 한 무화과나무를 보시고 혹 그 나무에 무엇이 있을까 하여 가셨더니 가서 보신즉 잎사귀 외에 아무것도 없더라…. **"매여 있는 나귀를 달라" 하신 주시다.** 막 11:2 이르시되 너희는 맞은편 마을로 가라 그리로 들어가면 곧 아직 아무도 타보지 않은 나귀 새끼가 매여 있는 것을 보리니 풀어 끌고 오라 3 만일 누가 너희에게 왜 이렇게 하느냐 묻거든 주가 쓰시겠다! 하라. **"유월절 먹을 객실을 내놓으라" 하신 주시다.** 막 14:13 예수께서 제자 중의 둘을 보내시며 이르시되 성내로 들어가라 그리하면 물 한 동이를 가지고 서는 사람을 만나리니 그를 따라가서 14 어디든지 그가 들어가는 그 집 주인에게 이르되 선생님의 말씀이 내가 내 제자들과 함께 유월절 음식을 먹을 나의 객실이 어디 있느냐 하시더라 하라 15 그리하면 자리를 펴고 준비한 큰 다락방을 보이리니 거기서 우리를 위하여 준비하라 하시니. **마태의 집에서 식사 대접을 받으신 주시다.** 마 9:10 예수께서 마태의 집에서 앉아 음식을 잡수실 때에…. **향유 옥합을 깨뜨리고 그 발 앞에, 그 머리 위에 허락하신 주시다.** 요 12:3 마리아는 지극히 비싼 향유 곧 순전한 나드 한 근을 가져다가 예수의 발에 붓고 자기 머리털로 그의 발을 닦으니 향유 냄새가 집에 가득하더라. **여자들의 소유를 받으신(섬김) 주시다.** 때에 따라 아니겠느냐? 눅 8:3 헤롯의 청지기 구사의 아내 요안나와 수산나와 다른 여러 여자가 함께하여 자기들의 소유로 그들을 섬기더라.

그러나 성전을 무너뜨리신(이방인 공격을 허락) 주시다. 이스라엘 나라 또한 포로, 전쟁이 모두는 왜이더냐? 이는 관계이다. 나와 너, 너희이다. 사랑하는 사이이므로 뜻을 알라, 살피라, 물으라, 지혜를 구하라, 이럴 때는 "어찌?" 저럴 때는 "어찌?"하며 의지, 의뢰자 되지 않으랴? 이는 나의 주권이므로 그러하다. '주인의 마음에 들게' 하기 위해 늘 문 앞의 종처럼 하지 않으랴? 묻지 않고 늘 하는 일(패턴, 양식)도 있으나 예를 들면 정해진 예배 시간, 성경 사용 등 틀이 있지 않으랴? 일상도 그러하다. 기도, 성경, 무엇, 어떤 등등하지 않으랴? 그러함에도 마음 중심을 늘 드리며 나와야 하거늘 알지 못하는 일, 애매모호한 일은 오죽하랴? 알지만 묻고 또 묻지 않으랴? 사랑은 반복이다, 확인이다. 혹 변경되었나? 최종(결정)까지 조심, 신중하지 않으랴? 하나님 중점, 하나님 방식의 훈련이 아니랴? 이는 전권을 주께 두는 자이다. 언제, 어디서나, 무엇이든 항상 그러한 자이다 하라. 이는 관계로써 필요한(복음을 위한, 하나님 영광을 위한) 무엇이든 그러하다. 사람, 시간, 물질, 재능 등등 아니랴? 이는 자세이다. 나를 어찌 대하는가? 살펴보시는 하나님이시다 전하거라. "되었느냐? 되었다" 하라. 닫으라. 이상이다.

하늘山
제17일. 니느웨 회개 기도 40-17 (2020. 8. 8. 토요일)

1. 책 쓰는 자이다

2022. 2. 20. 주일. 추가 주신 내용입니다.

솔로몬의 일천번제를 천 일씩 7회 한 자이다. 이는 기간이다. 열린 자이나(40일 니느웨 회개 기도를 뜻한다) '미진해진'이다. 시일이 걸리면서 지쳐가는 자이다. 노산처럼 된 자이다. 그럴지라도 해야 하는 일이다! 하며 '종횡무진'(지속 의미)하는 자이다. 이는 쉽지 않은 일이다. 받은 자이나 내용 심사자이다. 보는 자 누구나 그러하기에 스스로 살펴보며 넣고 빼는 자이다. 기계 일하듯 모든 일을 주께서 하시지 않는다! 하라. 어떤 일은 즉시에, 어떤 일은 여전히 남긴 채, 어떤 일은 몇 가지 생각이 들어오기도 하지 않으랴? 알아볼 일, 기다릴 일, 하면서 나갈 일, 멈출 일, 의논할 일, 부탁할 일, 거절할 일, 물리칠 일 등등 있지 않으랴? 성령이 척척 물건 만들듯, 수량 세듯 하랴? 사람의 모든 상황 속에서 일하시나, 이 모든 것을 배제시키고 전혀 다른 방식으로 제안하시는 성령이시지 않느냐? 습관도 사용하시나, 습관을 과감히 벗고 새로운 방식으로도 하시지 않으랴? 영서를 쓰게 하시니 받아서 모든 것을 하라는 대로 하면 되지 않으랴! 하려느냐?

성령은 다양한 방식도 있으나, 고수의 방식도 사용하시는 것이다. 기록으로 말씀하시기도, 꿈으로도, 환상으로도, 사람을 통해서도 등등 무궁무진하니 이에 대하여 왈가불가하지 않음이 낫지 않으랴? 이는 성령에 대한 훈련의 차이와 깊이도 그러하고 부르심 따라 사람의 차이도(다루시는, 개입하시는 방법, 체험시키시는 것, 믿음의 분량까지, 맡은 분야, 사명 따라 각 각일 수도 있다) 있으니 책 완성(발간까지) 거치는 과정이 쉽지 않음도 사실이다. 14차에 될 줄 안 자이다. 현재 15차 순순히 되리라 한 자이다. 원하는 시기가 있으나 미뤄지는 상황으로 지친 자이다. 주 또한 자리매김(영서자)

주시려 하는 자이다. 사람의 각고(뼈를 깎는 고통)도 필요하다. 사람의 훈련처럼(연마, 단련)-기술력, 상품 출시 등등-결과물에 찬사받는 일이 아니다. 이는 하나님과의 관계에서 발생 된 내용물이기에 외적 평가가 아닌 하나님 입장에서 봐야 하는 일이다. 해내기까지 도전하는 도전자이다. 이상이다. 닫으라.

2. 이전에 관하여

2022. 2. 20. 주일. 추가 주신 내용입니다.

이전지에 대한 절차를 알린! 이에 대해 수없이 많은 기록이 있는 자, 너이다. 이는 일과 장소로서 새로운 도전이다. "믿음은 모험이다" 하라. 받고 구하는 자, 이것은 확인이다. 이미 판 벌인 자리에서 다람쥐 쳇바퀴 돌듯 이는 체질화 된 상태에서 미래를 향한 눈으로 기도하는 자이다. 첫째, '종말' 책 출간의 무게감 더하기(+). 둘째, 장소 이전 문제 더하기(+). 셋째, 현재 상황 구름(구르기)이니, 이 셋 모두 다 짊어진 상황이다. 이전 방법도 다양성이 나오는 때이다. 이미 제시한 것, 다시 제시된 것, 이리 해보는 것도, 저리 해보는 것도! 하며 영서 기간에 다양한 제시가 있었다.

몇 가지 예이다. 1에서 10까지 격차가 있다! 하자. D형 어떤 자는 할만한 것을 선택하는 자가 있다. 이는 1의 현재에서 할 만한 다음의 2의 선택이다. C형인 어떤 자는 3까지는 해보자! 하는 자가 있다. B형 어떤 자는 4, 5, 6, 7 하며 더, 더, 고난도에 믿음을 두는 유형이 있다. A형의 10까지라도 할 수 있다 하는 자도 간혹 있다! 하라. 이는 믿음이 각각이다. A에서 D까지 '팀이다' 하자. 무엇을 결정하겠는가? A형(10까지라도 할 수 있다! 하는 자이다)은 D형(1에서 할만한 2를 선택하는 자이다)이 답답하다. 할만한 것만 선택하기 때문이다. D형은 A형이 감당이 안 된다. C형(3까지 해보자는 자이다)에서 B형(4, 5, 6, 7로 계속 도전하는 자이다)으로는 가능성을 타진할 수 있다. B에서는 A의 결정이 비교적 쉽다. 더, 더 하며 키우는, 도전자이다. 그러므로 A(10까지 할 수 있다 하는 자이다)를 선택하는 자이다. 이 모든 것을 감안 할 때 1)과 10)은 함께하지 않음이 낫다. 1)과 2)는 거기서 거기니, 불협화음 없이 도출해낼 수 있는 관계이다. 3)과 4)는 다소 어렵더라도 가능성 제안을 극대화하여 10까지는 아니더라도 최고치를 도출해볼 수 있다. 1)과 2)는 짝이 될 수 있다. 3)과 4)와 짝이 될 수 있다. 이상이다. 이를 두라. '이전 문제'이든, 무엇이든 주의 일을 하는 자들이 맞추는 과정에서 "믿음의 사용, 허용치를 얼마나 둘 수 있나?" 이는 살필 문제이다! 하라. 사람은 다르다. 무엇이 다른지, 얼마나 다른지 조화, 합력을 위해 조정, 화합 가능성이 얼마인지 알아야 함도 중요하다. 되었다. 닫으라. 이상이다.

2023. 7. 26. 수요일. 추가 글입니다.

어렵게 이동한 자이다! 하라. 현재 그러한 이전지이다. 3년 기간에 걸쳐 이루어 낸 자이다. 그럴지라도 이는 외형이다. 나올 수밖에 없는 상황이니 계약 만료 셋집이다! 하라. 꾸준히 조금씩 마음을 이동해 온 덕에 주가 말씀하신 지역으로 오게 된 자이다. 타협이라는 카드를 사용한 자이다. 이는 부득이한 상황이므로 가족이 모이기 위해 방편이 된 당시이다. 안착이다. 얼마간 그러한 거주지이다. 이는 몇 점인가? 하는 자이다. 주보시기에 온전한 성령의 지도하에 움직인 자가 아니니, 마음에 걸린 자이다. 두 아들의 사역지 교회를 사임하고, 이전지까지 진행하며 출간 과정의 긴 싸움(영적 전쟁) 함께 이러한 3년간 기간이다! 하라. 모인 자리에서 출간을 기다리는 시기이다! 하라. 출판사들 또한 우여곡절 겪으며 눈물의 골짜기 통행이다! 하라. 일반적, 보편적, 제도권이 아닌 부르심이라는 틀 안에 많은 스토리가 있으니 주께서 풀어내시는 글이라 할지라도 어찌 이루 다 말하랴? 하라. 어느 교단, 어느 신학교 출신, 누구 목사 교회, 무슨 파트 전도사이다. 또는 섬기고 있다! 하면 얼마나 간단하랴? 자신의 훈련 과정과 주의 나타나심과 부르심도 설명이 필요하니, 책으로 대신하여 함께 보이고 전하는 자이다! 하라. 이는 영서 기록 4년째 해이며 3주년을 보낸 자니 주의 행사를 간추린 셋은 사임, 이전, 출간이다! 하라. 되었다. 닫으라.

하늘山
제18일. 니느웨 회개 기도 40-18 (2020. 8. 9. 주일)

1. 내실 기하는 자이다

　(환상을 주십니다! 하라) 사람의 마음이 원으로 보이는 자이다. 틈이 없어야 하나 작은 구멍 몇이 뚫린 모습이다. 이 틈 사이로 아래 세상을 내려보는 모습이니 이는 유튜버 영상들을 보는 자이다. 그러므로 세상 구경하는 자임을 알리는, 깨닫는 시간이다. 이는 마음의 빈 곳, 틈이다! 하라. 메꾸어야 함을 느낀 자이다. 누구든지 그러하다. 컴퓨터 및 영상물 유의 시대이다. 왜냐하면 영을 지키기 위함이다. 사람에 따라 다 다르다! 하나 마음을 지키는 시대이다! 하라. "마음 관리하라" 하시는 메시지의 환상이다. 되었다. 닫으라. 다시 환상을 주십니다! 하라. 관 속의 물이 흐르는 모습이 보이는 자이다. 기도하는 자이다. 시대에 세워진 자이다. **우국 충정사 아는 자이다**(추가 글 2022. 1. 19. 수요일).

2022. 1. 19. 수요일. 추가 글입니다.

　우국 충정사 아는 자이다: 로댕에 대해 보자. 그의 작품 '생각하는 사람' 조각상이다. 이를 두라. 생각은 어디서부터 오는가? 창 1:27 하나님이 자기 형상 곧 하나님의 형상대로 사람을 창조하시되…. 아담의 형상이 아니겠느냐? "창조주를 생각하다!" 이러한 모습이다. 창 2:16 여호와 하나님이 그 사람에게 명하여 이르시되 무어라 하셨는가? 이를 생각하지 않으랴? 그의 머릿속은 이러하리라. 동산 각종 나무의 열매는 네가 임의로 먹되 17 선악을 알게 하는 나무의 열매는 먹지 말라 네가 먹는 날에는 반드시 죽으리라. 이는 암기이다, 묵상이다. 로댕의 조각상을 보거든 이는 아담의 모습이니 이 말씀을 기억하여 "생각 중이다!" 해보아라. 이는 '사람의 생각' 모습이니 나를 생각지 않으랴? 마땅하도다. 나를 두어야 하리라. 이러한 사람이니,

다음은 무엇을 생각하랴? 이는 차례로 자신에게 일어난 일들이니 하나님과의 관계를 두고 장면이든 말씀이든 무엇이든 연관하여 통틀어 생각지 않으랴?

어느 것 하나 에덴동산에 있어서 생각지 않으랴? 만드신 바 하나님이시다. 위를 보아도 아래를 보아도 좌우도 그러하다. 다 하나님을 생각하게 하는 대상물이라. 이는 아담이나 너희나 그러하다. 이리 봐도 하나님, 저리 봐도 하나님뿐이라. 이는 믿음의 사람이니 영의 사람이 아니겠느냐? 너희의 세상이 이러하냐? 둘러봐도 온통, 온갖 것이 다 주 하나님뿐이라 하겠느냐? 세상이 그러하느냐? 너희가 서 있는 어느 곳이든 그러하랴? 자식을 보면 자식뿐, 아내를 보면 아내뿐, 동물을 보면 동물뿐, 음식을 보면 음식뿐 하는 자가 있느냐? 이는 죽은 아담이니 내가 그 생각, 마음 안에 없기에 그러한 … 아담의 실수는 이러한 '눈 돌리기 현상'이다. 마음에서 잊혀지는 하나님(주) 생각이니 '선악과 사건이 생긴' 이는 '눈 돌리기'이다. 발생한 문제가 한 둘이랴? 쌓이고 쌓인 지구 아니겠느냐? 나라도 이러함이라. 목회자들이 '눈 돌리어' … 사회, 국가 문제 모두이다.

애국은 왜 일어나느냐? 문제이다. 불꽃이 스파크 일어나듯 불쑥불쑥 나타남이니 위기가 아니겠느냐? '쓰레받기' 환상 보아라. 이는 2021. 8. 27. 금요일 환상이니 크고 작은 도심 건물 전체가(나라 전체 상황) 마치 쓰레기를 빗자루로 쓸어 담듯이 거의 전체가 담긴 상태이니 얼마나 위기랴? 하나님께 '미움이 된' 아니더냐? 이는 이 환상에 대해 기록해 둔 말씀이니 다시 보아라. 첫째, 정부 문제 가진! 문재인은 랍사게이다! 하지 않느냐? 사 36:1 히스기야 왕 십사 년에 앗수르 왕 산헤립이 올라와서…성을 쳐서 취하니라 2 …대군을 거느리고 히스기야 왕에게로 가게 하매… 4 랍사게가 그들에게 이르되 이제 히스기야에게 말하라 대왕 앗수르 왕이 이같이 말씀하시기를 네가 믿는 바 그 믿는 것이 무엇이냐. 둘째, 사회 지도자층 부패! 죽은 모습 본, 강물 속의 큰 물고기 떼 죽음이다. 셋째, 서울의 상징, 죄악성 심판의 물 '한강 수위'를 본 자이다. 서울의 타락 상태 모습이다. 넷째, 힘없는 연약한 민족, 남북 모두가 미국, 소련에 의해 살아온 '흙이 든 피티병 절반이 잘린 남북의 위기 모습이다. 쇠와 흙이 섞인 이는 다니엘서와 같다. 단 2:41 왕께서 그 발과 발가락이 얼마는 토기장이의 진흙이요 얼마는 쇠인 것을 보셨은즉…. 다섯째, '종말' 버튼을 누를(하나님의 마음이 다 다를) 남은 시간은 구원하는 때 '대피'이다. 1993년 가을, 임사 체험 통해 하늘길을 올라 하나님을 만난 자이다. 알게 하신 '지구 종말'의 상황이니 하나님의 마음이 버튼 위에 '손이 올려진' 상태이다 하라. 이는 우국충정사로 살 때이다! 하는 자라. 이러한 의미의 해석 두는 이유이다. "되었느냐? 되었다" 하라.

2. 주님은 머리이시다! 적어보자

환난 날에 나를 부르라. 내가 너를 건지리라. 렘 33:3 너는 내게 부르짖으라 내가 네게 응답하겠고 네가 알지 못하는 크고 비밀한 일을 네게 보이리라.

1) 성령 하나님이시다

성령 하나님은 누구신가? 천지창조의 주 하나님이시다. 창 1:1 태초에 하나님이 천지를 창조하시니라. 영으로 함께할 때 '성령'이라고 한다. 성령은 왜 오시는가? (책 원고 준비할 노트북 샀어야 하는 자이다. 알리신 성령이시다! 하라) 함께하시기 위해서이다. 왜 함께하셔야 하는가? 악을 이기기 위함이다. 그때 나를 높인다. 악에 져서는 나를 높일 수가 없다. 돌아온 자, 돌아선 자들만이(어느 편에 섰던 자였다. 마귀 진영, 이들은 마귀 소속대들이었다) 누구나 나를 높인다. 승리의 개가이기 때문이다. 져서는 안 된다. 반드시 승리한다. 이것이 너의 모토(motto 표준 양식 의미이다)! 표준, 지렛대, 받침이다.

2) 구속 주 하나님이시다

성경은 알게 해주신다. 안다, 알게 한다, 알 수 있다. 이것이 너 이다. 그렇게 해 왔다. 내가 여기서 그리고 또 전한다. 나는 말한다. "두려워하지 말라. 놀라지 말라. 나는 너의 하나님이다" 사 41:10 두려워하지 말라 내가 너와 함께함이라 놀라지 말라 나는 네 하나님이 됨이라 내가 너를 굳세게 하리라 참으로 너를 도와주리라 참으로 나의 의로운 오른손으로 너를 붙들리라. 네 책장 안의 책처럼 쓸 것이다. 그 책은 '예수의 나타나심'에 대한 책, 이는 영서이다 하라. 보지 않은 자, 내키지 않은 당시이다. 영서를 쓰기 시작하면서 떠오르게 함이니, 그 책은 한 여자에게 나타나신 주 예수라! 하라.

3) 역사적 하나님이시다.

창세기 배경부터 오늘날까지, 이후 재림의 요한계시록 22장까지 믿는 자이다. 성경의 구속사적 관점을 아는 자이다. 첫째, 창조주 하나님은 '우리'가 셋임을 아는 자, 너이다. 창 1:26 하나님이 이르시되 우리의 형상을 따라 우리의 모양대로 우리가 사람을 만들고…. 이렇게 표현했다. 아는 자이다. 뜻을 깨달은 자이다. 우리(셋)는 창조의 주역, 주체를 뜻한다. 피조물이 아니다 하는 해석자도 있다. 천사 등등 아닌 것을 너는 안다. 둘째, 예수 그리스도는 하나님의 아들, 독생자로 뜻하기도 한다. 셋째, 성령 하나님-내가 준 것이다. 나의 아들로(내가 지상 있을 때 전한 말이었다)-아버지께서 보내실 성령으로 표현했다. 전했다. 말했다. 이것을 아는 너이다. 요 16:7 그러나 내가 너희에게 실상을 말하노니 내가 떠나가지 아니하면 보혜사가 너희에게로 오시지 아니할 것이요 가면 내가 그를 너희에게로 보내리니.

3. 배후부터 보자

사단의 총책, 마귀이다. 이는 숨은 자, 지시자, 명령권자이다. 나의 '하수인'이다. 악에 해당하는 자이다. 선악과 예표, 이를 아는 너이다. 창 2:17 선악과를 알게 하는 나무의 열매는 먹지 말라 네가 먹는 날에는 반드시 죽으리라. 순종 여부, 이를 깨달은 너이다.

귀신들 영역 보자. 7 귀신. 첫째, 경제(총책)! 돈 다스리는 신, 모든 경제에 해당한다. 둘째, 성(sex)! 쾌감, 즐거움, 향락의 신(게임, 마약 모두 해당), 감각을 마비시키는 힘이 부여된 자들이다. 셋째, 정치(권세)! 높아짐, 다스림, 자기만족도 높이는 자들이니 자아(이기)를 위한 자들이다. 넷째, 오락! 신체 놀이 해당(스포츠, 마사지, 각종 예술 신체 사용), 신체 접촉 즉 신체를 도구로 사용하는 자들. 예를 들어 백마(경주마)가 달린다. 이기고 이기려고. 계 6:2 이에 내가 보니 흰 말이 있는데 그 탄 자가 활을 가졌고 면류관을 받고 나아가서 이기고 이는 승부욕 세계이다. 또 이기려고 하더라. 신체 만족도 높이려는 자들(성생활 또한). 오락, 성 등 추후 알린다. 다섯째, 교제의 신! 교감 즉 사람끼리 관계, 교제로 얻는 것을 탐식하는 자들, 교제 중독자, 사람의 우상이 되는 자들이다. 하부 조직, 수하인이다. 충성, 맹세, 계약(노예 제도 폐지. 이전 생활사 알아야). 계약은 충성이다. 충성! 혼전순결도 이에 해당한다(남자를 위한 여자의 준비가 아니다). 주를 위한 순결! 결혼 전후 남녀 모두 해당한다. 주를 위해 살 때 끊을 수 있다. 지킬 수 있다(결혼 전후 모두). 성 탐닉자가 많은! 한국 교회 목회자들이 많다. 목적 보라. 창 1:28 하나님이 그들에게 복을 주시며 하나님이 그들에게 이르시되 생육하고 번성하여 땅에 충만하라. 생육, 번성, 충만이 나의 목적이다. 단산을 계기로 끊을 수 있어야. 성이 도구로 되었다(사단 세계). 많은 사람이 시험(올무, 덫)에 걸렸다. …생략…

넌 나의 종이다. 명심하라. 넌 나의 종, 어제 신부 드레스 가슴의 보석들 보게 된 자 너, 너, 너이다. 넌 나의 종이다. 명심하라, 명심하라. 넌 나의 종이다─[**2022. 6. 7. 화요일. 추가 내용입니다.**] 이전 노트북에서 새 노트북으로 이동하여 글 정리하는 시간이다. '종말 2'를 위함이다 하라. 나의 말에 의한 준비이다. 종말 1부 시기, 출간작이 늦은 관계로(2022년 가을 예정) 서둘러 진행 위함이다. 청탁, 부탁하나 출판사 사정으로 그대로 하기로 하니 어쩔 수 없이, 부득이 이미 알릴! 고지, 전달자이므로 "주에 의한 제시로 한다!" 하라. 위의 글 나의 종! 이 말에 가슴 뭉클하여 눈물이 나려 하는 자이다. 이는 너이다. 나의 부름이 있기에 그러하다. "되었느냐? 되었다" 하라]

4. 마약 중독의 원인 보자(왜 그랬을까? 생각해보자)

1) 이것은 선악과이다

창 2:17 선악을 알게하는 나무의 열매는 먹지 말라 네가 먹는 날에는 반드시 죽으리라 하시니라. 말씀대로 "먹지 말라, 죽으리라" 규정한, 명령권자 하나님이시다. 먹어서는 안 되는 금령을 두는 이유를 알아야 한다. Test 시험이다. "날 인정하는가? 생각하는가?" 지킬 것을 주고, 듣는 관계의 훈련 시작이었다. 지켜야 주는 나이다. 나 몰래 먹는 자들이었다. '합의'하에 했다. 목적 범죄, 공동 범죄, 특수 범죄에 해당한다고 하라. 나 없는, 나를 제외한, 잊은 그들이었다. 훈련은 무용지물 되었다. 더 가르칠, 줄(주시는 하나님이시다), 알게 할 필요가 없어졌다. 그들은 시험(나락)에 떨어진 것이다. 웅덩이에 빠진 것이다. 첫 테스트였다. 그들은 졌다. 나를 이기려 했다. 이기고 이기려 뛰는 말(경쟁 의미)이다. 계 6:2 이에 내가 보니 흰말이 있는데 그 탄 자가 활을 가졌고 면류관을 받고 나아가서 이기고 또 이기려고 하더라. 나는 그들의 경쟁 상대가 아니다. 그들은 무릎 꿇어야 했다. 경배하는 자들이다. 나를 찾는 자, 듣는 자이다, 알아야 할 자, 배워야 할 자들이었다. 권위(창 1:28 …rule 다스리라) 위해! 'take care' 지키게 하시기(창 2:15) 위해 끊임없이 내게 나와야 하는 자들이었다.

2) must, surely, must not, realy였다

첫째, 'must'는 하나님께 대하여 지킬 것이다. **둘째,** 'surely' 창 2:17 …반드시 죽으리라(하나님 말씀). "…you surely will die." → 'not surely' 창 3:4 …결코 죽지 아니하리라(뱀의 말). "you will not surely die…." **셋째** 'must not' 창 2:17 선악을 알게 하는 나무의 열매는 먹지 말라(하나님 말씀)…. but you must not from tree of the knowledge of good end evil…. → 창 3:3 동산 중앙에 있는 나무의 열매는 하나님 말씀에 너희는 먹지도 말고, 만지지도 말라 너희가 죽을까 하노라 하시니라. (여자의 말)

"You must not eat fruit… and you must not touch it or you will die." 넷째 'realy'
창 3:1 …하나님이 참으로 너희에게 동산 모든 나무 열매를 먹지 말라 하시더냐(뱀의 말).
"Did God realy say, …You must not eat from any tree…." 나의 말을 무시한 자이다.
그는 동조했다. 하와에게. "줄까? 먹어!" 했던 그녀이다. 뱀은 "먹어도 괜찮아"
말한 자이다. 아담에게 준 그녀이다. 받은 그이다. 이것이 합의이다, 동조이다.
이어지는 관계, 엮어지는 관계. 뱀이 하와에게 하듯(배운 대로, 시킨 대로) 아담에게
했다. 뱀에게 통솔권을 넘겨준 것이다. 이것은 결정권에 해당한다. 그렇게 그는
넘어갔다. 뱀에게 이름 지어 준 그였다. 뱀의 특색을 아는 자(네 말대로 알게 된 너).
창 2:19 아담이 무엇이라고 부르나 보시려고 그것들을 그에게로 이끌어 가시니 아담이 각
생물을 일컫는 것이 곧 그의 이름이 되었더라.

2023. 3. 24. 금요일. 추가 글입니다.

마약 시대이다. "마약 사범 단속, 마약 퇴치!" 외친 자이다. 이는 한ㅇㅇ 법무부 장관이다!
하라. 선악과의 죄가–창 2:17 선악을 알게 하는 나무의 열매는 먹지 말라 네가 먹는 날에는
반드시 죽으리라 하시니라–마약까지 먹는 이 시대이다! 하라. 마약은 중독성이다. 음식을
제어하지 못할 때 마약까지 이를 수 있다! 하라. 먹을 것에 지는 문화이다! 하라. "죄악을
용서하소서!" (눈물의 기도 주시다! 하라. 네가 울 때 나는 운다! 하라. 내 눈물이 되어 우는
자이다. 지금 그러하다) "아버지의 근심이 된 죄악을 용서하소서!" (이는 이 땅의 마약에
대한 회개입니다! 하라) 음식의 훈련을 받지 않는 자들은 마약 음식을 먹으리라. 이는
중독화이다. 음식으로 무너지는 시대이다! 하라. 선악과나(금하신 주시다) 이 시대나 같다!
하라. 이 시대는 더 많은 음식이 펼쳐진 진수성찬, 산해진미, 먹방 시대이다. 어린아이부터
노년에 이르기까지 먹거리가 풍성하여 "벌고 먹자" 하는 시대이다! 하라. 너도나도
참여하는 음식 사업이니, 수단이 되기도 하며 악인도 소득을 위해서도 틈을 타, 엿보는
시대가 아니냐?—[호시탐탐 기회주의자가 되어 자산, 벌이를 위해 달려드는 자들이다.
치고 들어오는 그들이 아니냐? 불법 대상이나, 안하무인 격하는 그들이므로 마치 과속

운전자같이 질주하여 사고를 일으키고, 사람 다치게 하고, 죽게 하고, 도로도 막는(다른 차도 멈추게 하는) 불법 단속 사고 차량이다! 하라. 되었다. 닫으라]

이러므로, 노아 시대이니 "먹고 마시자" 하지 않느냐? 마약은 물에 타기도 하고(이는 마약을 아는 자이다. 원할 때 마시는 자이다. 또한 타인을 대상 삼는 범죄 사용시 그러하다) 마약이 음식으로 유입이 되는 시대이다. 이를 네게 미리 알리므로 다가오는 사회의 문제와 마약 범죄자들의 활동, 밀약도 있으므로 시대에 대한 주의, 위기, 경각을 주시지 않느냐? 아무 음식이나 먹지 않는 시대이다. 간식에도 섞고 재료(생산 제품에 첨가)에도 섞고, 어린아이까지 마약 중독이 되도록 상품화하여 속이는 유통 과정이다! 하라. 이는 이미 오래전에 네게 알린 마약 음식 출시이다. 서서히 중독시키는 그들이다! 하라. 마음이 들뜨는 자들, 사람 교제를 즐기는 자들, 자극성(음식 맛)을 좋아하는 등등 유의할 마약 사회이다! 하라. 음식의 위기가 오리라! 이 시대에 그러하다. 이는 마약 문제에 대해 들은 10년 전과 그 후 현재의 상태를 보고 있는 자이다. 뉴스만 보더라도 알 수 있는 심각성이 아니냐? 하라.

기아처럼 기근으로 굶어 죽음이 차라리 낫다! 하라. '부'가 인간을 망치는 것이다. 부모의 음식을 떠나는 자들에게 사회화 되어 가는 과정에서 걸리고 걸릴 덫(올무)이 많이 있으니 각종 문화이다! 하라. 폐쇄 시대이다. (이는 "사회에 대해 주의, 신중하라" 하는 의미이다! 하라) 다니엘처럼 '거룩한 영' 단 4:8 …그의 안에는 거룩한 신들이 영이 있는 자라…. 이는 '주'의 구별된 자, 특별한 부르심이 있으니 나의 나라에 들일 자이다. 그들은 구별되리라. 그(이전 대통령의 아들)의 아들을 불쌍히 여기는 자이다. 마약 범죄를 알린 자이다. 이외 등등 아니랴? 이는 자본주의 폐단이다. 공산 사회주의의 '독재, 감시, 무력'이 그러하듯 넘침! 이는 한강 수위를 네게 보인 나이니, 재력 문제, 지위 문제의 한국 사회이므로 이로써 대통령도 그러한 위치가 될 수 있는 지난 시기이다! 하라. 이 모두는 '넘치는 죄악' 한강 수위의 범람 위기를 뜻한다! 하라. 너 또한 어느 날 한 방송 영상을 본 자이다. 마약범들이 밀집된 미국의 한 도시 거리가 아니냐? 마치 영화에서나 볼 수 있는 '좀비' 같은 그들 모습이 아니랴? 우연히 눈에 띈 이 방송 영상을 보며 코로나 시신 장사 모습에 이어 다시

운 자가 아니냐? 믿기지 않는 인간 문화, 현대 사회, 지구 위기이다! 하라. 설마 한 자이다. 마약이 음식 문화에까지 이르렀다 함에도, 이를 알 때 걱정되고 놀랍기는 하나 크게 와닿지는 않은 자이다. 그 후 방송 보도를 이따금 접하면서 사회 위기가 느껴진 자이다. 최근의 마약 관련의 방송 보도는 더더욱 아니냐? 누군들 피하랴? 하라. 사단은 속임에 교묘하니, 사람이 하는 일이므로 어찌 다 알 수 있으랴? 외식이나 구입이나 성분을 일일이 다 알지 못하므로 하나님의 은혜 안에 있을 때가 아니랴? 고센 땅 말씀을 두라. 출 8:22 그 날에 나는 내 백성이 거주하는 고센 땅을 구별하여 그곳에서는 파리가 없게 하리니 이로 말미암아 이 땅에서 내가 여호와인 줄을 네가 알게 될 것이라. 지구의 출애굽기 10대 재앙 같은 시대이다.

지구 탈출기이므로 오직 어린 양이신 예수 그리스도! 그 생명으로 사는 자만이 견디고 이기는 시대이다. 주에 의한 자신을 두어 매인 채로 다니는, 사는 자가 되어야 피할 수 있는 재앙들이다! 하라. 너는 지구를 알리는 자이다. "착각하지 마라" 하라. 선한 목자인 척 성경 들고 나서면 목사요, 신학교 거쳐 안수받고, 예배 장소가 생기니, 사람이 모이니! 다 주의 교회이다! 하라. 서 있는 곳이 어디인지, 어떠한지 알지 못한 채, 또는 부분을 안다! 하여 안일하겠느냐? 하라. 전시 중에 편히 잘 자가 있으랴? 무엇인들 편하랴? 지구 문제, 나라 문제, 사회 문제, 교회 문제 알린다 해도 '자신 교회만!' 하는 자가 있으니 이는 노아의 때 같은 사람들이 한둘이랴? 하라. 마 24:37 노아의 때와 같이 인자의 임함도 이러하리라 38 홍수가 나서 그들을 다 멸하기까지 깨닫지 못하였으니 인자의 임함도 이와 같으리라. 오직 노아와 일곱 식구만 구원이 되어 시대의 경종이 되게 하시므로 이는 무슨 뜻인가? 하며 엎드릴 교회들이 아니더냐? 하라. 벧후 2:5 옛 세상을 용서하지 아니하시고 오직 의를 전파하는 노아와 그 일곱 식구를 보존하시고 경건하지 아니할 자들에게 본을 삼으셨으며. 이는 "마약에 대한 것이다" 하라. 되었다. 닫으라.

5. 하와에 대해서 보자

그녀는 누구인가? 아름다움이다. beautiful! 자비로운 merciful! 자애로운 그녀였다. 왜 먹었을까? 아담은 어디 있었을까? 시험의 때였다. 내가 허락한 시험이다. 나와의 '거리 테스트'였다. 그녀는 잊었다(forget). desert! 피폐한 상태, 나를 저버리는 자이다. 상충 관계였다. 상호작용했다. 왜 다스리지 못한 것일까? 나를 잊었다. 모든 상황 가운데 나를 생각해야만 했다. 주야로 묵상! 시 1:2 오직 여호와의 율법을 즐거워하여 그의 율법을 주야로 묵상하는도다. 지은 자와 지음을 받은 자와의 관계이다. 연결이다. 발생이다. 물처럼 흐르고 있어야 한다. 흐르지 않았다. 관(파이프) 속 또는 줄기 속에 물이 멈추었다, 잊었다, 끊겼다. 평소에도 하지 않았다는 것이다. 시험이 온 것이다. 이를 추정한 너였다(아담이 멀어졌을 것, 이 때문에 하와도). 맞다. 내가 준 것이다.

6. 아담에 대해서 보자

그는 그때 무엇을 했는가? 나는 그를 숨겼다. 그녀에게서. 그녀의 외로움은 뱀을 다가서게 했다. 아담의 상태를 아는 자 너이다, 추정한 자이다. 하나님 없는 공허, 혼돈, 흑암(흙의 속성을 아는 자 너였다) 상태와 창 1:2 땅이 혼돈하고 공허하며 흑암이 깊음 위에 있고…. 남편(지킴이, 먼저 된 자, 우선권 가진 사) 없는 상황에서 무방비로 넘어간 그녀였다. 둘만의 관계는 어떠했을까? 하나님에 대해서 뭐라 했을까? 칭송했을까? 경배했을까? 찬송했을까? 그들은 왜 그랬을까? 너는 내게 물을 것이다. 지금은 때가 아니다. 이후에 알리리라.

2022. 6. 7. 화요일. 추가 글입니다.

받아야 하는 자이다. 적어봐라. 내용이 충분한 자이다. 이미 그러하다. 수없이 읽은 자이다. 이는 창세기 1, 2장의 창조의 근원 하나님에 대해서, 창조물과의 관계에 대해서 아는 자이다. 송두리째 앗아간, 빼앗긴 이유는 무엇인가? 하나님 마음에서 살피려 한 자이다. 이를 주시하여 본 자이다. 마귀는 무엇인가? 왜 있는가? 어디서 발생했나? 여전히 질문에 둔 채 "여호와 보시기에 어떠한가?" 창 1:4 빛이 하나님이 보시기에…. 이는 제1일이다. 3일, 4일, 5일, 6일은 "심히 좋았더라" 하시니 "어떻게 하면, 하나님 마음에 들까?" 하며 하나님의 시각, 눈, 이는 마음이니 이를 구한 자 아니더냐? 이를 두라. 첫 교회에서 기도할 때 배운 자이다. 1992년 첫 교회의 예배 시작은 "하나님은 누구신가? 알고 싶다" 한 자이니, 20대에 신앙 고백한 간구의 기도대로 '우주의 신, 신들을 다스리시는 가장 높으신'으로 구한 자가 아니더냐? 그리고 "건져주세요!" 한 자이니 건지시는 하나님을 증언한! 요 1:19 유대인들이 예루살렘에서 제사장들과 레위인들을 요한에게 보내어 네가 누구냐 물을 때에 요한의 증언(밑줄 치라)이 이러하니라. '요한의 증언' 이와 같음이니 이는 "너를 보내신 하나님이시다" 하라. (찬양을 주십니다! 하라) '나를 지으신 이가 하나님…나를 보내신 이도 하나님'이시니 찬양 내용대로 "다루신 주시다" 하라. 이는 삶이니 "사역자이다" 하라. 마지막 때를 전하는 자이다. 계 2:8 …처음이요 마지막이요…. 하신 주시니 이를 전하라. "때에 일어나는 일의 나의 눈이 되라!" 하신 말씀이 임한 자이니 이는 "지구를 위한, 주를 위한, 자신을 위한 길이다" 일렀느니라. 에스겔 말씀이다! 하라. 겔 3:16-21절 에스겔의 소명이자 사명 선언문이다! 하라.

2019년 '주'의 노를 보이심이니(자신이 누구인지 알게 한 자, "이 땅을 위해 받은 것이 크다!" 이를 이른 주시다. "생명 잃지 않으려면 하라" 하신 주시다! 하라) 수개월을 두려움으로 근심 중에 다닌 자이다. 행여 "데려가실까?" 해서 아니냐? 재난이 왜 일어나느냐? 내 마음의 노(사명 감당하지 못할 때)에 따라 아니겠느냐? 이를 알림이니 나의 노가 큼은 이미 얻은, 받은, 많은 깊은 것들이다! 하라. 일하기 위해서 부추기기 위한! 이는 북돋음, 동기화이다. 그 뒤로 순응해보려 하는 자이나, 그럴지라도 네 주위에서 하나 둘씩 따르지 않기도, 듣지도, 믿지도, 실수 용납도 하지 못한 채 갈등 심화를 겪기도 한 자이다. 교회가 난관이 될 줄을 알기는 하나 심히 막아섬이니 그들 '기류'(공중 권세)와도 "긴 싸움 기간이다" 하라. 세상은 모르고 막으나, 교회는 아는 자가 있으련만 그렇지 못하다. 깊음을 얕음으로 보거나, 이상히 보거나 하는 그들이다. 사시 눈이 되면(겹침 현상이니 실체가 무엇인지 오락가락 자들이다! 하라) 올바로 보랴? 아는 만큼 건넨다 해도 썰렁함, 휑한 그들이니 찬바람 광야 아니랴? 알 때까지 이르신 주 여호와이시다. 영서는 다양한 비유로, 많은 상황을 주시는 하나님이시다! 하라. 건네보시는 자, 너의 반응 "어찌하나?" 보자, 이를 위함이다 하라.

눈에 넣을 만큼 사랑스러운 자들이다. 내 종은 그러하다. 나의 눈동자 되어 일함이니 그러하다. 슥 2:8 만군의 여호와께서 이같이 말씀하시되 영광을 위하여 나를 너희를 노략한 여러 나라로 보내셨나니 너희를 범하는 자는 그의 눈동자를 범하는 것이다. 시력은 다를 수 있다! 하라. 본다 하나 '시력 연구' 안에 있는 자들이다. 부르심이니 몸을 위한 나의 선택이다! 하라. 팔은 팔대로, 다리는 다리대로 일하나 눈과 무관하랴? 하라. "너는 무엇이냐?" 하는 자가 생길 수 있는 이 일 "영서이다" 하라. 보지 못해도 흔들면 팔이고, 동작하면 팔이 아니랴? 다리도 그러하다. 눈은 이러한 "무엇인가? 어떠한가?" 하며 움직임에 대한 관찰자이다 하라. 교회를 위한 나의 조치(돕기 위한)이다. 그러함에도 하나님의 아들은 현저히 못 박히심이니 "누가 하랴? 대체 누구냐?" 하랴? 너희 자신을 살피라. 학 1:7 만군의 여호와가 말하노니 너희는 자기의 행위를 살필지니라. 이를 연구한 자이다. 이제도 그러하다! 하라. 자신의 연구 "나는 누구인가?"도 많은 시간을 갖는 자이다. 이는 정체성 연구이다. 왜 사나, 누구인가, 무엇을 해야 하나, 어찌(방도)해야 하나, 언제인가? 이는 준비다 하라. "되었느냐? 이루었느냐? 완전하라!" 이르신 주시니 2017년에서 2019년까지 "3년 준비하라" 전할 때, 수없이 이르심이니 다 된 것이 아니라 향하는 자이다. 넘어지고 일어서고, 밀치면 당하고, 거꾸러짐도 있으니 혈연, 지연, 학연, 조직, 권세로 나올 때 너는 한걸음 뒤가 아니랴? "주보다 크지 않다" 아는 자이나, 이들 실세는 쉽지 않은 대상! 세력들이니 주의 구원 아래 있을 때가 아니랴? 이는 매우 거대한 세력이다. 바위틈에 보이지 않는 매우 작은 꽃 한송이가 이 바위를 어찌 당하랴? 이와 같은 관계이니 뗄 수도 없으니 꽃은 꽃이다! 알 때까지 두라. 이는 나의 뜻이다! 하라.

이러한 나의 부르심에 있는 자들은 고통이다. 계시록 다섯째 인에 관함이다. 말씀 두라.

계 6:9 다섯 째 인을 떼실 때에 내가 보니 하나님의 말씀과 그들이 가진 증거로 말미암아 죽임을 당한 영혼들이 제단 아래에 있어. 이어 두는 여섯째 인이다. 계 11:4 그들은 이 땅의 주 앞에 서 있는 두 감람나무와 두 촛대니. 이하 13절까지이니 두 증인의 고난을 보라. 그러나 승리하는 자이다. 14 둘째 화는 지나갔으나 보라 셋째 화가 속히 이르는도다. 15 일곱 째 천사가 나팔을 불매…. 이어지지 않더냐? 이를 두라. 보리라. 생각나리라. 생각날 자(회개 대상)에게는 그러하다. 그럴지라도 "나(너)는 괜찮은 자이다" 하는 자이다. 선지자를 도운 자들이 많은 이 땅이 아니냐? 믿음의 선진들, 히 12:1 이러므로 우리에게 구름같이 둘러싼 허다한 증인들이 있으니…. 이러한 자들로 의지하며 싸우는 자이니 "우리 편(여호와 하나님이 부르신 자들이 아니냐? 선지 생도들이다) 아니냐?" 하며 다가서는, 감싸는, 울부짖는 자들이 있지 않겠는가? 다섯째인 말씀 두라. 계 6:11 각각 그들에게 흰 두루마기를 주시며 이르시되 아직 잠시 동안 쉬되 그들의 <u>동무 종들과 형제들도</u>(밑줄 치라) 자기처럼 죽임을 당하여 그 수가 차기까지 하라 하시더라. 이와 같은 자들이다. 또한 여섯 째 인! 계 11:3 내가 나의 <u>두 증인</u>(밑줄 치라)에게 권세를 주리니 그들이 굵은 베옷을 입고 천이백육십일을 예언하리라.

이들은 4절의 '두 감람나무와 두 촛대'이다 하라. 이들은 마지막 때의 전사이니 계 19:14 하늘에 있는 군대들이 희고 깨끗한 세마포 옷을 입고 백마를 타고 그를 따르더라. 주의 군사이다! 하라. 계 7:4 내가 인침을 받은 자의 수를 들으니 이스라엘 자손의 각 지파 중에서 인침을 받은 자들이 십사만 사천이니. 이어 9절 두라. 계 7:9 이 일 후에 내가 보니 각 나라와 족속과 백성과 방언에서 아무도 능히 셀 수 없는 큰 무리가 나와 흰 옷을 입고 손에 종려가지를 들고 보좌 앞과 어린 양 앞에 서서. 이어지는 14장 두라. 계 14:1 또 내가 보니 보라 어린 양이 시온산에 섰고 그와 함께 십사만 사천이 서 있는데 그들이 <u>이마</u>(밑줄 치라. 이는 신분이다)-요 1:12 영접하는 자 곧 그 이름을 믿는 자들에게는 <u>하나님의 자녀가 되는 권세</u>(밑줄 치라)를 주셨으니 13 이는 혈통으로나 육정으로나 사람의 뜻으로 나지 아니하고 오직 하나님께로부터 난 자들이니라.

사도행전 말씀 두라. 성령 장이다! 하라. 행 2:4 그들이 다 성령의 충만함을 받고 성령이 말하게 하심을 따라 다른 언어들로 말하기를 시작하니라. 계시록 시작과 끝을 두라. 계 1:3 이 예언의 말씀을 읽는 자와 듣는 자와 그 가운데 기록한 것을 지키는 자는 복이 있나니 때가 가까움이라.

이어지는 말씀이다. "주를 따르라" 하심이니 듣는 자, 행하는 자, 구하고 찾는 자 모두이다 하라. 계 22:17 성령과 신부가 말씀하시기를 오라 하시는도다. 다 듣는 자도 오라 할 것이요 목마른 자도 올 것이요 또 원하는 자는 값없이 생명수를 받으라 하시더라. 7절 두라. 계 22:7 보라 내가 속히 오리니 이 두루마리의 예언의 말씀을 지키는 자는 복이 있으리라 하더라. 20절 두라. 계 22:20 이것들을 증언하신 이(밑줄 치라)···. 성령이 아니시냐? 너희 안 나이니-롬 14:17 하나님의 나라는 먹는 것과 마시는 것이 아니요 오직 성령 안에 있는 의와 평강과 희락이라. 눅 17:20 ···하나님의 나라는 볼 수 있게 임하는 것이 아니요 21 또 여기 있다 저기 있다고도 못하리니 하나님의 나라는 너희 안에 있느니라-"너희 안 주시다" 하라. 되었다. 닫으라. 이상이다. 설명되었느냐? 나와 너희니, 그들 사단 측 패소자이다. 이를 전하라. 주시다. 이만이다. 줄이라. 되었다. 닫으라.

7. 서간 형식의 글 보자

창세기 1-3장 아는 너, 많이 읽어 낸 자, 읽어 본 자, 궁금한 자, 기초로 본 자이다. **무화과나무 열매의 때와 같은 것이다(추가 글 2022. 6. 7. 화요일).** 선악과 열매 비유는 이때를 위해 기록해 두었다. 많은 사람이 떠날 것이다. 이렇게 사람과 사람의 관계로. 뱀 → 여자 → 아담에게 하듯, 끊임없이 나를 잊고 사는 너희에게. 평소 하지 않은 자는 시험의 때에 넘어갈 것이다. 그들에게 갈 것이다. 유인자, 유혹자, 시험하는 자, 이것이 적그리스도이다. 얼마간은 에덴에서 살고, 얼마간은 나를 잊은 채 살다가, 시험의 때를 만나고, 미혹으로 떨어지는 인생이다. 대부분 그렇게 산다. 은혜받은 이후 너희들의 모습이다.

key! 요점 찾았는가? 평소에, 항상, 나와 함께하는 자만이 영원에 이르게 된다는 것이다. "선악과 열매의 정체는 무엇인가요? 과일의 정체? 먹을 수 없는 맛이면 아담에게 주지 않았을 텐데요." 욕실에 있는 사용 중인 ㅇㅇ! (이는 목욕 제품의 상표입니다! 하라) 이 '보디 클렌저' 같은 것이다. 해로우나 사람들이 사용하는 것과 같은 것으로 보면 된다. 보기에도 상품성이 있으며, 먹기에도 사용할 때도 피부에도 이롭지 않은 '해' 가진 제품과도 같은 것! 인스턴트, 가공, 제조품들 해당이다. 사람은 끊임없이 추구한다. 사람을 넘어뜨리는 미끼(낚시 바늘)를 만들어 내는 것은 모든 분야에 그렇게 작용한다. 사단(뱀) → 여자(바벨론, 세상 주류들) → 형상(그리스도).

"먹지 않으려면?" 이제는 반대 현상이 되었다. 선악과가 '모든'(창 2:16 동산 각종 나무의 열매는 네가 임의로 먹되)이 된 많아진 시대이다. 선악과 먹은 후, 죄가 만연한 상태이기 때문에 모든 인류는 죄를 범한 인간 사회이다. "주님! 어떻게 살아야 할까요?" 아는 자이다. 절제 '최소화'이다. 자연도 아는 자이다. 무슨 독 '해' 이 말씀을 두라. 막 16:17 믿는 자들에게는 이런 표적이 따르리니… 18 …무슨 독을 마실지라도 해를 받지 아니하며. 예수의 보혈을 믿고 외쳐야 산다(이를 들은 너이다). 생명은 여호와의 것이다. 주관자이신 하나님 아래에서 났고, 하나님 아래에 있고, 하나님 아래에서 지내야 하는 자이다. 끊임없이 흐르는 물로써(사랑, 교제, 은혜, 믿음, 주의 일 모든 것) 나와 함께하며, 나를 위해 하는 모든 것 속에 있어야 한다. 이미 아는 너이다.

2022. 6. 7. 화요일. 추가 내용입니다.

무화과나무 열매의 때와 같은 것이다: 첫째, 막 11:12 이튿날 그들이 베다니에서 나왔을 때에 예수께서 시장하신지라 13 멀리서 잎사귀 있는 한 무화과나무를 보시고 혹 그 나무에 무엇이 있을까 하여 가셨더니 가서 보신즉 잎사귀 외에 아무것도 없더라 이는 무화과의 때가 아님이라. 이는 이스라엘의 형편! 상태, 상황, 영적 상태, 게으름이 아닌 모르는, 부인자들 많은 당시이다 하라. 둘째, 마 21:34 열매 거둘 때가 가까우매 그 열매를 받으려고 자기 종들(밑줄 치라) 이는 선지자, 말씀 전달자이다. 부름 입은 자들이다. 나를 전하는 그들이다! 하라. 을 농부들에게 보내니. "어찌하였는가?" 이를 두라. "어찌했더라!"이다. 33-36절 안의 내용이니, 당시의 지도부는 모른다, 아니다, 싫다, 밉다, 내친 자들이다! 하라. 마 21:35 농부들이 종들을 잡아 하나는 심히 때리고 하나는 죽이고 하나는 돌로 쳤거늘 36 다시 다른 종들을 처음보다 많이 보내니 그들에게도 그렇게 하였는지라. 이는 더 많이 상해, 살해한 자들이다. 37 후에 자기 아들을 보내며 이르되 그들이 내 아들은 존대하리라 하였더니 38 농부들이 그 아들을 보고 서로 말하되 이는 상속자니 자 죽이고 그의 유산을 차지하자 하고 생떼를 부린 자들이다. 현대판 '존속살인자' 같은 범죄 이스라엘인이다. 일부이니 '적그리스도 체제'하 하수인의 움직임 시대 아니랴? 이러한 동류들이! 하라. 39 이에 잡아 포도원 밖에 골고다 십자가 처형한 자들이다. 내쫓아 죽였느니라. 사도신경대로 십자가에 못 박혀 죽으신 주, 장사한 지 사흘 만에 죽은 자 가운데서 다시 살아나사, 하나님 우편에 오르신 '주 하나님이시다' 하라. 이를 전할 자이다. '죽은 자의 부활'을 전하는 자들이 내 종이다! 하라. **셋째,** 사도 시대(초대 교회사)의 사도들을 보자. 먼저는, 베드로의 설교이다. 행 2:32 이 예수를 하나님이 살리신지라 우리가 다 이 일에 증인이로다. 다음은, 베드로와 요한의 활동 중 잡히니 베드로가 전하기를 행 3:15 생명의 주를 죽였도다. 그러나 하나님이 죽은 자 가운데서 그를 살리셨으니 우리가 이 일에 증인이라. 그리고 그 이후도 있으니-행 4:1 사도들이 말할 때에 제사장들과 성전 맡은 자와 사두개인(막 12:18 부활이 없다 하는 사두개인들이 예수께 와서 물어 이르되…예수 안에 죽은 자의 부활이 있다고 백성을 가르치고 전함을 싫어하여)-등등 수없이 많다! 하라.

오신 주, 초림 메시아와 다시 오실 주 재림 메시아이다. 너희가 전할! 이를 부활의 증인, 종말(마지막 때)의 증인이라 하라. 사도들이 전한 대로 하는 자는 사도이다 하라. 사도의 전승 시대 이어지지 않으랴? "사도가 어디? 선지자가 어디?" 하랴? 나의 일은 처음부터 약속됨이니 약화이더라도 본질대로 살려 하는 자에게 이러한 직무이다(밑줄 치라. 중요하다). 이는 주를 알리시는 자이다. 주가 칭하시는 호칭들이니 주가 사용하시지 않더냐? 높이려 하겠느냐? 이는 낮추려 함도 아닌 그대로이다. 부르신 대로 하는, 그 일이 나의 일이니 내 안에 그들, 그들 안에 나이다 하라. 주체를 아는 자들이 하는 일이다. 기득권은 환경이다. 배경이다. 득세, 치세이다. 권위 의식에 사로잡혀 "나는!" 하는 자이다. "내 아래 누구, 몇이랴?", "교회 많다!" 하는 자도 있는 이 모두는 나 대신 채뜨리는,

가로채는, 훔치는, 벧 5:5 …하나님은 교만한 자를 대적하시되 함이다! 하라. 마지막 때에 줄 말이 이르는, 이른 자이니 어찌 전하지 않으랴? 직무이다! 하라. 하늘의 천직 '맡긴 사명'이 아니랴? 누구나 '맡은 이'는 이러하다. 달려갈 길이다! 하라. 빌 3:12 내가 이미 얻었다 함도 아니요 온전히 이루었다 함도 아니라 오직 내가 그리스도 예수께 잡힌 바 된 그것을 잡으려고 달려가노라. 이는 푯대 가진 자들이다. 이르라 14 푯대를 향하여 그리스도 예수 안에서 하나님이 위에서 부르신 부름의 상을 위하여 달려가노라 하는 나이다 하라.

8. 가증한 것! 멸망의 가증한 것에 대하여 보자

마 24:15 그러므로 너희가 선지자 다니엘이 말한 바 멸망의 가증한 것이 거룩한 곳에 선 것을 보거든 (읽는 자는 깨달을진저) 주를 막는 자, 이 악한 자를 본 자이다. 한국에 있는 자이다. 이는 몇 해 전 보이신 꿈이다! 하라. 주께서 지상 가까이 내려오시나 주 앞에 대적자를 보인 자이다. 한국 사람으로 본 자, 너이다. 각국에도 있다. 세계 통치가 나올 것이다. 줄 것이다. 내가 나와 겨룰 자이다. 볼 것이다. 너희도 어느 편에 설 것인가? 도우려는 너, 도와야 할 상황, **때를 느낄 자이다**—[**2023. 1. 28. 토요일. 추가 글입니다.**] 이 모습을 땅에서 올려보고 있는 자이다. 주를 도와 드리려 마음을 결정하며 꿈에서 깬 자이다. 이는 시급한 상황을 알린 주의 재림 시기이나 막는 자로 저해되는 시기이니 이 또한 알아야 하는 이 지구이다. 나라들이다! 하라]—이미 알고 있는 바이다. 2017, 2018년 이후 한국 전개가 어떻게 되었는가? 되어가고 있는가? 생각해 보자. 한국 전쟁사 아는 자이다. 1950년부터 2020년까지 70년사, … 100년으로 보자. 무슨 일이 일어날 것인가? 궁금한 너이다. 그 안에 무언가 되어 있을 것 같은 아는 너이다. 스가랴서의 스룹바벨의 영광이다. 내가 세우리라. 전ㅇㅇ 목사 등등. 한국 교회 일어설 것이다. 등대의 빛처럼 세계를 비출 것이다. 표상이다.

9. "세계 기독청에 대해서 알려주세요. 잘 모르겠어요"

(주로부터 주시는 질문입니다) 전 목사는 전달자이다. 추진자이다. 통해서(도구) 일하는 자이다. 비상등이다. 이 역할이다. "내게로 돌아오게 하려…" 마지막 때의 램프이다. 등경 위의 등불! 마 5:15 사람이 등불을 켜서 말 아래 두지 아니하고 등경 위에 두나니 이러므로 집 안 모든 사람에게 비치느니라. "무슨 일을 하실 것인가요?" 비추라! 등대의 빛과 같다. 빛은 나의 뜻이다. '추수의 때' 이르리라. 추수될 것이다. 알곡, 가라지로 나누일 것이다. 오는 자, 나가는 자! 둘 중의 하나이다. 마 3:12 손에 키를 들고 자기의 타작마당을 정하게 하사 알곡은 모아 곳간에 들이고 쭉정이는 꺼지지 않는 불에 태우시리라. "언제, 어느 때 건립되나요?" 문재인 집권 이후 건립될 것이다. 판결문 가진 자(문재인은 전 목사에 대해)이다. 전 목사는 감옥 상태, 옥고 치를 것이다. 전 목사는 틀! 예상대로 될 것이다. 내가 준 것이다.

10. 배후 세력 알아보자

집중 호우 기간이다. 무슨 뜻이겠느냐? 노아의 때 연상케 한다. 이는 믿는 자들의 반응이다. 경고로 삼는 자들에게는, 열린 문(빌라델비아 교회) 둔 자에게는 그러하다. 계 3:8 볼지어다 내가 네 앞에 열린 문을 두었으되 능히 닫을 사람이 없으리라…. 흙탕물이 쓸려 내려와 쏟아진다. 강의 수위나 도로 위나 물이 불어오른다. 인명 피해, 가축, 침수, 차, 물건 떠내려간다. 문재인 대통령에 대한 '재앙' 표징이다. 또한 그를 따르는 자들이 많은 상황이었다. 중국, 북한, 남한 지역 국지성 호우였다. 호우이다. 4월 부정 선거 이후 발생시킨 문제이다. 해법 풀리다. 이는 네게 알리시는 주시다. 공산주의자를 신봉하는 사람들이 많은 한국이다.

11. 4차 산업 혁명 알아보자

산업화 흐름이 있다. 공산화와 관계 있다. **문화 혁명 '스톡홀름'에 대해서 보자**(추가 글 2023. 1. 29. 주일). 한국 '경실련' 문제, 이는 노동부 직속의 경제 협력 관계 단체였다. 밑 거래! 산업 은행, 기업 은행, 수협, 외환, 국민, 우리 은행 모두 관련된 금융 거래처이다. 너는 동해의 수산물 시장을 다녀온 자이다. 배의 조업 협정 '북한 관계'를 믿을 수 없는 문 정권이다. 북한 사회같이 된 상황이다. '문 정권 정책' 동조자들이 많은 한국인이다. 태극기 보자. ㅇㅇ시의 파란, 빨간 마크를 본 자이다. 이는 '좌경화 지역'이 연상된 자이다. 해상 지역 때문에 좌경화된 상태이다.

2023. 1. 29. 주일. 추가 글입니다.

문화 혁명 '스톡홀름'에 대해서 보자: '종말 2' 원고를 위하여 지금 보는 자이다. 2020. 8. 9. 주일, 이때에는 스친 자이다. '스톡홀름'은 스웨덴의 수도이다! 하라. 자료를 찾아보니 2019년 6월 15일 기사가 있다! 하라. 문 정권 당시이다. 순방한 이곳이다. 내용인즉 4차 산업 혁명 시대를 맞아 서로 협력한다는 내용이다. 스타트업과 중소기업, 과학, 기술 분야 협력을 확대하기로 했다는 것이다. 그리고 양국 '스타트업' 기업들 간 협업의 장이 될 '코리아 스타트업 센터'를 2020년 스톡홀름에 열기로 했다는 것이다. 이는 무슨 뜻이냐? 양국 간 교류에 대한, 과학, 기술 파트너십이다! 하라. 문 정권은 한국의 공산화 주범이기에 알아보라는 정보지이다. 너는 뉴스를 대체로 안 보는 자이다. 기독교 시각에서 보고자 주시는 이 글이다! 하라. 이는 양국의 경제 협력에 관한 것이다. 문 대통령은 이때 한반도 정세를 설명하기도 한 자이다. 이는 나라의 한 대통령에 관함이다! 하라. 그의 활동이 광범위한 당시이다. "수사 대상이다" 한 주시다! 하라. 민주당 대표 이재명 그러하다. 지난날 '행적에 대한'이다. 그들끼리(문재인 전 대통령과 이재명 당 대표 간 그러하다) 나눌 이야기가 많다! 하라. 다 보시는 하나님이시다! 이르라, 전하라.

나라의 국운이 그들에 의한 좌초할 상황이 아니냐? 하라. 그들은 심은 것이 많다! 하라. 나를 위하여 아닌 '그들을 위한'이니 나라의 배가 2014년 세월호 배같이 기운 상태에서 맡은 자, 윤석열 대통령이다! 하라. 기울게 한 자의 책임, 이를 문책하시는 주시다! 하라. 두 사람 및 이외에 매우 많다! 하라. 그들, 그들이다! 하라. "나라 망치자!" 한 자들이다. 명색이 무엇이다! 한들 속은 아니니 나라를 위한, 주를 위한 나설 자들이 필요한 이 나라이다! 하라. 현실 은둔자들이 많다. 먹잇감 꼬임, 속임에 혀 내밀고 날름 삼키나, '주가'를 조작하듯 나라 좌지우지하며, 반죽 주무르듯 이 모양 저 모양 해 본 자들이다. '목적 있는' 그들이다. '자신 위한' 자들이다. 이 두 가지이다! 하라. '나와 국민을 위한'이 아닌 자들이다. 속이는 이 세상이다! 하라. 되었다. 닫으라.

12. 종교 회의 칼케톤 보자

AD 100년 이후 열두 제자(열두 사도) 초기 신앙 공동체 및 내 제자들의 활동 이후 그리스도인 2세대로 보면 된다. 명칭 속사도 시대이다. '복음화 진행'의 물결을 아는 자, 너는 자료의 표를 본 자이다. 성서 공급까지. 제3세대로 해보자. 300년 이후 삼위일체론 "왜 내놓았을까?" 회의 주제에 대하여 생각해 보자. 나의 뜻이다, '규정'해 놓은 것이다. 나에 대한 그들의 생각이다. 내가 보았나, 들었다. 이후 사상가, 철학가, 신학자들까지 나에 관해 '논하는 것'을 나는 안다. 2,000년대까지 보아왔다. 너는 재림 예수를 찾는구나. 나를 찾는 자, 구하는 자이다. 종말에 관해(사후 체험=임사 체험 등) 나를 본 이후(듣고) 지속되는 주제였다. 잠시 잊은 너, 이는 선악과 때문이니 사람 의지이다. 책망주었다. 나는 너에게 계속, 지속될 것이다. 그 나라까지도, 그 이후에도 나는 '하나(One)'임을 아는 너이다. 나를 '오직'으로 표현하는 너이다. '우선', '가장', '높은'… 이렇게 표현하는 너이다. 다 보았다, 다 안다! 나는 나이다. 나이기 때문에.

13. 모은 자료 '갤러리(촬영 사진)' 보자

 (2019년, 이 땅에서 가진 은혜가 큰 자임을 다시 확인 주시며, 이 땅을 위해 '주의 일'을 하지 않는 저를 향해 '주의 심한 노'를 보이십니다. 생명의 경고를 받고 회개 기간에 주신 은혜이자 무지개 언약으로 자연을 촬영하게 됩니다. 혹시 증거하는 책에 담을까 해서 시작을 한 일이며 외출의 기회를 주실 때, 자연과 함께 두 아들의 모습도 담습니다)

 네가 찍은 사진에서 그중 무엇이 가장 마음에 드냐? 사람이 우선이다. "자연과 함께 담은 사람, 아들들입니다" 그들은 나의 자녀이다. 나의 기르는 자이다. 세울 것이다. 걱정, 염려하지 않아도 된다. 휴거까지 원하는 너이다. ㅇㅇ 원치 않는 너이다. 아직까지는. "사진 모음 어떻게 할까요? 계속 찍나요?" 아무렇지 않다면 해도 되는 것이다. 나의 작품에 대한 너의 태도이다. 끝없는, 광활한 곳, 나에 대한 너의 마음이다. 알고 싶은 자, 함께하고 싶은 자. 세상과 분리, 구별 원하는 너이다. 안다. 내가 안다. 너의 마음의 상태를.

14. "가족에 대한 현재와 이후에 대해 말씀해 주세요"

 빌립(같은 유형)은 훈련되지 않은 자들, 이성에 의해 살아온 자들이다. 너는 내 영으로 말하리라. 믿음은 내 영이다. 기초 사역부터 해나가는 자이다. 빌립은 생활인이다. 사람 방식이다. 사람과 필요 즉 물질을 비례로 보았다. 사단식 '셈'이다. 안드레는 될 때까지 훈련이다. 안드레는 내 마음, 계획을 느낀 자였다. 내가 주었다. 그에게. 나는 해낼 것이라 믿었다. 안드레는 도시락 가진 소년을 찾았다 → 가져왔다 → 축사했다 → 나누었다 → 남았다. 이것이 내 뜻이다. 내 세계이다. 나는 전능자이신 하나님 창조주이다. 만드는 자, 생산자이다. 흙에 생기를 주었다. 창 2:7 여호와 하나님이 땅의 흙으로 사람을 지으시고 생기를 그 코에 불어 넣으시니 사람이 생령이 된지라. 나의 형상으로 빚었다. 창 1:27 하나님이 자기 형상 곧 하나님의 형상대로 사람을 창조하시되…. 내 방식은 '줄 수 있는 자, 내게 오는 자. 나를 믿는 자'의 것을 사용했다. 기억해라! 나, 제자(안드레), 드리는 자(한 아이 도시락)이다.

15. 오병이어에 대해 보자

물고기 두 마리 적어보자. 그려 보자. 도시락 속이다. 떡 다섯 개, 물고기 두 마리 부모의 도시락 "내가 시켰다" 참새 2마리 팔리다. 이와 같은 것이다. 마 10:29 참새 두 마리가 한 앗사리온에 팔리지 않느냐 그러나 너희 아버지께서 허락하지 아니하시면 그 하나도 땅에 떨어지지 아니하리라. 안드레를 보내 찾게 했다. 가져오게 했다. 다섯의 의미는 무엇인가? 창조일이다. 창 1:20 하나님이 이르시되 물들은 생물을 번성하게 하라…. 23 저녁이 되고 아침이 되니 이는 다섯째 날이니라. 물고기는 구원의 대상이다. 둘은 둘째 날. 창 2:8 하나님이 궁창을 하늘이라 부르시니라 저녁이 되고 아침이 되니 이는 둘째 날이니라. 하늘은 신령한 것의 상징이다. 떡은 나이다. 요 6:48 내가 곧 생명의 떡이니라. 51 나는 하늘에서 내려온 살아 있는 떡이니 사람이 이 떡을 먹으면 영생하리라. 내가 줄 떡은 곧 세상의 생명을 위한 내 살이니라. 너희와 나와의 관계성을 말하는 숫자의 의미이며 그 속에 담겨진 뜻을 너희가 찾기를, 알기를 원했다. 되었느냐? "주님! 감사합니다"

16. 혈루증 여인 보자, 12년

막 5:25 열두 해를 혈루증으로 앓아 온 한 여자가 있어. 회당장 딸 함께 보자. 막 5:22

회당장 중의 하나인 야이로라 하는 이가 와서 예수를 보고 발아래 엎드리어 23 간곡히 구하여 이르되 내 어린 딸이 죽게 되었사오니…. 눅 8:42 이는 자기에게 열두 살 된 외딸이 있어 죽어감이러라.

12년(12세) 어린 소녀, 외 딸이다: 12년은 '광야' 의미이다. 회당장은 '죽은 믿음'의 의미이다. 딸 상태는 회당장 상태이다. "먹을 것 주어라!" 이는 같은 음식이다. 같은 현실로 내 말에 의해 "살리는 것이 된다"의 의미이다. 이해하는 자, 너이다. 눅 8:55 그 영이 돌아와 아이가 곧 일어나거늘 예수께서 먹을 것을 주라 명하시니. 남한 상황이다. 김대중 전 대통령 이후 노무현 전 대통령 죽어감 이러라. 죽어가는 남한 사회이다.

열두 해 혈루증 여인: 초경 지는 여인 '피 흘림'(bleeding)은 무엇인가?: 막 5:25 혈루증으로 앓아온 한 여자가 있어(a women was there who had been subject to bleeding) 수정 이전 상태. '죄악'의 의미이다. 지속되는 죄. 가문과 연관이 있는 여인이다. 남편과 관계 또는 부모와의 관계일 것이다(너희의 예측). 그러나 이 여인은 나의 선택이었다. 내 뒤에 와서 만지도록 두었다. 막 5:27 예수의 소문을 듣고 무리 가운데 끼어 뒤로 와서 그의 옷에 손을 대니. 허용이다. 왜 그랬을까? 험난하게 살아온 그녀이다. 아무도 돌봐주지 않는 자였다. 스스로 일어서 보려 한 그녀였다. 의사, 가족, 이웃조차 외면받은 그녀이다. 외로운 그녀였다. 일어설 용기가 필요한, 돌보는 자 없는 자였기에 스스로 내게로 온 것이다. 오도록 했다. 이끌려 나온 자이다. 막 5:26 많은 의사에게 많은 괴로움을 받았고 가진 것도 다 허비하였으되 아무 효험이 없고 도리어 더 중하여 졌던 차에 27 예수의 소문을 듣고 무리 가운데 끼어 뒤로 와서 그의 옷 가에 손을 대니 28 이는 내가 옷에만 손을 대어도 구원을 받으리라 생각함일러라. 28 이에 그의 혈루 근원이 곧 마르매 병이 나은 줄을 몸에 깨달으니라.

'이끌림의 법칙'은 의지 대상이 없을 때이다. 구원의 대상이나, 구원의 대상을 찾는 자나, 서로 빨리 느낀다. (이는 주와 혈루증 여인과의 관계이다! 하라) 응답

시기 또한 마찬가지이다. 의지(좁은 문으로 가야, 1인 구멍이다)의 환경, 대상, 조건 등은 내게 오는 장애물과도 같다. 12세 죽은 소녀와 12년 혈루증 여인 둘과의 관계를 보자. 붙인 내용이다. 왜일까? 둘 다 성별이 여자이다. 어리다(보호자 있는), 성인이다(아무도 없다). 둘 다 합쳐 보자. 부모도, 의사도, 남편도, 지인도. 구원의 대상은 오직 예수님뿐이다. 또 하나는 영적 문제, 하나는 육체 문제 모두 다이다. 이것을 주고 싶었다.

17. 어머니 장례식(7.30.목-8.1.토) 사건 보자

너는 외치는 자였다, 화장장 불 앞에서 '불' 받고. 엘리야처럼 숨은 자, 현재 먹는 시기이다. 누운 자리 머리맡에 먹을 것, 내가 놓은 것이다. 왕상 19:5 로뎀 나무 아래에 누워 자더니 천사가 그를 어루만지며 그에게 이르되 일어나서 먹으라 하는지라. 6 …이에 먹고 마시고…. ㅇㅇ들은 담무스 애곡 여인들이다. 겔 8:14 그가 또 나를 데리고 여호와의 전으로 들어가는 북문에 이르시기로 보니 거기에 여인들이 앉아 담무스를 위하여 애곡하더라. 내가 주어 입의 검으로 싸운 것이다. 계 2:16 …내 입의 검으로 그들과 싸우리라. 계 19:15 그의 입에서 예리한 검이 나오니…. 내 말의 적은 능력으로 해본 자이다. 유대인들은 ㅇㅇㅇ이었다. 계 3:8 볼지어다 내가 네 앞에 열린 문을 두었으되 능히 닫을 사람이 없으리라. 내가 네 행위를 아노니 네가 작은 능력을 가지고서도 내 말을 지키며 내 이름을 배반하지 아니하였도다. 9 보라 사탄의 회당 곧 자칭 유대인이라 하나 그렇지 아니하고 거짓말하는 자들 중에서 몇을 네게 주어 그들로 와서 네 발 앞에 절하게 하고 내가 너를 사랑하는 줄 알게 하리라.

너는 피리 부는 자였다. 내 때에 애곡하기 위함이었다. 내용 아는 자, 너이다. 마 11:17 이르되 우리가 너희를 향하여 피리를 불어도 너희가 춤추지 않고 우리가 슬피 울어도 너희가 가슴을 치지 아니하였다 함과 같도다. …생략… 고토에 두리라.

장례식 장지에서 내려온 자이다. ⋯생략⋯ 무릎 꿇을 것이다. "저들은 알지 못하나이다. 용서하여 주소서" 내 기도였다. 알지 못한 때이다. 용서하자! 눅 23:34 이에 예수께서 이르시되 아버지 저들을 사하여 주옵소서 자기들이 하는 것을 알지 못함이니이다 하시더라⋯. 힘들 것이다. 그러나 일어나는 자이다.

　두 달 옥고 치른 자, 전 목사를 보라. 박근혜 전 대통령은 몇 년째이다. 사람은 고통을 준다, 가학적이다, 즐긴다. 나도 그렇다. 내 십자가 보라. 얼마나 즐겼는가? 옷 나누기까지. 막 15:24 십자가에 못 박고 그 옷을 나눌 새 누가 어느 것을 가질까 하여 제비를 뽑더라. 뼈 꺾고 창 찌르고, 요 19:32 군인들이 가서 예수와 함께 못 박힌 첫째 사람과 또 그 다른 사람의 다리를 꺾고 33 예수께 이르러서는 이미 죽으신 것을 보고 다리를 꺾지 아니하고 34 그중 한 군인이 창으로 옆구리를 찌르니 곧 피와 물이 나오더라. 선악과 먹는 자들의 모습이다. 잔인한 자들의 모습이다. 잔혹하다. 냉혹하다. 냉혈적 모습이다. 그들이다.

18. 3년 반, 멸망의 가증한 것 서는 때

　마 24:15 그러므로 너희가 선지자 다니엘이 말한 바 멸망의 가증한 것이 거룩한 곳에 선 것을 보거든(읽는 자는 깨달을진저). 평화의 시기, 이때이다. 이때와 같을 것이다. 문 대통령은 복지 정책을 주는 자이다. 선심 쓰는 자, 미끼이다. 이를 아는 자 녀이다. 전 세계 없는 것을 하고 있는 자의 모습이다. 빌ㅇㅇㅇ 라인이다. 선상에 있는 자, 협조한다. 맥락이다. 포함이다. 영과 순수, 착함은 별개이다. 악한 자라도 나의 뜻을 받는 자 있고! 이는 작은아들은 "가지 않는다" 했으나 갔다. 눅 21:30 작은아들에게 가서 또 그와 같이 말하니 대답하여 이르되 싫소이다 하였다가 그 후에 뉘우치고 갔으니. 일명 착한 자라 해도 받지 못하는 자니 큰아들은 "간다" 하고 가지 않았다. 마 21:28 ⋯맏아들에게 가서 이르되 얘 오늘 포도원에 가서 일하라 하니 29

대답하여 이르되 아버지 가겠나이다 하더니 가지 아니하고.

도처, 처처 기근의 때이다(영적 의미이다). 평화, 행복, 편리 등 '가장'으로 오는 것을 아는 자이다. 시장에서 줄지어 선 자들을 본 자이다. (이는 동해 바다를 보낸 주시다. 피서지에 몰린 인파들을 시장에서 보지 않으랴?) 정부의 생활지원금 사용자들이다. 쓰러 나온 자들, 대다수 받은 자들이다. 마 21:31 그 둘 중의 누가 아버지의 뜻대로 하였느냐 이르되 둘째 아들이니이다 내가 진실로 너희에게 이르노니 세리들과 창녀들이 너희보다 먼저 하나님의 나라에 들어가리라. 32 요한이 의의 도로 너희에게 왔거늘 너희는 그를 믿지 아니하였으되 세리와 창녀는 믿었으며 너희는 이것을 보고도 끝내 뉘우쳐 믿지 아니하였도다.

19. 2020년 올해의 '흐름'을 보라

2017년부터 2019년까지 3년 동안 성령을 구하라, 준비하라! 하는 메시지를 지속하여 들은 자이다. 3년이 끝나니, 2020년 1월에는 의인 중 악인을 나누었다는 메시지를 받은 자이다. 마 13:47 천국은 마치 바다에 치고 각종 물고기를 모는 그물과 같으니 48 그물에 가득하매 물가로 끌어내고 앉아서 좋은 것은 그릇에 담고 못된 것은 내버리느니라 49 세상 끝에도 이러하리라 천사들이 와서 의인 중에서 악인을 갈라 내어 50 풀무 불에 던져 넣으리니 거기서 울며 이를 갈리라. (이도 3년 기간 동안 이후에 "의인 중 악인을 나눈다" 함을 지속하여 들은 자이다) 그리고 2월에 중국 우환 '코로나' 시작이다. 정부의 마스크 배부 시책과 3월은 휴강, 휴교로 '영상 강의' 대체이다. QR 코드 사용도 한다.

4월 총선은 부정 개입과 투표이다. (생략합니다). 5월은 정부의 생활지원금 지급 시작이다―[2020. 5. 17. 주일. 추가 글입니다. (이때 제게 주신 은혜입니다! 하라) 하늘에서 하나님의 모습과 하나님의 두 손에 무언가의 예비를 보이시며 "맡겨볼까?" 전하십니다. 새로운 은사, 해석 은사가 임한다고 알리십니다. 6월에는 "좋은 일이 있으리라" 말씀하십니다. 2019년 부활절 시즌에 마지막 때의 사역을 하리라는 말씀과 은사자라는 말씀을 먼저 하신, 주신 주님이십니다—QR 체크 교회와 예배 그리고 7월 폭우 지역 중국, 북한, 남한이다. 2020. 7. 23. 목요일, 주의 음성을 들으며 영서 기록이 시작되고 '40일 니느웨 회개 기도' 기간을 받고 '종말' 책 시리즈 계획을 알려 주십니다. 한 주일 후 2020. 7. 30. 목요일, 새벽에 개척 예배처는 수해 상황이 되어 물난리를 겪으며 한바탕 일을 치르는 자이다. 지쳐 누워 있을 때, 듣는 어머니 소식이다. 8월 1일 토요일까지 어머니 장례 기간이며 2일째 밤새 영서를 기록하는 중에 날이 밝으면 주실 성령 예고를 '흰 눈이 덮이는 날'로 받은 자이다. 그리고 장지 화장장에서 불 앞에서 지켜보는 중에 성령 불을 받은 자이다. 장례 마치고 이어진 전도사 아들의 여름휴가 한 주 기간이다. 월요일은 하루 쉬고 화요일에 아들과 함께 산책하라 내보내신 주시다. 인근 자연 속에서 전하신 동해 일정이다. 북한의 무기 시험 장소인 동해안에서 북한의 '핵'에 대한 회개 기도를 말씀하신 주시다. 수요일 밤 도착하여 무박 2일로 다녀온 자이다. (추가 기록합니다. 8월 폭우, 9월 비대면 예배, 10월 3일 광화문 집회 강력 대응–이를 허용하지 않으려 하는 그들이다)

20. 서간 형식 유지하는 자(사실적 묘사, 기행문 형식)

너는 '성령 술' 취하는 자이다. 새 포도주 주님이시다. 막 2:22 새 포도주를 낡은 가죽 부대에 넣는 자가 없나니 만일 그렇게 하면 새 포도주가 부대를 터뜨려 포도주와 부대를 버리게 되리라 오직 새 포도주는 새 부대에 넣느니라 하시니라. 벗 된 자여 이리로 올라와 앉으라! 네게 이렇게 말씀하시는 주시다. 눅 14:10 청함을 받았을 때에 차라리 가서 끝자리에 앉으라 그러면 너를 청한 자가 와서 너더러 벗이여 올라앉으라 하리니 그때에야 함께 앉은 모든 사람 앞에서 영광이 있으리라. 너는 덴마크 랜드(나라) 낙농업이다. 주는 자, 나누는 자이다. '내 영혼을 소성케 하시는 주님!' 하며 찬양하는 자이다. 이 나라는 흑색병 시기이다. 이는 코로나 상황이다.

21. 빅브라더(5G 휴대폰 관련)에 대해 보자

시즌이다. 출시되다. 5G 파급력! 전자파 문제를 들은 자이다. 모든 영상을 너는 믿지 않을 것이다. 주님의 인도, 지혜 없이는 견딜 수 없는, 이길 수 없는 세상의 도래이다. 가야 할 길을 가는 자이다. "어디로 가야 할까요?" 내 길이다. "주님! 사역지 터 말씀해 주세요." (찬양을 주십니다! 하라) '보아라 즐거운 우리 집' 가기까지의 여정이다.

22. 어머니 장례식 때 너!

너를 '막무가내로 일하는 자'로 보는 자이다. 고난의 종이었다. 부활의 예표였나. 아무렇지 않은 사이다. 상례식 상시에서 일어난 일에 관함이다. 성령의 불을 모르는 자들이다. 아니면 '악신'들렸는지, 양심에 '화인' 맞은 자이다. 이 셋 중에 무엇인가? 성령의 불을 모르는 자들이다. 내가 주는 자! 너는 평안, 담대, 용서하는 자, 이 세 가지 증거이다. "나도 너를 정죄하지 않는다(요 8:11)" 이를 전한 자이다. 주께서 용서하신 자들이다. 너는 뿔이다, 사역이다. 주께서 높아지실 때 같이 높인다. …생략… 스가랴서의 스룹바벨의 영광에 해당하는 너이다. 성삼위일체를 전하는 자이다. …생략… 성부에 대한 해설가이다. 나를 아는 자이다. 위 하늘에 오르고 만난 자, 들은 자 아버지의 음성이다. 아버지, 예수 그리스도,

성령이 같은 것을 아는 자이다. …생략… 다음 행선지 주는 나이다. (생략합니다)

23. "나라 집회(8.15)에 대해서 말씀해 주세요"

줄기차게 나오는 자들이다. 담장 너머로 뻗는 가지이다. 창 49:22 요셉은 무성한 가지 곧 샘 곁의 무성한 가지라 그 가지가 담을 넘었도다. 올라온 자, 외쳐 본 자, 간구한 자이다. 문 정권을 저항하는 자이다. 소셜 미디어(social media) 같은 장면이다. 이야기, 내용 있는 스토리이다. 전파력 가진 자들이다.

24. 전도사 아들은!

주일 설교를 준비하는 자이다. 강단을 서야 하는 자이다. 버거운 자이다. …생략… 너는 가족(두 아들) 사역하는 자이다. 아들들을 데리고 이동하는 자이다. 두 아들은 환경이 답답한 자들이다. 아들들에게 역사관, 세계관을 심는다. 이는 목적이다. 2014년 세월호 사건은 7년째이다. 나라는 그동안 공산주의가 잠식된 상황이다. 네게 보인 '강'의 꿈, 죽은 큰 물고기 떼는 죽은 자들 정치가이다. 대부분이다. 너희 가족은 영서 첫날에 알린 대로 게네사렛 호숫가 두 배이다. 눅 5:1 무리가 몰려와서 하나님의 말씀을 들을 새 예수는 게네사렛 호숫가에 서서 2 호숫가에 배 두 척이 있는 것을 보시니…. 예레미야의 "내 말이니라" 렘 1:19 …여호와의 말이니라. 이를 전하는 자이다. …생략… 여자의 반죽이다. "부풀게 하리라" 마 13:33 …천국은 마치 여자가 가루 서 말 속에 갖다 넣어 전부 부풀게 한 누룩과 같으니라. 삼고초려이다. 경색지국(경국지색)이다. 이는 네 외모가 아닌 나라를 사랑하는 내면을 뜻한다는 의미이다. 나는 빛이다. 요일 1:5 …곧 하나님은 빛이시라…. 요 1:9

참 빛 곧 사람에게 와서 각 사람에게 비추는 빛이 있었나니.

25. 상도동계 김ㅇㅇ 정치인

그로부터 ㅇㅇ 원을 받은 자였다. 오빠의 장례로 인함이다. 정치 자금이다. 너는 20대에 영향받은 자, 나라 사역 이어진 자, 너이다. …생략… 너는 글로 푸는 자, 해설(은사)이다.

2023. 1. 18. 토요일. 추가 글입니다.

지난 일, 지난 시간의 아픔을 전한다! 하라. 30년도 더 지난 일이다! 하라. 이제 잊고 사는 오빠이다. 자신의 훈련 길을 달리므로 그러하다. 오빠와의 학창 시절을 끝으로 각자 나누인 삶이다. 그는 대학을 가지 못한 채 사회인이 된 자이다. 그는 그러하다. 어려운 형편 속에서 자란 자이다. 하지만 가족의 정치 인맥이 있으니 이는 영향력이다! 하라. 외조부 집안의 독립운동과 아버지께서 정치 이야기를 자주 할 만큼 친족이 나라의 일과 관련이 있기에 그러하다. 어려서부터 서울의 그곳 청와대 이야기를 듣고 자란 자들이다. 오빠와 너는 그러하다. 나이 터울이 가장 가까우므로 오빠의 정치 관심을 따라 20대에 정치 월간지를 보기도 한 자이다. 머리가 영리하고 품성이 작은 오빠로 기억하는 사이나. 그는 부모의 짐을 진 자이다. 생활을 위해 직업 전선으로 진로를 정한 자이다. 학식에 어울린 자니 학업을 이었더라면 잘했을 자이다. 오빠는 따뜻함이 품성이기에 대화를 많이 하고 오빠의 사랑도 받은 자이다. 친구 같기도, 듬직하기도 한 오빠이다.

그러나 그는 자신을 내던진 자이다. 자신의 장래를 뒤로하고, 포기하고 나라의 아픔과 나라의 미래에 뜻을 둔 자이다. 오빠의 아픈 죽음, 고통의 죽음을 기억하고 싶지 않은 그날이다. 당시에, 가족 중 누군가는 나서야 하기에 얼떨결에 멋도 모르고 유가족 대표로 선 자이다. 오빠의 죽음을 애도하며 위로하는 작은 성금들이 크지 않은 액수로 들어오기도

한 당시이다. 김ㅇㅇ 장로는 그중에 정치인으로서 또한 이름이 알려진 유명인으로서 '유일한' 위로자이다. 그가 신앙인임을 이후에 안 자이다. 그리고 교회의 장로, 나라의 대통령으로 산 자이며 그도 이 세상을 떠나간 자이다! 하라. 친필의 부의금, 위로금 봉투를 전한 자이기에 놀란 자이며 감사한 자이다. 그리고 당시로서는 큰 금액이기에 더더욱 그러하다. 그의 마음의 진심을 느낀 당시이다. 그는 '본'을 보인 자이다. 약자에게 다가선 모습이니 어른으로서, 유명인으로서, 신앙인으로서 예를 갖춤과 애도의 마음을 전한 자이다. 이를 기억하는 자이다. 사람이 높아질 때 어찌해야 함을 배운 당시이다. 되었다. 닫으라.

주께서 그(정치인 누구이다! 하라)에 대해 말씀하시므로 놀라는 자이다. 다 잊은 채 사는 자가 아니랴? 주가 다시 전하시니 듣고 보니 이해하는 자이다. 20대에 겪은 묵은 일이다. 주는 이도 자신을 있게 한 사명과 관련이 있음을 알리신다! 하라. 이전에도 이에 대해 알리며 종종 그러하나 다시 잊은 자이다. 기도로 시작한 나라 사랑이다. 이는 신앙생활 초기이나 주의 부르심, 맡기심이다! 하라. 사회의 곳곳 악도 부르짖게 하신 주시다. 지구와 나라로 인해 울게 하신, 울게 하시는, 울게 하실 주시다. 이도 알리신 이미 아니냐? 되었다. 닫으라.

하늘山
제19일. 니느웨 회개 기도 40-19 (2020. 8. 10. 월요일)

1. '정금'같이 나오리라

너는 동해 바다 ㅇㅇㅇ에서 표를 받은 자이다. "주님, 분별주소서" ㅇㅇ시 보다 더 사랑한 자이다. 네 눈을 빼앗겼다. 눈 다음, 마음이다. 눈은 마음의 등불! 이를 아는 자이다. 마 7:22 눈은 몸의 등불이니 그러므로 네 눈이 성하면 온몸이 밝을 것이요.

2. 성공회 신부들 회개시켜야 하는 자이다

"왜요?" 교황의 뒤를 잇는 자들이다. 거리의 나팔 부는 자들이다. 마 6:2 그러므로 구제할 때에 외식하는 자가 사람에게서 영광을 받으려고 회당과 거리에서 하는 것 같이 너희 앞에 나팔을 불지 말라 진실로 너희에게 이르노니 그들은 자기 상을 이미 받았느니라. 구세군 마찬가지이다. 모든 모금이 그렇다. 내세우는 자이기 때문이다.

2021. 6. 8. 화요일. 추가 내용입니다.

영서의 대부분이 이러합니다. 신앙 훈련의 오랜 연수, 해 동안 제가 받은 '알게 되는 내용들'을 간추리거나, 이어서 전개되는 상황(현실성에 의한 주가 바라보시는! 이는 하나님의 눈입니다)에 따라 말씀하십니다. 위의 글 '가톨릭에 대한' 내용도 그러합니다. 반복하여 주시는 메시지 또는 깊이 새겨진 메시지를 다루거나, 보이신 환상들과 성경 내용도 그러하여서 모든 상황이 스토리입니다. 생소한 무엇을 주셔도 이어서 다시 주시며 알아가기까지, 풀리기까지 과정을 보게 하시니 믿음으로 받습니다. 아무것도 모를 때 주신 것들이 큰 주제와 영역 속에서 점차 열려집니다. 그러므로 믿음으로 받게 하셔서 메시지를 간직해 두게 하십니다. 대부분은 관련된 내용이지만 새로이 알아가는 영역도 감별력과 믿음으로 수반되어 나타나기에, 의심하거나 부인하는 경우는 대체로 없습니다. 의문을 두고 기다리기도, 때로는 잊기도 하나, 때에 따라 모르는 것까지 알게 하시는 '주'이십니다. 오히려 교단, 교회, 목회자들과 관련하여 여러 가지, 다양성으로, 양분하여 갈리기도 하기에 이 부분이 제게는 고충입니다.

"이는 에필로그이다. 후기 같은 심정으로 적는 자이다" 물론 비교 또는 분별에 따라 '주'의 관여가 있기도 하나-"연구용 자료이니라. 이는 네 고충의 연유이다"-성령 체험이 주된 삶이 되어, 목적되고 과정 되는 제게는 난제이자 겪는 일이 많습니다. "신앙 단계 따라 걸어 들어가는 길이다. 깊이, 높이, 넓이에 따라 그러하다. 성령의 도움 없이는 갈 수 없는 네 길이니라" "주님! 오늘은 또 새로운 형식으로 이끄시네요?" 항상 이러한 새로운 형식이다. 발자취이다. 되돌리면 그러하리라. 따르는 자는 누구든지 그러하다. '주를 향한' 제 목의 각도가 항상 위의 하늘이 되어야만 함을 깨닫기 위함입니다. 또 제 눈이 주만을 응시하는 '주께 향한 간절함, 애절함'인지 저를 시시각각 감찰하기 위함입니다. 이러함에도 자신을 압니다. 알고 넘어지고, 모르고 넘어지고, 수없이 반복되는 자신입니다. 그러하니 이러한 은혜의 영서도 약함 속에서 주시는 것이고, 사람은 사람인지라 실수도 피할 수 없음을 알기에 사람 앞에 발자국을 떼는(알리려는) 어려움이 더딤(지체된)도 있습니다. 요리조리 피하는 뱀 같은 제가 주께 잡혀 훈련 여정을 거치고 거쳐도, 잔재한 흠과 점이 다시 핑계로 작용하여 무디어진(사명 저하) 저로 인해, 영서 원고 등 관련한 것들이 시일이 지체되고 서두르지 못함도 사실입니다.

이 모든 것이 '다'이다, '진리'이다! 라고 하기에는 아직 연약함에 쌓인 저입니다. 다만 이 글이 무엇을 의미하는지 하나님의 뜻과 사랑이 전달되고 그 가운데 개입하시고 역사하실 주가 있으시기에 저의 역할을 담당하고자 합니다. 무언가의 선물 속에 먼지가 살짝, 이물질이 살짝 붙을 수도 있습니다. 하나님의 선물은 완전하고 최고이나 부족한 사람을 통해 일하시는 뜻은, 하나님의 영광을 받으시기 위함입니다. 그리고 각자의 일(네 포지션

되는 이 일은 그러하니라)을 맡기심이나 자신도 환경도 오염된 속에서 일함이니 선물이 중점, 초점, 핵심이 되기만을 원합니다.

'탈고'작 됨! … 이러함으로 적는, 시키는 나이니라. 내일은 '니느웨 회개기도 40일 1차' 이은 8차 마침 일이니라. 내 손이 네 몸을 통해 일한 것이다. 너는 부끄러워 숨은 자이니라. 창 3:8 …나무 사이에 숨은지라. 그곳에 오랜 시간 그러하다. 옷을 받은 자이다. 이는 꿈으로 보인 상의 정장 둘이다. 고급스러운, 특이한, 일반 정장과 다른 것이다. 되었느냐? 이는 ㅇㅇㅇ과 영서 책 발간 둘이다. 영서를 읽다가 지친 자신을, 이 한계 모습을 본 너이니라. 상황이 그러한 때이다. 감내로 지친, 역부족으로 인해 한숨 쉬고, 울기도, 답답하기도 한 날들이다. 이러한 너를 다시 세우기 위한 나이다. 지난날의 '밀린 분량'을 워드 치던 중, 내용을 보고 나의 사랑에 스스로 자신에 격분하여(이는 자신을 채찍질한 자이다) "해야만 하리라" 한 너이다. 살릴 이 주시니라. 아브라함, 사라를 보라. 그들도 '그러한'이다. 할 수 없는 일, 할 수 없는 상황(배경 된), 할 수 없는 자에게 맡기는 일이 나이다. 내 나라이다.

창 2:7 …땅의 흙으로 만든 자들이다. 모두가 '그러한'이다. 창 2:7 …생기를 그 코에 불어 넣으시니 사람이 생령이(창 1:27 하나님이 자기 형상 곧 자기 형상대로…) 된 인간의 모습이다. 생기 없이 무엇을 하랴? 어찌 살까? 이를 아는 너이다. '모르면 지는 것'이다. 부모와 자녀 관계를 부인한 자가 '어디에 가서 무엇을 한들' 사람이라 볼 수 있는가? 그는 스스로 된, 자기 높이는, 어리석은, 교만한, 거만한, 무식한 자라. 이와 같이 모든 사람이 내게로 나왔거늘 "어디서냐(from 출신)?" 떠드는 자가 있으니 그 입에 재갈을 물리랴(입막음), 내치랴? 이것은 입장이다. 위에서 본 하나님 또는 부모이니라. 사명이 다른! 이는 그러하다. 내 '할 일'과 네 '할 일'로 두는 자이다.

청소부가 길에서 일하다 쓰러진 모습! 뉴스 영상으로 이 장면을 본 자이다. 기억하는 자이다. (지금 너는 잠시, 흠칫하는 자이다. "왜 환경미화원이라 하시지 않는가?" 이를 생각하는 자이다) 청소부이다. 청소부의 이미지는 '깨끗하게 하는'이다. 환경미화원이라 하지 않음은 미화는 꾸미는 배경 일이기에 그러하다. (거리의 청소부에 대해 청소하는 모습을 보이십니다! 하라) 쓸다, 모아서 버리는 자이다. 치우는 일, 없애는 일이다. 상쾌한, 시원한, 청결 상태 유지에 도움이 되는, 고마운, 감사한, 궂은 일하는, 낮은 곳을 섬기는 등등이다. 청소부와 환경미화원 두 단어만 꺼내신 주시다. 이어 생략된 내용이기에 연관 검색어 같이 따르는 너희의 생각이 있지 않으랴? 이는 너희의 '뇌와 마음' 순환을 자극하는, 일깨우는 것이다! 하라. 그러므로 이 두 단어 사용이 더 나은 것이다. 이는 나의 티칭이다. 성령에 의한 너이다. 환경미화원은 조장된, 꾸미려는, 돋보이려는, 바꾸는, 더 나은 것 등을 연상케 한다. 차라리 환경미화보다 청소가 내 마음에 든다. 나는 너희를 고치는, 새로이 하는 '여호와'라. 어울리는, 효과를 보는 이 단어가 맘에 든! 유익으로 전한다.

이를 왜 쓰나? 보라. 나비 효과이다. 2021. 4. 25. 주일, 아픈 '한강 사건' ㅇㅇ군에 이어 발생한 기사를 본 자니 길의 청소부 사고이다. 두 거리이니라. 부유한 층(서민이 아닌 그곳) 아파트 근교, 한강 조망을 바라본 이사자들이다. 쉼터이자 놀이터 된 한강이다. 지금 거리 이용된(아파트 내 조성과 공유 시설 마련하는 추세 된) 한강 조망권이다. 그곳 아파트는 그러하다. 부유층(ㅇㅇ군의 아버지의 ㅇㅇ 대기업 근무, 해외여행 등)에서 일어난 일과 한 거리의 스산한, 낮은 곳에서 일하다가 과로사 된 그곳이다. 이는 두 거리 '한강 조망권' 이용된 거리(ㅇㅇ군의 사건을 영상으로 보고 있는 자이다. 요즘 트랜드처럼 이슈된 가슴 아픈 일이기에 관심, 집중, 폭증된 기사니라)와 쓰레기 널브러진(버린 누군가에 의한) 거리를 깨끗이 하려 한 막노동, 힘 노동 현장에서의 한 사람을 본 자이다.

두 아들 비유 아느냐? 이는(두 사건) 내 마음이니라. 예수(주시라)는 거리 청소부이다. 너희 죄를 청산시키는, 소멸시키는, 사죄하는 권세, <u>막 2:10 인자가 땅에서 죄를 사하는 권세가 있는 줄을</u> "너는 에세이 집! 시사를 다루는! 느낀 점('주'의 전하신 것)을 전하는 자이다" <u>너희에게 알려 하노라</u> (이 부분을 적을 때, 이전 은혜가 생각납니다. 하나님의 사랑으로 인해 세상에서 사는 남은 시간은 사랑하기도 바쁨을 깨달은 때입니다. 그러함에도 이후의 날들은 죄악투성이 부끄러움뿐입니다) …생략… 한강 사건을 사랑으로 보라. 청소부 사건을 사랑으로 보라. 사랑이 없이는 아무것도 아니니라. 2014년 세월호 사건! 사랑으로 운 날이다. 코로나 바이러스에 생명 잃은 자! 사랑으로 운 자이다. 네가 보는 영상들은 금식

후, 밤에 늦은 한 끼니를 채우고 이러한 사건들을 보며 운 날들을 가진 자이다. 달걀로 바위 치기 같은 거대한 장벽으로 인한 것이다―[세상 물결, 세상 중심된 사람들, 세력들, 정체들, 주관자들. 그 중심된 사단 마귀니라. 귀신 처소 된(육체에 거하는, 장소도 그러하다) 자들 많다! 많다! 마 7:13 '넓은 길 가는', 마 24:5 '미혹되는' 10 '실족하게 되어' 많다! 많다! 하지 않느냐?]―너의 답답함, 애절함, 솟구치는 울분 이는 불의에 대한 것과 네 약함으로 인해서이다. 그 날이다. 사랑으로 행해지는 몸부림이니 "주님, 제가 어떡할까요?" 호소하며 기력이 지친 순간, 쓰러진, 그때를 담아두라. 내 사랑이다. 그날의 마음은 네 속의 나, 영이 탄식하는 그때이다.

"나는 주었다" 네가 하도록. 이 모든 것은 '계란으로 바위 치기'이다. 세상 보며 한탄할 일이 많은! 창 6:6 땅 위에 사람 지으셨음을 한탄하사 마음에 근심하시고 창 6:7 내가 창조한 사람을 지면에서 쓸어버리되…내가 그것들을 지었음을 한탄함이니라. 겔 14:23 …또 멸망의 빗자루로 청소하리라 나 만군의 여호와의 말이니라. 나의 마음을 알겠느냐? 네 마음에 둘, 나의 마음이니라. 한탄, 근심! 마태복음 보라. 마 24:37 노아의 때와 같이 인자의 인함도 그러하니라 38 홍수 전에 노아가 방주에 들어가던 날까지 사람들이 먹고 마시고 장가들고 시집가고 있으면서 39 홍수가 나서 그들을 다 멸하기까지 깨닫지 못하였으니 인자의 임함도 이러하니라. 이는 세상 세태니라. 왜 이 일을 네게 주는지 아느냐? 출간할 책 때문이니라. 전할 사명이다. 뉴스 기사를 보라. 찾을 만한 나의 마음을 둔 메시지니라. 시사에서 그들은 외면한 자 '막지 못한'이다. 자살 사건은 다른 자에게 자살을 충농케 한다. 자살의 성낭성, 자기 수상화, 이입된 순간으로 맞는 "누가 죽었잖아, 나도 그러고 싶은데" 하면서 동기 부여를 만드는, 부추기는, 자살골(유인되는 상황, 스스로의 선택 맞물림이다)로 들어가는 자들이 많다. 이는 '수'이다. 나는 자살을 바라지 않으므로 '많다' 표현한! 이전부터 알린 한국의 상황, 상태이니 자살도 알린 '수'에 대한이다. 한국의 이혼도 그러하다. 이러하니까 이혼, 저러하니까 이혼이다. 이는 합법화니 정당성, 자기식 입장, 타당성 결여가 됨이 아니냐? 지친 상태이나 곧, 이른, 섣부른 이, 대다수이다.

나는 '죽기까지 견딘'이다. 나의 이혼서는 우상이니라. 렘 3:8 내게 배역한 이스라엘에 간음을 행하였으므로 내가 그를 내쫓고 그에게 이혼서까지 주었으되…. 이 때문이다. 그러해도 돌이키는 살인자도, 간음자도 용납하는, 이는 회개 기회를 주는 나의 넉넉함, 너희 향한 포용이니라. 너희의 '할 수 없음'을 안다. 자기방어, 더 이상 해를 받지 않으려는 것을 다 안다. 아니, 나의 이해와 세계 안에서 해야 할 일이다. 사람이 다르다, 다 다르다. 이는 내성이다. 견디는 힘, 막는 힘! 견제성, 상호성, 보완성, 추구성 그러하기에 격차는 많다. 그러해도 내 안에서 "너희는 오라!" 하는 나 아니냐? 나의 이혼서(나의 결정대로, 나와 상의하는)로 함이 어떠냐? 사람의 예(삶도 그러한)도 살다 보면 이러한 일로 부모를 찾게 된다. 조언을 구한다. 힘이 되는 부모이기에 그러하다. 이는 합산이다. 이기기 위한, 조정해보려는 '마귀 세력' 대처이다. 하물며 "내게 와 주면, 엎드리면!" 아니냐? 포복하여 길듯, 자지러진 상황이 아니더냐? 기절초풍이 될만한 쇼크적 충격 상황이다. 이는 그러하다. 너희의 처지니라.

이러한 …체일지라도 나를 찾아주면! 살기 위해, 호소 위해, 도움 위해, 부모 찾듯 찾아감이 아니더냐? "내게 오라, 오라, 오라!" 수 없이 일렀느니라. 어떤 상황에도 나 없이는 살 수 없는 제도권 문화이다. 세상에 짜여진, 구성된, 문화 된, 실체 된 그 속의 너희니라. 매여 사는, 관계되는, 이루어진 구성원 또는 관망자라도 헤아리며, 다가올 그 날 위해 몸 사리는 너희이니 '대적해야 할' 가릴 세계, 세상이니라. 그 속에 둔 나이다. 애처로이 바라볼 수밖에 없는 나의 눈, 얼굴 모습(사진으로 보기도 하는 너희니라) 보는 자들이다. "돌아오라, 오라!" 병원의 의사도 정신 상담, 치료 등 맞춤용이니 의사에게 각각 치료, 도움, 의지하는 의존적 너희니라. 하물며 영의 아버지께로 돌이키지 아니하려느냐? 내심 일으키나, 대다수는 '중도 포기, 돌아서는 이'도 <u>많은 교회 곳곳의 현장 된 현실이니라</u>. 이는 사태이다. 신앙 사태. 교회 모습이라. 신앙 기준이 다 '다른'이다. 목회자 '양상 된'이다. 성도 깔맞춤 시대이다. 정치가(권세가), 유명인, 기업가 등 지명도 두는, 업적 보는, 가진 자 재물 권세니라. 우리 '이러한' 어때? 하는 '지닌(갖춘) 교회' 모습의 세태이다. 신앙이랴? 신앙으로 보랴?

주의 제자이니라!(주의 원하는 교회의 모습, '주'의 종들이다). 누구든 제자를 양육해야(주의 제자가 다시 제자를 세우는) 나의 종, 나의 자녀 신분을 위한 것이니 그들은 수고해도 말석에 앉는 무익한 종이라 하는 자들이다. 영으로 하는 일, 사람에 관심 둔 나의 마음, 뜻에 기울인 그니라. 내가 아끼는 수제자이다. 저들 눈에 비교적 '아니라, 시시해' 해도 나의 눈 기준과 저들 눈은 다르다. 비기지 마라! 나와는 맞지 않는 … 두는 자들이니라. 속셈 가진, 내심 있는, 결탁이 된 문재인 정부 그들이니 나의 하늘! 위를 높이 바랄 '눈 바라봄'이 되랴? 앞만 보는 현실 정치인, 경제인, 예술가, 저명도를 다루는 '그들 나름대로 치열한 일을 둔'이니 그대로 두라. 겪다 보면 '나올 이'가 있는가 하면 '독자적 노선을 취할 이'도 있다. 그러한 세계, 기독교 전체나 부분 된 모습을 다루는 것이다.

영서, 이 스토리는 그러하다. 교회 밖, 교회 안이 어디 있더냐? (찬양을 주십니다! 하라) '내 주 예수 모신 곳이 그 어디나 하늘나라…' 화장실이나, 쓰레기 나부끼는 거리나, 모든 곳이 나의 처소 된, 내 땅, 지역이 된, 피로 값 주고 산 내 땅, 너희니라. 너는 갈대 상자를 둔 모세의 어머니이니라. 출 2:3 더 숨길 수 없게 되매 그를 위하여 갈대 상자를 가져다가 역청과 나무 진을 칠하고 아기를 거기 담아 나일 강 가 갈대 사이에 두고. 이는 영서니라. 세상에 띄우는 '내 아들이 된'이다. 모세가 되어줄, 세상 탈출을 도울 목자들을 세울 '양식된'이다. 힘 얻을 자, 돌이킬 자, 다 포함이다. 얼마더냐? '카운트 다운'으로 보는 너희니라. 깨어 있는 자는 그러하다. 종말 시기 된! 준비자들로 숨죽이는, 때로는 움직임이 활발한 도전되는 시기도 갖는, 이러한 때 이러하고, 저러한 때 저러하고 마치 다윗과 같다. 삼하 5:19 내가 블레셋 사람에게 올라가리이까 여호와께서 그들을 내 손에 넘기시겠나이까…올라가라…넘기리라 20 …바알브라심에 이르러…치고 22 블레셋 사람이 다시 올라와서… 23 …여호와께 여쭈니…올라가지 말고 그들 뒤로 돌아서 뽕나무 수풀 맞은 편에서 그들을 기습…. 전쟁에도 나갈 때 '전진'이 있고, 뒤로 물러설 '후퇴'가 있고, '대기'하기도, '숨기'도, '공격'하기도, 전략 전술로 전세에 '대응하는'이다. 성전을 지을 때 '건축'이 있고, 산으로 도망할 때 '도피'가 있으며, 주의 영광으로 성전에 가득 찬 '연기'의 때가 있듯이, 재난에 대한 '대처'도 그러하고 신랑 맞을 '준비'도 그러한!

이 모든 것은 마지막 때를 다루는 시기이므로 깨어날, 깨어남, 준비를 위함이라. 마

25:6 밤중에 소리가 나되 신랑이로다 맞으러 나오라 하지 않더냐? 어둠 속(배경 된, 적그리스도 체제하에 둔 너희니라) 내게 나아올 등불 든 너희니라. 요 3:8 …성령으로 난 사람은 다 이러하니라. 시온산에 선 자이다(계 14:1). 유리 바닷가에 서서…(계 15:2) 이 같은 자들이다. 계 14:1 어린 양이 시온산에 섰고 그와 함께 십사만 사천이 서 있는데…. 4 이 사람들은 여자(밤중은 어둠이다. 마 25:6 밤중에 소리가 나되 보라 신랑이로다 맞으러 나오라 하매)와 더럽히지 아니하고 순결한 자라 어린 양이 어디로 인도하든지 따라가는 자며 사람 가운데서 속량함을 받아 처음 익은 열매로 하나님과 어린양에게 속한 자들이니 5 그 입에 거짓말이 없고 흠이 없는 자들이더라. 계 15:2 짐승과 그의 우상과 그의 이름의 수를 이기고 벗어난 자들이 유리 바닷가에 서서. 여기까지이다. 이는 목회 교훈서이다. 세상을 알고, 나를 알고, 가정을 세우는, 사회를 보는 눈을 가진, 나라를 꿰뚫는 직시력, 적그리스도를 아는 이 모든 일 속에 전체를 두신 하나님께서 맡긴 일을 수행(전하는)하는 사명감 된 이 자리이다. 영서 워드 자리 위치니라.

3. 성 삼위일체께 감사하라

"날 위해 죽으신 주, 주밖에 없다!" 아는 자이다. 고립된 너이다. 갈 길이 멀다. 비바람 속의(영서 첫날, 이러한 날씨로 인하여 이는 내가 너와 갈 길이다! 하신 주시다) 갈 길을 알린 대로 두 번 일했다. 어머니 장례식과 동해안 바다 기도이다. 한 주에 두 번으로 기억하는 너이다. "아버지, 금주에 대해서 알고 싶어요" 순한 양이다. 길들인 자이다. 모두 과정 중에 있다. 바티칸 로마 교황청에 엎드리지 않아야 할 자이다. 문 대통령은 가톨릭이다. 권모술수의 대가들이다. 북한 김정은과의 도보 다리 대화! 주님이 드러내신다. 독재자이다. 국민에게 발표하지 않는 자, 군림자이다. 돈(생활지원금) 주고 달래는 자이다. 가톨릭식(구제 봉사라고 생각한다) 대모 역할(김정숙 여사) 하려 한다. 모두를 속이는 자이다.

4. 바티칸 교황에 대해서 보자

그는 누구인가? '모름지기' 같은 자이다. 권모술수 대가이다. 사탄(뱀)에서 나온 자이다. 자기를 높이는 자이다. "…하더냐?" 창 3:1 참으로 너희에게 동산 모든 나무의 열매를 먹지 말라 하시더냐 하는 자이다. 만인 제사장의 때이다. 히 8:11 또 각각 자기 나라 사람과 각각 자기 형제를 가르쳐 이르기를 주를 알라 하지 아니할 것은 그들이 작은 자로부터 큰 자까지 다 나를 앎이라. 그룹들이 가려져 들어오지 못할 자이다. 창 3:24 …에덴동산 동쪽에 그룹들과 두루 도는 불 칼을 두어 생명 나무의 길을 지키니라. "그는 어디에서 무엇을 하나요?" 현란한 자이다. 긴 옷 입고(권위 상징)-눅 20:46 긴 옷을 입고 다니는 것을 원하며 시장에서 문안받는 것과 회당의 높은 자리와 잔치의 윗자리를 좋아하는 서기관들을 삼가라-스스로 최고(존엄 상징)라 한다. 섬김받는다. 수확자이다, 거둔다, 가진 자이다. 규모(자산액) 가진 가톨릭이다. "왜? 주님이 관여하시지 않아요?"

이미 버린 자이다. 치우친 자, 빠진 자, 즐기는 자, 탐욕의 늪에 허우적거린다. 맛을 즐긴다. 나는 낮추는 자이다. 그는 내려올 수가 없다. 나올 수가 없다. 내 옷을 입을 수 없는 자이다. 부자와 나사로 비유 보라(눅 16:19-31). 그는 부자 같이, 나는 나사로같이 살아왔다. 어찌 비교하며 일치할 수 있겠는가? 눅 16:19 한 부자가 있어 자색 옷과 고운 베옷을 입고 날마다 호화롭게 즐기더라. 20 그런데 나사로라 이름하는 한 거지가 있어 헌데 투성이로 그의 대문 앞에 버려진 채 21 그 부자의 상에서 떨어지는 것으로 배 불리려 하매 심지어 개들이 와서 그 헌데를 핥더라. 호화, 날마다 사치(아는 너이다), 출세자이다. 등극 왕이다. 세계를 위해 추대되어 호칭 '교황'으로 칭송받는다. 이러한 자가 바닥, 길로 나올 수 있겠는가?

무시 받는 자리, 때리는 자리, 짓밟는 자리, 내 자리이다. 로마 황제 치하를 보라. 그들에 의해 내가 어떻게, 무엇을 받았는지 … 난 짐짝처럼 버려졌다. 그들에게는 쓰레기, 오물 같았다. 귀찮은 존재, 상대하고 싶지 않은! 그러나

제19일. 니느웨 회개 기도 40-19

그들도 나의 위엄을 느꼈다. '아버지의 신성' 이것이 권위이다. 두려워도 표현하지 않은 그들이었다. 포악함의 극치로 나를 대했다. 그들은 잊어도 나는 잊지 않았다. 그러나 용서한다. 그들 모두를. 모르기 때문이다. 알지 못하는 자는 무지한 자들이었다. 아버지의 뜻을, 내 마음을. 전혀 다른 이들이 있다. 나의 제자들이다. 그들은 나를 따랐다. 호의적이었다. 친절했다. 들었다. 배웠다. 같이 다녔다. 궁금해했었다. 물었다. 쉼 없이 나아갔다. 나의 뜻을 향해 그들은 이루었다. 성령이 임했고 다시 힘쓰고 전진했다. 나를 위해 살았다. 내게 영광 돌리는 것이 그들의 기쁨이었다. 그들은 의무적으로 하지 않았다. 나의 때 볼 것을 믿었기 때문이다.

5. 산상수훈 보라

1) 의에 주린 자들 너희들이다(너, 두 아들 함께): 마 5:6 의에 주리고 목마른 자는 복이 있나니…. 이미 배부른 자여 '화'가 있을 것이다. 내가 외치는 말이다. 속도계같이 그들은(나의 제자들은) 움직였다. 해냈다. 나의 뜻을 이루었다. 그들의 성취는 그들의 몫이다. 내게 영광 돌린 것, 그들에게 다시 돌려줄 것이다. 나의 영광의 자리 함께 앉힐 것이다. 영원히 영원히(forever)!

2) 가난한 자는 무엇인가? 이에 대하여 적어보자: 마 5:3 심령이 가난한 자는 복이 있나니 천국이 그들의 것임이요. 가난은 need(필요한 것)가 아니다. 배고픔이다. 아버지가 그리워지는 것, 생각나는 것, 주님이 보고 싶은 것, 구하는 자들이다. "사랑의 목마름이다" 이렇게 보면 된다. 한마디로 요약하자면 "나에 대한 그리움이다" 부모와 자녀와의 관계처럼 나도 그렇다. 부모가 필요한 것을 주는 것이 사랑이다. 정서적 사랑을 우선하듯이 나도 내 사랑하는 자녀들에게(구원의 대상) 사랑을 주려 한다. 그들의 눈빛이, 마음이 나를 원할 때 내 사랑은 그들에게

전달될 것이다. 채워질 것이다. 즉 나에 대한 사랑 '배고픔'이 가난의 의미이다. 다시 말하자면 가난= 배고픔=그리움=사랑이다.

6. 나의 사랑을 요구하여라. '성령'의 간청이다

<u>도시의 과부</u>(눅 18:1-8), 눅 18:6 주께서 이르시되 불의한 재판장이 말한 것을 들으라 7 하물며 하나님께서 그 밤낮 택하신 자들의 원한을 풀어 주지 아니하시겠느냐 그들에게 오래 참으시겠느냐. <u>밤중에 방문한 친구 이야기</u>(눅 11:5-13), 눅 11:8 내가 너희에게 말하노니 비록 벗됨으로 인하여서는 일어나서 주지 아니할지라도 그 간청함을 인하여 일어나 그 <u>요구대로 주리라</u>. 10 구하는 이마다 받을 것이요 찾는 이는 찾아낼 것이요 두드리는 이에게는 열릴 것이니라. <u>바리새인과 세리의 기도</u>(눅 18:9-14) <u>등등 보아라</u>. 눅 18:4 내가 너희에게 이르노니 이에 저 바리새인이 아니고 이 사람이 의롭다 하심을 받고 그의 집으로 내려갔느니라 무릇 자기를 높이는 자는 낮아지고 자기를 낮추는 자는 높아지리라 하시니라. 소용대로 주리라. 흔들어 넘치도록 주리라. 눅 6:38 주라 그리하면 너희에게 줄 것이니 곧 후히 되어 누르고 흔들어 넘치도록 하여 너희에게 안겨 주리라…. 사랑은 나의 값, 가치이다. 나를 아는 자는 찾는다, 구한다, 두드린다, 열릴 것이다. 이것이 너에 대한 말씀이다.

1) 고전 13:4 사랑은 오래 참고: <u>오래 참음을 옷 입고</u>-골 3:12 …오래 참음을 옷 입고 13 누가 누구에게 불만이 있거든 서로 용납하여 피차 용서하되 주께서 너희를 용서하신 것 같이 너희도 그리하고 14 이 모든 것 위에 사랑을 더하라 이는 온전하게 매는 띠니라-<u>이것은 나에 대한 신뢰이다</u>. 지속적인 관계의 의미이다. 나와의 관계에서 승리한 자에게 면류관을 줄 것이다. 이미 받은 너이다. 몇 해 전에 이러한 말씀을 수시로 받은 너이다. 장작불 보라. 오래 타듯이(종이 같은 사랑, 순간 사라져 버리는, 일시적인 사랑이 아니다) 꾸준히, 인내의 시간, 인고로 나아오는 자들이다. 그

시간 속에 내가 있는 것이다. 나와 함께 있는 것이다. 이것이 나이다. 불 같은 사랑(꺼지지 않고 지속적인 사랑)! 세월과 함께하며 그 안에 모든 것이 녹아져 있는 상태이며(2020. 8. 1. 토요일, 어머니 장례식 장지의 화장장에서 '불 속'에 태우고 남은 가루를 본 자이다) 나와 함께한 역사의 시간을 말해 주며, 그 안에 내가 있는 것 이것이 '불 같은 사랑'이란다.

2) '정금' 같은 사랑을 보자: "연단을 한다"라고 알고 있는 너이다. 순수도를 뜻한다. 결점 없는 상태이며 순금을 말한다. 섞이지 않는 것이다. 오직 나만이 존재하도록, 나타나도록, 내 안에 녹아진 상태! 자아 파쇄, 자아 부인, 자아 성화 상태이다. (찬양을 주십니다! 하라) '세상과 나는 간 곳 없고 구속한 주만 보이도다.' 오직 예수 그리스도로 옷 입은 자, 의에 가려진 자, 감춰진 자신을 십자가의 공로로 보는 자이다. 오직 나, 나이다. 그 외는 없다. 이것이 '정금' 같은 자이며 사랑이다.

7. 배고픈 자 다시 보자

주린 자이다. 마 5:6 의에 주리고…. 어느 때 배가 고픈가? 말씀의 양식, 생명의 양식을 의미한다. 마 4:4 사람이 떡으로만…하나님의 입에서 나오는 말씀…. '의'에 대한 분별력이 있다. 공의, 정의, 정직 이에 해당한다. '의'가 너희의 양식이다. 폭염, 장맛비처럼, 기근 시에 너희에게 은혜를 주러 온 나이다. 지상에 온 이유이다. 너희의 주가 되어 내 영이 너희 안에 거할 때 가르칠 것이며, 배운 자는 내게로 오며 들을 것이다. 알게 될 것이며 이것이-(찬양을 주십니다! 하라) '하늘 문이 열리고 '의'의 빗줄기 이 땅 가득'-생명 양식이며 성령이다. 성령이 가르치는 것이다. 이 세상의 것은 배부름이 없다. 먹을수록 배고프다. 이것이 소유욕이다. 명예욕이다. 한 번 더, 두 번, 조금 더, 더, 더! 하다가 인생이 끝나며 그들의 끝은 멸망이다.

나의 길은 생명의 길이다. 생명을 얻으려 찾는 길이다. 위의 것을 찾는 것이다. 골 3:1 그러므로 너희가 그리스도와 함께 다시 살리심을 받았으면 위의 것을 찾으라 거기는 그리스도께서 하나님 우편에 앉아 계시느니라. 아버지의 뜻을, 창조주의 뜻을, 전능자의 뜻을, 이것이 내가 원하는 바이며 너희들에게 주는 것이다. 탓하지 말라. 누구도 그 무엇도 내게 물으라, 설명 들으라, 나의 뜻을 물으라, 내 마음을 알아라, 이것이 너희 몫이다. 할 일이다. 세상은 웅덩이, 지뢰밭이다. 인생길 가다가 발이 빠지기도(예기치 않는, 감춰진, 파묻힌 지뢰들 밟기도) 하는 것이다. 누가 뭐라 하는가? 이 상황에 대해서. 누가 빠진 자, 밟은 자 편에서 여호와께 물을 것인가? 나이다. 너이다. 이 말뜻은 나의 중보로 네가 해내야 할 일이라는 뜻이다. 누구든지 나를 알면, 알게 되면, 너처럼 그들도(이미 하고 있는 자도 있고) 할 것이다.

중보의 사명 너이다. 세계, 나라, 지역 사회, 돌출된 문제, 예기치 않는 문제, 모두 해당한다. 가리개 같은 너이다. "무슨 뜻이에요?" 가림막이다. 커튼을 열고, 닫는 것 같이 하늘 문 열리고 닫히는-엘리야처럼, 두 증인처럼(계 11:3)-사역이 될 것이다. 동해안 바다에서 기도할 때, 하늘의 먹구름이 걷힌 바다(하늘 원편)이다. "주님! 제 머리의 '생각'과 가슴의 '마음'을 주관하여 주소서" 늘 바라는 자이다. 그곳에서 요철 같았다. 누구나 겪는 과정이다. 구불거린다. 이는 들쑥날쑥 의미이다. 강철, 강판(철, 강성같이)으로 쓰일 것이다. 겔 3:9 네 이마를 화석보다 굳은 금강석같이 하였으니 그들이 비록 반역하는 족속이라도 두려워하지 말며 그들의 얼굴을 무서워하지 말라. 이후로는 종이라 하지 아니하고 친구인 것처럼. 요 15:15 이제부터는 너희를 종이라 하지 아니하리니 종은 주인이 하는 것을 알지 못함이라 너희를 친구라 하였노니 내가 내 아버지께 들은 것을 다 너희에게 알게 하였음이라.

8. 바닷가에서 보자

너는 어땠을까? 용의주도한 자였다. 청포묵 같은 너였다. '유연성'(8월 1일 장지산에서의 강직함과 다른) 먹기 좋은 음식이니 누구나 먹을 수 있는, 소화되기 쉬운 그러한 장면이었다. 다른 자와 별반 없는 행보였다는 뜻이다. 바닷가에서 네가 무슨 일을 하는지 모르게 해낸 자였다. "체온 열 잰 것은 표를 받은 것인가요" 다 봤다. 바다 해변 입구에서 걸으며 주와 대화한 자이다. 분별에 대해 들은 너이다. 죄 때문에 마음 상하고, 입구에서 주춤하고, 얼떨결 상태인 자, 중심을 안다. 부딪히기 싫어서 '용화' 목적으로 기도할 수 있기에 수용한 너였다. 주구장창 '표' 때문에(연구자이기에) 노심초사 상태인 너이다. 그들은(문 정부) 이미 안다. 네가 그들의 소유가 아니라는 것을. 예수 그리스도가 안에 있는 자, 오직 이것이 살길이다. 붙잡는 너이다. 흐릴지라도(날씨처럼) 빛을 본 자, 빛 속에 있었던 자 너이다. 내가 너를 찾은 것이다.

9. 내가 너와 걸어갈 길

이 말은 2020. 7. 23. 목요일. 영서 첫날, 비바람 날씨 속에서 내가 네게 전한 말이다! 하라. "그다음은 무엇인가요?" 비바람은 대적자들, 반대하는 자들, 흉보는 자들이라는 의미이다. 한마디로 요약하면 박해하는 자들이다. 원수 사랑! (이 말씀을 주십니다) 마 5:10 의를 위하여 박해를 받은 자는 복이 있나니 천국이 그들의 것임이라 11 나로 말미암아 너희를 욕하고 박해하고 거짓으로 너희를 거슬려 모든 악한 말을 할 때에는 복이 있나니 12 기뻐하고 즐거워하라 하늘에서 너희의 상이 큼이라 너희 전에 있던 선지자들도 이같이 박해하였느니라. 마 6:44 나는 너희에게 이르노니 너희 원수를 사랑하며 너희를 박해하는 자를 위하여 기도하라. 이곳에서 겪을 것이다. …생략… ㅇㅇ 교회 목사, 문 닫는 교회가 될 것이다(두 번째 이르시는 주시라). 계속되는 자, 명예 지키는 자로(목사 명예) 보면 된다. "주님에 대해 어떤 종인가요?" 성경 역사 알지 않는가? 반대하는 자였다. 제지하는 자였다. 너를 끌어내는 자였다. …생략…

"주님, 무슨 일을 겪어요?" 내(자신의) 마음대로 하고 싶어 하는 자들이다. 너의 시험이다. 테스트하는 자이다. 옳고, 그름을 선택할 때 너는 진리에 대해 아는 자이다. 요일 4:6 …진리의 영과 미혹의 영을 이로써 아느니라. 뱀 역할! 창세기 3장 1절의 "…더냐?" 하는 자이다. "시험은 왜 주시는 것이에요?" 시험은 확답, 확정을 위한 것이다. 아는가? 학교 시험처럼 보는 것이다. 이해하고 있다, 받았다(receive) 하는 의미이다. 예를 들어 요 1:16 우리가 다 그의 충만한 데서 받으니(we have all received)…. 요 1:12 영접하는 자(who received)…. …생략… 분기점 될 것이다. 이쪽인지, 저쪽인지 선택될 것이다. 테스트를 잘 봐야 하는 자이다.

10. 색깔에 대해서 보자

무지개 '빛' 색깔! 빨, 주, 노, 초, 파, 남, 보를 아는 너이다. **첫 번째, 빨간색**(불, 뜨겁다)은 주체이다. 시작 의미, 근원, 나의 마음이다. 불 같은 사랑의 '의'를 뜻한다. 반대편 적그리스도의 이용 목적인 빨간색 사용을 알아야 한다. 천사의 가장(처럼, 같이)으로 '나' 같이 나타내 보려는 자들이다. 용맹, 전진으로 그들은 나타낸다. '의'의 대적 '불의'로 보면 된다. '이기고 이기려' 말씀 두자. 계 6:1 내가 보매 어린 양이 일곱인 중 하나를 떼시는데 그 때에 내가 들으니 네 생물 중의 하나가 우렛소리같이 말하되 오라 하시고 2 이에 내가 보니 흰 말이 있는데 그 탄 자가 활을 가졌고 면류관을 받고 나아가서 이기고 또 이기려고 하더라.

두 번째는 주황색이다. "알려주세요" 사랑의 온도로 볼 때 자연에 해당한다. 하늘의 해로 보자. 나의 표현된 상징이다. 그의 역할을 보라. 비추다, 태우다, 말리다(건조), 따뜻하다 등이다. 이것은 지구의 역할이다. 나를 대신해 주는 표현의

색, 역할의 색이다. **세 번째 노란색**은 중간 지대로 보면 된다. 공중에 해당한다. 새들이 나는 곳, 바람 부는 곳, 눈, 비 등 여러 기후와 관계된 통로 역할과 무대로 보면 된다. 장면을 연출하는 장소와 같다. **네 번째 초록색**은 녹지대, 풀밭, 나무 등이다. 이를 아는 자, 너이다. 땅 지평선에 놓여진 것들을 대표하는 색이다. 안정, 평온, 화목, 대표는 peace이다.

다섯 번째 파란색은 바다색이다. 나의 마음 차가워질 때이니 사랑에서 진노로 아니냐? 윗물(창 1:7 …궁창 아래의 물과 궁창 위의 물로 나뉘게 하시니)은 노아의 심판 때 '물 사용' 기억하기 위함이다. 창 7:11 …그 날에 큰 깊음의 샘들이 터지며…땅도 덮을 수 있는 물의 양이다. 하늘의 물(표현해 보고 싶었다. 내 마음 차가워질 때 기억해야) 내 마음(하늘)에 포를 쏘는 자이다. 북한을 회개시켜야 한다. "저들을 살릴 수 있다" 하는 너희 뜻이다. 내게로 향한! **여섯 번째 남색(일명 군청색)**은 어느 때 사용되는가? 궁금한 자이다. 검정 대신 사용하는 색이다. '땅의 위정자 색'으로 알려진 색이다. 군림! 통치의 색이다. 위임권, 대행자, rule 권세 해당이다. **일곱 번째 보라색(그레이 대용)**은 일명 포도색이다. 열매 상징의 '왕권' 맞다. 새 포도주이다. 신비의 색으로 알려진! 계시의 색으로 보자. 보라색 좋아하는 너이다.

2023. 1. 30. 월요일. 추가 글입니다.

'보라색에 대한'이다. 오래전, 어느 날 물가에 서 있는 자신을 본 자이다. 물속에 발을 담그고 맑은 물속에 다 비치는 돌들을 보고 있는 자이다. 그중에 눈에 띄는 보라색 돌을 찾은 자이다. 수많은 돌의 색과 다른 색의 돌을 발견한 자이다. 다른 돌들은 관심이 없기에 오직 이 한 돌만 찾기 위해 나선 자이다. 그리고 발견한 보라색 돌이다! 하라. 뒤에서 한 목회자가 이 모습을 바라보고 있다. 이를 아는 자, 너이다. 이 돌이 왜인가? 오직 이 돌만 찾는 자임을 그는 알고 있다. 사람이 없는 물가이다. 물이 맑아서 물속의 돌들이 다 비치는 그곳에서 골똘히, 몰두하여 보석을 찾듯이 찾는 자신을 본 자이다. 그리고 수많은 돌 속에 마침내 귀한 돌을 찾아낸 당시이다. 보라색은 왜인가? 이는 왕권이다. 이를 알고 있기에 다른 관심보다 '집중'기를 가질 수 있는 연단 시기이다! 하라. 자신이 체험한 하나님이 누구신지, 또 어찌 교제했으며, 무엇을 알았는지, 이를 아는 자이기에 다른 관심을 뒤로 하고 나선 자이다. 성경 말씀에 집중한 기간, 시간도 이러함이다. 많은 관계를 끊으며, 멀리하며 채움과 기다림을 위해 두문불출한 이유이다. 준비해야, 주를 만나야, 주의 인도 아래 명하는 일을 해야 함을 알기에 이를 구한 자이다. 그리고 많은 비밀이 열어지는 지속되는 시간 속에서 이 모든 것을 차곡히 저장해두며, 마침내 약속도 받으며, 주가 찾아오시기까지 기다린 자이다. 그리고 지치는 시기의 끝에 만난 주시다! 하라.

보라색을 잊은 자이다. 돌은 주시다. 영서의 해석 은사를 맡은 자이다. 기록하고, 책 출간을 준비한 지 어언 3년(2023. 7. 23)을 앞둔 자이다! 하라. 햇수는 4년(2021-2023년)을 맞이한 자이다. 그간에 새 정부도 시작되었으며 주께서 알리신 대로 바라시는 대로, 공산화로 초토화 되어 가는 지경의 한국이니 문제의 주범인 좌파 척결, 구속도 진행되는 상황이다! 하라. '나라를 위해, 지구를 위해' 하는 일이다! 하며 교회들에게 알릴 사명이 된 자이나, 출판의 장벽을 만난 자이다! 하라. 교회의 순수도를 찾으시는 주께서 "출판사도 보신다!" 하며 시작한 출판사 문의하는 일도 어언 1년 된 자이다. 2022년 한 해를 꼬박 매달린 채 보내고, 다른 원고도 뒤로 하고, 많은 일의 진행을 알리시나 주춤된 상황이다! 하라. 이는 왜인가? 하나님의 마음과 사람은 다르다! 하라. 관심도 그러하다. 목적도 그러하다. 열심히 하나, 헛스윙하는 자들이 많다! 하라. 목표물을 알리어도 향하지 않는다. 자기식이 편하기 때문이다.

너는 '규정' 논란이 될 자이다. 성령의 사람은 이러하다. 이 규정은 목회자들의 눈이다. 기독교의 눈이다. 출판사의 눈이다. 정치, 경제, 각계의 눈이 되기도 한다! 하라. 자기식, 자기 멋대로, 자신의 취향대로 산 자들이 많으니, 위세 등등하여 자신이 가진 줄, 높은 줄을 아는 자들이 많다! 하라. 옷(가진 모든 것, 의지하는 것, 계획한 것 등이다) 벗기어 다 세워 놓으면 누가 누구랴? 인간일 뿐이다. 몸 하나 달랑 남은 자들이다. 먹어야 살고, 배설해야 하고, 추위와 더위에 약한 생물 중의 하나일 뿐이다! 하라. 이 몸마저 두고 가는 세상이니 이는 최후 죽음 앞에 정리될 육체, 물질이 아니더냐? 가장 큰 죄는 하나님을 알지 못한 것이다. 다음은 아는 척한 자들이다. 더 아는 자를 무시한 자들이다. 안다고 착각해서 자신의 지위, 위치, 세력으로 겨룬, 앞세운 자들이니 주를 무시힌, 외면한, 대적한 자들이다! 하라. 성령의 차이가 있다! 하라. 알수록 내게 나아오나, 모를수록 아는 자의 그림자가 되어 떠나지 않고 괴롭히는 자가 된다 하라. 이를 주라. 한국 교회에 이르라. 주가 오시니 준비되었는가? 하라. 재산, 건강, 나이, 학력, 경력, 지위, 관계, 교회 사업 현황, 미래 일등 자산 규모이다! 하지 마라. 어찌 살았는지 다 아시는 주시다! 하라. 한 일이 아닌 부끄러움을 찾으라, 못한 일을 찾으라, 하나님 관계이든 사람이든 그러하다. 또한 모르는 일이 많으니 이는 무엇인가? 알라.

"**성령 준비이다**" 하거늘 기름 그릇 준비되었는가? 마 25:4 슬기 있는 자들은 그릇에 기름을 담아 등과 함께 가져갔더니. 주와 함께하는가? 무어라 하시는가? 잘한 것이든지, 잘못한 것이든 날마다 주의 음성을 듣는 자가 복이 있도다! 하라. 계 1:10 주의 날에 내가 성령에 감동되어 내 뒤에서 나는 나팔소리 같은 큰 음성을 들으니. 이러한 사도 요한의 시대이다! 하라. 계 3:20 볼지어다 내가 문밖에 서서 두드리노니 누구든지 내 음성을 듣고 문을 열면 내가 그에게로 들어가 그와 더불어 먹고 그는 나와 더불어 먹으리라. 이 글은 왜 주냐? '돌에 대한'이다. 보라색을 찾은 자이다. 찾고, 받은 연단 기간이다. 그리고 책으로 출간하는 자이다. "주라" 하시는 주시다. 더 주기 위함이다. 다시 3년을 지쳐 지내는 자이다. 왜인가? 불신, 의심, 자랑자들이 거대한 장벽이 되어 출간을 지체하고 있으며 만만치 않은 세력전이니 이는 누구이랴? 하나님께 오르는 줄을 잡으나 자신 줄 외에 무엇이랴? 교회가 지구전을 아는가? 하라. 이를 주기 위함이다. 하나님의 마음을 알라. 부모가 되면 자녀들이 이러할 때 기쁘지 않으랴? 지구는 초토화이다. 이러한 상태이다. 버리기 일보 직전, 위기 상태이다! 하라. 운명 전, 부고 준비하듯이 이러한 시대이다! 하거늘 나의 길, 파수꾼의 사명 된 자들을 누가 막으랴? 교회, 목회자들이 아니랴? 출판사들이 아니랴? 하라. 이 글은 출판사의 문전 박대와 외면과 무시와 시큰둥 대하는 자 등 별의별 작태를 체험하며 이곳까지 이른 자이다. 하늘만 보아야 하는 자이다. 현재는 그러하다. 영서를 맡은 저자의 울분 '이 땅에 대한'이다! 하라. 되었다. 닫으라.

11. 미자립 교회에 대하여 보자

이는 너이다. 개인의 특색 가진 너, 자비량이었다. 소속되지 않는 '무간판'이었다. 사람을 섬긴다, 직분(호칭) 없는 자이다. 목회에 대한 견해는 첫째는 주와 교제(성령 인도)이며, 둘째는 성경이며, 셋째는 인격(사랑)이다. 기타 건강, 재물, 사람 관계 등 부수적인 것을 섬기는 교회보다 일하는(복음 전도자) 교회로 나아가고 싶은 자이다. 이는 방향성이다. 성령이 일하시는 교회이다. 2차적 꿈을 갖고 있다. 주님의 도구이다.

12. "오늘은 무엇할까요?"

"오후 10시까지 하나요?" (2023. 3. 25. **토요일. 추가 글입니다.** 하루의 시간과 할 일을 주께서 주관하시므로 질문을 드립니다. 외부 계획이 아니면 금식이 마치는 시간대까지 실내에서만 경건 시간을 보내야 하므로 일정을 묻습니다) 빌립보서 차근히 읽어봐야 하는 자이다. …생략… 이는 어머니 장례식에서 일어난 일이다. "무슨 권위로 일하느냐" 네게 이렇듯 대한 자이다. 마 21:23 예수께서 성전에 들어가 가르치실 새 대제사장들과 백성의 장로들이 나아와 이르되 네가 무슨 권위로 이런 일을 하느냐 또 누가 이 권위를 주었느냐. 아버지께서 일하시니 나도 일한다. 이러한 자, 너이다. 요 5:17 예수께서 그들에게 이르시되 내 아버지께서 이제까지 일하시니 나도 일한다 하시매. 네게 주님이 시키신 일이었다. 어디든(강단) 전한 자였다. 두 아들 키우려는 자이다. 이는 아들을 '마지막 때'를 전하게 하는 자이다. 주님이 무엇을 원하시는지 하나님 뜻을 다시 알아야! …생략… 어머니 장례식에서 누군가는 네게 어찌했으니 그는 네게 사과해야 하는 자이다. 주를 가르치는 자들이다. (주가 명하신 일을 하는 자가 아니냐? 하라)

두 아들을 다시 보자. 하나님 나라는 너희 안에 있느니라. 눅 17:20 하나님의 나라는 볼 수 있게 임하는 것이 아니요 21 또 여기 있다 저기 있다고도 못하리니 하나님의 나라는 너희 안에 있느니라. 부모를 대적하는 자들을 본 두 아들이다. 부모를 흉보는 자들 편이 아닌, 성령의 역사 편(부모 편)을 들어야 할 자들이다. 성령의 일을 하는 부모를 보호하려 해야 하는 두 아들이다. "혈육이 아니요" 이를 전하신 주님이시다. 마 16:17 …바요나 시몬아 네가 복이 있도다 이를 네게 알게 하신 이는 혈육이 아니요. 하늘에 계신 내 아버지시니라. '내가 너와 걸어갈 길(비바람)' 속에서 체험한 날이었다. 2020. 7. 23. 목요일, 영서 기록 시작 첫날 "가라" 하니 나선 자이다. 비바람 날씨 속에서 알린 대로 내가 너와 걸어갈 길 '비바람'길은 어머니 장례식에 참석한 2020. 7. 31. 금요일과 2020. 8. 1. 토요일이다.

외치기 시작한 네 모습을 보자. 성령이 화난, 이는 너의 눈빛이었다. 장지에서 전할 때이다. 전날 장례식장에서 밤새워 기록한 영서는 '저녁 제사'이다. 가브리엘 말씀을 두라. 단 9:21 곧 내가 기도할 때에 이전에 환상 중에 본 그 사람 가브리엘이 빨리 날아서 저녁 제사를 드릴 때 즈음에 내게 이르더니. 밤새도록 준비하고 나선 자였다. 동풍으로 바닷물이 밤새 마르게! 출 14:21 모세가 바다 위로 손을 내밀매 여호와께서 큰 동풍이 밤새도록 바닷물을 물러가게 하시니 물이 갈라져 바다가 마른 땅이 된지라. 애굽 군대 즉 불교 영 '붙는 자'를 승리한 자이다. 하나님의 교회 앞에 대적한 자를 승리한 자이다. 두 아들 데리고 이동, 성공했다. 힘들게 돌아온 자였다. …생략… 성 삼위일체 전하는 자, 알리시는 주님이시다. 그리스도를 전파하는 자이다. 듣고(성령) 보고(기도-환상이 열린) 하는 하루였다. 예레미야의 '여호와의 말이니라' 이를 전하는 자이다('예'입니다. 렘 1:15 내가 …치리라 여호와의 말이니라. 1:19 …내가…구원할 것임이니라. 여호와의 말이니라). 스가랴서의 스룹바벨이다.

13. 이주 계획 가진 자이다

　내면 음성 듣는 자, 통성 기도로 주 말씀을 듣는 자이다. 귀가 열린 자, 보는 자이다. 빌ㅇㅇㅇ, 일ㅇㅇㅇㅇ에 문재인 대통령은 소속된 자(지시받는 자)이다. 임ㅇㅇ 비서실장은 짝이다(지시하는 자). 적그리스도 체계에 들어간 자, 정보 내주는 자이다. 너는 아무도 가지 않는 땅으로 가는 자이다. 한국에 대해 '폭풍의 언덕'을 전한 자, 그는 ㅇㅇㅇ 사역자이다. 그러므로 렘 33:3 너는 내게 부르짖으라…. 이루어지는 자이다. 도보 다리!-문 대통령과 김정은의 비밀 회동 자리이다. 이처럼 네게 비밀을 주신다는 의미이다-내용을 주시는 하나님이시다.

　너는 어머니 장례식 장지에서 미친 자 취급받은 자이다. 폐해 끼친 자로 보는 자이다. 그들에 대해 "나도 너를 정죄하지 않는다"(요 8:11) 이를 전한 자이다. 내 입장이라는 뜻이다. "주가 용서하셨다" 하라. …생략… 너는 나이다. 대행이다. …생략… 그곳은 대제사장 집 뜰 같은 곳이었다. 당한 자, 심문받은 자, "네가 유대인의 왕이냐?" 한 자들이다. 내가 당했다. 부인하는 자들이다. ㅇㅇ 전체이다.

14. 베들레헴 에브라다에 속한 자이다

　미 5:2 베들레헴 에브라다야 너는 유다 족속 중에 작을지라도 다스릴 자가 네게서 내게로 나올 것이라 그의 근본은 상고에, 영원에 있느니라. (위의 글 이어 어머니 장례식 이야기 지속이다! 하라) 네게서 다스리는 자, 네 안의 나이다. (찬양을 주십니다! 하라) '얼마나 아프셨나?' 상황이었다. 나의 죽음의 현장이었다. 골고다 해골이라는 곳에 선 자이다. 이동(부활의 곳), 네 발로 걸어갔다(나이다). 감싸주었다(부활 이후 내 모습이다). 납골 묘지는 떡 떼는 자리였다. 형식적으로 하는 자들이었다. 네 안에 나를 믿지 않는구나! 함부로 대우, 임의로 대우한 자들이었다. 장례식장에서 너는 돌 던지는 거리에서 기도한 자이다. 눅 22:39 예수께서 나가사 습관을 따라 감람산에 가시매… 41 그들을 떠나 돌 던질 만큼 가서 무릎을 꿇고 기도하여.

"왜 하셨나요?" 부활의 형상을 보이고 싶었다. 내가 일하는 모습을 보여주고 싶었다. 가고 가도 끝이 없는 길 네 길이다. 그들은 말할 것이다. "진실로 하나님의 아들이었다" 마 27:54 백부장과 및 함께 예수를 지키던 자들이 지진과 그 일어난 일들을 보고 심히 두려워하여 이르되 이는 진실로 하나님의 아들이었도다 하더라. (찬양을 주십니다! 하라) '갈 길을 밝히 보이시니…' 떡 떼시던 날 잊지 말자. 주 예수 잡히시던 날, 너에게는 여러 경험이었다. "주님! 저에게 하시고 싶으신 말씀 있으세요?" 잊어라, 장례식장에서의 부모의 일들. 새로이 나아가자, 전진하자.

환난 날에 나를 부르라. 건지다. 영화롭게! 시 50:15 환난 날에 나를 부르라 내가 너를 건지리니 내가 너를 영화롭게 하리로다. 환난 겪는 이 나라이다. 코로나 재앙 겪고 있는 중, 엎친 데 덮친 격으로 물 재앙, 재난 중이다. 예배자이다. 어느 곳에서든지 나만을 경배하는 자 너이다. "주님! 다(올인) 드리지 못해 죄송해요" 동해안 바다를 보러 나간 자, 약속 주고 싶었다. 새 약속! 북한에 대한 것. 성령 불이 남한 → 북한 → 세계이니 이를 원하는 너이다. 바다 앞에서 성령 춤추는 자(흔들흔들) 이러한 네 모습이 기억될 것이다. 비 또한, 다리의 빛 또한, 바다의 모래 위의 글씨 쓰기, 주와 길의 대화 등 기억될 것이다. 기념된 날이다. 나를 기념한 날이다. …생략… 주께 다시 돌아온 너이다. 구한 너이다. 너의 실검(실시간 검색어)이다.

예레미야서 읽어보자. 이 나라 상황이다. 문재인 대통령은 요시야 왕 같은 자이다(나라의 입장에서 대통령의 위치는 이러하나). 또한 시드기야 왕 상황이다(이스라엘의 멸망 직전 나라 위기 상황이다. 지고 있는 자, 무능한 지도자의 상징이다! 하라). 너는 십자가의 전달자이다. 궁핍! 일체의 비결이다. 빌 4:12 나는 비천에 처할 줄도 알고…궁핍에도 처할 줄 아는 일체의 비결을 배웠노라. 수문 개방의 때 너이다. 내 보낸 시기 '방출량' 가진 자, 이는 받았기 때문이다. 동해 바다에서 사진첩에 담은 내용(파란 하늘에서 오는 날까지)을 한장 한장 넘기는, 꾸미는 자가 될 것이다. 너의 갤러리 사진첩 '자연'은 아버지의 마음, 아버지의 솜씨이다. 이를 아는 너이다. 그곳 폭포로 가보자. 산책 코스이다.

하늘山
제20일. 니느웨 회개 기도 40-20 (2020. 8. 11. 화요일)

1. 책은 과거에서 현재까지 주 음성이시다

2020년 4.15 총선 이후 문 정부는 QR 코드와 AI 열 화상 카메라를 사용하기에 어머니 장례식장 입구에서 이 기기 앞에 선 자이다. '종말'에 대한 연구는 1993년 아버지 장례식 장지에서 최근까지 계속되는 자이다. 삼위일체는 2005년 신학교 편입에서 최근까지이다. '성령'은 내적 음성(메시지)을 이곳에서 듣고(이는 2020. 7. 23. 목요일. 영서 시작이다! 하라) 한 주 후, 어머니 장례식 기간의 성령 불까지이다. 이 성령은 평안, 담대, 사랑이며 비둘기, 물, 불의 강력한 임재이며 파워풀, 역동적이다. (드라이기로 젖은 머리를 말릴 때 주시는 말씀이다! 하라) 코튼(사용 중인 보디 클렌저의 이름)보다 비누를 사용해야 하는 자이다. 일상생활에서 사용하는데, 손바닥이 상한 것은 제품의 문제이다. 오래전에 주방세제류를 사용할 때 겪은 자이다.

2022. 1. 3. 화요일. 추가 글입니다.
1993년부터 교회를 다니면서 하나님의 사랑과 은혜 체험으로 샴푸를 사용하기가 죄송해서 얼마간은 비누로 머리를 감기도 한 자이다. 결국은 머리가 뻣뻣하여 빗질 문제로 다시 샴푸를 사용하게 된 자이다. 편치 않은 마음이 있으니, 잠깐이나마 비누 사용을 다시 하기도 한 자이다. 위생 문제에 대해 자연과 사람에게 '해'가 되지 않는 길을 모색한 자이다. 또한 비용 문제도 함께 생각하며 집중하는 시간을 가져 본 자이다. 마침 손수 제조한 천연 샴푸를 선물 받아 사용도 해본 자이다. 첫 교회 신앙생활 시기에 겪은 피부 문제이다. 집에서 일상으로 사용하여 손에 접촉하는 주방세제, 샴푸, 고무장갑, 화장품 등으로 인한 피부 문제이다. 맨손에 자주 접촉하니 손에 문제(피부가 상하는)가 생김을 겪은 자이다. 종말은 이러한 생활용품만이 아닌, 의식주 문제도 연구할 대상이다. 문화와 과학과 사람 관계에서 조심, 신중히, 자세히, 살피며 알아가는 시대이며 인생의 숙제이다! 하라. 생산에서 구입까지 이 과정도 그러하다. 돈이 있으나 없으나, 많으나 부족하나, 현대 사회에서 겪는 복합적인 문제들이다! 하라. 되었다. 닫으라.

2023. 1. 30. 월요일. 추가 글입니다.

'풍부'가 죄이다! 하라. 사역지 교회가 있으면 선물이 넘친다! 하라. 지난 훈련 시간으로 최소화의 삶이 편안해진 자이다. 선교 훈련 차원과 '주'의 주신 말씀으로 사명과 관련하여 '절제'를 옷 입듯 입고 산 자이다. 그리하여 간편해진 자이다. 일상이든 무엇이든 그러하다. 그러므로 어느덧 물건의 소유, 풍부함이 거추장스러운 자이다. 이제는 이러한 매임이 거북스럽고 관리 차원에서도 짐이 되기에 소유는 최소화를 지향하는 자이다! 하라. 또한 풍부는 마음의 나뉨과 나눔의 고민이 되기도 한다! 하라. 물질이든, 선물이든, 구입이든, 가진 것이든, 남은 것이든 이 모두가 짐 같은 자이다. 인간의 몸 '생존, 생활에 대해' 하나둘씩 포장을 벗기듯 제하고 가볍게 사는 자이다.

그러나 다른 장소, 다른 환경에서 하나, 둘씩 다시 늘어간다. 접해지는 상황이다. 이는 자신의 훈련과 다른 차이의 문화로 인함이다! 하라. 이날, 저 날을 챙기는 사역자들에 대한 호의, 배려, 감사 등이 넘치는 교회 문화이다. 이는 한국 교회들의 일반적, 보편화된 모습이다! 하라. 한국의 문화가 대체로 그러하다. 주고받는 문화, 기념, 행사, 예의, 인사치레, 풍습, 전통, 현대 문화, 대중 문화 흐름 등 무수하다. 하나의 패턴이 된 곳곳의 문화이므로 한국 땅에 사는 사람은 피할 수 없는, 또한 젖어진 문화이다. 짐이 되기도 하는 문화이다! 하라. 더욱이 '선교 정책'을 가지고 있기에, 곤혹스럽고 외로운 입장이다! 하라. 이 모든 것은 훈련 분야, 연구 분야 대상이기에, 또한 사람 관계를 유의하는 때이기에, 그리고 영의 문제에서부터 신중히 다뤄야 하므로 나눔의 대상을 정함은 쉬운 일만은 아니다! 하라. 주께서 맡기신 급한 일, 밀린 일을 우선해야 하니 결국은 이 일은 뒤로 미루는 일이 되어진다! 하라. 그러므로 풍부의 짐을 진 자이다. 주방세제, 샴푸, 린스, 보디 클렌저 제품 등 그러하다. 비누를 겸하여 사용한다! 할지라도 늘 마음에 걸리는 사명의식이다! 하라. 되었다. 닫으라.

2. 심판 주 오시리라

산사태 난 곳, 중보기도 해야 하는 자이다. (뉴스에서 본 장면을 생각나게 하십니다) 물이 범람하여 길 위로 넘친 곳이 있다. 지구의 재앙, 이는 여러 가지 재앙으로 치는 나이다. 너희 가족은 게네사렛 호숫가의 두 배이다(눅 5:1, 2). 배에 나를 태우는 자이다. 눅 5:3 예수께서 한 배에 오르시니 그 배는 시몬의 배라 육지에서 조금 떼기를 청하시고 앉으사 배에서 무리를 가르치시더니. 너는 받아 적는 자이다. 너는 배이다. 나는 설교한다. …생략… "지구 생각하면 마음이 아파요" 여러 가지 재앙으로 치는 나이다. 소용돌이였다. 한국은 문재인 대통령을 깨우치게 하기 위해서이다. 문 대통령의 휴가, 너는 영상에서 본 자이다. 아들의 휴가 기간에 기도하러(포 쏘는 북한의 회개 문제로 인하여) 보낸 동해 바다이다.

여섯째 인을 보라. 숨는 자들이 많다. 진노 상황이었다. 계 6:16 산들과 바위에게 말하되 우리 위에 떨어져 보좌에 앉으신 이의 얼굴에서와 그 어린 양의 진노에서 우리를 가리라. 17 그들이 진노의 큰 날이 이르렀으니 누가 능히 서리요 하더라. 다섯째 인과 여섯째 인을 기억해야 한다. 신원자들이다. 계 6:9 다섯째 인을 떼실 때에 내가 보니 하나님의 말씀과 그들이 가진 증거로 말미암아 죽임을 당한 영혼들이 제단 아래에 있어 10 큰 소리로 불러 이르되 거룩하고 참되신 대주재여 땅에 거하는 자들을 심판하여 우리 피를 갚아 주지 아니하시기를 어느 때까지 하시려 하나이까 하니.

중국과 북한의 여름 폭우를 생각나게 하신다! 하라. 중국에 재앙이 들어갈지어다! **불과 유황 못에 들어가리라! 하라**(추가 글 2023. 4. 4. 화요일). 그는 앗수르 왕 산헤립이다. 문 대통령은 랍사게이다. 히스기야 왕은 전 목사, 이러한 관계이다. 사 36:4 랍사게가 그들에게 이르되 이제 히스기야에게 말하라 대왕 앗수르 왕이 이같이 말씀하시기를 네가 믿는 바 그 믿는 것이 무엇이냐. 이스라엘이 처한 상황과 같은 한국이다. 너는 어제 예레미야서를 보지 않은 자이다. "한국 좁은 땅에서 큰일이 일어나고 있어요" 너는 촛불이다. 어둠을 비치는 자이다. 어머니의 장례식장과 장지 화장장 두 곳에서 외친 너이다. 하늘의 천사들과 같은 자이다. (환상을 주십니다! 하라) 길 위의 고인 물이 보이는 자이다. 다시 환상을 주십니다! 하라. 차오르는 물이 보이는 자이다. 네 마음이 어떠한지? "주님이 아시지요. 제 마음을 더 잘 아시잖아요" 회개를 원하는 나이다. 모두 예수의 이름 앞에 무릎 꿇는 자를 원한다. 빌 2:9 이러므로 하나님이 그를 지극히 높여 모든 이름 위에 뛰어난 이름을 주사 10 하늘에 있는 자들과 땅에 있는 자들과 땅 아래에 있는 자들로 모든 무릎을 예수의 이름에 꿇게 하시고 11 모든 입으로 **예수 그리스도를 주라 시인하여(추가 글 2023. 4. 4. 화요일)** 하나님 아버지께 영광을 돌리게 하셨느니라.

　너는 아들과 그곳 기도 장소에서 기도하는 자이다. 나를 원하길 바란다. 나를 구하길 바란다(하늘의 해를 쳐다보듯). 달처럼 살자. 밤에도 빛을 주는 그들 달과 별들이다. 노 딱(유튜브의 노란 딱지) 붙은 자 그들에게 실검(실시간 검색) **대상자 된 너이다**―[2023. 3. 1. 수요일. 추가 글입니다.] 이 뜻의 의미는 이처럼 메시지의 수위가 높은 글(책 내용)이기에 주시는 밀씀입니다! 하라. '드러내고 밝히는' 사역이기 때문입니다. 마 10:26 그런즉 그들을 두려워하지 말라 감추인 것이 드러나지 않을 것이 없고 숨긴 것이 알려지지 않을 것이 없느니라. 되었다. 닫으라. 사실상 유튜브 영상 사역에 대해서도 지속된 말씀이 있으나, '수위' 높은 발언이므로 머뭇거리기도 하며 책 발간 준비에 우선하여 초점을 맞추다 보니 어느덧 몇 해입니다. 더욱이 전문 분야가 아니므로 낯설고 생소하여 미루고 미룬 일입니다! 하라. 책이나 영상이나, 사람을 드러내고 광범위하게 전개하므로 심적 부담이 몹시 큰 자이다. 되었다. 닫으라―**나서는 증거이기에** 2020. 7. 30. 목요일, ○○시 수해 지역 목회자의 죽음을 전한 나이다. 각성해라. 주 곧 오시리! … 금요

철야 예배드려 보자. (ㅇㅇ 교회를 방문하라 하십니다! 하라) "왜요?" 손들자, 외치자, 구하자, 부르짖자! 장소 이전을 준비하는 너이다. 부모상 이후 잠시 멈춘 듯 느낀 너이다. "주님이 가는 것을 원하시나요?" 8.15 국민 대회 함께 중보기도 해보자. 이 두 가지이다.

2023. 4. 4. 화요일. 추가 글입니다.

불과 유황 못에 들어가리라! 하라: 중국에게 외치게 하신! 이는 계시록의 심판 말씀을 주시는 주시다! 하라. 회개하지 않으면 이와 같으리라! 하는 의미이다. 심판이 유보되는 시기이다. 그러나 복음의 물결이 일고 있는 그곳 중국이다. 중국의 지도자 시진핑의 집정기 동안 일어나는 '대란'이다. 이 중에 난리와 난리 소문을 듣게 하는 대상이 된 중국 그들 정치이다. 한국에 미치는 그들의 영향과 북한도 함께이다(중국이 북한을 그들 아래에 둔다! 하는 의미이다). 마치 이혼 가정이 자녀를 그들 사이에 두고 "내 자식이냐? 네 자식이냐?" 가르듯 이념, 사상은(이는 사회 공산주의이니 주의 통치를 거부하는 그들이 아니냐? 하라) 사람을 자기 수하로 두기 위한 정책의 하나이다! 하라. 시진핑의 국가 정책이 누구를 위함인가? 하라. '국가의 이해(이익)' 관계가 심화가 된 마지막 때 시기는 국제 정세 판도의 흐름, 영향 함께 전쟁 준비, 공격도 불사하는 '체제 유지' 및 '정권 탈환을 위한'이며 1인 독재, 감시 체제로 가기 위한 과정이다! 하라. 이는 전 세계 통치자를 구상한 그들이다. "너도나도 되어 보자!" 하는 리더이니! 이는 지도자, 주관자, 통치 세력이며 부와 명예와 능력까지도 유지해 보려 하는 그들이다. 이를 하기 위한 "나만의 세상, 나를 위한!" 하는 저마다 그들이며 가진 자, 높아진 자를 위한, 향한 법 이탈 과정이다! 하라. 운전자 과속 시기처럼 종말 '지구의 끝' 지점을 향한 나의 나라 탈주범들, 도망자이니 그 끝은 지옥이 아니겠느냐? 하라. 이상이다. 되었다. 닫으라.

2023. 4. 4. 화요일. 추가 글입니다.

예수 그리스도를 주라 시인하여: "주는 주인이시다" 하라. 마음의 주, 삶의 주를 언제나 찾는 자이다. 이 싸움은 20대의 첫 고백이니, 우주를 통치하시는 신들의 신 '가장 높은 신'을 찾은 자이며 20대의 끝에는 '결혼' 제도를 시작한 네 삶이다. 그리고 3년 후, 시작된 '첫 교회 예배'이니, 이도 12년 신앙 훈련을 거치고 가정과 교회를 일단락하고 다시 새로운 훈련이 시작된 '선교'이다! 하라. 20대 당시에는 결혼과 가정이라는 것은 모든 인간이 걷는, 걸어야 할 길로 안 자이다. 이로 인한 매임과 눌림이니, 이는 사회 제도이자 민족의 흐름이며 마땅히 여기는 이 세상 풍조이다. 이러한 세상 흐름의 물결, 물살에 휩쓸려 영문도 모른 채 '결혼과 가정의 삶'을 목적과 과정으로 두어, 자신 삶의 최후 선택으로 시작하고 그 후 훈련이 뒤따른 자이다. 이는 인생이다! 하라.

자신에 대하여 '하나님의 관계 안에서 부르심'을 모르기에, 한계 속에 답답하여 찾은 돌파구로, 현실 문제이며 이 세상 사람들처럼 "결혼 나이니까!" 하며 남들처럼 택한 자이다. 그리고 첫아들을 낳은 자이며 두 해 생일 앞둔 어느 날, 아끼는 아들의 생명(조기 교육에 힘쓴 기간, 자신 삶이다)이 병원 진단으로 죽음 앞 위기를 맞은 자이다. 신을 왜 찾나? 20대에는 '가장 높은 신'으로 이름을 부르며 삶의 구원 요청을 드린 자이다. 10년 후, 다시 삶의 위기 앞에 '하나님'이라는 이름(칭호)을 허락하신 주시다. 그 앞에 무릎을 꿇은 자이며 성경을 보기로 한 자이다. "사람의 인생을 알아보자!" 하며 "삶과 죽음은 무엇인가?" 이에 대한 의문을 "성경에서 하나님께서 가르쳐 주시리라!"하는 이 믿음을 주신 네 주시다! 하라. (이는 교회의 첫걸음 시작이다! 하라. 하나님이 목적이 된 자이다). 30대의 초반은 이러한 하나님 체험이 더욱 가까이 다가온 시기이다! 하라. 이는 첫아들 병원 입원 시기 4월 봄이니, 이어 8월 여름에 둘째 아들을 출산하면서 교회를 결정하고 11월 첫 주부터 나가게 된 자이다. 놀라우신 하나님의 비밀이 구체적으로 점점 열리니 교회의 비밀도 함께 주시기 시작한 주시다! 하라. 이러한 신앙 여정이다.

주께 직접 듣고, 주를 만나면서 체험을 한 자이다. (교회 예배를 시작한 해의 다음 해에 임사 체험으로 크고 광대한 하늘의 은밀한 영역 그곳에서 하나님을 만나 '종말'을 알게 된 자이다! 하라) 성경 말씀을 채우는 시기가 시작이 된 자이다. 이는 개인 성경 시간을 오전 금식 중에 가진 자이다. 하나님 나라를 위한, 그 영광을 위한, 자신의 주를 위한, 독립의 길 훈련이 시작된 자이다. 이는 하나님에 대한 금식의 첫 시작이다. 주가 생명이시기에 주만 붙드는 자, 이를 알리신 주시다. 가정뿐 아닌 사회, 민족, 세계 등 우주 가운데 한 부분 '지구'라는 땅에서의 생존과 사명의 부르심에 관하여 배우고 알아가는 초읽기(간파, 분별과 함께 영적 성장) 훈련이 시작된 자이다. 크고 섬세한 분야로 두시며 적도 알아가는 단계이다.

주께 초점을 두어야만 보이는 길, 아는 길, 가야 하는 길이다! 하라. 동시에 끊임없는 주의 뜻 확인 과정이기도 하라. 사명의 부르심은 이러한 주만 찾고, 주를 떠나지 않는 자이며 주의 가르치심과 성장 안에서 이루게 되는 맡은 바 자신의 임무도 있다! 하라. 그러하기에 여전히 신학 시작에서도 독립을 말씀하시는 주시다! 하라. "독립은 왜인가?" 이는 주를 자신의 주로 삼으라는 의미이다! 하라. 사람 의지가 아닌, 그 영향 아래가 아닌, 오직 주로 인하여 하나님의 비밀을 채우는 자이며 이 나눔의 부르심이기에 그러하다. 이러한 훈련은 교회의 절기 행사 기간에는(현재는 사순절 기간이다) 더 고달픈, 더 고심되는 자이니 이는 소속전 시대이다. '이 목사 아래, 저 목사 아래' 하며 교회를 주축으로 "모으자!" 하는 '힘겨루기' 전이므로 이러한 위의 공중 세력이 "난기류이다" 하시는 주시다. 무엇과 관련하며 어느 교회 누구 목사인가? 이 난제로(이는 영 분별 영역이다! 하라) 주의 지도하에 버티고 견디는 시기이다. 그러함에도 이 부는 바람을 어찌하랴? 적그리스도 훈련도 이와 같은 가려내기가 될 자들이다. 나의 종은 그러하다.

주의 음성을 들음으로 그들과 연합도 하나, 거리 두기도 하는 자이다. 때로는 등 돌리기도 하는 자이다! 하라. 이러한 누구도 잠시일 뿐 "오직 주만 경배하고 사람을 두지 마라! 주가 머리이시다" 하시는 주시다! 하라. 이러한 긴 싸움(훈련이다! 하라)은 여전하다. 주의 나라 가기까지이다. 1992년 겨울, 교회라는 조직에서 신앙생활을 시작한 이후로 교단들과 목사들을 연구시키는 자이다! 하라. 이도 사명이다. 부르심이다. "선지자들같이 살라" 하시는 주시다! 소속은 치우침이 되기에 독립시키는 주시다. 주가 친히 주되시기 위함이다. 네 몸 안의 주가 계시므로 그러하다. 이 훈련에 나아온 자이다. 그래서 오직 주의 수하에 있기를 원한 자, 원하는 자, 원할 자이다. 이는 주의 명하심이다! 하라. "사람은 부분이다" 하며 내키지 않은 자이니, 이는 주의 지도로 시작이 된 신앙의 시작이다. 신앙의 성장 과정이 그러한 교회 밖의 삶 속에서 그러하며 각종 문화를 접하며 나오기도, 빠지기도 하면서 사람의 교육, 지도가 아닌 자신 몸의 주인이신 주를 따름이 아니냐? 하라.

이는 주가 아니시랴? 피 흘리신 예수 네 주시니, 네 몸의 영이라 하시지 않더냐? 이 체험이 누구를 붙들랴? 만나랴? 지향하랴? 내키랴? 그러므로 "주만 살길이다!" 하는 자이다. 또한 기다리며 네 뜻 마음의 구한 바, 이 원대로(성령이 원하시니) 나아온 자이다. 이로써 '영서'의 기록도 시작된 자이며 현재도 이러한 과정 중에 혹독한 싸움을 겪는 자이다! 하라. 이 기간에 치루는 전쟁이 된 '난기류'이다 하라. 교회의 절기 사순절은 더하다! 하듯, 이로써 힘드나 교회를 살피는 기간이다! 하라. 이 난기류는 하늘의 비행 중 만나는 목회자들의 영이다. 주가 신신당부하신 "주만 바라라, 붙들라, 알라, 들으라!" 이는 "너는 주의 종이다" 하심이니, 영서 사역뿐 아닌 마지막 때 분별을 위한 그리고 새 예루살렘 성을 가기 위한 몰입 시기이다! 하시므로 출간의 지체도 이러한 싸움 속이 아니랴? 하라. 이는 주의 말씀하신 바, 사람 개입이 없는 자로 두기 위한 주의 뜻이다! 하라. 되었다. 닫으라.

3. 여 목사에 대해서 보자

(어느 한 목회자에 대해 주시는 말씀입니다! 하라) 그는 누구인가? 산림청 직원이다. 숲속에 사는 자이다. 학개서의 산, 나무이다. 학 1:8 너희는 산에 올라가서 나무를 가져다가 성전을 건축하라 그리하면 내가 그것으로 말미암아 기뻐하고 또 영광을 얻으리라 여호와가 말하였느니라. 나와 함께 사는 자이다. 그는 내 집이다. 너는 교회를 진단해주는 자이다. 은사자이다. "저 또한 연단 속에 있습니다. 성령 세례와 임사 체험과 선교 활동 속에서 영 분별해오고 있습니다" 마가단 지경으로 가시다! 이러한 상황 중이다. 마 15:39 예수께서 무리를 흩어 보내시고 배에 오르사

마가단 지경으로 가시니라. 한숨 쉬는 자이다. "어떻게 해야 하나?" 하는 자이다. … 조는 자이다. 그러므로 순종하는 자이다. 마가단 지경으로 가시다. 주님과 함께이다. "주님 한가지 약속…" (이 말씀을 드리려 할 때, 주가 말씀하신다! 하라) 내가 너를 떠나지 아니하리라. (무엇을 말하려하는 지를 아시는 주님이셨다. 지문 사용하여 이 말을 적는 너이다).

4. 주님! 책 읽을까요?

영서를 자신의 지식 범위 내에서 받는 자이기에 "책이라도 읽어 도움을 얻을까?" 이러한 고민이 되는 자이다. 이에 주시는 말씀이다! 하라. 언어 사용, 표현 문제가 아니다. 가꾸지 않은 정원으로 보면 된다. 학문은 정원사 역할이다. 글을 잘 쓰지 말고 이해시키려 하자. 쉬운 글로 전하자. "모름지기 배워야 산다!" 하는 너이다. 이러한 학문 스타일이다. 추구하는 자이다. 편지가 되리라. "무슨 뜻이에요?" **평탄, 준비된다, 대로이다! 뜻이다**(추가 글 2023. 3. 1. 수요일). "내용이라는 뜻이에요?" 스가랴서의 스룹바벨 사역이 되리라. 이상 끝.

2023. 3. 1. 수요일. 추가 글입니다.

평탄, 준비된다, 대로이다! 뜻이다: 책 발간의 이유는 성경으로 주시는 여러 말씀 그리고 꿈, 환상 등이 무수하다. 네게는 이처럼 증거된 주의 사랑이자 확신이다! 하라. 작년 2022년 9월 말 출간을 앞두고 주께서 무엇을 말씀하신 것인지 이를 알리자, 넣으라. 성경 말씀에 이어 보이신 주의 마음, 뜻이 있다! 하라. 민족의 영인 '애굽 영'에 사로잡힌 교회들이 많으니 "그곳에서 나와야 한다!" 하시는 하나님의 말씀이시다. 이는 출애굽이다. 이어 환상으로 보이신 길이다. 마치 홍해 앞에서 밤새 동풍이 바다의 물을 말리듯이 그러한 영서 기록물이니 이를 보이고 읽게 하고 한국 상태와 교회의 상태를 알리자! 하시므로 크게 놀란 자이다. 너는 그러하다. 이는 크신 하나님의 비밀이다! 하라. 이 글들은 나의 심중을 알리는 귀중한 책이다! 하라. 바다의 길이 열리고, 들어가는 시기의 한국이다! 하라. 밤새 '동풍'이 되는 영서이다! 하라. 되었다. 닫으라. 길을 만드는, 내는, 이러한 준비(책 출간 위한)를 하는 자이다. 네 자신 겸비와 기도가 충분치 아니하나 이를 알리신 그 날이다. 인지도가 아닌, 가진 자가 아닌 그러한, 한 사람 네 자신을 '지극히 크신 영광의 하나님'과 비교시키니 크게 운 자이다. "오직! 나의 영광이다. 받을 영광이다. 너로 인해!" 이렇게 말하신 주를 다시 알리라. 되었다. 닫으라.

5. 예레미야서

자주 읽는 자 너이다. 모두 베틀이다. 사역자들 모두 선한 경쟁이다. 너를 월등에서 끌어 올린다. 힘(성령, 권세) 가진 자이기 때문이다. 어머니 장례식에서 하고 나온 자, 체험한 너이다. ···생략···

하늘山
제21일. 니느웨 회개 기도 40-21 (2020. 8. 12. 수요일)

1. 예레미야 1장 15절 보자

렘 1:15 …**그들이 와서 예루살렘 성문 어귀에 각기 자리를 정하고**…. 예루살렘은 서울(나라의 수도) 또는 교회(영적 공략지)이다.

렘 1:16 무리가 나를 버리고 다른 신들에게 **분향하며** 자기 손으로 만든 것들에 **절하였은즉 내가 나의 심판을** 그들에게 선고하여 그들의 모든 **죄악을 징계하리라**. 이것은 나의 분, 회초리이다.

렘 1:18 보라 내가 너를 그 온 땅과…그 땅 백성 앞에 **견고한 성읍, 쇠기둥, 놋 성벽이 되게 하였은즉**. 이는 너이다. 이기리라.

렘 1:19 그들이 너를 치나 너를 이기지 못하리니 이는 내가 너와 함께하여 **너를 구원할 것임이니라 여호와의 말이니라**. 나는 너의 책임이다. 기억해야 한다. 책임지는 나! 책임지시는 주님이다. 네 입도. "주님이시다!" 하며 배에서 '물'로 뛰어드는 현재 모습이다. 요 21:7 예수께서 사랑하시는 그 제자가 베드로에게 이르되 주님이시라 하니 시몬 베드로가 벗고 있다가 주님이라는 말을 듣고 겉옷을 두른 후에 바다로 뛰어내리더라. 너는 일상에서 갇힌 자였다. 자유롭게 되리라. 풀리리라. 모든 것이다.

예레미야 1장 마무리이다. 주님 뜻대로 사는 자가 나의 뜻이다. (찬양을 주십니다! 하라) '주님 뜻대로 살기로 했네…' 하라면 하고, 하지 말라 하면 하지 않는 자이다. 이는 첫 교회, 신앙 생활한 그곳에서 성경의 '하나님의 뜻' 두 가지에 대한 이 설교 말씀(하라, 하지 마라)을 듣고 나온 자이다. 오늘의 평점은 별 3개를 주십니다! 하라. 주방 문제 때문에 감점이다. 위트, 조크의 주님이시다. 아들에게 전화해라. 도울 것이다. (준비하며 질문을 합니다) "옷 선택은 주님! 무엇으로 해요?" 창세기 2장의 아담처럼 '무엇이라고 부르나 보시려고!'이다. (이 말씀은 지혜를 보신다는 뜻이다! 하라) 창 2:19 여호와 하나님이 흙으로 각종 들짐승과 공중의 각종 새를 지으시고 아담이 무엇이라고 부르나 보시려고 그것들을 그에게로 이끌어 가시니 아담이 각 생물을 부르는 것이 곧 그 이름이 되었더라.

2. 예레미야 2장 보자

렘 2:2 가서 예루살렘의 귀에 외칠지어다…. 하나님과의 관계 점검 시간이다. 지금의 때, 곧 오실 주시다. 기다리는 자이다.

렘 2:2 …네 청년 때의 인애와 신혼 때의 사랑을 기억하노니 곧 씨 뿌리지 못하는 땅, 그 광야에서 나를 따랐음이니라. 너는 신랑을 맞이하는 자, 요한계시록의 어린양의 아내이다. 계 21:9 일곱 대접을 가지고 마지막 일곱 재앙을 담은 일곱 천사 중 하나가 나아와서 내게 말하여 이르되 이리 오라 내가 신부 곧 어린 양의 아내를 네게 보이리라 하고. 결속력 갖추는 자, 드레스 입은 상태를 유지해야 하는 자이다.

렘 2:3 이스라엘은 여호와를 위한 성물 곧 그의 소산 중 첫 열매이니…. 이것이 form 형상, image이다. 그리스도인, 새 사람, 거듭난 자, 내 안에 있는 자이다.

렘 2:7 내가 너희를 기름진 땅에 인도하여 그것의 열매와 그것의 아름다운 것을 먹게 하였거늘 지금 이 상태! 내 안에 있는 자, 내가 너와 함께하는 중이다. 너희가 이리로 들어와서는 내 땅을 더럽히고 내 기업을 역겨운 것으로 만들었으며. 요 1:11 자기 땅에 오매 자기 백성이 영접지 아니하였으나. 사역에 필요한 것 적어보자. …생략…

렘 2:11 …그러나 나의 백성은 그의 영광을 무익한 것과 바꾸었도다. 생명과 사망 관계이다. 신학교 졸업 전과 그 후는 아들들과 너는 바뀌어 있어야! 신학한 집안이다. 가족 전체 그러하다. 산자(죽은 자도 있는) 세 사람, 가족 100%이다. 이는 주님의 말씀이다. 이것이 내 영광이다. 네 몸은 구별, 네 발은 복음이며 나를 위하여 사는 자이다. …생략… 영서에 대한 환상 '그릴'을 전한 자(불 위의 구운 고기와 같이 준비하여 생명 양식 나누는 자) 나이다.

렘 2:13 내 백성이 두 가지 악을 행하였나니 곧 그들이 생수의 근원되는 나를 버린 것과 스스로 웅덩이를 판 것인데 그것은 그 물을 가두지 못할 터진 웅덩이들이니라. 나를 떠난 자는 이와 같다.

렘 2:17 네 하나님 여호와가 너를 길로 인도할 때에 네가 그를 떠남으로…. 포로이다! 하라. 사냥꾼에 잡힌 자니, 덫 놓는 자들이 많다. 이는 거짓 그리스도, 거짓 짐승이며 요한계시록 13장의 바다 짐승, 땅 짐승이니 폭력자들(융단폭격)이다. 북한, 중국은 경제 폭망이다. 경제 대국이나, 성장에서 낮추는 나이다. 그들은 바벨론의 느부갓네살 왕처럼 7년 기간이다. 단 4:16 또 그 마음은 변하여 사람의 마음 같지 아니하고 짐승의 마음을 받아 일곱 때를 지내리라.

렘 2:18 네가 시홀의 물을 마시려고 애굽으로 가는 길에 있음은 어찌 됨이며 또 네가 그 강물을 마시려고 앗수르로 가는 길에 있음은 어찌 됨이냐. 애굽, 앗수르 (개인 문제이므로 생략합니다! 하라)

렘 2:20 …나는 순종하지 아니하리라 하고 모든 높은 산 위에서와 모든 푸른 나무 아래에서 너는 몸을 굽혀 행음하도다. 행음은 이방 신들이다. 너는 '묵언' 자리해야! 정보지 역할로 주는 자이다. …생략… 영 강화 훈련의 때이다.

렘 2:26 도둑이 붙들리면 수치를 당함 같이…. 강도의 굴혈! 막 11:17 이에 가르쳐 이르시되 기록된 바 내 집은 만민이 기도하는 집이라 칭함을 받으리라고 하지 아니하였느냐 너희는 강도의 소굴을 만들었도다 하시매. …생략…

(새벽에 깰 때 들려주시는 말씀입니다! 하라) 성문, 주의 나라의 입구에 선 자, 표면적 유대인이 아니요! 롬 2:28 무릇 표면적 유대인이 유대인이 아니요 표면적 육신의 할례가 할례가 아니니라. 29 오직 이면적 유대인이 유대인이며 할례는 마음에 할지니 영에 있고 율법 조문에 있지 아니한 것이라 그 칭찬이 사람에게서가 아니요 다만 하나님에게서니라.

3. 예레미야 3장 보자

렘 3:4 네가 이제부터는 내게 부르짖기를 나의 아버지여 아버지는 나의 청년 시절의 보호자이시오니. 아들은 왕위 권세 가지고 나아오리라. 너는 입신 천국 간증자이니 아들은 엄마와 함께 다니는도다. 다니엘(아들) 합세하는 자이다. 빌립보서 4장 6절 말씀과 같이 아무것도 염려하지 말고 오직 모든 일에 기도, 간구, 감사로 하자. 만인 제사장으로 세워질 것이다. 어머니 장례식 장지에서 너의 기도를 본 자, 너를 용납하는 자, 아들이다. 성령 도우미이다. 레위인으로(구별된, 내 것의 뜻이니라) 설 것이요. "당시에 욥은!" 이는 엄마에 대하여 말하는 자이니 네 아들이다. 개척 예배처에서 혼자 지내는 상황까지 그는 안다. 모두 떠난 자, 그곳의 너이다. 찾고 구하는 자가 될 것이요, 내게 부르짖으리라. 아들과 같이. 그동안 힘든 것, 이는 목마른 상태이다. 갈대아(데라 같은 네 어머니)를 나온 너이다. 아브라함의 자손으로 주리라. 아들은 이삭이 되리라. 자녀가 많아질 것이요, 이는 영의 자녀니라.

'아들에 대해'이다. 주의 향나무가 되리라. 기도의 향, 그리스도의 향, 그리스도로 옷 입은 자에게 주는 나를 높이는 자, 구하는 자이다. 구하는 바 주실 것이요, 입을 것이니라. 의의 옷, 의의 열매가 가득한 선한 옷, 착한 빛, 행실의 옷이란다. 겸허함, 순종함이 그의 속에 있다. 네 입장에서 볼 때 아무렇지 않게 보이는 너이다. 네 시각의 의미이다. 기도 장소를 구하는 자이다. 아들 마찬가지이다. 상급자(행위에 대한 내가 네게 줄 상이 있다는 뜻이다)에 들어가게 될 것이다(이는 그날에 주실 상이다). 이제 나를 찾는구나. 이스라엘 백성의 부르짖음처럼. 출 2:23 여러 해 후에 애굽 왕은 죽었고 이스라엘 자손을 고된 노동으로 말미암아 탄식하며 부르짖으며 그 고된 노동으로 말미암아 부르짖는 소리가 하나님께 상달된지라.

바다는 그림자가 되었다. 이러한 물속의 비치는 풍경화를 보는 너이다—[2023.

1. 26. 목요일. 추가 글입니다. 물에 비친 모습들을 바라본 자이다. 산이 있다! 하자. 빌딩이 있다! 하자. 물속에서는 거꾸로 비침이니 실물, 실상과 반대이다. 하나님도 이러하다! 하라. 영이 실상임에도 이 세상 사람들은 육의 것을 실상이라 우긴다. 그렇게 안다. 착각한다. 어느덧 비친 것이 실상이다! 하며 둔갑 됨이니 이 세상과 거꾸로, 반대로, 위를 보아야 보이는, 알 수 있는 실상의 하나님이시다! 하라. 물속에 비친 이러한 한 폭의 그림 같은 모습들을 내려다보며 위의 것인 참하나님과 아래의 것인 거짓 세상을 생각하는 자이다. 되었다, 닳으라—<u>이에 대해 은혜를 두 아들 함께</u> 나누는(이미 나눈 자) 자이다. (이는 물을 본 현장에서 나누는 이야기이다! 하라)

(이는 가는 장소에 대해서 주시는 말씀이다! 하라) 높이 들리리라, 세우리라, 깃발 드는 자란다. 여호와의 기이다. 십자가의 기이다. 발 빠른 자 되리라. 너와 함께. 즉시 보내리라! 매여 있는 작은아들은 "간다" 하는 자이다. 운전자이다. 큰아들은 뒷좌석에 타게 하고 풍경 보며, 또 설교 자료를 쓰게 하며, 책도 보며! 가는 자이다. (교회에서 사역하는 아들에 대해 궁금해서 묻는 자이다! 하라) "아들은 오늘 교회에서 찬양 인도하나요?" 반열 드는 자이다(목회자 강단). "성령의 회오리바람(엘리사처럼 승천할 듯한) 주세요. 에녹 같은 동행이 되게 해주세요. 찬양 가사처럼 '세상과 나는 간 곳 없고 구속한 주만 보이는 시간'이 되게 해주세요" 아들은 장례식 장지에서 엄마를 본 자(장례식장 기도)이다. 체험시키는 자이다.

너는 기름 부음 받는 자, 두 감람나무이다. 계 11:4 그들은 이 땅의 주 앞에 서 있는 두 감람나무와 두 촛대니. 두 증인이다. 계 11:10 이 두 선지자가 땅에 산 자들을 괴롭게 한 고로… 앗수르의 산헤립 왕과 랍사게의 공격을 받는 자들이다. 사 36:1 히스기야왕 십사년에 앗수르왕 산헤립이 올라와서 유다의 모든 견고한 성을 취하니라 2 앗수르 왕이 라기스에서부터 랍사게를 예루살렘으로 보내되 대군을 거느리고 히스기야왕에게로 가게 하매…. 또한 블레셋 골리앗, 문 대통령, 북한, 중국, 빌게이츠 등 적그리스도 체계이다. 다윗이 골리앗에게 한 것처럼 그들 이마에 돌이 박힐 것이다. 삼상 17:45 다윗이 블레셋 사람에게 이르되 너는 칼과 창과 단창으로 내게 나아오거니와 나는 만군의 여호와의 이름 곧 네가 모욕하는 이스라엘 군대의 하나님의 이름으로 네게 나아가노라 49 손을 주머니에 넣어 돌을 가지고 물매로 던져 블레셋 사람의 이마를 치매 돌이 이마에 박히니 땅에 엎드러지니라. "여호와의 기를 높이 들고 외쳐라!" 명하라(7번), 공중 권세를 잡을 것이다. 예수 우리 대장 되시니! (찬양을 주십니다! 하라 '우리 대장 예수 기를 들고서 전진하는 곳에 가신 것 보라 믿는 사람들은 주의 군사니 앞서가신 주를 따라갑시다') "주의 길을 예비하라" 외칠지어다! 온 맘 다해 주만을 외칠지어다!

렘 3:15 내가 또 내 마음에 합한 목자들을 너희에게 주리니 그들이 지식과 명철로 너희를 양육하리라. "여호와를 안다"로 해석하자. 내가 그를 안다. 서로 쌍방이다. 상호 작용이다. 주고받는 자이다. 말하는 자(나). 듣는 자이다(너). 급기야 다윗처럼 춤추리라. 삼하 6:12 …다윗이 가서 하나님의 궤를 기쁨으로 메고 오벧에돔의 집에서 다윗성으로 올라갈 새 14 다윗이 여호와 앞에서 힘을 다하여 춤을 추는데 그 때에 다윗이 베 에봇을 입었더라. 일어서리라! 이후에라도 될지어다! 외칠지어다. 나를 찾는구나, 나를 찾는구나, 부활의 주를 찾는구나! 자신의 주, 부활을 꿈꾸는 자이다. 체험자이다. 이기고 나오는 자이다. 이기는 장소이다. 내 이름을 두는 곳이다. 신학도를 위한 예루살렘 다락방(모여 기도하는 곳) 같은 곳이다. 행 1:12 제자들이 감람원이라는 산으로부터 예루살렘에 돌아오니 이 산은 예루살렘에서 가까워 안식일에 가기 알맞은 길이라 13 들어가 그들이 유하는 다락방으로 올라가니…. 14 …과 더불어 마음을 같이하여 오로지 기도에 힘쓰더라. …생략…

"어떻게 하실 것인데요? 무엇을 원하세요?" 산은 쉼이다(산책과 기도로 다니는 인근의 산입니다). 다녀오라는 뜻이다. (찬양을 주십니다! 하라) '우리 갈 길 다 간 후에 보좌 앞에 나아가 면류관을 드리리' …생략… 신전 사상을 가져야 한다. 이는 신께 예배하는 예배처와 예배자 관계이다. …생략… ㅇㅇㅇ 가보려는 자이다. 오늘 준비되리라. 수요일 밤에 서울 향한 '도하' 준비하는 자이다. 두 아들의 저녁 식사 먹이고 가자. 너희 가족 세 사람 '헐몬의 이슬'로 다녀보자. 시 133:1 보라 형제가 연합하여 동거함이 어찌 그리 선하고 아름다운고 3 헐몬의 이슬이 시온의 산들에 내림 같도다 거기서 여호와께서 복을 명령하셨나니 곧 영생이로다.

너는 전달자이다. 받은 메시지 다시 보기, 듣기 리플레이(replay) 재생이다. 산 자(믿는 자)이다. "아들의 교회 사역은 언제까지 해야 하나요?" 답보 상태이다. '지역 이전에 대해서' 물어야 할 것이다. …생략… 개인 예배처 그곳은 수질 문제 가진 곳이다. 그리고 베란다, 주방 두 곳은 침수 지역이다. 벽 누수 문제, 여러 등등 그곳에서 나와야 하는 자이다. "오늘 사역, 주실 것에 대해 말씀해 주세요" …생략… 너는 십장생 같은 자이다. 비둘기이다. 세례 요한 같은 세례자 Baptist이다.

예레미야 시대 같은 상황이다. <u>문 정권은 8.15 집회로 사람들을 모으게 하는 자이며 이로써 이를 빌미로 전 목사를 구속하려는 자이다.</u> 서울 ㅇㅇ 제거 문제와 2013년 WCC 총회 문제 이는 한국 문제(거역)이며 그리고 2013년 WCC 총회 문제 이후 7년 현재이다(2020년 세계 코로나 문제). 병원 의사들 문제를 본 자이다. 여성 환자의 주사 사건이니 의사가 사망자를 휠체어에 태운 모습의 뉴스 보도이다. 병원 검사하는 중에 일어나는 의사들의 성폭행 시대이다.

하나님 보시기에 좋았더라! 두 아들에게 주시는 말씀이다! 하라. 너는 두 아들을 마치 연예인처럼 사진을 찍은 자이다―[2023. 1. 26. 목요일. 추가 글입니다. 1993년 '임사' 체험을 한 자이다. 이때 알리신 지구의 임박한 종말 위기이다! 하라. 하나님의 결정은 시작되었으나 시간 유보이다! 하라. 이 '종말'에 대한 사명 이후, 증거를 준비해두나 증인으로 나서지 못한 당시이다. 그러므로 2019년에 하늘의 '하나님의 노'를 또한 알게 하여 너는 노심초사 두려움으로 지낸 시기이다. 이때 사명의 언약을 자연으로도 네게 보인 자이며, 이후 카메라를 사용하여 사진으로 자연을 담게 하신 주시다! 하라. 이 자연 속에서 함께 있는 두 아들의 모습들도 담아둔 당시이다! 하라. 되었다. 닫으라]

전 목사의 설교에 대해서 보자. 그는 사람을 쥐락펴락하는 자, 수완 가진 자,

지혜의 은사를 가진 자이다. 너는 설명 은사를 가진 자이다. 이는 해석 은사이며 성령을 소개하는 소개자이다. …생략…

하늘山
제22일. 니느웨 회개 기도 40-22 (2020. 8. 13. 목요일)

1. 그날, 여호와의 날, 진노의 날에 대해서 알아보자

너는 할 일이 있는 자이다. 예레미야가 나에게 "내가 누구에게 가며, 무엇을 해야?…" 이렇게 묻듯이 이와 같은 자이다. ㅇㅇ 교회 ㅇㅇㅇ 목사에 대한 것이다. 하늘 법정에 세운 자, 의논 중이다. 그는 중간 지대이다. 흰색, 검은색도 아닌 회색이다. 이래도 좋고 저래도 좋은 자이다. 네게 보인 꿈 'ㅇㅇ'에 관해 보인 나이다. 무슨 생각이 들었는지 말해 보라. "목회자 모습으로 보기에는 좀 그랬어요"

'흰 눈보다…' (이 찬송을 주십니다! 하라) '…흰 눈보다 더 주의 흘리신 보혈로 희게 씻어주옵소서' 사 1:18 여호와께서 말씀하시되 오라 우리가 서로 변론하자 너희의 죄가 주홍 같을지라도 눈과 같이 희어질 것이요…. 그는 씻을 자이다. 대제사장 여호수아의 더러운 옷을 벗길 자, 그이다. 슥 3:3 여호수아가 더러운 옷을 입고 천사 앞에 서 있는지라 4 여호와께서 자기 앞에 선 자들에게 명령하사 그 더러운 옷을 벗기라 하시고…. "주님 저도 현재 제 영적 모습이 마음에 들지 않아요. 이런 상태에서 요즘, 이와 같은 일에 대해 의문이 생겨요. 주님의 목소리가 맞나요? 아직은 생소하고 낯설어요. 강하고 분명했던 때와 달리…" 이는 의심해서가 아니다. 다만 너 자신이 일을 맡을 만한 자격이 있는지, **두려움과 경외심으로 하는 자이다.** ……

2022. 1. 22. 토요일. 추가 글입니다.

"내가 그니라" 말씀하신 주시라. 이미 전한 그 당시이다. 오늘 재차 확인하는 말씀이니라. 요 18:4 예수께서 그 당할 일을 다 아시고 나아가 이르시되 너희가 누구를 찾느냐

5 대답하되 나사렛 예수라 하거늘 이르시되 내가 그니라 하시니라…. 이에 관해 주는 나이나, 도통 하지 않은 당시이다(성령 교제자, 대화자이던 자이더니). 단절된! 이로 인함이다. 부모 상봉자 오래간만이 아니냐? 이러하다. 늘 함께 대화하듯 살던 자이나, 드문드문 '일방'식으로 전한 나 아니겠느냐? 이는 네가 본 2022. 2. 12. 수요일, 환상 '하늘 문 생명수'이다. '하늘 문 열리고 내 주를 보네 주의 소리 있어 듣고 있으니 주 원하는 것 이루어지네…' 가 아니겠느냐? 하라. 네 작사, 작곡대로 확증된 2020. 5. 17. 주일, 꿈의 공중에 서신 네 하나님이 아니시더냐? 하라. 이것은 필수, 인정 장면이니 이는 너희 세대에 '인증샷' 같은 이를 주는 나이다.

이로써 우리 사이에 "사람의 개입 없이 해보자" 하는 당시이니 너는 이를 두는 자이다. 비밀, 은밀이 아니냐? 이는 약속(언약)이니 2021. 12. 18. 목요일, 다시 나타난 '하늘의 큰 손' 네게 약속 모습을 보인 '내 손'이다. 이를 두라. 시인하라, 이루리라. 하늘 문 생수의 강이 흐르듯 주는 나이니, 덤덤하냐 다는 아니다. "무슨 뜻이에요?" 반응이 비교적 덤덤한 너의 자세이다 하라. 동네방네 알리랴? 입 소문내랴? 이는 훈련의 까닭이니 소중하기에 간직하며 두는 '재확인' 삼는 자이다! 하는 의미이다. 이는 네가 "덤덤하다" 전한, 말하는 이 예수시라. "되었느냐? 되었다" 하라. 기분이 어떠냐? 많이 편안해진! 이는 "평화로다" 하리로다. (찬양을 주십니다! 하라) '평화 평화로다. 하늘 위에서 내려오네…' 적어 두라. 이상이다. 닫으라.

…… **(위의 글 다시 이어집니다)** 장기전이다. 주님 오실 때까지!(이는 네 입장에서 이 표현을 사용하는 나이다). 공항의 비행기가 공중으로 오르는 모습이 지금 생각나는 자이다. 공항 가고 싶은 너이다. "왜 말씀하세요?" begin! 새로운 시작이다. 이는 ㅇㅇ의 최근 무대이다(어느 찬양 사역자의 방송 활약 야외무대를 본 자이다! 하라). 포럼 시대이다. ㅇㅇ은 광야에서 외치는 자이다. …생략… begin! 다시 원점, 무대가 필요한 너이다. '동해안 바다' 기도 당시이다. 갈릴리 바다였다. 내가 너와 거닐 때 기억나지? 너는 지금 그곳 ㅇㅇ시가 떠오르는 자이다. 그리고 ㅇㅇ시 보라.

그곳에서는 의분을 가진 너였다. 의분 상태였다. 바다의 모래 글씨로 신앙을 표현하여 써본 자이다. 이를 "표명하자" 한 나와 너였다. 현 정권에 대해 우리 둘이 함께 나누었다. 어디든 장소마다 너는 무대로 여기는 자이다. 그곳은 내 땅이다. 네가 선 기차역 플랫폼, 바닷가, 마트, **ㅇㅇ 호수에서도 그러하다**(추가 글 2023. 3. 1. 수요일). ······

2023. 3. 1. 수요일. 추가 글입니다.

ㅇㅇ 호수에서도 그러하다: 네가 다닌 어느 곳이든 이에 대해 말하는 나이다. 너를 보고 있는 주시다. 아는 주시다. 네게 말하는 이 주시다. 이러하니 하나님은 보시는 눈이시다! 하라. 무엇을 하든지 다 아는 나이다. 영서에서 너의 모든 것을 다 알기에 사마리아 여인의 비유를 전한 나이다! 하라. 요 4:29 내가 행한 모든 일을 내게 말한 사람을 와서 보라 이는 그리스도가 아니냐 하니. 이와 같은 주시다. 사람에 대해 일거수일투족 보시니 어떤 이유로 네게 그리 대했나? 이 모두도 알리신다! 하라. 이는 기록을 위함이다. 너는 사람에 대해 '선한 대로, 악한 대로' 보시는 주의 눈(이는 마음이다. 영이다)이 되어 알리는 자이다. 네 마음의 주인이 되므로 아는, 들리는 자이다. 되었다. 닫으라.

다 보시고 알리시는 주시다. 너에 대함과 사람들에 대한 이를 주는 기록이다! 하라. 계시록 두자. 계 20:12 ···자기 행위를 따라 책들에 기록된 대로 심판을 받으니. 나는 네게 대해 모든 것을 알린다! 하라. 먹는 것, 자는 것, 생각하는 것, 계획 등 모두이다. 일어난 일, 그러하다. 누가, 어디에서 네게 대하여 무엇이며 어떤 관계인지 이조차 알리신다! 하라. 너는 사람을 연구하는 자이다. 이에 모든 관련된 것을 알리시지 않더냐? 이는 사람이 나만을 경외할 이유이다. 나를 알아야, 자신을 알아야, 사람을 아는 그들이다! 하라. 되었다. 닫으라.

······ **(위의 글 다시 이어집니다)** 하늘, 땅 자연과 함께 내가 있는 곳, 그곳을 너는 교회라고 생각한다. 내가 있는 곳이다. 이는 네 생각이다. 어디서든지 너는 외칠

것이다. 어머니의 장례식 장지도 그러하다. 그것이 너의 모습이다. 이 땅 전체를 두고 있는 자, 외국 땅까지 보고 있는 자 너이다. 스가랴서의 스룹바벨의 영광이 나타나리라. 너는 어미 새이다. 날아다닌다. 입에 물고 있는 감람나무 잎사귀는 '나' 상징이다. 예수 그리스도! 새로운 시작 'begin'의 의미이다. 창 8:10 또 칠 일을 기다려 다시 비둘기를 방주에서 내놓으매 11 저녁 때에 비둘기가 그에게로 돌아왔는데 그 입에 감람나무 새 잎사귀가 있는지라…. 숫자 8을 배운 자, 이는 새로운 시작의 의미이다. ㅇㅇㅇ 여목사에게 들은 자이다. 둘이 거닌다. 바닷가의 나와 너이다. 요한과 나를 보인 것처럼(2019. 12. 25. 성탄절 밤, 보이신 환상) 이것이 '하나' 됨이다. 아는 너이다. 내가 보였기 때문이다. 이것은 2020년 올해 이루어질 일에 대해서 미리 표명한 것이었다. 올해는 감람나무 새 잎사귀를 물고 다니는 너이다. 네 모습이다.

2023. 3. 1. 수요일. 추가 글입니다.

복음서를 준비하는 자이다. 내게 들은 바, 가진 모든 것이다. 책 낼 때쯤 된 자이다. 너의 기록 시작은 성경이다. 성경을 사랑한 자이다. 성경을 스치며 지나온 시간 10대, 20대이다. 책장 속의 작은 전도용 성경이 지금 기억나는 자이다. 30세 즈음, 비로소 성경을 읽기로 마음에 둔 자이다. 사람 인생의 '삶과 죽음'을 알기 위해 하나님을 알기로 한 자이다. 이는 성경을 선택한 이유이다. 두 아들의 출생과 함께 시작한 계획이나. 그리고 성경과의 사랑이 시작되어 걸어온 지나온 길이다! 하라. 메모, 필사 등 성경 기록 시간 또한 고스란히 남겨진 하늘 아버지 스승 앞에 배움의 시간이다. 생각의 시간을 성경으로 채우고 채우며 많은 날을 지낸 자이다. "이는 영들 분별함을 위함이다! 하라"

삶의 목적이 된 성경이다. 그러므로 하루 그날의 시작이 된 성경이다. 네 입으로 전하며 어린 두 아들의 잠자리에서 들려준 나의 이야기이다. 또한 신앙생활이 시작되면서 금식이 함께 시작된 자이다. 이는 몸의 구별이다. 하나님께 대한 예배, 공경, 존대, 경배의 표이다. 매일 금식 시간은 점차 늘어나 최대의 시간이 되어 어느덧 성경을 집중하는 시간도 더 많아진 자이다. 네 지난날이 그러하다. 늘 성경은 네 머리와 마음에서 '주' 다음으로 두기를 원한 자이다. 눈 뜨면 성경, 잘 때도 성경 곁에서 자는 자이다. 그리고 메모하며 배우기를, 알기를 원한 자이다. 인생의 주인이신 주께서 통치자가 되심이 너의 목적이자 승리임을 아는 자이다. 그래서 이 세상의 어떤 책보다 성경을 사랑한 자이다. 주의 지도를 원하며 성경 한 권을 인생의 전체를 집약한 보물로 보고, 크고 깊고 넓은 하나님의 비밀 앞에 무릎을 꿇은 자이다.

성경은 '난해한 책'임을 아는 자이다. 성경 한 권의 분량을 반복, 반복하며 보면서 평생을 힘써 본다 해도 다 알 수 있을까? 하는 자이다. 그러하기에 짧은 인생의 시간을 아쉬워하며 매달리기를 원했다. 이미 늦은 출발이다. 30대 시작한 성경 만남이기 때문이다. 늦깎이 공부하듯 주의 세계에 목마른 갈증이 있는 자이다. 시간이 많지 않은 이 세상 삶이기에 지난, 두문불출 기간조차 배운다 한들, 연구한다 한들 "부족이다" 한 자이다. 성령과 성경을 알수록 목회는 오랜 준비와 매우 신중해야 함을 더욱더 깨닫는 자이다. 그러나 주는 사용하기를 원하시고 마음껏 쏟아부으신 생수 기간이다. 이는 영서 기록 시간이니 네가 보아온 성경 구절의 위치를 보이시며 성경을 말씀하시는 주시다. 심은 대로 나오는 것이다! 하라. 그러나 더 심지 못하여 영서 기록 중에 한계를 부딪칠 때 성경을 더 유심히 집중하며 더 많은 분량을 준비하지 못한 자신에 대해 자책한 자이다. 그럴지라도 심고, 심어서 나오니 이 생명력에 감탄, 감동, 신비감을 느끼는 자이다. 이러한 성경책은 네 삶의 동반이 되어 하나님의 비밀의 통로로서 자신의 해야 할 일을 안내하고 결실하게 하는 '나의 책'이다! 하라. 되었다. 닫으라.

2. 저들 문재인 정권은 속여 왔다(2020년 1월에서 6월까지)

장마로 주춤한다, 고민한다. 재난이기 때문이다. 영서 기록은 문재인 대통령 내려온 후(임기 마친 후, 마치지 않을지라도) 펼칠 것이다. 대통령들 저서처럼.

2014년 세월호 사고는 내 뜻이 아니다. 포기하지 않는 그(문 대통령)이다. 북한에 대해, 관계에 대해, 정책에 대해 그러하다. "주님, 이전에 문 대통령과 함께 단둘이서 식탁에서 음식 먹는 꿈을 꾸었어요. 무슨 뜻이에요? 왜 그런 꿈을 꾸었을까요?" **회개이다. 회개의 양식!(추가 글 2021. 2. 28. 주일)** 그러나 그는 인간적이다. 배려심이 있다. 이는 먹고 있는 자에게 음식을 덜어 주는 모습이다. 그러나, 그의 깊은 곳에는 공산주의가 있는 자이다. 신봉주의자, 협조자, 정책 관여자이다. 주고받는 자이다. '마르크스' 하에 있는 자들이다. 모두. 레닌 마찬가지. 너는 이 내용(마르크스, 레닌)은 잘 모르는 자이다. (연구가 필요하다는 뜻이다! 하라)

2021. 2. 28. 주일. 추가 글입니다.

회개이다. 회개의 양식!: 회개할 자이다. 나에 대해서 그러하다. 나를 사랑할 자들이다. 그리고 나라 사랑해야 할 너이다. "받은 것(내용들, 분별들, 싸운 것들 등이 있다)에 대해 왜 쉬고 있나?" 하는 너이다. 이를 생각해 보게 한 꿈이다. 공산화는 진행이 되나 나는 그(현 대통령)에게 회개 기회를 주기 위함이다. 이런 식으로 너는 적는 것이다. 나의 필요에 의한 너이다. 지금은 그러하다. "도무지 내가 너를 알지 못하노라" 하지 않도록 하라. 그때 나라의 일이 발생할 때, "나는 무엇을 했나?" 후에 전할 부분이다. 되었다. 닫으라.

3. 문 대통령의 하수인들 보자

정부 관계자들, 국회의원들, 지식층 모두가 대부분 동화되어 있다. '병 감염'이라 보면 된다. 이는 생각, 사상의 동조자들이다. 주의 뜻에 반대하지 않는 자를 보자. 막 9:40 우리를 반대하지 않는 자는 우리를 위하는 자니라. 주의 뜻이 아닌, 이에 관한 반대하는 자들이다(전ㅇㅇ 목사와 함께하는 자들이다. 너도 마찬가지). 그,

ㅇㅇㅇ 목사에 대해서 보자. 그는 아니다. 정책이다. 이러지도, 저러지도 못하는 자이다. 현 대통령에 가까운 자(예배 영상에서 느낀 자), 중간 지대이다. 중간은 무엇인가? 왔다 갔다 한다. 이쪽에서는 이편, 저쪽에서는 저편의 뜻이다! 하라. 속칭 양다리라 보면 된다. 이는 세상 은유적 표기이다. 나, 주의 말씀이다. 기록된 자밖에 알 수 없는 '흰 돌' 너이다. 계 2:17 …또 흰 돌을 줄 터인데 그 돌 위에 새 이름을 기록한 것이 있나니 받는 자 밖에는 그 이름을 알 사람이 없느니라.

4. "마가단 지경으로 가시다! 무슨 뜻이에요?"

(얼마 전, 주신 말씀이 생각나서 다시 질문합니다) 마태복음 펴보자, 찾아보자, 읽어라. 마 15:39 예수께서 무리를 흩어 보내시고 배에 오르사 마가단 지경으로 가시니라. "주님은 제 생각, 마음이십니다" …생략… 네 개인적 관계에서 질문을 하는 자이다. 이는 "무엇에 대해 어찌할 것인가?" 이에 대한 문제이다! 하라. 이편에서 보는 너이다. 어떻게 보면 될까? 네 의견을 들어보자. "주님 뜻을 분별하는데 더 신중하게 확인이 필요하다는 생각이에요" 맞다. 더 들어야 한다는 뜻이다. 풀릴 때까지, 확인될 때까지이다. 이 문제에 대해서 '입장' 표명하는 자들이다. 각자가 '우리 입장!' 하는 자들이다.

"주님은 어떻게 보세요?" 그렇지! 그 질문이다. 성령으로 해석하는 너이다. 이 문제는 부모의 예이다. 부모들의 흔한 질문 "너는 누구를 사랑해? 누구 따라갈래? 선택해 봐" 같은 것이다. 아이 입장은 혼란스럽다. 둘 중 하나일 때(시각 차이, 입장 차이, 견해 차이) 이는 교단 차이, 개교회 차이, 사람 관계 차이 이를 이미 아는 너이다. "이럴 때 힘들어요. 이 문제 외에 여러 가지예요." 이 또한 지나가리라. 복음의 다양성으로 보는 너이다. 모든 것은 '관계' 때문에 발생한다. 지역, 사람, 소속 교단 등등 이를 아는 너이다.

5. '줌'이다

'줌'을 당겨 보자. (외출 준비하는 아들을 향하여 주시는 말씀입니다) 작은아들 ○○에 대해서 적어보자. 그는 누구인가? 선한 자이다. 눈 맑은 자! 사슴, 토끼 소 등, 이 같은 눈이다. 또한 활보자이다. 어려서 다닌 자이다. (전에 꿈으로 보인 길의 장면을 다시 보이십니다! 하라. 첫 교회의 담임 목사가 신앙 위주로 사는 너로 인해, 네 어린 아들 둘을 위해 교회 앞의 길을 작은 돌 하나 없이 깨끗이 만들어 준 그곳이다. 두 아들의 놀이터가 되어 교회 앞의 그 길에서 롤러스케이트를 타고 왕복으로 오고 가며 밝게, 안전하게 노는 두 아들의 지난 시절의 모습을 꿈으로 본 자이다 하라. 교회를 나와서 이후에 개척 예배처에서 꾼 꿈으로 알게 된 자이다. 되었다. 닫으라)

그곳 개척 예배처, 일하는(성경, 교회, 사무 보는 자) 엄마 밑에서 우는 자이다. 이는 신학교 기도실에서 기도하는 작은아들의 눈물이다. 아들은 떨어진 자, 경제적 도움받지 못하는 자이다. 내가 안다! 아들에게 전해라. 이 영서를 읽어주라. 맑게 키우려는 너이다. 너였다. 현재도, 이후에도 그러하다. 아들은 주님을 만날 것이다. 그는 내 제자이다. 이는 이미 전한 자이다. 신학을 해서가 아니다. 네가 1995년 방언이 임한 날, 기도로 구한 자, 구하게 된 날! '거룩'을 위해 목회자를 소원한 너이다. 그때부터 내가 그를 기른다. 그리고 주관한다. 지시한다(함께 한나는 뜻). 그의 생각은 곧 내 생각, 그의 마음은 내 마음이 되기 위한! 뜻이다. …생략…

내게 더 가까이 오려 하는 너이다. 혈육과 의논하지 않고 복음을 시작한 너이다. 갈 1:16 그의 아들을 이방에 전하기 위하여 그를 내 속에 나타내기를 기뻐하셨을 때에 내가 곧 혈육과 의논하지 아니하고. 가족과 상의하지 않는 너이다. 성령이 주시는 것을 받고 '실행하기 위해' 순종해보려는 너였다. 나의 결정을 중요시하며 "그의 뜻대로 구하면 들으심이라(요일 5:14)" 하는 자 곧 너이다. 주를 위한 나의 길을 연구하는 자이다. 묻고 또 물으며 내게 왔다. 나를 기다린 것이다. 너를 돕는 자,

ㅇㅇ 교회 ㅇㅇㅇ 목사 마찬가지. 그는 네가 성령의 사람인 것을 아는 자이기 때문이다. 성령으로 만나 그의 뜻대로 일해보려는 자이기 때문이다. 내가 그를 네게 보낸다. 연결한다. 도움을 준다. 이 모든 것은 모두 알기 때문에 그가 도운 것이다.

사람 아래에서 불편해 하는 너이다. 내가 보인 환상 세 가지! 열린 하늘 문의 '생수' 은혜와 하늘비 '성령'과 하늘의 '보좌 길'을 기억하여 너는 내게로 오는 자이다. 나와 함께 하는 자이다. 그것이 네 모습이다. 곧 너이다. 그러므로 너는 나이다. 또한 나는 너이다. 내 뜻을 이루려 함이니라. 이것이 세례이니 나의 죽음, 장사이다. 그리고 할례(성경 연구)를 아는 너이다. 이상 끝. 예레미야 보자, 읽자.

6. 목사 안수에 대하여

주님께 물어야! 스스로 하면 환난을 만난다. 주께 물으라! 너는 가르치는 자이다. ㅇㅇㅇ 갈 뻔했던 자이다. **기도로 하나님 뜻을 알게 한 당시이다**(추가 글 2022. 1. 22. **토요일**). 하나님의 뜻은 언제나 물어야 알 수 있다. 네 생각일 수 있기 때문이다. 이것이 하나님의 주권이다. 계획, 목적 등. 결정권을 하나님께 두는 자이다. 이상이다.

2022. 1. 22. 토요일. 추가 글입니다.

기도로 하나님 뜻을 알게 한 당시이다: 오랜 기다림 시기 2018년 가을, 나는 너에게 알렸다. 나의 뜻을 전하여 다른 계획을 암시한 나이다. "얼마간 상담하라!" 하는 음성을 내보인 나이다. 꿈으로 하늘 공중에서 전하므로 이를 보도록 하지 않느냐? 이 얼마간은 힌트가 되어 "무엇일까?" 하며 기다리기로 한 자이다. 해온 일 '상담' 사역이 하나님 뜻임을 알고 이것만으로도 기뻐한 자가 아니더냐? 너는 기도하며 그 일을 포기할 때 또한 좌우로 치우치지 말고 무엇을 하든 그 일이 아닌 중심, 목표, 방향을 오직 위에 계신 하나님, 오직 주만을 직시해야 함을 가르친 나이며 이로써 포기하나 마음이 후련해진 당시이다. 왜냐하면 이 또한 오랜 바람이 아니더냐? 그러함에도 포기함은 무엇을 배우기보다 '더 귀한 나의 일'이 있음을 알린 그 당시이다. 이 얼마간의 기간은 오래지 않았다. 2019년 사순절 기간 네게 '마지막 때'에 대해 전한 나이며, 부활절기는 너의 사역이 곧 시작됨을 알린 나이다. "되었느냐? 되었다" 하라.

목사 안수는 그동안 수 없이 길이 열리나! 이미 알린 교단 문제, 목회자 문제, 우후죽순 영향 등 한국 전체에 대한 심판이 불가피함도 오래전에 차근히 전해준 나였다. 그리하여 "해보라" 하는 권면이 지속되어 망설이기도 귀 기울이기도 하나, 그들에 대해 보이고 보인 나이다. 신중히 하라는 의미이다. 당시는 그러하다. 이로써 시간은 흐름이니, 주가 주인이 되어 성령의 통치 아래 "때를 앎이 시급하다" 한 자이다. 또한 "성경과 성령이 먼저이다" 한 자이므로 견디고 인내한 시기이다. 이는 '목회자로의 부름' 이전의 준비이며 "목회보다 주의 뜻과 때와 일을 알자! 이 중심에 살자! 그리하여 인도해주시면 해보자" 하며 뒤로 한 자이다. 나섬이 다가 아니다. 영성, 인격, 모든 것이 시대의 위중성 앞에 조심스럽고 두려워진 자이므로 자신을 내려놓을 수 있지 않더냐? 목회자의 길에 대한 이러한 일침으로 인해 너는 오랜 깨달음 속에 보낸 자이다. 더 큰 하나님이 아니겠느냐? 이를 바란 자이다. 이상이다. 되었다. 닫으라.

7. 예레미야서에서 주시는 은혜

너는 사람의 계획을 세우지 않는 자이다. 너희 가족 세 사람은 청년의 때를 보낼 것이다. …생략… 마이크로 칩 시대이다. 휴대폰의 메모리칩 유심은 작다. 그러나 그 안에는 모든 정보와 자료가 다 들어있다. 통신사를 가진 자들, 그들은 '정보 유출' 제공자이다. 몸에 이식할 '칩'의 정보를 작업화하는 자들이다. 너희는 통신

계통을 유의할 자이다. 병원(칩 이식), 금융, 경제 이는 고리, 연결, 네트워크이다. …생략… 어머니 장례식에서 오랜만에 가족을 만난 자이다. 너는 개척 예배처에서 힘들게 살아온 자이므로 그들은 너를 격려할 자이다. 그리고 장례식에서 성령이 하신 일에 대해 "고맙다" 해야 할 자들이다. "우리를 대신해서 우리 몫까지 하느라 네가 수고했다. 그 일에 대해 들어보자" 하며 장례를 마치고 너를 간증자로 세웠어야 했다. 너희는 서로 맞지 않는 자이다. 이는 성향 차이, 성령 차이, 사역 차이, 영적 지경 차이이다. 장례식에서 일한 자이므로 네게 음식 먹이고 세워줄 자가 필요했던 상황이다. 주보다는 부모 관심, 일 중심으로 처리한 장례식이다! 하라. 현재 역사하는 성령에 대해 무지하다는 뜻이다.

어머니 장례식 장지에서 일어난 '주'의 행하심은 오로라 현상이었다. 너는 구름 속의 해와 같이 비친 역할을 한 자, 즉 성령이 시키신 일을 한 자였다. 나는 성령의 역사로 드러내게 한다. 네가 귀신 들린 것이 아님에도 불구하고, 네게 이를 갈며 베드로를 옥에 가두려 하는 것처럼 문재인 대통령 같은 역할을 한 자가 있다. 성령 사역에 대한 반대는 성령으로 일하는 자에게 '망신'을 주는 것이다. 이는 사단의 수법이다. 진짜를 가짜로 속이며 '정말?' 하면서 공격하는 자이다. 창 3:1 …참으로 하나님이 너희에게 동산 모든 나무의 열매를 먹지 말라 하시더냐?(Did God really say)

2022. 1. 22. 토요일. 추가 글입니다.

그날 너의 전함이 무엇이냐? 내가 왜 세우더냐? 이는 때를 알린 자이다. 종말 '지구전'과 '나라 위기'이니 공산화 과정 중 아니겠느냐? 천국과 지옥을 전한 자이다. 우상(그곳에 불교인들이 있기에)이 아닌 구원의 주를 전한 자이다. 이 세상의 '죄'와 '죄인'을 전한 자이다. 이는 네 몸 안에 새겨진 메시지이므로 흐르도록 한 것이다. 되었느냐? 사람들은 격식을 따라 치루는 행사로 여기나, 나는 '그 때에 할 일'이 있었기에 그곳에 사람(너)을 세운 것이다. 유족 입장에서는 '나의 가족' 하며 슬피 울거나, 또는 기뻐하며 천국 잔치로 여기기도 하나, 나는 전체를 본다! 하라. 너희는 부분이나, 나는 모두를 보기도 하며 때에 따라 일하는 여호와 주시라! 하라. 형식과 틀은 성령을 차단하는 것이 아니겠느냐? 너는 많은 자들 앞에 나서서 나의 일을 한 자니 무엇이 부끄러우랴? 나의 뜻을 외친 자이다.

이는 '성령에 잡힌 바 된 자'이므로 그러하다. 이로써 성령이 하신 일을 두고 내가 모든 일을 용서하므로(요 8:11 …나도 너를 정죄하지 아니하노니…) 너 또한 모든 사람에 대해 그리하라 주심이 아니더냐? 모든 일을 성령이 친히 진행하시므로 해낸 자이다. 그 후, 일을 마친 자를 주가 친히 다독임으로 잘 마무리하게 한 당시이다. 사람이 너를 따름도 네 안의 나로 인함이니 이를 알리어 너는 아무것도 아니! 한 나이다. 이 모두에 놀란 자이다. 주는 영광이시라 하라. 스스로 영광을 얻으심이니 내 영광을 내가 취함은 마땅치 않더냐? 사람이 낮춤은 이러함이며 높인다 한들 다시 겸손하려 하지 않겠느냐? 내가 높아지니 그러하다.

성령 불로써 해내는 나이다. 되었느냐? '때가 시급하여' 주는 글이니, 이도 저도 알리는 나이다 하라. 영 방해가 심한 날이었다. 욱여쌈 당한 자이다. "성령이 하시는 일이다" 하는 자가 누구이더냐? 외로우나 견딤은 나의 붙듦이니, "네 안에서 말하는 이는 성령이시다" 알린 나이다. 마 10:20 말하는 이는 너희가 아니라 너희 속에서 말씀하시는 이 곧 너희 아버지의 성령이시니라. "되었느냐? 되었다" 하라. 족하도다. 나의 '은혜 된 자'에게 전하는 이 글이다! 하라. 약속을 이루시는 하나님이시니 이를 알리라. 나의 일, 때를 위한 준비와 실행 모두 다 아니더냐? 설만이 행하지 않음은 이러함이다 하라. 모두 계획안이니 사망도 생명도 모두 다이다. 시 45:7 나는 빛도 짓고 어둠도 창조하며 나는 평안도 짓고 환난도 창조하나니 나는 여호와라 이 모든 일을 행하는 자니라 하였노라. 이상이다. 되었다. 닫으라.

하늘山
제23일. 니느웨 회개 기도 40-23 (2020. 8. 14. 금요일)

1. conscrate 성별, 구별

너는 내 것이다. 레위인, 제사장이다. (이어 주시는 말씀입니다) 사고파는 자, ㅇㅇ 마켓! (인터넷상 중고 거래처를 예로 들어 말씀하십니다) 옷들에 대해 보자. 매매 가격!(상품에 달린 텍 '가격'표를 보이시며, 옷을 지나치게 구입하는 한국 문화의 세태를 말씀하십니다) 주된 나라이다. 의상으로 나타내려는 자들이 많다. 이것이 한국이다. 술집, 명품, 여행사(비행기) 등. 인천 공항 보라. 마 11:7 …무엇을 보려고 광야에 나갔더냐…. 외국 여행이다. 화려한 옷 왕국이다. 문재인 대통령, 김정숙 여사, 임ㅇㅇ 관련된 자들, 지지자들 '모두'이다. ㅇㅇㅇ 실형 본 자, ㅇㅇㅇ 성추행 본 자이다. 섭렵해오고 있다. 모두를.

2. 환난 기간 7년

너는 내가 전해 주는 자이다. 갈렙이다. 넌 나의 종이다. 듣는 자이며, 행하는 자, 이 둘이다. 내가 원하는 대로 해야 하는 자이다. "제가 주님의 음성을 어떻게 알까요?" 지금 너에게 말하고 있는 내가 그니라. "이 말씀은 무슨 의미예요?" 너는 사람들에게 설득당하는 자가 아닌, 나의 뜻을 전달하는 자(전한 자이다)이다. 사역은 듣고 전한다. 행한다. 이것이 전부이다. 너는 선지자이다. 마음도, 계획도, 뜻도 주로 보는 너이다. "나는 아무것도 아닙니다"하고 전하는 너이다. 무용지물이라 생각하는 자(이는 자신은 아무것도 아니라는 뜻이다), 네가 나를 찾는구나. 어여쁜 자야 가자. 아가서의 술람미 여인이다. 그는 주를 원한다. 주만 원한다. 이것이 너이다. 나의 통로가 되려는 자, 전해보려는 자, 행해 보려는 자 너이다.

 이곳은 예멘이다. (네게는 이 나라 같은 전도 지역이다) 네 사역지이다. 여기가 그곳이다. 대항하는 자들에게 이슬람 '들나귀' 말씀을 전해야. 창 16:12 그가 사람 중에 들나귀같이 되리니 그의 손이 모든 사람을 치겠고 모든 사람의 손이 그를 칠지며 그가 모든 형제와 대항해서 살리라 하더라. 이들은 본성대로 사는 자들이다. 주를 대항하면 그는 누구나 이슬람인이다. 또한 에서와 같다. 칼을 믿고 사는-창 27:40 너는 칼을 믿고 생활하겠고-본성대로 사는 자들이다. 거부당하는 자 너이다. 나를 보라. 대제사장, 서기관, 장로인 산헤드린 공회(네 표현의 줄임말 '대 · 서 · 장'이다) 그들이 어찌했는지, 어찌 취급했는지, 어찌 다루었는지. 산 낭떠러지에 죽이려 꾀한 자들이다. 눅 4:29 일어나 동네 밖으로 쫓아내어 그 동네가 건설된 산 낭떠러지까지 끌고 가서 밀쳐 떨어뜨리고자 하되. 존엄성을 잃을 때 누구나 겪는 법이다. "무슨 의미예요?" 나에 대한 그리고 사람에 대해 대하는 태도 이는 여호와를 인정하는 자, 권위를 따르는 자 이것이 나의 답변이다. 너에 대한 것이다.

 너는 요리할 때 첨가하는 '미림' 이 같은 자이다. 맛 내는, 부드럽게 하는, 이것이 은사이다. 구멍을 메꾸는 자이다. 구멍의 빈틈은 여러 가지 의미이다. 공허, 부족, 더 필요한 것, 채울 깃 등에 대한 묘사이다. 사람으로 대하는 자, 너이다. "무슨 의미예요?" 짐승으로 보는 자, 문 정권이다. (짐승으로 보라 하십니다! 하라. 이는 꿈에서도 확인된 호랑이 가죽을 쓴 자이다! 하라) 그는 북한, 적그리스도의 하수인이다. 렘 1:8 너는 그들 때문에 두려워하지 말라 내가 너와 함께하여 너를 구원하리라. 나 여호와의 말이니라. 너는 이를 말씀하신 예레미야 같은 자이며 렘 1:18 …견고한 성읍, 쇠기둥, 놋 성벽이 되게 하시는 주시다.

3. 문 정권부터 보자. 그는 누구인가?

그의 눈빛은 날카롭다! 무엇을 찾는 눈, 이글거려 보이다. 대통령 선거 출마 당시 그러하다. 왜 그럴까? '날'을 간다. 이는 가진 것, 이미 계획한 것을 던져보겠다는 것이다. 또한 권모술수로 보이는 '비밀스런 무언가'를 꾀하려는 이것들이 보여졌다. 네 눈에. 눈은 마음의 등불이다. 마 6:22 눈은 몸의 등불이니 그러므로 네 눈이 성하면 온몸이 밝을 것이요 23 눈이 나쁘면 온몸이 어두울 것이니 그러므로 네게 있는 빛이 어두우면 그 어둠이 얼마나 더 하겠느냐. 한마디로 '악한 음모'를 계획하는 날카로운 눈빛으로 본 너이다. 섬뜩하다. 그리고 느끼하게 느껴진 자이다. 정체 숨긴 자이다. 음흉(앞부분 나열한 것), 악해 보이다. 작전 가진 눈으로 이글거려 보였다.

그의 입은 암묵적! 감추는 듯한, 함구하는 것 같은, 내포된 것을 감춰 보이려 꾹 다문 정치적으로 의도된 무엇으로 보이다. 그는 북한을 간다. 왜? 무엇 때문인가? 상의하다, 논의하다, 협정한 것을 가져온다. 실행에 대해 확답을 들으려는 자 김정은이다. 화면, 방송, 영상에 소개되지 않은 것! 시간, 행위들 또 무엇이 있을까? 그는 그이다. 속이는 자이다. 보여주는 자이다(카메라의 특징). 또한 북한 영향, 중국 지시(북한 통해).

북한은 어떠했을까? 전 목사에 대한. 그 김정은은 어떠했을까? 문 대통령은 인적 드문 곳에서 만난다. 연락한다. ㅇㅇㅇ를 살인하는 자이다. 이는 북한 지시이다. 계획안에서 일해온 자들, 일하는 자들. 현실이 걸림이다. 이후에 진행을 위해 소모전을 원치 않는다. 문재인 대통령, 김정은 둘 다!

4. 하나님, 주, 성령은 어떻게 보실까?

인천 국제 공항이다. 이를 보자. 국적, 인종 차별 없이 모든 자들, 그러나 조건이 있다. 탑승객에게 요구되는 것, 여권이다(지역, 사람, 지불액). 지구 여행자이다. 그렇게 보신다. 이러한 탑승의 목적이 포함된 자들이다. 내가 비행기이다. 이동한다. 안전한 곳으로, 대피소로, 천국이다. 이는 너이다. "무슨 뜻이에요?" 비행기는 곧 나이다. 사람들을 오게 한다. 태워야 한다. 티켓팅(선 자) 확인자 너이다. 여권 소지한 자를 모아서 비행기에 태운다. 이는 네 역할이다. 네게로 나아오는 자들이 있다. 두 아들 그러하다. '관계' 란다. 물질 관계 등등.

너는 누구인지 알아야 한다. 우선은 나이다. 최고로 나이다. 존엄으로 대한다, 여긴다. 이것이 너이다. 산 울타리로 두르는 나이다. 너를 보호한다. 외부를 차단한다. 지키며 양육한다. 나이다. 주님이시다. 너의 주님이시다. 산책로 둘레길을 다시 보자. 뱀, 고라니 같은 너이다. 뛴다. 혼자 추진한다. 내가 네게 명하는 것을 노아처럼, '…대로' 하는 자이다(do, as). 창 6:22 노아가 그와 같이하여 하나님이 자기에게 명하신 대로 다 준행하였더라(did everything just as God commanded him). 이것이 너이다. 발뺌 하는 자의 모습이 있으니 수치(%)이다. 베드로 부인과 같다. 주를 모른다, 관계없다. 마 26:70 베드로가 모든 사람 앞에서 부인하여… 72 베드로가 맹세하고 또 부인하여 이르되 나는 그 사람을 알지 못하노라… 74 그가 저주하여 맹세하여 이르되 나는 그 사람을 알지 못하노라 하니 곧 닭이 울더라.

베드로는 왜 그랬을까? 두려움(적은 믿음)이다. 이는 환경(외부 세력, 실세들)이니 통치권자들, 위정자들, 종교 지도자들(권위 부여 갖는 자)이다. 나의 대행, 사람의 존경, 결탁자 로마였다. 바리새인은 어떠한가? 율법! 이는 자기 의로 나를 부인한 자들이니 여기서는 인정하지 않는다는 뜻이다(받지 않는다. 영접하지 않는다). 베드로는 받는다. 믿음이 자라나는 과정의 환난, 박해와 이생의 염려에서 넘어진 자요. 세 번째, 네 번째 밭에 해당이 된 자이다. 주는 자(나누는 자) → 받는 자(먹는 자), 이것은 '주'의 양식이다. 이는 나에 대한 믿음(일)이다. 이 모든 것 내포된 자, 내게 받은 너이다. 지금 그러하다.

5. 예배를 목숨 걸고 드릴 때이다

　주위에서 코로나 확진자가 나오는 소식을 들은 자이다. 고난도로 들어가는 때! 나라 위해 기도할 때이다. 여기 '한 사람이 있으니' 예루살렘 거리를 보자. 렘 5:1 너희는 예루살렘 거리로 빨리 다니며 그 넓은 거리에서 찾아보고 알라. 너희가 만일 정의를 행하며 진리를 구하는 자를 한 사람이라도 찾으면 내가 이 성읍을 용서하리라. 이와 같은 한국 상황이다. 문재인 대통령 vs 전ㅇㅇ 목사와 함께하는 자들이 대치하다. 성령이 탄식하다. 모든 일 전 세계 겪는 상황이 마음 아프다. 기근과 전염병의 재난 시기, 시대이다. 부정적 측면 보지 말고 긍정적 측면 보자. "주님, 말씀해 주세요. 가르쳐 주세요. 알려 주세요" (찬양을 주십니다! 하라) '내 갈 길 멀고 밤은 깊은 빛 되신 주 저 본향 집을 향해 가는 길 비추소서…' 문 대통령 그는 오랑캐이다. 문 대통령은 중국 편이다. 북에서부터 기울어진! 예레미야 말씀 상황이다. 렘 1:13 …네가 무엇을 보느냐 대답하되 끓는 가마를 보나이다 그 윗면이 북에서부터 기울어졌나이다 하니 14 …재앙이 북방에서 일어나 이 땅의 모든 주민들에게 부어지리라. 북에 해당하는 자이다. 앗수르는 중국이다.

6. 하늘에 계신 주를 바라보는 자이다

　(찬양을 주십니다! 하라) '갈 길을 밝히 보이시니 주 앞에 빨리 나갑시다…하늘에 계신 주 예수를 영원히 섬기리' 2014년 세월호 참사 보자. 안산시는 고요하다. 라헬의 애곡하는 소리였다. 마 2:18 라마에서 슬퍼하며 크게 통곡하는 소리가 들리니 라헬이 그 자식을 위하여 애곡하는 것이라. 그가 자식이 없으므로 위로받기를 거절하였도다. 이는 그 부모와 전 세계 부모의 마음이었다. …생략… 코로나는 주님만이 답이다. 이를 아는 너이다. …생략… 주님은 누구나 사랑하시는 것이 아닙니다! 하라. 주님을

사랑하는 자, 인정하는 자, 모시기로(마음, 생각) 하는 자를 사랑하신다. …생략…

7. 헌금에 대해서

나는 면세점이다. 세금 받지 않는다. 헌금함은 자율이다. (제게 주시는 권면입니다). 자유롭게. 기도가 예물이 되는 자도 있다. 몸으로 헌신하는 봉사가 예물이 되는 자도 있다. 재능 등 그러하다. …생략… 유브라데강의 허리띠는 한국 모습이다. 렘 13:4 너는 사서 네 허리에 띤 띠를 가지고 일어나 유브라데로 가서 거기서 그것을 바위틈에 감추라 하시기로. …생략…

8. 도둑같이 오리라!

이를 전해야 하는 자이다. 살전 5:2 주의 날이 밤에 도둑같이 이를 줄을 너희 자신이 자세히 알기 때문이라 3 그들이 평안하다, 안전하다 할 그 때에 임신한 여자에게 해산의 고통이 이름과 같이 멸망이 갑자기 그들에게 이르리니 결코 피하지 못하리라. …생략… 주님의 전달자이다. 너는 주님의 음성을 구하는 자이나. …생략…

9. 그날, 마지막 날에 대해서 기록해 보자

하늘이 '불'로 풀어지고! 벧후 3:12 …그 날에 하늘이 불에 타서 풀어지고 물질이 뜨거운 불에 녹아지려니와. 불! 용암 분출 시대가 올 것이다. 말라기이다. "주님, 내 마음 드립니다" 지구에서 일어나는 일들. 큰 틀이 무엇인가? 재림이다. 시간표!

방향 '→'이다. 가고 있는 것이다. 너는 도표로 위, 아래를 표현하는 자이다. 도표의 상(위)은 향해 가다. 이동 중, 전진, 복음, 재림이다. 하(아래)는 믿음이 없는 이면적 유대인, 모르쇠 일관하는 자이다. 이를 겪고 알고 나온 자이다. …생략… 이곳은 예멘 땅이다. 서늘한 곳, 싸늘한 곳, 냉랭한 곳이다. 주를 사랑하는가? 반문해 봐야 …생략…

10. 설교자는 전달자이다

주의 메시지! 이 시대에 그 장소, 그들에게 혹은 누군가에게 전하고자 알리는 것을 미리 알고 또는 간파해서 주는 것이다. 이것이 <u>설교이다</u>(밑줄 치라). 이때도 하지 못하면 이후에는(강화 시점 들어가는 때이니 위험 표지판, 경고의 때이다) 어떻게 할 것인가? 차의 제어법을 보자. 운전에 미숙하다. 또는 문제 있다. 사고로 대상을 가해한다, 할 수 있다. 또는 물로 추락한다. 경주마를 보자. 훈련이 제대로 된 말과 그렇지 못한 말을 비교해보자. 어떤 결과가 나올까? 사람을 태운 상태에서 생각도 해보자. 그는 무기이다. 무기로 봐야 한다. 무기 가진 자(차 운전자, 말 탄 자)로 볼 때 얼마나 위험한 것인가? 속도 문제이다. 이에 대해 적그리스도 진행 관계를 아는 자이다. 수면화 알리다. 이는 세계 잡지가 그러하다. 계획을 알려왔다. 이루고 있는 그들이다. 제어를 어떻게 할 것인가? 이에 대해 한 목사의 예이다. 그는 '제어' 이를 갖지 못하는 목사이다. 다루는 법(적 그리스도 체계를 대적)을 알지 못한다. 이러한 자신을 알면 강단에 서지 못할 자이다. 하나님이 두렵기 때문이다. 그가 강단에서 전해온 설교 시간에 대한 두려움이다. 알지 못하기에 그러하다. 너는 손들고 외쳐라, 선포하라. "회개하라 천국이 가까이 왔느니라"(마 3:2) 모세, 여호수아, 갈렙, 세례 요한, 사도 요한과 같이! …생략…

11. 코로나 사태

이후 문 닫은 교회들이 많아질 것이다. 성도들이 떠날 것이다. 정부의 외압으로 숨을 것이다. 성도들이 흩어질 것이다. 옥에 가두려는 자, 예루살렘 교회의 박해와 같을 것이다. 행 8:1 …그날에 예루살렘에 있는 교회에 큰 박해가 있어 사도 외에는 다 유대와 사마리아 모든 땅으로 흩어지니라. 3. 사울이 교회를 잔멸할 새 각 집에 들어가 남녀를 끌어다가 옥에 넘기니라. 이를 전한 자, 주님이시다. 제도권 밖의 교회 삼삼오오이다. ㅇㅇㅇ 사역자처럼 전해보자. 진리는 불의와 함께 기뻐하지 아니한다! 하라. 고전 13:6 불의를 기뻐하지 아니하며 진리와 함께 기뻐하고.

12. 코로나! 예기치 못한 현실이다

대처도 힘든 세상이다. 코로나는 '정부 주관'하에 대처한다. 그들의 일이 되었다. 지시자이다. 하달자이다. 교회는 들어야 한다. 이것이 그들의 주장이다. 방역 목적의 폐쇄이다. 2020. 8. 14. 금요일, 이는 한 건물 안에 코로나 확진자로 인해 교회의 예배 층수마저 폐쇄된 소식을 들은 날이다. 8.15 집회 전날이다. 왜일까? 그는 누구인가? 알아보자. 노조이다. 왜 하필 그일까? 누 가지 의문을 제기해본다. 첫째는 날짜, 둘째는 장소이다. 노조의 활동은 무엇인가? 그들의 정체는 무엇인가? 암묵적 관계이다. 코로나 판정은 누가 주는가? 암묵적 관계이다. 이는 정부 산하이다. 모두가 관련되어 있다. 네트워크, 그물망, 거미줄이다. 그들은 약속한다. 물밑 거래한다(거래일 수 있다). 노조 그들은 누구인가? ㅇㅇ이 바꿔. 8.15 전날의 '통보 폐쇄' 우연의 일치일까? 이는 한 건물에 대해 받은 바입니다! 하라.

13. 코로나와 수해 현장들 기도해야!

　그는 성 추행자였다. 서울시의 ㅇㅇ이다. 정치가, 지원자였다(문 정부 출범 이후). 협조자였다. 날개 펴듯 일했다. 북한은 조문자, 분향소 시민들 선동케 했다. 목적이 무엇인가? 미화이다. 죽은 곳, 썩은 냄새에 '향 역할'을 해보려 했다. 그는 간첩이다. 사상가이다(북한 동조자, 옹호자). 일선 총책이었다. 문재인 대통령을 짐 진 자, 어깨 역할이다. 짐 눌린 자였다. 정책가였다(문재인, 그의 요구에 대해 보완). 당했다. 테러이다. 문재인 대통령, 임ㅇㅇ 비서실장, 북한, 중국 라인이다.

14. 구름같이 허다한 증인이 있으니!

　히 12:1 이러므로 우리에게 구름같이 허다한 증인들이 있으니…. 천사들이다. 산 증인이다. 서울시의 사랑 제일 교회의 집회 전날이다. 교회의 부르짖음이 상달된 시기이다. 너도 참여했다. 가려 했다. 사랑 제일 교회의 문제와 같이(한 방송인이 죽은 가수의 아내에 대해 취재하듯이) 취조자, 심문자 나이다. 파헤치는 자이다. 진실을 위해.

15. ㅇㅇㅇ 그는 누구인가?

　(한 방송인, 유튜버에 대해서 주시는 말씀이다! 하라) 그는 파파라치이다. 끈질기게 다니는 자, 개인 영화(명예, 재정 확보 등) 구하는 자이다. 즉 주를 위해 일하는 자가 아니라 전문가이다. 세상의 대표로 보면 된다. 학문 연구가이다. 분석가이다. 예지몽이다. 이는 심층 분석 의미이다. 그는 그이다. 나는 나이다. 서로 다르다.

16. 구속은 무엇인가?

연결이다. 견인이다. 앞에서는 책임, 뒤는 따르는 자이다. 너는 '장로교'식의 표현 '성도 견인'을 싫어하는 자이다. 첫째, 주의 계시! 주와의 관계로 보는 자이다. 부르심과 교제 안에서 범위로 설명해보려는(설명해주는) 자이다. 둘째, 성령 안에서 해석해 본다. 셋째, 성령의 은사로 이미 얻은 자료와 최근 경험된 것, 알게 된 것 있다. 고지, 예몽 등 이것이 나이다.

17. 문재인 그는 누구인가?

정치가, 신봉자(마르크스, 레닌). 북한 공산주의(테러리스트로 국제에서 규정) 합류자이다. 모임에 합하다. 물에서(이는 물 비유이다. 물끼리 만난다는 뜻이다! 하라) 보면 유입되는 그리고 하나 된다. 하나이다. 물 성분 같은 자들이다. 한곳에 모인다. 그리고 교류한다. 상의한다. 제3국에서 만난다. 밀회한다. 문재인 대통령이 국제회의에 참석하지 않는 것 '빈자리' 왜일까? 북한, 중국과 결속력 가진다. 그들은 지시한다. 문 대통령은 따른다, 따르는 자이다. 어디든 상호 작용하는 자, 상호 관계 그들이다.

18. 북한을 "나는 어떻게 보는가?" 적어보자

복음의 대상, 긍휼의 대상(갇힌 자) 또한 훈련된 복음의 일꾼이 준비된 곳으로 본다. 김정은 정권에 대해서 회개를 원한다. 개방을 원한다. 민주화를 원한다. 복음 통일을 원한다. "하나가 되기까지 과정이다" 생각해 본다. 목적은 '주 안에 우리는 하나' 기독교 국가, 선교 국가로 서는 것이다. 그리고 마지막 추수를 향해 복음 전진, 복음 도구가 되는 한국을 꿈꾸며 빛의 나라로 '성령의 불' 강력한 역사로 마지막 시간대, 마지막 주자가 되는 그런 한국을 소망한다. 이것이 나(너 자신)이다. 나의 푸른 꿈이다. 나로부터 시작된다. 나로부터 시작되리! (이 찬양을 주십니다! 하라) '저 높은 하늘 위로 밝은 태양 떠오르듯이 난 주저앉지 않으리…주의 꿈을 안고 일어나리라. 선한 능력으로 일어나리라 이 땅의 부흥과 회복은 바로 나로부터 시작되리'

19. 코로나에 대하여

전 세계가 겪는 시기이다. 아직 남은 시기이다. 감기에서 독감을 예상해 보는 자(들은 관계로)이다. 죽을 수 있다고 받은 자. 이것은 받은 자일 뿐, 일축으로 보자. 너는 위험보다 복음에 집중해보려는 시기이다. 이는 여러 정황상 이미 전개되는 중이다. 너는 요한계시록의 서머나교회이다. ㅇㅇㅇㅇ 교회와 같이 너도 이처럼 겪는 자이다. 또한 버가모 교회이다. 안디바의 죽임 계 2:13 네가 어디에 사는지를 내가 아노니 거기는 사탄의 권좌가 있는 데라 네가 내 이름을 굳게 잡아서 내 충성된 증인 안디바가 너희 가운데 곧 사탄이 사는 곳에서 죽임을 당할 때에도…. 이는 이전에, 칼에 의한 순교 상황 체험자이다. 또 이전에, 라오디게아 교회였다. 빌라델비아 교회 상황을 원하는 자이다. 시험의 때 면하는 자이다. 계 3:10 네가 나의 인내의 말씀을 지켰은즉 내가 또한 너를 지켜 시험의 때를 면하게 하리니 이는 장차 온 세상에 임하여 땅에 거하는 자들을 시험할 때라.

20. 산사태, 침수 지역, 피해 복구 작업!

이 시간 기도할 때이다. 기도문 적어보자. "주여 임하옵소서. 우리의 죄 사하소서. 발로 범한 자를 회개합니다. 하나님의 땅, 아버지의 땅, 예수 우리 주님으로 피 흘리신 땅, 부활 장소의 땅 더럽혔더라면 용서하소서!" 노아 시대의 "땅과 함께 멸하리라" 말씀 같은 때이다. 창 6:13 하나님이 노아에게 이르시되 모든 혈육 있는 자의 포악함이 땅에 가득하므로 그 끝 날이 내 앞에 이르렀으니 내가 그들을 땅과 함께 멸하리라. "많은 사람이 죽었습니다. 애도를 표합니다. 노아의 때 희생이든! … 2014년 세월호 이후에는 2020년 많은 사상자가 속출된 해입니다. <u>한국 교회에 대한 매라면</u>(밑줄 치라) 이 죽음들로 인해 주님께 돌아가는, 돌이키는 회개의 몫으로 생각하니 열매를 맺게 하소서"

땅과 산! 산사태 한국이다. 노아의 때 산들이 잠기다. 창 7:19 물이 땅에 더욱 넘치매 천하의 높은 산이 다 잠겼더니 20 물이 불어서 십오 규빗이나 오르니 산들이 잠긴지라. 왜 산일까? 산은 대피처의 높은 위치 또한 땅굴 연결지이다(산의 땅에서 나오는 자, 북한 사람이다. 이를 꿈으로 보인 자이다). "바다의 세월호 이어 산사태까지 겪고 있는 이 땅에 긍휼을 주소서. 주의 진노 중에라도. 합 3:2 여호와여 내가 주께 대한 소문을 듣고 놀랐나이다 여호와여 주는 주의 일을 이 수년 내에 부흥하게 하옵소서 이 수년 내에 나타내시옵소서 진노 중에라도 긍휼을 잊지 마옵소서. 포악한-노아의 때! 창 6:11 그 때에 온 땅이 하나님 앞에 부패하여 포악함이 땅에 가득한지라. 13 …모든 혈육 있는 자의 포악함이 땅에 가득하므로 그 끝 날이 내 앞에 이르렀으니-문 정권(북한, 중국도 피해 심각)과 일상에서 범죄 유형이 많아지고 수법이 잔인화 된 천인공노의 상황 이 대한민국을 용서하소서! 주님 회개합니다"

어불성설 주장하는 자들, 이는 어머니 장례식장과 장지 산(ㅇㅇ원)에서 겪은 것이다-2020. 7. 23. 목요일 영서 첫날, 그날 날씨의 비바람같이 주 함께 나아갈 길이다! 알린 대로-겪고 나와 다시 겪는 중이다. 자연재해가 이어지는 상황, 전부터 오늘까지 그러하다. "주님의 마음과 뜻을 주소서. 모든 피해 지역에 은혜 주소서! 복구의 은혜(소망, 위로 함께)와 하나님 뜻을 아는 기간이 되게 하소서" 이상이다.

21. 환난 7년에 대해 다시 적어보자

2013년 WCC 부산 개최 이후(7년 흉년 동시에 영적 자원 산출) 기름 그릇 준비 시기이다. 2020년 올해부터 세계적! … 아시아까지 여름 장마이다. 산으로 도망하다. 마 24:16 그 때에 유대에 있는 자들은 산으로 도망할지어다. 도망 시기이다. 산은 여호와이다(모세 등 그러하다). 이제 예레미야 보자. 쓰나미 재난 기간이었다. 휩쓸다. 코로나 이후 재난도 강력! 사회 현상은 공산주의까지 강력한 한 해이다. 강도 높은 '불의 연단'이다. 한국 교회 믿는 자에 대한!―[2021. 3. 2. **화요일. 추가 글입니다.** (세 사람 이름을 나열한다! 하라) 보낸 자이다. 대부분이다. (두 사람 이름을 나열한다! 하라) 이주자들이다. 문재인 대통령을 돕는 자이다. 지원(물량 공세 받는 자). ㅇㅇㅇ는 아는 자(해킹, 볼 수 있는 자) 파악하는 자이다. '…중'이다. 들여다보는, 볼 수 있는 자. 북한은 지시자이다. 그도 그러한 자이다. 몇 해 전에도 '이미 알린'이다. 부탁하면 볼 수 있는 자. 이는 그의 가치이다(사용, 이용). 악용 소지 가진 자]

하늘山
제24일. 니느웨 회개 기도 40-24 (2020. 8. 15. 토요일)

1. 보혈은 무엇인가?

보혈(주의 피)로 적시는 자이다. 마음을 담근다! 하라. 이는 주의 생각과 마음이 되도록 하기 위함이니라.

2023. 2. 8. 수요일. 추가 글입니다.

아픈 이야기를 해보자. 너와 나의 스토리, 이야기, 테마이다. 어느 날인가? 2022년 작년 이 무렵이다. 1년 전으로 가는 시간 여행이다! 하라. 당시에 아들과 나선 어느 출판사이다. 가진 자료에서 **기록된 내용을 찾아 넣어 보자(추가 글 2022. 3. 21. 월요일).** '출판사에 대한' 규정을 주신 하나님이시다! 하라. 대형 출판사는 마치 대형 교회 같기에 좀 더 나은 진실하고 공의로운 자로서 주의 입장에 선 자를 찾기 위해서 작은 곳이라도 찾자! 하신 주시다! 하라. 주에 대한 깊이에 있어서 잘 모르더라도 믿음을 가진 출판사가 있는가 하면 높아질 대로 높아진 곳도 있으니 이는 치우침이다! 하라. 마치 주 오신 이천 년 전에 주를 부인, 멸시한 박해자들 같으니 이는 대제사장, 서기관, 장로들이며 바리새인들이 주축이 되어 그 '자고'함이 하늘까지이니 멸망의 자식들이다! 하라. 이에 가까운 자들이 있으니 한국도 그러하여 유심히, 자세히 살피시는 여호와의 눈이므로 이 눈으로 일하시는 주시다! 하라. 눈의 영서이다.

보혈은 이러하여 생명수의 강이 된! 주의 아픔과 사랑과 자녀에 대한 오랜 기다림 함께 책망도 하심이니 회개와 용서가 아니냐? 하라. 이러하기에 이 생명의 강, 생명의 샘은 보혈의 샘이다! 하라. 주의 피를 찬양하고 의지하는 자들이다! 하라. 이는 주의 권세(속죄의 값, 대속의 사랑, 희생, 용서, 능력이 아니랴?)가 되어 나를 나타내는 자들이니, 나의 부름

된 자들이지 않겠는가? 하라. 이러한 '피'를 이단 운운하는 출판사가 있으니 이는 첫 방문 그곳, 도전한 1차 출판사이다! 하라.

출판사가 열리기 시작한 자이다! 하라. "내 너를 보내어 밝힌다" 하는 그곳이니 나에 대한 시험, 그들의 믿음 여부를 보고자 함이다! 하라. 그들의 시선을 어디에 두었나? 그들의 마음이 무엇을? 누구를 위함인지? 재림 준비 시대에 이러한 영서의 메시지를 어찌 받나? 또한 좌경화된 나라에 대한 그들의 사상 및 나라 사랑도 보고자 함이다! 하라. 그리스도인이니 마땅히 진실 규명과 함께 주가 보내신 증인들을 받아 존귀하게 여기고, 주의 명을 따라 시대의 빛으로 섬김이 그들 정체가 아니냐? 하라. 이에 반하여 "모른다, 이해하지 못한다, 바쁘다, 어떠하다" 하는 자들이며 "저자의 프로필이 중요하다. 저자가 누구이냐?" 하는 자도 있으니, 이천 년 전에 헤롯왕이 주의 탄생과 경배하는 자들로 인해 들썩이며 온 나라를 소동케 하듯이 수색자가 되고, 어린 아기 예수 주를 죽이려는 자가 되기도 하며, 주를 쫓는 자도 되었으니, 피난(애굽)이 시작됨은 이러한 자들로 인함이 아니냐? 하라. (이어진 말씀이다! 하라) 계 12:6 그 여자가 광야로 도망하매 거기서 천이백육십일 동안 그를 양육하기 위하여… 겉치레에 물든 자들은 이러하다. 속이 차지 않으니 '속을 보이는 자 누군가'(이는 영서 역할이다)를 이단 몰이로 규정하기도 하는 자가 있다! 하라. 이 흠 저 흠을 찾아내어 "우리와 맞지 않으니, 우리 스타일이 아니니" 하며 이런저런 핑계, 모욕, 비방이 있다! 하라. 이는 한국의 출판사들 일부를 대한(겪은) 2022년 한 해이다 하라.

이러한 첫 아픔을 시작으로 이어진 출판사들 행보이다. 행보 중이다! 하라. 정중함도 아닌 자신들의 목적, 방식 과시로 마치 주를 모르는 자, 낯선 자, 이방인을 대하는 듯한 저들이니, 나는 기억하여 무엇을 그들에게 주랴? 이를 생각하라. 바울의 말씀을 두라. 살후 1:6 너희로 환난을 받게 하는 자들에게는 환난으로 갚으시고 7 환난을 받는 너희에게는 우리와 함께 안식으로 갚으시는 것이 하나님의 공의시니 주 예수께서 자기의 능력의 천사들과 함께 하늘로부터 불꽃 가운데에 나타나실 때에 8 하나님을 모르는 자들과 우리 주 예수의 복음에 복종하지 않은 자들에게 형벌을 내리시리니 9 이런 자들은 주의 얼굴과 그의 힘의 영광을 떠나 영원한 멸망의 형벌을 받으리로다.

문을 두드리시는 주시다! 하라. 그들 마음의 문 앞에 영서(마지막 때 메시지)를 가진 자를 세상에 내보내신 주시다! 하라. 창 8:10 또 칠 일을 기다려 다시 비둘기를 방주에서 내놓으매 11 저녁 때에 비둘기가 그에게로 돌아왔는데 그 입에 감람나무 새 잎사귀가 있는지라…. 이는 무엇인가? '새 소식'이며 '기쁜 소식' 복음이다! 하라. 사 52:7 좋은 소식을 전하며 평화를 공포하며 복된 좋은 소식을 가져오며 구원을 공포하며 시온을 향하여 이르기를 네 하나님이 통치하신다 하는 자의 산을 넘는 발이 어찌 그리 아름다운가 하라! 기도하는 중에 주시는 말씀이 있으니, 이는 2022년 한 해의 마지막 달 12월이다! 하라. 마 28:19 그러므로 너희는 가서 모든 민족을 제자로 삼아 아버지와 아들과 성령의 이름으로 세례를 베풀고. "가라" 이는 네게 이르신, 전하신 말씀이니 주저하지 않게 하시기 위함이다! 하라. 이미 2022년 한 해를 여러 출판사를 거친 전화 문의, 방문, 부탁도 있다. 기도 부탁도 있다(이는 쌍방 확인을 위함이다). 원고를 내보인 곳도 있다. 계약과 이어 출간 날짜도 있으나, 다시 도돌이표가 되어 2023년 시작을 나선 자이다. 이는 주에 대한 대우, 예의, 사명 고취 시험이다! 하라. 자신의 사명이 무엇인지 모르기에 방향 우회한 자도 있으나, 오랜 자리매김으로 에베소 교회 같은 곳도 있다! 하라. 문전 박대자가 있으며! 자신의 규정이 주의 규정보다 더 중하므로 받지 않으며! 원고를 뒤로 미루고 우선시, 중요시 하지도 않는가 하면! 심한 책망조차 받지 않는 무딤, 어리석음도 본 자이다.

재림 앞에 나의 천사들, 추수꾼들, 전도자들을 보내는 주시다! 하라. 주가 정한 자에 대해서 판난, 해부하기보나 사신 입상, 위치에서 무엇을 해야 할시? 살끼는 사가 겸손한 자, 지혜로운 자이다 하라. 출판사는 글이 책 되어 '나의 증거'를 위한 일을 돕는 사역이다! 하라. 이러한 심부름이다. 교회도 그러한 복음을 위한 구실이나, 주보다 이편이 낫다 하는 자들로 인해 작년 2022년은 출간하지 못한 해이다! 하라. 출판사가 필요하다. 주의 합당하신 대상자를 찾는 미션, 임무이다. 가려내는 힘든 미션이다. 왜냐하면 열 명의 문둥병자 중에 오직 한 사람이니, 구원에 감사할 '이 남은 자'를 발견하는 임무이다. 눅 17:17 예수께서 대답하여 이르시되 열 사람이 다 깨끗함을 받지 아니하였느냐 그 아홉은 어디 있느냐 18 이 이방인 외에는 하나님께 영광을 돌리러 돌아온 자가 없느냐 하시고. 나의 눈이 되어 찾는 예루살렘 거리의 한 사람(렘 5:1) 같은 자를 눈 씻고 찾는 그 대상은 나의 사람, 새 사람, 주를 영접할 회개와 믿음의 사람이다! 하라. 되었다. 닫으라.

2022. 3. 21. 월요일. 추가 글입니다.

기록된 내용을 찾아 넣어보자: (앞부분은 생략합니다) 음부 교회(권세)와 주님 교회(반석) 대결전 대치이다 하라. 마 16:18 또 내가 네게 이르노니 너는 베드로라 내가 이 반석 위에 내 교회를 세우리니 음부의 권세가 이기지 못하리라. 이는 창세기 3장 15절 싸움이다. 창 3:15 내가 너로 여자와 원수가 되게 하고 네 후손도 여자의 후손과 원수가 되게 하리니 여자의 후손은 네 머리를 상하게 할 것이요 너는 그의 발꿈치를 상하게 할 것이니라 하시고. 교회가 다가 아니다. 계시록의 사탄 교회, 사탄 출판사도, 사탄 목회자도 있다. 북한 지시로 세운 출판사도 있다! 하라. 그들은 남한 검열을 위함이다 하라. 네 십자가 짐은 교회이다. 네 개척 예배처의 그곳 이름이 'ㅇㅇ의 ㅇㅇ 교회'가 아니냐? …생략…

접촉한 한 출판사에 대해 보자. …생략… 그는 북한의 프락치이다. 위장자이다. 북한 송금자이다. ㅇㅇ에 사회주의자 그룹이 있다! 하라. 그 목사(출판사 대표)는 가난한 척하는 자이다. ㅇㅇ에게 이 출판사에 대해 들을 때, 네 안의 영이 그에 대해 밀어내는 이유이다. …생략… 그는 북한 송금자이다! 전하라. 정치인 ㅇㅇㅇ 지지자이다. 너는 언어를 유의할 때이다. …생략… 내려가자(산책과 기도하는 산에서 주신 말씀입니다). "왜 주시는 건가요?" 너는 이만 명 가진 자이다. 눅 14:31 또 어떤 임금이 다른 임금과 싸우러 갈 때에 먼저 앉아 일만 명으로써 저 이만 명을 거느리고 오는 자를 대적할 수 있을까 헤아리지 아니하겠느냐. 너를 비웃는 그이다. 그는 행동자이다. 떨거지 가진 자, 네티즌 수사대까지 그러하다. 그날 가지 않았어야 하는 출판사 방문 그 자리이다. 너는 주보다 사람을 신뢰한 자이다(그날이 그러하다). "이제 어떡해요?" 기다리는 다음 출판사이다. 그래도 이편이 '나은'이다. 가지 않아야 하는 그 자리이다. 이후에도 그러하다. 그는 북한을 드나드는 자이다. 재차 반복이다. 그는 주(예수 그리스도)의 피에 대한 반응자이다. 보혈이 무딘 그이다. '이념'자이다. 다시 말하는, 그는 공산주의자이다! 하라.

목회자들이 계시록의 깊은 것을 들어갈 때이다. 계 2:24 두아디라에 남아 있어 이 교훈을 받지 아니하고 소위 사탄의 깊은 것을 알지 못하는 너희에게 말하노니…. …생략… **[2023. 2. 8. 수요일. 추가 글입니다.** 유의하라. 때가 가까우니라. 인자가 팔리우니라. 막 14:42 일어나라 함께 가자 보라 나를 파는 자가 가까이 왔느니라. 마 24:9 그때에 사람들이 너희를 환난에 넘겨주겠으며 너희를 죽이리니 너희가 내 이름 때문에 모든 민족에게 미움을 받으리라. 마 25:5 신랑이 더디 오므로 다 졸며 잘새 6 밤중에 소리가 나되 보라 신랑이로다 맞으로 나오라 하매 7 이에 그 처녀들이 다 일어나 등을 준비할 새. 준비된 자들이 일하는 시기이다! 하라. 되었다. 닫으라.

2. 구원과 종말

주의 재림과 심판! 천년왕국! 대환난 7년! 이를 생각해 보자. 현재는 구원의 준비 기간이며 주의 심부름하는 사역 기간이다. 두 증인 권세를 주리니! 이와 유사한 사역이라는 뜻이다. '같다(=)' 이는 속성이다. 그러나 시차 차이 또는 시점의 문제이다. 계 11:3 내가 나의 두 증인에게 권세를 주리니 그들이 굵은 베옷을 입고 천 이백육십일을 예언하리라. 4 그들은 이 땅의 주 앞에 서 있는 두 감람나무와 두 촛대니. 영서 자료(기록물, 내용) 보다가 말다. 왜인가? 이는 외부 압력인 환경 '영'이다. 이는 네 주위의 2 교회 또는 3 교회이다.

이곳은 선교지이다. 개척 예배처에서 올라온 자이다. …생략… 영의 속성을 아는 자이다. "주가 하시는 일 하고 싶어요. 주로부터 받고 싶어요" 준비 기간이다. 주의 일보다 주와의 관계가 중요함을 아는 자이다. "아는 것을 전하자" 너는 이렇게 말하는 자이다. '성령이 말하게 하심을 따라' 해야 하는 자이다. 행 2:4 그들이 다 성령의 충만함을 받고 성령이 말하게 하심을 따라 다른 언어들로 말하기를 시작하니라. 예레미야서 읽어보자. 렘 1:2 …여호와의 말씀이 예레미야에게 임하니라. 4 여호와의 말씀이 내게 임하니라 이르시되. 7 …내가 너를 누구에게 보내든지 너는 가며 내가 네게 무엇을 명령하든지 너는 말할지니라. 9 여호와께서 그의 손을 내밀어 내 입에 대시며 여호와께서 내게 이르시되 보라 내가 내 말을 네 입에 두었노라. 되었다. 닫으라.

하늘山
제25일. 니느웨 회개 기도 40-25 (2020. 8. 16. 주일)

1. 보혈 기도

"역사의 주관자이신 하나님을 믿습니다. 나의 죄를 위해 피를 흘리신 주의 십자가의 대속의 사랑을 믿습니다" controal 하는 자이다. "주님 나의 사고와 생각 속에 주님 것이 아닌 것을 내려놓습니다. 주의 피로 덮으소서, 씻으소서. 주님을 원합니다. 주와 하나가 되게 하소서. 이 시간 나의 주가 되소서. 주님이 원하신 것을 알게 하소서!"

2. 나라 상황

예레미야 '애가'이다. 나라 집회 장소에서 죽은 자, 그는 경찰차로 인한 사망자이다. 요시야 왕 같은 개혁을 해보려는, '나(주)를 의지한 자'였다.

3. 너는 꽃의 받침대, 지지대이다

꽃을 보이십니다! 하라. 너는 꽃대에 해당하는 가지이다. 큰아들은 꽃이다—[2023. 2. 8. 수요일. 추가 글입니다. 이 당시는 교회에서 전도사로 사역하는 시기이다. 선교를 위한 부름으로 이후 나온 아들이다. 이제는 주를 위한 길의 훈련이다. 교회들을 섬기기 위한 찬양 사역자이다. 되었다. 달으라]—작은아들은 잎이다. 한 송이 꽃!

아들이다. 한 송이의 국화꽃을 피우기 위해 봄부터 소쩍새는 그렇게 울었나 보다. 이는 서정주 시인의 '한 송이 국화꽃을 피우기 위해'와 같은 자이다. 그, ㅇㅇ는 죽은 자, 희생자이다. 내가 제거시켰다. 너를 누른 자(그의 다스림이다), 이것은 누구나이다. 남자들의 여자에 대한 특징이다. 이를 알려줘야 한다. 내가 주는 말씀이다.

4. '장소 이전'에 관한

아들은 자산가이다. 가지고 있는 자, 면세점이다. 공항의 shop이다. 비행기 타는 대기 장소까지 와있는 자이다. "주님 이제부터 어떻게 해요? 무엇을 해요? 확실히 알고 싶어요" 주의 인도 따라 어디든지! 이렇게 말하는 자, 너이다. 예수를 자랑하는 자이다. "이곳도 저곳도 환경이 편하지 않아요. 주님이 정확한 것을 주세요. 주님의 영으로 알려주세요" 폴리캅 감독(초대 교회사)을 생각하자. 너는 순회 중인 자이다. "ㅇㅇㅇㅇ 교회에 가라" 할 때 갔어야 하는 자이다. 너는 '코로나 문제에 관해서' 임한 자이다. 사역자이다. 그곳의 나라 기도회 참석했어야 하는 자이다. 너는 나라 기도회 사명자이다.

이전 문제는 주님이(내가) 시킨 자였다. 줄곧 그러하다. 서울의 ㅇㅇ 신학교 다닐 때 성령 음성을 들은 자였다. 공중에서 외치는(이를 듣는 자, 너이다) "나라 기도하라" 하신 주시다. 너는 나라의 세탁기에 이불을 넣는 일을 맡은 자였다. 이를 꿈으로 본 자이다! 하라—[2023. 2. 23. **목요일. 추가 글입니다**. 신앙 초기에 꿈에서 나라의 세탁기를 본 자이다. 세탁할 나라의 이불을 들고 오르막길을 올라 꼭대기에 도착한 자이다. 나라의 세탁기로 느껴지는 매우 큰 홀이 있어 내부를 잠시 본 자이다. 그 깊이는 가늠할 수 없는 만큼 깊은 곳이다. 나라의 이불을 들고 세탁하기 위해 가까이 다가설 때 그 위력에 무척 놀란 자이다. 급히 던져 넣을 때 끌어당기는 힘과 빠르게 회전하는 속도로 인해, 무서워 뒷걸음칠 치며 물러선 자이다. 세탁기에서 매우 큰 힘, 위력, 권세를 느끼므로 일 맡은 자이나 감히 가까이에서 머물며 지켜볼 수 없을 만큼, 그 깊이조차 내려볼 수 없을 만큼, 큰 두려움을 느낀 자이다. 나라의 회개에 대한 큰 위엄과 큰 규모의 영역이다! 하라. 이를 전하라. 나라에 대해 기도시키신, 맡기신 주시다! 하라. 되었다. 닫으라

더 앞서 꾼 꿈에 대해서 보자. 꿈의 시작은 청와대 내부이며 나라의 일을 맡은 청와대에 속한 직원 같은 사람 30여 명이 모인 자리이다. 그 한 가운데 서 있는 너이다. 애국 조회를 하는 중에 영 부인은 너를 보자마자 지목하고 카메라맨에게 집중하여 촬영하도록 지시한 자이다. 그는 네게 가까이 다가서며 카메라를 줌인한 당시이다. 이어 앞 벽면의 그림 속 봉황에서 피가 흘러 바닥을 지나 네가 서 있는 자리의 발 앞까지 이르고 몸으로 덮으려 할 때 화들짝 놀라 꿈에서 깬 자이다. (이는 사명이다! 하라) 그러나 점점 내려오는 너였다. 이전의 20대 때, 나라의 일로 죽은 오빠 문제에 대해 나서서 단에 섰을 때 발탁된 자, 너이다. 정치인 김ㅇㅇ이 너를 키웠다. **그는 너를 위해 중보기도 했다.** ……

2023. 7. 27. 목요일. 추가 글입니다.

그 당시 정치인 중에서 가장 큰 위로금 액수를 전한 자이다. 친필 봉투이다! 하라. 신앙인 장로이지, 너리 대통령이지, 소친자이다! 하라. 그에 대한 만남이니 20내 배이나! 하라. 하나하나 알리시는 네 주 하나님이시다! 하라. 때가 되어 알리시기도 하며, 모른 채 덮어둔 일도 있으니 이 모두는 주에 의한 주가 다스리는 나라이다! 하라. 오늘은 평택 미군기지로 집결하는 좌파에 이어 애국 세력이다! 하라. 나라의 위기가 아니랴? 오늘도 이어 '전시에 관한' 꿈을 꾼 자이다. 보이신 환상이 있다! 하라. 수위가 높아진 대결이다. 정치인이 회개할 때이다. 그들은 머리이니, 고인 물 썩은 물이다! 하라. '좌파 사상'과 '부패한 자세, 행위'가 아니랴? 거들먹대는 시기가 아니다! 하라. 폼생폼사 국회가 아니다! 하라. 주를 두려움으로 알 때이다! 하라. 되었다. 닫으라—[**2023. 8. 6. 주일. 추가 글입니다.** '평택에

대해' 기도한 자이다. 이는 미리 받은 성경 말씀이다. 그러므로 과도한 근심에서 벗어난 자이다! 하라. 왕하 3:22 아침에 모압 사람이 일찍이 일어나서 해가 물에 비치므로 맞은 편 물이 붉어 피와 같음을 보고 23 이르되 이는 피라 틀림없이 저 왕들이 싸워 서로 죽인 것이로다 모압 사람들아 이제 노략하러 가자 하고 24 이스라엘 진에 이르니 이스라엘 사람이 일어나 모압 사람을 쳐서 그들 앞에서 도망하게 하고 그 지경에 들어가며 모압 사람을 치고. 엘리사 선지자가 들은 대로,나라 문제에 대해 들은 자이다. 위의 밑줄 친 말씀으로 보호하신 이 한국이다! 하라. 이는 좌파들의 공격성이 날로 심해지는 상황이다! 하라. 되었다. 닫으라]

…… (위의 글 다시 이어집니다) "건물 문제 다시 주세요. 주님의 계획을 말해 주세요. 꽃송이에 대해서" 현재 상황의 모습이다. 셋 지낼 때, 함께할 때의 모습이다. 각자 훈련이 있다. 현재도 진행 중인 자들이다. "전 어떻게 해요?" 40일 니느웨 회개 기도 중인 자이다. 마쳐보자. 사명자이다. 줄곧 이래 왔다. 넌 어떻게 하고 싶으냐? "이전하고 싶어요…" 월, 화, 수, 목, 금, 토, 네 일이 어떠냐? 힘들지? 이래서는 안 된다. "주님 어떻게 해요? 두 곳의 이전 문제가 혼란스러워요" 비중 가진 자, 너이다. 무게감 주는 중이다. 아들은 현란한 자이다, 다채롭다, 교회에 서는 자이다. 현재 사역하는 중이다. "전 어떻게 할까요? 그럼 이후로 어떻게 지낼까요?"…생략… 큰아들은 독립 국가 미국에 해당하는 자이다. 모으는 자이다. 작은아들과 같이. "저는 따로 할 일을 찾아야 하나요?" 너는 기름종이이다. 나에 대해 배어 있는 자이다. 성령의 불 그날, 어머니의 장례식 장지에서 태운 자였다. "그래도 혼란스럽네요" 조금 더 있어야 하는 자, 아들들은 '숙성기'이다. 설익은 열매, 풋풋한 과일과 같은 자들이다. 너는 강력하게 역사하는 스타일이다. 이를 보고 두 아들은 놀란 자들이다. 그리고 지내는 중이다. 받는 메시지를 너는 적고 있다. …생략…

네 계획이 내 계획이다. …생략… 지금부터 적어보자. 실상은 가상이다, 그림이다, 계획이다, 실사이다. 언제 주는가? 가기로 할 때. 아직은 아니다.

준비되지 않은 자, 그(아들)이다. "저 혼자 가면 안 되나요?" 니느웨 회개 기도 40일 이후에 다시 받아 보자. 네 생각이다. 주는 너에 대해 아신다. 나는 이것을 말하고 싶다. 이는 적합한 것을 주신다는 뜻이다.

5. 문재인 정권은 '비주류'자이다

　정치권 밖(외)에 있었던 자였다. 변호사이다. 북한 김정은의 대행자이다. 그는 문 대통령의 아들뻘이다. 문 대통령은 북한에 넘기려는 자, 북한의 대통령이다. 인민 정책 참여자이다. 김정숙 여사 보자. 이멜다 여사 같은 자이다. 옷 즐기는 자! 못해본 자이기에 누리는 자이다. 남편보다 앞서는 자이다. …생략… 문재인 대통령은 들러리이다. 이를 아는 자, 너이다. 이는 북한의 서열이다. …생략… 서열 따른 정책이다, 달성, 수행을 위한 것이다. 임 비서실장은 기만하는 자이다. 남한의 전대협부터 국가 위반한, 경계선을 넘은 자이다. 왜 두었을까? 북한의 지시받는 자이다. 김대중은 임수경(학생 운동가, 1989년 방북 사건으로 국가보안법 위반, 전 국회의원)과 둘 다 감싸준 자, 키워낸 자들이다. 따른 자이다.

　문 대통령은 전 목사에 대해 "두고 보는 자!" 하는 자이다. 이와 같은 8.15 광복절 집회 상황에서 남한과 북한이 나누인 날이었다. 남한 집회와 북한 대변인 연설(맞불)이었다. 김구 대(vs) 이승만 전 대통령을 알아보자. 누구인가? 이는 한국 교회 100년사이다. 빌라델비아 교회를 다시 보자. 당시 그는(전 목사에 대해 사사로 지칭하는 어느 목사가 있다) 누구인가? 전 목사는 유대인을 드러내는 자이며, 거짓이 무엇인지 말해 보려는 자이다. 계 3:9 보라 사탄의 회당 곧 자칭 유대인이라 하나 그렇지 아니하고 거짓말하는 자들 중에서 몇을 네게 주어 그들로 와서 네 발 앞에 절하게 하고 내가 너를 사랑하는 줄을 알게 하리라. 문 대통령은 북한 김정은을 달래는 자이다. 전 목사는 '문 대통령 퇴진' 요구이다. 박원순 서울 시장을 겪은 자이다.

두려워지는 자, 문 대통령이다. 전 목사! 그 교회는 물 새는 교회이다. 네 개척 예배처 같은 곳이다. 그 전 목사는 돕는 자가 많다. 너는 없다. 혼자 스스로 하는 자이다.

6. ㅇㅇ 나무의 ㅇㅇㅇ을 보자

그는 꼬리 내린 자이다. 목사 아버지인 그의 아버지에 그 아들이다. 아들 두둔자이니 같은 자이다. 북측을 돕는 자, 대변인들이다. 사역이라 말한다. 주님 뜻이라 생각한다. 주님을 모르는 자들이다. 내 맘대로 하고 주의 뜻처럼 생각하는 자들이다. (**2023. 2. 8. 수요일. 추가 글입니다.** '종말 1' 책의 내용에 이어 다시 말씀을 주시는 그이다. 위기 한국의 위험, 경계, 경종 대상자들이다! 하라)

7. 서머나 교회 그는 누구인가?

'환난, 궁핍에서' 이는 너이다. 계 2:9 내가 네 환난과 궁핍을 알거니와 실상은 네가 부요한 자니라…. 장차 10일(옥)의 충성! 계 2:10 너는 장차 받을 고난을 두려워하지 말라 볼지어다 마귀가 장차 너희 가운데에서 몇 사람을 옥에 던져 시험을 받게 하리니 너희가 십 일 동안 환난을 받으리라. 네가 죽도록 충성하라…. 10일 환난에 접어든 자이다. 어머니 장지에서 겪고 나온 자, 겪고 있는 자 두 아들이다. 나는 나이다. 빌라델비아 교회로 가는 자, 너이다. 열린 문을 앞에 두고 있는 자, 이는 주의 계시를 뜻한다. 계 3:8 볼지어다 내가 네 앞에 열린 문을 두었으되 능히 닫을 사람이 없으리라 내가 네 행위를 아노니 네가 작은 능력을 가지고서도 내 말을 지키며 내 이름을 배반하지 아니하였도다.

8. 국가보안법 폐지에 대해

모르쇠 일관자들이다. 애당초 겪어 본 자들이 많다. 민원 아는 자, 속수무책이다. 북한을 그리는 자, 하나가 되려 한다. 김정은 북측 관계, 통일로 보는 자들이다. 그들 방식대로의 단계이다.

9. 부름을 받은 자들이다

아들과 하나로 연합해야 하는 자이다. 기도 장소를 주실 것이다. 길쌈도 수고도 아니하는 자들아! 마 6:28 …들의 백합화가 어떻게 자라는가 생각하여 보라 수고도 아니하고 길쌈도 아니하느니라. "주님이 오시면 어떻게 하나?" 너는 노심초사하는 자이다. …생략… 주 함께하시면 두려움이 없다. …생략… 모여서 기도하는 교회, 찬양하는 교회, 말씀이 중심되는 교회. 마지막 시대를 연구하는 교회가 되리니. 주님의 말씀이다. …생략…

10. '진위' 여부이다

(찬양을 주십니다! 하라) '먹보다도 더 검은 죄로 물든 이 마음…' 밤에 성경 보는 것을 순종해야 하는 자이다. 20 여일 이상 휴대폰의 영상을 계속 본 자이다. 스마트폰 "중독자이다"로 봐야 하는 자, 이는 참새의 방앗간이다.

2023. 2. 8. 수요일. 추가 글입니다.

왜 그러한가? 오랜 연수를 외부와 차단된 삶을 산, 개척 예배처이다. 이는 성경 준비기이며 외부 환경을 거리 두기로 하며 뗄 것을 떼고, 버리기도 하며 '정체에 대한' 연구 시기이다. 고립과 외로움에 하루의 금식을 마치고 지친 상태에서 늦은 밤에 한 끼의 식사를 하고 몸을 쉬는 이 시간에는 사람과 문화를 영상으로 대하는 자이다. 대화, 교제, 구입, 방문 등 이러한 문화가 거의 없이 실내 위주로 산 시기이니 실어증마저 생긴 자이다. 2020. 7. 23. 목요일, 영서 기록 시작 이후에도 눈 뜨면 거의 활자 위주의 시간을 보내는 자이기에 세상의 뉴스, 이슈도 궁금하고 아들들 외에 사람과 교제가 거의 없으니 사람들의 활동상을 보면서 휴식 시간을 갖는 자이다. 종일 피곤한 몸이니 다시 활자를 보는 성경 시간을 갖기보다 몸을 눕히고 쉬면서 영상의 다양한 정보를 대하는 것이 편해진 오랜 습관이다! 하라. 되었다. 닫으라.

11. 중독은 무엇인가? 적어보자

습관이다. 이미 맛 들인 자, 놓지 않는 자이다. 휴대폰을 보는 시간은 그러하다. 달리는 자전거와 주행 중 '차'이다. 속도감 상태이다. 싫증이 날 때, 피곤할 때, 졸릴 때 비로소 멈추는 자이다. 매일의 보는 양을 가진 자, 밤 11시에서 자정 이후의 보는 습관이 된 자이다. 습관이 습성이 된다. 이것이 기질화, 체질화이다. 스며들었다는 뜻이다. 일심동체 의미로 보자. 몸과 뗄 수 없는 관계이다. 밤의 영상 시간은 손, 발 같은 지체처럼 지체화 된, 붙은 상태의 역할이다. 도구가 되었다는 뜻이다. 대체물 성경이다. 영상 대신 성경으로 보는 자이다.

12. 감사하는 자이다

이름 없이 섬기는 자이다. 예루살렘 성전의 간증자이신 주님이셨다. 현대 교회처럼 그러하다. 성전 밖의 둘레길 모든 나무-창 3:1 …뱀이 여자에게 물어 이르되 하나님이 참으로 너희에게 동산 모든 나무의 열매를 먹지 말라 하시더냐-같은 곳에서 사역하신 주님이시다. 현대의 교회 밖과 같다. 체제 밖 또는 교회 밖, 교회 밖이라 보자.

13. 동화 면세점 보자

이곳은 나라 집회 모임 장소이다. 전 목사는 피로해진 자이다. 문 대통령은 반응 가진 자이다. 전 목사에 대해 "어찌 처치할꼬?"하며 물색(방법 찾는 자)하는 자이다. 김정숙 여사와 함께. 임ㅇㅇ 등등. 북한은 "전 목사가 죽임당해야 마땅하다" 생각하나, 전 목사는 '찐'이었다. (최신 언어를 주시는 주시다! 하라. 이를 들은 자이다. 이 세대가 사용하는 흔한 언어로 공감을 위한 사용이다! 하라). 내로남불 시대이다. 역류하는 물같이 본, 보이는 자이다. 전 목사 그는 전도자이다. 복음 전도자이다. 그 옆의 여 통역사는 잘한 자, 잘한 자이다. (전 목사가 전하는 대로 같이 화낸 자이다) …생략… 반응 스타일, 의분으로 전한 자, 통역사이다. … 생략…

하늘山
제26일. 니느웨 회개 기도 40-26 (2020. 8. 17. 월)

1. 휴대폰에 대해서

어젯밤에 본 화면의 영상들이 마음에 걸리는 자이다. 자고 일어나 이를 먼저 질문한 자이다. "왜 보면 안되나요?" (이는 아는 질문을 하는 자이다. 하루의 일을 마친 후, 휴식으로 보며 또한 사람들을 교제하지 않는 자이기에 보고자 하는 자이다) 휴대폰은 세상이다. 세상을 이겨야 한다. '주' 말씀하심, '주' 음성부터 들어야 하는 자이다. 이 자리는 성경을 보고, 기도하고, 듣고 기록하는 영서의 자리를 뜻한다! 하라. 너는 밀리는 자이다. 밀리지 않고 이 나라 문 정부에게 저항하는 자이다.

2. 코로나 사태

강하고 담대하라. 내가 세상을 이기었노라! 요한복음 말씀을 주십니다! 하라. 요 16:33 이것을 너희에게 이르는 것은 너희로 내 안에서 평안을 누리게 하려 함이라 세상에서는 너희가 환난을 당하나 담대하라 내가 세상을 이기었노라. 꽃송이의 꽃대(받침대), 가지, 꽃을 기억하여라. 현재, 아들을 교회의 단상에 세우는 자, 찬양하게 하는 자, **깨우치게 돕는 자, 너이다(추가 글 2023. 2. 9. 목요일)**. 너는 나의 가지이다. 붙은 자이다. 요 15:5 나는 포도나무요 너희는 가지라…. 2008년, 서울의 신학교로 전학한 이후(이때, 통학하는 길에서 "나라 기도하라"(밑줄 치라) 하는 주의 음성을 공중으로부터 계속하여 들은 자이다) 하늘 문이 열린 자이다. 이는 Before, After 기준이다. 서울로 신학교를 전학한 이후 이를 통해 내 '일'(예수 그리스도 상징 나이다)의 열매가 된 자이다. 붓고, 싸매고, 고치고(이사야서의 처녀 딸, 너이다) 여기까지 왔다. 사 1:6 발바닥에서 머리까지 성한 곳이 없이 상한 것과 터진 곳과 새로 맞은 흔적뿐이거늘 그것을 짜며, 싸매며 기름으로 부드럽게 함을 받지 못하였도다.

무기력하지 마라. 계시록 열린 자, 열려지고 있다. 바닷가의 사람들에 대하여 꿈을 꾼 당시(위의 내용 "나라 기도하라!" 하는 시기니) 네 발에 대한 꿈의 의미는 이미, 당시 많은 성도가 지고 있었다. 이는 한국 사회이니 교회 및 지역이다. 나라 위해 기도하라! "저도 하고 싶어요. 이끌어 주세요" 문 대통령은 섬뜩한 자이다. 북한과 관계된 자이다. 우국충정을 착각하는 자들이다. 잠언 말씀의 술 취한 자가 손에 든 가시나무와 같다. 잠 26:9 미련한 자의 입의 잠언은 술 취한 자가 손에 든 가시나무 같으니라. 국민을 위한다고 생각하며 북한의 공산화로 하는 자이다. 너는 우국충정이다.

2023. 2. 9. 목요일. 추가 글입니다.

깨우치게 돕는 자, 너이다: 이 당시는 아들이 전도사로 사역하는 교회의 훈련 시기이다! 하라. 나오는 시점을 미루다가 2022년 7월로 사임한 자이다. 아들은 주가 필요한 자이다. 나를 아는 시기이다! 전하라. 사람의 종보다 주의 종이 나은 자이다. 이 훈련 시기이다. 그곳에서 힘쓰나 더 큰 자유를 얻기 위함이다! 하라. 인내는 쓰고 열매는 달다. 이제는 성령을 위하여 신는 자이다. 부르심이 다른 길이다. 하나의 교회가 아닌, 교회들과 나라와 지구에 대한 더 큰 지경으로 부르신 주시다! 하라. 이 훈련을 해오고 있는 자들이다! 하라. 교회들이 열릴 때이다. 교회를 보는 눈을 주시므로 영서가 시작된 자이다. 두 아들을 부름(합류)은 이러하다. 이러한 사역을 해 온 자들을 봐온 두 아들이다. 관심이 있는 분야이다. 교회의 기득권을 내려놓을 때, 지위(목사, 전도사 등)를 내려놓을 때, 하나님만 통치의 주이시며 예수 그리스도만 왕이심을 구하며 나아갈 때, 이러한 자 중에 따로 두는 나의 일이 있으니 이는 선교이다. 온 땅이 대상이다. 틀이 아닌, 격식이 아닌, 제도가 아닌, 전통이 아닌, 더 자유로운 시각과 입장에서 서기 위함이다.

선교로 부르신 종말 사역자(마지막 주자)이므로 30년 훈련을 총결산하며 증인이 되어 증거를 가지고 증언하는 영서이다! 하라. 과거의 나의 하나님이시며, 여기까지 현재로 이끄신 세우신 주시며, 장래를 알리시는 주 하나님 성령이시다 하라. 이러한 팀으로써 '하나'됨의 훈련 안에 있는 모자 관계이다. 그러나, 순응 차이가 있으므로 엎치락뒤치락 연단 중이다! 하라. 배후(주위 환경)에 막는 자가 있으니 이를 알기에, 더딘 시점이다! 하라. 이들은 돌문을 막은 자들이다. 마 27:60 바위 속에 판 자기 새 무덤에 넣어 두고 큰 돌을 굴려 무덤 문에 놓고 가니 65 빌라도가 이르되 너희에게 경비병이 있으니 가서 힘대로 굳게 지키라 하거늘. 예수 주를 믿지 않는 자들이며, 부활도 믿지 않음이며, 성령에 대한 일을 받지 못할 때 일어나는 현재도 그러하다! 하라. 권위, 위치가 앞선 자들이 많다. 재정, 사람, 건물, 제도 등 의지가 되어 가난한 자를 압제, 무시하는 자들이니! 이는 주보다, 이러한 주의 일을 맡은 자들보다, '자신이 낫다, 옳다' 하며 우위에 두는 자들이다! 하라. 되었다. 닫으라.

3. '우국충정' 무엇인가? 전 목사에 대해 적어보자

그는 나의 종이다. (어느 영상 사역자도 이에 대해 말한 자이다). 그는 하박국 선지자이다. 그는 요한계시록의 버가모 교회이다. 계 2:13 네가 어디에 사는 지를 내가 아노니 거기는 사탄의 권좌가 있는 데라 네가 내 이름을 굳게 잡아서 내 충성된 증인 안디바가 너희 가운데 곧 사탄이 사는 곳에서 죽임을 당할 때에도 나를 믿는 믿음을 저버리지 아니하였도다. 이는 서울, 경기 및 한국 상황이다. 아까 말한 '안디바' 충성된 증인(계 2:13)을 죽이려는 자들이다. 그는 고군분투하고 있다. "주님 마음이 아파요" 아들 둘 다 한 끼 금식하는 자이다. 아침 또는 점심 둘 중 하나이다. '나라 위해' 하게 하라. 그것이 '나를 위해' 하는 것이다. 내가 나라와 싸우고 있다. 힘을 보태라. 나를 위해, 전 목사를 위해.

별빛이 쏟아지는 밤이다. "그것이 무엇이에요?" 최선 다해 일할 때이다. 별들이 쏟아질 만큼 전력, 전심으로 주의 일을 하라. 이것이 어둠과의 싸움이다. 밤하늘은 사단 권세를 상징한다. 이를 두 아들에게 읽어줘라. 빛들(별들)은 너희이다. 나의 종이다. 나를 위해 택한 자들이다. 위의 영상 사역자를 부러워 그의 전하는 영상을 보는 것을 안다. 그는 언니이다. 이 일에 먼저 택한 자이기 때문이다. 그는 무대로 오른 자이다.

4. 날씨에 대해 보자

기상 변화 어떠한가? 내 마음의 표현이다. 상태이다. 나의 노, 감정, 마음을 난 그들 통해 나타내고 있다. 그들을 통해서 드러낸다. 나를 보고 있는 자, 이는 구름을 쳐다보는 너이다. 밖에 나오면 하는 일이다. 안에서도 문들을 통해 보는 너이다. 난 알고 있다, 너를. 모든 것에 대해서. 너는 나를, 나는 너를 안다. 그래서 우린 둘도 없는 친구이다. 친구가 되었다. 이전과 달리 그러하다. 이는 2019년에 '노하신 하나님'을 겪은 너이다. 얼마 전에, 불과(세상 표현, 네 식대로) 1년이다. (2019년 작년 6월에서 8월로 기억하는 너) 그리고 올해 3월(꿈에서 하늘에 네 이름을 적어 보이시며 경고하신 그 날)이니 두 번을 보았다. 알게 되었다. 그 후 너는 조바심 내있다. 내가 두려워졌나. 너는 천국 못 갈까 봐, 징계받을까 봐, 그리고 애태웠다. 네가 알고 있는 바(내게 받은 바 이는 사람들에 대해서이다) 전하지 못함을, 나누지 못함을 이 사명에 대해 줄곧 내게 문의했었다. 네 마음을 내게 주었다. 나를 위해 살아보려 했다. 이것이 내가 너를 다시 받은(회복, 소생) 이유이다.

기도하는 자는 이 시대, 나의 요구이다. 그래야만 하는 것을 너희는 알고 있다. 모르는 자와는 나는 말하지 않겠다. 이는 이미 알게 된 자들을 뜻하는 것이다. 기도하는 자를 내가 주시, 주목하고 있는 나의 뜻과 마음을 네게 나는 보여줬다. 그리고 나의 두 손에 담겨 있는 것 너를 위해 준비하고 있음을 보여주고 싶었다.

이는 2020. 5. 17. 주일, 아침에 보이신 꿈이다. 그래서 난 네게 나타나 보여왔다. 이 두 가지 증거(노아의 홍수 이후 무지개 언약같이 받은 너이다)를 항상 적고, 기도하려 했다. 궁금해 했다. 알기를 원했다. 그것이 네 모습이다. 너의 지난 행보를 보였다.

난 안다, 너를. 적립하는 너를. 나에 대해서이다. 노트에 적고, 적으며, 표, 도형 등을 만들고 가르치기 위해 마음을 가져 봄도 너였다. 나는 안다, 너를. 이 모든 것을. 너는 나이다. 왜냐하면 넌 나의 종이기 때문이다. 그리고 항상 나 알기를 원한다. 넌 나에 대해 궁금한 것이 많았고 지금은 넌 내게 수없이 묻고 이후에도 그럴 것이다. 나의 종이기 때문이다. 신학 서적, 일반 서적조차 부러워하거나, 동경하거나, 스승 삼지 않고(물론 때때로 필요를 느낄 때 성경 해석 배경에 도움이 될까 해서 본 적도 있다) 성경 중심으로 나를 가까이 했었다. 골프장의 둘레길처럼. 나(골프장 위치 같은 입장)를 목적으로 성경을 통해 접근한 너였다. 나 알기까지, 만나기까지 그리워하기도 하며, 견디기도 하며, 울기도 하며, 그곳에서 보낸 너였다. 이제는 내가 보이기 시작한 것이다. 만져진다. 느낀다. 가까워졌다. 내 음성을 들으며 내 뜻을 더 알게 되고 내 마음을 누리기도 한다.

나의 마음을 너는 안다. "어떻게요?" 불의를 보며, 이 시대의 때를 보며 나의 할 일에 대해 네 마음을 내게 주고 있다. 난 너를 안다. 나의 계획을 보일 것이다. 나의 비밀을, 그리스도의 비밀을. 하늘에 간직해 둘 것이다. 그는 충성자였다. 계시록 19:11 …백마와 그것을 탄 자가 있으니 그 이름은 충신과 진실이라 그가 공의로 심판하며 싸우더라. 말대로 이루어졌다. 나와 늘 함께하기 때문이다. "<u>만군의 여호와의 열심이 이를 이루리라</u>" 이를 아는 너이다. 이전에도 이 말씀을 만났다. 이것은 나를 만난 것이다. 말씀은 나이다! 이를 아는 너였다. 사 9:6 이는 한 아기가 우리에게서 났고 한 아들을 우리에게 주신 바 되었는데 그의 어깨에는 정사를 메었고 그의 이름은 기묘자라, 모사라, 전능하신 하나님이라, 영존하시는 아버지시라, 평강의 왕이라 할 것임이니라. 7 그 정사와 평강의 더함이 무궁하며 또 다윗의 왕좌와 그의 나라에 군림하여 그 나라를 굳게 세우고 지금 이후로 영원히 정의와 공의로 그것을 보존하실 것이라 만군의 여호와의 열심이 이를 이루시리라.

2023. 8. 6. 주일. 추가 글입니다.

 이제 '종말 2'의 조판을 서두르는 시기이다! 하라. 이는 '종말1'과 함께 동시 출간작이기에 현재는 '종말 1'부터 인쇄 작업하는 중이다. 2023. 8. 8. 화요일, 모레이니 출간 예정을 앞둔 '종말 1'이다! 하라. 이어 '종말 2'의 조판 준비를 위한 원고 점검 시간이다. 오늘은 원고를 넘기는 자이다. 수일 내로 서두를 조판이며 이어 인쇄이다! 하라. '종말 2'의 바라는 출간일은 2023. 8. 15. 화요일, 이는 민족의 해방절이니 의미를 두기 위함이다! 하라. 지구로부터의 해방과 나라의 해방, 이 둘 다이다. 글들을 주시는 대로 넣어야 하는 자이다. 그러나 원고의 분량 문제로 매우 일부분만 추가하는 자이다. 이러하여 최근에 부득이 추가 글들 글씨의 크기를 줄이면서까지 해보려 한 자이다. 이는 하나의 방안이다. 말 많으신 하나님이시니 많이 주신 글들이다! 하라. 다 소중하기에 넣고 싶은 자이다. 듣는다, 읽는다 해도 잊는 사람이니, 이해를 위해, 새김을 위해, 강조를 위해 등등 이도 함께 분량이 되는 이유이다! 하라. 자신도 이전에 성경을 읽으면서 성경이 왜 그렇게 기록이 되었는지 의문 한 자이다. 이제 자신이 영서를 기록하면서 주의 마음이 더 한층 깊이 이해가 된 자이다. 꿈 같은 출간이다! 하라. 그러나 지나온 시간의 아픔이 크기에, 대가가 크기에, 앎이 되어 마음이 무겁기에, 자신의 약함과 함께 아들들도 함께 갈 길이기에 이러한 무서움뿐이나! 하라. 최근에 다시 수신 이 말씀 "<u>만군의 여호와의 열심이 이를 이루리라</u>" 이는 지구에 행하실 일이기에 영서로 일하시며 출간하신다! 하신 주시다! 하라. 이상이다. 되었다. 닫으라.

5. 그리고 너의 생각에는 어떠하뇨?

 두 아들에 관하여! 큰아들, 작은아들 비유에 대한 이는 성경 비유이다. 누가 큰 자인가? 먼저 들어온 자와 나중 된 자, 이 둘 중에 나중 된 자가 먼저 되느니라는 말씀을 떠올리게 하신 주시다! 하라. 이는 네 생각에 그러하다. 2020년, 영서 기록하기 얼마 전 네게 보인 환상이다. 천국 앞의 두 무리 혹은 부류이다. 왼편의 키 큰 남자들은 싸늘, 음습한 모습이며 오른편의 키 작은 여자들은 주 앞에서 선 자들이다. 이들은 대조적이다. 이것은 마음 상태이다. 주 앞에서 어린아이같이 기뻐 뛰는 그들을 보았다. 마 18:4 그러므로 누구든지 이 어린아이와 같이 자기를 낮추는 사람이 천국에서 큰 자니라. 나는 이것을 원하노라. 나를 기뻐하는 자, 이것이 믿음이다. 부모를 경험한 너이다. 둘 중 누구이겠느냐? 네 마음에 기쁨을 주는 자이다. 무엇이 기쁘겠느냐? 내 일을 하는 자이다. 내게 묻고 나아오는 자, 그가 너이다. 나를 기뻐하는 자만이 내게 올 수 있다(왼편은 내 앞에 서지 않았다). 이것이 나에 대한 신뢰이다. 하나님이기 때문에 견줄 수 없으나 바라보며 향하고 기뻐 나오는 자이다.

 나는 너의 종이다. 네가 일할 때 함께 하기 때문이다. 네 말에 나는 일한다. 네 기도에 나는 응한다, 준다. 그러기에 너는 나를 신뢰하고 내가 일하는 것을 알기 때문에 나를 붙드는 것이다. 넌 나의 위탁자이다. 위임권을 준다. 받은 너이다. 네 기도에 그리고 네 말에, 마음 또한. 나는 너를 위해 일한 것이다. 아직도 약해 보이는 '나'(너, 자신)로 생각하기도 한 자. 너는 나이다. 나를 만났다. 무엇을 주저하느냐? 나 얻으면(만나면, 들으면, 내가 행하면) 다 된다고 생각하는 너이다. 이것은 너의 목적이었다. 물론 그 안에 내가 너를 통해 나타나는 것 "마음에 소원을 두고 행하시는! 빌 2:13 너희 안에서 행하시는 이는 하나님이시니 자기의 기쁘신 뜻을 위하여 너희에게 소원을 두고 행하게 하시나니. 너는 알고 있다. 네 마음을 먼저 주장하기에 질문도, 답변도 다 내게로부터 오는 것을 아는 너이다.

6. 빌립보서 설교자이다

설교를 준비해 보자. 빌 4:6 아무것도 <u>염려하지 말고</u>(밑줄 치라) 다만 모든 일에 <u>기도와 간구로</u>(밑줄 치라) 너희 구할 것을 <u>감사함으로</u>(밑줄 치라) 하나님께 아뢰라. 하고 있느냐? …생략… 넌 해석가이다. 너는 주의 낮아지심을 전할 것이다. "무엇 같이 되자" 이것은 나에 대한 사랑을 지닌 자에게서 나오는 신앙의 모습이다. 성숙한 신앙 자세이다. 이는 설교 내용을 이해시키는데 전달자로서의 초점을 맞추고 있기보다 섬김이다.

설교는 성경을 이해시키는 것이(설득-주장, 표현) 아니다. 이는 설교하는 자에게 주시는 말씀입니다! 하라. 나를 사랑하라고 전하라. 그를(너를) 사랑하는 나를 느끼라고 말하라. 이것이 믿음이다. 내가 보여 줄 것이다. 만날 것이다. 그리고 내가 행한 일을 찬양하라고 해라. 성경 내용에 무수히 많다. 이 모든 것들이 믿어질 때 역사할 것이다. 이를 그(큰아들)는 발생이라고 말한다. 혹은 표현한다. 역사는 발생이다. 나로부터이다. 내가 하는 것이다. 그(큰아들)는 나를 안다. 이제 알아본다. 느끼기 시작한다. 시각적인 것이 필요하다. 내가 보여주는 것 즉, 나에 대해서 요한계시록처럼 내가 행하는 일들에 대해. 모든 것이 시각적 사용을 통해서이다. 이는 드라마를 보는 자 같음이니 테마, 내용을 가진 것이다. 이를 다루는 자들이다.

주가 보여주는 것이 첫째, 드라마 같다고 전하라. 마치 연출(장면, 모습)과 언어(말, 의미) 함께 <u>동</u>시 작용 볼 수 있음과 같은 것이다. 그는 알 필요가 있다. 나는 보인다. 나에 대해. 본 자 너이다. 그리고 말한다. 들은 너이다. 둘째, 사람 비유로 해 보자. 사람이 말한다. 행동화. 사람을 나(주)로 대신해 보자. 주는 말씀하시고 행동하신다. 이것이 나이다. 사람 통해서도 또한 내가 직접 사람에게! 이는 그들에게이니 사모하는 자, 구하는 자, 집념적인 자이다. 즉 나를 사랑하는 자(대표적 언어이다)로 표현하자. 셋째, 연인이다, 부모이다, 가족이다, 친구이다, 스승과 제자, 믿음의 선후배 모두가 관계끼리는 서로의 모습을 보고 말한다. 그리고 뜻이 있다. 사람 관계처럼 나 또한 각 사람과의 관계 속에서도 이것이

가능하다(아는 너이다. 이미 체험한). 그리고 그것을 행동한다. 다시 체험시키는 나이다.

   사모하게 하라, 구하게 하라, 읽어주라. 이는 요한의 두루마리와 같은 것이다. 내가 전할 자에게 주는 것이다. 너는 대언자이다. 나의 입이다. 나의 마음이다. 이것이 선지자의 강령이다. 넌 내 뜻을 행해야 한다. 너는 전할 자이다. 개인에게, 교회에게, 모두에게. 이미 아는 너이다. 받은 자이다. 기록된 말씀 외에 전하지 말라. 이것이 내 뜻이다. 알고 주는 자 너이다. 이것이 주는 자와 받는 자이다. …생략… 너는 전달자이다. 기억하라. 그대로 전하는 자이다. 이것이 너의 요한계시록이다.

7. 문제 속의 너, 나는 안다

   하나하나씩 풀어보자. 나는 줄 수 있다. 나의 공식이다. 너는 안다, 기도해야 하는 것에 대해.

2023. 2. 9. 목요일. 추가 글입니다.

   너는 주님이 임한 자이다. 알리신 계획이 있는 자이다. 서서히 진행되는 중이다. 책은 이 중의 하나이다. 이외 얽히고설킨 자이다. 이는 관계이다. 필요한 사람 등이다. 오랜 시일을 버틴 그 자리 개척 예배지이다! 하라. 주만을 얻기 위해, 주의 맡기신 일만을 하기 위해 기다린 자이다. 이는 주를 사랑하기 위함이다. 이 땅, 지구를 아는 자이니 전해 줄 말이 있다. 그리고 이 시대의 환난의 수위 속에 주와 함께하며 끝까지 통과하기 위함이다. 너는 '사람의 생존권에 대한' 연구자이다. 개척 예배지에서 이를 거친 자이다. 무엇이든 선별이 있다. 거부가 있다. 차등이 있다. 내게 맞는 취할 대상들은 많지 않다. 멀리하고 버리고 사용치 않음으로 인함이다! 하라. 더 귀한 것을 얻을 때, 발견할 때, 가질 때, 더 가지려 할 때 그러하다. 이에 대해 사람들은 네게 말한다. "왜 그렇게 사느냐?" 또는 "이리하라, 저리 하라" 하므로 이 귀찮음의 관계가 싫다. 이는 아는 길이기에 그러하다. 대부분은 막는 자이다. 알든 모르든지 방해이다. 그래서 현실에 묶인, 풀지 못한 문제도 있다. 주만이 아신다! 하라. 오직 나의 가는 이 길을 그가 아시나니 이는 정금같이 나오기 위함이다! 하라. 욥 23:10 그러나 내가 가는 길을 그가 아시나니 그가 나를 단련하신 후에는 내가 순금같이 되어 나오리라. 정금을 택한 자의 길은 이러하다. 자신에게 주신 길이 이러하다. 엎치락뒤치락해도 가는 길이다.

오르는 길이다. 주가 좁히시는 오르는 길이다. 좁은 문 훈련이다! 하라. 마 7:13 좁은 문으로 들어가라 멸망으로 인도하는 문은 크고 그 길이 넓어 그리로 들어가는 자가 많고 14 생명으로 인도하는 문은 좁고 길이 협착하여 찾는 자가 적음이라. 자신 사명은 자신이 안다. 알고 있는 자이다. 이는 부르심이다. 가야 할 길이다. 이를 알리신 주시다! 하라. 이를 모르는 자들은 막는다. 부분을 알지라도 곁이지 하나는 아니다. 주와 하나 됨이 주시는 과정이자, 목적이자, 그날까지 이 훈련이기 때문이다. 그래서 맡기신 일과 이에 대한 관계 외에는 사람이 싫다. 나의 채움이 먼저이다. 넘치는 시점이 흐르는 물이니 나눌 수 있기에 그러하다. 이 과정에서 주가 해결해주시리라 믿는 자이다. 문제로 지닌 채 산다 해도 결정은 주께 드리는 자이다. 어느 문제는 스스로 해결하는 것(애쓰나 풀리지 않는)보다 더 빠르게 풀리기도 하나, 어느 문제는 사람 선에서 빠를지라도 이조차 뒤로 함은 주의 뜻을 기다림이ㅣ 더디 걸리기도 오래 침음의 시간도 있나! 하라. 수의 뜻을 아는 것이 중요하니 아는 것이 많아질 때 선택의 폭이 점점 좁아지며, 아는 것도 거듭 확인할 시간도 필요하며, 모르는 것이 있기에 또한 주 앞에 잠잠히 기다리기도 하는 자이다. 모든 것을 다 아시는 주시다! 하라. 되었다. 닫으라.

8. 전ㅇㅇ 목사에 대해 적어보자

그는 누구인가? **"이 말씀은 벌써 몇 번째예요"**(추가 글 2023. 3. 3. 금요일) 그는 나의 모델이다. 너희는 나를 본받으라는 바울과 같다. 고전 4:16 그러므로 내가 너희에게 권하노니 너희는 나를 본받는 자가 되라. 고전 11:1 내가 그리스도를 본받는 자가 된 것 같이 너희는 나를 본받는 자가 되라. 그리고 그는 그러한 마음으로 전하는 자이다. 서로 사랑하는 자이다. '너도 그도' 나를! 그리고 너와 그가 서로! 이는 주와 애국 때문이다. 이것이 끈이다. 이것이 그와의 관계, 교제 이유이다. 이를 아는 너이다. 한마디로 '주'의 일이라 보면 된다. 주의 일이기 때문이다. 이것이 만남, 교제, 관심, 중보기도의 시작, 과정, 목적이다. (나라 집회의 방송 영상으로 그를 대하는 자이다! 하라) 전 목사 그는 나를 안다. 3층 천을 말하는 자이다. 지옥을 전한 자이다. 나를 두려워하는 것을 들은 너이다. 좋을 대로 하는 자 그이다. "무슨 뜻이에요?" 그가 나를 위하여, 내 편에 서서 하는 일을 뜻한다. 무엇이든 그는 그렇게 결정한다. 이것은 그의 센서이다. 감지력이다. 기도 포함하여 그는 매사에 나의 편과 입장에서 즉 하나님 영광과 예수 그리스도 증거에 대해, 성령의 나타남과 능력으로 일해온 자이다. 이는 30여 년 애국 운동을 뜻한다. 말씀 운동가, 성령 운동가이다. 동시에 말씀 역사가, 성령 역사가이다.

2023. 3. 3. 금요일. 추가 글입니다.

"이 말씀은 벌써 몇 번째예요": 2020. 8. 17. 월요일, 이상히 여긴 날이다! 하라. 왜 주께서 전 목사에 대해서 반복하는 말씀을 주시나? 이에 의아하게 생각하여 질문한 자이다. "돌아보니…" 이해되는 자이다. <u>2020. 8. 15. 토요일</u>, 영서 글은 8.15 광복절 집회에 대해 특별한 메시지가 없이 넘긴 날이다. 이는 왜인가? 주를 위함이다. 네가 받은 사명 '영서에 대한' 각계각층 진단과 자신의 부르심을 확인할 때이다! 하라. 흔들리지 않기 위함이다. 다음 날 <u>2020. 8. 16. 주일</u>, 전하신 영서 글은 전 대통령 문재인에 대한 언급이 강하신 주시다. 나라 집회와 전 목사에 관련하여 그러하다. 이어지는 <u>2020. 8. 17. 월요일</u>, 그러하다. 전 목사는 코로나 확진과 병원 입원으로 갇히는 자이다. 이에 주는 나의 메시지가 많다! 하라. 그 전 목사에 대해 그리고 문재인 정권이 하는 일과 그에 대한 기록이 "무슨 의미인지를 알라" 하시는 주시다! 하라. 문 정부에 엮인 그들 관계이다. 전 목사의 고난 시기 그 당시이다! 하라. 이것은 8.15 집회와 관련한 일이다. 탄압을 위한 문 정부의 피비린내 나는 전투 시기이다. 나라의 최고조 수위 당시를 알리는 나이다! 하라. 정치 방역 가동한 그 문재인이다. 갖은 수법 모색하여 정권 찬탈 그리고 유지와 기득권으로 굳히려는 차기 대선 구도까지이다. 공산화가 무르익은 당시이다. 기독교를 수모 준 그이다. 적반하장 그이다. 파렴치한 문 정권 그들은 북한 동조자이다. 되었다. 닫으라.

9. "이제 저는 무엇을 해야 하나요?"

'평생' 동안 종이 된 자, 나의 종이다. (찬양을 주십니다! 하라) '메마른 땅을 종일 걸어가도 나 피곤치 아니하며 저 위험한 곳 내가 이를 때면 큰 바위에 숨기시고 주 손으로 덮으시네.' 덮다! 찾는 자들로부터 보호를 알려주신 주시다. 이에 대한 기도 시간에 보이신 환상이 기억나는 지금이다. 너는 복음 전도자이다. 교회 대상이다. "방법은요?" 알릴 것이다. 때때로, 시시각각이다. 나의 종이다. 나의 뜻을 따르는 자 될 것이다. 가지이다. 열매를 위해 사는 자이다. 내가 원하는 열매! 생명의 열매 '영생의 사역'이다. 구원이 열매를 모으는 자, 미 24:31 그가 큰 나팔 소리와 함께 천사들을 보내리니 그들이 그의 택하신 자들을 하늘 이 끝에서 저 끝까지 사방에서 모으리라. 이에 참여할 것이다. 천사들의 나팔 소리이다.

'영계'학(영적 세계) 가르칠 것이다. 영은 실제(영=실제) 이를 아는 너이다. "무식해서 어떡하나요? 교양도 부족, 인격도, 사랑도, 성경의 전반과 깊이도 모두 다예요. 건강마저, 나이로 인해 뇌도…" 생각의 차이다. 모세는 어떠했느냐? 80세 생애에서 1/3을 드린 자! 40년은 애굽, 40년은 미디안 광야, 40년은 출애굽 지도자로 산 자이다. 너도 30년, 30년, 30년으로 보자. 갈렙 또한 마찬가지

연장자였다. 사도 요한은 인생 말기, 끝 무렵이었다. 한나, 엘리사벳, 사라 등 여인들을 보라. 나이보다 더 중요한 것은 '나의 임재'이다. '내가 거하는가?'이다.

사시사철 같은 너이다. "무슨 뜻이에요?" (찬양을 주십시다! 하라) '먹보다도 더 검은 죄로 물든 마음이 흰 눈보다 더 희게 깨끗하게 씻겠네 주의 보혈 흐르는데 믿고 뛰어 나아가…' 날 원하는 너이다. 만날 때까지 기다려온 너이다. 10여 년 가까이 그러하다. 교제를 원한 너이다. 그러므로 원하는 바 주는 것이다. "주님, 동해 바닷가에서 마음에 드셨는지 모르겠습니다. 주님의 인도에 대해 행한 것이 스무드하지 못한 것 같아요" 마음에 안다. 갈팡질팡 보인 너, 오리무중인 너, 오리발 같은 너, 시장에서 예수의 피를 외치지 않은 자, 대신 ㅇㅇ의 뜻대로 해주는 너였다. 몇 번 내게 묻지 않았다. 그러나 잘 마치고 온 자이다. 순종을 보려 한 나이다. 시작이다. 금세기 일어날 일들 알려줄 것이다. 하나하나씩 알게 될 것이다.

2023. 2. 9. 목요일. 추가 글입니다.

2021년 한 해를 마치기 전에, 다음 해 2022년 새해를 알리신 주시다! 하라. 꿈에 보인 대로이다. 영서를 기록하는 용지 흰 여백에 글자를 보임이니 "2022년에 무서운 일이 일어나리라" 아니냐? 하라. 많은 일들이 일어난 한 해였다. 너 역시 책을 출간하는 한 해이나, 매우 거대한 장벽도 미리 보임이니 책 출간도 막은 한 해이다. 사역자, 교회들이 아니냐? 이웃도 있으며 지근 거리에서 저 멀리까지이니, 나의 일이 막힌 이유이다! 하라. 그러므로 이는 사람이 할 수 없는 일임을 보인 주시다! 하라. 미리 보이신 대로 겪은, 일어난 한 해이다! 하라. 아픔의 한 해이다. 되었다. 닫으라.

10. 다녀보자! 하시는 주시다

너는 묵상자이다. 다녀보게(일곱 영을 온 세상에 보내시는 주시다) 해보려는 나이다. "왜요?" 영 전진이다. 가나안 정탐자이다. 계 5:6 …그에게 일곱 뿔과 일곱 눈이 있으니 이 눈들은 온 땅에 보내심을 받은 하나님의 일곱 영이더라.

2023. 2. 9. 목요일. 추가 글입니다.

개척 예배지에서 묶인 자이다. 그리고 풀린 지난 날이다. 한 해, 두 해, 세 해이니 2020. 7. 23. 목요일, 영서를 받으면서 2022년 말까지 여기저기, 이곳저곳 산, 들, 밭, 바다, 도심 등 다닌 자이다. 이는 가라! 할 때이니 뜻이 있어 보내실 때 나간 자이다. 좋든 싫든 이는 주의 명에 대한 순응이다. 다니며 주를 의지하고, 주의 마음을 느끼기도 하고, 전해 주는 다양한 메시지도 함께 들은 자이다. 지난 오랜 햇수를 실내에 대부분 묶여 지내며 두문불출한 자이다. 그 후에 영서 기록을 하나, 환경으로 답답해진 자니 영육 모두이다. 기도할 겸 휴식할 겸 다니는 훈련이 된 자이다. 어느 정도 그러하다. 이는 몸의 훈련이다. 영에 대한 반응과 함께, 해야 할 일을 겸하는 훈련이다! 하라. 다니며 지경을 넓히기도 하며, 잊은 듯 다시 보내기도 하며, 다양성에 대해 굴복하는 순응 훈련이다! 하라.

즉시 순응하는 민첩함과 무한한 대기, 둘 다 사역자는 필요하다. 쉼도 일도 주의 진행을 따르는 훈련이다. 선택도 그러하다. 자연에 대한 은혜의 약속을 주신 주시다! 하라. 사진도 담으며 마음의 힐링도 하며 겸한 행보이다 하라. 일 진행을 위한 나섬이니 때때로 전하기도 하며 땅을 밟는 훈련이다! 하라. 목적 없이 다니지 않는다. 이 목적이 주로부터인지 매사 귀를 기울이며 성령과 동행하는 훈련이다! 하라. 사람에게서 오는 영을 가림은 쉽지 않다. 상대의 정체를 드러낼 만한 특징, 알만한 도구 등으로 즉시 아는가 하면 시간 속에서 확인 과정을 두고 알게 되는 경우가 있다. 여하튼 계속 주께 묻는 영의 세계이다. 꿈으로 빨리 알기도 하고 나타난 뜻들을 비교하는 시간도 갖기도 한다. 아무튼 주인지, 사람인지 영 분별은 본질이자 숙제이다. 되었다. 닫으라.

11. 실명 거론에 대해서

도처에 횡행한다. 중국 정부 방식의 관리를 도입해 보려는 자, 북한에게 주려는 자이다. 인구 식별 카드 이는 사상 검증, 신분(사회 계층의 재산 규모, 학력 등이다) 계층 보려는 자, 또한 의료 정보, 금융 정보 '통제 시스템' 필요한 자료들이다.

12. 무지개 보자

언약이다. 나와 너, 모든 생물 사이이다. 창 9:13 내가 내 무지개를 구름 속에 두었나니 이것이 나와 세상 사이의 언약의 증거니라. 17 하나님이 노아에게 이르시되 내가 나와 땅에 있는 모든 생물 사이에 세운 언약의 증거가 이것이라 하셨더라. 네가 ㅇㅇ에서 사진 찍을 때, 네 앞에 줄지어 앉은 비둘기들이다. 내가 세웠다. 구름과 해 등등. 다시 다녀보자, 돌아보자. 한국을 알자, 기도하자. 기행이다. 사역이다. "금식 중에 힘들어요" 오후 2, 3시 또는 오후 4, 5시 식사 시간을 알려준 자이다. 그러나 먹지 않은 너이다. 밤 10시는 ㅇㅇㅇ에서 시키는 금식이다. "주님, 그때 다시 말씀해 주세요." 주가 두드리는 자이다. 문을 열어 주는 너이다. "주님, 사역지에 대해서 말씀해 주세요." 때가 되면 이르리라. 아직은!

13. 밥퍼 목사(최ㅇㅇ)에 대해 적어보자

그는 누구인가? 수녀(전직)와 결혼한 자이다. 왜 그는 노숙자를 섬겼을까? 나의 마음이다. 나의 마음이 임한 자! 그들을 돕고자 한 것이다. 그녀는 누구인가? 파행이다(파기). '낮게 될 때'에 그를 구원했다. 예수를 찾은 것이다. 이는 남편 최

목사와의 만남이다. 섬기는 자였다. 많은 노숙인 위해 일한 자이다. "하나님이 받으셨다"(2020. 8. 1. 토요일, 어머니 장례식 장지에서 주께서 네게 '어머니에 대해서'도 전하신 말씀이다! 하라)

14. 모세 그는 누구인가? 알아보자, 적어보자

전등을 켜자. (오후가 되어 어두워지니 주시는 말씀입니다) 눈이 침침한 자이다. 안경을 벗자. (글씨가 더 잘 보이기 때문이다). 그는 지팡이를 가진 자이다. 양 떼를 치는 자이다, 치는 자였다. 내가 가진 양에게 최선을 다한 그였다. 출 3:1 모세가 그의 장인 미디안 제사장 이드로의 양 떼를 치더니…. 부모 관계는 모르는 부분이 더 많다. 어릴 때 양육자였기에 고아와 같은 신세 가진 그였다. 히브리인 외에는 모르는 것이 더 많은 자였다. 내면에 외로웠을까? 안 외로웠을까?

그 안에 내가 있었다. 그녀(모세의 어머니 십보라)가 구한 대로 주었다. 젖 물릴 때 그는, 그들은 기도했다. '하나님께 맡기는 자'라고 말해주었다. 하나님이 함께하시는 자! 이를 보호 요청한 그들이었다. 원대로 주었다. 그녀가 구한대로 주었다. 출 2:9 바로의 딸이 그에게 이르되 이 아기를 데려다가 나를 위하여 젖을 먹이라 내가 그 삯을 주리라 여인이 아기를 데려다가 젖을 먹이더니 10 그 아기가 자라매 바로의 딸에게로 데려가니 그가 그의 아들이 되니라…

그는 히브리인으로 살다가 '우'를 범했다. 살인자였다. 도망했다. 양부모로부터. 창 2:11 모세가 장성한 후에 한번은 자기 형제들에게 나가서 그들이 고되게 노동하는 것을 보더니 어떤 애굽 사람이 한 히브리 사람 곧 자기 형제를 치는 것을 본지라. 12 좌우를 살펴 사람이 없음을 보고 그 애굽 사람을 쳐 죽여 모래 속에 감추니라. 15 바로가 이 일을 듣고 모세를 죽이고자 하여 찾는지라 모세가 바로의 낯을 피하여 미디안 땅에 머물며 하루는 우물 곁에 앉았더라. 그는 다 잃었다. 미디안 광야에서 40년 목자로 가정을 이루고 살았다.

　이스라엘의 부르심에 합한 자로 내가 세웠다. 친부모, 양부모, 아내 부모, 그리고 그는 나를 만났다. 나의 명을 순종하기로 했다. 아론이 형이다. 그는 그를 도왔다. 입을 대신 한 것이다. 출 4:16 그가 너를 대신하여 백성에게 말할 것이니 그는 네 입을 대신 할 것이요 너는 그에게 하나님같이 되리라. 모세의 입이 되어 나의 뜻을 전했다. 나의 부르심은 정확하다. 누가 쫓았는가? 양육한 부모이다. 출 2:15 바로가 이 일을 듣고 모세를 죽이고자 하여 찾는지라… 이것이 너이다. ㅇㅇ, ㅇㅇㅇ 목사, ㅇㅇㅇ 목사 등등 피하고 있는 너이다. 나의 뜻을 알지 못하면 애굽에 머무는 자들이다. 같은 뜻이다.

15. 노래하라. 나의 딸아, 너는 시온 딸이다

　바벨론에 수금 걸고 노래하는 너희여, 시 137:1 우리가 바벨론의 여러 강변 거기에 앉아서 시온을 기억하며 울었도다 2 그 중의 버드나무에 우리가 우리의 수금을 걸었나니 3 이는 우리를 사로잡은 자가 거기서 우리에게 노래를 청하고 자기들을 위하여 시온의 노래 중 하나를 노래하라 함이로다. 나의 딸 '내 종'을 받지 않는 너희여, 수금 걸고 노래하는 너희! (어머니 장례식 장지에서 그러하다) 장지에서 외치고 다닌 딸이다. 끌려 나오다. 제지 받다. 이는 너이다. 이 말을 기억하라. 2020. 7. 30. 목요일, 폭우와 7. 31. 금요일, 장례식장 '우상' 단에서 대적 기도와 2020. 8. 1. 토요일, 어머니 장례식 장지에서의 외침, 광야의 외치는 소리 "주의 길을 예비하라" 외친 너이다. 사람들이 돌을 들었다. 율법에 의한 행동처럼 말이다. 스데반을 칠 때도, 바울을 칠 때도 그들은 그렇게 했다. 그들은 유대인들이었다. 베드로는 갇힌 자였을 때 모여서 간절히 기도한 자들이었다. 행 12:5 이에 베드로는 갇혔고 교회는 그를 위하여 간절히 하나님께 기도하더라. 왜 돌을 들었을까? 생각해 보자.

첫째, 풍습이다. 기독교 장례는 틀, 형식이다. 둘째, 조문자였다. 너는 오래간만에 나타난 자였다. 네게 대해 마음의 나타난 말, 불편한 관계였다. 아무렇지 않은 너였다. 셋째, 물질로 하지 않은 자이다. 가족과 친인척에 대해 방문, 애경사, 병원 등등. 꺼림칙, 떨떠름한 관계였다. 너를 먹지 못할 과일처럼 여겼다.

내 뜻 안에 있는 너이다. 저녁 6시까지 금식을 안다. 이후 저녁 10시까지 맞춰 보려 한 자이다. 두 아들의 학기 중과 사역 중이기에 겨를 없던 자였다. 자신 문제 건강, 물질, 분별들을 안고 있는 자였다. 내가 안다, 다 안다. 너를 보았다. 나의 진노 표출! (2019년 '이 땅에 대하여' 아는 자임을 알리며 자신이 누구인지, 왜 중한 역할인지 이를 알게 하며 일하지 않는 자에 대한 책망으로 대노, 극노 하신 하나님이시다) 사역까지 겹친 너였다. 1년 이상 지내오던 중에 받은 부모상이었다. (새로운 은사 '해석 은사'로 영서를 기록하는 사명이 시작된 지 한 주된 시점이다) 내가 안다, 너를 건진 것이다. 그들로부터. 내가 시킨 일은 내가 책임진다는 뜻이다. 오리무중 상태로 되어진 자. 내가 다시 만나주고 있다. 네 고백은 주님이 떠날까 봐 두려운 너이다. 누구나 이렇듯 너처럼 구해보면 좋으련만 나의 하는 일을 보기도 전에, 나타내기도 전에, 기다리지 못하는 자들이 많다. ㅇㅇ를 준비해 보자! 이를 보인 자이다. 어느 쪽이든 다 해보자. 내가 줄 것은 이미 정해져 있다. 그러나 너는 너이다. 하고 싶은 대로 해야(준비의 의미 또는 도구 '앎'에 대한). 나는 막지 않는다. 쓸 것이디. 시용될 깃이다. 네가 가진 것으로 오뎅이어 노시락처럼! 누구나 그렇다. 먼저, 내가 사용하기 위해 너희는 준비한다. 그리고 너희의 준비된 것은 내가 사용한다. 이 두 가지이다.

16. '먹고 마시자'에 대해

'풀이' 의미이다. 만찬 용어 보자. 떡(살)을 먹고, 잔(피)을 마시자. 막 14:22 그들이 먹을 때에 예수께서 떡을 가지사 축복하시고 떼어 제자들에게 주시며 이르시되 받으라 이것은 내 몸이니라 하시고, 23 또 잔을 가지사 감사 기도하시고 그들에게 주시니 다 이를 마시매 24 이르시되 이것은 많은 사람을 위하여 흘리는 나의 피 곧 언약의 피니라. 주가 생명이 되신 주에 대한 것이다. 이것을 양식으로 보자. "먹다" 배부르기 위해, "마시자" 즐거움 위해 이는 세상적 요구에 해당이 된다(육체의 요구, 문화의 요구 부분이다).

17. 너는 내가 기른 자이다

나실인 서원을 드린 자이다. 솔로몬의 일천번제를 몇 회 드린 자 그리고 항시, 항용으로 내게 나아오려던 너였다. 승려같이 속세를 떠난 자, 죄수의 수감 생활 같은 삶으로 10여 년 이상 지내온 자, 이곳이다. 안다, 안다. 내가 너를 안다. 너는 먼저 된 자이다. 1995. 8. 21. 월요일. 성령 세례받은 자, '25년 차'이다. 작은아들 성장한 자, 네 표현대로 신학대학원 졸업 학기 1년 남은 기간이다. "무엇? 어떻게?" 구한 바이다. 다투지도 아니하며 들레지도 아니하는 주님의 사역을 해보라. 마 12:19 그는 다투지도 아니하며 들레지도 아니하리니 아무도 길에서 그 소리를 듣지 못하리라. 사 42:2 그는 외치지 아니하며 목소리를 높이지 아니하며 그 소리를 거리에 들리게 하지 아니하며. 나는 네게 권해보고 싶다. "무슨 뜻이에요?" 온유, 겸손이다. 이는 자신을 나타내지 않는 자이다. 마 11:29 나는 마음이 온유하고 겸손하니 나의 멍에를 메고 내게 배우라 그리하면 너희 마음이 쉼을 얻으리니 30 이는 내 멍에는 쉽고 내 짐은 가벼움이라 하시니라.

에너지원! 너는 나, 나는 너이다. 상호 작용이다. 대립 관계하지 말자. 순응하는 자 되어 보아라. 임하신 주를 느끼고 있는 너이다. 나는 평안으로 전하고 듣는 너이다. 이것이 들레지 아니하고 다투지 아니하는 것이다. 물의 이동처럼 하라.

조용히, 묵묵히 흐르는 것이다. 너는 내 안에 있어, 내가 네 안에 있어 흐르는 물처럼 함께하는 것이다. 물 역사, 불 역사를 보자. 물 역사는 평상시, 불 역사는 예외적 상황일 때 즉 긴급할 때, 필요할 때 주는(공급), 일하는 나이다. 내가 하는 것이다. 나는 물이다, 물처럼(물과도 같다)! 나는 불이다, 불처럼(불과도 같다)!

18. 여기는 펜션 같은 곳이다

인적이 드문 곳, 자연 속 같은 곳이다. 언젠가는 이곳을 떠날 것이다. 지렛대가 되어준 자리, 이동을 돕는 위치로 보면 된다. 지렛대는 나이다. 내가 너를 인도할 것이다. 푸른 초장으로 가보자. 양 떼가 있는 곳으로. 꼴을 먹일 자들이다. 아들 둘, 다 그러하다. 찬양으로 돕는 자들 '듀엣'으로 세워질 것이다. 헤만의 오른쪽, 왼쪽같이. 대상 6:39 헤만의 형제 아삽은 헤만의 오른쪽에서 직무를 행하였으니… 44 그들의 형제 므라리 자손 중 그의 왼쪽에서 직무를 행하는 자는 에단이라…. "바위가 있는 곳 주세요. 풀밭, 나무, 텃밭을 원해요. 기름진 땅을 주세요" …생략… 명명한다! 너는 선교사이다. 배출하는 곳이다. 내가 너와 함께 들어간다. 전 목사같이 그 일행도 주를 위해 죽어야 사는 자들이다.

19. 책에 대해서 질문을 드립니다!

"출간할 책 내용은요? 분량이 얼마 되지 않는데요? 딱히 전할 것이 없어요. 비공개 내용들이 많아서요"―[2023. 7. 27. **목요일. 추가 글입니다**. 이는 추가 글 받기 전에 하는 말이다! 하라. 40일 영서의 원고가 은밀한 내용들이 많아 염려한 자이다. 원고 준비가 길어지면서 관련 글 함께 잇기도 하고, 영서 기록이 계속되니 넣는 글들 일부도 있으니 눈덩이가 된 현재이다. 두 곳 출판사에서 머문 시간이 1년 5개월째 현재이다. 이 사이에 들어간 글들이 얼마이랴? 영서는 신간과 같이 주는 글이니, 새 글을 넣어야 하지 않느냐? 하라. 아직도 손도 못 댄 날짜 순서대로 기록들이 여전히 3년 분량이다! 하라. 출간 지체가 문제 된 상황이며 방해자들로 인함이다! 하라—이는 너의 말이다. 하나님의 은사와 부르심에는 후회하심이 없느니라(롬 11:29). 나는 나와의 약속을 지킨다. 신실하신 하나님이시다. 책의 용어 선택 문제를 아는 자이다. 기독교 용어와 대중 용어의 차이점에 대해 보자. 기독교 용어는 무엇인가? 부활이다. 생명력, 능력, 영원성, 거룩성 가진 언어이다. 모두가 하나님의 속성이다. 네 말대로. 네 책이다. 그리고 내 책이다. 되었느냐? '이만 명'의 비밀이다. 눅 14:31 또 어떤 임금이 다른 임금과 싸우러 갈 때에 먼저 앉아 일만 명으로써 저 이만 명을 거느리고 오는 자를 대적할 수 있을까 헤아리지 아니하겠느냐? "보내라" 할 때 보내는 자이다. 출시작이다. 네 책장 속의 책, 예수의 나타나심에 대해 기록한 책과 같다.

20. 우는 모습 보인 자이다

어머니의 장례식 장지에서 너에 대해 보인 자이다. 그들에 대해 기도하며 운 자이다. 벽난로에 대해서 보자. 화장장에서 시신을 태우는 곳을 보고 온 자이다. 사람 들어갈 공간을 만들지 않아야 한다. 산의 굴 마찬가지이다. 속이는 자들이 많아지는 세상, 죄에 대해 더 강해지는 자들이다. 시신을 가져가는 자가 있다(이후 병원에서 거래할 수도). 시신을 매립지로 해야. 산이 있어야 한다. 시신 인육에 대해 이전에 열어 준 자이다. 시신용 판매(중국, 북한, 문 대통령 언제든지 요구할 수 있다)를 모르는 자들이 많다. 시신 기증용과 다르다. 그들은 거래처 있는 자들이다. 밀약이다. 낙엽같이 우수수 시대 추풍낙엽이다. 남는 자(주와 합한 자)는 누구인가? 거래처 있는 자들 이들은 악과 동조자, 협조자들이다. 밀매 또한, 밀수도 그러하다. 나는 다 안다. 지옥으로 내려가는 자들이다.

장지에서 용기가 있는 자, 너이다. 순종했다. 내 말 '적은 능력'을 사용한 자, 당시 빌라델비아 교회였다. 계 3:8 …내가 네 행위를 아노니 네가 작은 능력을 가지고서도 내 말을 지키며 내 이름을 배반하지 아니하였도다. 또한 회개한 라오디게아 교회였다. 내 음성을 듣고 열면, 먹고 보좌에 앉으리라. 계 3:20 …내 음성을 듣고 문을 열면 내가 그에게로 들어가 그와 더불어 먹고 그는 나와 더불어 먹으리라. 21 이기는 그에게는 내가 내 보좌에 함께 앉게 하여 주기를 내가 이기고 아버지 보좌에 함께 앉은 것과 같이 하리라. 서머나 교회였다. 환난, 궁핍 가운데 몇 사람을 옥에 던질 것이다. 던져진 자였다. 계 2:9 내가 네 환난과 궁핍을 알거니와 실상은 네가 부요한 자니라… 10 너는 장차 받을 고난을 두려워하지 말라 볼지어다 마귀가 장차 너희 가운데에서 몇 사람을 옥에 던져 시험을 받게 하리니 너희가 십 일 동안 환난을 받으리라….

버가모 교회였다. 이미 겪고 나온 자, 안디바의 죽임(충성)과 믿음을 지킨 2인 역할이다. 계 2:13 …네가 내 이름을 굳게 잡아서 내 충성된 증인 안디바가 너희 가운데 곧 사탄이 사는 곳에서 죽임을 당할 때에도 나를 믿는 믿음을 저버리지 아니하였도다. 두아디라 교회였다. 이세벨은 동조, 모은 자, 흉본 자이다. 계 2:20 그러나 네게 책망할 일이 있노라 자칭 선지자라 하는 여자 이세벨을 네가 용납함이니 그가 내 종들을 가르쳐 꾀어 행음하게 하고 우상의 제물을 먹게 하는도다. 에베소 교회였다. 첫사랑을 회복한 자이다. 계 2:4 그러나 너를 책망할 것이 있나니 처음 사랑을 버렸느니라 5 그러므로 어디서 떨어졌는지를 생각하고 회개하여 처음 행위를 가지라…. 사데 교회였다. 흰옷 입은 자이다. 계 3:5 이기는 자는 이와 같이 흰옷을 입을 것이요…. 흰 돌 이름(본 자), 만나(들은 자) 받은 자이다. 계 2:12 버가모 교회의 사자에게 편지하라…. 17 …이기는 그에게는 내가 감추었던 만나를 주고 또 흰 돌을 줄 터인데 그 돌 위에 새 이름을 기록한 것이 있나니 받는 자 밖에는 그 이름을 알 사람이 없느니라.

21. 가치관을 가져 보자

(이는 '네게 대하여'이다! 하라) "나는 주의 종이다. 하나님의 아들이다" 화평과 의, 이 두 가지이다. 마 5:9 화평하게 하는 자는 복이 있나니 그들이 하나님의 아들이라 일컬음을 받을 것임이요. 마 5:10 의를 위하여 박해를 받은 자는 복이 있나니 천국이 그들의 것임이라. "손가락 아파요" 원고 쓰는 자이다. 듣는 대로 적는 자, 바룩이다. 렘 36:4 이에 예레미야가 네리아의 아들 바룩을 부르매 바룩이 예레미야가 불러 주는 대로 여호와께서 그에게 이르신 모든 말씀을 두루마리 책에 기록하니라. 히 10:37 잠시 잠깐 후면 오실 이가 오시리니 지체하지 아니하리라. 이 말씀을 이미 받은 자이다. 소용돌이문 정권이 될 것이다. (너는 장시간 지속 훈련을 받는 자, 적는 것도 그러하다) …생략…

22. 성령의 탄식 무엇인가?

근심하신다! 답보 상태일 때, 미룰 때, 약속 지키지 않을 때, 듣지 않으려 할 때, 구하지 않을 때 내가 떠나는 이유이다. 머물 이유가 없기에! 계속해서 듣는 너이다. 성령을 근심하게 하지 마라! 구속의 날까지 인치셨느니라. 엡 4:30 하나님의 성령을 근심하게 하지 말라 그 안에서 너희가 구원의 날까지 인치심을 받았느니라.

23. 신, 구약 다시 보자

레위기 다뤄 보자. 레위기는 나에 대한 것이다. 출애굽 성막까지 이 부분 요약해 보자. 트여야, 물꼬처럼! 모퉁이 돌(쓰지 않는 돌) 너이다. 건축자들이 버린 돌 너이다. 어머니 장례식 장지에서 인정하지 않는다(몇 예를 전하신 주시다). 너는 기죽지 않은 자, 내가 함께하기 때문이다. 저들은 모른다. 나를 모르는 자들처럼. …생략… 다 지나간 일이다. 성령 역사로 판명까지 기다리라. 용서한 너이다. 자기의 의, 자기의 분에 뛴 자들이다. 옥신각신, 웅성웅성, 티격태격 그들 모습이다. 불쌍히 여기리라. 너의 연단이다. 마음 고르기이다. 장지에서 어머니의 뼈, 가루처럼. 내(너 자신)가 죽으면 말하지 않으면 잠잠하다.

24. 메뉴얼 보기

첫째, 학구파이다 - 지성 소유자이다.
둘째, 성령파이다 - 성령의 사람이다.
셋째, 열심=행동파이다 - 행동 추구자이다. "이 셋 다! 필요하다"

25. 순서 정하기

첫째, 성령 동행이다.
둘째, 학구 - 지적 소양 길러야.
셋째, 성령 인도를 따른다. "이 셋의 조화이다"

삼위 배운 너이다. (위와 연관입니다)
첫째, 존재 - 실체이다.
둘째, 알게 하시는 존재이다(사람과 함께).
셋째, 성령 인도이다

26. 구성 요소

1) 영, 혼, 육 보자

영: 실체, 실존, 존재감이다 – '성령의 사람' 대부분이다.

혼: 지성, 감성에 해당한다 – '자아실현 위주로 살아온 자' 대부분

육: 신체(도구, 기능, 활동들) – '사람의 몸'이다. 신체의 역할 해주는 자(신체 활동가가 많다)

2) 3층 천에 대해 알아보자

3층 천: '주의 보좌'가 계신 곳

2층 천: '하늘'의 이동 거리

1층 천: 공중, 가시거리

27. 합숙소 같은 자리

이는 개척 예배지이다. 사람이 떠난 자리 혼자 남은 자이다. 너는 미래 지향적 사람이다. 가나안 추구형이다. 주님과 일심동체를 원하는 자이다. 기름이 부어진다. 기름 부으신 이의 가르치심(아무도 가르치지 않고)! 요일 2:27 너희는 주께 받은 바 기름 부음이 너희 안에 거하나니 아무도 너희를 가르칠 필요가 없고 오직 그의 기름 부음이 모든 것을 너희에게 가르치며 또 참되고 거짓이 없으니 너희를 가르치신 그대로 주 안에 거하라. 에스겔이다. 천지 사이로 들어 올려! 겔 8:3 그가 손 같은 것을 펴서 내 머리털 한 모숨을 잡으며 주의 영이 나를 들어 천지 사이로 올리시고 하나님의 환상 가운데에 나를 이끌어 예루살렘으로 가서…. 야곱의 눈물이다. 신앙생활 첫 교회에서 나와 20여 년 보내고 있는 자이다. 오른손 들어 축복하는 자이다. 손

사용이 많은 자이다. 영서(글), 수화 찬양, 성경 등등. 게네사렛 호숫가의 두 배를 보시니! 눅 5:1 무리가 몰려와서 하나님의 말씀을 들을 새 예수는 게네사렛 호숫가에 서서 2 호숫가에 배 두 척이 있는 것을 보시니 어부들은 배에서 나와서 그물을 씻는지라 3 예수께서 한배에 오르시니 그 배는 시몬의 배라 육지에서 조금 떼기를 청하시고 앉으사 배에서 무리를 가르치시더니. 안드레가 도울 자이다. 7 이에 다른 배에 있는 동무들에게 손짓하여 와서 도와 달라 하니 그들이 와서 두 배에 채우매 잠기게 되었더라. …생략… 내 문제로 서야 할 때이다.

28. 말라기 시대에서 초림 예수 직전 시대

이는 재림 준비기이다. 주님이 오시면 나는 어떻게 할 것인가? 늘 준비, 깨어있어야 한다. 너는 사독 제사장이다. 예루살렘으로! '다윗('주'시대)의 환궁'을 돕는 자이다. 주님이 '주님이 되게(왕-통치자)' 하는 자로 서 있어야 하는 자이다. 이는 악한 자를 대적, 피한 후 서기 위함이다. 엡 6:13 그러므로 하나님의 전신갑주를 취하라 이는 악한 날에 너희가 능히 대적하고 모든 일을 행한 후에 서기 위함이라. 사단과 주님과의 자리 싸움이다. 이기신 주, 승리하신 주시다. 사단, 방해자일 뿐이다. 동서고금 맘몬하고 주반 아는 자, 높이는 자, 따르는 자를 건지실 것이다.

예수는 Key! 열쇠이다. '천국 문' 들어가는 이것이 예수 그리스도의 역할이다. 이것 외에는 어떤 것도. 나무로 지어진 집에서 보석까지. 고전 3:12 만일 누구든지 금이나 은이나 보석이나 나무나 풀이나 짚으로 이 터 위에 세우면 "천국 집이 궁금하나 주께 아직은…" 현재는 글 쓰는 자이다. 요한계시록 일곱 인을 풀어내다. 끝내 이기리! 주님은 당시의 마음을 아신다. 어머니 장례식 장지에서 성령 불을 확인한 자이다. 사람들이 "미쳤다" 하는 장지의 산에서 주신 말씀이다. 머리털 하나도 상하지 않으리라(눅 21:18) 하신 주시다. 평온 유지, 담대, 용서, 주 함께한 표징이다. …생략… 소모전 겪지 않아야 하는 자이다. 내가 이미 겪었다. 알게 되는 자이다. "산으로 피하라" 이는 주와 관계 속으로이다. …생략… 이구동성 외치는 자들이었다. 십자가에서 내려오라, 너 자신을 구원하라 등. 옷을 벗기고 다시 입힌 자들이다. …생략…

29. 내가 너이다, 너는 내 마음 안다

스가랴서의 스룹바벨의 영광을 나타내리라. 에스겔 선지자의 '대언의 영' 시간을 가져 보자. 여호와의 깃발을 들고 춤추는 자이다. …생략… 정해진 마음을 가진 자이다. 복음을 들고 일어서는 자이다. 기우제 지내는 배들이 많다. 생선을 먹을 때 보혈을 뿌리는 자이다. 그들은 바다 신을 섬기는 자(추가 글 2023. 2. 23. 목요일) 피조물을 신으로 보는 자들이다. 너는 영구한 산업을 받을 자이다. …생략… '베드로와 요한같이' 아들과 함께 기도하는 자이다. 바람이 불지(환난 의미) 못하게 인침! 계 7:1 이 일 후에 내 천사가 땅 네 모퉁이에 선 것을 보니 땅의 사방의 바람을 붙잡아 바람으로 하여금 땅에나 바다에나 각종 나무에 불지 못하게 하더라. 2 또 보매 다른 천사가 살아 계신 하나님의 인을 가지고…네 천사를 향하여 큰 소리로 외쳐 3 이르되 우리가 우리 하나님의 종들의 이마에 인치기까지 땅이나 바다나 나무들을 해하지 말라 하더라. 내가 너이다, 기억해야. 너는 내 마음 안다. 구원 얻을 후사를 섬기는 너이다. 히 1:14 모든 천사들은 섬기는 영으로서 구원받을 상속자들을 위하여 섬기라고 보내심이 아니냐. 두 아들 마찬가지이다.

2023. 2. 23. 목요일. 추가 글입니다.

그들은 바다 신을 섬기는 자: 바다(물)에 대해 아픔이 많은 자이다. '위의 물'을 아는 자이다. 창 1:7 하나님이 궁창을 만드사 궁창 아래의 물과 궁창 위의 물로 나뉘게 하시니 그대로 되니라. 위의 물을 연구하는 자이다. "노아의 홍수로 많은 사람이 죽었더라" 하는 말씀으로 인함이니! 하라. 창 7:11 …그날에 큰 깊음의 샘들이 터지며 하늘의 창문들이 열려 사십 주야를 비가 땅에 쏟아졌더라. 22 육지에 있어 그 코에 생명의 기운의 숨이 있는 것은 다 죽었더라. 이는 하늘을 올려보며 하나님의 마음을 살피는 자이다. 자연계의 순서, 위치를 가장 위로 두는 물의 위치이다! 하라. 너는 자연계 연구자이다. 자연의 위력을 말씀하신 주시다! 하라. 지구에서 온갖 범죄로 인하여 사람 위에 사람을 두기도 하고, 인권 모독, 비하, 유린, 말살을 한다 해도 무수한 무기들을 발명, 개발(핵까지)한다 해도 자연의 위력을 안다면 낮출 이 땅 지구의 사람들이다! 하라. 멋모르고 날뛴다! 하라. 자연재해로 인하여 그 위력이 어떠함을 보는 자들이다. 그 수위, 초강력 위험은 어느 정도일지 아직도 남은 이 땅의 시간이다. 이는 회개를 위함이다. 인간을 무릎 꿇게 하기 위함이다. '아래의 물' 바다에서 일어나는 일들이 많다! 하라. 창 1:10 …모인 물을 바다라 부르시니…. 자살, 타살 그러하다. 은밀 거래, 사고 위장, 전시 대기 장소, 핵실험 등 이 모두는 물이 아는, 기억하는, 인간의 타락이다. 사람들의 치밀함과 범죄 은닉, 범죄 수단 등 각종 불법이 은밀한 장소이다 하여도 주는 다 보신다, 아신다. 행위 기록하시는 주시다! 하라. 계 20:12 …죽은 자들이 자기 행위를 따라 책들에 기록된 대로 심판을 받으니. 네게도 이에 대해 바다의 위험, 아픔 등을 전하신 주시다! 하라. 이러한 하나님의 손안에 있는 것들임에도 만물의 주가 아닌 그 형상들, 피조물 등에 자신을 의탁한다면 그의 어리석음은 무엇보다 죄이다! 하지 않겠는가? 하라. 이는 기우제로 우상을 섬기는 그들이다! 하라. 되었다. 닫으라.

30. 아볼루온 시대 도래했다

대적하자! 계 9:11 그들에게 왕이 있으니 무저갱의 사자라 히브리어로는 그 이름이 아바돈이요 헬라어로는 그 이름이 아볼루온이더라. 눈이다! 두 가지 눈을 적어보자. 하나님의 눈 '7 영'과 계 5:6 내가 또 보니 보좌의 네 생물과 장로들 사이에 한 어린 양이

서 있는데 일찍이 죽임을 당한 것 같더라 그에게 일곱 뿔과 일곱 눈이 있으니 이 눈들은 온 땅에 보내심을 받은 하나님의 일곱 영이더라–대적의 눈 '호루스 눈'이다. 바다와 땅을 밟고 있는 천사 너였다. 계 10:2 그 손에는 펴 놓인 작은 두루마리를 들고 그 오른발은 바다를 밟고 왼발은 땅을 밟고. 성경을 읽는 시간을 가질 것이다. 내 약속 이루리라. 시킨 것 또한 이루리라. 오늘부터 시행해 보자. 새 약속 들어 가보자. 아들을 낳을 것이다. (아들은 하나님의 뜻을 뜻합니다! 하라) 주시리라. 네가 키울 내 아들이다.

　게네사렛 호숫가의 두 배, 아들이 도울 것이다. 내가 시키는 일하는 자이다. 나의 종이다. 먼저 하나님의 약속을 적어보자. 다음, 해야 할 일이 있다. 적어보자. 그다음, 시행 여부를 알아보자. 끝으로, 관련된 것을 적어보자. 노트화 되리라. 너는 아일랜드섬이다. 강도 높아진 자, 낮과 밤이다(수면 시간 제외). 일어설 것이다. 너는 나의 종이다. 들짐승처럼 7년을 지낸 자, 지난 시기 10여 년간이다. 나의 흉년이었다. 무대가 보입니다! 하라. 무대가 허락될 것이다. ㅇㅇㅇ 사역자처럼 서야 할 것이다. 성경을 준비시키자. '오직 성령으로' 성령 집회해보자. 너는 갈렙, 아들들은 여호수아 관계이다. 너는 밧모섬의 사도 요한 같은 자이다. 계시로 인해 갇힌 자이다. 하나님의 비밀을 아는 자 너이다. …생략… 아일랜드였다. 아는 자들은 줄 것이다, 인정될 것이다. 세울 것이다. 나의 세계는 아는 자만이 안다. …생략… 강하고 담대하라. 여호와께서 함께하신다. 네게 붙는 자 '수'이다.

　아볼루온이다, 아볼리온 시대이다. 대적! 다섯 달 쏘는 자(계 9:5)가 있다(문 대통령, 빌게이츠. 중국, 북한, 러시아 포함, 프리메이슨, 일루미나티). 등장하는 자들. 황충의 권세 시대(해하는 권세)이다. 계 9:3 또 황충이 연기 가운데로부터 땅 위에 나오매 그들이 땅에 있는 전갈의 권세와 같은 권세를 받았더라. 5 그러나 그들을 죽이지는 못하게 하시고 다섯 달 동안 괴롭게만 하게 하시는데 그 괴롭게 함은 전갈이 사람을 쏠 때에 괴롭게 함과 같더라.

31. 보릿고개 넘어 경제 대국이 된 한국이다

흥청망청 시대이다. "놀고, 먹고, 쓰자" 하는 성령이 하시는 일을 알지 못하는 교회들이다. ㅇㅇ 교회, 장로교 대부분(will)이다. 장자 교단의 타락상을 보는 자이다. 아쿠리아움 수조 안의 사람처럼 사는 자들이 많다. 인위적 장소, 일들 의미 있다. 보여 줄 목적으로 하는 자들이다. 교회 또한 그렇다. '보여주기'식 사회가 되었다. 자랑, 특색이라 보는 자들, 문화, 예술 포함이다. 하늘로부터 내려온 것들이 아닌 것이 많다. 브살렐, 오홀리압처럼 서야 하는 자이다. 출 31:2 내가 유다 지파 훌의 손자요 우리의 아들인 브살렐을 지명하여 부르고 3 하나님의 영을 그에게 충만하게 하여…. 6 내가 또 단 지파 아히사막의 아들 오홀리압을 세워 그와 함께하게 하며…. 하늘 성막(재림 예수 준비) 준비하는 자이다. 핵 시대, 인구 감축을 들은 자이다. 오랫동안 꿈꿔온 자들이다. 창세기 11장의 바벨탑 이후 나를 대적해온 자들이다. …생략…

32. 에덴 지키는 그룹들이 될 것이다

검열하는 곳 검문소 같은 곳이다. 창 3:24 이같이 하나님이 그 사람을 쫓아내시고 에덴동산 동쪽에 그룹들과 두루 도는 불 칼을 두어 <u>생명 나무의 길을 지키게 하시니라</u>— **[2021. 3. 3. 수요일. 추가 글입니다.** 그룹들이다. 에덴의 문지기 또는 가이드, 안내자, 전하는 자이다. 이쪽 상황을 저쪽에, 상대측에, 대상자에게— <u>**천사들이다**</u>. 계시록의 일곱 인(대해서)을 맡는 자들이다. 이곳이 아일랜드섬이다. 사람이 "이리하라, 저리 하라" 할 수 없는 자들이다. …생략… 혈육에 대해 거름망이 필요하다. (찬양을 주십니다! 하라) '울어도 못하네 눈물 많이 흘려도…십자가에 달려서 예수 고난 당했네 나를 구원하실 이 예수밖에 없네' 나를 구원하실 이를 외치는 자이다. 아직,

전 목사에게 따라붙는 자 ㅇㅇㅇ과 같다. 성령 대적하는 자, 좌파(동조, 묶인 자들)이다.

환난 전이다. 환난 시대 오기 전에 믿음 준비이다. 나 외에 구원(나의 나라) 없는 것 아는 너이다. 네가 사는 나라 '우국충정'사 아는 너이다. 가나안 전쟁을 알지 못하는 세대이다. 네 어머니는 2대 또는 3대, 4대 보신 자이다. 야곱(어머니) → 요셉(생략)→ 에브라임, 므낫세(생략) → 자녀(생략) 이를 보인 자이다. 너는 집안보다 해야 할 일이 크기 때문에 가족들이 부르지 않는 자이다. 좁은 문을 전한 너이다. "주님, 2020년에서 2030년대에 일어날 일들을 보이소서!" 땅끝까지 내 증인 되리라. 교회 사역자이다. "전도할 문이 열리게 하소서" 골 4:3 또한 우리를 위하여 기도하되 하나님이 전도할 문을 우리에게 열어 주사 그리스도의 비밀을 말하게 하시기를 구하라 내가 이 일 때문에 매임을 당하였노라, 주구장창(지속적인 의미) 나를 전하는 자이다. 샘솟듯 솟아오르리라. 내가 주리라.

"외부로 이동할 때 주신 말씀입니다"
(마음이 힘들어 밖에 나와 걸으며 받는 글 모음집이다! 하라)

33. 기도하고 전해야(아들들에게)

너는 노한 자이다. 나의 노는 너의 노이다. …생략… 선지자들을 때린 자 보라. 매 맞는 자이다. 듣든지 아니 듣든지 고하라. 에스겔, 예레미야 선지자처럼, 전 목사처럼. …생략… (찬양을 주십니다! 하라) '아버지 그 사랑을 나는 믿어요. 그 무엇과도 바꿀 수 없는 그 사랑을' 모세는 내가 누구에게로 가며?, 예레미야도 내가 누구에게로 가며? 한 자이다. 예수, 주! 그는 멸시받으며 끌려가는 어린 양 같았도다! 주는 아무 죄가 없으시다. 너는 아들들과 내부 분열을 겪는 자이다.

주의 확실한 증거로 전하는 자이다. **가려 한 자이나, 막힌 자이다.** ……

2023. 7. 28. 금요일. 추가 글입니다.

이제와 돌아보니 아들 입장이 더 이해되는 자이다. 이 당시를 더 깨닫게 된 자이니, 이는 수많은 경험이 쌓인 현재이다! 하라. 늘 힘든 아들들의 입장이다! 하라. 아들들의 주위 세력은 자신도 감히 어찌할 수 없는 자이다. 주가 알려주신다 해도 그러하다. 알 뿐이지, 이는 자신에게 주의 구원의 영역이다! 하라. 사람은 누구나 소속, 관계로 좌우지된다. 주의 분명한 말씀, 제시 없이는, 영 분별이 없이는(어디, 누가, 왜, 무엇을, 어찌하는지 알리시는 주시다! 하라) 해낼 수 없는 맡기신 일들이다! 하라. 가족이 단합, 연합하지 못하는 대부분 이유는 이러함이다! 하라. 그날은 이전지 답사, 정탐에 나선 자이나 서로 부딪치고 속상해서 밖으로 나간 날이다. 늘 이러한 주위 개입 속에서 3년을 지내고 이전한 자이다. 현재도 이러하다! 하라. 하늘의 별 따기처럼 목회자들을 가리는 자이다. 이는 의지 대상이 아닌 참된 목자, 시대상이 될만한 주께 합한 본보기를 찾는 자이다! 하라. 되었다. 닫으라.

…… (위의 글 다시 이어집니다) 사단이 한두 번 막았도다. 살전 2:18 그러므로 나 바울은 한 번 두 번 너희에게 가고자 하였으나 사탄이 우리를 막았도다. 전체 상황은 '이 지방에 더 할 일이 없고' 이를 준 자이다. 롬 15:23 이제는 이 지방에 일할 곳이 없고 또 여러 해전부터 언제든지 서바나로 갈 때에 너희에게 가기를 바라고 있었으니. …생략… "제 잘못인 것 같아요" 너는 나의 가치를 하등이 여기는 자이다. "하나님께도 사람께도 다 잘못하고 싶지 않아요" 가려 한 자이나 풀리지 않은 자였다. "이런 제가 싫어요" 너는 지금 남의 집 마당에 앉아 있는 자, 객이다. (마음이 답답해서 밖으로 나와 인근 아파트 벤치에 앉아 있는 제게 하시는 말씀입니다) 일어나자, ㅇㅇ, ㅇㅇㅇㅇㅇ로 가자. "주님, 나오니까 좋아요" 여호와의 땅이니라. 나와 주고받는 너이다. (찬양을 주십니다! 하라) '…우리 서로 받은 그 기쁨을 알 사람이 없도다'

긍휼히 여기라. "주께 제가 불순종하고 저들이 아픈 것을 원치 않아요" …생략… 나의 죄 너의 죄이다. (찬양을 주십니다! 하라) '나의 죄 너의 죄와 우리의 모든 죄를 모두 다 사하시려 십자가 달리신 주…'

너는 그곳에 다녀와서 쓰러진 자, 영향받은 자이다. 기운 진한 자, 쓰러진 자이다(이 일 전에 상황을 알리시는, 상태 점검이다). 너는 사명으로 일하는 자이다. 하나님 뜻에 만족시키고 싶은 자이다. …생략… 나의 노이다! 이를 전한 자이다. 너는 성령의 세미한 음성을 듣는 자이다. 전하고 겪은 자, 지시 사항을 기다려야 하는 자이다. 그것은 내가 준 것이다. 오늘은 나올 날이다. 안에서 답답해진 나이다. 안에 있으려 한 자, 너이다─[2023. 3. 27, 월요일. 추가 글입니다. 이날은 아들과 함께 이전 장소 지역을 알아보러 가는 날이나, 가지 않은 자이기에 겪은 내부 사건이다! 하라. 그러므로 결국은 마음이 편치 못해 밖으로 나온 자이다. 실내에 있는 날이 아닌 외출로 다니는 시간이므로 안에 있지 못한 자이다. 이는 불거지는 내부 문제로 결국 밖으로 나와야 했으며 이를 설명해주신 주시다! 하라. 가족이 서로 주의 뜻에 일치하고 화합해야 하나, 때마다 힘든 것에 대해 3년간 원인, 분석, 진단 훈련을 받은 자이다! 하라. 가족 각자의 문제도 있으나, 많은 문제는 주위의 '영' 영향이니 관여, 개입, 주관으로 인함이다! 하라. 되었다. 닫으라]─ …생략… 주의 일로 진출, 전진, 진입하는 자이다. 스가랴서의 스룹바벨의 영광이다.

하나님의 손이다. 임시 공휴일, 문 대통령이 결정한 자이다. 주일 다음 월요일, 이 연휴는 교회의 예배자를 흩뜨리게 한다. 국가적 시험이다. 빠른 시일내에 일 봐야 할 자들이다. 꿈에 도전한 자이다. 숲을 원한다. 숲이 있는 곳을 원한다. 너는 무작정 나온 자이다. 길거리 전도자이다. …생략… 다윗의 '아둘람 굴'에 숨어 지내는 자이다. 삼상 22:1 그러므로 다윗이 그곳을 떠나 아둘람 굴로 도망하매…. …생략… 여호수아 아들들과 갈렙 너이다. 게네사렛 호숫가에 서서 배 두 척이 있는 것을 보니(눅 5:1, 2) … 고기 잡힌 것을 보고 놀라니 153 마리러라(요 21:11). 그(ㅇㅇ)는 동업자이다. 지난 일 잊어버려야, 수없이 실패 속에 일어나는 자들이다.

성경 인물들과 전 목사 등 그러하다. 너는 "주님 뜻이라면" 하고 질문한 자이다. 말씀이 선포되는 곳이 강대상이다. 선 자는 나의 뜻을 전하는 자이다. 이 글은 에세이집이다. 나와의 관계, 대상에 대해 기록하는 자이다. 너는 나의 생각이다, 말이다, 그리고 마음이다. 이것이 나와 함께하는 자라는 뜻이다. ···생략··· 너는 나의 도표이다. 규례이다. 전하는 자이다. 방향 제시하는 자이다. 기도하고 전하는 자. 전하며 주는 자이다.

34. 색출할 것이다

(위의 글의 말씀에 이어 주께서 계속 말씀하십니다) 그(문 대통령)는 벌책, 도구이다. 한국 교회와 사회의 징계 막대기다. 앗수르이다. 정책 가진 자이다. 광명의 천사이다. 고후 11:14 이것은 이상한 일이 아니니라 사탄도 자기를 광명의 천사로 가장하나니 15 그러므로 사탄의 일꾼들도 자기를 의의 일꾼으로 가장하는 것이 또한 대단한 일이 아니라 그들의 마지막은 그 행위대로 되리라. 적이다. 주를 대적한다. 유대인이다. 유대인 회당 가톨릭 성당이다. 교황은 대제사장이다. "여기서는 무엇을 하나요?" 적어 본다, 전해 본다, 대항한다, 돌아온다. 너는 그이다(전 목사 같은). 너는 삭은 일을 해본다. ···생략··· 오늘은 안에 있지 못하는 자이다. 나갈 날이기 때문이다. 아들에게 침착히 전하는 자이다. 화내지 않는 자이다. 주의 일하는 자이다. 받은 자이다. 내 안에 계신 주님을 증거하는 자이다. 가족이 모여 있어야 하는 자, 옥신각신 이는 화합하지 않는 영이다. 나가서 일을 봐야 하는 날이다. ···생략··· 너는 주님의 뜻만 전하는 자이다. 묻고 또 묻는 자이다. 대변자이다. 주님을 대신해서 뜻을 밝히고, 주님의 입장을 전하는 자이다(선임된 변호사 역할 같은). 이것이 성령의 역사이다. 조밀도 같은 자, 밀어 가진 자, 주님과 대화한 자라는 뜻이다. (찬양을 주십니다! 하라) '···우리 서로 나눈 기쁨은 알 사람이

없도다' 그곳은 외로이 훈련된 것 아는 자들이다.

(계속 걸으며 듣는 자이므로 글을 기록하고 있는 자이다! 하라) 박석 깔린 땅, 헤롯 궁전 뜰 같은 곳, 네가 선 이곳은 ㅇㅇ시 땅! 여호와의 땅이다. 주님이 거니신 곳이다. 이천 년 전에도 이와 같이 시대를 초월, 시간의 주인이신 주님이시다. 나는 안다. 시공간 영역을 초월하시는 하나님의 영이시다. 주의 영이시다. 성령이시다. 나는 안다. 너는 울지 않는 자이다. …생략… 몇 번 물으라, 몇 번이다. 오늘이다. 가지 못했다. …생략… 너는 메인이다. 중앙, 보습 주는 자, 촉촉한 땅. 여유 있게 하는 자. 마음 부드럽게 하는 자. 작은아들 은사 또한 그러하다.

'방역 수칙'의 문제인가? 아니다. 모든 계획의 아래, 철두철미하게 해보려는 자이다. 주님을 아는 자, 들어본 자이다. 지식으로. 두렵지 않은가? 가야바 뜰에 선 자들이다. 이두매, 에돔 족속이 떠오르는 자이다. 헤롯 왕(문 대통령)이 로마와 결탁이 된 상태이다. 받는 자, 주는 자 관계이다. 밀담자, 거래자이다. 너는 미션 가진 자, 주의 행하심을 보라. 그들을 이기시고(굴하지 않다. 굽히지 않다. 비굴하지 않았다. 당당하다 뜻이다) 십자가의 피로 승리하셨느니라. "저들은 알지 못하나이다. 용서하소서!" 눅 23:34 이에 예수께서 이르시되 아버지 저들을 사하여 주옵소서 자기들이 하는 것을 알지 못함이니이다 하시더라…. 주님의 용서 기도이시다. 구원을 위한 주님의 마지막 사랑이셨다. 그들에게도 구원의 기회를 주시는 것이다. 산헤드린 공회의 모습을 보고 있는 시대이다.

35. '주'의 시대(주 오시기까지)는 무엇을 할 것인가?

전해야 한다, 알아야 한다. 이 두 가지이다. 증인이기 때문이다. 그의 나라에 대해 알려야 한다. 그의 속성은 영원무궁하며(급진적 사태 겪다. 역사의 부분, 시대의 현장) 전능하시며, 노하기를 더디 하시는 그의 인자하심과 그의 사랑은 그의 아들을 대속물로 주신 이루 말할 수 없는 깊고 넓다. 포기하지 아니하시는 그의 사랑이시며 변함없이 이루어 가시는 신실하신 사랑의 하나님이시고 주님이시다. 약속대로 이루어 가시며 구원을 보이시고 열매 맺게 하시며 온 인류에 대한 구원 계획을 마지막 날까지 다 하시려고 그의 비밀을 사랑하는 자들에게 보이시고 일을 행하시는 분이시다. 마지막 날에 보내신 그의 약속 예수 그리스도이시다. 그는 흑암의 권세를 이기시고 생명의 나라로 옮기시는 구원자이시다. 골 1:13 그가 우리를 흑암의 권세에서 건져내사 그의 사랑의 아들의 나라로 옮기셨으니. 먼저 부활의 몸으로 보이시고 부활에 참여할 자들에게 소망을 주신 메시아이시다.

산천초목이 운 날이 있다. 어머니 장례식 장지에서이다. "온 땅이여! 들으라. 주의 행하심을 보라. 나도 전하는 자이다" 한 너이다. 주의 마음을 아프게 한 자들 받을 형벌에 대해서 들어보자. 유황불, 불 못, 건짐 받지 못할 곳이다. 계 19:20 짐승이 잡히고 그 앞에서 표적을 행하던 거짓 선지자도 함께 잡혔으니 이는 짐승의 표를 받고 그의 우상에게 경배하던 자들을 표적으로 미혹하던 자라 이 둘이 산 채로 유황불 붙는 못에 던져지고. 계 20:10 또 그들을 미혹하는 마귀가 불과 유황 못에 던져지니…. 계 20:14 사망과 음부도 불못에 던져지니 이것은 둘째 사망 곧 불못이라. 15 누구든지 생명책에 기록되지 못한 자는 불못에 던져지리라. 고통만 있는 곳, 쉼이 없는 곳, 내 너를 건지리. 너는 중보기도 하는 자이다. 그(문 대통령)를 불쌍히 여기라. 그는 멈춰서야 하는 자이다. 성 중에 피 흘린 자이다. 가인의 후예이다. 에서의 자손이다. 이스마엘 족속이다. 주를 때리는 자이다. 전 목사를 가둔 자이다. 재투옥하려는 자이다. 회개하라, 회개하라! 천국이 가까이 왔느니라. 마 4:17 이때부터 예수께서 비로소 전파하여 이르시되 회개하라 천국이 가까이 왔느니라 하시더라. 천국 시민이 되고 싶으나 할 수 없는 자이다. 사단에 매인 자, 결박 받은 자, 포승줄 엮인 자. 마음대로 하지 못하는 자.

36. 기탄 없이 전하는 베드로이다

너는 선 자이다(어머니 장례식 장지). 전 목사 비슷한 유형이다. "나라 애국 집회에 대해 과격으로 보는 자들에 대해서 주님은 어떻게 생각하세요?" 그(문재인 대통령)는 더한 중범죄자이다. 범법자, 율법으로 그리스도를 십자가에 못 박은 자, 대항하는 자, 박해자이다. 나를 믿는 내 나라의 자녀들을 그는 무자비하게 때론 폭력적으로 무방비 공격도 일삼은 자이다. 그리스도의 나라, 제사장의 나라, 내 나라이다. 이방인의 군대들이 예루살렘 포위하는-눅 21:20 너희가 예루살렘이 군대들에게 에워싸이는 것을 보거든 그 멸망이 가까운 줄을 알라-상태를 이미 겪고 있으며 가두기 시작이다. 인권유린과 모인 자들 즉 함께 나를 위해 예배하는 자, 주를 따라 살 자들에게 무자비한 총격전(공격 의미)을 실시했다. 성역을 넘나들며 난폭하게 하는 자들. 성 중의 모습을 내가 다 보았다. 그는 짐승이다. 나를 아는 지각이 없으며 감각이 없는 소경이다. "본다!" 하는 자이다. 외식이다. 자신을 죽이는 자이다. 모름지기 나를 아는 자들은 나를 경외하며 나를 외칠 것이다. 교회에 대항한 자, 나의 눈을 범한 자 그이다.

37. "서로 사랑하라는 말씀을 해석해 주세요"

이들은 내가 선택한 자들이며, 나의 종이며, 나를 믿고 따르는 자이며, 나의 뜻을 행하기 위해 서로 도울 자들이다. 협력하고 나를 나타낼 자, 증거할 자들이다. 서로의 짐을 나누는 자 되며! 이는 사랑의 짐이다. 사랑의 빚 외에는 피차 빚지지 말라는 말씀이다. 롬 13:8 피차 사랑의 빚 외에는 아무에게도 아무 빚도 지지 말라 남을 사랑하는 자는 율법을 다 이루었느니라. 아껴 주다, 이해하다, 인정하다, 배려하다, 허물 덮다, 격려하다, 용서하다, 용서받다. 그리스도의 몸이다. 지체끼리 서로 연결되어 있듯이 상호 관계와 상호 보완으로 서로 채워주는 관계이다. 이것이 사랑이다. 이것은 원수의 사랑과 다르다. 원수는 공격자이다. 죄를 알게 해야 한다. 깨닫게 해주며 회개의 기회로 기다려주며 오랜 시간이라도 참고 견디며 인내하는 사랑이다. 지혜로 물리치는 사랑도 있다. 자리를 피하거나, 대면하지 않거나, 멈추거나, 거리를 두거나, 맞대응을 피하는 방식이다. 이는 다윗과 사울의 관계이다. 피하는 사랑이다. 창을 던지고, 수색한 자, 죽이려 한 사울이다. 나도 얼마간은 그들을 피했다. 때가 아니므로 일을 이루어야 할 시간에는(십자가 사건 의미). 그리고 나의 십자가 지는 것을 수행했다. 이것이 나의 일이기 때문이었다.

기다려주는 사랑은 복음의 기회를 얻기 위해서이다. 바울의 얼마라도 구원하고자 함 같은 경우이다. 고전 9:22 …내가 여러 사람에게 여러 모습이 된 것은 아무쪼록 몇 사람이라도 구원하고자 함이니. 이것이 어떠한 형편에 있든지 자족이다. 빌 4:11 내가 궁핍하므로 말하는 것이 아니니라 어떠한 형편에든지 나는 자족하기를 배웠나니. 구원의 열매를 향할 때 사랑이 나온다. 이것이 참고 견디는 사랑이다. 이는 '오래 참음으로 옷 입고'에 해당하는 말씀이다. 골 3:12 그러므로 너희는 하나님이 택하사 거룩하고 사랑받는 자처럼 긍휼과 자비와 겸손과 온유와 오래 참음을 옷 입고. 그곳은 기다려주는 사랑이다. 이곳도 마찬가지이다.

그도(문 대통령) 기회를 주는 것이다. 그는 앗수르이다. 이를 알린 사, 너이다. 요나를 보내 "회개하라" 한 이 말씀을 읽어 본 일이 있느냐? 읽어 본 너이다. 그와 같은 자는 없을 것이다. 솔로몬 행각에 나타난 눈 뜬 소경에 대해 내게 대한 의문과 반어(대항의 일종, 유형이다. 부류라는 뜻. 편에 선 자이다)로 내게 맞선 자들이다(against 또는 oppose 진 치다). 그들 같은 자이다. 그들은 나와 맞서려 한다. 대항이다. 진 치는 것이다. 또한 로마 경비와 같이 문 지키고 돈 받으며(반대하는 목사들의 지지 등) 하나님의 나라를 공격하는 대상자들이다. 그들은 흠과 점이다. 벧후 2:12 그러나 이 사람들은 본래 잡혀 죽기 위하여 난 이성 없는 짐승 같아서 그 알지 못하는 것을 비방하고 그들의 멸망 가운데서 멸망을 당하며 13 불의의 값으로 불의를 당하며 낮에 즐기고 노는 것을 기쁘게 여기는 자들이니 점과 흠이라…. 이리이다. 늑대이다. 사나운 표범같이, 코뿔소 같은 자들이다. 그들 모두는 나의 양을 공격하며 속이기도, 훔치기도 하는 자이다. 너는 어머니 장례식 장지에서 미친 자, 폐해, 귀신 등 이를 듣고 나온 자이다.

내가 겪은 성경 내용을 너도 겪은 자이다. '의를 위하여' 핍박을 받은 자는 복이 있나니 천국이 저희 것이요 하늘의 상이 큼이라. 이 말씀 다시 보기이다. 마 5:10 의를 위하여 박해를 받은 자는 복이 있나니 천국이 그들의 것임이라. 11 나로 말미암아 너희를 욕하고 박해하고 거짓으로 너희를 거슬려 모든 악한 말을 할 때에는 너희에게 복이 있나니 12 기뻐하고 즐거워하라 하늘에서 너희의 상이 큼이라 너희 전에 있던 선지자들도 이같이 박해하였느니라. 이것이 복음의 시작이다. 나의 제자들도 사랑하는 자들도 성령을 받고 복음을 전할 때 받은 고난이다. 이는 부모의 마음이다. 나는 너이다. 내가 꾸짖을 때 너도 꾸짖기를 원한다. 내가 명령할 때 너도 명령하기를 원한다. 급하면 급한 대로 시간 되면 시간 되는 대로 늘상 부르짖고 외치며 사는 네가 되어야 한다.

너는 발급자이다. 증명서를 발급하는 기관처럼, 내 일을 서류화시키는 너이다. 성부와 성자와 성령의 이름으로 세례를 주라. 이에 대한 말씀이다. 마 28:19 그러므로 너희는 가서 모든 민족을 제자로 삼아 아버지와 아들과 성령의 이름으로 세례를 베풀고. 나의 뜻을 전하는 자가 성령 세례이다. 성령 세례를 받을 때 나의 뜻을 들은 너이다. 마치 이와 같은 것이다. 오래전, 너는 정동진 다녀온 자이다. 신학교 졸업 여행이다. 양 떼 보고 온 자이다. 무슨 뜻인지 알겠느냐? 몇몇 줄지어서 사진 찍은 너이다. 양 떼를 보라는 뜻이다. 양이다. 또한 목자이다. 양육하라는 메시지였다. 내가 그리로 보낸 것은 시각으로 주는 나의 영상(기억) 교육이었다. 이제 알았느냐? 낮은 몸의 형체로 변화하리라(어제 본 말씀). 빌 3:21 그는 만물을 자기에게 복종하게 하실 수 있는 자의 역사로 우리의 낮은 몸을 자기 영광의 몸의 형체와 같이 변하게 하시리라. 이후에 되어지리라. 이와 같으리라. 성 삼위일체를 전하는 자이다. 내게 배운 자이다. 15년간이다.

38. 수상 스키에 대해 보자

탈 줄 아는 자이다. (이는 영적 의미이다! 하라) 보트는 나이다. 구원의 표이다. 내게 붙어 있어 빠지지 않는 나와 함께(보트 타는 법, 보트와 일체 된 모습) 하는 훈련이다. 물결은 세상이다. 숙지하는 자이다. 리허설이다. 그동안 삶은 나와 하나 되기 위한 과정이며 호흡 맞추는 시간이었다. 파도타기처럼, 나와 함께 자유자재의 모습 갖추기까지 호흡 맞추는 과정이었다. 또한 현재도 그러하다. 이것이 네 모습이다. 보게 한 것은 이 역시 나의 시청 교육이다. 자연을 보면서 쉼을 얻는 자녀이다. 아들들은 살진 자들이다. 너는 마른 자이다. 내가 너를 안다. 몸이 마르다, 먹지 못하다, 자지 못하다(편하지 못하다. 세상사 바라보는 자, 아는 자), 가지 못하다, 주지 못하다, 부족하다, 사람이 없다, 불편하다, 가난하다. 이것이 네 모습이다. 내가 안다. 서머나 교회의 환난과 궁핍 상태(계 2:9)와 같은 상황이다. 넓은 곳이 좋은 자, 환한 곳이 좋은 자, 깨끗한 곳이 좋은 자이다. 물건(소유)이 기찮아진 지, 미움 빼앗기지 않고 싶은 자이다. 이를 주름진(미흡한) 곳으로 본다, 생각해 보고 있다. 밖이 좋을 때도 있다. 이는 사람은 아니다, 주를 위한 활동이다. 하루 일 마치고 밤 9시 40분에 네 자리에서 일어나서 걸어보자.

39. '안 볼 자들과 볼 자들'의 차이이다

너는 만세 전에 택한 자, 그곳 개척 예배처에 두었다. 먼발치 바라보자. 나를 네게서 숨겨 오다. 천사들의 방문을 받은 자, 이는 셋이다(생략). 동방 박사들의 경배는 별을 따라, 내게 경배한 자들이다. 네가 아니다. 그들은 나를 경배한 것이다. 요즘에 새롭게 알게 되는 너이다. 미소 띤 천사들로 보자. 그들 모습엔 두 가지가 있다. 너도 마찬가지이다. 선과 악이 공존한다. 모두가 마찬가지이다. 치우칠 때 그렇다. 나보다 이성을, 이념을, 사상을, 배움을, 경험을, 자기 소신으로(겪은 것, 쌓은 것, 즉시적 생각 등, 들은 것, 본 것) 이렇듯 온갖 것을 동원해서 자기 소유 삼아 나에 대해 대항한다. 이것이 죄의 속성이고 본성이다. 나 아닌 것을 총동원하며 발악해 보는 사람의 모습이 누구에게나 있다. 두 아들은 살진 자들이다. 식사 문제 걱정하지 않아야! 찾아 먹는다, 사 먹는다. 그들이다.

 여기 앉아 보자. (걸으며 기록하는 자에게 자리를 정하여 앉히시는 주시다! 하라) 내 뜰을 거니는 자이다. 나와 함께하기 때문이다. 넓다. 시원하다. 가슴이 트인다! 하는 너이다. 매인 자, 주는 자, 너이다. 대부분이다. 다는 아니다. 때로는 실언, 실수하는 네 모습도 있다. 하지만 중심에서 벗어나려 하지 않는다. 때로는 넘어져도 일어선다. 나는 너의 지지자이다. 나는 너의 최고의 최상의 짝이며 너를 지지해 준다. 나는 너이기 때문이다(값 주고 산). …생략… 나(너이다)는 누구인가? 주고 싶은 자이다. 모으려 하지 않는다. 현상 유지에 족하다. 타인에게 줄 것, 이러한 빚! 빚지고 싶지 않다. 고요하다. 적막하다. 내면이 다 잔잔한 호수이다. 눈물이 날 때 이 호수가 출렁이다. 이것이 네 마음 상태이다. 불의 역사로 전해본 자이다. 어머니 장례식 '장지에서'이다. 이는 강권적 역사이다. 주가 방패이시고 능력이셨다. 일회성이었지만 파격적 행보였다. 거센 물결 '급류타기' 속에서 일한 강한 체험이었다. 이념을 위해 일하지 않는다. 이는 너이다. 주체는 주시다. 주가 원하시면 어디서든지 전해보려는 자이다. 이는 너이다. 세속적 사랑(육신적, 본능적)은 유치하다 하는 자이다. 어린 시절의 추억 같은 한 페이지일 뿐이다. 무념무상으로 지내보기도 한다. 생각 비우기, 마음 비우기 등이다.

40. 골로새서 읽어보자

나의 교회이다. 지경이 없는 교회의 모습이다. 그리스도 안의 일치이다. 우주적 교회이다. 우후죽순 생겨난 교회 속에 좌충우돌하는 세상이다. 주님을 알자. 알기를 힘쓰며, 오직 주만을 구하자.

41. 총기사고 많은 미국에 대해서 보자

트럼프 대통령 그는 누구인가? 세례자이다. 주를 모셔선 자이다. 하늘의 영광을 선포하는 자이다. 주의 종 앞에 무릎 꿇은 겸허한 모습을 보인 그이다. 나라의 통치권자, 치리자, 권세자가 목회자 앞에 무릎 꿇는 것은 주 앞에 항복하는 모습이다. 위임받은 자로서, 대리자로서의 신탁 통치를 인정한다는 신앙의 모습을 보였다. 요셉의 신앙이다(마리아의 남편). 성령의 역사 앞에, 통치자 앞에 나라를 맡긴다는 것과 같은 신앙의 자세이다. 다윗처럼 언약궤를 모시려는 그이다. 그는 위정자이다. 그러나 신탁의 요구자이다. 목회자로서의 선포 메시지도 겸한 그이다. 자유 연방주의 연합으로 주 안에 하나 되는 나라를 꿈꾸는 그이디. 연설가이다. 대중 연실가이나. 이상이다. 너와 함께 적은 글이다. "아담이 무엇이라고 부르나 보시려고…" 하는 창세기 2장 19절대로이다. (생략합니다)

42. 소셜 미디어 작가이다

두 아들 함께 일할 것이다. …생략… '주'의 일, 할 일이 없는 자들이 많다. 지고, 마른 무수한 꽃들 우수수 떨어지는 자들이다. "주만 바라보라, 기억하여라" 너는 나이다. 나실인 서원 드린 자이다. 이는 첫 교회에서 주신 말씀이다. 부르심이다. '포도주, 독주'를 마시지 않아야 하는 자이다. 민 6:2 …남자나 여자가 특별한 서원 곧 나실인의 서원을 하고 자기 몸을 구별하여 여호와께 드리려고 하면 3 포도주와 독주를 멀리 하며 포도주로 된 초나 독주로 된 초를 마시지 말며…. 이는 세상 영을 뜻한다. 예레미야서의 죽은 자이다. 렘 16:5 여호와께서 이와 같이 말씀하시되 초상집에 들어가지 말라…. 6 큰 자든지 작은 자든지 이 땅에서 죽으리니… 7 그 죽은 자로 말미암아 슬퍼하는 자와 떡을 떼며 위로하는 자가 없을 것이며…. 너는 두 아들과 케미이다. 마지막 날에 살릴 자들이다. 강화된 자이다. …생략… 넌 나의 자랑이다. 그(아들)를 위해 기도하는 너이다. 선한 말은 꿀송이와 같다. 잠 16:24 선한 말은 꿀송이 같아서 마음에 달고 뼈에 양약이 되느니라. 무슨 뜻일까? 주의 뜻을 전하는 자이다. 생명의 언어 전달자이다. 이기고 이기리라. 백마 탄 자, 그의 군대들이다. 계 19:11 또 내가 하늘이 열린 것을 보니 보라 백마와 그것을 탄 자가 있으니 그 이름은 충신과 진실이라 그가 공의로 심판하며 싸우더라. …생략…

하늘山
제27일. 니느웨 회개 기도 40-27 (2020. 8. 18. 화요일)

1. 그리스도의 피로 가까워졌느니라

복음 사역을 위한 자이다. 전례대로 하지 않는다. 한 교회의 예를 주십시오! 하라. 그 교회는 통속적인 스타일의 목회 방식 또는 전형적이다! 라고 표현해 보자. 이를 두 아들에게 알려 줘야 한다. 들려줘야 한다. 너는 나의 이름으로 전하는 자이다.

2. "꿈은 무엇인가요?"

심리 상태이다. 사람 관계, 또는 죄에 관한 것이다.

2023. 2. 10. 금요일. 추가 글입니다.

꿈은 예몽, 예지이다. 이를 아는 자이다. 그러함에도 왜 묻느냐? **특별한** 의미보다 심리적 상태로 인하여 꿈을 꾸는 날이 있기에 이를 묻는 자이다. 꿈에서 주의 나타나심과 종말에 관하여, 나라에 관하여, 사회에 대하여, 교회와 목회자들에 대하여 등등 많은 사인, 분별로 자신이 해야 할 일과 걸어온 길에 대해 참고하는 자이다. 사람을 알아야, 조직을 알아야, 관련된 일어나는 일들을 알아야 하는 자이다. 꿈은 상세히 표현이 되어지며 과거, 현재, 미래의 시간까지 알게 하는 무엇이든 전할 메시지의 통로가 되기에 이도 한 분야이다. 주를 알아가는, 이 세상에 해당하는 모든 것들에 대해 알아가는 '영이 열리는 도구' 중의 하나로 보자. 꿈을 다루는 자이다. 오래전, 한때는 꿈에 대해 거부하게 하는 자들로 인해 일부러 이 분야를 외면해보려 한 자이다. 그러나 어느 날 깨닫게 하심으로 꿈의 통로를 인정한 이후 성령, 성경, 은사, 꿈, 환상 등 이 모든 분야가 연계하여 더 유익이 되는 자이다! 주께서 꿈에 대한 것을 영서 기록에서도 계속 말씀하시며 해석의 보충도 하신다! 하라. 되었다. 닫으라.

3. "오늘은 무엇 하나요?"

성경 읽기부터 보자. 예레미야서이다. 지금 펴놓는 자이다. 예레미야의 마음을 가져야 하는 자이다. 예레미야, 그는 어떻게 했을까? 오늘날 같으면 한국 상황을 알린 자이다. 그는 이스라엘의 요시야 왕에게 알린 자이다. 나를 누구라 생각하느냐? "성령님요" 구원자이다. 최근에 네가 많이 표현하는 구원자이다. 메시아는 그리스도이다. 그리스도는 기름 부음을 받은 자이다. 기름은 성령이다. 이를 아는 너이다. 내가 네게 온 것은 기름 부음이다. 이는 나의 뜻에 의해 해야 하는 자, 이를 알고 하는 자이다. 나의 방식은 의로운 것이다. 믿을 때 또한 '의롭다' 하는 칭의라는 표현과도 같다. 노아가 방주 지을 때 '…대로' 준행하듯이, 창 6:22 노아가 그와 같이하여 하나님이 자기에게 명하신 대로 다 준행하였더라. 또한 모세가 성막을 지을 때 '…대로' 행하듯, 출 39:32 이스라엘 자손이 이와같이 성막 곧 회막의 모든 역사를 마치되 여호와께서 모세에게 명령하신 대로 다 행하고. 이를 성경에서 본 자, 읽은 자이다. 알게 된 너이다. 너는 나의 '기름 부은(혹은 기름 부음 받은)' 종이다.

아들과 결속력(unite)을 가지라. 유다와 레위의 짝처럼 이러한 자이다. 요한과 예수(나)도 그러하다. 너는 두 아들과 합심하는 자이다. '두세 사람이 내 이름으로' 같은 것이다. 마 18:20 두세 사람이 내 이름으로 모인 곳에는 나도 그들 중에 있느니라. 너는 죄에 대하여 운 자이다. …생략… 예레미야 보아라. 그는 어땠는지 보자. 보아라. '야곱의 분깃'을 적어라, 알려 줘라. 그(큰아들)는 나의 야곱의 분깃이다. 렘

10:16 야곱의 분깃은 이같지 아니하시니 그는 만물의 조성자요 이스라엘은 그의 기업의 지파라 그 이름은 만군의 여호와이시니라…. 너와 함께. 작은아들은 아직이다. 사역의 아픔, 고난을 모르는 자이다(2023. 2. 10. 금요일. **추가 글입니다**. 이후로 작은아들은 사역지로 나간 자이다. 이제는 아는 자이다. 되었다. 닫으라). 큰아들은 아픔을 겪는 자이다. 그릴 구이 이에 대해 <u>준 바 있는 나이다</u>—[2023. 2. 10. 금요일. **추가 글입니다**. 이는 나눌 양식의 준비 과정을 뜻한다. 설교를 준비하는 아들에 대해서 보이신 환상이다. 그릴 구이는 구운 고기로 표현하는 말씀의 양식을 의미한다! 하라. 영서도 그러한 "고통, 아픔의 산물이다!" 전하라. 되었다. 닫으라—<u>또한 너도 겪었다</u>. 그곳 개척 예배지에서. 지금도 겪는 중이다. 사역은 십자가이다. 십자가는 부서지는 아픔이다. 내가 없어지는 고통이다. 다녀오는 날, 예레미야서 보자. 읽어보자, 다시 보자. '해석에 관하여' 너에게 준 것이다. …생략…

4. 내가 준다, 주리라

방법에 대해서 주리라. 나 여호와의 말씀이니라. 나는 이렇게 쓴다. 이렇게 할 것이다. 나는 너이다. 나는 나이다. 나의 뜻대로 될 것이다. 나의 생각에 너의 생각을 넣지 않아야 한다. 그것은 이선 섯이다. 나의 것이 아니다. 나는 너의 새 술이다. 마 9:17 새 포도주를 낡은 가죽 부대에 넣지 아니하나니 그렇게 하면 부대가 터져 포도주도 쏟아지고 부대도 버리게 됨이라 새 포도주는 새부대에 넣어야 둘이 다 보전되니라. 새 술로 네게 나아오리라, 주리라. 이후에 될 것이다. 차라리 사용해라. 이것이 사도권이다(바울의 표현이다. 사도권에 대한). 나의 능력, 영역이기 때문이다. 성경 내용(장황, 나열, 반복의 뜻이 이해하게 된 자, 너이다)의 반복 교육, 끊임없이 상황 설명이 필요한 사람들이다. 시간이 흐를수록, 날이 지날수록, 다시, 새롭게, 새롭게 들리도록 나는 말한다. 나는 여호와로다. 반포자이다. 끊임없이 나의 종

예레미야에게 23년간(네가 연구한 것이다) 요시야 13년에서 여호야김 4년까지 성경 기록과 같이 전해왔다. 렘 25:3 유다의 왕 아몬의 아들 요시야 왕 열셋째 해부터 오늘까지 이십삼 년 동안 여호와의 말씀이 내게 임하기로 내가 너희에게 꾸준히 일렀으나 너희가 순종하지 아니하였느니라.

"외출하여 이동하실 때 주시는 말씀입니다"

5. '여호와의 주시는 땅'이다

네가 다니는 땅을 뜻한다! 하라. 합법적이다. 주가 합법이시다. 오랫동안 꿈꾸어 왔던 자이다. 아들을 세워보려던 자이다. 함께하기를 원했던 자이다. 그는 "여호와시다. 크고 놀라운 사랑이시다" 이는 현재 상황이다. 더 누리리라. 묶여 지내는 자 큰아들이다. 너는 자유를 보이는 자, 여유 있어 보이는 자, 여유롭게 다니는 자이다. 큰아들이 같이 왔어야. 가려 한 자이다. 그러나 묶인 자이다. 현재 상황 너는 이동 중, 가고 있다. 들어간다. 여호와의 땅을 밟는 자이다. 산지 다니는 자이다. 수 14:12 그날에 여호와께서 말씀하신 이 산지를 지금 내게 주소서…. (생략합니다) 같이 갈 길을 찾는 자이다. (찬양을 주십니다! 하라) '갈 길을 밝히 보이시니 주 앞에 빨리 나갑시다…'

이제 귀가 중이다. 하나님의 은혜를 받은 자이다. 둘 다(작은아들과 나선 정탐하는 자이다. 독립을 위한 길, 한 발자국 떼며 나아가보는 자이다) 너와 아들은 마리아와 요셉 관계였다. 기도를 함께한 아들이다. 방언, 기도 내용들 가진 자이다. 사역자들을 돕는 자이다. 그들에게 주님을 만나게 하다! 이러한 임파테이션을 하는 자이다. 주를 만나게 하는 자이다. 예수 나의 친구! 바요나 시몬아 이를 네게 알게 한 이는! 마 16:17 예수께서 대답하여 이르시되 바요나 시몬아 네가 복이 있도다 이를 네게 알게 한 이는 혈육이 아니요 하늘에 계신 내 아버지시니라. …생략… "그리스도는 나의 친구이다" 이를 외치는 자이다. 전하는 자이다. 너이다.

6. '예수가 나이다' 이를, 나를 전하라

　나의 할 일을 알리어라. 너는 내 마음, 내 뜻이다. 참고 견디어 왔다. 모든 원수 앞에 예수의 기를 들라. 보혈을 뿌리라. 예수! 나의 피이다. 나의 피를 의지하는 자이다. 모든 원수를 제어할 것이다. 뱀과 전갈을 밟는 권세를 네게 줄 것이다. 눅 10:19 내가 너희에게 뱀과 전갈을 밟으며 원수의 모든 능력을 제어할 권능을 주었으니 너희를 해칠 자가 결코 없으리라. …생략… 어려서부터 네가 가족을 염려한 것을 내가 다 봤다. 이후 집을 헌금으로! (개인 간증이므로 내용은 생략합니다! 하라) 내 방법으로 한 것이다. 이것이 의인의 폐부와 심장을 살피는 나이다. 렘 17:10 나 여호와는 심장을 살피고 폐부를 시험하고…. 너는 작은 기업이다. 책임지는 너이다.

　빈들에 마른 풀같이 성령의 비, 은사의 예표, 표징이었다. 이는 생명수 강 환상이다. 2020. 2. 12. 수요일, 보이신 것이다. 여호와의 지식이다! 하라. 사 11:9 내 거룩한 산 모든 곳에서 해 됨도 없고 상함도 없을 것이니 이는 물이 바다를 덮음같이 여호와를 아는 지식이 세상에 충만할 것임이니라. 너는 나의 횃대이다. 그들의 횃대이다. 이 뜻은 주목하고 바라보는 자이다. 뜻을 이루는 자이다. 햇살 아래 비추이는 너이다. 햇살 받은 너이다. 주목받는 자이다. (오래전의 꿈이니 청와대 안에서 카메라맨에게 플래쉬 받은 자이다. 이후부터이다) 넌 나의 빛이다. 빛을 비추라. 등불이다. 나비이다. 선지자이다. 은사자이다.

하늘山
제28일. 니느웨 회개 기도 40-28 (2020. 8. 19. 수요일)

1. 재림 앞

　예배 문제는 정부 방침의 규제 코로나 방역의 2단계이다. '〉', 이러한 도형으로 설명하십니다! 하라. (넓으나 점점 폭이 좁아집니다. 사람의 수가 점차 줄어듭니다. 끝은 재림 시점입니다) 많은 자가 떨어진다! 하라. 구원은 여호와께 있도다! 너는 야구 경기에서의 도루 주자와 같다. 시험 문제가 많은 자이다. 풀 것이 많다. 해석하는 자이다. 큰 것부터 다시 보자. '천년왕국' 알아야 한다. '곡과 마곡'(일명 아마겟돈 전쟁) 알아야 한다. 계 20:7 천 년이 차매 사탄이 그 옥에서 놓여 8 나와서 땅의 백성 곧 곡과 마곡을 미혹하고 모아 싸움을 붙이리니 그 수가 바다의 모래 같으리라. 7년 앞(대추수 기간 포함)이다. 7년 환난, 이는 마지막 환난이라 일컫는다. 너는 10년 기간(2020-2030년)으로 풀어보려는 자이다―[2023. 2. 23. 목요일. 추가 글입니다. 이는 왜인가? 영서와 책 출간 시리즈 사명을 받은 자이므로 주신 메시지 안에서 자신을 세우며 주의 일을 해야 하기에 그러하다. 주께 배우는 기간이다. 되었다. 닫으라]― 이전부터 주어지는 관계이다. 상관성이다. 일직선상 보자. 먼저, 현재이다. 2020년 무엇을 할지? 다음, 환난 전이다. 그다음, 이후는 믿고 맡기다.

　먼저, 현재이다! 복음 전도 기간을 가져 보자. 은사에 따라 다르다. 너는 사역자이다. 전무후무한 자 욥 같은 인내, 고난의 기간이었다. 10년 이상 배우는 동안, 자라는 동안 이는 두 아들의 중학교부터 첫 교회를 나와서 현재까지 군 복무 기간을 마치기까지 배열 기간이라 보자. 거치는 기간이다. 그(먼저 간 자) 보낸 후, '한송이 꽃'을 피우기 위한 과정이었다. 생각해 보자. 전념 기간이었다. '가라지에 대해서' 설명을 주십니다! 하라. 두 아들은 예기치 못한 일(어머니 장례식 장지에서 성령의 불이 임하고 일한 자이다. 성령이 일하신 날이다)에 반응하지 못한다. 이는 '겨'이다. 장례, 장지 이후로 지속되는 기간 후유증이다.

다음, 환난 전이다! 적그리스도가 드러날 것이다. 전초전이다. 세팅 준비기간이다. 알만한 징조를 내가 보일 것이다. 성경, 성령, 하늘 징조. 또 그들을 통해 알아볼 것이다, 알게 될 것이다. 그다음, 위의 순서를 보자. 현재와 환난 전이다. 두 가지이다. 이후는 믿고 맡기다. 위의 순서 1, 2가 훈련된 자들은 3, 4, 5, 6, 7도 smooth 기간이 될 것이다. 감당할 수 있다. 1, 2의 순서에서 준비될 것이다. 결혼 준비한 신부, 신랑이 되면 그 이후는 둘만의 관계 진행이 이루어진다. 이것이 smooth이다.

2. 무엇을 보는가? 이에 따라 다르다

책에 대한 말씀이다. 책의 선택은 믿음과 관계가 있다. 배우는 것이 아니다. 책보다 주를 통한 열림이 필요한 신학생이다. (신학생 입장입니다. 신학대학원생 두 아들이 있기에) 사실성보다 믿음을 키우는 영성학, 성령에 관한 도서가 낫다. 영화의 영상 테스트가 있다. A+B 즉 콜라와 팝콘 글자를 숨겼다. 그러나 끝난 후 많은 자들이 사 먹었다. 이에 대한 예를 본 니이다. 보이시 않은 것에 대한 영향력도 힘든데(가려내는 것), 보이는 것은 이루 말할 수 없는 현실 문제임을 알아야 한다. 이것이 지혜이다. 악은 모양이라도 버리라. 헤아려 좋은 것(유익 된 것, 선한 영향력)을 취하게 하라. 살전 5:21 범사에 헤아려 좋은 것을 취하고 22 악은 어떤 모양이라도 버리라. 보는 것에 지면 보이지 않는 더 많은, 많을 수 있는 것들에 어찌 당하랴? 꼭 알아야 한다. 영의 원리이다. 영성학의 깊이로 들어가야 하는 신학생이다. 너는 '섬세하고 디테일' 한 자이다. 이것을 영적 감각이라고 한다. 센서이다. 이는 민감성이다. 마치 작은 '해'된 자극에 재채기하는 후각의 민감성 같다. 그리고 누가 터치한다! 하자. 닿기 전에 형체(영적 존재)를 감지하는 자가 있는가 하면 닿아도 둔감한 자가 있는 것과도 같은 것이다. 이것을 식별, 분별, 분간으로 보는 너이다. 이는 네가 사용하는 용어이다.

3. 하나님은 얼마나 완전하게 아시는가(모든 것을)!

이는 성령의 역사이다. 안다는 것은 그 사람을(하나님은 아는 사람이다) 규정하는 것 또한 이 때문이다. "얼마큼 아는가?"에 따라 영성을 분류한다. 영성은 성령의 세계이다. "얼마나 아는가?"이다. "깊이, 넓이 등 해부한다"라고 보면 된다. 낱낱이 아는 것이다. 이것은 성령의 세계이다. 성령이 하시는 일이다. "성령은 깊은 것이라도 통달한다"의 말씀이다. 고전 2:10 오직 하나님이 성령으로 이것을 우리에게 보이셨으니 성령은 모든 것 곧 하나님의 깊은 것까지도 통달하시느니라. 빨리 안다. 많이 안다. 자세히 안다. 시, 공간의 초월성 영역도 해당한다. 그 속성을 아는 것, 자체를 파악하는 것, 행위를 아는 것, 진위를 아는 것, '드러난다, 나타난다, 밝힌다!'이다.

너는 기름 받은 자이다. 철두철미하게 하려는 자이다. 가진 자이다. 하나님에 대해서(안다. 경험한다. 대화 등등). 섭렵하기도 한다. 섭렵해 나간다. 자신을 믿지 않는 너이다. 자신에 대해서는 자신 없는 너이다. 살짝 자신감이 오르다가 두려워진다, 근심한다, 맞는 것인가? 하며 주춤한다. 버리려 한다. 그것을 믿지 않으려 한다. 실체를 구한다. "실체는 주님이시다" 이를 아는 너이다. 실체만이 내 영체에 주가 되며 생명으로써 역사하심을 알기 때문이다. 갭이 있다. 주와 나 사이에 그것이 너이다. 네 상태이다. 완전함으로 하나가 되어 주체성에도 주가 확실하신지 전전긍긍한 자이다. 맞는가? 틀린 것인가? 전전긍긍, 노심초사한다. 자신을 밀어붙인 자! 40점, 50점, 90점, 0점 등 점수로 자신을 살펴본다. 그냥 두지 못한다. 주 때문이다. 그가 완전하시도록 기다리고 싶다. 이는 너이다. 강권적이거나 확증적일 때 외에는 듣기는 하나, 반복 과정임에도 안절부절못한다. 지금 상태이다. 이것이 갭이다. 나의 역사는 사람의 일과 다르기 때문이다.

사람 세계에는 규칙이 있다. 진행화(진행 과정) 되는 것을 보여 준다. 믿으라 한다. 생성 과정, 시작 과정, 계획조차 그들은 구상하고 정해 놓고 믿고 나간다. 나는 다르다. 보이지 않는 것에 대한 믿음을 요구한다. 할 수 없는 것들에 대한 믿음을 요구한다. 상상한 적도, 해보지 않은 것조차 믿음을 요구한다. 이미 된 것이 아니다. 아직 나타나지 않은 것에 대해 나의 말을 믿어 보라고 한다. 몇 예를 들어 보자. 첫째, 자전거의 뒤에 있는 부모가 앞에 있는 자녀에게 "앞만 보고 나가라"고 할 때 확인되지 않는 상황에서 붙들어 줄 것을 '믿고 나가는 것'과도 같다. 둘째, 볼 수 없는 홀(구멍)에 손을 넣을 때, 그 안에 내용물을 모르면 불안감이 밀려든다. 셋째, 보물찾기와도 같다. 기대하고 찾는 바와 같이 믿는다는 것은 주께서 함께하시고 지켜 주시고, 도와주심을 지속적으로 의지하며 믿어가는 것이다. 첫째의 자전거 예처럼 그러하다. 또한 어떤 상황에 접하든지 두려워하거나 불안하고 염려하지 않는 것이다. 둘째의 볼 수 없는 홀의 예처럼 그러하다. 그리고 주님과의 관계는 내 삶 전반에 언젠가는 보물을 찾아 기뻐하고 또 찾아내고 기뻐하여, 끊임없는 감춰진 사랑에 대한 믿음과 소망을 갖고 주를 신뢰하여 감춰진 것을 발견해 나가는 것이 믿음이다.

'믿음'에 이어 두 번째 보자. '복음'은 다음이다. "되었느냐? 준비하라, 깨어 있으라!" 이것을 두 아들에게 가르치라. 아담이 하와에게 나의 뜻을 말하듯 해야만 한다. 너는 먼저 들은 자이다. 전파자이다. 복음은 메아리이다. 입 열어 아는 것을 소리 내는 것이다. 메아리가 하고 싶은 언어를 던지듯 세상에, 공중에, 공간에 던지는 것이다. 내놓는 것이다. 나의 뜻은 소리가 있고 울림이 있고 내게서(각자) 내보내야 뜻이 나타나며 알려지는 것이다. 이것이 복음이다. 반드시 내보낸 뜻은 소리로 들려진다. 말한 자도 듣고 곁에 있는 자도 듣게 된다. 나는 이것을 원한다. 복음은 메아리이다. 기억하여라.

4. 궁리 대책에 대하여 보자

아버지의 사랑을 받은 너이다(추가 글 2022. 6. 17. 금요일). ……

2022. 6. 17. 금요일 오후 9:47 추가 글입니다.

아버지의 사랑받은 너이다: 하나님은 다 아십니다! 하라. 우리의 모든 것이다. 빛도 어둠도 '창조하신 주'시기에 그러하다. 사 45:7 나는 빛도 짓고 어둠도 창조하며 나는 평안도 짓고 환난도 창조하나니 나는 여호와라 이 모든 일을 행하는 자니라 하였노라. 아버지의 사랑 안에서 너는 자란 자이다. 이후에 하나님의 사랑이 이를 알게 하시니, 이런저런 '아버지에 관해' 말씀하시는 하늘 아버지시다. 아픔도 기쁨도 다 알리시는 '주'시므로 사람은 감출 수 없는 존재이다 하라. 무엇이든 그러하다. 오해도 이해도 다, 주의 말씀 안에서 해결이 됨은 '주'의 설명하심으로 인하여 그러하다. 사람끼리는 선호, 이해관계 따라 이리저리, 왔다 갔다 할 수 있으나 정확성, 명확성은 다 주께서 명백히 말씀하시니 해결이 아니겠느냐? 하라. 누가 어찌 본다, 여긴다 한들 "주가 이리 보신다, 말씀하신다!" 하면 이는 마침이 되는 것이다. 이를 알리는 자이다! 하라. 사람끼리 원수가 하나님의 눈에는 아닐 수 있으며, 사랑인 줄 알았는데 원수가 아니겠느냐? 하라. 사람의 눈도 제각각이거늘, 만군의 여호와는 전능하시고 거룩하시고 흠이 없으신 완전하신 '빛 되신 주'시니, 하늘 아버지 앞에는 그 무엇이 "아니다, 맞다, 어떠하다" 하랴? "이렇다, 저렇다" 한들 재판장 '심판'주이신 하늘 아버지의 손안에 다(모든 것) 아니겠는가? 하라. 되었다. 닫으라.

…… **(위의 글 다시 이어집니다)** 어제 네게 전한 아버지는 부자, 배운 자, 당시에

맞다. (이어 '제 아버지에 대한' 이야기를 들려주십니다) … 기다릴 줄 아는 여자이다. 이는 아담과 여자의 범죄 이후로 남편을 사모하는 여자의 모습이다. 여자는 자녀 양육이다. 이것이 사명이다. 창 3:16 또 여자에게 이르시되 내가 네게 임신하는 고통을 크게 더하리니 네가 수고하고 자식을 낳을 것이며 너는 남편을 원하고 남편은 너를 다스릴 것이니라 하시고. 자녀를 가진 자는 가정을 지키는 것이 좋다. ㅇㅇㅇ 그녀는 겪은 자이다. (재혼으로 다시 위기 겪은 여자 방송인 예이다) 악순환될 수 있다. 상처받고 받으면서 이어진다. 재혼, 삼혼, 사혼 등 이것이 이유이다. 아픈 곳의 '상처' 치유가 목적이다. 내게 나아오지 않는 자들이다. 자신을 사랑하지 않는 것이다. sex 성 '탐닉'자가 되는 이유이다. 성 '장애'의 일종이다. 건강하지 못한 성생활, '성욕'주의 분출 대부분이다.

　'사람의 치유'는 내가 의사이다. 내가 용서하고 위로해주며, 지켜주며, 책임진다. 사단이 할 수 있겠느냐? 여자도, 남자도, 그들은 서로 찾는다. 그리고 나를 버린다. 그들은 착각하는 것이다. 사람을 의사로, 친구로, 보호자로 재판관으로까지(자신 편을 옳다고 인정할 자로 여긴다는 뜻이다) 내 편이라 생각하려 한다. 그러나 아니다. 사람과 사람끼리는 상처와 상처가 맞대는 것이다. 이는 상흔이다. 아프고, 고통스런 관계이다. 의지할수록 더욱 그렇다. 각자의 아픔(죄 문제 또는 인생 문제, 이는 삶과 죽음 그리고 사후에 대한 것이다)을 내게로 와서 해결을 받는 것이 구원이다. 나 '예수 그리스도의 대속'은 이를 위해 나 자신도 십자가를 지고 형벌을 겪으며 감당했다. 모든 인류의 죄 문제(각자가 짊어질 그리고 그 형벌이 그들의 삶, 생애 전 기간 아픔(상흔)을 겪으며 지옥에 가야 하는 공식과 같은, 불과 '죄인'인 뿐임을 알지 못하기에)를 하나님의 아들로서 해결했고, 그들 각자, 개인을(양의 이름을 부르며) 우리로 인도하고 생명을 주어 나의 아버지께 그들을 양도해 드렸다. 요 10:3 문지기는 그를 위하여 문을 열고 양은 그의 음성을 들나니 그가 자기 양의 이름을 각각 불러 인도하여 내느니라. 요 10:10 도둑이 오는 것은 도둑질하고 죽이고 멸망시키려는 것뿐이요 내가 온 것은 양으로 생명을 얻게 하고 더 풍성히 얻게 하려는 것이라.

　지금도 나는 이 일을 너희와 함께하는 것이다. 너는 들으라! 나를 위해, 양들을 위해 내가 너를 세우는 것이다. 기를 들다. 예수(예수의 이름은 죄에서 구원할 자, 이를 아는 너이다. 마 1:21 아들을 낳으리니 이름을 예수라 하라 이는 그가 자기 백성을 그들의 죄에서 구원할 자이심이라 하니라)의 기를 들고 네 손을 높이 들라, 외치라. 행보를 아끼지 마라. 마음속으로 늘 나를 외치라, 찾으라, 부르라. 이것이 탯줄이다. 생명체의 공급선과도 같은 것이다. 너는 나를 부르라, 찾으라, 나를 사랑하라, 내가 너를 만날 것이요. 네 곁을 지날 때, 모세의 등을 보임과 같을 것이요. 출 33:22 내 영광이 지나갈 때에 내가 너를 반석 틈에 두고 내가 지나도록 내 손으로 너를 덮었다가 23 손을 거두리니 네가 내 등을 볼 것이요 얼굴은 보지 못하리라. 그 놀라운 영광이 네게 빛의 옷으로 너를 씌우며 빛나게 할 것이요. 나의 영화가 될 것이다.

　사람을 보지 마라. 어제, 두 아들에게 네 '남편에 대한' 이야기하는 것을 나도 들었다. 내가 하게 한 것이다. 너는 나의 입이다. 이제는 남편이 아니다. 나이다. 나와 함께 살며 내가 남편, 네 사랑이다. 많은 남성이 그러하듯이, 이 세대의 대부분이다. 이들은 그 세계에서 늪에 빠진 것같이 속고 사는 자들이다. 더러운 양심으로 내 심판대 앞에 설 것을 알지 못하기에 달콤함으로 나올 줄 모르는 늪 안에서 뱀이 또아리 틀고 있듯이 사는 것이 이 세대이다. 이 세상 사람들이다. 사람은 성욕과 식욕으로 살기를 원하고 이 탐식, 탐욕이 부풀어서 온 세상을 밟으며 취하고 싶은 것이다. 이것은 목마름이다. 죄에 대한 갈증이다. 사막(인생의 의미, 세상을 의지하는 자들, 이 세상 것을 사랑하는 자들이다)을 거닐며 타오르는 갈증을 해소하려는 것 같이 마치 그들은 세상의 물을 마시고 싶어 한다. 이것이 세상에 속한 사람들이다.

　너희는, 너는 그렇지 않다. 나에 대한 목마름으로 사는 자이다. 이는 체험한 자이기에, 만난 자이기에, 들은 자이기에, 본 자이기에 나의 구원의 때에 항상 네 손을 잡아 준 것을 기억하기에 그러하다. 널 위해 많은 나의 이적을 통하여 네게 영광을 주었으며, 나와 너만이 알 수 있는 많은 분량(책, 시간, 표현 부족) 있음을 우린 서로 알고 있다. 나와 너는 '사랑의 관계'란다. 너는 나를 찾고, 구하는 자이다. 나의 영광을 위해 살려고 하는 자이며, 내 기쁨에 너희 모든 것을 맞추어 보려 하고 어린아이의 손에 가진 소중한 것을 버리거나, 사랑하는 대상에게 주는 것 같이 너희는 많은 것을(너희 입장에서, 눈높이에서) 희생하려 하고 포기하려는 것을 나는 안다. 내 사랑하는 자녀들아, 나의 종들아, 나의 신부들아, 내 너를 아노라. 아끼노라. 너는 지금 나의 마음을 적고 있다. 나누도록 하라. **너는 ㅇㅇㅇ 같다. ㅇㅇㅇ 같다**(추가 글 2023. 2. 11. 토요일). 나와 교제하는 친밀성을 보고 그들 앞에 있던 너였다. 너는 나를 원하기에 그들을 보았다(내가 너를 받은 것이다). 가까히 했다. 살폈다. 심오한가? 맞는가? 영광 가리는 것은 있지 않은가? 면밀히 보면서 부러워했다. 사모했다.

2023. 2. 11. 토요일. 추가 글입니다.

너는 ㅇㅇㅇ 같다. ㅇㅇㅇ 같다: 내가 그들과 교제하도록 해준 것이다. 이 두 사람은 여 사역자이다! 하라. 네가 오래도록 아끼는 그들이다. 이는 그들이 나와 교제하는 이유이다! 하라. 나를 전하는 그들이다. 네가 발견한 그들이다. 이는 영상 사역자들이다! 하라. 이를 "그물밍 교제이다" 하신 주시다. 이유인즉 너는 꾄리자다. 시람이 아닌 주에 의해서 시는 자, 너희이다. 이러므로 발견한 당시이니 너는 그들 '사람에 대한' 관심이 아닌 그들로 나를 전하며 시대의 메시지를 주는 자들이므로 함께한 외로운 그 시절이다. 그 자리 개척 예배지에서 영상으로 보게 한 그들이다. 이로써 너도 주 앞에 소망을 둔 자이다. 그들은 은사자이다. 너도 그러하다. 모두 그룹이다. 내 선택이다. 이에 대해 몇 회를 전한 나의 말이다! 이르라, 전하라. 되었다. 닫으라.

2022. 6. 17. 금요일. 오후 10:12 추가 글입니다.

위의 사람에 대해서 다시 보자. ㅇㅇㅇ, ㅇㅇㅇ, 이들은 누구인가? 나의 종이다! 하라. 내 말을 받은 자, 전하는 자이다. 성령 사역자, 주와 독대하는 자가 아니랴? 이를 아는 자이다. 너 역시 해 본 바, 지금 하듯이 한 자이다. 1995년 성령 세례를 받으면서 주와 주거니 받거니, 일상에서도 어디에서나 이러한 일이 일어남을 아는 자이다. 혹 어떤 자는 "아니다, 틀리다, 잘못된 자이다" 함에도 나의 역사는 지속하지 않으랴? 자기 잣대, 기준이 되어 주 하나님을 가르치려 하는 자들이라 보자. 고전 2:16 누가 주의 마음을 알아서 주를 가르치겠느냐 그러나 우리가 그리스도의 마음을 가졌느니라. 이들은 자신을 모르는 자들이다. 이러한 유형들이다. 자아 결핍이 심할수록 난도질하듯 전하는 자들이 많은 한국 교회이다 하라. '나랑 너랑' 주고받았다 하는데 제3 자가 "무엇이냐?" 하며 시비 걸듯이 하지 않더냐? 이미 수많은 치른 모욕이다. 비일비재한, 이러한 '류'들이 많은 한국이다! 하라. 교회가 무엇인지, 하나님 나라가 무엇인지 모르기에 그러하다! 하라.

성령의 인치심이 없이는 주를 보지 못함이니 니고데모에게 이른 대로이다. 요 3:5 예수께서 대답하시되 진실로 진실로 네게 이르노니 사람이 물과 성령으로 나지 아니하면 하나님의 나라에 들어갈 수 없느니라. 나다나엘 두라. 요 1:51 또 이르시되 진실로 진실로 너희에게 이르노니 하늘이 열리고 하나님의 사자들이 인자 위에 오르락 내리락 하는 것을 보리라 하시니라. 접속이 무엇이냐? 네트워크 연결이 아니더냐? 사람과 사람이 대화하듯 하나님과 사람 사이에 대화가 잘못이더냐? 하라. 성경을 부인하는 자이다! 하라. 죄로 인해서이지 하나님이 변하심인가? 하라. 히 13:8 예수 그리스도는 어제나 오늘이나 영원토록 동일하시느니라. 말씀대로 처음과 나중이신 주시다! 하라. 자신의 체험이 다이다! 하랴? 물속에 무언가 있다더라! 하는 자가 있으며, 감지되듯이 실체가 느껴지는 자가 있으니 믿게 되어 다가서는 자도 있다! 하라. 그러나 실체를 보기 시작하고 자세히 관찰하며 특성, 속성을 자세히 연구, 관찰, 파악하는 자가 있다! 하자. 이는 마치 "없다, 있다"라고 표현하지 못함과 크게 다를 바 없다! 하라.

사람을 보자. 생명의 준비부터 잉태, 성장 과정까지 낱낱이 차등을 두는 자가 있는가 하면 사람을 설명할 수 없는 지적 문제가 있다 할 때, 굳이 후자의 말을 들으랴? 모르는 것은 모른다. 아는 것은 안다! 하라. 더 알 수 있는 기회가 있으면 "배우자, 알아두자" 하면 되지 않으랴? "어른이다, 성년이다" 하는데 "아니다" 하면 이러한 자는 지적 문제가 있다! 하지 않겠는가? 하라. 도보로 걷고, 자전거를 타는 자가 비행기를 조종하는 자를 알 수 있으랴? 우주 탐험하는 자를 어찌 보랴? 마치 이러한 미숙함, 결여, 결핍이 부인이 되고 오만, 자만이 되어 "나의 것이 맞다, 너희는 아니다, 틀리다" 하는 자이니, 모르기에 오는 무지조차 인정하지 않으려는 주 앞에 매우 오만불손하며 자긍하는 교만함이 하늘을 향해 고개 빳빳이 세우고 대듦이 아니냐? 하라. 무지는 죄이다. 어린아이처럼 차라리 "무엇인가?"하라. 베뢰아 사람들처럼 상고하라. "그런가!" 하여 날마다 생각지 않으랴? 행 17:11 베뢰아에 있는 사람들은 데살로니가에 있는 사람들보다 더 너그러워서 간절한 마음으로 말씀을 받고 이것이 그런가 하여 날마다 성경을 상고하므로(exaimed). 되었다. 닫으라. 충분하다! 하라.

이들은 교제자이다. 같은 세계에서 있기에 네가 힘들 때, 홀로 되어 외로운 시간에 자신 일을 마치고 영상을 연구한 자이다. 2020. 7. 23. 목요일, 영서 첫 일의 기록된 대로 전한 이들이니, "몇몇 중 그러하다" 하며 "주의 그물 안 교제자이다!" 한 당시이다. 이로써 말한 나이다! 하라. 하늘 사역자이다. 하늘 처소에서 주를 만나는 자들이다. 광활한 곳, 사람들이 오르지 않는 드문 장소이니 한적하고 깊은 세계가 아니랴? 이를 보이며 이들을 함께 말하며 "핵에 대해서 받는 자이다" 알리신 주시다! 하라. 이중, 한 사람은 오늘도 꿈을 꾼 자이다. 역량 이상의 일을 하는 자를 본 자이다. 왜인가? 성령의 세계이다! 뜻이다. 가끔씩 사역의 활동상을 보이기도 하시니, 일면식 없으나 영의 세계에서 이해하고 수긍하는 자이다. 영상에서 본 사역자들이며 꿈으로 알리시는 모습이다! 하라. 대적자도 그러하며 성령의 사람도 알리시는 주시다! 하라. 되었다 닫으라.

5. ㅇㅇㅇ 사역자에 대해 보자

위의 두 사역자 중 하나이다. 그는 고학력인가? 대학교 졸업자로 생각해 보는 자이다. 언어는 나의 것이다. 내가 좌지우지한다. 자판의 조합과 같다. 내가 맞추는 것이다. 너에게도 진전이 있을 것이다. 네 기억을 사용할 것이며, 지적 언어 체계를 상승시켜 나갈 것이다. 언어 체계에 관하여 쉬운 말로 이해하도록 전하면 됨을 미리 말해주었다. 더 배우고 싶은 자 너이다. 순종화를 원한다! 나는. 그리고 나를 기뻐하고 사랑하면 된다. 이것으로 나는 네게 영광을 얻는 것이다. 나는 만왕의 왕이다. 누가 나를 이기겠느냐? 다 가진 자이다. 너의 부족함(남이 말해도, 너 자신을 비하하듯 그러해도)은 나의 부요함과 '하나'이다. 나의 부요함이 너를 덮는다. 나의 것을 누가 함부로 대하겠느냐? 너는 나의 자랑이 되어라. 부자 부모, 명예 부모를 자랑하듯 자랑하는 것만이 네 존재감이 된다. 나를 사랑하는 자가 되어라. 나를 기쁘게 하는 자가 되어라. 내가 너를 사랑하고 또한 기뻐하리라.

 나 예수의 전하는 말이다. 네게 주는 것이다. 어여쁜 자야 가자. 나의 술람미 여인 같은 자야. 나는 솔로몬 왕 같도다. 그를 통해 나를 나타내었다. 그는 내가 주는 것으로 누렸다, 살았다, 마쳤다. 너 또한 그와 같이해 보리라. 내가 너를 세울 것이다. 만천하에 드러내 보이리라. 왕후 지위로 세우리라. 나의 자랑을 세상에 말하리라. 나의 아내를 보이다. 나의 어여쁜 신부를! 감춰둔 비밀의 나의 신부를 너희에게 보이리라. 그는 나의 아내임을 내가 말하고 싶어 할 때까지, 너는 네 얼굴을 내 품에, 가슴에, 내 옷자락 안에 숨기고 나의 사랑을 느껴보아라. 나는 너의 남편이다, 사랑이다. 세상과 바꾸지 않으려 네가 노력했듯이 많은 날을 외롭게, 힘겹게 버티고 나를 기다리며 한 줄기 빛을 삼고 날 품고 잠들었으나, 네 눈이 뜨기도 전에 날 찾고 느끼려 했듯이 나 또한 그러하리라.

 내 너를 응대하리라. 지금처럼 또한 더 많은 날을, 시간을! 동산에 뛰고 거닐며 함께 손잡고, 입 맞추고, 대화하고, 눈 맞추고, 나의 뜻으로 네 마음에 새겨놓으며, 날 위해 살 수밖에 없는 오직 하나(네 고백과 같이) 내가 되어줄 것이다. 너는 나의 그대, 나는 너의 그대이다. 숭고한 사랑, 고귀한 사랑, 존귀한 사랑, 이 위엄의 사랑, 나의 사랑을 누가 막으리오? 가로막는 자는! 너를 아프게, 나를 미워하는 자로 여길 것이며 그에게는 시기와 질투로 그의 삶을 아프게 하여 '상흔'이 많아질 것이며 그 또한 그로 인하여 내 앞에 무릎 꿇을 것이다. 너와 나의 사랑은 영원한 것이다. 책장에 있는 '나에 대해' 쓴 책을 꺼내 보자. (이 책은 내가 준 글이라! 하라. 예수의 나타나심을 보인 책이다). 뉘앙스, 진행이 비슷하리라. 이를 느끼는 너이다. 사실에 입각하여 내가 보인 것을, 들은 것을 그에게 책을 발간하라는 명을 내가 준 것이다. 너 또한 그러하리라. 나를 알리고 싶어 생을 붙든 너이다. 포기하지 않으려 한 너이다. 내가 아까워 내 값을 드러내고, 누군가에게, 전 세계적으로 할 수만 있으면 원했던 너이다. 나는 들었다, 나는 보았다. 나를 알았다. 네 마음의 외침을 피 흘리듯이 아프게 꾸준히 독백한 것을 그리고 간간이 너를 알도록, 이해하도록 몇몇 사람에게 말하기도 했다.

　너는 나의 피이다. 피 흘리는 네 마음 그리고 생을 나는 보았다. 그리고 안다. 내가 어찌 건지지 않을 수 있으며, 내 손으로 너를 움켜쥐지 않겠느냐? 내 손에, 양손에, 네게 주기로 한 것을 네가 보았고(2020. 5. 17. 주일, 아침이다. 공중 하늘에 나타나신 친히 하나님의 모습을 보인 당시이다 하라) 너는 궁금해 왔고 나와 너는 만나게 되었다. 사랑하는 여종아, 슬퍼하지 말라. 네 눈물의 기도를 히스기야처럼 내가 보았고! 사 38:5 너는 가서 히스기야에게 이르기를 네 조상 다윗의 하나님 여호와께서 이같이 말씀하시기를 내가 네 기도를 들었고 네 눈물을 보았노라 내가 네 수한에 십오 년을 더하고. 너를 성벽 위에 나를 알리는 기를 든 파수꾼으로 세워 만방 위에 너를 보일 것이다. 책을 쓰도록, ㅇㅇ 제작하도록 내가 너를 붙들 것이다. 나의 의로운 오른손으로 너를 붙들다! 뜻이다. 사 41:10 …참으로 너를 도와주리라 참으로 나의 의로운 오른손으로 너를 붙들리라.

　내가 함께 쓰는 것이다. 내가 구상하고 나를 소개할 것이며 ㅇㅇ(다음 할 일) 속에 너의 작품이 내 작품으로 보이고, 들리고, 만져지도록 그들에게 나를 드러낼 것이다. 내가 나타나는 작품이 될 것이다. 둘 다. 이것은 네가 원하는 바이다.

너는 나의 의중을 안다. 그동안 나를 간파했다. 내가 연구시킨 것이다. 나를 알도록 '내게 오는 자마다 배우고' 얼마 전 네가 본 말씀이다. 요 6:45 선지자의 글에 그들이 다 하나님의 가르치심을 받으리라 기록되었은즉 아버지께 듣고 배운 사람마다 내게로 오느니라. 이 말씀으로 너와 나의 연결 의미를 다시 되새기도록 해주고 싶다. 네 눈이 그곳에 머물고 마음에 느끼도록, 받도록, 젖도록, 간직하도록 한 것이다. 베다니이다. 이것은 향유이다. 요 11:1 어떤 병자가 있으니 이는 마리아와 그 자매 마르다의 마을 베다니에 사는 나사로라. 두 가지, 나를 전하기 위해 그것을 준비하기 위해 '나와 함께 할 시간'인 것이다. 네 머리털로 내 발을 눈물로 적시며 닦을 것이다. 요 11:2 이 마리아는 향유를 주께 붓고 머리털로 주의 발을 닦던 자요…. 너는 나의 기념을 위해 선택받은 자로 일할 것이다. 지금도 하고 있다. 준비하는 너이다.

6. ㅇㅇㅇ 선교사는요?

(위의 두 사역자 중 다른 한 사람이다! 하라) 너는 여러 번 그에 대해 꿈으로 교제한 바 있다. 그는 나의 여종이다. 해피엔딩으로 내게 들어올 자이다. '내 나라'라는 뜻이다. 밧모섬같이 그는 요즘 일하고 있다. 그곳에서 그는 계시록을 쓰고 있다. 환난 이전에 할 숙제이다. 이는 그가 전하는 말이다. 그는 나의 말을 이렇게 전했다.

너도 같은 숙제로 무대에 세워지려고 한다. 이미 알렸듯이 무대는 나를 알고 보일 것이 있는 자들이 서는 것이다. 이미 준비해 놓은 것 외에 더하리라. 이것이 나의 생각이다, 계획이다. 두 손이 열릴 것이다(2020. 5. 17. 주일, 보이신 손을 말씀하신다! 하라). 이해될 것이다. 감사가 내게 넘칠 것이다. 너는 충분하다. 이미 내가 너를 지명하고, 주고 있기 때문이다. 관계 형성(나의 뜻, 계획, 목적이다. 이는 네게 할 일. 내가 보일 일이다)이 되었고 생명이 잉태했고 자라는 중이다. 이는 서로 사랑하는 사이에 일어나는 일이다.

우리 사이에 만들어 내는 새로운 작품이 세상에 출시되며 사람들은 나에 대한 눈 뜨기 시작하는 자도 있고, 시력(영안, 분별력 또는 영적 조감도)에 도움을 얻을 것이며, 지옥 갈 자 중에(이미 정해 있으나) 통곡하거나, 무릎 꿇거나, 기듯이 엎드리고, 어찌할 바를 모르는 자도 나올 것이다. 목회자 중에(이미 알렸듯이) 많은 회개가 있기를 나는 원한다. 네 삶이 어떠했는지 나는 그들에게 보일 것이다. 아플 것이다. 통탄할 것이다. 어리석은 한 부자(눅 16:19-31)같이 산 자들이 뒹굴 것이며, 눈물 흘릴 것이며 삶의 공허, 혼돈, 어둠의 깊음이 무엇인지 이제야 열리며, 통회자가 나올 것이며 야곱의 허리와 같이 열두 지파를 세울 것이며, 열두 제자가 나올 것이며, 너를 알아주려는 자들이(이전에는 멸시, 천대하며, 때로는 천박한 대접으로 울린 자들도) 줄줄이 설 것이며 옹알이 말하듯, 천사의 언어들이 터져 나올 자도 있으며, 신유 은사 체험 또한 나타날 것이다. 지혜 은사, 각종 은사를 별빛처럼 쏟아져 내리리라.

이것은 내가 주는 것이다. 내가 일하는 것이다. 너도 아는 자이다. 그들 속에 내가 들어가 머물며 치료하고 세울 것이며 이 시대의 파수꾼들로 쏟아질 것이고 나팔 불며 기 들고 전진하려는 용맹한 군대 모습으로 세워지는 교회들도 적지 않을 것이다. 주는 자가 받는 자보다 복이 있다. 행 20:35 …또 주 예수께서 친히 말씀하신 바 주는 것이 받는 것보다 복이 있다 하심을 기억하여야 할지니라. 너는 주는 자이다. 그러나 이 또한 내가 준 것이므로 나의 것이므로 너는 내게 영광 돌리며 무익한 종입니다! 하며 겸손으로 자신을 낮추라. 눅 17:10 이와 같이 너희도 명령받은 것을 다 행한 후에 이르기를 우리는 무익한 종이라 우리가 하여야 할 일을 한 것뿐이라 할지니라. 왜냐하면 나는 이 일로 네가 높아지려 하고 스스로 나타나려 발짓하고 얼굴 빤히 드러내는 것을 원치 않기 때문이다. 나의 아끼는 종이기에 너 하나를 누구와 몇과 바꾸겠느냐? 자녀를 잃으면서까지 나는 나를 나타내고 싶지 않은 것도 나의 사랑의 한 면이다. 내가 너를 아끼노라. 나의 자랑을 그 가지를 잃는 것을 원하겠느냐? 더 많은 열매를! 이후 더 풍성한 열매로 나를 기쁘게 하고 네 기쁨 또한 충만해야 하지 않겠느냐? 요 15:5 나는 포도나무요 너희는 가지라 그가 내 안에 내가 그 안에 거하면 사람이 열매를 많이 맺나니 나를 떠나서는 너희가 아무것도 할 수 없음이라. 11 내가 이것을 너희에게 이름은 내 기쁨이 너희 안에 있어 너희 기쁨을 충만하게 하려 함이다.

나는 네 걸음이, 네 다리가, 종아리가, 발이 아름답게 보이는 것은 나의 뜻을 이루려 할 때, 그것에 네 마음을 다하려 온몸을 두 다리에 지탱하고 있을 때 가엾기도 하고 몹시 기쁘기도 하단다. 누구보다 건강치 않은 상태, 여러 질병 속에서 너 자신을 내려놓고 네 몸조차 내게 맡기며 십자가를 위해 너를, 그 몸을 두려 했다. 나를 의지하며 치유 또한 내 손에 너를 넘겨주었다. 이것이 나 또한 네게 해줄 것에 대한 네 믿음과 같이 나의 능력을 믿고 병원에 입원하거나, 치료에 의지하지 않고 죽을 자도 살리시는 능력자의 하나님으로 나를 믿은 너였다. 때로는 약간의 의심이, 병원을 향한 한숨도 보인 적은 있었지만, 줄곧 나를 믿는 믿음으로 너를 뒤로하며 생명을 내게 주었다. 네 몸을 담보로 하며 나의 사랑을 먼저 입으려 하고 나의 능력이 네게 임하길 원한 것을 나는 안다. 너를 안다. ㅇㅇ시의 ㅇㅇㅇ 병원과의 관계 꿈도(추가 글 2023. 2. 11. 토요일) 그러하다. 이러한, 늘 네 '믿음에 대한' 점검으로 받고 때로는 인정받게 됨을 좌표 삼아! 산 자이다. 이는 나를 의지하는 믿음으로 너와의 담판에서 그러하다. 설 자리 없는 너였다.

2023. 2. 11. 토요일. 추가 글입니다.

ㅇㅇ시의 ㅇㅇㅇ 병원과의 관계 꿈도: 너는 승리자이다. 병원과의 관계에서 그러하다. 믿음이 인정된 자이다. 병원보다 주를 의지하여 그들로부터 또한 그 지역에서 드러난 자이다. 이를 꿈으로 보임이니 이 시기는 몇 해 전의 부활절기 때이다. 이후로 2019년에도

주는 나타내셨다. 한 사람의 믿음을 보인 꿈이다! 하라. 그는 나를 믿었다. 내 앞에(너는 내 모습을 보았다) 한쪽의 무릎을 꿇고 한쪽의 아픈 무릎을 내보이며 치유를 온전한 믿음으로 원하는 것을. 이 시기도 부활절기이다! 하라. 또한 이 시기에 네 눈이 지구의 원임을 알게 하여 빛을 보이신 주시니, 다음 해 2020. 7. 23. 목요일, 하늘 문이 열리고 주의 음성이 쉴새 없이 말씀하시므로 기록 된 영서이니 이는 원고이다. 책 제목 '종말'과 함께 책 출간 시리즈로 주신 주시다! 하라.

이 모두는 믿음이다! 하라. 오랜 기간을 성경 말씀으로 네 마음에 채우며 믿음으로 둔 자이다. 많은 것을 뒤로한 채, 배설물로 여기며 네 몸과 시간과 마음을 맡긴 시기이다. 이것이 의가 되니 이는 아브라함의 믿음이다! 하라. 떠나는 믿음이다. 나를 향한, 주를 바라보며 기다린, 채운 시기이다. 이 믿음의 준비가 '하늘의 생수의 강'으로 흐름이니 이를 거대한 폭포수의 물이 흐르는 모습으로 이 환상을 보이신 주시다! 하라. 그리고 몇 달 후, 하늘을 향한 '보좌 기도'를 드릴 때, 즉시로 들리기 시작한 주의 음성이다! 하라. 이는 영서 기록의 시작이며 새로운 은사인 해석 은사(설명 은사)이다! 하라. 이를 듣지 않으려고 하는 자에게는 지루하나 듣는 자, 배우는 자에게는 치료의 약이 된다! 하라. 치유와 소생이 되는 주의 은혜의 해가 되는 자들이다. 사 61:2 여호와의 은혜의 해와 우리 하나님의 보복의 날을 선포하여 모든 슬픈 자를 위로하되. 이는 부활 소망이다. 되었다. 닫으라.

2022. 6. 17. 오후 11:38 추가 글입니다.

써야 하는 시간이다. 받아 보아라. 지금은 교정 시간이다! 하라. 영서를 받아 워드로 옮긴 후, 다시 보며 문맥 보는 자이다. 미처 못한 '원고 분량' 40일 중 뒷부분 29일이다! 하라. 이제 '2권 준비' 돌입을 위한 시간이니라. 이 사랑을 어찌 감당하랴? 하는 자, 오늘이 아니랴? 많은 영서 분량을 받을 뿐, 세세히 보지 못한 자이며 이제 보니까 새록새록 하기도 하고 눈물겨운 스토리 '주의 사랑'을 새삼스럽게 여기기도 하는 자이기에 그러하다. 어찌 이루어지랴? 생각하는 자이니 한 일이 그다지 딱히 "주 보시기에 좋았더라" 아닌 자이다! 하며 "무산되지 않으랴? 이미 된 것 같다" 하며 의기소침해진 이 시간이다. 왜 그러한가?

사랑과 달리 책망도 있으며 주의 명하신 바, 일일이 순응치 못한 자의 반, 타의 반이 아니랴? 이로 인함이다 하는 자이니 이후 사용, 쓰임에 대해 무감각, 무반응의 모습이다. 이는 너이다. 내가 보는 자이다.

이 시간 너를 두어 이 글을 왜 선택했는가? 물으라. 앞글, 뒤 글 미루고, 2020. 8. 19. 수요일 글! 하필 왜인가? 하라. 마음에 들어와 "해야지" 한 자이다. 이는 제비뽑기 같은 날이다. 주의 사랑의 글에 놀란 자이다. 하물며 행하실 일이랴? 숨은 자이다. 주의 놀라운 행사(행하신 일) 영서 내용들이 아니랴? "감당치 못해 이제 어쩌냐?" 하며 "나도 모른다!" 하고 휙 던지고 "나 몰라라" 하는 중이다. 감당키 어려운 상황일 때 이러한 자들이 아니더냐? 요나도 그러하고 너도 그러하다. 들을 때는 믿음 같으나, 정신 차려보니 현실이 되어 책은 출판을 위한 과정이니, 출간 달을 앞에 두고 있는 상황이 아니더냐? 긴 시간, 몇 개월을 기다려야 한다! 하므로 막연히 있는 자이다. 무슨 일이 일어날지, 어찌해야 하나? 하며, 공 굴리듯 저 멀리 굴려 놓고 자는 시간이다. 지친 시간을 보내므로 쉬기도 하는 자이다. 온몸이 긴장으로 산 자니 마음도 아니랴? 서둘러 한다! 해도 늦어지는, 막히는, 출판 전쟁 또한 한바탕 한 자이다. 옥신각신 아닌 충격이다! 하라.

'주'의 글이니 반기면 좋으련만, 어찌 직분(백신 맞지 않은 모 목사이다 하라)도, 성령(운운한 자기에 두드려 본 아무개이다)도 아무 소용 없더라! 한 자이다. 되려 상함과 해함을 입고 몸도 마음도 시간도 잃은 당시이다. 얼마나 큰 실수, 공격이었는지를 알게 되면서 막대한 피해 또한 입음이니 출간 지체뿐이더냐? 성령 사역과 주를 증거하는 일에 입힌 큰 해이다 하라. 누군가는 알아야 할 일이다! 하라. 보여지는 것과 추측과 전혀 다른 성령의 세계이기에 성령이 원하시는 바를 해야 하는 것이, 합력해야 하는 것이, 얼마나 중요한지 깨우쳐야 할 자들이 있기에 그러하다. 이 외에도 수두룩하다! 하라. 가까운 거리, 관계부터 전체까지 총망라해서 주를 막는 자, 모르는 자, 원수까지 아니랴? 이는 너희니라. 인간 세상의 구조 안에서 일어나는 해프닝, 웃픈 세상이다! 하라. 구하려는 비상등을 막아선 자들이 아니랴? 자신들이 피 흘리고, 죽어가는데 모두가 손사래 치며 "가까이 오지 마시오" 하는 막무가내들이다! 하라. 무엇이 우선인지, 중요한지 아는 자들이 얼마랴?

핵이었다! 하라. '성령 핵' 이미 알린 대로이다. 영서는 성령의 은사나 '신형 핵무기' 같은 버금가는 방도 되는 대책이 되는 은사와 은사자 사용이나! 외모와 형식에 치우친 자들은 선택하지 못하는, 알 수 없는, 긴가민가? 하는 오리무중 상황이었다! 하라. (오리무중은 오 리나 되는 짙은 안개 속이다. '어떤 일에 대해' 어떻게 판단해야 할지 갈피를 잡지 못하는 모습이다) 물결이 일 수 있는 기회이나 적기가 아닌 시기의 출판이니 아쉬운, 이는 애절함을 잃은 시기이다. 백신 이전에 주려 한 주시다! 하라. 2021년에 출간을 예정하나 하지 못한. 그럴지라도 '표' 시대 앞둔 시점이니 더 가까워짐으로 인해 깨어날 때이다. 백신 후유증, 공산화 철퇴 이 모두 문제 아니겠느냐? 하라. 전진하려면 환난, 연단 재훈련 시기이니 더더욱 무거워짐이 아니냐? 환난 날은 다가오나(핵 준비, 표 준비로 비상 대책을 세워야 함에도) 여전히 '멀뚱멀뚱'거린다 하면 어찌하겠느냐? 하라. 새 예루살렘 성을 가야 하는 시기이다! 하라. 전진의 때, 질주의 때, 모든 것을 뒤로 하고 앞다투어 가야 하지 않겠는가? 하라. 여러모로 봐야 할 주의 메시지이다! 하라. 나의 마음이 어떠한지, 차순이 무엇인지, 이 세상은 무엇이 어떠한지, 교회가 어떠한지 알아야 하지 않으랴? 되었다. 닫으라.

7. 보이는 것은 잠깐이요, 보이지 않는 것은 영원함이다!

이 말씀을 주십니다! 하라. 고후 4:18 우리가 주목하는 것은 보이는 것이 아니요 보이지 않는 것이니 보이는 것은 잠깐이요 보이지 않는 것은 영원함이라. 너는 보습제이다. 이는 화장품이다. 무슨 뜻인지 알겠느냐? 그리고 칸막이다, 그릇이다, 바람개비이다. 이것은 보이지 않는 세계를 알려주는 너의 은사 영역이며 또한 보이는 세계를 설명해줘야 하는 영역이다. (설명이 안 되는 것은 네가 참고로 하라) 실망치 말라, 부르짖어라, 반드시 복 주고 복 주어 번성케 하리라. 히 6:14 이르시되 내가 반드시 너에게 복 주고 복 주며 너를 번성하게 하고 번성하게 하리라 하셨더니. 다자녀 부럽(가정, 교회)지 않을 것이다. 되리라. 육, 해, 공군을 갖추는 army 군대로 일어설 것이다. 나아올 것이다. 입대자들 모집된 논산 훈련소의 연대장처럼 설파할 것이다. 담대히 전해보려는 자, 하나님에 관한 시간을 구애 없이 쏟고 싶은 자 너이다. 육체의 한계에 이르기까지, 이르러도 강행하는 스타일이다.

육은 무엇인가? 그릇임을 아는 너이다. 컴퍼스(제도기) 보자. 그림을 보이십니다! 하라. 컴퍼스의 중심 '고정' 또한 너이다. 돌리는 축, 너이다. 2축 역할 둘 다 해야 한다. 먼저, 공급 역할 '축'이다. 내 음성을 듣고 다음, 돌리는 축이니 받을 곳을 향해, 이동하고 전하는 축이다. 먼저, '나와의 관계' 중심축이 세워져야, 다음은 이동 축을 돌리는 나이다. 이것이 원리이다.

8. 출간할 책에 대하여

"그럼 어떻게 해요?" ('해야 할 일에 대해서'는 생략합니다! 하라)

2023. 2. 11. 토요일. 추가 글입니다.

네게 준 것은 새로운 은사이다. 무엇을 할지를 받은 자이다. 어찌해야 하는지 사람으로부터 아닌 주로부터 받은 자이다. 주의 계시이다. 갈 1:12 이는 내가 사람에게서 받은 것도 아니요 배운 것도 아니며 오직 예수 그리스도의 계시로 말미암은 것이라. 모세가 들은 대로, 본 대로 성막을 짓듯이 그러하다. 출 25:9 무릇 내가 네게 보이는 모양대로 장막을 짓고 기구들도 그 모양을 따라 지을지니라. 사람이 필요하다. 재능대로 주기 위하여 부르나! 출 36:1 브살렐과 오홀리압과 및 마음이 지혜로운 사람 곧 여호와께서 지혜와 총명을 부으사 성소에 쓸 모든 일을 할 줄 알게 하신 자들은 모두 여호와께서 명령하신 대로 할 것이니라. 이 일은 무명한 자의 시작이므로 오지 않는 자들이 많다! 하라. 유명인이었더라면 쉬이 해낼 일이다. 그럴지라도 이 일은 선별이 필요하다. 버리고 낮출 때 주가 사용하신다! 하라. 버림받은 돌처럼 여기기도 하는 자들 앞에서 서는 자이다. 마 21:42 예수께서 이르시되 너희가 성경에 건축자들이 버린 돌이 모퉁이의 머릿돌이 되었나니 이것은 주로 말미암아 된 것이며 우리 눈에 기이하도다 함을 읽어 본 일이 없느냐. 이를 가리는 일이다. 첫 단추를 어렵게 끼우나 다음 선에서 다시 막히는 자이다.

대형 교회는 중형 교회를, 중형 교회는 개척 교회를 흡수하려 함을 이미 오래전에 알리신 주시다! 하라. 네게 다시 보인 것이 무엇이냐? 조직, 집단, 제도권이므로 무슨 교단, 무슨 교회, 무슨 신학교 해야 "그렇지" 하며, 막힘도 그러하다. 마지막 때 사역보다 '우리가'(교회와 목사 입장만) 하니 99마리 양을 가진 자, 혹은 70, 50, 30마리 양을 가진 그들에게 너는 한 마리 양마저 잃을 위기도 많은 자이다! 하라. 이는 영서와 너이다. 이러한 싸움이 오래된 그곳 개척 예배지 이어 이 시기도 그러하니 이는 2020년 영서 기록과 마지막 때를 알리는 일을 맡김부터 더 심히 일어나는 일이다! 하라. 되었다. 닫으라.

9. 마지막 날에는 내가 너를 심문한다

기억하여라, 방심하지 않아야 한다는 뜻이다. 호흡처럼 붙들라. 호흡은 곧 나이다. 나를 놓치지 않아야 한다. 네 마음의 눈이 늘! 나를 외치, 생각해야 하며, 소리 없이 늘! 간절하게 향하고 있어야 한다. 연애하듯, 좋아하는 것을 생각하듯이, 마음이 살아있어야 한다. 나는 생명이기 때문이다. 내 안에 너를 두고 싶다. 이것이 나의 질투이다. 나의 경계 안에서 네가 머물기를 원한다. 나를 확인하려 해라. 생명이 네게 함께하는지를 '늘, 항상, 언제나' 직시하며 곧 보고자 하는 자처럼 설렘으로, 기대감으로 나를 두드려야 한다. 나의 반응을 살피려 네 온 감각을 사용하듯 내게 관심을 가지며 묻고, 듣는 것을 기뻐하라. 이것이 네 일이다. 나를 네게서 떠나지 않게 하라. 네 눈이 나만 보고 있다면 너는 나를 만날 수 있으며 나 또한 네게 응대하리라. 이것이 나의 사랑이다. 사랑과 사랑이 만나야 내 뜻을 이루어 갈 수 있다.

10. 서머나 교회, 버가모 교회의 전 목사 그는 누구인가?

코로나에 관하여 그는 119이다. 이는 그의 역할이다. 불난 곳에 달려가는 자이다. 그 불이 이 땅에 번지고 있다. 이미 많은 사람이 그의 불과 같은 불로써 이 민족의 위기와 위험을 초래하는 중이다.

11. 문 대통령 그는 누구인가?

그는 빨갛다. 전 목사는 파랗다. 한국의 두 분화이다. 지키려는 '수호자'와 나누는 '붕괴시키는 자'이기 때문이다. 문재인 대통령은 제자 이전의 세리 마태이다. 세관에 앉아 '불법' 행하는 자이다. 임ㅇㅇ는 지시자이다. ㅇㅇ와의 관계를 전한 자이다. 문ㅇㅇ 보자. 아버지의 권위 아래 '호화' 속에 지내는 자이다. 서민층에서 '갑부' 부유층이 된 자들이다. 문ㅇㅇ 그는 누구인가? 아버지의 특혜 속에 감추어진 자, 은닉하는 자이다.

문 대통령 그는 범죄자이다. '헌법 수호' 위법자이다. 전 목사는 이를 전하는 자이다. 문 대통령은 다슬기, 임ㅇㅇ 비서실장은 고동, 북한의 김정은은 왕소라! 정체 감추다, 날름 보이고 쏙 들어가다. 일관적이지 않는 자들이다. 숨다, 나타나다, 반복이다. 서로 관계성 체제이다. 정치 체제 방식, 상호 관계, 상호 작용, 상호 긴밀 협력하는 자이다. 연막술에 능한 자이다. 일, 업무는 보지도 않고 덮고, 덮고 나서 모르쇠 하는 자이다. 길가의 세운 상업 선전용 입체 간판 '바람

인형'처럼 누군가에 의해 움직인다. 조종받는 자이다. 몸과 관계가 있다. 접촉이 다르다. 정상 남녀는 터치가 어렵다. 몸은 성이다. 성적 접촉이다. 몸의 터치는 동성끼리는 친밀감 형성시에, 가족끼리는 부분 터치 또는 거리 두기로 인격을 존중한다. 상관, 스승의 부하, 제자에게 하는 몸의 터치 또한 성 문화로 볼 때 평범 이상의 문제 범주로 볼 수 있다. 성도덕 문제이다. 성 정체성 문제이다.

그녀(ㅇㅇㅇ)는 이기이다. 대변인은 무엇인가? '자료에 근거한 입장' 표명하는 위치이다. 문 대통령과 개인적 친분을 드러내며 '종종' 덮어주기식으로 감싸고 돈다. 이는 내가 보는 그녀이다. 대변인은 개인적 관계인가? 나라 정책의 입장을 대신 전달하는 전달자이다. 그녀의 문 대통령에 대한 표현은 사심적이다. 공직자의 자세가 아니다. 자칫 문란해 보여지는 언어와 태도이다.

12. 박근혜 전 대통령!

그녀는 그녀이다─[2023. 2. 14. 화요일. 추가 글입니다. 이 의미는 이러하다! 하라. 여러 번 주시는 주시다. 예를 들어 "너는 너, 그는 그이다" 이는 '각자 대로' 의미이다. 자신의 역할이 있으니 너는 현재 맡은 일에 집중해야만 한다는 의미와 각자 다른 모습일 때 너와 상대는 다르니 그렇게 알라는 의도로 주시는 표현이다! 하라]─**홀로 걷다**. 꿈에서 이를 본 너이다. 그녀에게 막 대하는 그, 문 대통령이다. 빼앗은 자, 술책으로 박근혜 전 대통령을 넘어뜨린 자이다. 곰에게 나타난 여우, 늑대, 이리와도 같다. 묵직히, 진중히, 정상에 임한 전 대통령이다. 나라의 외교에 빛이 되어 준 그녀였다. 언행(말과 행동) 모습이 한국의 대표로써 자긍심 갖게 해 준 그녀이다. 최순실은 누구인가? 엮고 있다. 영향 가진 자이다. 다시 꿈을 보자. 이는 어느 날 꿈이다. 박 전 대통령 재직 시기이다. 박 전 대통령이 외롭게 홀로 산책하는 청와대 뜰이다. 곁에 믿을 만한 사람(남자 정치인들)이 없는 그녀이다. 이를 알기에 생각하는, 고심하는 그의 모습을 본 자이다. 그러나 조금 떨어진 거리에서 서 있는 한 사람을 본 너이다. 맑고 깨끗한 자로 신선하게 느껴진 당시이다. 머리는 가지런히 묶고 옷차림이 단정한 미혼 여성이다. 윤ㅇㅇ 같다는 생각을 한 너이다. **이미 나라는 그때 위험해 보였다**(추가 글 2023. 2. 11. 토요일).

2023. 2. 11. 토요일. 추가 글입니다.

이미 나라는 그때 위험해 보였다: 이 꿈의 내용으로 당시 나라 걱정이 더해지며, 충격을 받기도, 의아해 하기도 한 자이다! 하라. 박근혜 전 대통령에 관해서는 구속 전후의 모습과 함께 석방 모습도 미리 보이신 주시다! 하라. 2013년 대통령 당선 훨씬 이전에, 한국에 대한 북한의 위협과 전쟁 위기와 공산화 문제가 있기에 이미 나라의 심각해진 위기는 안 자이다. 그러나, 정치인들이 자유민주주의의 우파 대통령, 여성 대통령, 나라의 위기 입장, 이러한 상황에서 본다면 매우 걱정스러우며 충격이 되는 당시이다. 나라가 대통령을 중심으로 그편에서, 또 함께 주위에서 마음을 모아서 나라 안보 및 정책 수행을 하지 않는다면? 그리하면 이 나라는 무엇인가? 마치 나라의 일꾼들이 텅 비워진 상태를 느낀 그 당시이다. 이는 꿈의 해석이다. 나라 상황, 상태, 심각한 위기, 대통령과 정치인들의 관계를 알리신 주시다! 하라. 그리고 얼마 후 발생이 되는 일들이 있으니 이는 박 전 대통령의 탄핵과 구속이다! 하라. 되었다. 닫으라.

13. 구속 적부심 알아보자

구속된 자에 대한 합법성을 다시 살펴야 한다는 것이다. '옳고 그름에 대한' 판단이 필요하다는 취지이다. 박근혜 전 대통령이 풀리기까지 기도해야(기도 리스트 넣어야). 합법(박근혜 전 대통령)보다 술법을 따르는 정치인들, 국민이다. 불법의 '멸망의 아들'에 해당하는 자 이는 문 대통령, 김정숙 여사, 김정은이다.

살후 2:3 누가 어떻게 하여도 너희가 미혹되지 말라 먼저 배교하는 일이 있고 저 불법의 사람 곧 멸망의 아들이 나타나기 전에는 그날이 이르지 아니하리니.

14. 너는 내 마음이니라

이를 전하신 주님이시다. 호흡을 원하시는 주님이시다. 갈대아 우르 땅을 떠난 자이다. 가나안 땅에 들어가는 자이다. "오늘 할 일을 알려주세요." 전파하는 자이다. '두 아들에 관한 것'이 밀려 있는 자이다. 가나안 땅 들어갈 자이다. 접시이다. 은사 영역, 찬양 영역을 담아내야 하는 자이다. …생략…

15. 하나님의 비밀(밑그림)!

그 위에 흩뿌려진 모래들은 흩으면 된다. 악(모래들)이 덮고 있는 한국이다. 박해자이다. 아래의 밑그림 '하나님의 비밀'은 또한 네 모습이다. 나의 일을 하는 자이다. 모름지기 '사람은'이다. 영서 원고 제1일 읽어보자. 내레이션이다.

16. 기름 부음 받은 자이다. 적어보자

햇살 같은 날이 되리라. (집을 보이십니다) 집은 너이다. 햇살은 나이다. 내가 너에게 비추다. 나는 빛이다. 요일 1:5 …하나님은 빛이시라…. 정복자이다. 땅을 다스리라, 번성하라, 충만하라. 창 1:28 하나님이 그에게 복을 주시며 하나님이 그들에게 이르시되 생육하고 번성하여 땅에 충만하라, 땅을 정복하라, 바다의 물고기와 하늘의 새와 땅에 움직이는 모든 생물을 다스리라 하시니라. 두 아들은 네 좌우편이다. 너는 곧 나이다. 두 아들은 나의 좌우편이다.

17. 서울의 ㅇㅇㅇㅇ 교회 그곳은 전쟁터이다

　전 목사 그는 맥아더 장군 같은 자이다. 그는 코로나 환자이다. 테러당한 자이다. 마스크이다. 이는 누군가에 의한 것이다. 건넨 자가 있다. 누군가를 통하여. 마스크에 문제가 있었다. 생산업체를 통해 나온 것이다. 방역 이전에 누군가가 건넸다. 누군가가 왔다. 살상용 무기 가진 자들이다. 살상 액체 용역이 방역 내용물이 될 수도 있다(막는 이유). 가리고 오는 자들이다. 살상 무기이다(그들은 될 수도 있다). 이 나라가 무서운 심판 아래 놓여 있다. 산 자들 즉 부활을 믿는 자들을 죽이려 한다. 공산주의이다(북한, 중국 함께). 일루미나티이다. 정부의 교회 방역을 믿지 않아야 한다(무언가 섞어올 수 있는 자들이다). 자체 방역해야 한다. 마스크 제작업체의 선정, 신중해야 할 때이다. 의도적 확진자를 만들 수 있는 그들이다. 여기저기 받지 않아야, 업체 또한 문재인 하수인이다(공산화된 한국이다. 많은 수가 있다 알린 주시다. 이는 유의이다). 하수인이 될 수 있다. 코(호흡기), 입(마찬가지), 접촉으로 바이러스 감염될 수 있다. 도구 이용하는 그들이다. 손 소독제 마찬가지이다. 집단 감염, 특정 지역, 특정 대상을 공격할 수 있는 그들이다. 비밀! 주의하자

18. 너는 센터이다, 프론트이다

　'체크인'하는 자, 맞이하는 자, 천국 문 앞이다. 그는(큰아들) 손님이다.

그도(작은아들) 마찬가지이다. 잘 대접하라. 접대 은사를 가진 너이다. 선교목적으로 한 자이다.

2023. 2. 11. 토요일. 추가 글입니다.

맞이하는 자로서 시작된 관계이다. 아들도 되나 친구이다. 때로는 맡김이 있는, 분담도 그러하. 영서를 기록하는 자로서 주의 지시를 듣는 자이기에 최고봉 같을지라도 서로 해낼 일이 있다! 하라. 포지션(위치)은 주가 주시는 것이다. 천사의 손 같은 모습이다. 천사의 발 같은 모습이다. 이는 너희이다. 마당을 쓸기 위해 빗자루를 드는 자가 있는가 하면, 쓰레받기를 준비하는 자도 있으며, 이어 물을 뿌리는 자도 있으니, 배고프면 누군가 음식을 준비하여 먹게도 하는, 이 모두는 퍼즐 같은 것이다. 하나님 나라의 완성으로 나아가기 위한 이를 팀이라 하는 것이다. 천국의 안내도 많이 아는 자가 소개하며, 아는 분야는 누구든 나설 수가 있다.

가장 중요한 것은 부르심이다! 하라. 마치 경기의 역할이 있듯이 선수들마다 위치와 일이 다르다. 적재적소 주신다! 하라. 나를 위하여 내가 가장 잘 아니 이는 주인이시다! 하라. 주인의 상에 앉히는 나이다. 이는 다 같은 나의 사람이다. 공동체로 준다. 팀웍을 알린다. 성과를 묻는다. 내 영광인지, 내 자랑인지 보는 나이다! 하라. 감사와 기쁨인지, 인내인지 용서인지, 이도 보는 주시! 하라. 이는 값이다. 주의 피를 아는 자이다. 그 피가 구원하심을 아는 자들이다. 이는 피의 값이다. 그 값이 되이 나를 위해 사는 깃, 하는 깃, 깊은 깃, 열매를 내는 자, 너희이다! 하라. 준 만큼 받음이니 내가 심고 내가 거두는 주(주인) 아니랴? 뿌린 자가 열매를 거두어 헛되지 않기 위함이니 이는 십자가로 이룬 나의 나라이다! 하라. 너희는 이러한 값이다! 하라. 이는 나를 위해 사는 이유이다. 이는 시작이다. 내게로 나아오는 걸음이며 기다리기도 감내하기도 하는 이유이다! 하라. 환난은 인내를, 인내는 연단을, 연단은 소망을 이루려 함이니라. 롬 5:3 다만 이뿐 아니라 우리가 환난 중에도 즐거워하나니 이는 환난은 인내를, 4 인내는 연단을, 연단은 소망을 이루는 줄 앎이로다. 되었다. 닫으라. 이는 '팀' 선교이다. 셋이 하나이다! 하므로 주시는 주시다! 하라. 이만이다. 닫으라.

19. 별빛이 쏟아지는 밤을 기억하여라

　소멸되지 않아야 한다. 기름종이이다. 기름이 흐르게 하라. 그 기름을 나누라. 나의 대리이다. 영인 나를 대행하는 네 몸이다. 나는 '영' 너는 '육'이다. 이것이 서로의 역할이다. 이것이 내 안에 네가 거하고, 네 안에 내가 거하는 것이다. 요 15:5 나는 포도나무요 너희는 가지라 그가 내 안에 내가 그 안에 거하면 사람이 열매를 많이 맺나니 나를 떠나서는 너희가 아무것도 할 수 없음이라. 나의 육 즉 몸이 되기를 원한다. 내가 네 안에 있어, 네가 내 안에 있어 나를 대변하여 나의 뜻을 전달하며 내가 누구인지를(스스로 계신 자이며 메시아 또한 인자의 오실 날이다. 또한 방송국이다. 송출자이다) 알리는 자이다. …생략… 각자의 역할이 무엇인지 보자. …생략… 받아서 아들에게 전하면 편할 자, 너이다

20. 할례

　성경의 물세례+성령 세례이다. 보혈 외쳐 보자. (졸음이 오니 주시는 말씀입니다) 피로 구속받은 자이다. 실시간 검색어로 보는 자들이 많은 상황이다. (나라 집회에 대해 주시는 말씀입니다! 하라) 나라 걱정하는 자들이다. 전국에 교회들의 참여로 비상이 되었다. "이 일이 왜 일어났나요?" 문 정부 그들의 계획이다. (이를 이미 주었다. 알리신 주이다). 그들은 목적 아래 밀고 당긴다. 쇼이다. 보여주기식에 능한 자들이다. (이를 이미 말했다). 문 대통령 처단을 원하는 자들의 원성이 높아지고 있다. 문 정부는 콜로세움 원형 경기장의 사자들이다. 바벨론, 로마이다.
　코로나로 나라가 어지러운 상태에서 북침(북한 침략)! 범해 올 수 있다. 그들은 능히 할 자들이다. 혈안이 된 자들이다. 굶주린 사자와 같다. 목적 아래서 한다. 구도를 갖고 조종하고, 지시하고, 하달한다. 검은 자들이다. 검은 옷

시위자들(그들의 어둠의 정체를 보이고 있다. 설사(배탈) 같은 자들이다) 쏟을 자들이다. 멸할 곳으로 들어가려 한다. 주저함이 없다. 술 취한 자의 손에 든 가시나무 같다. 잠 26:9 미련한 자의 입의 잠언은 술 취한 자가 손에 든 가시나무 같으니라. (연장통을 보이신다! 하라) 연장통과 같다. 그 안 연장 도구 종류들 다 들어 있듯 그러하다. 나의 연장이다. 너희에게 향한 '노'이다. 나의 노이다. '비느하스의 분'을 가져 보자. 모압 여인과 죄를 범하는 이스라엘 같다. 시므리 족장 같은 그(문 대통령)이다. 민 25:7 제사장 아론의 손자 엘르아살의 아들 비느하스가 보고 회중 가운데에서 일어나 손에 창을 들고 8 그 이스라엘 남자를 따라 그의 막사에 들어가 이스라엘 남자와 그 여인의 배를 꿰뚫어서 두 사람을 죽이니 염병이 이스라엘 자손에게서 그쳤더라. 14 죽임을 당한 이스라엘의 남자 곧 미디안 여인과 함께 죽임을 당한 자의 이름은 시므리니 살루의 아들이여 시므온이의 조상의 가문 중 한 지도자이며 15 죽임을 당한 미디안 여인의 이름은 고스비니 수르의 딸이라 수르는 미디안 백성의 한 조상의 가문의 수령이었더라.

   서 있지 않고 누울 자이다. 김일성, 김정일처럼. 그 김정은은 안치되는 자이다. 문 대통령은 북한의 존경 대상이다. 인민을 구하는 자이다. 친북화로 그들 북한 주민들의 눈에 마치 교황같이 보여지길 원한다. 거리에서 나팔 부는 자, 마 6:2 그러므로 구제할 때에 외식하는 자가 사람에게서 영광을 받으려고 회당과 거리에서 하는 것 같이 너희 앞에 나팔을 불지 말라 진실로 너희에게 이르노니 그들은 자기 상을 이미 받았느니라. 외식주의자 같은, 교황 같은 그런 자이다. 그의 속에는 공산화에 대한 합일점과 도움(물자 지원-남, 북 도시 계획 등)을 주려는 악의적인 사기성으로 가득 차 있다. 그 또한 나의 손에 든 노여움의 대상이다. 치리라. 나 여호와의 말이니라. 나 주의 말씀이니라. '만군의 여호와의 열심'이 이를 이루리라. 사 37:32 이는 남은 자가 예루살렘에서 나오며 피하는 자가 시온산에서 나올 것임이라 만군의 여호와의 열심이 이를 이루시이다. 나의 생각은 너희와 다르다. 재앙이 아니요 평안이니라. 렘 29:11 여호와의 말씀이니라 너희를 향한 나의 생각을 내가 아나니 평안이여 재앙이 아니니라 너희에게 미래와 희망을 주는 것이니라.

21. 예루살렘이여! 울지어다

예루살렘은 서울과 교회이다. 이미 이른 대로 그러하다. 너희 자신과 자녀들을 위하여 울지어다. 눅 23:28 예수께서 그들을 향하여 이르시되 예루살렘의 딸들아 나를 위하여 울지 말고 너희와 너희 자녀를 위하여 울라. 나라를 잃을 것이다. 애통할지어다. 그의(문 대통령) 칼이 너희 목 앞에 오고 있다. 그는 살인자이다. 거짓말하는 자이다. 이 나라 국민을 속이고, 각 나라들을 속이고-정체 감추는 자, 감춰보려는 자이다-나를 속이는 자가 그이다, 그녀이다(김정숙 여사), 그이다(임ㅇㅇ), 그이다(국정원), 그이다(ㅈㅇㅇ), 그이다(이ㅇㅇ), 그녀이다(ㅅㅇㅇ). 등등. 소리 없이 우는 자들로(일터에서) 이 나라에서 여기저기 생겨나리라. 어찌 된 것일까? 울게 되리라. 굶는 자도 있을 것이다. 이스라엘의 아람 군대 공격시 오늘은 네 자식, 내일은 내 자식 순서 정하는 날이 오리라, 올 수도 있다. 왕하 6:25 아람 사람이 사마리아를 에워싸므로 성중이 크게 주려서…. 28 …여인이 대답하되 이 여인이 내게 이르기를 네 아들을 내놓아라 우리가 오늘 먹고 내일은 내 아들을 먹자 하매. 너희는 나를 누구라 하느냐? 지금 너희는 어디에 있느냐? 이스라엘 백성처럼 부르짖으라, 소돔 때처럼 부르짖으라. 내 너를 건지리라. 구원하리라. 모든 사람에게 이르는 말이니라. 기록자 너까지이다.

22. 다니엘서의 '중앙의 한 나무' 보자

문 대통령 그이다. 7년 짐승처럼 낮아지리라. 단 4:10 내가 침상에서 나의 머리

속으로 받은 환상이 이러하니라 내가 본즉 땅의 중앙에 한 나무가 있는 것을 보았는데 높이가 높더니. 14 그가 소리 질러 이처럼 이르기를 그 나무를 베고 그 가지를 자르고 그 잎사귀를 떨고 그 열매를 헤치고…. 16 또 그 마음은 변하여 사람의 마음 같지 아니하고 짐승의 마음을 받아 일곱 때를 지내리라. 18 나 느부갓네살 왕이 이 꿈을 꾸었나니…. 그의 말년은 슬픈 날이 될 것이다. 맨발로 울며 다니는 자가 될 것이다. 태극기 부대 '구국자'들을 또한 압박한 그이다. 광화문 집회 또한 그러했다.

대기업 총수 같은 그이다. 좋은 옷 입고, 먹고, 거느리고, 북한에 갖다주는 그이다. 재벌 총수 행보 같은 그이다. 국민 세금은 그의 재산이다. 그같이 여긴다. 마치 '유산' 상속자처럼(박근혜 전 대통령으로부터) 봇물 터진 그이다. 북한에 주고 싶어 하는 자이다. 너는 사데 교회의 흰옷을 입고 다니는 자이다. 계 3:4 그러나 사데에 그 옷을 더럽히지 아니한 자 몇 명이 네게 있어 흰옷을 입고 나와 함께 다니리니 그들은 합당한 자인 연고라. 문 대통령과 김정은을 묶으면 부부이다. 티격태격하다가 화해하고 밀고 당기는 관계이다. 한국 상황, 교계 상황은 김ㅇㅇ과 임ㅇㅇ는 부부와 같다. 문ㅇㅇ과 ㅇㅇㅇ는 부부와 같다.

실수가 없으신 하나님! 그(문 대통령)는 나의 회초리이다. 징계의 막대기이다. 앗수르를 막대기로 사용했듯이! 사 10:5 앗수르 사람은 화 있을진저 그는 내 진노의 막대기요 그 손의 몽둥이는 내 분노라. 이스라엘을 '깨우치게' 하기 위해 '돌아오게' 하기 위해 그들이 의지하는 대상들을 버리기까지 나의 마음은 노에 대해 감출 수 없었다. 실언하지 아니하는 나 하나님이다. 나의 말을 이루는 자이다. 그는(문 대통령, 임ㅇㅇ, 김ㅇㅇ 등등) 나를 모른다. 보이는 것들로 자긍하며 높이려는 자들이다. 높아진(기세) 나무이다. 그들은 그을린 나무와 같다. 때가 되면 흔적도 없이 사라질 것이다. 나의 계획에서 '일정 기간' 동안 그는 엑스트라이다. 그가 '마땅해서'가 아니다. 그는 가톨릭으로부터 나온 자이다. 내가 세운 이유이다. 가톨릭 vs 그리스도이다(기독교의 믿음 전이다). 재난 '경보'와 같이 그들은 경보가 되었다. 사람들에게 불안의 대상이다. 민심을 지렁이에게 소금 치듯 위하는 척,

애쓰는 척하는 그이다. 그의 부모 또한 감추는 자이다. 서민 측의 민심을 훔치는 그이다.

23. 미통당(미래통합당) 황교안 대표 그는 누구인가?

　나의 종이다. 전도사이다. 말씀 선포한 자였다. 그는 묻지 않았다. 나의 길을. 오판으로 여기까지 왔다. 박근혜 전 대통령에게 핵심적 사람이었다. 달걀의 흰자(박 전 대통령은 노른자) 역할로 그녀를 도우려 했다. 국민의 간판이었다. 국민을 위한 정치를 해 보려 했다. 그는 겨울 금식자! 나의 눈은 그에게 머물게 했다. 그는 합류(전 목사)를 원했다. 그 황교안은 올곧은 자였다. 정치인 위치를 지키려 했다. 그 또한 난세의 영웅이다. 그는 나의 열매이다. 인내로 나를 영화롭게 했다. 이는 그의 성품이다. 내가 그에게 면류관을 씌우리라. 그는 장로이다. 나의 마음에 그의 마음이 또한 향하고 있다. 버릴 자이다. 그러나 도울 자이다. 정치에 대하여. 미통당(미래통합당) 그는 누구인가? 나는 알지 못하는 자, 너에게 주는 자이다. 개혁당이라 보면 된다. 그러나 진보 세력에 적극적이지 못하다. 무슨 뜻이냐? 적극 '시위, 저항'하지 못하는 자들이다. 수구 세력, 온건파이다.

24. 모판 상자 안의 푸릇푸릇 올라온 새싹들! (환상)

　한산한 주차장에 놓인 모판이다. 이 새싹들은 시국을 위해 모인 자들이다. 학생들, 청년들이다. 어떻게 하고 싶으냐? "물 주고, 영양 공급해주고, 비바람 막아 주는 돌볼 곳이 필요하네요" 누구나 가져갈 수 있는 상황이다. (주께서 염려하시며 말씀하십니다! 하라). 삼삼오오 짝지은 자들 그들이다. 이 나라를 이끌 자들이다, 너희이다(두 아들 함께). 모판에 해당한다.

25. 트럼프 전 대통령

(그의 모습을 잠시 보이신다! 하라) 다음은 미국이다! 화려하다. 이는 그의 자신감이다. 충전된 충전기 같은 그의 모습이다. 그의 넥타이 빨강, 파랑이다. 미국의 국기 상징의 색상으로 보는 너이다. 그는 '자유 수호' 지키려는 자이다. 아내와 아들도 나와 연합한 자이다. 그녀 멜라니아는 누구인가? 위축하지 않은 자이다. 냉소적 표정! 남편 곁에서 센스를 보이기도(남편에게 힌트 주는 자), 냉랭한 모습을 보이기도 한 그녀이다. 그의 당당함이다. 퍼스트레이디 미국이기 때문이다. 권위로 하지 않는다. 이는 너와 나의 관계이다. 그러나 트럼프 대통령의 연설 앞에(최고 통수권자) 그녀는 좌석의 청중자가 된다. 이것이 또한 미국의 실상이다. 위치를 찾는 질서의 나라이다. '자유, 평등, 질서' 세 가지로 미국은 나를 따르는 중이다. 그의 지도력은 개선한 자! 그가 나를 초대했다, 인정했다, 함께한다는 뜻이다.

자국의 문 대통령과 비교한 너이다. 문 대통령 그는 후진국이다. 시대에 떨어진 자이다. 구소련, 동독 등 공산주의 붕괴를 본 자이다. 시대에 맞지 않는 선택에서 그는 우쭐댄다. 그이다. 자신 우둔과 아집과 비참한 현실을 직시 못하는 그이다. 그는 나를 알지 못했다. 나는 그를 안다. 그러나 나의 마음 밖이다. "아끼지 않는 자이다"라는 뜻이다. 그녀(김정숙 여사) 또한. 이 나라 앞에 무릎 꿇어야(통회 자복해야) 살 자들이다. 신나는 자이다. 그러나 두려움도 있다. 나는 그에게 그러하다. 교황으로 혹은 신부로 혹은 그들의 전통, 옛 습관 '미사'라는 종교 형식에 가려져 구름에 해가 가려져 있듯 빛을 모르는 그이다. 김정숙 여사 또한 그러하리라. 그의 자녀들, 손주들 또한 그러하리라. 그(문 대통령)는 사울가이다. 다윗을 해하고 죽이려는 자들이다. 너는 해 오름 교회이다('형상'에 대한 내용이므로 '종말 1' 부록의 형상 '추가 글' 편으로 이동합니다).

26. 선교 워십에 대해서 보자

　무용에 관심을 가진 너였다. 그러나 이것은 여고 때 이미 네게 은혜의 체험을 줬다. 단체 무용이나, 주인공이 되어 스스로 최선을 다하며 관중석과 의식을 나누었다. 이후에도 너는 춤에 관심을 가져 보려 했으나 빠지지(탐닉의 뜻이다. 탐닉이 적절한 표현이다) 않게 되었다. 나의 영광을 세상에 주고 싶지 않았다. 그들도 마찬가지이다. 네 아들들은 춤을 접하지도, 알지도 않는 자들이다. 그(세상의 춤)는 신, 우상 숭배의 영에 속한다. 자신을 과시하고, 즐거움에 빠지다. 이것은 오락과도 같은 것이다. 흥분이다.

　나는 너에게 허락했다. 나를 위해 영광을 돌리길! 너의 성령 춤은 그렇게 시작되었고 내가 주는 기쁨으로 너는 내게 영광을 돌렸다. 나를 기뻐하며 내게 네 사랑을 주었다. 네 온몸으로 기뻐하여 나를 기쁘게 한 것이었다. 신학교 시기에 수화를 일부 배워 봉사하며 섬긴 때에도 수화 찬양으로(나의 영예를 네게 준 것을 표현하며) 나의 사랑 안에 서서히 들어왔다. '하나'됨이 나의 목적이었다. 이것에 대해서는 할 말이, 너와 내가 더 있으나 이만 생략해보자. 넌 나의 즐거움이다. 나는 너의 찬양과 춤을 기쁘게 생각하고 바라본다. 그동안 그렇게 해왔다. 이 부분은 이후에 다시 이르리라(말할 것이다 뜻이다). 고군분투한 너였다. 찬미의 제사로 내게 영광 돌린 너였다. 그 안에는 내게 대한 믿음과 사랑 또한 소망 또한, 저희에게도 또한 이 영역에서 나를 보게 되는 프리즘 같은 것이기도 했다. 그러므로 너는 나의 영광이다. 나의 새로운 세계를, 새로운 것에 대해 네가 나르는 자 되길 원한다. 신상품같이 늘 새롭게 내게 받고, 가져가서, 네 기쁨과 양식이 되고 나는 네가 나누길 원한다. 이것이 내가 네게 주며, 맡기는 이유이다.

27. 나는 네게 청정 공간을 원한다

공기 좋은 숲속처럼 나를 찾는 자들이 또한 구하는 자들이 네게로 와서 쉼을 얻고 치유되며 '재생산'적으로 나아가길 원한다. 나의 참말이다. 진리이다. 내가 너희를 부르며 구속하는 이유이기도 하다. 내 안에서 쉼을 누리라. 나로 호흡하며 내가 생명의 주체가 되어 그들 속에 내가 살기를 원한다. 더불어 먹고 마시리라. 너 또한 마찬가지이다. 너는 자유인이다. 나를 위해 매였다. 이것은 나와의 관계의 의미이다. 내가 너를 두는 곳은 밝을 것이며 내가 일하리라. 나의 섬, ㅇㅇ아! (제 이름을 부르십니다) 아이슬랜드! 나의 아이슬랜드! 누가 너를 취하랴? 너는 오직 나의 종이다. 나의 사랑에 매여 있는 나의 사랑하는 종이다. 그 이름 ㅇㅇ! 네 아버지가 명하신 이름이 아니더냐? 영어 표기로 크리스탈, 너는 이 또한 이 표현 방식을 자주 쓴다. **유리 바다이다(추가 글 2023. 3. 3. 금요일)**. 계 15:2 또 내가 보니 불이 섞인 유리 바다 같은 것이 있고 짐승과 그의 우상과 그의 이름의 수를 이기고 벗어난 자들이 유리 바다 가에 서서 하나님의 거문고를 가지고. 계 4:6 보좌 앞에 수정과 같은 유리 바다가 있고.

네가 낳은 자를 세워보자. 이끌어 보자. 내가 너를 들이는 곳에 그들(네 아들들)도 함께 있으며 영생 복락의 복을 누리며 찬양하는 자들로 그들에게 오도록 이끌어 보자. 너와 내가 할 일이다. 우리는 짝이다. 연합이다. 나는 영, 너는 육이다. 나를 떠나서 너는 아무것도 할 수 없다. '오직 나의 신'은 말씀과 같이! 슥 4:6 …이는 힘으로 되지 아니하며 능력으로 되지 아니하고 <u>오직 나의 영으로 되느니라</u>. 이것으로 너 또한 나를 바라며 구했다. 그래서 너는 나의 종이다. 내 명과 함께 있고 싶어 한 너이다. 가브리엘 천사이다. 소식을 주자. 그들에게 전해보자. 나의 구원의 소식을 알리어 보자. 그들은 듣고, 기뻐하리니 이 세상 어디에서도 받지 못한 것, 알지 못한 것, 사막의 오아시스 샘 같은 나를 만나고 마실 것이다.

나는 그들에게 생명수이다. 영원한 생명을 주는 물이다. 너는 안다. 너 또한 목말라하며 지금도 이 물이 네게서 떨어지지 않도록, 나를 떠나지 않으려 "혹 내가 떠나면 어찌할까?" 생각하는 너이다. 나는 하나님이다. 너에 대해 안다. 내가 아는 것을 너도 알기에 나를 원했고 만났고 지금도 꿈인가? 생시인가? 하는 자이다. 다시 만난 연인처럼, 가족처럼, 나와의 재회를 밀회 중인 너이다. 나는 너에게 말하고 있고 너는 이미 안 것과 더해주는 것과 새로운 것에 대해 소중할 겨를도 없이 무수히 쏟아지는(우르르 쏟아 부어지는)! 봇물 터지듯 내가 주는 것들 앞에 어쩔 줄 몰라 하는 너이다. 나는 네 모습을 안다. 너는 나의 손이다. 너는 내 손을(양손을) 보았다. 무엇인가? 가진 것을 알게 되었다. 이는 2020. 5. 17. 주일, 아침에 보인 꿈이다. 나는 그것을 네게 주는 것이며 이후에도 놀라고 놀랄 것이다. 그리고 기뻐하고 기뻐하리라. 너는 나의 사역을 원했다. 마음에 담긴 내게 향한 네 마음을 너는 아느냐? 수시로 너 자신을 되물으며 자신의 정체성을 나를 통해 확인하며 너 자신을 밀어주고 인내해 보려던 너였다.

너는 나의 보따리이다. 네 마음을 담아 내게 주었다. 시간으로, 고난으로, 그동안 그 모든 쌓은 보따리를 내게 주었다. 내가 어찌 주지 않을 수 있으리오? 솔로몬 왕같이 "무엇을 줄꼬" 이전에도 네게 묻고 네게 대답을 내가 이끌어내었듯이 이번에도 나는 준비했고 다시 너를 믿어 보기로 했다. 맡기려 한다. 내 은혜를, 내 일을. 따라다닌다. 이는 너이다. 나 있는 곳을. 자연을 통해, 성령을 통해, 나와 만나는 자들을 통해, 너 자신의 몸과 마음을 삶으로 내게 주기도, 믿기도, 맡기기도 하며 여기까지 온 너이다. 부지런히 따라다닌 것이다. 나를 좇을 것이다. 이것은 물을 마치 물동이에(돌항아리) 채움과 같고! 요 2:7 예수께서 그들에게 이르시되 항아리에 물을 채우라 하신즉 아귀까지 채우니. 포도주가 떨어진 잔칫집에 떠다 줄 때 새 포도주, 좋은 포도주로 변하듯이 나의 기름 부음이다. 요 2:8 이제는 떠서 연회장에게 갖다 주라 하시매 갖다주었더니 9 연회장은 물로 된 포도주를 맛보고도 어디서 났는지 알지 못하되 물 떠온 하인들은 알더라 연회장이 신랑을 불러 10 말하되 사람마다 먼저 좋은 포도주를 내고 취한 후에 낮은 것을 내거늘 그대는 지금까지 좋은 포도주를 두었도다 하니라.

또한 엘리야가 물을 도랑에 채웠을 때 하늘로서 불이 내려와 <u>사름과 같이</u>-왕상 18:32 그가 여호와의 이름을 의지하여 그 돌로 제단을 쌓고 제단을 돌아가며 곡식 종자 두 세아를 둘 만한 도랑을 만들고 33 또 나무를 벌이고 송아지의 각을 떠서 나무 위에 놓고 이르되 통 넷에 물을 채워다가 번제물과 나무 위에 부으라 하고 34 또 이르되 다시 그리하라 하여 다시 그리하니 또 이르되 세 번째로 그리하라 하여 세 번째로 그리하니 35 물이 제단으로 두루 흐르고 도랑에도 물이 가득 찼더라. 38 이에 여호와의 불이 내려서 번제물과 나무의 돌과 흙을 태우고 또 도랑의 물을 핥은지라-<u>나의 때</u>에 은혜 볼 것을 믿는 너에게 나의 진노로 너를 엎드리게 하고 나의 선물로 네 고개를 다시 들게 해주는 나임을 잊지 마라. 나는 너의 하나님이다. 창조주, 전능의 주, 구원의 주시다. 이는 네 고백과 같도다.

2023. 3. 3. 금요일. 추가 글입니다.

유리 바다이다: '유리 바다'는 너의 자랑이 아닌 역할로 인하여 주는 나의 글이다! 하라. 성경을 읽다가 주신 은혜를 네 속에 두어 간직한 지 오래이다. 이를 나타낸 나의 말이다. 네게 들려주므로 더욱더 은혜가 된 자이다. 이로써 나의 영광이 되길 원하는 나이다! 하라. 2023년 새해 얼마 전, 잠에서 깰 무렵 보이신 네 머리맡의 '이상'(환상)이다. 천국 앞에 놓인 투명한 네모 유리병이다! 하라. 네가 즐겨 사용하는 주방 그릇들이 투명한 유리 제품이 아니더냐? 하나둘씩 섬김을 위한 준비로 산 지 채 1년 안 된 자이다. 이 중에 <u>네모난 유리병</u>―[사도록 허락한 물품이다. 너는 필요한 것을 마음에 두거나, 간혹 새 물건이 눈에 들어오거나, 먼저 알아서 사라 해도 대부분은 기다려 확인하고 다시 묻고 결정한 후

구입하는 자이다. 이러한 훈련이 편해진 자이며 기도로 얻은 선물이므로 이를 소중히, 귀중히 여기는 자이다. 꿈에 보인 네모 유리병으로 보이신 너의 부르심, 사역 위치이므로 더 두려움을 느낀 그날이다. 되었다. 닫으라—이 형태로 그대로 보인 네 모습, 역할이다.

다 비치는 투명하고 맑고 깨끗한 유리이다. 복음의 그릇, 도구, 은사이다. 사람들이 이 유리병 아래의 넓은 문으로 들어와 병 안의 내부를 지나 위 방향의 병 입구의 좁은 장소로 나가는 것이다. 그 앞에 천국 문이 있으므로 천국 들어가는 연결 관계를 본 자이다. 영서 내용을 책 출간하여 시리즈 하자! 하신 주가 아니시더냐? 천국 앞길, 통로가 된 너 자신과 영서 기록과 출간할 책임을 알려주심으로 화들짝 놀란 자이다. 그 투명한 네모 유리병을 지나 곧 천국 문이 아니냐? 이러한 역할, 사명이다! 그러나 유리병 또한 아래의 넓은 출입문 입구보다 천국 앞의 병 입구의 나가는 문은 더 좁음을 알게 된 자이다. 이 뜻은 시험을 거치는 과정이 있다는 것이다. 되었다. 닫으라.

28. 2월 14일 발렌타인 데이, 데이, 데이!

세상의 기념일을 챙기지 않는 너이다. 나는 사람에게 영광을 구하지 않는다. 너 또한 사람에게 영광을 구하지 않게 하기 위함이다. 오직 나만을 바라보며, 먹고 마시는 잔치 문화 속에 네 마음이 흔들리고, 나누이고, 빼앗지 않게 나는 이 부분에 대해서 너에게 오랜 시간(30여 년 미만. 연수 확인해 보아라) 훈련을 시켜왔다. 달력에 '기재'화! 빨간색 숫자는 너와는 다른 날임을 너는 알고 자녀들 또한 이것으로 그들로 세워져 감을, 내가 새롭게 함을 너는 알고 있다. 우리는 친구이다. 그러므로 더 많은 것을 나누어야 한다. 내가 가진 것을 너 또한 가져야 한다. 이것이 나의 뜻이다. 아담에게 주고자 한 것, 맡기고자 한 것을 의미한다. 너도 아는바 그는 나의 형상이다. 내가 하는 일을 저도 할 것이요. 요 14:12 내가 진실로 진실로 너희에게 이르노니 나를 믿는 자는 내가 하는 일을 그도 할 것이요 또한 그보다 큰일도 하리니 이는 내가 아버지께로 감이라. 아버지의 영광을 드러내게 함이다.

　너는 우는 자가 될 것이요. 이 세상을 바라보며 이전과 같이 고개 돌리며 흔드는 괴로움을 나에게 보일 것이요. 믿을 수 없는 일들을 이미 보고 있으며, 그 아픔과 고통에 우는 자 너이므로 나는 나의 마음을, 나의 신을 네게 부을 것이며 너는 기도하리라. 통탄하리라. 차라리 사용하라. 나의 권세를 사용하라. '불' 같은 시대가 이미 도래했다. 여기저기 신음과 비명과 아우성으로, 네 마음은 고통하고 때로는 찢기며 절규도 하고 내 앞에 어찌할 바를 몰라 울고 외친 너였다.

　나는 안다. 내 뜻을 이루려는 자! 내 마음을 가져가 그들 것으로 나를 대신하여 노심초사한 그들을. 나는 다 안다, 안다 안다! 새로이 여겨질 것이다. 모든 것이. 이러한 환난이 어찜이냐? 코로나 사태처럼 올해 재난의 여름이다. "하나님이 어디 계시뇨?" 이러한 하늘 볼 자들을 나는 안다. 주를 가까이 찾고 부르고, 의지하며, 외칠 자들은 나는 안다. 너는 나의 종이다. 나의 심중에 깊이 너를 간직하도록 내 눈에서 벗어나지 않도록 하여라. 주구장창 바라볼 자들 속에 나는 너를 그 속에 두기를 원한다. 나의 택한 무리 속에(너는 본 자이다. 천국 앞 모인 무리를) 아끼는 자로 세워두길 내가 원한다. 감람나무, 무화과나무, 포도나무, 종려나무, 살구나무, 떨기나무 등 성경에 명한 그 나무들 속에(이들은 생명 나무이다) 너를 두기를 원한다. 영생을 나누자. 영생으로 인도하는 내가 네게 준 생명을 너 또한 나처럼, 떼어 주고(떡 떼어 나누었듯이 이것은 나의 몸, 잔을 주었듯이 나의 피) 부어주며 그들로 생명을 얻게 하라. 이것이 생명 나무이다.

　나는 너를 버리지 않는다. 나 또한 너를 아끼고 사랑한다. 내 자녀를, 내 아내를, 내 가족을, 내 어찌 멀리 하리오? 결코 버리지 아니하며 잊지 아니하리라. 나의 생명에서 떠나지 않도록 해라. 이것이 비결이다. 떠나면, 멀어지면, 잊게 되며 네가 힘든 것이다. 네 목마름에서 늘 나를 마실 수 있도록(나는 생수이다), 네 자신을 돌보라(체크 하라는 뜻이다). 네가 너를 알며 내가 너를 안다. 늘 네게 나의 자리를 내주고, 모시고, 받들며, 나의 주인 됨을 잊지 않도록 해라. 아담이 이에서 범죄하였느니라. 그는 하와에게 갔다. 나의 말을 뒤로하고 그녀가 말할 때 듣고 먹은 자이다. 누구나 아담과 같이, 그 여자(아담의 표현 창 3:12 아담이 이르되 하나님이 주셔서 나와 함께 있게 하신 여자 그가)와 같지 않아야. 나의 생명 나무 길에서 생명 나무를 먹을 수 있고 그 길은 영생으로 그에게 허락된 길임을 알고 가는 자만이, 나와 영원히 머무는 자가 될 것이다. 인내하는 자이다. 어느 곳이든. 그것이 나의 시험이다(test). 나를 위하여, 너 자신을 위한 것이다.

29. 보리떡 다섯 개, 물고기 두 마리 보자

너는 안드레이다. 하나(물고기), 또 하나(떡이다). 두 아들을 뜻한다. 그들은 자신을, 삶을 내게 맡긴 채 살 때 나의 손에서 그들과 같은 제자가 되므로 따르는 자들이 계속 나올 것이다. 그들을 내게로 오게 하라. 나의 축사 속에 그들이 있게 하라. 마 14:19 무리를 명하여 잔디 위에 앉히시고 떡 다섯 개와 물고기 두 마리를 가지사 하늘을 우러러 축사하시고 떡을 떼어 제자들에게 주시매 제자들이 무리에게 주니. 내가 그들을 받을 때, 축복할 때, 너는 끊임없이 배출되는 나의 제자들(따르는 자, 믿는 자)을 보게 되니라. 서운할 것이다. 언제나 어디서나 네 입장을 떠나자. 네 자리는 없다. 없어야 한다. 자리를 만드는 자들이 시험과 올무에 걸리게 된다. 두 눈으로 보는 자, 감사한다. 이는 너이다. 아직도 자신에게 남은 기회에 대해 나의 오름으로-베드로 배를 선택하시고 오르신 것. 눅 5:3 예수께서 한 배에 오르시니 그 배는 시몬의 배라 육지에서 조금 떼기를 청하시고 앉으사 배에서 무리를 가르치시더니-모든 것이 해결되리라는 열쇠로 보는 너이다.

그렇다. 나는 너희 열쇠이다. 나를 통해 아버지를 알 수 있고 그의 나라를 소유하며 들어가는 것이다. 또한 너의 모든 것과 관련하여 나의 해결책에 너를 맡기려 하기에 이것이 내가 너에 대해 그 믿음을 보고 다시 세우는 것이다. 온전함으로 나아가보자. 그날을 바라보는 너이다. 너의 눈물에는 내가 있고 너의 기쁨 또한 내가 있고, 네 모든 것과 나는 함께 하여, 너는 나와의 '하나'됨을 원하여 나의 인도 속에 너를 두기로 계획했고 믿어 왔다. 생명이 다하면 내가 너를 책임진다. 너의 두 아들 이 자녀들도 내가 책임진다. 이것 또한 네가 알고 있다.

그러나 너는 나를 위해, 내게 생명을 구했다. 내게로 받은바. 나의 것을 내가 원할 때, 그것을 나를 위해 쓰기로 했다. 나는 너이다. 너는 나이다. 여러 번 나는 네게 말해왔다. 나의 충실한 종으로 네가 쓰이길 원함 또한 네가 알고 있다. 나의 능력에 제한을 두지 아니하려 한 너이다. 나의 것으로 너를 사용할 때, 너 자신이 얼마나 그 한계에서 벗어나 아버지의 영역 속으로 들어와 네가 변하여 일할 것인지 아는 너였다. 이것이 믿음이다. 너를 너로 보지 않고 너를 나로 보는 것이 믿음이다. 내 크기에 너를 맞춰 보려 했다. 이것은 내가 너를 사용할 때 쓸 것이다. 네가 경험하게 될 것이다. 나에 대한 것을.

갈대아 우르에서 나온 자이다. 어머니를 잊자. 여기까지이다. 어머니상 당한 자. 너에 대한 나의 위로이다. 명심하자, 잊자. 나아가자. 나와 함께 걷자, 일하자, 가자! 넌 나의 종이란다. ㅇㅇ아! 주님이 널 부르시는 것이다. 여기까지 쓰자, 쉬자. 오늘 분량이 많다. 여러 가지로 힘든 날이다. 힘겨운 너를 위한 나의 배려이다. 나는 니의 힘이다. 너 자신이다. 너 자신을 너는 다시 알기를 원했다. 이것이 나의 마음을 네게 준 것이다. 오늘은 너의 소생을 위해서.

하늘山
제29일. 니느웨 회개 기도 40-29 (2020. 8. 20. 목요일)

1. 어둠! 이는 문 정부 방역하는 자이다

주는 주의 영적 세계를 알고(영을 알고) 대적하게 한다. 주의 이끄심의 방법을 주신다. 개 교회끼리 이는 주의 제자와 같다. 검은 구름 속의 해! (본 장면을 떠올리십니다), 시내가 점점 어두워짐 … **이 해를 기억, 잊지 않아야**(추가 글 2023. 2. 13. 월요일).

2023. 2. 13. 월요일. 추가 글입니다.

이 해를 기억, 잊지 않아야: 오래전 일이다. 신학 재학 시절 즈음이다. 도시의 시내에서 해지는 저녁 무렵의 하늘을 우연히 올려 본 자이다. 단지 검붉은색 하늘이 아닌 영적 사인으로 느껴지기에 두렵고 무서운 그 날이다. 이 시대에 주시는 메시지로 받은 자이다. 충격의 장면이다. 하늘로 징조를 주시는 주시다! 하라. 이 일 후에도 하늘을 자주 올려다보며 느끼는 자이다. 어느 날, 주는 말씀을 주신다! 하라. 2020년 영서 은사가 임한 이후이다. 검은 구름이 드리운 하늘이나, 저 너머 환한 빛의 세계가 있다! 이를 설명하신 주시다! 하라. 이와 같이 '빛'의 은혜를 주신 시기 이후에, 검은 먹구름과 같은 환난의 때가 이를 때에는 잠시 어둠으로 가리는 시기니 빛의 은혜를 기억하며 "견디라" 하신 주시다. 그리고 비행기 안에서도 하늘을 다시 설명하신 주시다! 하라. 드넓은 밝은 해가 하늘에 항상 있으나 그 아래에 검은 구름이 가리므로 이는 잠시일 뿐임을! 그리하여 환난 속에서 검은 먹구름 그 위의 영원한 빛의 나라를 기억하며 이기라! 하신 말씀을 주신 주시다! 하라. 되었다. 닫으라.

2. 표절(타인의 것)하지 않으려 한다

이는 너이다. 주께 배운다는 의미이다. "잠시 후면, 지체하지 않으리니!" 하는 나이다. 히 10:37 잠시 잠깐 후면 오실 이가 오시리니 지체하지 아니하시리라. 그들은 눈이다. 작게 드러내 보이는 자, 이는 호루스의 눈이다. 그리고 여러 기호(표기어) 등등. 사단이다. 전체 장악해보려 한다. 아담, 하와, 에덴동산까지. 나의 것을 범한 그이다. 이는 머리를 치는 이유이다. 창 3:15 내가 너로 여자와 원수가 되게 하고 네 후손도 여자의 후손과 원수가 되게 하리니 여자의 후손은 네 머리를 상하게 할 것이요 너는 그의 발꿈치를 상하게 할 것이니라 하시고. 평생 전쟁이다. 내가 올 때까지. 심판주로 멸하기까지이다.

3. 나(너)는 문제인가? 다시 보자

넌 나의 그림이다. 내가 하고자 하는 것! 계획한 것, 구상도를 너에게 주었다. 하지 못한다. 왜일까? (이어서 어느 교회에 주시는 말씀입니다) 나는 그(목사)를 쳤다. 회개해야 할 것이다. 그에게(교회 문제) 10대 재앙이 시작되었다. …생략… 그는 ㅇ월과 ㅇ일을 기억해야 한다. 나의 입의 검으로 싸운다. 계 19:15 그의 입에서 예리한 검이 나오니 그것으로 만국을 치겠고…. 철저히 회개해야 할 것이다. "알면 강단을 서지 못한다!" 이를 알려주지 않았느냐? …생략… 너는 나를 찾는구나. 그들은 오합지졸이다. "무슨 뜻이에요?" 자기들끼리 모여 의논하고 발표하고 데리고 논다. 나 중심적 교회가 아니다. 골프장의 둘레 길이다. 자기들끼리 뛰논다. 내 안에 들어오지 못하는 자들이다. 네 어린 시절을 기억하느냐? 아이들은 집 밖에서 공기놀이하고, 땅따먹기 등 핀 치기도 있다. 그들은 재미있게 논다. 이것이 그들의 모습이다.

내게 묻지 않는구나, 간절히 찾지 않는구나! 히스기야처럼. 나라를 보자. 앗수르 왕, 랍사게 이는 문 정권이다. 사 36:1 히스기야 왕 십 사 년에 앗수르 왕 산헤립이 올라와서 유다의 모든 견고한 성을 쳐서 취하니라. 2 앗수르 왕이 라기스에서부터 랍사게를 예루살렘으로 보내되 대군을 거느리고 히스기야 왕에게로 가게 하매…. 바벨론(중국)이 준비! 중국과 전쟁하는 한국이다. 그는 겸비하지 않는구나!

4. 목회란 무엇인가?

너는 어떻게 생각하느냐? 계단이다. 나를 향해 오르는 것이다. 내가 곧 계단과도 같다. 자신을 쳐서 복종하며(계단 아래-세상이 주는 것) 끊임없이 오르는 것이다. 이는 너이다(고난의 연속, 자료가 많아진). 편해졌느냐? 발표되리라. 네 것을 나는 쓸 것이다. 가지고 있는 것(네 내면), 본 자이다. 이와 함께 하나님의 손(2020. 5. 17. 주일, 보이신 꿈이니 예비에 대한) 주는 것 함께 가르치리라, 넘쳐나리라. 나의 것으로, 나는 네게 선물이다. 더 풍성하여라. …생략…

5. 북한 김정은

자기 사상, 자기 방식대로 지휘, 진군하는 자처럼 말이다. (문재인 대통령에 관한 꿈이 생각납니다. 비슷한 예로 뜻이 깨달아집니다) 나 없이 스스로 왕이 되려 한다. 권좌의 욕심이다. 이는 대제사장, 서기관, 장로들의 산헤드린 공회이다. 자기 욕심, 사람 세계 이는 정해진 자리, 윗자리, 섬김받는 자리, 대우 자리 위치이다. 너희가 또는 그들이 정한 위치에 앉아 왕 노릇 해보는 것이 권좌욕이다(권세 자리의 욕심 뜻이다). 그들은(위의 어느 교회이다) 권좌욕이다. 너는 가르칠 것이다.

나는 네게 주려 한다. 주고 있다. 교회에 대해 받은 것들을 지켜보고 있는 자이다. 요한계시록처럼 현실에 일어나는 일들을 너는 내게 받아 쓰고 있다.

6. 지금 마음이 어떠하느냐?

"꿀꿀! 해요"(세상 표현 같지만 생각나기에 사용합니다. 순종하지 못하는 것의 문제와 일어나서 즉시 주시기에 씻지 못한 채, 써야 하는 상황인지라 그렇습니다) 너희(아들과 너)는 나의 생각이다. 내 것을 가져야 한다. 이것을 너는 비밀이라 한다. 분별이라 한다. 또는 성령의 권세, 능력, 은사로 본다. 네 생각이다. 나는 나이다(맞지만). 나를 취하면 된다(주는 그리스도 살아 계신 하나님의 아들). '내가 너희 안에' 이것이 거하는 것이다. 함께하는 것이다. 나를(나 자체) 구해라. 너희 사람처럼 사람으로 일을 해결하듯이, 너희 안에 내가 들어가는 것이다. 이것이 거주이다. 나는 영, 너희는 몸이 연합되어 나를 증거하는 삶이 증인이다. 너는 늘 증거와 증인을 원하지 않느냐? 이것이 내가 준 것이다. 내가 너를 생각나게(이미 성령 체험자) 가르친 것이다. 요 14:25 보혜사 곧 아버지께서 내 이름으로 보내실 성령 그가 너희에게 모든 것을 가르치고 내가 너희에게 말한 모든 것을 생각나게 하리라. 이것이 보혜사 성령이다. 그(큰아들)에게 주어라, 작은아들도. 체험지 너이다. 너는 내 안에, 내 속에 거하며 함께해왔었다. 너의 생각과 마음! 다만 너희와 나는 다르다. 이것이 너희 믿음의 차이다. 나를 어떻게 알고 있는지가 너희 믿음의 차이다. 먼저는 경험하지 아니한 자도, 나를 최대한(너 입장) 큰 존재로 때론 무한대(무소불위) 권능 행하시는 자로 볼 수 있다. 그럼 어떠하뇨? 다음은 오래 믿고 믿음이 크지 못한 자와 불신자 또는 초신자 또는 너희 기준으로 믿음 약하게 보는(너희는 교회 생활이 기준) 자들 이 둘을 놓고 볼 때 너희는 나중이다. 대부분 이렇게 알고 있다. 나는 아니다. 나는 나에 대한 너의 태도를(하나님은 중심을 보신다! 이와 같도다)

눈여겨보고 있다.

나를 어떻게 알고 있는가? 나는 너희를 본다. 그리고 안다. 나를 어떻게 대우하려느냐? 내가 하나님 아들이다. 그리스도이다. 권세자이다. 너희는 내게, 나의 집에, 내게 너희의 믿음만큼 지불한! 이것은 믿음의 금액이다. 어떤 자는 매우 적은(최소의 표현을 해본 자) 믿음으로, 어떤 자는 최대의 믿음으로 내 나라에 거주하는 자들이다. 다음은 "나를 하나님의 아들로 보는가?"이다. 이것은 나의 권능, 능력, 권세, 치리에 관한 것이다. 하나님의 아들은 대리인이다(사복음서 기록). 상속자. 그러나 그들은 나를 인정하지, 대우하지 않았다. 철저히 자기 세계, 자기 신앙(율법)을 가진 자들이었다. 이것이 혼의 세계이다. 이것이 그들을 지배했다. 관습적인 자, 종교 틀에 묶인 자가 그들이다. 구한말의 '쇄국' 정책과도 같다. 문화 관습이 민족을 지배하고 치리자들이(일명 정치가이다) 나라를 주관하며, 자기 방식으로 쇄국하려는 자들이 '쇄국주의'자들이다.

7. 문 대통령은 '쇄국주의'자이다

그는 북한 신봉주의자이다. 그들 방식대로 따르려 한다. 이미 그는 쇄국(북한 관계) 속에 갇혀 있는 자이다. 그의 '머리와 몸'은 나라까지도 북한에게 족쇄로 묶여 있는 상황이다. 김정은 그는 견인하려 한다. 나라, 남한 사람들, 이 사회를 갖고 싶고 북한처럼 다스려 보려 한다. 그는 대제사장, 서기관, 장로들처럼 심문한다. 그리스도인을(현재 전 목사 및 구국 운동가들 및 기타 교회들이다) 자기화, 자기 안에 가두려 한다. 그는 지배자이다. 정복자이다. 요한계시록의 첫째 인! 이기고, 이기려 한다. 계 6:1 내가 보매 어린 양이 일곱인 중의 하나를 떼시는데…. 2 이에 내가 보니 흰말이 있는데 그 탄 자가 활을 가졌고 면류관을 받고 나아가서 이기고 또 이기려고 하더라. 여기서 표현은 적그리스도의 등장이다. 적그리스도 '1인

체제화로' 이를 들은 적이 있는 자이다. 사실화, 현실화, 그 외(김정은, 문 대통령 둘 다) 하려 한다. 그들은 '물질주의'자이다. 물질에 관련, 연관된 것들로 스스로 만족하며 자신을 '우상화' 시키고 있다.

8. 사랑하는 딸아, 너는 누구인가?

나의 아들이다. "그런데 왜? 딸이라 부르세요?" 딸은 육신적 성별이다. 아들은 영적 상태이다. 넌 나의 사랑하는 아들이다. 아들은 내 뜻을 안다. '아버지의 뜻'을 나는 네게 주었다. 또 주리라. 식언치 말자. 이는 실언의 의미이다. 너는 "나는 할 수 있다. 그의 능력 안에서!" 하며 믿는 자이다. 이것이 너의 믿음이다. 내가 너를 얼마나 크게 보는지! '최대치'화하는 너이다. 기름 부음을 받은 자이다. 일석이조란다. "무슨 뜻이에요?" 성령과 은사이다. 네 이름 ㅇㅇ은 '맑다' 뜻, 유리 바닷가에 서는 자이다(계 15:2). 너는 크리스탈이다. 나의 보석이다. 열두 보석(성곽)처럼 아끼는 자이다. 계 21:19 그 성의 성곽의 기초석은 각색 보석으로 꾸몄는데…. 20 …열두째는 자수정이라. "씻고 싶어요" 그대로 두라. 내가 너이다. 있는 모습 그대로이다. 내가 씻지 않는 것(궁할 때)이다. 넌 나의 몸이다.

네가 흔들리고 있기 때문이다. 자책하는 자, "내가 싫어요!"라고 말한 자, 이는 오늘 꿈 깰 때 눈 감고 내게 말한 자이다. …생략… 왜 배우려느냐? 틀이다. 육체의 틀이다. 너는 갖춘 자이다. 붕어빵 틀처럼! 나를 전하는 도구라는 뜻이다. 육체, 틀, 갖춘 자, 도구, 이 네 가지이다. 어떤 틀이냐? 인정받을 만큼, 드러낼 만큼. 그런 틀이 아님을 자기 자신이 알고 있다. 그렇게 갖춘 자를 내가 다 사용하느냐? (오병이어의 어린아이 도시락을 떠올리게 하십니다) 어린아이 같은 자이다. 네가 미흡한 것 나도 알고 있다. 즉시, 그러므로 내가 쓴다, 사용한다. ㅇㅇㅇ 목사는 사울 같은 자이다. 그는 틀이 목적이다. 너는 다윗 같은 자이다. 내놓을 수 없어

숨는 자, 부끄러워 숨는 자이다. 채울 수 없어, 가질 수 없어 내게 묻는 자이다. 마치 부모 앞에 아이가 요구하듯.

　너희 목마름은 나이다. 또한 이뿐 아니라 나의 값을 너는 안다. 내가 얼마나 위대하고, 위엄하고, 존엄하고(네가 단어에 나열을 해봤듯이) 모든 것을 네게 줄 수 있는 전능하신 하나님이라는 것을 네가 다 표현함을 나는 안다. 표현의 한계 때문에 너는 울고 있다. 답답해하고, 포기하고 싶어 하고, 울기도 하는 너를 나는 잘 알고 있다. 나의 영광을 가릴까? 행여 축소 시킬까? 이런 나 때문에 '누'가 되면 어떨까? 하며 늘 한계에 부딪히는 너를 잘 알고 있단다. 누구라 할지라도(이 세상 모든 좋은 조건 이는 학문 의미이며 이것은 사람 한계이다) 나는 기도하는 자를 사용한다. 학문은(지성) 약해도 체험은 강하다. 이것이 너이다. 나는 너를 말한다-바울이 하나님이 내 증인이시다. 이사야는 모든 것을 아시다 한 것처럼-나는 너를 말해 준다. 나를 네게 나타낼 때부터 현재까지 그렇게 해왔다. 나 밖에(그리스도 외에는 결코 자랑하지 않는다! 하는 바울이 본이다. 가진 자임에도 그는 육체요, 배설물이라 했다) 자랑할 것이 없다! 할 때 나는 그를 내 손에 잡고, 그에게 나만을 증거하도록 이끈다. 이것이 나이다.

9. 생태계를 살펴보자

　그는 틀렸다. 예의를 전한 자이다. 이는 네게 들려주는 누군가이다. 어떤 목사이다. '씻는 문제'에 대한이다. 나는 마음이기 때문이다. 육체(몸)를 뒤로 하는 이유이다. 그려 보자. 큰 것에서 점점 작은 것으로. 이는 약육강식이다. 사납다! 이는 싸워 이기려는 본성과 먹고 싸우려는 본성, 이 두 가지 생존의 짐승 세계이다. 자연은 어떠한가? 사인(sign) '징조'이다. 이들은 나의 사역을 한다. 전달 도구이다. 그는 어떠한가?

나 예수 그리스도는(계시→요한의 계시록, 바울의 계시) 계시이다. 너는 계시이다(주→너). 다시 그려 보자. (하나의 원을 그립니다) 그 안에 하나님, 나 예수 이는 동일 본질(동질)로 본다. 맞다. 계시(주) → 계시(받는 자) 이 중간에 개입이 있는가? 이것이 나와 너이다. '직통 계시'라 사람들이 칭하고 있다. 직통은 빼자. 계시(주는 자) → 계시자(받는 자)이다. 나는 계시이다. 너는 내게 받은 계시이다. 계시는 나 예수 그리스도이다. 내가 너와 함께 있어 말한다. 이것이 계시이다. 그러므로 나는 너의 계시이다. 넌 나의 계시! 이는 나, 계시와 함께 있다는 뜻이다.

그려 보자. 셋! 이것은 맞는가? 그렇다. (바깥의 큰 원안에 중간 원, 중간 원안에 작은 원, 이러한 3개의 원을 그립니다) 바깥 원은 하나님! 창조주, 본체, 스스로 계신 자이다. 가운데 원은 예수 그리스도! 하나님의 아들로서 이천여 년 전 이 땅에 오신 주시다. 안의 원은 승천하신 예수 그리스도의 이름으로 아버지가 보내신 '성령'이시다. 성부, 성자, 성령이시다. 대표는 하나님이시다. 또한 원 1, 원 2, 원 3, '원 3개'로 설명해 주었다.

10. 헤브론이다

"무슨 뜻이예요?" 성경의 시냉, 다윗이 다스리는 지역이다. 나 예수는 기록하노라! 너는 2008년, 서울로 전학한 신학교, 예술 선교학과 이후 달려온 자이다. 예레미야서의 말씀처럼 도보 이어 말 이어 <u>요단강 물이다</u>—[2023. 2. 23. **목요일. 추가 글입니다.** 아들의 신학대학교 재학 중에 네게 전한 말이다. 개척 예배처에서 힘들어하니 예레미야 말씀을 전하며 "요단강 물도 아직 남았는데…." 한 자이다. 그리고 수년을 몹시 고생하며 지낸 자이다. 얼마 전에 이 시기를 다시 돌아보게 하며 설명을 주신 주시다. 되었다. 닫으라]—<u>렘 12:5</u> 만일 네가 보행자와 함께 달려도 피곤하면 어찌 능히 말과 경주하겠느냐 네가 평안한 땅에서는 무사하려니와 요단강 물이 넘칠 때에는 어찌하겠느냐. (어느 교회와의 관계에 대한 말씀은 생략합니다! 하라) 이것은 너와 교회와의 싸움이다. …생략…

　나 여호와는 사람을 살핀다. 렘 17:10 나 여호와는 심장을 살피며 폐부를 시험하고 각각 그의 행위와 그의 행실대로 보응하나니. 나는 '아는 것'을 네게 준다 → 너는 말한다 → 상대는 듣는다 → 그리고 그(아들)는 <u>기도한다</u>─[2021. 3. 5. **금요일. 추가 글입니다.** 영서를 기록하는 자이다. 너는 제2의 성경을 가진 자이다. 해설집 되는! 이를 보는 자이다. 되었다. 닫으라]─<u>영들의 싸움이다</u>. 교회 간에도 믿는 자끼리도 이것이 현재의 모습 한국 교회이다. 다윗의 물맷돌이다. 골리앗(사단) 머리를 치는 자이다. 누구나 힘든 싸움하는 중이다. 이를 아는 자들이다. 아는 자, 너이다. 중국, 북한, 문 대통령, 일루미나티는 사단 아래에 불법으로 싸우는 자들이다. 사단과 따르는 자는 불법이 정상이다.

　진리(예수 그리스도)를 아는 자는 진리로 싸운다. 오직 예수 그리스도 안에서 그를 나타내며 진리로 싸우는 것이 너희니라. …생략… 너와 두 아들은 결속력 가져야 하는 자들이다. 너는 교회와 싸우는 자이다. 주의 뜻을 전하는 자이다. 이는 교회를 돕는 자이다. 서울과 경기 타켓의 코로나전이며 전쟁 위기이다. …생략… 너는 시급성, 위급성 때문에 주의 일을 하려, 여행하려, 나라 땅 밟게, 눈으로 볼 것이 있다. 조감도이다. ㅇㅇㅇ 목사 그는 표 받을 자이다. 정부에 맞추는 자이다.

"외출하여 길에서 주시는 말씀입니다"

11. 그날에 대하여 적어보자

　이는 여호와의 날이니라. 대적이 오는 날이다. 접전과 큰 싸움의 날이로다.

여호와여 우리 대적이 어찌 그리 많은지요? 시 3:1 여호와여 나의 대적이 어찌 그리 많은지요 일어나 나를 치는 자가 많으니이다. 하늘의 군대와(주의 택하신 자) 세상의 군대가(세상 소유자들) 접전하리로다. 나의 주 하나님이시여! 그날에 대적들이 두려워 떨며 크게 놀라며 도망하리로다. "예수는 구원자" 외치는 소리를 듣게 되리로다. 만왕의 왕 만군의 주 그는 여호와 하나님이시도다. 세상의 영을 받지 아니하고 하나님의 영을 받은 사람들이로다. 내가 있는 곳에 너도 함께 있으리로다. 아멘, 할렐루야! "그날이 다가올 때 나는 무엇을 하리오?" 세상 사는 자들은 다 도망하리로다. 내 앞에 설 자가 누구이뇨? 할 자 나이다. 세상 영! 잠들지 마라. 내가 외치는 소리로다. 누구든지 내 음성을 듣고 문 열면 나와 함께 하리로다. 계 3:20 볼지어다 내가 문밖에 서서 두드리노니 누구든지 내 음성을 듣고 문을 열면 내가 그에게로 들어가 그와 더불어 먹고 그는 나와 더불어 먹으리라. 흰옷 입은 자 너, 사데 교회이다. 한국 교회는 두아디라 교회이다. …생략… 첫 교회 나온 자 너이다. 구슬 꿰고 있는 자 너이다. 꿈에서 ㅇㅇㅇ 여 사역자의 가슴에 마음 보석 가득한 것을 본 자이다. "주님 한국 교회를 불쌍히 여기소서." 이곳이 지역 영(일로 머무는 지역에서의 영 문제를 뜻한다! 하라) 일지라도 하늘을 보며 꽃 속에 있는 것이 낫다. 이곳은 외출도 하고 자연도 보기에 그러하다.

12. 사랑이 무엇인지 적어보자

"진리이다" 대답한 자이다. 주님의 뜻대로 하는 것이 사랑이다. 하나님의 뜻을 알아서 그 뜻대로 행하는 것이 이웃 사랑이다. 사람을 좋아하고 이해하고 나눠주는 것만이 사랑이 아니다. 알고 행하는 것이 사랑이다. 주님과의 관계가 먼저이다. '부터'이기 때문이다.

13. ㅇㅇㅇ 목사, 그는 누구인가?

리폼이다. '재해석'자이다. "무슨 뜻이에요?" 다시 해석하다. 이는 첫째, 본 해석이 아닐 때이다. 본 해석은 내 뜻을 바로 아는 자이다. 영어 해석을 보자. 단어 해석과 문장 구조, 해석 차이도 있다. 미국인이 본다! 하자. 그들의(영어 사용권자) 해석대로 한 것이 본 해석이다. 재해석은 아는 대로 해석해 보다. 이것을 '정의'라고 한다. 진리를 표명하지만 내가 볼 때는 아닌 것들이 있다. '곡해'라고 한다. 이것이 그의 첫째이다. 둘째는 바로가기이다. 이정표(표지판) 또는 네비게이션이다. 이것은 성령의 인도이다. '목적지를 향한' 과정 또는 방법이다. 그는 이대로 하는 자인가? 아니다. 경험적인 것이 많다. 익숙한 것 즉 노하우이다. …생략… 이미 가진 답을 가르치는 이론이 학문이다. 또 반복한다.

나는 묵은 것을 원치 않는다. 늘 새롭게 업그레이드(upgrade) 한다. 이미 받은 자는 더한다, 고친다. 때에 따라 대응이 다르다. 너희는 머리가 좋다. 아는 것을 사용하는 것을 즐긴다. 한번 본 것을 다시 본다. 경험될수록, 익숙할수록, 안정감을 갖는다. 이것이 너희의 진리이다. 정해진 것, 굳힌 것은 '높아진다!'이니 이는 아는 것, 높아진 것이다. 고후 10:5 하나님 아는 것을 대적하여 높아진 것을 다 무너뜨리고… . 강력한 진에 해당한다. 고후 10:4 우리의 싸우는 무기는 육신에 속한 것이 아니요 오직 어떤 견고한 진도 무너뜨리는 하나님의 능력이라…. 자리는 뒤이다. 이미 정해진 것, 굳힌 것이기에 갈 길은 앞이다. 내가 보이는 것, 주는 것, 허락하는 것이다. 샌드위치의 가운데 속 재료이다.

시대는 흐르는 것이다. 달라진다는 뜻이다. 어둠(죄악) 또한 깊어진다. 어찌해야 하는가? 나는 추구하는 자이다. 적재적소에 따라 일하며, 불응을 보복하는 하나님이시다. 이것은 여러 차례 네게 주고 싶은 것이다. 사랑도 변하고 대적에 대해서도 변한다. 같은 방식의 사랑이 아니다. 나는 다양하다. 많은 것을 가지고 있다. 없는 것을 있게 하기도 있는 것을 없애기도 한다.

대적은 나의 적이다. 나를 방해하는 자이다. 이들은 나의 하나님 됨과 예수 그리스도를 왕으로 원하지 않는 자들이다. 자기들만의 세상, 바벨탑 사상을 가진 자들이다. 세상 권력가이다. 세상 의지하고 사는 자들이다. 다 내게 오지 않는다. 엎드리지 않는다. 자신의 죄를 인정하지 않는다. 덮는다. 때론 알지 못하며 의인인 체한다.

너도 경험한 바 있다. 나를 알기 이전의 네 모습이다. 사람의 기준에 따라, 자신의 기준에 따라 나(각자)를 만들어 놓고 자신을 우상화한다. 이것이 곧 "내가 하나님이다" 하는 것이다. 성전에 앉아 자기를 하나님이라고. 살후 2:4 그는 대적하는 자라 신이라고 불리는 모든 것과 숭배함을 받은 것에 대행하여 그 위에 자기를 높이고 하나님의 성전에 앉아 자기를 하나님이라고 내세우느니라. <u>스스로</u> 인정하는 자, <u>스스로</u> 생각하는 자, <u>스스로</u> 결정하는 자, <u>스스로</u> 가두는 자, <u>스스로</u> 헤아리는 자(자기 연민 등)이다. "만군의 여호와여, 어찌 그리 아름다운지요?" 할 때이다. 본다, 느낀다, 감사한다. 창조주 하나님을 믿는 자이다. 알지 못하고 보는 자들이 또한 내가 가엾게 여기리라. 그래도 이것이 낫기 때문이다.

그(ㅇㅇㅇ 목사)를 다시 보자. 의인의 심장과 폐부를 시험하시는 하나님이시다(렘 17:10). 죄가 가리면 부분 해석이 나온다. 전체를 알 수 없다. 그이다. 부분만 말한다. …생략… 나는 전체이다. 전체를 봐야 한다. 나를 보면 보이는 것이다. 나는 눈이다. 일곱 영, 눈, 온 세상에 다니는. 계 5:6 내가 또 보니 보좌와 네 생물과 장로들 사이에 한 어린 양이 서 있는데 일찍이 죽임을 당한 것 같더라 그에게 일곱 뿔과 일곱 눈이 있으니 이 눈들은 온 땅에 보내심을 받은 하나님의 일곱 영이더라. 나를 보는 자는 나의 눈으로 보게 된다. '하나님은 빛이시다'(요일 1:5)와 같다. 걷자! (앉아 있는 벤치에서 이동합니다)

14. 술 취한 자의 손!

문 대통령을 기억해야 한다. 잠 26:9 미련한 자의 입의 잠언은 술 취한 자가 손에 든 가시나무 같으니라. 아들들은 옷의 겉, 너는 속의 안감이다. 아들들은 샌드위치의 양 겉면 너는 속 재료이다. 너는 민감한 자, 주님의 은사로 보는 자, 향이다. 주의 향이다. 또한 밀랍 인형이다. 몸만, 형태만 갖는 자이다. 속은 나이다. 주님 뜻대로 사는 자이다. 영의 주인은 주시다. 사람이 아니다. 광란자 문 대통령! 누구나 사단 아래 놓이면 매인 바 된다. 인격자에서부터 귀신 들린 자까지. 사람은 겉을 본다. 속의 영은 잘 모른다. 인격도 가장이다. 광명한 천사로 가장(고후 11:14) 왜 그럴까? 뱀의 속성이다. 내용을 섞는다. 부호 연구한 자, 너이다. 믹스, 혼합, 혼잡이다. 모든 것을 수단으로 사용할 수 있는 자들이다. 뱀의 언어 사용을 보라, 악함이 있는가 보라. 그는 화도 내지 않는다. 말만 했다. 언어 체계를 바꿔놓은 자이다. 이것이 첫 방법이다. '이미지'화! 말로 호리다. 이방 계집이다. 잠 7:5 그리하면 이것이 너를 지켜서 음녀에게 말로 호리는 이방 여인에게 빠지지 않게 하라. 말에 속는 자 하와이다. 아담도 말로 전한 자. 하나님도 말씀으로 말씀하시다. 죄의 시작은 말이다. 생각의 표현이다. 영을 알아야 한다. 이것이 영 분별 은사이다. 하나님께 속했는지, 사단에 속했는지 알아야 한다.

문 대통령, 그는 규정 짓는 자이다. 규모로 일하다. 속이는 자이다. 청와대 맴도는 자, 삼킬 자, 찾는 자이다. 뱀의 혀 같은 자이다. 한 번씩 등장한다. 얼마 전 수해 피해 현장이다. 보여 준다, 사라진다. 뱀의 출몰과 같다. 죽지 아니하리라 하는 자이다. 창 3:4 뱀이 여자에게 이르되 너희가 결코 죽지 아니하리라. 국민에게 "나 따라 해도 괜찮아" 하고 안심시키려는 자이다. 긴급 지원금 사용 또한 그러하다. 지렁이 밟힌 것 보라. 그의 모습이다. 밟힐 자이다. 길가의 쥐 깔려 죽은 것처럼(이를 본 너이다) 처참히 무너질 것이다. 주님은 '심판주'이시기 때문이다. 그는 천국과 지옥을 모르는 자이다. 내어 주고, 자기 영혼을 잃는 자이다. 머쓱해지다. 자신감 갖는 자이다. 이념가, 사상가이다. 골수분자, 우물에 빠진 생쥐같이 젖은 그이다.

15. 전 목사 그는 하박국 선지자이다

요나처럼 외친 자이다. 문 대통령을 회개시켜 보려 한자이다. 점점 극악무도해져 가는 그(문 대통령)에게 무슨 일이 일어날 것만 같다. …생략… 보는 자이다. 심는 대로 거둔다. "주님이 치료하신다. 나는 믿는 자이다" 이는 너이다. 전 목사는 할 일이 있다. 세계 기독청 조감도를 이루는 자이다. …생략… 의인은 일곱 번 넘어져도 일어난다! 하는 자이다. 잠 24:16 대저 의인은 일곱 번 넘어질지라도 다시 일어나려니와 악인은 재앙으로 말미암아 엎드러지느니라. 시험 보는 자이다. 그의 발언대로, 바울의 행보로 나아가는 자이다. ○○○○ 교회는 … (주시는 말씀 생략합니다) 네 마음은 안다. 전 목사를 돕고 싶은 자, 내게 구하려 한 자였다. 너는 명예욕(서는 것)이 아님을 나는 안다. 나 예수의 말이다.

16. 일출, 일몰을 보지 않는 자이다

'… 때문에' 목적하지 않는다는 뜻이다. 주님이 주시고자 하면 주신다! 하는 믿음 가진 자이다. 꿀꿀 상태이다. 순종하지 못하는 너이다. 기름종이이다. 흡수하는 중이다. 태울 때(일할 때) 역사한다. 기름은 자료, 성령이 불로 임하시면 어둠은 물러간다. 주를 대적하는 자는 알게 되리라. 주는 구원하시는 영이시다. 믿는 자에게는 출애굽시키는 자이다.

하늘山
제30일. 니느웨 회개 기도 40-30 (2020. 8. 21. 금요일)

1. 대한민국은 협소한 국가이다

국제 정세 아는 자 너이다. 이는 미국과 중국의 대결이다. 미국의 트럼프 대통령은 처첩을 많이 거느리고 있으나 하나님 의지, 의탁, 의존자이다. 다윗 왕 같도다. 문재인 대통령 그는 연기자이다. 보여주는 자, 즉 목적에 의해 움직이는 자이다. '대통령이다, 아니다' 여부의 논란 중이다. 너는 어떻게 생각하느냐? '이다, 아니다' O, X로 답해보자. "'아니다'입니다" 그는 북한 대통령이다. 계시록의 '사방 바람'에 해당하는 자이다. 계 7:1 이 일 후에 내가 네 천사가 땅 네 모퉁이에 선 것을 보니 땅의 사방의 바람을 붙잡아 바람으로 하여금 불지 못하게 하더라. 그는 나라 예산을 쓰는 자이다(이를 싫어하는 자, 너이다). 이는 북한에 주기 위함이다.

2. 두 아들에 대하여

보아너게로 세워질 자이다. 막 3:17 또 세베대의 아들 야고보와 야고보의 형제 요한이니 이 둘에게는 보아너게 곧 우레의 아들이란 이름을 더하셨으며. (어머니 집 마당의 감나무를 보이십니다! 하라) 아들들은 감나무에 달린 열매 '감'이다. ···생략···

2023. 2. 13. 월요일. 추가 글입니다.

새록새록 생각나는 처음 시작이다. 이는 부르심의 관계이다. 2020. 7. 23. 목요일,

영서의 해석 은사가 오랜 시간 준비의 열매와 보상으로 주신 선물이 아니냐? 자신이 할 수 없는 이 시대의 문제이니 주의 명이기에 받고 따른 자이다. 두 아들은 이러한 책 출간 명과 함께 주의 부르심에 함께할 자들이라는 말씀으로 시작된, 특별한 임무 장소에서 만남이 된 자들이다. 주의 비전과 함께. 당시는 영서만으로도 큰 열매이기에 이후의 길 제시와 약속에 대해서는 믿음보다는 받고 기록만 반복한 자이다. 어느덧 하나둘씩 시험을 거치면서 마음은 상해지고 이 거대한 장벽을 꿈으로 보이신 후에야, 이후로도 주만이 구원하시는 기적의 길임을 알게 된 자이다. 주위에 대해 한 면, 한 면을 알리시니 지쳐간 자이다. 가난한 자의 민원을 고위층이 알아주랴? 이 같은 현실의 벽이다. 믿음이란? 벽, 현실이란? 벽을 겪는 문제이다.

주께서 가족과 함께 나서나 이러한 주에 대해서 모르기에 자신 크기의 하나님만으로 규정하며, 연계된 조직력을 믿음으로 착각하며, 자신이 '섰다' 하는 자들이 있다! 하라. 이러한 아픔의 기간이며 지탱하는 중이다. 여러 교회들의 모습과 목회자의 유형들을 더 알아 가면서 지친 자이다. 아픈 자이다. 억울한 자이다. 주께서 말씀하시며 보이신 새로운 목회자들에게 보이실 주의 복음(책 출간)이기에 이 희망의 힘으로 견디어 온 자이다! 하라. 이러한 과정에서 두 아들과 함께 주신 많은 주의 은혜가 있으나! 복음의 길이 더딘 지체 상황이 되어 지난 글들을 대하면서 주의 사랑에 더 감사는 하면서도, 가족에 대해서는 숨기고 싶은 자이다. 그러나 오르막길, 내리막길을 보임이 차라리 나음이다. 이는 큰 영적 싸움인지라 그러하다. 자신들의 약함과 함께 교회와 목회자들이 주가 택하심으로 맡긴 자(한 가족)에 대해 어찌 대했는지, 또한 이 시대의 사명에 대한 일을 어찌 막았는지, 드러내고 싶은 자이다! 하라.

교회와 목회자의 이기, 편협, 성령 훼방 등에 대해 알리기 위해 연단하시고 훈련으로 나아온 자이다. 그러함에도 복음의 전진 입구를 막은 자들이니, 주의 일을 막은 자들에 대한 아픔이 크다! 하라. 상함이 치유되기 위해 시간이 필요하며 하지 못한 많은 일로 주께서는 손해 입장이시다. 또한 실타래를 풀어내신 주의 입장에서 다시 얽히게 하는 자들로 인해 '노'도 보이신 기간이다! 하라. 달리며 날기도 한 자이다. 그동안 그러하다.

이제는 수북이 밀린 일들로 가슴이 눌리고, 다시 얽매이는 관계들로 인한 눌림이 있으나, 신원할 그 날을 기다리는 자이다. 주께 호소할 힘을 기르는, 기다리는 자이다. 주의 뜻이 막히므로 왜 막혔는지 알므로, 일어설 날을 기다리며 "강하게 외치리라" 하는 자이다. 이는 교회 연구이다, 진단이다. 선악 간 심판하실 주시다! 하라. 주 하나님이 어찌 보시는지?, 왜 그러한가? 이 시대를 연구하는 사명이다! 하라. 롬 2:9 악을 행하는 각 사람의 영에는 환난과 곤고가 있으리니 먼저는 유대인에게요 그리고 헬라인에게며 10 선을 행하는 각 사람에게는 영광과 존귀와 평강이 있으리니 먼저는 유대인에게요 그리고 헬라인에게라 11 이는 하나님께서 외모로 사람을 취하지 아니하심이라. 이 일은 여호와께로 말미암았느니라! 하라. 계시록 두라. 계 6:9 다섯째 인을 떼실 때에 내가 보니 하나님의 말씀과 그들이 가진 증거로 말미암아 죽임을 당한 영혼들이 제단 아래에 있어 10 큰 소리로 불러 이르되 거룩하고 참되신 대주재여 땅에 거하는 자들을 심판하여 우리 피를 갚아 주지 아니하시기를 어느 때까지 하나이까 하니.

자신의 부르심을 막는 자들을 "용서하라" 하신 주시나, 때가 이르면 갚으실 주시다. 미움을 가지나 잠시이다. 이는 한 차례 겪고 두 차례 겪는 자이다. 세 차례 겪으며 네 차례 아니냐? 하라. 다섯 차례 등 이러한 시험으로 지내 온 자이다. 이는 한국 교회의 모습이다! 하라. 자신 교회에 충실하다 하려느냐? "내 종들(가족 선교단, 이는 예수전도단이다! 하신 주시다)을 취하려 하는 자들이다" 함에도 막무가내로 하는 자가 있으니, 이는 자신의 교단과 교회와 목사의 위치 이 한도 내에서 자긍하는 자들이다! 하라. 교단이 아닌, 밖에서 주와 함께하는 자이다. 교단들을 보이시며 한국을 진단하고 우시는 주시다! 이르라. 이러한 부름으로 시작된 30년 전 신앙생활의 출발자이다! 이를 알리라. 주의 직원이다. 교회의 직원이 아니다! 하라. 교회를 돕기 위해 나선 자이다. 주의 재림을 알리며 주가 말씀하시는 전달자가 되어 "하라" 하시므로 오랜 준비를 하나, 교회들이 목사들이 양의 우리를 넘듯이 침범함이니 남의 아내를 누가 가까이하랴? 남의 하인을 누가 '내 종이다' 하며 두랴? 이와 같은 시험을 오래 거치면서 상대(교회, 사역자들)를 자세히 살피게 하신 주시다! 하라. 되었다. 닫으라.

아픔이 지나가는 자이다. 상처가 낫는 중이다. 그들은 잊는 자이다. 기억에서 지울

날까지 기다리는 자이다. 너는 두 아들이 안쓰러운 시기이다. 매인 나귀를 풀라-막 11:2 이르시되 너희는 맞은편 마을로 가라 그리로 들어가면 곧 아직 아무도 타 보지 않은 나귀 새끼가 매여있는 것을 보리니 풀어 끌고 오라-하시는 명으로 주만을 좇아 사는 자들로 두려 함이니, 주와 교제하는 아들들이 되게 함이다! 하라. 사람보다 주의 멍에가 쉽다! 하라. 마 11:28 수고하고 무거운 짐 진 자들아 다 내게로 오라 내가 너희를 쉬게 하리라 29 나는 마음이 온유하고 겸손하니 나의 멍에를 메고 내게 배우라 그리하면 너희 마음이 쉼을 얻으리니 30 이는 내 멍에는 쉽고 내 짐은 가벼움이라 하시니라. 계단을 오르는 자이다. 주를 향한 한 걸음 더 나가는 자들이다. 사람이 아닌 '주만을!' 할 때, 살아나는 자들이다. 검은 구름은 잠시이다. 누른다 해도 누적되면 폭발할 힘이 생기니 이 폭발력에 사라질 자들이다! 하라. "오직 나의 영으로 살라" 하시는 주시다. 슥 4:6 …여호와께서 스룹바벨에게 하신 말씀이 이러하니라 만군의 여호와께서 스룹바벨에게 하신 말씀이 이러하니라 만군의 여호와께서 말씀하시되 이는 힘으로 되지 아니하며 능력으로 되지 아니하고 오직 나의 영으로 되느니라. 되었다. 닫으라.

3. 코오롱 사태 알아보자

연구해 보자. 이상이다. 이는 검색어이다.

2023. 2. 14. 화요일. 추가 글입니다.

뉴스를 잘 보지 않는 자에게 보게 하시는 기사이다. 사회에 대한 눈이 커질 때이다! 하라. 네티즌 수사 시대이다. 국민의 눈이 감시단이 되어 정의편에서 서는 이 사회이다. 이는 국민이 나라의 주인이 되기 위하여 주시는 말씀이다! 하라. 부익부 빈익빈 사회 현상이 심화가 되는 이 나라이다. 듣고 보는 눈들이 죄에 대한 마음의 침체가 아닌, 소생이 되는 길은 의를 위하여 아는 것이다! 하라. 의는 하나님이 기준이시다. 하나님께 배우기 위하여 정의로운 사회 구현, 실현으로 관심을 가져 보자! 하는 취지이다. 기도의 마음이 필요한

이 시대이다. 기도하는 자를 모으신다, 일으키신다! 하라. 기도는 죄의 방지이다. 죄를 드러낸다, 회개이다, 용서이다, '의'의 길로 방향을 선회하게 한다. 이 사회가 이러한 찾는 자로서 주의 눈이 되어 면밀히, 자세히 살피기를 원하시는 주시다! 하라. 되었다 닫으라.

4. 사역을 보자

이는 동전이다. 앞뒤 양면이다. 이쪽(앞)은 나라이다. 주와 교제하는 자이다. 이를 아는 자이다. 저쪽(뒤)은 세계 면이다. 일루미나티 등 그러하다. 너는 세상 돌아가는 것을 아는 자이다. 이는 두 면이다. 즉 내(너)가 사는 곳과 이웃이다. 네비게이션에 해당한다. 세계 선교를 보이신 주시다. **길 입구에서 가장 끝인 한국까지이다(추가 글 2023. 2. 13. 월요일).**

2023. 2. 13. 월요일. 추가 글입니다.

길 입구에서 가장 끝인 한국까지이다: 이는 1992년 신앙 훈련이 시작된 후, 얼마 후에 꾼 꿈이니 오래전의 일이다. 세계 선교와 관련한 한 꿈을 적어보자. 동굴 입구에 몇 사람의 악한 자가 서 있으며, 이들은 동굴 안과 밖을 드나드는 사람들을 주시하는 중이다! 하라. 보인 길이 있으니, 이는 세계 나라를 동굴의 긴 길로 보이므로 안 자이다. 입구는 선교를 뜻한다. 입구에 선 악한 자는 사단 편이다. 사람의 출입(동굴 안과 밖)을 지켜보는 그들이다. 동굴의 입구에서 가장 가까운 나라를 본 자이다. 복음이 시작된 곳이며 사람이 동굴 안밖을 드나나, 믿음이 약한 자이므로 개의치 않는 그들의 모습이다. 더 안으로 들어가 보니 그곳은 믿음이 자라나는 나라이므로 악한 자들은 출입하는 자를 통제하며 따라 들어가 죽이려 하는 모습이다. 더 깊이 동굴 길을 따라 한참을 계속 들어가니 동굴의 끝이 나오고 그곳은 어두우며, 외로운 곳이다. 그러나 안전한 곳이다. 이는 한국이다. 믿음이 깊은 자들이며 대부분 연장자 여자들이다. 흰옷을 입고 손에는 불이 켜진 초를 들고 서 있으며 오직 주의 구원만 기다리는 모습이다. 그 수는 불과 열 사람 안되나, 그들은 서로 결속한 채 '오직 주만'을 기다리는 재림 신앙을 가진 자들이다. 버티며 견디는 대기 상태이다! 하라. 벧후 3:12 하나님의 날이 임하기를 바라보고 간절히 사모하라 그날에 하늘이 불에 타서 풀어지고 물질이 뜨거운 불에 녹아지려니와. 되었다. 닫으라.

5. '나 예수는!' 적어보자

첫째, 나 예수는 소문난 자이다. 너는 예수를 소문내는 자이다. 너 포함, 모든 자 아는 자들이란다. 둘째, 나 예수는 골육 친척을 버렸다, 떠났다, 뒤로 했다. 쟁기 잡는 자는 뒤를 돌아보지 않는다. 눅 9:62 예수께서 이르시되 손에 쟁기를 잡고 뒤를 돌아보는 자는 하나님의 나라에 합당하지 아니하니라 하시니라. 롯의 아내는 뒤를 돌아보다가 소금 기둥이 된 자이다. 창 19:26 롯의 아내는 뒤를 돌아보았으므로 소금 기둥이 되었더라. 셋째, 나 예수는 신실하신 하나님이시다. 계 3:7 …곧 열면 닫을 사람이 없고 닫으면 열 사람이 없는 그가 이르시되. 빌라델비아 교회 같은 자 너이다. 내가 너를 아끼노라, 품으리라. 사역 중인 큰아들처럼. 그는 그릴의 '구운 구이'(교회 사역-말씀 준비하는 자)에 지친 자이다. 구원하여 내리라. 이곳(거주지)에서, 저곳(교회)에서. 그는 펌프이다, 기도하면 내가 주리라. 너는 두레박이다, 내려가서 올리는 자이다. "내가 주는 물은 솟아나도록" 이 말씀을 두자. 요 4:14 내가 주는 물을 마시는 자는 영원히 목마르지 아니하리니 내가 주는 물은 그 속에서 영생하도록 솟아나는 샘물이 되리라. 큰아들 그는 바람개비이다. 성령의 바람 즉, 나이다. 바람이 불 때 도는 자이다. 이를 알려줘야 한다. 그는 너와 함께 해바라기이다. 주만 바라보는 자들이다! 하는 의미이다.

샘솟는 샘물이 되리라. 마실 물이다. 이는 나이다. 나와 더불어 먹고 마시라! 계 3:20 볼지어다 내가 문밖에 서서 두드리노니 누구든지 내 음성을 듣고 문을 열면 내가 그에게로 들어가 그와 더불어 먹고 그는 나와 더불어 먹으리라. 내가 그에게로 들어가 그와 더불어 먹고 그는 나와 더불어 먹으리라. 그는 샘물이다. 사람들이 와서 목을 축이느니라. 너도 그와 함께 지내며 나를 보리라. 난 그와 함께 대면하리라. 등 뒤의 영광, 친구처럼 말할 것이다. 출 33:21 여호와께서 또 이르시기를 보라 내 곁에 한 장소가 있으니 너는 그 반석 위에 서라 22 내 영광이 지나갈 때에 내가 너를 반석 틈에 두고 내가 지나도록 내 손으로 너를 덮었다가 23 손을 거두리니 네가 내 등을 볼 것이요 얼굴은 보지 못하리라. 그도 함께(작은아들은 여호수아처럼)할 것이다. 이것이 나의 계획이다. 알려주어라. 수종 드는 자 너이다. 미리암이다. 그러나 아직 아니다. 나의 등 뒤에 있는 너이다. 검은 구름 속의 해처럼 말이다. 이는 내가 너와 함께 하다는 의미이다.

6. 나 '주'는 누구인가?

내게 묻는 자임을 너는 알아야 하는 자이다. 성령이 임의로! 바람이 불다. 어디로서인지 알 수 없는 너이다. 요 3:8 바람이 임의로 불매 네가 그 소리는 들어도 어디서 와서 어디로 가는지 알지 못하나니 성령으로 난 사람도 다 그러하니라. (중간 내용은 생략합니다) 이제부터 보자. 너는 약이다. 생명 나무의 잎사귀 되는 자이다. 계 22:2 …강 좌우에 생명 나무가 있어 열두 가지 열매를 맺고 그 나무 잎사귀들은 만국을 치료하기 위하여 있더라. 이사야이다. 사 38:21 이사야가 이르기를 한 뭉치 무화과를 가져다가 종처에 붙이면 왕이 나으리라 하였고. 주치의 누가이다. 골 4:14 사랑을 받는 의사 누가와 또 데마가 너희에게 문안하느니라. 동시에 바울이다. 아들들은 마가로 두는 자이다. 사역 세워보고 싶은 자, 너이다. …생략… "그럼 어디서, 무엇을 어떻게 할지 지도해주세요. 주님!" 온전한 나이다. 내게 듣고 배우라. 마 11:27 내 아버지께서 모든 것을 내게 주셨으니 아버지 외에는 아들을 아는 자가 없고 아들과 또

아들의 소원대로 계시를 받는 자 외에는 아버지를 아는 자가 없느니라. 29 나는 마음이 온유하고 겸손하니 나의 멍에를 메고 내게 배우라…. 두 가지 주었다. 해석 은사 관련이다. 첫째는 통합적 자료들이다(성경 적용-현실 상황). 둘째는 은사 사용이다. 이는 책 출간과 ㅇㅇ 문제이다. …생략…

책 펴내는 자이다. 이는 욥의 이야기이다. 욥의 회복을 스토리화 한다. 나(너)는 누구인가? 이에 대한 하나님의 음성 듣기이다. 내(너)가 할 일은 무엇인가? 사역에 관한 것이다 …생략… "만든 찬양곡은 어떻게 해요?" 차후 이르리라. 간증자로 세울 것이다. 자연스럽게 다니는 자이다. 큰아들은 독립 사역해보는 자이다. 관리, 따라다니는 자이다. 두 아들 다 찬양으로 서는 자이다. 이 동네 다 다니지 못하는! 마 10:23 이 동네에서 너희를 박해하거든 저 동네로 피하라 내가 진실로 너희에게 이르노니 이스라엘의 모든 동네를 <u>다 다니지 못하여서 인자가 오리라</u>—[2023. 2. 14. **화요일. 추가 글입니다.**] 이 말씀은 매우 오랜 기간을 주신 말씀이다. 이는 '너와 나에 대한'이다. 말씀으로 말씀하시는 하나님이시다. 네 안에 차곡히 쌓인 말씀이다! 하라. 이는 '살아 있고 항상 있는' 하나님의 말씀이시다. 벧전 1:23 너희가 거듭난 것은 썩어질 씨로 된 것이 아니요 썩지 아니할 씨로 된 것이니 살아 있고 항상 있는 하나님의 말씀으로 되었느니라. 네 안에 감추인 보화이다. 어느 때 무슨 말씀을 하셨나? 내면에 저장된 자이다. 이는 30년간 그러하다. 되었다. 닫으라]—<u>이는 차를 주시는 이유이다.</u> 교회 사역자로 다니시게(순회) 하시는 하나님이시다. 내 딸아! 되었느냐?

7. 목회에 대한 계획을 적어보자

낮은 몸의 형체로 변화시키시는 주시다. 빌 3:21 그는 만물을 자기에게 복종하게 하실 수 있는 자의 역사로 우리의 낮은 몸으로 자기 영광의 몸의 형체와 같이 변하게 하시리라. 산전수전으로 나오는 자이다. …생략… 주만 바라볼 때 일어나는 일이다.

가난한 신학도의 이야기가 되리라. …생략… 두 아들의 10년과 너의 10년이었다. 2020년 겨울 학기를 마치는 신학대학원 졸업생 큰아들이다. 졸업의 해를 주시는 하나님의 선물이시다. 2018년 가을에는 네게 얼마간(이는 다음 일이 예비되어 있기에 전하신 주시다) 상담하라! 한 자이다. 2019년은 마지막 때를 전하는 사역자이다! 이를 알리신 주시다. 이어 주의 일 지체로 진노를 보이시나 2020년에 새 일, 새 계획, 새 비전, 새 시대로 이러한 은혜의 주시다. 복음의 일꾼으로 준비하는 시기이다. 성령 춤을 추고 싶은 자, 전하고 싶은 자이다. 봇물 터지듯 터지리라. 감추인 것, 숨은 것 드러나다. 마 10:26 그런즉 그들을 두려워하지 말라 감추인 것이 드러나지 않을 것이 없고 숨은 것이 알려지지 않을 것이 없느니라.

ㅇㅇ 전역도 다니리라. ㅇㅇ로 진출하는 자이다. "복음 진보, 복음 진출, 복음 수출, 이것이 나의 꿈, 나의 비전, 나의 소망 되신 예수님이시다" 하는 자이다. ㅇㅇㅇ, ㅇㅇㅇ 두 사역자같이 '가난에서 부요로' 바뀌듯 말이다. 너는 하나님 밖에, 주밖에 무엇을 자랑하리오? 크고 놀라운 일을 내 입 열어 말하리라. 나의 하나님(주)은 이런 분이십니다! 하며 전하리라. 공짜는 없다. 주 십자가 값이다. "저는 가슴앓이를 오래 한 자입니다. 저는 배운 것도, 가진 것도, 세상 지식도, 건강도, 특별한 재능도 없습니다. 하나님은 말씀하십니다. 보이십니다. 알려주십니다. 스승이자, 남편이자, 친구가 되어 주십니다. 그분 안에는 크고 놀라운 비밀들이 있습니다. 제가 바라고 원하는 것은 이 분이십니다" 너는 남장 여자이다. 아들들의 작은 옷을 감사로 입으며 어설픈 모습이다.

"이는 세상을 마주하기에 주눅 들지 않으려 합니다. 하나님 나라가 낯설지 않기 때문입니다. 하나님 나라는 사실적입니다. 묘사가 아닙니다. 하나님 나라는 하나님과 사람의 만남이며 그분의 뜻대로 그분의 일을 그가 보이신, 가르쳐 주신 길로 가는 것입니다. 이 사실성 안에서 증거를 가지고 증언할 때 증인이라고 생각합니다. 보았는데, 들었는데, 나타나시고, 행하시는데 어찌 "하나님이 어디 계시냐?" 할 사람이 있겠습니까? 어린아이처럼 알지 못하는 것을 "무엇일까?" 하며 의지하고 물어볼 때! 어린아이처럼 부모를 기뻐하듯 그분만을 기뻐할 때! 어린아이처럼 나, 자아를 비울 때입니다. 우리는 아버지께로부터 오지 않은 것들을 많이 갖고 있습니다. 경험, 지식, 단정, 소유하는 대상, 집, 물건, 사람 등 아버지께서 주시는 것들만 소유해야 합니다"

8. '주신 은혜'를 요약해 보자

너는 사데 교회에서 나오는 자이다. 2019년에 "좋은 일이 있으리라" 전한 자, 나이다. 해가 비치는! 너는 해이다. 궁여지책 그곳 개척 예배지이다. 견디어 온 자이다. 그리스도의 인내를 네게 전해준 자가 있네! 살후 3:5 주께서 너희 마음을 인도하여 하나님의 사랑과 그리스도의 인내에 들어가게 하시기를 원하노라—[2023. 2. 14. 화요일. 추가 글입니다. 이는 2019년 초에 주신 말씀이다. 이 말씀으로 자신이 더 기다려야 함을 안 자이며, 이어 부활절에 마지막 때를 전하는 사역자로 곧 일하게 된다는 말씀이 이어지고 6월에는 두 아들과 함께 산에 있을 때 "좋은 일이 있으리라" 하는 주의 음성도 들은 자이다. 이러한 말씀의 인도가 징검다리가 되어 여기까지 이른 자이다. 되었다. 닫으라]—순서 적어보자. …생략… 주님의 계획 아래에 인도받는 너이다. 어린 양을 따라가는 자, 순결한 자로 세워지는 때이다. 계 14:4 이 사람들은 여자와 더불어 더럽히지 아니하고 순결한 자라 어린 양이 어디로 인도하든지 따라가는 자며 사람 가운데에서 속량함을 받아 처음 익은 열매로 하나님과 어린양에게 속한 자들이니. 엄친 슬하 하지 않으려는 자이다. 두 아들에게 친구 같은 엄마이다. 친구 찾는 엄마이다. 봇물 터지는 때이다. 20년 악재 속에 선한 일을 주신 하나님이시다. 나를 믿고 따르는 자는 반석 위에 서리라.

행동 지침 요령 있다. 첫째는 큰아들을 세운다. 작은아들 마찬가지이다. 결속력 가진 자, unite! 연합된 자이다. 세 변이다. 세모 트라이앵글이다. 두 아들의 역할은 이러하다. 편의점에서 판매하는 삼각김밥처럼 김밥 싸개의 비닐은 운전자, 매니저 역할의 아들이다. 김은 보호 역할로 속 재료가 나오지 않는다. 흩뜨려지지 않게 외부 차단을 시키는 자이다, 속 재료는 너이다. 둘째는 해를 보며, 달을 보며, 별을 보며 걷는 자이다. …생략… 선 자는 넘어진 줄 아는 자이다(몇 번 확인). 고전 10:11 그들에게 일어난 이런 일은 본보기가 되고 또한 말세를 만난 우리를 깨우치기 위하여 기록되었느니라. 12 그런즉 선 줄로 아는 자는 넘어질까 조심하라. 임시 선 자! 구상자, 받는 자이다. 코로나 기간에 준비하여 책 출간, ㅇㅇㅇ, 간증자 이러한 순서로 교회 사역을 다닐 자이다. 만인 제사장이다.

9. 마지막 때 사역은 무엇인가? 적어보자

첫째, 다이소 같은 '다 있소'이다. <u>모든 은혜</u>-도구들(하나님 방법=전달 도구 되는 것)-<u>총집합</u>이다. 검증된 것, 검증되지 않은 것 2가지이다. 둘째, <u>신원자이다</u>(피 즉 호소자이다). 창 4:10 이르시되 네가 무엇을 하였느냐 네 아우의 핏소리가 땅에서부터 내게 호소하느니라. 계 6:10 큰 소리로 불러 이르되 거룩하고 참되신 대주재여 땅에 거하는 자들을 심판하여 우리 피를 갚아 주지 아니하시기를 어느 때까지 하시려 하나이까 하니. <u>바벨론에 대한</u>, 이는 세상 중심적 세력자들이니 정사와 권세자들이다. 사단의 하수인이다. 묶인 자에 대한 매인 자이다. 셋째, 메이커(주류), 비 메이커(비주류) <u>총출동</u>이다. 유명하든 무명하든 다 내세울 수 있는 주님이시다. 넷째, 모든 요리가 다 나오듯, <u>주의 나라에 대해 모두, 모든 것, 나타낼</u> 때이다. 주저하지 않는다. 너도 출전시키시는(책 출시) 하나님 주님이시다.

다섯째, 총정리 기간이다. <u>한 맥</u>(시대 표) <u>선상에 모두 서야</u> 하는 때이다. 아마겟돈이다. 곡과 마곡이라 보면 된다. 하나님의 군대, 주의 군대이다. 모든 것이 <u>총출동</u>된다. 이는 마지막 전쟁이기 때문이다. 큰 전쟁이다. 양보하지 않는다. 막대기 든 자, 돌 든 자, 칼 든 자, 총기 소유자, 신형 무기까지 다 나와야 한다.

적재적소에 배치하기도, 사용하기도 하며, 적진을 '초토화'시키는 때인 것이다. 싸울 만한 모든 자는 다 모인다. 전군! 육, 해, 공, 특공, 예비역까지 다 집결하는 시기이다. 이것이 마지막 때 사역의 영적 전쟁이다. 나라도 마찬가지이다. 지역도 마찬가지이다. 어느 곳이든 주의 편에서 싸우고 승리하는 자가 되어야 하는 것이다. 주께 속한 군대이다. 우리 대장 주 앞서가시니! (찬양을 주십니다! 하라) '믿는 사람들은 주의 군사니 앞서가신 주를 따라갑시다. 우리 대장 예수 기를 들고서 접전하는 곳에 가신 것 보라…'

찬양 인도자이다. 첫째, 찬양의 옷을 입으신 주님이시다. 찬양으로 나타내신다. 만나 주신다. 치료하신다. 갈 길을 주신다. 믿어야 할지니라. 둘째, 안목 보는 자, 이기신 주님을 찬양하고 싶은 자이다. 셋째, 찬양 소개자이다. 이는 네 자작 창작곡이다. 간증 관계이다. 작곡가를 주님이 말씀해 주시기까지 기다리자. 넷째, 말씀 선포자이다. 말씀 소개자이다(본문). 다섯째, 기도자이다. 기도 인도하는 자이다. 간증 때를 대기하며 기도하는 자이다. "주님이 체험시키는 사역을 해 보고 싶어요" 주는 재촉하신다. (찬양을 주십니다! 하라) '갈 길을 밝히 보이시니 주 앞에 빨리 나갑시다' …생략… 사역 준비부터 하는 자이다. 교회 순회 전도자 사역이다.

나를 전하는 자이다. 나 예수는 말한다. "나를 증거하라" 말한다. A 목사, B 목사 교회는 교회가 아니라 말씀 펼쳐 놓는 자들이다. 많은 대형 교회늘이 그러하다. 왜곡이다. 나는 나이다. 나 예수이다. 나를 증거하는 자가 되어라. 이 의미를 알겠느냐? "주님과 교제하며 뜻을 알고 받아서 하라는 뜻 아닌가요? 모세의 성막 등 성경의 인물같이…" 대언자이다. 나는 대언자를 원한다. 내가 누구인지 설명하고 나의 일을 말하라는 것이 아니다. 지식 검색이다. 성경을 찾아서 짜깁기한다, 나열해본다, 글이다. 글을 전하는 그들이다. 대다수이다. 나의 뜻을 알겠느냐? 나의 마음이 어떠한지 이들은 모른다. 자기에게 필요한 나이다. 자기를 위해서 전한다. 글이다. 다시 말하자면 글이다. 글 읽어주는 그들이다. 나는 나이다. 나 예수를 말한다. "내가 그이다"라고 말한다. 이 글 속의 나를 알리라. 이것이 나 예수니라! 알겠느냐? 너는 시험 보는 자이다. 하나님 음성을 듣는다. 나의 음성, 목자 음성에 대한 시험이다. 난 섞어 놓는다. 가려내기 위함이다. 그들을 허락하는 것이다. 해오는 것이다. 이는 진위 여부이다. 나는 네게 이것을 둔다. 두 가지 혹은 셋이니 생각이며 혹은 넷이니 주변과 관계한 자들이며 혹은 다섯이니 영들(귀신의 세계)의 세계이다. 학교의 시험을 보라. 사지선다형의 답은 하나이다. 내 음성을 들어야 한다. 찾는 것이다. 섞지 않을 때 찾을 수 있겠느냐? 찾아내는, 발견하는, 알아보는 그 기쁨이 너와 나 얼마나 기쁘겠느냐? 이는 군대 입대한 날, 훈련소에서 네 아들을 군복 입은 자들 속에서 찾을 때의 서로의 기쁨이다.

구세주이다. 산타(선물 전달자)가 아니다. 영의 생명을 알리어 주러 온 나이다. 영은 생명이니라. 평안이니라. 네 위치를 나는 안다. 보고 있다. 주시하는 중이다. '돌봄이' 나는 네게 이것이다. 이리 떼로부터 이는 뱀-독사의 자식들에 해당하는 자들이다. 모 목사는 전 목사를 물어뜯는 이리같이 하려는 자들이다. 훈계하는 스타일은 조련사 내지, 교관이다. 군인들에게 필요한 자이다. 군인화에 필요한 것이다. 자기 생활을 벗긴다는 의미이다. 그러나 너는 자유인이다. 매너로 대한다. 양보한다. 이는 너이다. 확고부동할 때는 저지선 두고, 저지대 두고 발표하는 자이다. 엄마 부대의 대표 주ㅇㅇ 여사와 같다. 또한 어머니 장례식 장지에서 강단 서듯 한 자이다. 담대함을 훈련해 온 자이다. 어려서부터 보자. 놀이에서 역할을 주도하려 하는 경향을 가진 자였다. 무대, 바위 위에서 놀이터 삼아 가르치는 자로 해본 자이다. 인형의 옷 만들기도 주도적 타입이다. 뜻밖에 사회 문제로 유가족 대표로 단상에 선 자이다. 꿈에서 청와대 안의 한 장소에서 영부인에게 지목되어 카메라맨에게 집중 받은 자이다. 차출 케이스, 뽑히는 자, 누군가에 의한('주'도, 환경에서도 그러하다). 경선이 아닌 자이다.

하나님과 독대하다. 1993년 가을, 아버지 장례식 기간에 네가 오른 곳은 나 있는 곳이었다. 내가 주는 것을 보았다. 내려보내졌다. 1995. 8. 21. 월요일, 성령 체험! 다시 만났다. 줄곧 너와 나 관계 유지를 위한 시간을 보내오고 있었다. 세 번째 만났다. 나의 일생은! 나는 하나님이시다. 곧 너이다. 함께하기 때문이다. 네 것이 아니다. 모든 시간은 내가 주인이므로 시간 안에 있는 모든 것은 내가 다스린다. 나의 관리 안에 있다. 이것이 주권이다. 하나님의 주권, 통치, 다스림이다. 내게 말한다. 나를 아는 자들은 나를 찾을 것이다. 구할 것이다. 모래 속의 밑그림을 찾는 너이다. 다시 밤하늘의 별처럼 너는 나를 간절함으로 원하고 네 마음을 다할 때 그 빛이 내 얼굴을 네게 향하게 할 것임을 미리 준 바 있다. 너는 나의 집이다. 그곳에 내가 거한다. 네 육신(몸, 육체) 속에 나는 영으로 일하시는 하나님이시다. 줄곧 알린다. 이것이 나와 너의 관계이다. 유독 너는 나를 좋아한다. 구한다. 네 체질 때문이다. 네 온몸 골수까지 난 너를 사랑했었다. 깊이 새긴 자였다. 이것이 나에 대한 너의 사랑의 요구이고 사랑이다. 너는 나를 알았다. 이것이 네가 나를 떠날 수 없고 다시 찾고, 또 기다린 이유이기도 하다(했다).

10. 빈 라덴 보자. 그는 누구인가?

테러리스트이다. 아랍인이다. 이스마엘인이다. 중동 평화를 깨뜨린 자이다. 들나귀이다. 형제를 치는 자였다. 창 16:12 그가 사람 중에 들나귀같이 되리니 그의 손이 모든 사람을 치겠고 모든 사람의 손이 그를 칠지며 그가 모든 형제와 대항해서 살리라 하니라. 미국은 추적하고 그를 끝내게 했다. 그는 살인자였다. 무수히 인권 유린한 자, 학대한 자이다.

11. 일루미나티 어떠한가?

　유럽 공동체를 위한 결사 조직 단체이다. 경영권 가진 자이다. 체제 수립해 가는 자이다. 적그리스도 체제이다. 대표자이다. 구성인들이다. 바벨탑(창 11:4)에 도전하는 자들과도 같다. 시장 경제를 통제하며 참여한다. 쥐락펴락하기도 한다. 업체들(경영 참여자들)을 하수인처럼 부린다. 666 표를 준비해온 자들이다. 짐승의 수 그들이다. 계 13:16 그가 모든 자 곧 작은 자나 큰 자나 부자나 가난한 자나 자유인이나 종들에게 그 오른손에나 이마에 표를 받게 하고 17 누구든지 이 표를 가진 자 외에는 매매를 못하게 하니 이 표는 곧 짐승의 이름이나 그 이름의 수라 18 지혜가 여기 있으니 총명한 자는 그 짐승의 수를 세어 보라 그것은 사람의 수니 그의 수는 육백육십육이니라.

　모든 경영권에 장기 두듯, 전 세계를 움켜쥔 자들이다. 경영자들을 장기의 '말'로 보면 된다. 내려다보고 이리저리 좌지우지하는 자들이다. 첫째, <u>통신(망)</u>이다. 정보 통신업계 해당(모든 영상 관계된 것들) 둘째, <u>주류업계, 마약</u>이다. 성범죄 온상지로 만드는 그들이다. 셋째, <u>금융업계이다</u>. 돈을 신으로 여기는 '맘몬주의'자들이 그들에게 노예 계약과도 같이 관련되어 있으며, 금융 전체를 꿰뚫고, 장악하고, 움직이는 세력으로 보면 된다. 넷째, <u>유흥업계이다</u>. 게임, 도박 등 경기 관람, 운동 경기까지 오락성으로 분류해 보자. 다섯째, <u>의사, 병원 업계이다</u>. 통신, 금융과 연결된 조직망으로 운영하는 체계방식으로 관여하는 자들이다. 여섯째, <u>정치, 기업 관계</u>(경제인) 두 부류 연관성을 두고 좌지우지하는 자들이다. 무엇이 빠졌나 보자. 일곱째, "<u>종교와 기독교</u>이네요" 일곱 산이다. 일곱 영은 세상 영역이다. 알려줘라! 이것이 별이다. 몇 해 전에 꿈으로 본 자이다. 어느 집 천장에 매달린 별, 너는 우상으로 느낀 자이다. 몇몇 목사들이 그 아래 모여 바라보고 있는 장면이다. (그들 모습이 그릇된, 이탈한, 우매한 자로 느껴진 자이다) 보인 일곱 영역을 원으로 일곱 등분해보자, 피라미드로 일곱 등분해보자.

일곱째는 하나님의 영에 대한 대적 '종교'이다. 여섯째는 나라의 정치(권좌)와 경제(기업, 상권) '매매'이다. 셋째는 금융(통신과 관계)이다. 첫째는 통신이다. 다섯째는 의료업계이다. 네 번째는 유흥(게임), 스포츠이다. 두 번째는 주류이며 다음으로 이어진 마약(성범죄 온상)이다.

12. 법치주의 보자

대한민국은 법치국가이다. 법망을 가지고 있다. 이는 법 테두리 안에 살아야 한다는 뜻이다). 첫째, 가정법은 기초법이다. 단위 구성 1차 법을 타격하는 자 문재인 대통령이다. 성평등 주장자이다. 공산주의 문화와 이념, 사상을 가진 자이기 때문이다. 둘째, 사회법은 여러 영역이 있다. 질서를 위한 것과 손해 배상 관계와 생명 보호, 인권 등이다. 이를 그는 좌지우지하는 자이다. 편법자이다. 셋째, 국가법(헌법) 위배하는 자이다. 명시! 이를 지키지 않는 자이다.

13. 사회 구성원 보자

직업군 가진 사회이다. 이는 여러 영역 의미를 알린 자이다. 첫째, 목회는 사람의 영(생명)에 대한 것이므로 가장 중요하다. 나라의 정치보다(둘째). 셋째, 교육가는 사람의 학문(지식)과 재능에 대한 일이다. 넷째, 기업은 경제와 관계한 일이다. …생략… 앞으로 10년 후에서 20년까지 나(너)는 무엇을 할 것인가? 제일은 사랑이다(고전 13:13). 주님이 가르쳐 주시면 할 자이다. 나 예수는 누구인가? 네 마음속이다. 원하는 것 적어 본다. 나(너)는 그리스도가 아니다. 요 1:20 요한이 드러내어 말하고 숨기지 아니하니 드러내어 하는 말이 나는 그리스도가 아니라 한 대. 잠시 잠깐 후면 오실 이가 오시리니 지체하지 않고(히 10:37) 오시리라. 집단 감염 시대이다. …생략… 이곳은 예멘(이슬람 국가)이다. 자가 격리 시대이다.

14. 문 정부

　피비린내 나는 자들이다. 혹독하다. 전 목사, ㅇㅇㅇㅇ 교회 성도들은 2주 쉬는 상황이다. 이스라엘 자손이 부르짖음과 같은 한국 상황이다. 그(문 대통령)는 누구인가? 학대자, 인권 유린자, 가소로운 자들이다. 무기들이다. 한국을 위협하는 자들이다. 앗수르 나라 랍사게(왕하 18:17)의 조롱, 비난자와 같다. 박근혜 전 대통령 임기에 ㅇㅇㅇ 사역자가 주사파 색출을 전한 자이다. 이는 기생충이다. 한국 내 기생, 유착자이다(정치, 경제와 북한 관계). 심의자이다. 북한의 심의받는다. 하박국 말씀을 보자. '원수들이 토성을 쌓고' 이러한 갈대아 사람 같은 자들이다(합 1:6-11). 합 1:6 보라 내가 사납고 성급한 백성 곧 땅이 넓은 곳으로 다니며 자기의 소유가 아닌 거처들을 점령하는 갈대아 사람을 일으키리니…. 10 왕들을 멸시하며 방백을 조소하며 모든 견고한 성들을 비웃고 흉벽을 쌓아 그것을 점령할 것이라. 요엘 말씀 보자. '먹고, 먹고, 먹고'이다. 욜 1:4 팥중이가 남긴 것을 메뚜기가 먹고 메뚜기가 남긴 것을 느치가 먹고. 느치는 문 대통령이다. 느치가 먹고 남긴 것을 황충이 먹었도다. 이는 다음 대권 노리는 자이다. 문재인 대통령은 살해자이다(ㅇㅇㅇ). ㅇㅇㅇ 지시자, 북한은 하달자이다. 체제 변화 주려는 자 ㅇㅇㅇ은 ㅇㅇㅇ에게 지령하는 자였다. 그들은 계획 구도를 가진 자이다. 서울은 이ㅇㅇ, 경기는 이재명이다. 이들은 공산주의자이다. 인천 누구인가? 시장, 지사들 북한 좌경화 세력이다.

15. 세월호 주범

ㅇㅇㅇ이다. 해경에 명령권 가진 자이다. 경찰청도 산하에 마찬가지이다. ㅇㅇ 노조 중에도 섞여 있다. 북한 지령으로 노조에 의한 ㅇㅇㅇ을 내려오게 하다.

16. 하늘의 뭇별들을 세어 보라

너의 자손이 이와 같으리라. 창 15:5 그를 이끌고 밖으로 나가 이르시되 하늘을 우러러 뭇별을 셀 수 있나 보라 또 그에게 이르시되 네 자손이 이와 같으리라. 주님이 네게 말씀하셨다. 동서남북으로부터 와서 천국 잔치를 전하신 주님이시다. 눅 13:29 사람들이 동서남북으로부터 와서 하나님의 나라 잔치에 참여하리니. 설계도 다시 보자.

17. 8. 15 집회

신천지, 구원파 모이는 자들이다. 섞여 희석을 시키는 사이나. 욕하는 자이디. 집회 측은 "욕하지 맙시다" 하는 자이다. 너는 전 목사를 아는 자이다. 사람들이 종류별 들어 있는 것을 아는 자이다. 김ㅇㅇ 보낸 자 등이다. …생략… 예수 안에서 하나 될 때이다. 흩어지면 아무것도 하지 못한다.

18. 나(너 자신)의 정체성은 무엇인가?

첫째, 마지막 때를 연구하는 자이다. 둘째, 나라를 위해 중보기도 하는 자이다. 셋째, 은사자이다. 영서는 해석 은사이다. 넷째, 성령 운동가-주 음성 듣는 자이다. 다섯째, 기록자이다-주시는 말씀, 이는 영 분별이니 시대, 사람, 교회 등이다. 다음은 무엇을 할 것인가? 영서 쓰는 자 즉 해석가이다. 주님 마음을 전하는 자이다. …생략… 그다음 사람 관계는 어떠한가? 미정이다. 산 채로 불붙는 못에 던져지는 시대이다. 코로나, 지진, 사고 등 그러하다. 마지막 때 전해보자. 자료 가진 자이다. 세계 나라와 한국 관계. …생략… 너는 스몰을 좋아하는 자이다. 물건을 거추장스럽게 여긴다. 몸은 단신, 간편한 삶을 원하는 자이다. 내 몸은 짐이라 여기는 자이다. 간편식 먹는 자이다. 신묘막측이다. 내일 일은 내일 염려할 것이요. 마 6:34 그러므로 내일 일을 위하여 염려하지 말라 내일 일은 내일이 염려할 일이요 한 날의 괴로움은 그날로 족하니라. 이상이다.

하늘山
제31일. 니느웨 회개 기도 40-31 (2020. 8. 22. 토요일)

1. 전 목사 측의 강 변호사

그녀는 문 정권을 꾸짖는 자이다. 단상에 선 자이다. 문 대통령은 이를 아는 자이다. 사람을 보내 코로나 감염케 한 자-2020. 8. 17. 월요일, 코로나 감염으로 병원에 입원한 전 목사 측이다! 하라-이는 북한이 지령하는 자이다. 나라 집회로 모여 일한 자들을 코로나로 2주 쉬게 하는 상황이다. (찬양을 주십니다! 하라) '하나님 한 번도 나를…내 너를 떠나지도 않으리라' 이들은 이새의 아들 다윗같이 마음에 합한 자다. 예레미야서의 요시야 때이다. 현 시국에 대하여 여러 번 일렀으나 네 아들은 듣지 아니하도다. 넘실대는 물을 보라. 한강 수위를 보여준다. 이미 본 자 너이다. 구국 기도하지 않는 자이다. "저도 하고 싶어요" 아들과 기도 장소로 올라가라. 지금, 오늘! 너는 맛디아이다. 행 1:26 제비뽑아 맛디아를 얻으니 그가 열한 사도의 수에 들어가니라. 정결례 행하는 자이다. 입은 옷 그대로이다. 가라―[2023. 2. 15. 수요일. 추가 글입니다. 당시에 아들은 교회의 파트 타임 전도사로 사역한 자이다. 종말에 대해 그리고 영서에 대한 취지를 조금씩 드러내며, 수께서 명하시는 일들을 전한 자이다. 그러나 아직은 메시지와 행할 일들에 대해 낯선 상황이다. 가족이 하나가 되는 부르심의 시작 시점이다! 하라. 주께 듣는 자가 전하니 이러한 관계에 익숙지 않은 시기이나 점차 나아진 관계이다. 마치 베드로와 요한처럼 함께하는 훈련이 시작된 시점이다. 이때부터 함께 기도하는 관계로 주신 팀워크이다! 하라. 되었다. 닫으라]

2. 문 대통령은 탱크, 불도저, 무기이다. 생화학이다

너는 섭렵 중인 자, 그(문 대통령)의 '인권에 대한'이다. 그는 김정은 북한 편이다. 한 곳만 응시하는 자이다. 김정숙 여사와 함께. 임ㅇㅇ 그도 동조자이다. 너는 아들과 함께 주님 다음으로 구할 나라를 위해 기도해야 하는 자이다. 너는 사건 사건마다 받고 있는 자이다. 이는 오래전부터 그러하다. 선지자는 예레미야처럼 보는 자이다. 땅의 큰 나라 예언한 칼, 기근, 전염병에 대해서. 렘 6:22 여호와께서 이와같이 말씀하시되 보라 한 민족이 북방에서 오며 큰 나라가 땅끝에서부터 떨쳐 일어나나니. 렘 14:12 그들이 금식할지라도 내가 그 부르짖음을 듣지 아니하겠고 번제와 소제를 드릴지라도 내가 그것을 받지 아니할 뿐 아니라 칼과 기근과 전염병으로 내가 그들을 멸하리라. 문 대통령은 바벨론 편에 선 자, 중국에 넘겨주려 하고 있다. 보고자이다(김정은 관계). 전 목사 및 한국 상황을 다 가지고 있는 자이다. 좌지우지하는 자, 칼 든 자이다. 너는 생화학 무기에 대해서 배우는 중이다. 실험실 한국이다. 청와대(백신) 그러하다. 2009년 알게 된 자, 생화학전 시대이다. 2009년에서 2020년 코로나 시대까지 **그동안 10년간이다(추가 글 2023. 2. 15. 목요일)**. 나라가 어두워진 것을 느끼는 너이다. 그들 문 대통령, 김정숙 여사, 임ㅇㅇ, ㅇㅇㅇ 등은 어떠할까? 만두이다. "왜요?" 만두의 오므린 부분처럼 안의 내용물을 봉한 자이다. 김정은과 중국이 함께 그러하다. "무슨 뜻이에요?" 이는 청와대이다. 영적으로 차단된 곳이다. 무관히 보내는 자들이다. 같은 영으로 지낸다. 비와 해의 관계, 즉 대적이기 때문이다.

2023. 2. 15. 목요일. 추가 글입니다.

그동안 10년간이다: 어느 날 TV 광고를 우연히 본 자이다. 도심의 거리에서 사람들이 하나, 둘씩 쓰러진다. 묘한 기분과 함께 이상하다는 꺼림직한 무언가를 느끼기도 한 자이다. 이후 설명을 들은 자이니 너에게 영으로 알게 하는 이 시대의 문제이다! 한 당시이다. 공중에 소량으로 살포되는 실험이 있다는 것이다. 생화학전에 대해 들은 자이다. 이러므로 밖에서 시간을 많이 보내는 사람들이 걱정이 된 자이다. 자신 또한 밖에 외출할 시에는 마스크를 사용하라는 것이다. 이는 장기전이며 이후에는 사람들에게 '증세(후유증)가 나타날 수 있다' 한 믿기 힘든 메시지이다. 그리고 2020년 코로나로 인하여 다시 설명을 들은 자이다. 이는 생화학전 제3차 전쟁 시대이다. 당시의 방송 광고와 메시지로 비로소 깨닫게 된 코로나 참사이다 하라. 되었다. 닫으라.

3. 문 대통령을 환상으로 보이십니다

한 장소 안에 문 대통령이 쇼파에 앉아 있는 모습이다! 하라. 그는 혈안이 된 자이다. 복수의 눈이다. 네 본 바 그러하다. 느끼함은 연합의 의미이다. 각색된 자이다. 그는 각본이다. 지옥 열쇠이다. 지옥문을 열고 나오게 하는 자, 활동하도록 하는 자 그이다. 냄새나는 자이다. 피비린내 각축전이다. 전 목사와 대결하는 중이다. 콜로세움 원형 경기장 사자이다. 그는 배고픈 자, 혈안이 된 자이다. 전 목사에게 달려든다. 거세게 돌진한다. 8.15 집회를 향해서. 그는 짓밟는다. 현저하게 드러나고 있다. 2020. 4. 15. 수요일, 총선 때처럼(21대 국회의원 선거이다! 하라) "문 대통령도 서울 ㅇㅇ 박ㅇㅇ처럼 사라질까요? 살해될까요?" 그가 스스로 '미친 짓이다' 이를 알 때까지 기다려 본다. 사람들이 그렇게 보고 있다. 한국의 과정이다. 민족의 의식이다. 남편에게 참는 아내처럼, 충신들처럼 이것이 한국의 정서이다. 급하지 않다. 그대로 보고, 속기도 하고, 기다려 본다. 그러려니 하는 자들이다.

물론 공산화된 자들도 많다. 이미 상당수이다. 버가모 교회이다. 이는 한국 교회의 상황이다. 사탄의 권좌가 있는 곳이다. 사탄의 회당(A 목사, B 목사, C 목사)이 있는 곳이다. 계 2:12 버가모 교회의 사자에게 편지하라 좌우에 날선 검을 가지신 이가 이르시되 13 네가 어디에 사는지를 내가 아노니 거기는 사탄의 권좌가 있는 데라…. 이들은 왜일까? 접전지 근처에만 있다. 구경하는 자이다. 문 대통령 편에서 본다. 전 목사 편에서 본다. 그리고 우세하는 자에게 기울인다. 이들의 모습인 것이다. 한국 교회의 실정이다. 그대로 두는 바이다. (찬양을 주십니다! 하라) '나 같은 죄인 살리신…' 이를 잊은 자들이다. 천국 보자. 현세 지향적이다. 이는 대제사장, 서기관, 장로들이다. 이미 높여 놓은 자, 권좌(권세 자리)에서 왕의 지위를 누리고 있다. 사탄의 매인 바 된 딸을 풀어 주지 않겠느냐? 안식일에 나의 할 일이니라. 눅 13:16 그러면 열여덟 해 동안 사탄에게 매인 바 된 이 아브라함의 딸을 안식일에 이 매임에서 푸는 것이 합당하지 아니하냐. 내 백성이 기도하면 들으리라.

차고지 보자. 사라진 자에 대하여(서울 ㅇㅇ 박ㅇㅇ) 기록물을 넘기겠느냐? 능한 자들이다. …생랴… 그들의 메뉴얼이었다. … 속은 것이다. 국민을 대상으로 그는 속셈을 보이지 않으려 고도 전술로 해를 끼치며 승리자로 스스로를 믿고 있다. 나를 반대하는 자들은 정체 모를 일로써 당할 것이며, 우는 자들로 울지 않도록 할 것이며, 깔린 쥐를 피하듯 그를 피할 것이며 사악함에 머리를 흔들 것이다.

4. 유다에 대하여 슬퍼할 자가 있느냐?

'옳다' 하겠느냐? 마침표가 될 것이다. 문 정권(좌파 정부)을 끝으로 그는 끝날 것이다. 나의 몽둥이였다. 내가 놓으려 한다. 너희가 나를 보게 하기 위함이며 나를 위하여 사는 자들로 세우기 위함이다. 이 민족은 나의 눈이다. 나의 마음이다. 나의 빛으로 비출 것이며 땅끝까지 이를 것이며 내 안에, 그 안에 있다는 말이니라. 나 여호와의 말이니라. 네게서 떠나지 아니한 나란다. 의기소침해진 자 너이다. 나 여호와의 말이니라. 결과를 보라. 두고 보라. 행하리라. 내 손에 들린 막대기니라. 스스로 자긍하는 자 되어 높임을 받는 그(문 대통령)를 보라. 메어칠 자이며 내가 그를 놓을 때 어찌 되겠느냐? 그는 나의 불이 되어 사르는 자로 세워졌다. 이곳저곳, 그의 불로 대한민국은 초토화가 되었으며 자연재해 또한 나의 마음이 되어 쓸어 버리려 하는 중이다. "회개하라 이 민족이여" 외칠 자이다. 이것이 40일 기도이며 전할 자이다. 책 펴내리라. 이를 믿지 못할 자이다. 왜냐하면 자신을 의지하며 믿기 때문이다. 나의 일을 보라. 나의 하는 일을 보라. 동에서 불며, 서에서 불며, 남에서, 북에서 이 바람은 어디서 오는가? 보라! 내 바람이다. 내 사역자이다. 흰 눈을 보라! 어디서부터 내리고 있는가 보라. 위에서부터 아래로 아니더냐? 비바람은 나를 대신하여(밖은 비가 오는 중입니다) 쏟아지며 휘몰아치며!

"기도 장소에서 주시는 말씀입니다!"

5. 청와대의 문 정권

북한의 외화벌이 등 역대의 대통령들부터 그러하다. 이 나라 국민(국가의 생명임에도)은 좌파 정권 아래서 인민을 위한 이러한 그들이다. 청와대의 벽 역할을 하는 대형 교회 몇을 보자. A 목사, B 목사, C 목사, D 목사 (목사 이름들은 생략이다! 하라) 그리고 ㅇㅇ 교회도 그러하다. 이는 현금이 많은 교회이다. 그리하여 청와대와 가까이 있는 것이다.

서울을 보자. 8.15 나라 집회를 주최한 서울의 ㅇㅇㅇㅇ 교회는 계시록의 서머나 교회이며 광야의 세례 요한과 같다. 병원(코로나 입원 중인 전 목사, 사모, 주ㅇㅇ 여사 세 사람이다)은 여호와의 손이 구원하리라. ㅇㅇ 신학대학교 보자. 노조는 북한과 관련이 있다. 코로나로 인한 학교 내의 ㅇㅇㅇ 폐쇄, 이는 예멘(이슬람 국가)이다. (환상을 주십니다) 문 대통령은 플라스틱 방망이, 북한은 쇠 방망이, 중국은 철 강판 같은 자들이다.

6. 청와대의 문 대통령

(눈물 기도 메시지입니다) [2023. 3. 29. 수요일. 추가 글입니다. 제목 '6. 청와대의 문 대통령'과 이어지는 '7. 청와대의 벽 대형 교회'의 내용들을 전하실 때 하나님의 애절하심과 깊은 마음을 느낀 자이다! 하라. 전쟁이 곧 일어날 수 있는 불가피함까지도 전하시는 한국의 위기를 알리신 주시다! 하라. 이는 교회들에 대한 심각성과 정치도 그러하니 이 죄를 느끼게 하시기에 심이 크게 많이 운 자이다! 하라. 그러므로 눈물로 받아 적은 글이다! 하라. 또한 한국이 걱정되지 않더냐? 노심초사 "전쟁 위기이다!" 하며 지내는 중이나, "전쟁은 안 됩니다!" 하며 네가 구하지 못할 만큼 화난 부모가 '매'를 들려 한 상황이 아닌가! 하라. 이는 왜인가? 이러한 자녀들의 심각성을 알리니 그러하지 않더냐? 이러한 기도 시간이다. 이를 알리라. 되었다. 닫으라]

가톨릭의 로마 교황처럼(제도적 숭상이다! 하라) 가톨릭이 기독교를 다스리려 한다. 북한과 연계하여 이 정권은 좌지우지하고 싶은 것이다. 청와대의 지하 벙커를 보자. 서울 시민의 생명은 안중에도 없다. 전쟁이 일어날 시에 서울은 희생(피)이며, 남은 자는 희생한 자들의 피를 받아 북한에 복음을 전할 자이다. 전쟁이 매우 위험한 상황이다. 서울, 인천, 경기(2주 상황) 지역이 그러하다. 교회는 성도를 비우게(정치 방역과 관련) 하는 자들이다. 예배 위원(수 제한된 예배 참석자들)은 희생이니, 북한과 함께 일으키려 하는 **한국의 전쟁 위기이다**(추가 글 2023. 2. 15. 추가 글). 북한 인민이 일하는 것은 자금을 위해서이다. 70년간 포로! 이는 두려움이다.

2023. 2. 15. 수요일. 추가 글입니다.

한국의 전쟁 위기이다: 미취학 유년기에 주위 사람들이 대화하는 내용 중에 6.25 전쟁이라는 이 말이 유심히 들려지면서 무서움, 두려움, 공포감으로 크게 울던 자이다. 그리고 반공 교육이 강한 고 박정희 전 대통령의 장기 집권 기간 16년(1963. 12. 17-1979.

10. 26)은 출생 시기 즈음부터 여고생 때까지 성장 기간이다. 그리고 민주화 바람과 함께 대통령들의 정권 변화기 그 시기 가운데 지내온 자이다. 북한에 대한 '햇볕 정책'에 속은 당시이다. '평화' 바람으로 그저 남북통일은 남한의 기도와 그들에 대한 구제와 문화 교류, 협력이 답이겠지! 한 자이다. 신앙이 없는 당시이다.

박정희 전 대통령이 서거한 10.26 사태가 일어난 해인, 1979년에서 1989년 결혼할 때까지 10여 년은 가정에도 환난의 바람이 강하게 부는 기간이다. 어느 날 갑자기 일어난 아버지의 교통사고는 사망 아니면 중증 환자 또는 장애와 후유증이 크다! 하는 청천벽력의 소식이다. 아버지의 병간호가 시작되었고 아버지를 위해 한적한 곳에 집을 마련한 당시이다. 오빠에 이어 취업하여 가정은 다소 안정이 되나, 서로 학업에 대한 목마름이 있는 당시이다. 그러므로 무언가를 향한 배움과 갈증 해소로 나타나 '정치에 대한' 관심도 기울이며 신문, 정치 월간지 등을 보기도 한 시기이다. 이는 생명에 대한 목마름이다! 하라. 나를 잊은 자가 어디에 가며 무엇을 하랴? 경제는 나아지나, 돈벌이 수단은 되나, 사람을 사람 되게 하는 정의의 목마름과 함께 분출됨이니! 이 관심이 오빠와 함께 사찰(절)을 찾기도(학생회 모임에 가보기도 한 자이다), 정치에 마음을(알려 하는) 두기도 한 자이다. 나라가 보이기 때문이다. 이는 20대의 성장통이다! 하라. 사회, 나라를 알아야 하는 시기이므로 그러하다.

이때에도 눈치를 못 챈, 북한 문제와 남한의 좌경화 세력이다. 있는 줄 안 자이다. 잘 모르기에 어렴풋이, 뭉뚱그려 "나라의 오랜 문제 남북 관계이냐" 한 자이다. 전쟁, 간첩 문제로 반공 교육과 반공 문화 속에서 자라면서 어느 정도는 암세포처럼 은밀하게 활약하면서 자라는 그들 세력은 가늠한 자이다. 막연하게 남북통일은 나라의 국민으로서 누구나 갖는 기대이기에 정치적 관심 또한 대부분 갖는 그러한 지난 날이다. 오랜 환자 아버지로 인한 아픔으로 주를 찾은 시기이기도 하다. 이는 너의 20대 시절이다. 그리고 나라의 일에 더 깊이 마음을 둔 친구 같은 오빠는 20대 미혼의 끝을 나라 앞에 목숨을 내놓고 생을 마감했다. (10년 안에 나라의 일과 관련하여 친가 아는 분 이어 오빠가 생명을 잃은 당시이다! 하라) 당시 나라에서는 가족에게 장례조차 치르지 못하게 하여 더 깊은 애통의 시기이며 동시에 기자들의 세계도 겪은 자이다. 당시의 기자들은 가족의 입장보다 이슈(가난한 노동자 비유 등 그러하다)로 기사를 다루는 것을 보면서 뉴스에 눈을 뜬 자이다. 이도 억울함이다! 하라.

그리고 이어진 결혼이며 1990년 첫아들 출생으로 유아 교육에 힘 쏟은 가정 교육 시기이다. 이어 잉태한 둘째 생명의 소식을 들으며 겨울을 보내고 1992년 봄을 맞아 당시 불신자 어머니의 주일 회갑 잔치를 다녀온 후, 두 돌을 앞둔 첫아들도 청천벽력 같은 소리를 들은 자이다. 작은아들의 임신 6개월 중에 병원 입원과 죽음 위기 앞에 20대처럼 다시 신을 향한 자이다. 그리고 인생의 삶과 죽음 문제를 하나님께 답을 얻기 위해 성경을 품고 하나님을 알자! 하며 성경을 읽기로 마음을 굳힌 자이다. 그리고 그해 여름, 작은아들의 출생 시기에 복음을 전하는 산후 도우미를 만났고 방언의 세계와 귀신의 세계에 대해서도 들은 자이다. 복음을 듣고 가장 먼저 우상(아기 낳은 집에서 하는 우상 행위)을 거부한 자이다. 그리고 이와 관련한 어머니를 오히려 전도하며 신앙생활을 권유한 자이다.

하나님 세계에 대해 여러 영역에서 많은 체험을 하면서 교회에서 신앙생활을 시작한 지 1년이 다가올 무렵인 1993년 가을, 자신의 신앙 점검과 신앙 열매를 돌아볼 시기에 추석 앞에 아버지의 임종을 직감하고 지켜본 자이다. 그리고 장례 기간에 임사 체험을 하고 하늘에 올라 하나님을 만나고 지구의 위기 '종말'을 알게 된 자이다. 이로써 시작된 이 세대의 종말이니 지구전, 나라전과 함께 북한이 구체적으로 열리기 시작한 자이다. 이는 북한과 관련한 한국의 공산화 및 전쟁 위기, 세계전 그러하다. 전쟁 상황 지구이다! 하라. 되었다. 닫으라. 인생은 전쟁이다. 개인의 영혼 전쟁부터 시작하여 전 세계가 몸살을 앓는 죄와의 싸움이니, 이는 핵 개발, 핵전쟁 위협으로 더 심화, 나라마다 초토화될 위기이다. 자연재해도 전쟁이다. 이도 인간의 죄로 인한 결과이다. 사회 범죄가 다양한 전술로 등장하여 비밀리에 행한다! 할지라도 한편에서는 죄와 맞서는 주의 택한 사람들이 있으니 죄를 발표한다! 이르라. 이를 전하라.

이러한 죄 가운데 구원을 요청할 자들이 주 예수 그리스도 구원자에게 나아오는 시기이니, 이를 복음이라 한다! 하라. 이는 사는 이유이다. 죄를 알고 죄에서 벗어나기 위해 시작된 사람의 생명이 죽음이라는 끝 지점 이르기 전에 변화되어 주의 나라에 이르러 영생 복락을 누린다! 하라. 자신을 의지하고 인생을 힘으로 여기며 사는 자들은 나와 함께 하지 않는 세상에 속한 자들, 세상 편이 된 자들이니 성공 가도를 향한 자들이다. 이는 세상 기준이다. 사람이 볼 때 그러하다. 죄도 의도 사람이 기준이 되어 판단, 정죄하기도 하며 옳다고 하기도 하는 무법자의 이 세상이다! 하라. 나의 '자'(측정하는) 영서이다. 이를 알리기 위해(선악 모두이다. '주'의 기준을 내보이는 나, 주 하나님 성령이시다 하라) 나선, 책 발간자이다. 되었다. 닫으라.

책 발간 '명'함은 왜인가? 내 발이 되어 다닐 복음지이다. 사 52:7 좋은 소식을 전하며 평화를 공포하며 복된 좋은 소식을 가져오며 구원을 공포하며 시온을 향하여 이르기를 네 하나님이 통치하신다 하는 자의 산을 넘는 발이 어찌 그리 아름다운가. 아무도 "하라" 지시하지 않은 자이다. "이렇게 하라, 해야만 한다" 하며 전하는 사람으로부터가 아닌 나의 임재이다! 하라. 부르심이다! 하라. 듣고 전해지는 기록물이다. 그대로 시간 순서대로 원고가 되어 이후에 기록하는 추가 글 함께 전하는 책이 되는 복음의 도구이다. 이 세대를 위해 적합한 방법으로 보이신 복음의 방안이다! 하라. 사 28:26 이는 그의 하나님이 그에게 적당한 방법을 보이사 가르치셨음이여. 되었다. 닫으라.

7. 청와대의 벽! 대형 교회

(위에 이어지는 눈물 기도 메시지입니다) 대형 교회는 청와대의 보호 역할이다. 역대부터 청와대 가까이 있는 그들이다. 성도에게 받아 건네는 교회이다. 헌금이 많이 갔다. 북한을 데려가는 이유는 성 접대이다. 교회가 작고 초라해도 차라리 농사짓고 살면, 차라리 나았다. 건물을 보자. 도시 계획하에 따라 영향으로, 사람 수가 많아진 도시이다. 논밭의 서울이었다. 한국의 성장 도시화 등이다. 교회가

잘못 가르친, 이는 하나님이 하시는가? 마구간 교회면 어떠냐? 밭의 비닐하우스 교회이면 어떠냐? 너도 그곳 개척 예배처가 누추하다. (환상으로 도시의 구획화 모습을 보이십니다) 대형 교회는 각 지역으로 차량을 운행하니 교구는 버스 안내양 역할이다. 과학이 구원하더냐? 건물이 교회더냐? 양들의 젖을 짜고 털을 깎아서 목회자가 부해지며, 해외에 수영장을 두는 자도 있다. 리베트에서 회의도 한다. 양이 갇혀 있다. 부모는 아들자식이 벌어온 돈을 마음이 아파서 쓰지 못한다. 그러나 교회는 그러지 아니하다! 하라. 도시를 보자. 건물들은 외세 확장한다. (다시 환상을 주십니다) 빌딩을 가진 대형 교회 건물이다. 그 아래 초라한 볼품 없는 작은 개척 교회이다. 큰 교회는 작은 개척 교회를 마치 하층 계층처럼 여긴다. 가지면 높아진다. 반면에 갖고 있지 않으면 낮아진다. 이것이 사람이다.

전 목사에 대해 보자. 대형 교회는 전 목사에 대해 "우리가 하지 못할 일을 하고 있다" 이렇게 말해야 할 자들이다. 전 목사 그는 선지자이다. 그들은 오물이다. 노아의 때에 대적한 자와 같다. 눈여겨보지 않는다. 성도 중에 천국 갈 자가 몇이며 복음 전하는 자가 몇인가? 지금 한국이 어떠냐? 외모로 보지 않아야 한다. 나는 제자를 데리고 길에서, 초대하는 집에서 보내지 않더냐? 대형 교회에 대해 '회개할지어다' 외치라. 너는 외치는 자이다. 기도 속에 외칠지어다. 이를 알고 행하라.

하늘山
제32일. 니느웨 회개 기도 40-32 (2020. 8. 23. 주일)

1. 40일 니느웨 회개 기도 기간이다

　영서는 설명하는 은사이다. speed 스피드 가진 자이다. 주위에서 무어라 해도 아랑곳하지 않는 자이다. 동위 원소이다. "무슨 뜻이에요?" 가진 자! 동위 원소들과 같이 각자 고유의 역할을 가진 자이다. 그러므로 주위가 해가 된다는 뜻이다. 맡기신 것을 설립해보려는 자이다. …생략… 너는 사람의 말을 듣지 않고 가린다. 섭렵해주는 자, 너이다. 분야에 대해서이다. 너는 나의 손이다. 내가 쓴다. 나의 영으로 집필하는 중이다. "집필 내용 중 중요한 것은 무엇인가요?" 서론을 다시 봐야 하는 자이다. 서론, 본론, 결론 진행 중이다. 완성도로 나갈 것이다. 세계는 하나이다, 장기판과도 같다. 내가 훈수란다. 나 예수와 성령 둘이서 너희들을 내려다보고 있다. 어찌할지 내가 결정한다. 장기판 같은 나의 판이다. 에덴동산부터 난 너희들을 꿈꾼다. 나의 자녀로 기르기 위함이다. 집결도 해산도 내가 결정한다. 필요에 의해서(필요에 의한 것)이다. 너는 이리저리 다녀보기도 하고, 생각도 해보는 중이다. 나의 가늠내로 이동하기 시작한 것이나. 너는 '저울의 추'이다. 내게 가까이 오고 있다. 나의 마음을 살피는 중이다.

2. 이삭이다(사역 시작을 의미한다)

　그(아들)는 무엇을 배우는가? '아니다'라고 그는 자세를 취한다. 네게 주는 자들은 요구한다. 이것이 너의 갈등이다. 아들은 먹지 않기 때문이다. 먹고, 안

먹고(굶거나, 다른 것, 인스턴트 등)의 문제이다. 그럼 어떻게 할 것인가? 내 뜻을 따를 것인가? 그들-아들들과의 연계(주위)된 관계를 의미한다! 하라-뜻을 원하는 대로 내줄 것인가? "저도 이 부분을 주님께 배우고 싶어요" 가급적 대부분이다. 이 분야는 모두의 방식이다. 목회자와 성도와의 관계 질서로 배운다. 교계를 원하는가? 나를 원하는가? 둘 중의 하나이다. 아들은 다소의 희생이 있더라도 나의 뜻대로 해야만 한다. 이것이 너이다. 너는 나의 종이다. 먼저 먹을 자(먹일 필요가 있는)에게 주라. 이것이 너의 대접이다. 그들(아들들과 관련된 자들)은 섬김을 받아왔다. 오랫동안 굳혀 왔다. 이것이 텍스트이다. 그들은 이상히 보지 않는다. 서로 묵언, 묵행 관계이다.

3. 묵시적 문학을 보자

묵시 문학은 왜 나오게 되는가? 가르침을 주지 않을 때 표현하는 방식이다. 누구도 말하지 않는다. 관습이다. 주구장창 해오고 있는 자들이다. 굳어진 살이다. 어찌해야 하는가? 멈춰야 한다. 더 굳기 전에 그러하다. 죽은 부위다. 감각 없는 곳이다. 너희가 그렇다. 많은 부분 나는 그렇다고 전한다. 이것이 한국 교회의 모습이다. 폐단이다. "질서 회복해라!" 하는 나이다. 내가 먼저이다. 그들 앞에 내가 있음을 기억해야 한다. 이는 밖에서 실내로 들어갈 때 안경에 서리는 '김'(이는 너희식 표현이다. 수증기라 하자) 같은 것이다. 교회 밖에서 교회로 들어가는 자는 이 서린 김 때문에 제대로 볼 수가 없다. 그들은 그렇게 '김' 같은 역할을 해오고 있다. 그들이 만들어 낸 온도 차이다. 그들 스스로 왕이 되기를 원했던 것이다. 나 없이 왕 노릇 또는 나를 빌미로 엘리사의 종 게하시처럼 취하는 것이다. 왕하 5:20 하나님의 사람 엘리사의 사환 게하시가 스스로 이르되 내 주인이 이 아람 사람 나아만에게 면하여 주고 그가 가지고 온 것을 그의 손에서 받지 아니하였도다 여호와께서 살아 계심을 두고 맹세하노니 내가 그를 쫓아가서 무엇이든지 받으리라. 답보이다. 이것이 한국이다. 네가 살고 있는 땅의 교회들의 모습이다.

4. 네 어린 시절을 보자

이를 요즘에 역학 관계라고 한다. 너는 막내처럼 떠받들어졌다. 독자처럼 귀하게 대우받고 자랐다. 독선이 너를 아집과 편견으로 키웠다. 네 아버지이다. 오로지 딸이었다. 이는 너이다. 사랑받는 자로 여겨져 왔던 너이다. 지나 보니 배우지 못했다. 소통에 대해 자신을 내려놓고 포기를 하기보다, 제1호 위치 만들기에 급급한 너였다. 물론 가정 속의 네 고난을 안다. 네 역할로 아버지를 견디게 해주었다. 이는 사랑하는 딸로 인한 위로이며 기대였었다. 너는 남동생만큼은 사랑하려 했다. 부모의 짐을 지기도 했다. 나누기도 했다. 그러나 형제들 '오빠, 언니' 등 너의 관계는 원만치 못했다. 왜냐하면 그들 입장을 잘 모르기 때문이다. 사랑받는 자가 알지 못하는 그늘을 그들은 갖고 있었다. 동생 또한 그러하다. 나 중심적 사고로 키워진 너는(아버지 때문, 엄마 때문, 혹은 주위 때문이니 늘 인정받고 사랑받고 기대감 속에 있었다) 은연중 너 또한 당연히, 서서히 여기면서 자라왔다. 이것이 너이다.

나는 너를 내던졌다. 어려운(까다로운 자, 성질 가진 자, 이는 네가 보는 그이다) 남편과의 관계를 통해 너를 낮추기 시작했다. 성령으로 네게 띠 띄우며 그와의 긴 줄다리기 같은 생활 속에 새로운 자신을, 주님의 나로, 새 사람으로 너를 세워 놓기 시작했다. 지금은 나의 종이다. 나의 어여쁜 자야 가자, 술람미 여인 같은 너이다. 색다른 자로 널 바꿔놓기 시작한 나였다. 나의 계획은 너였다. 구출하기 작전 속에 성령으로 네게 띠 띄우고 긴 세월 갇힌 네 속에서, 그와의 관계 속에서, 환경 속에도 서서히 너를 탈출시켰다. 이것이 나이다. 나를 경외하기 위함이 아니더냐? '마음은 원이로되 육신은 약하도다' 하는 너이다. 마 26:41 시험에 들지 않게 깨어 있어 기도하라 마음에는 원이로되 육신이 약하도다. 네가 나를 사랑함을 난 안다. 나는 너를 안다. 구부러진 것을 바르게 펴고, 굽은 것 또한 다시 펴 놓으며 웅덩이 같은 삶을 메꾸는 평지로 만드는 나이다. 나는 너를 그렇게 해왔다. 이것이 너의 연단이다. 30대의 교회 생활 12년 그리고 그 이후 현재까지 너를 두들기고, 다듬어 나의 연장되기 위하여(보습-칼) 너를 훈련 시킨 것이다. 네 안의 독소(불필요한 것이니 너 자신과 나를 위해)를 제거하고 새 영을 부어 그리스도인으로, 사람으로! 창 1:27 하나님이 자기 형성 곧 하나님의 형상대로 사람을 창조하시되…. 나는 너를 새롭게 새롭게 하여 여기까지 왔다.

나는 너의 하나님이다. 나의 찬송을 위하여 창조된 나의 것이다. 사 43:10 나 여호와가 말하노라 너희는 나의 증인, 나의 종으로 택함을 입었나니 이는 너희가 나를 알고 믿으며 내가 그인 줄 깨닫게 하려 함이라 나의 전에 지음을 받은 신이 없었느니라 나의 후에도 없으리라. 즐겨 부르는 너의 애창을 나는 안다. 너는 읽고 있다. 이는 너의 자작곡 가사들이다. 주, 왕, 생명, 능력 등등 너는 수없이 나를 반복하며(되새긴다는 말) 다가온다. 어제도 오늘도 그렇게 해왔다. 너의 창작을 나는 본다. 메시지이다. 너의 기도이다. 내게 대한 고백이다. 서로 향한 사랑을 원한다. 너였다.

5. 모름지기 사람은

'오직 여호와이다!' 해야 하는 자들이다. 너는 관계에 대한 논리 '이것은 믿음이다'를 내세워 사람들에게 바람을 갖는 자이다. 모두가 나처럼, 나 이상, 또는 나 아래 되길 원한다. 이러한, 스스로 높이려 하는 너였다. 아버지께 받은 사랑 때문에, 이것이 자극제였다. 나 중심 성향이 되기 때문이다. 탈을 깼다. 그것은 탈이었다. 네 안에 생명이 없기 때문이다. 오랜 세월을 깨고 너는 나와 하나 됨을 원하며 내게 다가온 자이다. 이것이 너의 목적이다. 온전한 연합 '내가 너, 네가 나' 이러한 하나 됨이다. 네가 원하는 바이다. 추구하는 바이다. 이것으로 너는 주의 뜻을 이루는 것이라 믿고, 그 상태에서 나를 표현하고 나의 일을 소득으로 여기며 주의 뜻대로 살려 한다. 이것이 너이다.

　내가 너에게 준다. 너를 만들기 시작하여 현재까지 이르고 있다. 사마리아 여인이 "내가 행한 모든 것을 다 아신다!" 말하듯 그러하다. 요 4:29 내가 행한 모든 일을 내게 말한 사람을 와서 보라 이는 그리스도가 아니냐 하니. 말하다. "그는 메시아이다" 그녀같이 너도 나를 메시아로 신앙 고백한다. 이것이 너이다. …생략… 어머니 장례식에 모인 형제 중에서 너는 그중 가장 어리다. 약해 보인다(다른 삶을 산 자이다). 해내고 있는 자이다. 이래서 너는 나의 영광이 되어 준다. 물론 외면이지만(훈련이 다르다) 이 또한 나의 영광이다. 내가 취할 영광이다. "아버지만이 영광이십니다. 아버지가 하셨습니다. 영광을 제 믿음(마음)으로, 혹 자랑일까 봐 미처 거기까지는 못 미쳤습니다" 오로라이다. 사막의 오로라 현상, 이것이 네 삶이다. 내가 주는 너의 취급, 대우이다. "감사합니다. 아버지 영광 받으소서. 아버지, 아버지, 주께 영광 올려드립니다!"

　"저는 무엇을 해야 하나요?" 차후 이르리라. 너 또한 예비 된 그릇이다. 너는 다른 자이다. 첫째, 성향 문제이다. 너는 소유하는 물건들이 복잡하고 많고 지저분하고 정리 정돈이 안 된 이런 환경이 힘든 사이나. 둘째, 은사 사이이다. 나 가까이 두는 자, 이것이 첫째이다. 개척 예배지나 이곳 모두 거의 모든 시간을 나와 함께하는, 필요한 자이다. 셋째, 성격 차이이다. 너는 민감한 자이다. 넷째, 신앙 차이이다. 너는 사회성보다 독립성을 가진 자이다. 다섯째, 현실 맡긴 일을 해내는 자보다 스스로 할 일을 하는 자이다. 여섯째, 순응하여 일취월장하기보다는 계획에 도전하는 자이다. 일곱째, 현실주의자가 아닌 마지막 관점자이다. 여기까지 하자. 너는 두 렙돈 가진 자이다. 막 12:41 예수께서 헌금함을 대하여 앉으사 무리가 어떻게 헌금함에 돈 넣는가를 보실새 여러 부자는 많이 넣는데 42

한 가난한 과부는 와서 두 렙돈 곧 한 고드란트를 넣는지라.

"서울, 인천, 경기 2주간에 전쟁이 일어나나요?" 준비, 계획, 실행 중이다. 그러나 내 손에 있다. 그들 모두. 그 또한 징계 대상 되는 자이다. 전쟁이 일어난다면 처참한 자 너이다. 그러나 이 상황을 피할 것이다. "아들들은 어떻게 해요?" 신학교, 집, 교회를 오가는 자이다. ㅇㅇ시 인접 지역을 아는 자 너이다. 피폭 대상 거리이며 피해 지역이다. 두 가지이다. 첫째는 아버지 손의 은혜이다. 둘째는 기적이다.

2023. 2. 24. 목요일. 추가 글입니다.

잊지 못할 날, 2020년 8월 어느 날, 큰아들과 함께 기도 장소에서 전시 위기에 대한 하나님의 마음을 듣고 심히 많이 울던 자이다. 왜냐? 이는 죄악이다. 도시 문명화된 한국이다. 그리고 목회자들의 높아진 마음이다. 외형화, 지식화, 거대한 고리들로 연결이 되고 교회의 대형화, 중형화에 따른 주의 아픈 마음이 노로 바뀌는 시대이다. 코로나 한국이더냐? 와장창 깨진 유리창이다. 돌 맞고 두려워진 자들이다. 외부 공격이 아니냐? 두려워진 자들 우왕좌왕 모습이다. 백신이 대책인 줄 알기도 한 자이다. 정부 대책으로 잠잠해진 꿀 먹은 벙어리 그들이다. 이는 '와장창' 연속하여 돌 맞음이다 하라. 그들이 나를 향한 부르짖음이 사공이 많아 노가 산으로 가듯 그러한 한국이다. 제시가 약한! … 예루살렘 거리의 한 사람(렘 5:1)이 어디 있더냐? 치우침으로, 점차 기우는 배와 같이 침몰이 되기 전에 알린 나이다. 이는 "자신 상태와 교회를 점검 하라"는 시기이다. 깨어 있는 자는 이를 아나, 그렇지 아니한 자는 웬?, 뭔?, 으악? 비명의 코로나 사태가 아니냐? 돌진하는 차가 달려들어도, 연속 접촉 사고가 일어나도 멍, 맹한 한국이다 하라. 나를 위하여 살았더라면 그러지 아니하다. 평소에 운전에 대해 주의가 아니기에 사고의 미연 방지나, 가까이 접근하는 위기 감지를 알지 못한 그들이다! 하라.

눈물의 그 날이다. 기도 장소에서 들은 불가피 전쟁이다! 할 만큼 한국 사회, 교회, 나라는 범죄화 된 모습이다. 이뿐 아닌 다음 해 2021. 8. 27. 금요일, 도시의 건물을 쓰레받기에 담기 시작한 쓰레기처럼 쓸어 올려지는 모습을 보기도 한 자이다. 이뿐이랴? 한강 수위 범람 위기도 보인 나이다. 이뿐이랴? 전쟁의 경고, 위기 상황 얼마이랴? 점점 수위가 오른 근접함이 아니더냐? 전쟁은 2005년 핵전쟁 위기부터 시작해서 최근까지도 알림이니 전쟁만 전해보랴? 예레미야의 마음이 어떠하랴? 렘 4:19 슬프고 아프다 내 마음속이 아프고 내 마음이 답답하여 잠잠할 수 없으니 이는 나팔 소리와 전쟁의 경보를 들음이로다. 이와 같은 날이다. 지구를 위해 우는 날이 있는가 하면 2020. 8. 22. 토요일, 이날은 나라가 근심되어 크게 운 자이다. 죄로 인함이다. 또한 만일 전쟁이 일어난다면(일으킬 만한 상태이다! 알리신 주의 마음이시다 하라) 서울이 겪을 것도 알리시니, 이에 대해 글을 받음이니 방언 기도 속에 들으며 울며 받아 기록한 날이다! 하라.

내 마음을 알린 나이다! 하라. 너희의 죄 상태를 알린 주시다! 하라. 이러한 해이니, 이후로도 지속되는 전쟁의 경보로 전시 앞 피난민처럼 사는 자이다. 이는 2012년에 '지구의 종말'을 준비하는 이 시대로 알게 하신 자이다. 북한으로 인해 어두워진 한국의 나라 위기를 보이시며, 오직 주만 바라보며 종말 준비에 몰두해야 할 시기임을 알리신 주시다! 하라. 그러므로 지구전과 나라전은 동전의 앞, 뒷면 같으며 오직 종말 신앙으로 주의 재림을 준비하며 성령 불 한국이 되어 민족들에게로 "가라" 하시는 주시다! 하라. 마 28:19 그러므로 너희는 가서 모든 민족을 제자로 삼아 아버지와 아들과 성령의 이름으로 세례를 베풀고. 말씀을 이룰 때이다! 하라. 이는 2022년 말, 네게 주신 주의 말씀이니 주의 명, 맡기심이다! 하라. 이 외에도 몇 말씀을 주시니 이러한 때 아니더냐? 수의 마음, 주의 근심, 주의 눈물 속에 살 자들이다! 하라. 이 시대는 그러하다. 이 나라가 그러하다. 수도 서울이 이스라엘의 예루살렘 같은 상황임을 기억하라! 하라. 되었다. 닫으라.

6. 작은아들에 대해 보자

그는 신실하신 하나님을 의지해 보려는 자이다. 내가 다 보고 있다. 신학교의 기도실에서 벽에 기대고 우는 그의 눈물! 모든 상황이 서러운 자이다. 자신 관계에 대한 대부분이다. "울지 말라" 열릴 자이다. 이전의 개척 예배처에서 해본 자이다. 지낸 당시이다. 아들에 대한 **수영장을 네게 보이신 꿈이다**(추가 글 2023. 2. 16. 목요일).

2023. 2. 16. 목요일. 추가 글입니다.

수영장을 네게 보이신 꿈이다: 작은아들의 루틴이다. 군대 마치고 편입을 준비하는 휴학 1년간 기간이다. 자고 일어나면 성경부터 읽는 자이다. 그리고 식사는 나중이다(군대 가기 전의 습관). 오후는 아르바이트하는 시간이다. 아들의 아픔 왜인가? 2005년은 작은아들의 출생과 함께 시작한 가족의 신앙생활 첫 교회를 12년 신앙 훈련으로 1차 마치고 나온 자이다. 지역과 사람을 떠난 시기이다. 2차 훈련이 시작된 시기이니, 교회 순회의 예배 '명'과 신학을 하는 어머니가 이동하는 사역지(교회) 또는 기도원을 따라다니기도 한 아들들이다. 이어 개척 '명'을 받은 어머니 따라 가족 모두 개척 예배지로 이전, 생활하며 독립 교회 훈련이 시작된 시기이다.

독립 교회는 무엇인가? 성령 세례와 성경으로 주를 만나며 주와 교제한 자이다. 그러므로 주가 주인이 되며 주를 중심으로 살기 위한 그리고 주의 뜻을 더 깊이 알기 위한 사명지 그곳이다! 하라. 또한 종말을 연구하는 연구자이다. 이를 잊고 시작한 자이나, 점차 보이신 길이다! 하라. 고립 훈련으로 들어간 시기, 장소이다. 이곳에서 청소년기, 대학 청년기를 맞은 아들이다. 눈물 젖은 빵을 아는 그이다. 자립으로 일찍부터 아르바이트하며 교회라 일컫는 곳에서 머물며 추위, 더위, 외로움도 겪은 자이다. 하나님을 찬양할 목적을 두고-이는 찬양 전공이 아닌, 주의 자녀로 드리는 찬양이니 음악성 도움을 위한 것이다! 하라-기도로 준비하며 대학을 들어가려 할 그 무렵이다. 박근혜 전 대통령 임기에 '대학생 국가 장학금' 교육 정책 시행으로 혜택을 받아 등록금 짐을 덜게 된 자이다. 이도 꿈으로 보이시며 알게 하시니, 아들을 위해 베푸신 하나님의 은혜로써 교육 혜택 제도가 생긴 당시이다! 하라. 그러나 예능계는 부모의 지원과 재능이 함께 어우러져 전공을 살리고,

인재를 키우기도 하고, 앞길이 열리므로, 이에 대한 갈등으로 신학 편입을 계획하며 군대를 전역한 후 다시 1년을 준비한 아들이다.

이 무렵에 꾼 꿈이다. 아들은 매우 큰 개인 수영장을 가진 자이며, 그 안에서 홀로 자유자재로 수영하는 모습이었다! 하라. 이 모두를 아시는 하나님께서 다시 타지에서 홀로서기로 지탱하는 아들의 아픔, 그 눈물을 위로해주기 위해서 전하신 주시다! 하라. 나의 가는 길은 이러한 세상 사람들이 가는 길이 아니기에, 세상의 길을 이리 피하고 저리 피하며 올곧은 믿음의 길로 가는 훈련이니 자신을 부인하는 아픔이다! 하라. 이에 주는 나의 말을 보인 아들의 기도 장소 그곳이다. 이러한 훈련과정에서 너나 두 아들이나 보낸 그 시기이다. 2021년 2월, 8월 두 아들의 신학 대학원 졸업을 앞두고 기념하여 금식과 고생으로 후원한 자에게 보상이 된 2020. 7. 23. 목요일, 영서 선물이다! 하라. 이 모두 합산가산점이 되어 졸업 논문(이는 주께 제출하는 것이다)이 된 영서이다. 2020. 7. 23. 목요일, 영서 은사(설명, 해석)가 임하여 기록이 시작되고 '종말' 제목으로 시리즈가 되는 책 발간이라 말씀하신 주시다! 하라.

이러한 시작이 어느덧 몇 해째인가? 하라. 2020년은 세계 코로나 시작 해이므로 문 정권의 정치 방역 그 시기에 출간이 목적이나 막힌 자이다. 2021년 백신 접종 해에는 여러 환경의 시험 전쟁을 치른 자이다. 2022년은 출판사 문의를 시작하며 한 해를 출간의 해로 집중한 자이다. 그러나 계약대로 9월 말에 출간하지 못한 자이다. 기록이 복음의 발이 되기까지 얼마나 어려운가?! 세계, 나라, 교회, 사회, 출판사까지 영시로 주의 아픔을 대히는 자이다. 주의 고통, 슬픔, 노를 다루는 자이다. 이는 주의 눈물이다! 하라. 2022년 한 해는 못다 한 밀린 이야기를 뒤로 한 자이다. 1년간의 원고 내용조차 미룬 자이다. 아픔을 딛고 다시 재기하는 2023년이니 '종말 1'과 '종말 2'를 동시 출간하는 주의 계획, 인도이시다! 하라. 너는 냉해 맞은 겨울꽃이다! 하라. 다시 봄을 기다리는 영서 나무이다. 되었다. 닫으라.

"산책 나온 밤길에서 주시는 말씀입니다"

7. 네가 나를 사랑하느냐?

이 많은 무리를 보라. 내 성전에 앉아 나를 찬양할 자들이다. (주일 저녁 산책 시간입니다. 교회들의 저녁 예배 시간인데 사람들이 의외로 거리에 많음을 보고 안타까운 생각을 하니 주시는 말씀입니다) 한국 교회가 어디 있느냐? 너는 마음이 군급해진 자이다. 볼수록, 갈수록 실망이 되는 너이다. 이미 일러준 대로 언급대로 다 확인하는 자이다. 설상가상이다. 한국 사회의 모습이다. 국가난 이어서 사회 또한 아수라장이다. 정녕 의인이 어디 있다더냐? 예루살렘 거리로 다녀보라. 렘 5:1 너희는 예루살렘 거리로 빨리 다니며 그 넓은 거리에서 찾아보고 알라 너희가 만일 정의를 행하며 진리를 구하는 자를 한 사람이라도 찾으면 내가 이 성읍을 용서하리라. 소돔과 고모라 역시 10명이다. 창 18:32 아브라함이 또 이르되 주는 노하지 마옵소서 내가 이번만 더 아뢰리이다 거기서 십 명을 찾으시면 내가 어찌하려 하시나이까 이르시되 내가 십 명으로 말미암아 멸하지 아니하리라. 내가 찾는 자이다. 그들이 없어 나의 심판을 받은 그들의 도시이다.

앉아 보라. (벤치를 가리키십니다). 내가 네게 전해준 말로 전하거라. 넌 나의 뜻이다. 나의 책망으로 돌이킬 자를 돌이키게 하라. 이것이 나의 특명이다. 악명 높은 자부터 소자까지 회개에 이르러야 한다. 한국 사회는 병들고, 매 맞고, 다치고, 죽은 자들이 허다하다, 즐비하다. 나의 의를 모르거나 떠난 자들, 멀리 또는 뒤로 한 자들이다. 네 맘을 안다. 하고 싶은 일들을! 복음에 져 주는 자 너이다. 복음 때문이라는 뜻이다. 나 때문에, 너 때문에 이루고자 하는 것을 뒤로하고, 던지고, 받고, 버리며 여기까지 왔다. 그것들은 세상 배설물이요, 오물 같은 것이다. 속된 것이다, 속세적이다, 세상적이다, 정욕적이다. 탐심, 우상 숭배이다. 전할 자들은 전해야 한다. 듣든지 아니 듣든지 나의 양식을 그들 앞에 두어야 한다. 먹든지, 아니 먹든지 그들의 선택이다.

하늘을 보라, 순응한다. 나의 명에 태초부터 그들에게 준 것, 영광 입힌 나를 위해 저들은 존재하고 나를 나타낸다. 창조주 나임을, 메시아임을, 구원자임을, 저들 자신이 증거로써 보여지기를 원한다. 역할이 있으므로 그들은 나를 표명한다. 나의 나 됨을 증거하기 위해 존재하는 것이다. 파란 하늘, 흰 구름, 해와 달과 별들과 무지개 이들은 너의 관심이다. 창조주 나를 믿기 때문이다. 저들의 역할을 통해 나임을, 구속 주임을 찾는 것이다. 이것이 너의 모습이다. 내 작품을 나를 아는 누군들 감상하며, 신기해하며 그들 앞에 나를 구하지 않겠느냐? 메시아 반열에 들고자 하는 자들은 안다. 저들은 안다. 하늘을 본다. 나를 그리워한다. 목말라 한다. 이것 때문에 너 또한 수시로 나를 찾고, 내가 만든 저곳을 향해 네 눈을 네 발을 네 손을 들어 사용한다. 이것을 나는 안다, 너를 안다.

8. 도둑같이 밤이 오리라!

'그날이 오리라' 알린 자이다. 내가 전하는 자이다. 나의 일을 아는 자들은 몰두한다. 집념한다. 내게 매달린다. 구하고, 두드리고, 찾는다. 매일의 삶 속에 나와 밀어질까 봐 동동거리는 자들이다. 나의 그들이 다 내게로 온 자이다. 기다리고 만나는 자이다. 마 4:4 …사람이 떡으로만 살 것이 아니요, 하나님의 입으로 나오는 말씀으로 살 것이니라. 아는 자이다. 너이다. 너는 내 말씀을 구하는 자이다. 먹는 자이다. 양식이다. 떡 떼며 잔을 나눌 때 참여한 자이다. 나의 슬픔이 나의 마음이 다 네가 알도록 준 나이다.

'예수 그리스도는 영원하신 자' 이를 믿는 너이다. 너와 나와 함께 갈 길로 정한 너이다. 그 길은 생명의 길, 영원한 길, 아무나 들어올 수 없는 곳임을 아는 너이다. 사람의 유형이 있다. 많은 유형들로 보여지는 너이다. '다름' 속에 내가 너를 발견한단다. 너의 너 됨을 봐주고 인정하며 특명 또한 주는 것이다. 나의 권한이며 나의 위치이다. 권능의 주 하나님을 알고 있다. 체험한 바 있다. 크게, 작게, 여러 번, 아니 수없이, 나의 존재감 그 안에서 넌 내가 누구인지 알만한 시간들을 보냈다, 가졌다. 이것이 너이다. 하늘길 등등 …생략… 이루 말할 수 없는 형용할 수 없는(네 표현 식) 어찌할 바 모를 정도로 넌 나에 대해 경험들을 지녔다. 이것이 너이다. 난 안다. 너를 잘 안다. 태초부터 예비 된 나의 생명임을 말해 주었다. 모태로부터 택정! 사도 바울과 같이 그러하다. 갈 1:15 그러나 내 어머니의 태로부터 나를 택정하시고 그의 은혜로 나를 부르신 이가. 누가 너를 작다 하더냐? 나와 함께한 내가 준 많은 것들을 넌 마음에 간직했다. 그들이 알 바 아니다.

9. 직언 시대이다

　나를 아는 자들은 내게 구하고 듣는다. 나를 아는 자들이 내게 올 것이요, 들을 것이라. 나는 여호와라. 반포자이로다. 수수께끼이다. 미로이다. 누군들 헤칠 수 있으랴? 풀어 내리오? 네 인생의 주관자, 세상 다스리시는 여호와임을 너희는 알지어다. 내 백성아, 그리로 가지 말지어다. 어찌하여 매를 더하느냐? 아직도 아프지 않더냐? 민족 전체가 출렁이는 바다 물결같이 성난 파도 같이 일어나는 때! 네 눈이 무엇을 보며 네 귀가 무엇을 들으며 마음이 아프지 않더냐? 네 귀를 막고 네 눈을 막은들 이것이 오래가겠느냐? 덮은들 없어지랴? 지나간들 아무렇지 않으랴?

　넌 내게 누구이며, 넌 무엇을 하고 있는지, 내게 말해 보라. 내게 말해 보라. 네 신이 누구더냐? 네 창조자가 누구며 네 인생 주권자가 누구며 네게 호흡 주는 자가 누구더냐? 떠날 수 없는 자리랴? 나를 선택하랴? 넌 내게 무엇이더냐? 네 자랑이 무엇이더냐? 네 것이더냐? 아무도 할 수 없는, 해낼 수 없는 일을 네가 해보겠다고 함은 어찜이뇨? 네 교만이니라. 네 자랑은 무엇인고? 네 교만은 무엇인고? 크게 넓히리라. 네 땅이더냐? 한 줌 흙으로 너를 담을 그릇은 작은 그릇뿐이니라. 네게 엎드릴 자를 바라는가? 누가 너를 찾을 것인가? 삼킨 자들은 떠나가고 비웃음과 조롱만이 그 주위를 맴돌 것이다. 착각이다. 아주 착각이다. 숨은 자를 찾자. 너를 빼내어 메어치랴? 돌돌 말아 뭇매에 맡기랴?

한 줌 흙이다. 코 앞이다. 다가오는 날이다. 무릎 꿇릴 것이며 수치와 부끄러움으로 낯을 가리리라. 이것이 네 모습이다. 옷 벗기는 날이다. 네 영혼을 죽어가게 한 자들에 대해 나의 원수라 할 것이요. 결코, 보지 않을 자들이라 다짐할 것이요. 네 악이 너를 미칠 만큼 견디기 힘들게 할 것이요. 그 악은 너를 메는 자들로 그곳까지 너를 가게 할 것이요. 슬픔의 날로 누울 것이요. 그 또한 이와 같으리라. 회개하지 않으면 이와 같으리라. 벌써 이르는도다. 가까운 날이다. 예레미야의 말이니라. 널 다그치는 자는 누구뇨? 네게 대항하는 자는 누구뇨? 너를 구슬 굴리듯 손에 모았다가 다시 던지고 굴리고 다시 모으고 이렇듯 쥐락펴락하는 자가 누구더냐? 인생은 허무하다. 네 외침이 되리라.

그(문 대통령) 또한 그러하리라. 이미 정한 자리 속히 회개할지어다. 돌아설지어다. 네 신이 어디 있느뇨? 너의 참 신이 어디 있느뇨? 교황이더냐? 아들이더냐? 북한이더냐? 무엇이더냐? 내려놓으라. 이는 바벨론의 느부갓네살 왕처럼 7년 들짐승과 같은 시기이다. 단 4:16 또 그 마음은 변하여 사람의 마음 같지 아니하고 짐승의 마음을 받아 일곱 때를 지내리라. 그의 인증(다문 입술) 무엇을 다짐하느냐? 무슨 계획이더냐? 소리 없이 사라지다. 이와 같을 것이다(…처럼). 아픔은 아픔으로, 고통은 고통으로 받는다. 내 백성을 채찍질한 자이다. 전 목사 고립하는 자이다. 무엇을 두려워하느냐? 도대체 넌 무엇이냐? 하늘을 보라. 나를 보라. 십자가의 예수를 보라. 네 죄가 또한 부르짖음이 하늘까지 사무쳐 있느니라. 내가 내려가서 매를 들랴? 좇아 내랴? 보내랴(장지)? 네 속은 무엇이뇨? 네 마음은 무엇이뇨? 나를 아프게 하는 자이다. 네 열심이 나를 삼키는도다. 네 의가 내 십자가에서 낙서하며 흠잡으며 네 장난(조롱, 멸시)으로 난 골고다에서 너로 인해 죽었고 너는 여기까지 날 괴롭혔다. 난 살아났고 네게 나타나고 있으며 네 온몸 병든 곳을 보고 있으며 네 행위를 알고 네 계획을 안다. 나 예수는 너의 메시아 구원자이다. 그러나 심판주이다. 돌이키라. 회개하라. 내 명령이니라. 예레미야의 말이니라.

10. 갈수록 사라져 가는 것이 무엇인지 생각해 보자

나를 전하는 자들이다. 예수 없는 나를 전하는 자들이 많다. 척하는 자들이다. …생략… 너는 누구인가? 나의 종이다. 나의 음성을 듣는 자이다. 의뢰자이다. 모든 것을 알려고 한다. 내가 주기를 원한다. 세상 끝 날도 너의 영역이다. 이미 준 바 있다. …생략… 쾌속정이다. 바다를 달린다. 가본 자는 안다. 그 넓이를 예측 못하는 바다의 넓이를 내게 구한 자이다. 이는 너이다. 그 헤아림은 나만이 안다. 이것을 너도 안다. 너의 한계, 사람의 한계, 또 나의 주권 영역이기에 나로부터 결정됨을 알고 있다. 이것이 네 신앙이다. 너는 셜록이다. 탐정이다. 인생 삶 탐정가이다. 의문 많은 삶(시, 공간)임을 안다. 주의 세계로 그 안에서 해석을 원한다. 수만 가지 수 없는 일들이 얽히고설킨 인생들 세상 모습에, 내게로부터 해석을 원하는 중이다. 이미 해 온 바 더 알기를, 전문적이길 원한다. 이것이 네 모습이다.

11. 이상한 이야기이다!

내 이야기('종말' 책이다! 하라)는 사람들이 볼 것이다. 생각할 것이다. 개미가 개구리를 어찌 알며 개구리 또한 가축을, 가축은 사나운 짐승들을 어찌 알랴?

짐승이 사람을 어찌 알랴? 사람이 주를 어찌 알랴? 이와 마찬가지이다. 자기 시각으로, 센서, 지식, 감정으로 대하기 때문이다. 생물 이름 짓는 시간이다. 창 2:19 …아담이 무엇이라고 부르나 보시려고 그것들을 그에게로 이끌어 가시니 아담이 각 생물을 부르는 것이 곧 그 이름이 되었더라. 보는 자이다. 주위 환경을 볼 때 느끼는 자이다. 내가 함께 있으므로 이미 받은 훈련도 있으므로 볼 수 있다, 알 수 있다. 가늠한다. 너는 숨은 자이다. 키우는 자이다. 이삭, 열매이다. 나사렛 사람이다. 현재 영적 고향, 지정 장소에서 "세상 중에 지낼 때 빛 되게 하소서" 이를 전하는 자이다. (찬양을 주십니다! 하라) '아침 해가 돋을 때 만물 신선하여라 나도 세상 지낼 때 햇빛 되게 하소서' 기도 속에 외쳐 보자. …생략… "세상 의지하지 아니하리!" 하는 자이다. 세상은 물거품이다. 이를 아는 자이다. …생략… 도처에 처처에 쓰러진다. 어찌 잠잠하랴? 벨브를 열어놓은 자이다. 이는 가스이다. 행사로, 일로 보며 대응 처리하고 있는 자이다. 능숙, 능란한 자. 죽이기에 익숙한 자이다. 겔 21:31 내가 내 분노를 네게 쏟으며 내 진노의 불을 네게 내뿜고 너를 짐승 같은 자 곧 멸하기에 익숙한 자의 손에 넘기리로다. 이들은 보듬기 힘든 자, 약한 자이다. 뱀을 잡아야 할 때 어찌해야 하나? 기세이다. 주께서 이기셨다. 뱀 머리를 상하게 하셨다. 창 3:15 …여자의 후손은 네 머리를 상하게 할 것이요…. 그는 이미 진 자이다. 주가 이기신다. 이것이 믿음이다. 차가운 바람이니 들어가자! 한 걸음씩 나가보자. 주가 함께하신다. 복음의 전진!

하늘山
제33일. 니느웨 회개 기도 40-33 (2020. 8. 24. 월요일)

1. "주님 용서해주세요"

어린 양의 피에 젖었느니라. '영서 기록 노트' 옆에 두는 자이다. 이는 예레미야의 말이니라. 너는 전하는 자이다. 그리스도는 머리시라. 이는 요나의 메시지이다. 스가랴서의 스룹바벨의 영광이다. 너는 선택된 자이다. 아들에게 전하거라. 밤 9시에서 10시 사이, 11시라도. (하루 일이 마치는 시간대에 전하라는 의미이다) "어디서부터 어디 부분요?" 세계 → 나라 → 교회 → 이러한 연결 부분과 세계 코로나이다. 일루미나티 시스템 또는 통제 하의 결속된 비밀 조직으로 이루어진다. 이를 아는 너이다. 이 또한 하나님의 크신 비밀이다. 사단 지휘는 나임을 알고 있단다. 내게 듣고 들으려 나아오는 자이다.

2. 빌립과 안드레 이 둘을 보자

빌립은 '계산' 마크의 대표성이다. 요 6:7 빌립이 대답하되 각 사람으로 조금씩 받게 할지라도 이백 데나리온의 떡이 부족하리이다. 안드레는 믿음으로 행한 자이다. 요 6:9 여기 한 아이가 있어 보리떡 다섯 개와 물고기 두 마리를 가지고 있나이다…. 나의 심중, 의도를 헤아린 자! 간파한 자! 센스쟁이이다. 나의 눈치('세상 눈치' 뜻이 아닌 영적 감각, 감수성, 지각력이다. '해보자' 한자이다)를 본 자는 즉시 무엇을 행동하며, 나를 기쁘게 하며, 모인 자들에게 무엇을 필요로 하기에 저러시나? 빠른 이해력을 가지고 있는 자이다. 이는 너이다. 너는 이래야 한다. 네가 안드레처럼 내게 귀 기울이는, 나의 마음을 살피는 자임을 알아야 한다.

전 목사에 대해서도 마찬가지이다. '전 목사와 나'와의 고리, 연결(상호 작용)을 보지 않는 자들은 그의 실언, 실수, 비상식적 행동이라며 표적 삼기를 한다. 완전한 나도 당했다. 침 뱉고, 조롱, 희롱, 나를 학대한 자들이다. 괴물 같은 그들이다. 이성 없는 짐승이다. 유다 편을 보라. 유 1:10 또 그들은 이성 없는 짐승같이 본능으로 아는 그것으로 멸망하느니라. 하물며 너희랴? 너희가 공격받는 부분은 두 가지이다. 너희 허물과 죄(엡 2:1 그는 허물과 죄로 죽었던 너희를 살리셨도다) 그리고 메시지이다. 하물며 그들이랴? 의인인 체하는 자가 누구더냐? 누더기 입은 거지들이다. 이는 영적 의미이다. 부자라 생각한다. 의인인 체한다. 지식인(지식 자랑, 경험 자랑하는 자들이다)이라 한다. 자긍하며 뽐낸다. 두 뿔 가진 숫염소, 공격자들이다. 대식가이다. 많은 자들 홀리며, 속이며, 아첨하며 모은다. 그들의 '부'이다. 무엇을 가졌느뇨? 썩은 것이다. 유브라데 강가 물속의 띠와 같다. 렘 13:7 내가 유브라데로 가서 그 감추었던 곳을 파고 띠를 가져오니 띠가 썩어서 쓸 수 없게 되었더라.

내게 나아올 수 없는 자들이다. 자신의 한계 속에 갇혀, 그곳에서 발생한 독소(썩고 냄새나는 유해 된 것 의미)를 내뿜어 상태를 직시시키려 한다. 그들이다, 그들이다. 내가 그들을 버렸다. 자신의 한계 속에 갇힌 자들이다. 이것이 세상이다. 너는 성령이 온 자이다. 예레미야의 반복 내용이 무슨 뜻인지 짐차 알게 되는 과정에 있는 너이다. 정욕적, 탐욕적, 탐심의 세상이다. 나 없이 이루려는 자. 스스로 서보려는 자들 또는 서보려는 것이다.

3. 너는 나의 종이다

품어줘라! 상흔과 이해는 다르다. 머리(이해)와 가슴(상흔) 차이이다. …생략…

너는 둘, 셋씩 건너며 빠르게 질주하는 유형이다. 강권 역사 때문이다. 성령이 바람 되어 불고 있을 때 상황이다. 겪지 않으면 모른다. …생략… 통제할 수 없는 성령의 충만, 강권적 상황, 이는 너이다. 부부 관계(성생활 이것은 사랑의 연합이다. 내가 허락한 범위 내 아름다운 사랑이다. 허락된 사랑이라 표현하자)를 경험하지(일체 된 화합, 사랑의 경지, 서로에 대한 만족, 기쁨, 나도 너도 존중된 합일된 사랑) 못한 자는 이론적 설명으로 설명한들 어찌 알 수 있으랴? 내 사랑도 이와 같다. 내가 너를 취했다. 사랑했다. 극치감(하나 됨, 주 뜻을 느끼고! 이는 밀어이다. 방언하며 받은 자이다. 또한 외치도록 했다)을 본 자들이다. 이것은 성령의 한 부분이다.

성령의 방식은 다양하다. 너도 모르는 세계, 아직도 무수히 많다. 이것이 내 능력이다. 나의 세계이다. 어린아이도 다음 시기의 단계는 이해하지 못한다. 어린아이는 대항하지 않는다. 그들은 배우려 한다. "뭐지? 뭐지?"하며 <u>살피고 다가서서</u>―[물론 잘못된 것이 나타날 때 느끼기도 한다. 이것은 내가 주었다. 나 예수이다. 내가 영으로 사람을 만들지 않았더냐? 그들에게도 센서 즉 감지력이 있기 때문이다]―<u>문을 열고 본다</u>. 이것이 세상을 보는 그들의 눈이다. 그리고 선악을 배워간다. 어린아이이다. 그러나 그들은 순수하다. 배워야 하기 때문이다. 이렇듯 영적 어린아이는 장성한 자의 식물(지각)을 먹지 못한다. 히 5:12 때가 오래 되었으므로 너희가 마땅히 선생이 되었을 터인데 너희가 다시 하나님의 말씀의 초보에 대하여 누구에게서 가르침을 받아야 할 처지이니 단단한 음식은 못 먹고 젖이나 먹어야 할 자가 되었도다. 그들의 한계이다. 이르지 못한 단계이다. 어찌 판단하랴? 돌을 던지랴? 받지 않는 그들의 모습이다. 전쟁이다. 이것이 전쟁의 이유이다. 소유욕이다. 내(자신의) 것을 맞다, 가진 자, 전부라고 우길 때 나타나는 현상이다. A라고 스스로 여기는 자는(자기의 사고의 틀, 이성의 틀, 믿음의 틀이다) 다른 모양과 비교해서, 자신을 기준치(잣대)로 보기 때문에 '틀리다, 아니다, 무엇이 잘못이다' 말하고 생각하는 행동하는 그들의 모습인 것이다.

나는 안다, 둘 다. 내게 묻거라. 내게 나아오라. 너의 부족도 스크래치까지도

나는 알고 있으며 이것을 치유하길 원한다. 불합격품 생산품이라 보자. 그대로 내 작품이다. 내가 만든 것이다. 제작자, 생산자가 누구더냐? 흠이 있을지라도 다음 공정은 합격품이 될 수 있다. 내 손안에 있는 너이다. 공격받을 때, 생산자의 수고와 주인 됨을 잊기도 한다. 누구나 공격받을 때는 자신의 정체성이 허물어지기도 한다. 아픔 때문이다. 놀람 때문이다. 그들이다. 흠을 말한다. 또, 다시 '흠이다'라고 한다. 출시자가 누구냐? 이 또한 너를 힘들게 하는 이유이다. 비록 더딜지라도 포기하지 마라. 내 손은 빚어간다. 이것이 나의 뜻이다. 어른이 되면(장성한 자의 의미) 알게 된다. 이것이 성령의 세례이다. 흠으로 말하지 마라. 전체를 보는 평가로 여기지 말라. 이것이 우를 범하는 것이다

전광훈의 예이다. 또는 전 목사, 호칭은 네 자유이다. '그에 대해서'라고 하자. 그 또한, 너 또한 내 '일'을 하는 자이다. 나를 알고 전하는 자이다. "알고 → 행하라 → 전하라" 이를 어제 전한 나이다. 처음 발표했다. 네가 들은 말 내용이다. 흠을 찌르는 자는 내 뜻을 모르면 나를 공격하는 것임을 알지 못하는 그들이다. '쉬운 용어' 전달이 나아지는 자, 너이다. 길이기 때문이다. '길 가다가' 이는 순종 의미이다. 나아지는 것이다. 이것이 업그레이드이다. 달란트이다. 네 사명이다. 서로에 대한 예의가 있다. 거리 두기이다. 믿는 자끼리의 원칙이라 보면 된다. 하늘 시민에 티켓이다. 판단하지 않는다. 판단은 자기 기준의 의미이다. 내 기준에서 보기이다. 하나님이 기준이시다. 모르면 우를 범하는 것이다. 이는 믿음 판단, 비판 서로이다. 정죄도 없나니 이것이 나이다. 서로 평가하지 말라는 뜻이다.

4. 신앙은 결속력이다

합일체이다. 가족 구성원과 같다. 그 믿음이 강, 약함의 차이를 가진

조직체이다. 이 구성원이 될 때 나의 뜻을 이룰 수 있다. 세울 수 있다. 판단, 정죄는 분리이다. (가족끼리 질서가 없다? 이는 믿음과 사랑이 없는 관계이다) 차라리 분리가 낫다. '조직, 공동체를 위해서' 반복될 때, 변화되지 않을 때는 차라리 전체 성장에는 이편이 낫다. 하지만 나는 원한다. 그러함에도 전체가 하나 되기를. 이 때문에 나의 뜻이 '전해 세력'으로 막힘이 올 때, 나는 환난을 통해 새 복구를 시도한다. 고기의 상한 것은 도려내고 채소의 상한 부분은 잘라낸다. 이것이 한국 교회이다. 환난의 이유이다. 목적이다. 지도자더냐? 성도더냐? 회개에 이르기 위함이다. 지도자끼리더냐? 회개에 이르기를 원하노라. 형제끼리더냐? 회개에 이르기를 원하노라.

그(큰아들) 또한, 그(작은아들) 또한, 나의 뜻 안에 있단다. 이것이 적립이다. 성령의 기름이다. 기름 준비하고 마중 나갈 자이다. 마 25:4 슬기 있는 자들은 그릇에 기름을 담아 등과 함께 가져갔더니 6 밤중에 소리가 나되 보라 신랑이로다 맞으러 나오라 하매 7 이에 그 처녀들이 다 일어나 등을 준비할 새. 이는 네게 환상으로 보인 집의 변화이다. 현재의 집에서 점점 더 좋은 재료와 크고 아름다운 집으로 몇 차례 바꾸어 가면서 마침내 들어가는 새 예루살렘까지이다. 벧전 2:4 사람에게는 버린 바가 되었으나 하나님께서는 택하심을 입은 보배로운 산 돌이신 예수께 나아가 5 너희도 산 돌 같이 신령한 집으로 세워지고 예수 그리스도로 말미암아 하나님이 기쁘게 받으실 신령한 제사를 드릴 거룩한 제사장이 될지니라. 이것이 너에 대한 나의 계획이다. "영적 이전만인가요?" 모든 것 포함이다.

5. 너에 대해 보자

너는 누구더냐? 나의 종이다. 제트기이다. 대중 이동의 교통수단(비행기)이 아니다. 빠르다, 다르다, 무기이다. 이것이 너이다. 이동 목적, 관광 목적, 사업 목적, 사람 연결, 장소 연결 아니다. 제트기이다. 기억하여라. 날아가는 세 천사 말씀을 보자. 계 14:6 또 보니 다른 천사가 공중에 날아가는데 땅에 거주하는 자들 곧 모든 민족과 종족과 방언과 백성에게 전할 영원한 복음을 가졌더라. 8 또 다른 천사 둘째가 그 뒤를 따라 말하되 무너졌도다 무너졌도다 큰 성 바벨론이여 모든 나라에게 그의 음행으로 말미암아 진노의 포도주를 먹이던 자로다 하더라 9 또 다른 천사 곧 셋째가 그 뒤를 따라 큰 음성으로 이르되 만일 누구든지 짐승과 그의 우상에게 경배하고 이마에나 손에 표를 받으면 10 그도 하나님의 진노의 포도주를 마시리니…. 12 성도들의 인내가 여기 있으니 그들은 하나님의 계명과 예수에 대한 믿음을 지키는 자니라. 메시지! 너의 메시지는 나의 역할이다. 공중에서 '표어' 펼치는 누군가를 본 적이 있다. **공중의 '종말' 표어이다**(추가 글 2023. 2. 16. 목요일).

또한 쇼윈도이다. 모델이다. 나를 표현해줘야 한다. ㅇㅇㅇ 사역자처럼 그가 하듯 말이다. 이것은 네 자유로움이다. 누더기 같은 옷(오래되고, 낡고, 버릴 것 부류들)부터 최고까지 나의 시킴, 부르심 안에 너이다. 수화 찬양 사역할 때 흰 드레스를 입었듯이, 네 옷장 안의 옷들을 입었듯이(대부분 신학교 다닐 때 입은 옷들이다), 첫 교회에서 입었듯이(옷 공급자가 있어 입은 자이다), 결혼식 때 웨딩드레스와 정장(흰 꽃송이들로 장식된 상의이다)을 입었듯 말이다. 나는 왕좌, 보좌에서 옥까지(사도신경 내용) 가장 높은 곳에서 가장 아래(소위 밑바닥까지)의 이동 거리였다. 너 또한 그러하리라. 낮추는 대로, 높이는 내로, **이것이 자유이다**(추가 글 2023. 2. 17. 금요일). 나의 멍에를 멜 때, 시키는 그 일 이것이 자유이다. 쉼이다. 안식, 평안 의미이다. 마 11:29 나는 마음이 온유하고 겸손하니 나의 멍에를 메고 내게 배우라 그리하면 너희 마음이 쉼을 얻으리니 30 이는 내 멍에는 쉽고 내 짐은 가벼움이라 하시니라.

서로 사랑하라! 보자. 나의 제자이다. 이는 네 큰아들 관계, 작은아들 관계이다. 결속된 관계이다. 또한 결속이 되어질 관계이다. 이것은 지침이다(신앙 메시지). 서로 일 수행이 같은 목적이다. 나의 십자가이다. 복음이다. 나의 제자이기 때문이다. 나와의 연관성 이는 나는 너를 내 제자, 너는 나를 내 스승, 아버지 하나님 혹은 예수 그리스도 메시아이다! 한다. 한마디로 말하면 주시다. 나는 "너의 영이다. 주체이다" 말한 바 있다. 여러 차례 통해서이다. 지침은 상흔이다. 부딪힘!(서로 다른 의견, 일 수행 또는 성격 문제, 성향 문제도 등) 비판하지 말라. 그대로 수용하라. 그대로 보라는 뜻이다. "그렇구나" 하는 자이다. 그는 그이다. 너는 너이다. 기다리라, 바람이 통하도록. 역사할 것이다. 이것이 환기이다. 지혜이다. 물러난다는 뜻이다. 시간이 필요하다는 뜻이다. 밀착(내 뜻대로 끌어당김, 압축)은 숨 막힘과 같을 것이다. 서두르지 말라. 이것이 나의 충고이다. "너는 그렇구나" 이를 기억하라.

2023. 2. 16. 목요일. 추가 글입니다.

공중의 '종말' 표어이다: 이는 두 아들의 신학 기간에 꾼 꿈이다. 자신은 신학생 아들들과의 분리로 여기나 지원 관계가 되기에(혈육 관계보다 먼저 신학을 하고 개척 예배지까지 함께 한 자녀들이므로) 자신이 열린 영 분별 안에서 목회 상담 역할을 한 자이다. 이를 2018년 가을에 주께서 확인을 주신 자이다. 왜냐하면 당시 자신도 학업을 선택해서 전공 학과를 지망하려 한 해이기에 주께서 만류하시며 설명하심으로 알게 된 자이다. 어떤 위치에서 무엇을 하든 목적과 본질이 주시니 '좌우로 치우치지 말라'는 말씀과 함께, 이미 영의 세계를 준비한 상태를 보이시며 '학업보다 나은 위의 단계이다' 이를 알리신 주시다. 그리고 오직 주만 바라보며 "얼마간은 더 상담하라!" 하시므로 이 사역을 깨달은 자이다. 자신이 상담해온 소수의 특별한 관계가 이해된 자이다. 드러나지 않는 사역이나 주의 뜻을 사역하고 있음을 확인하므로 안도감, 기쁨을 크게 느낀 2018년이다. 이 얼마간이라는 상담의 시간에 이어 2019년 한 해는 찬양을 작사, 작곡하며 창작곡을 준비하게 하신 주시다! 하라. 이어 다음 해 2020. 7. 23. 목요일, 미리 알리신 대로 해석 은사가 임한 시기이니, 주가 전하시는 메시지를 듣고 기록하는 '영서 기록자'로 새 일을 맡게 된 자이다.

그러나 자신은 '종말' 사역자이므로 이를 확인시키시고 준비하게 하신, 이전보다 더 깊은 영의 세계 체험 기간이다. 또한 성경을 집중하여 읽는 시기이다. 그러므로 아들들과 관련한 주위의 관계들 즉 사람과 장소, 문화가 지속하여 열리고 아는 시기이다. 신앙 초기부터 임사 체험으로 '종말'의 임박한 지구를 알리신 주 하나님이시니, 이러한 사명으로 인하여 맞춤법 교육과 훈련의 연장선을 온 자이므로 여러 영역에서 열린 자이며 무엇보다 교회와 목회자들을 많이 알리신 주시다. 이러한 시기에 두 아들의 신학 기간에는 신학대의 교수들 유형과 영에 대한 단계도 알린 시기이며 이 외에도 알리시므로 몇 지도자의 모습을 꿈에서 선별하여 여전히 기억하고 있는 자이다.

먼저는, 신학교 건물의 가장 높은 층의 강의실과 지도 교수를 보았다. 그는 그 위의 '천국'에 대해서 알리며 학생들이 이를 목적 삼고 준비하는 자가 되도록 돕는 자이다. 천국을 전하는 목회자가 많이 않다! 하라. 다음은 신학교 강의실인지 외부인지는 잘 기억나지 않으나 강의실 모습이다. 이 지도자 또한 학생들에게 이 시대의 위기, 위험 상황을 알게 하니, 강의실의 전체 학생들이 신중히 듣고 마음을 준비하는 모습이다. 금식의 필요성을 설명하니 이구동성 '저도요' 하며 결단하는 모습이 마치 다니엘 같은, 이 시대에서 흔치 않은 구별된 모습으로 환난 시대를 준비시키는 지도자임을 알게 한 꿈이다. 어린 학생들이 근신하며 하나님의 통탄하시는 마음에 함께하도록 돕는 지도자이다. 이 두 지도자의 모습은 비록 조직안에 있으나 마지막 시대에 깨어 있는 자들이며 주의 뜻과 마음에 맞추어 '때'의 복음을 알리는 자들이다. 소신 있게 학생들에게 교육, 학과보다 더 중요한 마지막 때를 전하는 사명자로서 결단의 길을 가는 자이다! 하라.

그다음은, 하늘의 공중에서 한 지도자의 모습을 본 자이다. 이 모습은 더 독특하며 희귀하다. 자신을 더 강화하여 외로운 사역을 하는 자이다. 이 땅, 사람들과 분리된 위치에서 모든 것을 함축하여 '종말'의 단어로 시대의 '때의 복음'을 전하는 자이다. 지구를 향해 알만한 자들이 보도록, 깨닫도록 더 고난도의 사역을 하는 지도자의 모습이다! 하라. 매우 큰 글씨 크기로 '종말'이란 한 단어를 쓴 플래카드를 들고 아래 지구에 있는 땅에 거주하는 사람들에게 보이며 경각시키고 깨우는 모습이다. 이 '종말'은 너 또한 걸어온 길,

걷고 있는 길, 걸어야 하는 길이며 이와 관련하여 '영'이 열리는 자이므로 매우 인상 깊게 각인된 지도자의 모습이다. 매우 드문 지도자의 모습이며 홀로 담대히 시대의 메시지를 공중 하늘에서 선포하기에 매우 귀한 사역으로 여긴 자이다. 자신도 이와 같은 맥락의 길이며 이러한 초점을 맞춘 당시이다. 강도 있는 훈련이니 개척 예배지에서 홀로 지치고 외롭고 힘든 시기에 이러한 사역자를 알리므로 꿈에서 본 이 장면이 자신과 같은 입장의 사람에게 매우 중요한 사역임을 절실히 느낀 자이다.

이후, 2019년 부활절기에 주께서 "마지막 때의 사역을 할 자이다!" 말씀을 주시고 2020년 영서로 '종말'을 알리는 복음의 도구를 주께서 친히 주시며 책을 시리즈로 출간하라 하신 시대적 사명자이다. '마지막 주자이다!' 하신 주시다! 하라. 이는 연계이다. 주께서 관리하는 그물망 교제 관계이다 하라. 너는 이러한 '영'으로나 '영상'으로 전하는 사역자들과 그동안 방문한 두 장소도 '영'의 교회이므로 이로 인해 지탱, 도움이 된 자이다. 이는 영이 열리지 않으면 성령을 모르거나 제한하기에 오해, 이해 불가, 비난, 무시 등 성령을 막는 자가 되기에 멀리하는, 외면하는 이유이다.

꿈으로 공중 하늘에서 본, 이 '종말' 사역자는 네가 힘들 때 가끔 생각나기도 하며 사명을 고쳐 시키게 돕는 자이다! 하라. 이러한 사역, 사역자는 시대의 나침반 역할을 하는 바람직한 자이므로 영서가 시작되면서 더욱 같은 주제, 방향성이 되기도 하여 떠올려지는 귀한 자이다! 하라. 이에 대해서도 주께서 알리시니 주는 이러한 자를 찾으신다, 알리신다. 또한 2023년은 부르짖게 하는 기도 기간에서 주시는 메시지들 가운데 이 땅의 목회자들 상태도 환상으로 알리신 주시다. 이 시대의 죄의 상태를 안개로 비유, 설명하여 보이신 주시다. 한 치 앞이 보이지 않는 뿌연 연기처럼 안개로 덮인 세상이다! 하라. 목회자들이 눈이 열리지 않아 자신도 어디로 가야 할지 모르는 상태에서 어찌 성도들에게 길을 제시하랴? 이를 근심하시는 주시다! 하라. 주께서 시대와 목회자들을 진단하시므로 안타까움으로 크게 운 자이다. 영 안이 열리지 않아 죄를 보지 못하는 분별치 못하는 목사들이다! 나아갈 길 또한 그러하다! 하라. 이를 전하라는 주의 부탁이시니, 이는 전하라는 주가 명하신 많은 메시지 중 하나이다. 환상의 체험으로서 주의 마음과 목사들의 입장과 기록자의 마음까지 이 모두를 동시에 다 느끼도록 하신 주시다! 하라.

그리고 어느 교회이다. 아들을 만나러 가서 방문한 지역의 교회이다. 영이 열린 목회자이므로 성령을 제한하지 않고 예배 가운데 각 사람을 성령이 주관하시게 돕는 자이다! 하라. 오직 주와 영으로 복음이 나타나도록 섬기는 주의 종이다! 하라. 이러한 교회가 많지 않다! 하라. 이미 이전에, 지역의 교회들이 어떠한지 각 도시, 동네마다 영의 교회가 찾기 힘든 현실이다! 하라. 다행히 자신이 발견한 두 교회를 확인시킨 당시이다. 너는 그 자리에서 주만 바라보는 예배가 되기 위해서 되도록 먼 거리에 서는 자이며 되도록 눈을 감고 시야에 들어오는 교회의 모습을 담지 않으려 하는 자이다. 그는 네게 애쓴 목회자이나 '의지는 하지 말라' 하신 주시다! 하라. 주와의 직접 교제로 성령 지시 가운데 사는 길이 주 뜻이기에 그러하다. 사역 또한 이러한 사역이므로 네 앞에 사람을 두지 마라. '개입이 없어야 한다' 하시는 주시다! 하라.

끝으로, 영서를 기록하면서 주께서 연계시키는 사역자가 있으니, 이는 종말에 대해 열릴뿐더러 나라의 위기 가운데 공산화로부터 깨어나도록 맞서는 자이다! 하라. '성령 사역자이다' 하신 주시다. 영서 기록 첫날부터 나라 문제와 관련하여 알리신 목사이다! 하라. 수시로 주는 말씀하시며 이와 관련하여 대적하는 목사들도 알리시는 주시다. 영서는 해석(설명) 은사이므로 상세히 말씀하시는 주시다! 하라. 영서를 기록하기 시작하면서 기도 장소로 방문하라 할 때 다녀오기도 한 자이다. 그리고 2022년 성령에 대한 막는 자들로 인해 하반기를 오르내리며 주께 많은 메시지도 받은 장소이다. 기도가 쌓인 교회이므로 하늘 문이 빨리 열리기에 기도가 잘되는 곳이다. 이를 말씀하신 교회이다! 하라. 그가 어떠한 사역이며 어떠한 목사인지 주께서 알리시니, 출간하는 '종말' 책에서도 한국의 7 교회 유형을 전하실 때 위의 교회와 함께 빌라델비아, 서머나 교회로 말씀하신다! 하라.

주는 영이시니, 영이 깊이 열린 목회자들과의 관계는 더 편안한 자이다. 왜냐하면 성령이 주관, 일하시게 하기 때문이다. 성령을 제한하는 목회자들과의 관계가 얼마나 힘든지 아는 자이다. 이러하기에 하늘의 길을 열어두고 '성령과의 소통' 현장이 되는 교회를 방문하면서 힘이 된 당시이다. 어느 날 열어 주신 이 시대의 교회들이다. 지역을 정탐하는 눈이기에 주신 말씀이니, 영의 교회가 매우 드물다는 메시지이다! 하라. 되었다. 닫으라.

2023. 2. 17. 금요일. 추가 글입니다.

이것이 자유이다: 옷에 대해서 주시는 말씀입니다. 첫 교회에서의 의상을 보자. 하늘에 오른 체험 후, 이 땅의 소유에 대해 많이 자유해진 당시이다. 사람의 수명, 집, 물건, 옷, 냉장고 식품 등 사용, 구매, 저장, 사람 관계까지 등등 소유로부터 손을 놓게 된 자이다. 옷은 이 중의 하나이다. 어린 아들들이 받은 용돈으로 선물한 옷 외에 옷들이 들어와 다양한 옷들을 입은 자이다. 이때 주신 말씀은 하늘나라 연예인이다! 말씀을 주시므로 외모로도 영광을 받으시는 시기로 둔 자이다. 이는 30대의 아름다움이다! 하라. 40대는 신학생이 되어 더 단정한 새로운 옷이 필요한 시기이다. 이를 이후에 알게 된 자이다. 옷 선택을 더 많이 신중히 했어야 하는 훈련생임을. 여하튼 '여성'상으로 드러난 외모이다. 이후로 개척 예배지에서 두문불출 시기가 되어 성경과 영의 세계에 집중하므로 외출복은 거의 '무용지물'이 되었다! 하라. 또한 영들이 열리므로 입던 옷들을 대부분 뒤로하게 되었다. 그중 일부로 너덜너덜해지기까지 입고 산 자이다. 반 팔은 여름 후에도 가을, 겨울, 봄까지 껴입기도 또는 세탁할 시에 대용으로 입기도 한 자이다. 실내복 외출복 거의 구분 없이 멋보다 생존을 위해 입어야 하는 옷이다! 하라. 두 아들의 작은 옷, 입지 않는 옷들을 귀히 받아 입기도 한 자이다. 옷뿐만 아닌 전반적 생활의 모습이 그러하니, 노숙자와 북한 주민과 해외의 가난한 나라들을 마음에 두고 공감하기도, 입장이 되기도 하며 때로는 그래도 낫다! 하며 견딘 자이다. 수감자들을 생각하면서도 그러했다.

어느 날, 꿈에 자신이 얼마나 낮춰진 모습인지 과거에 알던 사람들이 자신을 보면 놀랄 만큼 차이가 나는 남루하고 초라하고 비루한 자가 된 모습이다. 그리고 또 하나 알게 하신 것은 나중에 높이실 때를 위해 자신을 얼마나 많이 아래로 낮추셨는지 보이셨다. 이를 알게 하시므로 자신의 지난 시간과 상태를 이해하게 된 자이다. 그렇다고 부끄럽거나 의기소침한 것은 아니다. 비교적 자유로움으로 지낸 자이다. 이러한 생활, 문화가 언젠가부터는 편안하고 익숙한 옷을 입은 듯 그리 사는 자이다. 다만 아들들을 만날 때는 아들들 입장 생각해서 미안해진 자이다. 어느덧 아들들이 앞장서서 강요하여 부득이 하나둘씩 장만한 사시사철 옷들이다. 저렴하지 않으면 상품에 기웃거리지도 않으려 하니, 두 아들은 기쁜 소식을 전하듯 저가의 옷, 신발, 가방 등 엄마에게 어울릴만한 그리고 자신들의 눈에도 괜찮다 싶은 것을 매의 눈으로 찾아 선보였다. 그러한 때가 생생한 모습의 아들들이다. 물론 영서를 기록하면서 최근 몇 년은 생활 편에서 주시는 메시지 따라 두 아들과 함께 구입한 자이다. 아무에게 선뜻 받거나, 선물을 기대하거나, 자신이 관심을 두며 사는 자가 아닌 매우 까다로운 자이다. 오직 성령에 의해서 소유권에 주권자이신 주께서 자신의 일거수일투족을 아시고 비루하든 존귀하든 만져주심 따라 살고 싶은 자이다. 이러하기에 주의 영광과 인도 안에서 자신의 모든 것이 있음을 아는 자이다. 이러하므로 소유가 아닌, 수요가 아닌, 주의 권면으로 준비, 구입하는 그 무엇이든 소중히 아끼며 긴요한 애장품으로 두는 자이다. 적은 소유나 보배를 지닌 듯 감사하며 사는 현재이다! 하라. 되었다. 달으라.

6. 한국 상황은 니느웨이다(문 정권이 잡은 자)

국민 동화, 동요, 동조자들이 많다. 문 대통령(편) 독재, 사회주의, 석그리스도 체계 편에 선 자, 이것이 한국이다. 한국의 실세이다. 그들은 통치, 장악 세력이다. 알려야 한다. 자주, 독립, 민주 세력, 복음 통일 세력 일어날 때이다.

하늘山
제34일. 니느웨 회개 기도 40-34 (2020. 8. 25. 화요일)

1. 예레미야가 전하는 말씀이 무엇이냐?

"시국입니다" 주와의 거리감 너이다. 그러나 그냥 자리에 앉아 보자. 이 자리는 순종이다. 어제 외출하여 해방감 가진 자, 서울에 다녀온 자이다. 마음 아픈 너이다. 아들들과 걸을 때 메시지를 전한 자이다. …생략… 싹이 나오다. 이는 무엇인가? 부정적, "하지 못할 일이다"라고 생각하는 자이다. 모세가 "나는 입이…." 하듯 그러한 자이다. 출 4:10 모세가 여호와께 아뢰되 오 주여 나는 본래 말을 잘하지 못하는 자이니이다 주께서 주의 종에게 명령하신 후에도 역시 그러하니 나는 입이 뻣뻣하고 혀가 둔한 자니이다. …생략…

책이 나오는 자이다. …생략… 해보지 않은 자도 내가 시킬 수 있다. 나의 일이기 때문이다. 내가 하는 것이다. 잡고 내가 사용한다. 내가 지휘한다. 가진 것을 생각해 보는 너이다. 너의 것이다, 네가 한다고 생각하기 때문이다. 이는 "나는 어떻다"이니 "하지 못할 일이다" 한 자, 너이다. 움츠려드는 자이다. 이 또한 주름이다. (배수관의 모양이 곧은 길 같지 않고 구불구불하기에 미흡하다는 뜻이다! 하라) 네 생각이다. 어린아이도 부모의 심부름을 한다. 이는 너이다. 지식, 인격, 언어(언변 해당) 등 어린아이처럼 "부족하다" 생각하는 자이다. 누가 규정짓는가? 너이다, 그이다(큰아들), 그이다(작은아들). "우리 엄마 못해!" 하며 자질 이하로 본다. 이는 그들이다. 나는 못 해! 하는 너희들이다.

나와의 신뢰가 무엇이더냐? 무엇인들 할 수 있으랴? 할 수 있는 것은 자신 문제, 할 수 없는 것은 내 문제(하나님 자신, 곧 나이다) 이는 인간이 규정짓는 것이다. 둘 다 아니다. 할 수 없어도 할 수 있고, 할 수 있는 것도(하는 것과 못할 수 있는 약한 존재임을 스스로 아는 것) 모두가 나의 영역이다. 이 두 영역 밖에서 너희는 나를 봐야 한다. 내려놓는 것, 너희 자신(생명 부여 의미)만으로 나에 대한 믿음과 내가 원하고 명하는 것이 무엇이든 반응함이 신뢰이다. 성경은 무엇이라 하더냐? 성경은 기록된 말씀, 나의 언어 세계이다. 빌 4:13 내게 능력 주시는 자 안에서 내가 모든 것을 할 수 있느니라. 이것이 너희이다. 나는 네게 이것을 원한다. 이것이 정직함이다. 신뢰이다. 이것이 나를 공경함이 아니더냐? 네 말대로 해보자. 네 표현식의 영성과 학문과 인격과 지위와 외모와 배경과 이 모든 것을 가진 자가 있다! 하자. 나는 그를 발견한다. 내가 사용한다. 그는 듣지 않을 것이다. 이 모든 것은 두꺼운 벽이다. 한마디로 그의 배경, 조건이라 하자. 이 벽은 나와의 신뢰관계를 쌓지 못한다. 그의 배경은 그의 신뢰이다. 이것은 그의 환경이다. 그에게 더할 나위 없는 환경 이것이 그의 옷이기도 하다.

나는 치리자이다. 나를 아는 자들은 혹은 나를 순수한 그대로 받는 자를 내가 우선시한다. 나와의 관계가 중요하기 때문이다. 가난한 자녀는 부모와의 거리감이 가깝다. 그의 부족은 부모가 필요하기 때문이다. 반면 가진 자는(위 배경 가진 자에 해당한다) 부모보다 자신 삶이 우선시 된다. 이것은 그의 생애 또한 생활 전반이 되며, 부모를 필요로 하지 않기에 부모를 가까이하지 않는다. 이것이 인성의 본성(속성)이다. 아담 범죄 이후로 그들은 그렇게 나를 멀리했다. 그들은 나를 경배하지 않았다. 가진 것이 많은 자이다. 자신과 주위 환경이 온통 그들로 자신감을 주며 정복욕을 야기시킨다. 이스라엘을 보라. 그들 또한 어떠했는가? 낳은 부모인 나를 잊었다. 내게 등을 돌렸다. 이는 요즘 네가 보는 예레미야이다. 얼굴 향하지 않았다. 다른 것 때문이다.

나를 대신할 것들이 많을 때 인간은 혹은 사람은 누구나 이렇게 해왔다. 현재 또한 대형 교회를 수차례 설명, 한국 또한 마찬가지이다. 부유함이-먹고 마시고, 집 사고팔고(건설), 전토 확장(소유자들 해당, 개발지까지 소유해 보려는)-한국 사회 모습이다. 군집 된 자들 이것이 바벨탑이 아니더냐? 높아지고 싶고, 갖고 싶고,

누리고 싶고, 더 소유해 보려는(재산, 사람, 지위 모든) 자들로 바쁜 사회, 바쁜 세상 속에 지쳐 있으면서도 해외여행 또는 이주로 끊임없이 진취를 원하는 그들이다. 모습 보라. (내가 그들을 어떻게 보나? 이것은 너희의 현상이니라). 현상적(대세, 문화 발전 등이다)인 것에 취한 모습 그들이다. 사람들이다. 이 세상 사람들이다.

2. 원만한 이해와 해결을 원한다. 너희에게!

이것이 회개이다. 요나의 회개 내용이다. 너는 외치라, 모든 자에게. 이것은 너를 포함 이 세상 땅 거주하는 자들이란다. 내 땅에 들어와 머무는 자, 황폐하게 할 땅을 모르는 자들이다. 버리고 인내하며 여기까지 온 자 너이다. 내가 축소시킨다. 너를. 네 삶을 무용지물로 보도록 그것들로 나와 바꾸도록 명하고 나를 발견되게 하며, 집중하도록 그것들로부터 네 눈 네 마음(그것들 이는 세상 것들을 너를 빼앗고 네게서 나를 빼앗기 때문이다)을 빼앗기지 않도록 최대한 지켜주고 싶은 나이다. 많은 것을 버리고 뒤로 하며 눈감고 여기까지 왔다. 보아도 본 것같이 하지 않고 들어도 들은 것 같지 않게 모든 것을 대해 보려 한 너이다. 동일선상에 너와 나만 서도록 열망 가진 이후(1995년 성령 세례 체험 이후), 그 이후에 더 많은 세계를 난 네가 알도록 그것의 속성, 정체성을 보여주며, 네가 나를 향한 사랑과 믿음이 또 더욱 나를 소망하도록 너를 세워주고 싶음도 나이다.

나의 왕을 외친 자, 기름을 원한 자 너이다. 세계 위에 나를 두도록(네 공경함), 너의 도표(그림 표현하는 너)에 나를 가장 먼저 위치해 두었다. 난 이것 또한 보았다. 네가 나의 위치를 먼저 네 마음에 두고 새겼으며, 이 하나님께서(도표에서 'JS' 예수 그리스도 네 표현 식) 전권으로 너를 네 삶과 사역을 주관하시도록 허용했으며 이 또한 나를, 내 마음을 기쁘게 하는 것이었다. 2019년 나의 진노에 놀란 너였다. 그러나 이 또한 나의 시험이었다. 내 마음을-하늘에서 세상에 대한 진노하신 하나님 마음이니 그 상황, 그 생각이다-표현함이 너를 소천 시키기 위함이 아니었다. 겸비시키기 위함이다. 나의 일을 구하도록 1년 여년 두려움 속에 지낸 너였다. 그리고 '천국과 지옥에 관한' 더 가까운 관심과 접근의 계기가 되었으며, 이 영역 또한 네게 보여 준 바도 알린 바도 있었다.

넌 나의 종이다. 삼림의 수풀과 같도다. 공중의 새들이 나무에 깃듦과 같이! 마 13:31 또 비유를 들어 이르시되 천국은 마치 사람이 자기 밭에 갖다 심은 겨자씨 한 알 같으니 32 이는 모든 씨보다 작은 것이로되 자란 후에는 풀보다 커서 나무가 되매 공중의 새들이 와서 그 가지에 깃들이느니라. 내 너를 사용하리라. 마 10:23 …이스라엘 모든 동네를 다 다니지 못하여서 인자가 오시리라. (이 말씀 또한 오랜 시간 동안 네게 이르신 말씀이다! 하라). 수년 전, 최근, 오늘, 너는 그동안 다녔다. 꿈조차 너를 행보시켰다. 다니도록 위함이다. 보고, 깨닫고, 다니고, 죄를 알고, 너에 대해 알고, 관계한 자, 관계된 곳 모두가 드러나게, 나는 너의 눈이 되어 주었다. 나의 죄, 너희 죄이다. (찬양을 주십니다! 하라) '얼마나 아프셨나? 못 박힌 그 손과 발 죄 없이 십자가에 매달리신 주님… **나의 죄, 너희의 죄** 우리의 모든 죄를 사하려 주시려'

3. 예레미야도 회개시켰다

모든 선지자는 날 위한 준마들이니라. 전쟁을 알리는 자이다. 나와의 전쟁이다. 나를 멸시하는 너희들아 어느 때까지인고? 할 때 그들은 내게 명한바 순복하며 그들의 삶을 뒤로하고 자신과 싸워가며-자아 부인, 자기 십자가를 진 자들이다. 나의 일 이는 그들의 사역 혹은 사명이다! 표현해 보자-**나를 전해 왔다(추가 글 2023. 2. 17. 금요일)**. 이것이 이스라엘의 선지자들이다. 난 그들을 내세워 내 앞에 두고 너의 태도, 반응을 이처럼 보아 왔다.

난 알 수 있는 하나님이시다. 망령되이 일컫지 말라. 난 서론이다, 과정이다,

결론이다. 내 너를 두고 싸우려는 것을 아는 너이다. 너는 겁먹은 자이다. 모세 또한 엘리야 또한 삼손 또한 사무엘 또한 그러했다. 세상 중심적인 사람들이 보면 소심해 보이는 자들이다. 바울은 말한다. 나는 이 둘 사이에 끼였다. 차라리 주와 함께 거하는 것 그러나 너희를 위한 유익으로 살 것을 확신, 소망한다. 이같이 너도 내게 이것을 구한 자이다. 성경 찾아보아라. 빌 1:23 내가 그 둘 사이에 끼었으니 차라리 세상을 떠나서 그리스도와 함께 있는 것이 훨씬 더 좋은 일이라 그렇게 하고 싶으나 24 내가 육신으로 있는 것이 너희를 위하여 더 유익하리라 25 내가 살 것과 너희 믿음의 진보와 기쁨을 위하여 너희 무리와 함께 거할 이것을 확실히 아노라 26 내가 다시 너희와 같이 있음으로 그리스도 예수 안에 너희 자랑이 나로 말미암아 풍성하게 하려 함이라. 삶을 마치고 두려움 없이 나를 볼 것과 내 사랑을 그 비밀을 내게 받은 바 목적대로 사용하고 나를 위해 저들을 위해 네 삶을, 시간을, 너 자신을, 내게 주고 싶고(몰두의 의미였다. 명에 대한 순종을 이미 안다) 이것을 위함이 아니었더냐? 나는 너를 안다. 그래서 주고 싶은 것이다. 내 것을 믿기로 해 보는 것이다. 줄 만한 자로 눈 여기고 보고 있음을 네게 보인 바 있다. 이는 꿈으로 보인 이 세상을 내려다보는 나의 모습이니 기도자를 찾는 하나님이시다! 하라. 또한 2020. 5. 17. 주일, 나의 두 손안 예비한 무언가를 네게 보이며 "맡겨볼까?" 하신 하나님이시다! 하라.

　바울 그도 바나바와 다투었다. 너는 그곳을 나왔다. 나의 명(성령 사역)에 충분치 못했고 이후에도 보였다, 알게 한 것이다. 이 꿈을 기억하는 너이다. 그곳의 성령의 사람 둘에 대한 알린 주시다. 이제는 어떠하뇨? 간단명료 분명해졌다. 하나님이신 나 '주 예수 그리스도' 그분의 성령으로 모든 것들이 순복되어야 함을. 성령의 기름이다. '성령만이 나(너)를 통치하시고' 그 과정 안에서 너를 없애고, 오직 그의 계획과 뜻과 그 성품(신성 또는 인성)으로 나와 온전한 연합 속에서 그의 나라가 세워져 감을 보고 싶은 너이다. 너는 안다. 알고 있다. 네 머리로 가슴 또한 그 뜻 안에 모든 것이 가능하다는 것을. 그리고 네 모든 짐이 풀릴 수(해결 또는 가능케 하는 모든 것을 의미) 있음도. 네 믿음 영역 안에서 내게 신뢰를 구하여 온 너이다. 무엇을 주실 수 있는 모든 것의 가능성이신 나의 전권 앞에, 너의 믿음을 세워 놓고 현실 속에서 아랑곳하지 않고 무덤덤이 지내 온 너였다. 때로는 환경과 너 자신의 약함(건강 등)에 울기도, 버티기에 궁금하기도 했지만, 넌 나의 여전히 종으로써 그 자리 네 믿음 자리를 지켜보려 했다. 이것이 너이다. 너는 내게 준 바 된(그의 영광 자리) 크신 예수 그리스도 비밀이다. 그 안에 네가 있으므로 그의 구원에 참여하는 중이다.

인류를 향한 소망 된 예수 그리스도이신 참 하나님, 그는 나의 아들 예수였다. 현재는 나의 뜻 대행자이며 인류의 심판 권한을 갖고 있으니 온 민족이 그에게 나아와 직고하리라. 나 예수는 심판자이다. 재림주이다. 이것을 아는 너이다. 너는 그날에 감추길 원한다. 그의 비밀이 되길 원한다. 이것은 주의 값으로 그의 것, 그의 소유 하나 된 의미임을 이것을 원하는 너임을 나는 알고 있다.

2023. 2. 17. 금요일. 추가 글입니다.

나를 전해 왔다: 전광훈 목사에 대해서 보자. 그는 누구인가? 이는 네 글 즉 나의 메시지이다. 그에 대해 많이 전해준 나이다. 왜인가? 그가 주축 된 이 나라이다. '통일 정신'으로 나아가는 현재이다. 너는 그곳(ㅇㅇㅇㅇ 교회)을 다녀왔다. 기도 장소로 삼고 수개월을 시간을 정해 오르내린 자이다. 아들과 함께 나선 길이다. 네 아들은 교회의 전도사 일을 사임한 자이다. 이 사임에 대해 수년간 알리므로 그러하다. 영시가 임하고부디 그의 눈을 열어 나오도록 한 나이다. 보다 큰 그릇, 큰 그림으로 이 세대 지구를 바라보기 시작한 자이다. 이는 나와 같이 가기 위함이다. 수많은 목회자가 걷는 그 길에서 따로 떼기 시작한 나이다. 이 또한 나의 뜻이 있으므로 그러하다. 에스겔 19장을 보자. 겔 19:1 너는 이스라엘 고관들을 위하여 애가를 지어 2 부르라 네 어머니는 무엇이냐 암사자라 그가 사자들 가운데에 엎드려 젊은 사자 중에서 그 새끼를 기르는데 3 그 새끼 하나를 키우매 젊은 사자가 되어 <u>먹이 물어 뜯기를 배워 사람을 삼키매</u>. 이 시대가 그러하다. 이는 네가 주께 자녀들을 맡기는 이유이다. 시대와 교회와 목회자들이 열리므로 절절히, 간절히 주를

찾기 위함이 아니냐? 이 소망이 어디로부터이냐? 기적이 필요한 시대이다. 기적은 주시니 이는 소생하므로 얻는 평안이니라.

환난 시대가 아니냐? 주가 주시는 평안으로 살 때이다. 사람이 사람을 지배하듯 기독교도 그러하다. 섬김이 무엇이냐? 지배가 아니다! 하라. 지배는 왕위를 자신으로 두는 군림이니 성도를 잘 알지 못하고 대하는 그들이니라. 사울 왕 치리가 "많다" 하라. 다윗을 두나, 이기지 못하고 사울이-위의 말씀 렘 19:1 '물어 뜯기를 배워' 함이 아니더냐?-되어 나의 종들이 자라나지 못하고 주저앉음이니 그들이 나의 대적자이다! 하라. 네 자녀를 내가 기른다, 사용한다. 이를 준 나이다! 하라. 너는 많이 열리므로 염려가 많다. 근심이 많다. 이는 주 안에서 살피고 살피는 일들이 많기에 그러하다. 자신이 가는 길이 이러하다. 이러한 훈련이 된 자이다. 이 사람 저 사람, 이곳저곳 '우리!'하며 네게 일해보자 하나 나는 이조차 허락하지 않으니, 나의 종 삼아 기르기 위함이다. 이는 네가 본 바대로 너의 체험이 극한 위의 천국과 아래의 지옥이며 그 안의 간격이 매우 긴 이 세상이다! 하라. 위는 기독교이며 아래는 그 외이니 오르고 내리는 싸움을 아는 자이다. 내가 너를 기른다, 키운다, 사용 중이다! 하여도 이들에 대한 네가 끼임이 되어 책 발간도 지체됨이며 마음도 상함이며 지친 시기이다. 그럴지라도 주가 배우게 하는 자이므로 듣고 기다리다가 다시 도전, 재기도 하며 이를 반복함이니 이는 이 세상 연구자이다! 하라. 네게 주는 은혜 '디테일(섬세함)' 왜냐? 이는 연구 분야이다. 범죄도 수사 대상을 낱낱이 알듯이, 의사가 수술 집도 전까지 그의 병을 연구도 하듯이, 한 분야의 연구원이 발견, 발표까지 집중, 분석하듯이, 네게도 이러한 은사가 있으니 이는 일찍이 성품, 성향으로 관심, 관찰, 의문 갖게 한 주시다! 하라.

네 인생 20대에 나를 구하여 '이 세상을 다스리는 신'으로 최초 고백하며 무릎을 꿇었으니 구원 요청한 자이다. 30대 시작은 성경의 하나님을 믿기로, 알기로 한 자이며 이어진 성령 세례로 주와 독대한 자이니, 이 은혜 안에 아버지의 장례식 기간에 임사 체험으로 하늘에 올라 '임박한 종말'을 알게 된 자이다. 이러한 훈련으로 사도행전 1장 8절의 '증인' 말씀으로 세운 개척 예배지이므로 그곳에서도 수차 연장이 되는 솔로몬의 일천번제 기간에 "네게 무엇을 줄꼬"하며 선교 임무를 맡긴 나 아니냐? 하라. 이러한 나와 너 사이의 긴 줄다리기식 훈련이니, 오직 나의 줄만을 잡고 견디는 힘으로 이 세상을 보아온 자가 아니더냐? 이러한 그곳 개척 예배지이니 2020. 7. 23. 목요일, 영서 기록을 시작한 날부터 "가라!" 하며 "두 아들을 건지자!" 하신 주시다! 하라.

영서 기록 이전부터 전 목사에 대한 영상을 집중하여 보면서 나라에 대한 공감, 분별이 있으므로 주시하며 마음 아파하며 운 자이다. 영서 첫날부터 그, 전 목사에 대한 기록을 주신 주시다. 그가 누구인지 알리신 주시다. 그의 일 그러하다. 그의 주변과 대적 그러하다. 그의 어떠함이 너로 하여금 주저앉게 하더냐? 그러한 일이 있느냐? 아니다! 하라. 비록 그에게도 흠이 있다! 하나 이조차 아픈 자이니 왜이냐? 그는 매달린 자이다. 지옥을 알기에 그러하다. 바울의 삶으로 생을 마치기로 한 자이다! 하라. 그의 전함과 같이 그러하다. 맡은 자를 다루기에 힘든 자이다. 설령, 설상가상 자신의 문제가 불거진다고 하여도 누구나 가진 죄의 일시 현상이니 앞에 선 자, 무거운 짐 맡은 자에 대한 화살통을 들고 겨냥, 조준하여 표적 대상 삼음은 '옳지 않다' 하신 이를 수없이 알리신 주시다. 이는 적장 수장과 그 수하가 하는 일이다! 하라. 반대는 하지 않아야 할 기독교 아니더냐? 김정은이 하듯, 이단이 하듯 한다면 그들이 내 종이더냐? 하라. 한국 교회는 이러한 부패가 심한 자들이 속속히 드러나는 시기이니 이를 유의하라! 하라. 악인이 적당한 때 쓰이는 것도 나의 뜻이니 잠 16:4 여호와께서 온갖 것을 그 쓰임에 적당하게 지으셨으니 악인도 악한 날에 적당하게 하셨느니라. 사망 권세조차 나의 손안에서 행해지는 심판 날까지 누는 어둠이니라. 사 45:7 나는 빛도 짓고 어둠도 창조하며 나는 평안도 짓고 환난도 창조하나니 나는 여호와라 이 모든 일들을 행하는 자니라 하였노라. 되었다. 닫으라.

4. 그는 나의 종이다

그곳 교회에서 나 대신 서 주는 자, 아들이다. 몸은 그, 영은 나 (수없이 최근

전한 바 있다). 그 속에 나의 영을 두려 한다. 거주해보려 한다. 이것이 나이다. 나는 그를 선택한다. 그의 순종 여부를 시험하기 위함이다. 너처럼 교회 사역에 세워진 그이다. "언제까지 하나요?"…생략… 무엇을 어떻게 하랴? 내가 해줄 것이 무엇이더냐? "힘들 땐 나오겠지" 하는 너이다. 반면 알려 주시면 결단도 감행해 봄도. 그뿐이다! 하는 너이다. 이 둘 사이에 무엇이 옳으냐? "후자입니다. 후자를 원합니다" 너는 개척한 자이다. 개척 전에 "개척하라!" 하는 내 음성을 들었다. 그러나 미룬 자이다. 사역 교회에서 견딜 수 없어 나왔다. 그리고 개척했다. 이 두 가지이다. 이 또한 이러하니라. 비슷한 성향이다. 그 엄마 그 아들, 같은 훈련이기 때문이다. (이전에 힘들 때 생각이 납니다! 하라) 그때는 개척하라는 주 음성을 받지 못했기에 전전긍긍한 자이다. 그러나 개척하라 하나 미룬 자이다. 아들도 힘들어야 견디지 못하므로 나와서 가족이 합친다는 뜻이다. …생략… 너는 나의 종이다. 내 음성을 알게 될 것이다. 무엇이 옳고 그릇된 것인지 발견할 것이다. 아담처럼! 창 2:19 …무엇이라고 부르나 보시려고 그것들을 그에게로 이끌어가시니 아담이 각 생물을 부르는 것이 곧 그 이름이 되었더라. '보시려고' 하시는 하나님이시다. 갖춰 보라. 전체에서 무엇을 어떻게 할지 이것 또한 네 사역이다. 발견자이다. 그리스도 안에서 너 자신을 발견케 하려 함이라 이와 같다. 빌 3:8 …내가 그를 위하여 모든 것을 잃어버리고 배설물로 여김은 그리스도를 얻고 9 그 안에서 발견되려 함이니….

하늘山
제35일. 니느웨 회개 기도 40-35 (2020. 8. 26. 수요일)

1. 수기자, 손으로 기록하는 자! 적어보자

성 삼위일체께 영광을 돌리자. "마음 아프다" 하는 너이다. …생략… 가리다, 선별이다. 이는 너이다. "무엇을요?" 이 말은 나의 줌, 주는 것이다. 너는 휴대폰 영상 보는 자이다. 엮였다. 정부 편에. 이는 ○○ 통신사 역사이다(무제한 요금제 특별 행사). "방법을 주세요" …생략… 1년 약정자이다. 요금제 무제한으로 보게 하는 자, 무슨 뜻인가? 가져다 쓰게 하는 자, 이는 선불 같은 것이다. 보지 말자. 그들이 준 대로 채우지 말자. …생략… 밤에 성경 읽는 것을 하지 못하게 가두는 올무이다. 시간을 가로채는 자들이다. 또한 마음을. 너는 중독성 가진 자였다—
[2023. 2. 24. 목요일. 추가 글입니다. 종일 휴대폰을 개의치 않으려 하나, 이겨 오나, 밤 시간은 '휴식' 겸 '정보' 겸 취하는 자이다. 종일 눈이 활자만 보는 자이므로 움직이는 사람들의 영상을 보는 습관을 가진 자이다. 영상은 취사선택이 가능한 이점도 있다. 자신의 관심 분야 관련을 보기에 선택의 재미도 갖는 자이다. 이에 중독성이다! 하는 것이다! 하라. 되었다. 닫으라]

2023. 1. 16. 월요일. 추가 글입니다.
생활의 패턴이 있는 자이다. 일어난다, 씻는다, 앉는다, 금식한다, 성경 본다, 연구이다. 이는 하루의 종일 반복되는 일이다! 하라. 늦은 밤 한 끼 식사는 두 아들의 대학원 학업 기간으로 인하여 시작한 자이다. 학교 근로 아르바이트와 파트 타임 전도사로 학비를 번 아들들이다. 야간 강의도 들어야 하기에 마치는 시간에 맞추어 밤 10시 이후에 한 끼 식사를 한 자이다. 부득이 외출 외에는 두문불출하기에(환경을 차단한 훈련이 지속이 된 당시이다) 실어증까지 온 자이다. 성경 말씀과 가끔은 아들과의 통화 외에는 언어 사용을 거의 하지 못한 자이기에 그러하다. 자신의 생활도 절제와 차단이 많으므로 사람의 문화, 대화 등 그리고 교회 문화까지도 멀어진 자이다. 휴대폰 통화는 거의 사용하지 않으므로 최저 요금제로 하며, 간혹 더 절약을 위해 일시 정지도 한 자이다. 아들을 만나러 가는 때에 다시 일시 정지를 해제하고 돌아와서 다시 '일시 정지' 이러한 방법도 사용한 당시이다. 인터넷은 신학교 때부터 사용하므로 장기 사용자로 할인 금액이기에 휴대폰의 영상은 마음껏 볼 수 있는 자이다. 종일 금식에 지친 몸이니 금식의 해 수가 더해지면서 몸이 쇠약해져서 몇 달 전부터는 저녁 식사 시간을 앞당기라 하신 주시! 하라. 물론 간간이 좀 더 이른 식사 시간이 있기도 하다. 부득이 경우에 그러하다. 대부분은 주신 시간대로 식사를 하는 자이다. 원고 일을 더 집중해야 하는 시기는 최대한 식사를 미루기에 더 늦은, 자정이 지나거나 새벽에 먹기도 하는 자이다.

휴대폰 영상은 외로움으로 시작된 자이다. 그리고 사람과 접촉이 거의 없으므로 정보, 대화를 들으려 한 자이다. 지친 상태에서 겨우 식사하고 눕는 자이다. 몸을 펼 수 있는 시간이며 개인 시간이 생기는 자이다. 휴대폰은 손에 들 힘이 생긴 자니 자신이 보고자 하는 영상들을 본 자이다. 이러한 습관이 영서 임무에도 지속된 자이다. 영서는 거의 오랜 시간을 받는 자이다. 그리고 수 기록한 내용을 원고 작업을 위해 노트북에 다시 워드를 쳐야 하는 시간이 필요하며, 기도 시간 외에도 두 아들을 위해 해야 할 일이 있는 자이다. 주의 음성을 들으며 잠에서 깨어나기에 영서 기록으로 다시 이어지니 길어질 때는 씻는 것도 뒤로 미루어야 하는 자이다. 그러기에 하루의 시작은 이러하며 씻고 개인 예배 시간이 시작되어 늦은 밤까지 마치면 개인 휴식 시간이 이전처럼 휴대폰 영상으로 이 소식 저 소식 보는 자이다. 그러나 주께서 이 시간에 성경을 보라 하시니, 몹시 피곤한 상황에서 누워 습관대로 휴대폰을 보며 개인 휴식을 취한 자이다. 오늘의 글은 통신사가 무제한 요금제를 할인하여 일정 기간 서비스를 하므로 이에 대해 주시는 말씀이다! 하라. 생활 면면을 보시는 주시다! 하라. 마음속 생각 무엇이든 불쑥불쑥 자신 이야기, 주변 이야기 다 꺼내시는 주시다! 하라. 되었다. 닫으라.

2. 유튜브 사역이란 무엇인가?

유의할 점 첫째, 유튜브를 보지 않는 자들이 해야 할 방송이다. 연결망이기 때문이다.

2023. 1. 16. 월요일. 추가 글입니다.

이는 오랜 싸움이다! 하라. 너 자신을 키우는 자이다. 알리는 문제에 대해서 그러하다. 사역지마다 전한 나이다, 주시다! 하라. 주가 키운 자이다. 면면히 알고 있는 많은 것이 있기에 수위 발언이므로 산 정상 가까이 이른 자이니 버리고 오른 길이기에 그러하다. 이를 주기 위해서 다시 내려가지 않는 자이다. 유튜브에서는 걸러내고 걸러내면 자신에게는 볼 방송이 많지 않다! 하라. 그러나 이도 접으라(보지 않는 시기이다) 함은 무엇인가? 마음을 비우는 시기이다. 주의 손을 잡고 몰두하는 시기이다. 곁눈질이기에 더 관심으로 좀 더, 좀 더 보다 보면 어느덧 계단을 내려가 세상도 기웃거리는 방송 수위이니! 자신은 맞지 않는 벗는 단계이다. 이미 오른 자이나, 영상들이 줄지어 화면을 보이기에 살짝 기울어 '쉬자!' 하며 보기도 함이니 이는 기운이 진하는 영적 소모의 이웃 관심이다! 하라.

주께 듣는 시기이니 그리해보자 함에도, 차단 생활이 오래되기에 주께 채움을 받아도 정보로 영적 메시지를 보자! 하는 자이다. 그러나 다음, 그다음 이리 내려감이니 주의 영 외에 영서의 메시지 받는 시간(환상 포함)과 꿈의 활동과 성경의 글과 노드북의 자판기 원고 외에 사람과의 교제가 없으니 기웃거리는 자이다. 오랜 습관대로. 이리하여 더 알리며 반복해오나 여전히 온전히 끊지 못한 유튜브 영상들이다. 이는 외딴섬 같으니 교회는 교제 대상이 있으나, 선포 대상이 있으나, 이 일은 오직 자신과 주와의 관계 유지이기에 외로운 자이다. 다행히 이 영상에서 만난 몇 사람의 영성 사역자들이 있으니, 이도 주께서 "어떤 자이다" 알려주며 너와 그들 모두 너희는 "그물망이다!" 하며 설명을 주시지 않더냐? 그물망은 무엇이더냐? 주의 관리 대상이다! 뜻이다. 주를 어부로 비유할 때 잡힌 물고기 된 자들이다. 그러므로 주의 음성을 직접 듣고 전하는 사역이기에 서로를 알아본다. 직접 만나거나 교제가 아니더라도 말이다. 영상과 메시지와 사역 활동을 보면 알 수 있는! 이로써 '나 같은 부류이니' 하며 위안 삼기도 반갑기도 마음의 지원도 하는 관계이다 하라. 그러나 양식장이 있으니 이에 비해 매우 크다! 하라. 이들은 사람 중심의 관계이다. 서로 연계하여 조직을 이루고 관계 내에서 성장시키는, 주고받음의 관계이다. 이 양식장 내에서는 이동이 더 활발하다. 오고 가다 만나는 큰 물고기들(목사들)에 의해 관계가 맺어진다. 반면에 좁은 그물망은 자신 뜻이 아닌 많은 것을 비움으로 주에 의한 지시로 살아가는 자이다. 그물망 물고기들은 양식장에서 살기 힘들다. 이는 큰 물고기와 어부의 차이로 인함이다. 양식장의 물고기들은 그물망이 답답하고 살기 힘들다. 많은 것의 포기와 인내로 인함이다! 하라. 되었다. 닫으라.

3. 바로잡기이다

이는 한국 사회 혹은 한국 교회이다. 구부러진 자들이다. 정치권, 종교계 등등이다. 정경 유착 또한 어떠한가? 불시검문이다. 그는(문재인 대통령) 잡는다. ㅇㅇ은 외유이다. 그는 가진 자이다. 이미 준 바 있다(평양 올림픽, 문 대통령과 북한 김여정 모습). 설득력 당하고 있다. 외유 도망자이다. 김정은 수하에 두려 한다. ㅇㅇㅇ 출연한 자들 (방송 프로를 말씀하십니다) 붙인 바 있다. 이재명을. 협조케 한다. 북한의 관리 대상이었다. 외국 나가는 이유이다. 김정은 그는 어떠한가? 호탕하다. 쥐락펴락한다. 문 대통령, 김정숙 여사, 임ㅇㅇ 등은 가진 자이다. 한국 사회에 대한 정권 실세이다. 실사이다. 모형이다. 그(문 대통령)는 답습가이다. 전통적 정치가이다. 오랜 세월 김정은 편에서 문빠(일명 속칭 표현이라 해두자) 그들 편이다. 지향 세력, 지지자라 보면 된다.

4. 서울 다녀온 자이다

반포 대교, 비 '폭우'로 무너진 곳을 보았다. 내 마음이다, 내 마음이다. (찬양을 주십니다! 하라) '아주 먼 옛날 하늘에서는 당신을 향한 계획 있었죠. 하나님께서는 바라보시며 좋았더라고 말씀하셨죠' 서울은 점령당했다. 서울 다녀왔던 너이다. 너는 내 마음이다. 나는 자주 알리곤 했다. 너는 나이니까, 곧 나이다. 명심해 두어라. 현재 지는 자이다. 두 아들에 관하여 벌써 오랜 일이다. 영서 기록이 며칠이더냐? 그룹이다. 창 3:24 …에덴동산 동쪽에 그룹들과 두루 도는 불 칼을 두어 생명 나무의 길을 지키게 하시니라. 이를 보여왔다. …생략… '신학을 해 온 우리(너와 두 아들)'라는데 어찌 된 것이냐? 나의 뜻에 순종하더냐? …생략… 너 또한 나의 종이다. 그들(두 아들) 또한. 신학으로 가르쳐 온 것이다. 내 종이다. 그러므로 종은 가려 한다.

나는 주인이다. 나 또한 너를 두려 한다. 그곳 개척 예배지에, 그리고 이곳에. 가야 할 곳은 현재 전도사 아들의 그곳 교회 및 다른 지역(새로운 지역)이다. …생략… 너는 누구더냐? 나를 오해하고 있다. 가라 하면 가고 오라 하면 오는 백부장의 하인 같은 종이었다. 마 8:9 나도 남의 수하에 있는 사람이요 내 아래에도 군사가 있으니 이 더러 가라 하면 가고 저더러 오라 하면 오고 내 종더러 이것을 하라 하면 하나이다. 지금은 어떠하뇨? …생략… ㅇㅇ 교회의 목사 보자. 댓글 달아보는 자이다. 그는 댓글이다. 나에 대한, 너에 대한 댓글이다. 나의 뜻보다 자기의 뜻을 너에게 내세우는 자이다.

5. 그는 나의 약속이다

아들은 신학교 기도실을 다닌 자이다. 나로부터 받은 방언이다. 내가 준 '방언 세례' 받은 자이다. "방언 세례가 무엇인가요?" 방언 세례는 이와 같다. 내 혀, 내 언어 체계이다. 그의 혀에 내 말을 두려 한다. 곧 나이다. 내가 말한다는 뜻이다. "왜 방언이라 하지 않고 세례라 하는지요?" 세례는 내 언어이기 때문이다. 성령 세례와도 같다. 성령이라 한 것을 세례라 붙임은 '새것에 대한 뜻이다' 하는 의미이다. 예를 들어 미국 같은 곳이다. 새 것, 나의 것, 나의 세계이기에 나는 세례라 함으로 더욱이 분명하게 나의 메시지임을 알리고 싶다. '나도야!'이다. 모두가 이런 식으로 표현해 보자. 표명이다. 내가 주는 것, 해 온 것이다. 모든 것은 일명이다. 방언 세례, 성령 세례 그러하다. "무슨 뜻이에요" 약칭에 대한 용어이다.

'세례'라 함은 무엇이냐? 장사, '나는 죽고'이다. 벧전 2:24 친히 나무에 달려 그 몸으로 우리 죄를 담당하셨으니 이는 우리로 죄에 대하여 죽고 의에 대하여 살게 하려 하심이라… '죄에 대하여'라 함은 너희를 말한다. 그가 사신다. 죽은 자에 대한 나의 삶이다. 여호와의 삶이다. 죽는 자에게 내가 역사하는 것이다. 이것이 세례이다. 방언할 때 어떠하뇨? 방언 세례, 성령 세례 같은 말이다. 성령 세례는 방언을 통과하면서 주어진다. 너는 어떠하뇨? 방언 먼저, 성령 나중이다. 성령 세례는 잠김을 뜻한다. 머리까지, 혹은 허리까지, 혹은 다리까지, 혹은 다리 아래. 잠긴 만큼 그들은 나를 안다. 세례를 물로 표현해 보자. 깊이에 따라 다르다. 너는 완전히 머리까지 잠긴 자이다. 이것은 성령 충만 현상이었다. 성령 세례는 잠김의 깊이 정도 다를 수 있다. 성령 충만은 완전히 잠김 또는 상태이다. 서로 다른 것이다. 방언 세례는 할 때 따라 또한 깊이도 다를 수 없다. 통제 된(혀)이다. 내가 장악한 것이다. 나의 포로가 된 상태이다. 내가 준 원고지를 읽는 자들이다. 이것이 방언의 세계이다. (저는 잘못된 방언이 궁금해졌습니다. 제 생각을 아시고 이어 주시는 말씀입니다)

잘못된 방언을 적어보자. 마취가 덜 된 상태에서 나오는 언어와 같다. 성령은 마취와도 같다. 네 생각, 너희 뜻, 감정들을 통제함이 마취 상태이다. 그리고 나는 말한다. 이것이 방언 언어 체계이다. "마귀 방언, 귀신 방언은 무엇이에요?"

혼선이다. 잡음이다. 치고 들어온다. 흐름 탄다고 보자. 곁의 세계이다. 혹은 안에 내재 된 영이다. 남은 자가 있기(귀신 뜻) 때문이다. 장난이라 보면 된다. "하나님 뜻으로 알 수도 있기도 하는데 어찌해야 하나요?" 나의 뜻은 나의 종만이 안다. 걸림(마음)이 확률이다. 그 외는 찾아내는 것이다. 불분명할 때 혹은 믿어질 때도 확인하는 것이다. 예레미야서 보라. 그들은 나의 선지자. 내 종이기에 오랫동안 꾸준히 알게 한 자들이다. 렘 25:3 유다의 왕 아몬의 아들 요시야 왕 열셋째 해부터 오늘까지 이십삼 년 동안 여호와의 말씀이 내게 임하기로 내가 너희에게 꾸준히 일렀으니 너희가 순종하지 아니하였느니라. "오래 계속될 때, 반복적 또한 어떻게 되나요?" 잡힌 경우이다. 이 또한 나의 뜻 안에 있기도 하다. 그의 연단 안에서 두고자 할 때 이런 현상(문제 표현이 사실상 더 맞다)이 있을 수도 있다. 그를 깨뜨리고자 할 때 쓰기도 한다(방법 측면이기는 하다).

 깨뜨릴 자 무엇인가? 강한 제재로 그를 혼내줄 때, 사단 아래 두는 것이다. 언젠가 그는 알게 된다. 그 끝은 엉망진창이 오기 때문이다. 두 손 들게 하기 위한 나의 방법이다. 철저한 나의 복수이기도 하다. 꾸짖을 때 사용한다. 이것을 명심하여라. ㅇㅇㅇ 선교사는 잡힌 자이다. ㅇㅇㅇ 여목사에게 들은 자이다. 주께 들은 분별을 전하는 그의 영상을 본 자이다. 스스로 서려고 할 때 허락된 것이다. 내어 준 자이다. 공격하는 자이다. 전 목사와 광야 집회 성도들에게 그러하다. 대적자였다. 일면 본 자, 오해한 자, 미혹된 자 이 3가지이다. "하나님을 찾는 자인데도 왜 그렇죠?" 일명 자칭 선지자이다. 독보적 내보이고 싶었던 자였다. 그녀는 한마디로 우월성, 독보성이다. 이것이 그녀이다.

 해함을 받지 않은 곳에 세워두었다. 여목사의 유튜브 영상 사역 초기에 그의 무대를 꿈에서 본 자 너이다. 그녀였다. ㅇㅇㅇ 여목사이다. 나의 사랑하는 여종이다. 내 사랑 아래 두는 자이다. 이 또한 더 큰 일도 보리라. (이것은 다른 유튜브 사역자를 뜻하는 것으로 이해하는 자이다! 하라) 이것이 둘 관계이다. 너는 어떠하뇨? 누구 편이냐? "저는 주님 편이에요. 주께 듣고, 배우고 싶어요. 할 일 또한 직접 알고 행하게 해주세요"라고 말할 자 너이다. 이러한 답을 하게 하신 주시다! 하라. 그러므로 너는 내 편이다. 둘 다 아니다. 네 머릿속 생각, 네 마음이 나를 원하는 증명서임을 나는 안다. 보았다. 들었다. 네 마음을 내가 안다. 넘어질지라도, 순응할지라도, 이편은 나를 지키려 하고 고수하고 있는 너임을 내가 안다. 알고 있다. ㅇㅇ아, (이름을 부르십니다) 어여쁜 자야 나와 함께 가자. 이 또한 지나가리. 넘어짐도, 순응 못함도 그러하다. "주님을 빼앗기는 것 혹은 떠나가심이 저의 불안임을 주님께서 아시죠. 주님?" 그렇다. 네 말이니라. 그러나 또한 내 뜻이다. 나의 뜻이다. 이것이 나를 기쁘게 하는 너이다.

너는 일보다 나를 원하는 것을 안다. 이를 위해 얼마나 혹독했는지 그동안 힘들었는지 너 또한, 나 또한 이것을 알고 있다. 우린 사이이다. 서로에 대해 '이심전심'이다. 이것이 나 곧 너요, 이것이 너 곧 나이다. 양심은 선한 것을 좇아간다. 추구하는 것이다. (아들 해주자. 생일상 못 해준 자, 마음 아픈 너이다. 다시 아들 보자. 이 또한 지나가리라) 너는 나에게 둔 마음이다. 나라에 대해서도 마찬가지이다. 너를, 자녀를 잊고 싶은 것이다. 소소한 것으로 보고 싶은 것이다. 나라 앞에, 종말 앞에. 이것이 너이다. 너는 나의 종이다. 섭렵하는 자로 내 너를 삼고 싶은 것이다. 이 이유에 대해서 말이다. 그럼 이만 줄이자. 잠시 후에 더, 해보자. 우리의 관계이다. 너와 나 사이, 둘 사이! 이는 창세기 9장 노아의 언약 장면 말씀이 생각난 자이다! 하라. …생략… 이만 써보자. 펜 놓으렴!

6. 다시 보자. "내일 일은 난 몰라요" 하는 자이다

너는 영서 쓰는 자이다. 영면 해봤던 자이다. "영면 무슨 뜻이에요?" (물론 네가 사용하는 언어이지만 주께서 무엇이라 설명하시려나 궁금해서 질문을 해봅니다! 하라) 찾아보자. 한자어 숙지할 자, 깊이 생각하는 너의 인지력이다. 그때의 체험,

내용, 지각이다. 시대 분별이다. 이천 년 시대 줄곧 그래 왔다. 교회와 세상 밖 이 둘이다. 교회는 내게 주는 자이다. 그들을 내게 돌려줄 것이다. 그들의 할 일. 그들 중-세상에서 지내는 자들, 세상이 좋은 자들 또는 좋지 않아도 나올 줄 모르는 자, 빠진 자 이를 아는 자(누군가가 필요한 자, 구조대원 너희이다. 너희 교회의 할 일이다)-한 사람을 발견한다 치자. 씻기고, 먹이고, 재우는 자이다. 생명의 양식(나를 그들에게 먹게)을 믿게 한다는 의미이다. 나는 그들의 부요함이다.

나를 믿고 사는 자는 생수의 강이 흘러넘치리라. 이것이 나를 '먹고 마시는' 자이다. 의존자인 나를 둘 때 나는 그들의 배부름이 될 것이다. 그들에게 해갈이 되어 줄 것이다. 이 비유는 육체의 생명은 물을 마시고, 음식은 먹을 때 생명의 유지가 되므로 이것은 비유적 해석이다. 그들은 나를 따른다. 더 이상 세상 방식 따라 저들 세계를 의존하지 않을 것이다. 이것이 나의 목표이자 구원의 하나님이심을 만방에 알리는 것이다. 나의 예수 너희 그리스도를 통한 '나의 구원' 계획인 것이다. 모처럼 너와 둘 앉아 있는 것이다(금주 짧은 시간, ㅇㅇ 교회 목사의 개입으로). 보지 못한 자였다. 그 목사는 세상 의존적인 사람이다. …생략… 그는 지역 유지(저명도 가진 자) 유명세, 큰 교회 담임 목사(사람들이 지칭)이기 대문이다.

7. 사랑은 숨어서 몰래 하는 것이 사랑이다

귀한 사랑은 감추어진다. "왜일까요?" 채워진 사랑 때문이다. 네가 말하는 집중력이다. 내가 그를 사랑한다. 이것 외에 없도다. 이것이 사랑이다. 남, 여의 비밀을 보라. "우리는 몇 날 몇 시에 사랑한다" 하며 알리는가? 사랑은 지속이다. 나와 상대 둘만의 비밀이기도 하다. (찬양을 주십니다! 하라) '우리 서로 나눈 그 기쁨을 알 사람이 없도다' 나를 만날 때, 나를 알리는가? 공적 예배 빼고 개인적 독대의 의미이다. 사랑의 관계는 알리지 않는다. 둘 사이기 때문이다. 창립 예배, 행사 예배 등 공식 관계는 다르다. 고지를 할 의무가 있는 것이므로 주최 측은 공식 선상의 공개를 원칙하는 편이다. 그 외는 무엇인가? 개인적 기도 또는 선행 등은 고지를 할 필요가 없다. 둘만의 비밀이다. 너와 나 소중한, 중요한, 필요한 시기 또는 시간이기 때문이다.

나와 이스라엘의 관계에 대해서 알리지 않았다. 그들이 내게 나가므로 '빠지다' 이는 관계 '제외'의 의미이다. 이러한 연유로 그들은 떠났기 때문에 알려진 것이다. 이방 관계 속에서 그들이 참담해질 때 내게 호소했고, 치므로 내게 보호 요청했으며, 공격으로 초토화될 때 그들은 두 손 들고 내게 항복자가 되었다. 이 누구뇨? 이스라엘이 아니더냐? 너희 또한 내게서 나온 자, 출처 된 나이다. 'from' 의미 아느냐? 나로부터 내가 준 생명 부여로 사는 자들인 것이다. 그러면 어떠하뇨? 무엇을 바라랴? 무엇을 구하랴? 나는 사랑에 대해서 말하고 있다.

사랑은 어떠하뇨? 이 사랑이 너희의 생명이다. 나는 창조자이다. 나를 쳐다보도록 하는 나이다. 너희 필요를 아는 나이기에 구하도록 하는 나이다. 그 사랑을 '먹고 마시게' 하기 위해서 이 필요가 너희를 살리는 것임을 나는 알게 해주는 것이다. 그러므로 너희는 나의 생명이다. 내 생명, 내 사랑에서 출발한 너희니라. 지금은 어떠하냐? 한국은? 세계는? 너는? 교회는? 네 가족은? 네 이웃은? 둘러보아라. 나를 구하는지, 찾는지, 바라보는지. 무엇을 좇더냐? 광야 아니더냐? 스스로 세워보려는 욕심이다. 도시화, 건설화, 문화화, 과학화, 세속화, 이 모든 것에 너희는(지칭, 총칭이다) 나를 대신해 그들을 원했다. 바랐던 것이다.

지금은 어떠하느냐? 바란 대로 한국 사회가 이루어진 것이 너의 걸림돌이 되었다. 경제화, 경제 성장, 경제 대국이 부럽더냐? 선진 문화 되는 것이 꿈이더냐? 민주화가 꿈이더냐? '잘 먹고 잘살아 보세'가 꿈이더냐? 이 모든 것은 이방인이 구하는 것이다. 나는 이들 이방인 속에 '레위 성읍'을 두듯이! 민 35:2 이스라엘 자손에게 명령하여 그들이 받은 기업에서 레위인에게 거주할 성읍들을 주게 하고 너희는 또 성읍들을 두르고 있는 초장을 레위인에게 주어서. 너희들이 나를 구하고 이 에덴의 복을 지켜내기를 바란 나이다. 복음 선진이 나의 꿈이다. 복음 수출, 복음 대국, 복음 성장, 복음 국가로 발돋움이 아니더냐?

너 계명성아! 이는 한국 교회 전체 상징이다. 어찌하여 떨어졌는가? 생각해 보라. 이사야가 아니더냐? 사 14:12 너 아침의 아들 계명성이여 어찌 그리 하늘에서 떨어졌으며 너 열국을 엎은 자여 어찌 그리 땅에 찍혔는고. 그를 세워 말갛게 포도를 따지 않겠느냐? 흔들어 줍지 않겠느냐? 렘 6:9 만군의 여호와께서 이와 같이 말씀하시되 포도를 따듯이 그들이 이스라엘의 남은 자를 말갛게 주우리라 너는 포도 따는 자처럼 네 손을 광주리에 자주자주 놀리라 하시나니. 대풍에 떨어진 것 가져오지 않겠느냐? 계 6:13 하늘의 별들이 무화과나무가 대풍에 흔들려 설익은 열매가 떨어지는 것 같이 땅에 떨어지며. 이것이 한국 교회 성도 모습이다.

8. 나는 너의 하나님이시다

이는 네 표현식! 존칭 신호자, 나를 높이려는 네 마음을 위해 이 또한 허락하니라. 가고 가도(시간, 연수의 흐름) 그들은 내게 돌아오지 않는 자이다. 기다리고 기다려도-둘째아들 맞으러 나가신 '아버지의 사랑' 말씀을 주십니다! 하라- 그들은 여전하다. 꾸준히 보내왔다. 이사야, 예레미야 모두 다니엘까지 온 상태이다. 멸망의 가증한 것! 1290일을 더 기다려야. 단 12:11 매일 드리는 제사를 폐하며 멸망하게 할 가증한 것을 세울 때부터 천이백구십일을 지낼 것이요. 성 중건 명할 날 때까지이다. 단 9:25 그러므로 너는 깨달아 알지니라 예루살렘을 중건하라는 영이 날 때부터…. 한 이레 동안의 시작된 고난과 통과해야 할 환난이 크다는 것을 명심해 두어야 한다. 단 9:27 그가 장차 많은 사람들과 더불어 한 이레 동안의 언약을 굳게 잡고 그가 그 이레의 절반에 제사와 제사와 예물을 금지할 것이며 또 포악하여 가증한 것이 날개를 의지하여 설 것이며 이미 정한 종말까지 진노가 황폐하게 하는 자에게 쏟아지리라 하였느니라 하니라.

한국 교회, 너희는 나의 종이다. 회개하라. 요나(이처럼 외치는 자들이 있는 한국 교회, 한국 사회이다! 하라)의 외침 들으라. 현재 상황이 곡성이 아니더냐? 무엇을 더 바라느냐? 무너짐(전쟁-초토화)을 바라느냐? 원하느냐? 너희의 모습은 찾아볼 수가 없다. (어느 교회의 ㅇㅇㅇ 목사를 생각나게 하시는 주시다! 하라) 역겨움! ㅇㅇㅇ 목사 등등 낙선이다. 정치가의 낙선과도 같도다. 내가 이미 버렸노라. 사울이다. 유지하려느냐? 전쟁이다. 초토화이느니라. 이것은 전쟁의 경보와도 같다. 나를 대항하려느냐?

너를 울리는 자이다. 너는 가난한 목회자이다. 신학교 나온 자, 더 이상 진학하는 것을 둘 수 없다. 내가 원했다. 나를 바라는 자이기 때문이다. 나를 원하는데 둘 수가 있겠느냐? 적진 속에 넣겠느냐? 부교역자, 개척, 진학, 교단 가입 등 그러하다. 그녀(너이다)는 안다, 내 맘을! 그녀가 원했다, 알기를! 내가 두었다. 그곳에. 피비린내 나는 곳, 고통 하는 곳이다. 그녀의 피다. 피 흘린 자, 나의 피이다. 먹지 못한다. 자지 못한다. 두려움과 공포 또한. 인내도 내가 안다. 이것은 그와 나 사이에 낳은 고통의 자녀이다. 보일 수 없는 모습, **숨은 자 그녀이다(추가 글 2021. 3. 11. 목요일)**. 이러한 자이니 무엇을 말하랴? 욥의 인내랴? 로뎀 나무 아래의 엘리야랴? 나아만 장군, 사르밧 과부이다. 눅 4:26 엘리야가 그 중 한 사람에게도 보내심을 받지 않고 오직 시돈 땅에 있는 사렙다의 한 과부에게 뿐이었으며 27 또 선지자 엘리사 때에 이스라엘에 많은 나병 환자가 있었으며 그중의 한 사람도 깨끗함을 얻지 못하고 오직 수리아 사람 나아만 뿐이었느니라. 그녀(너이다)는 이스라엘의 많은 사람 중에 이와 같은 내가 찾은 자이다. 용의 주도적이었다. 숨어 지내다. 10여 년 세월을 그렇게 보냈다. 추위랴? 더위랴? 아픔이랴? (신체, 정신적, 영적 고통) 무엇을 말하랴? 그녀이다.

2021. 3. 11. 목요일. 추가 글입니다.

숨은 자 그녀이다: 2009, 2010년, 네게 보인 하늘의 큰 열매 가나안 포도송이 꿈은 한국 교회 상황 및 전체에 관한 open이다. 10년 후 2019년 '하나님의 노'를 네게 보이심이니 이러한 네가 아는 많은 것들로 인함이다. 일하지 않는 자에 대한 '주'의 대노 사건이다. 이후 겸비한 자이다. 그 해 성탄절 밤, 주와 사도 요한을 보이신 주시다. 요한 안에 주의 모습을 본 자이다. 오직 주가 주인이시니 그의 주인 주시다. 그의 육체를 본 자니 자신을 비운, 낮춘, 가난한 주의 온전한 제자 모습이다. 그러므로 2020년 새해 표어는 사도 요한처럼 주와 연합을 목표한 자이다. 해의 시작부터 주신 은혜이니 성령, 천국, 보좌, 천국 앞에서 땅(불)과 그 아래 '지옥문' 앞까지이며 환상 셋(하늘 문, 하늘 비, 보좌길) 그러하다. 세계 코로나 기간 시작으로 나라들의 위기와 이 민족과 교회의 위기 등 이러한 상황에서 5월에서 7월까지 3개월은 영서에 관함이니 예비와 성취로 기록이 시작된 자이다.

2023. 1. 17. 화요일 AM 1:50 추가 글입니다.

2023년, 종말 1, 2부로 다시 내는 자이다 하라. 이는 왜이랴? 빗나간 사랑이다. 헛다리 사랑, 이는 헛짚었다는 의미이다. 너의 모든 시작은 시작이 중요하다. 만남에서 그러하다. 아픔을 준 자는 아픔으로 끝난다. 과정에 변화가 있을지라도 끝내는 그러하다. 사랑으로 시작된 것은 사랑으로 마친다. 이는 왜이랴? 직감이다. 모르는 상태에서 느껴지는 감지이다. 이로써 이제는 살핀다. 이는 적중률이 높다! 하라. 거의 그러하다. 신앙 이전부터 느낀 자이다. 가족이든 타인이든 그러하다. 이제는 **일할 사**를 원한나! 하라. **준비된** 자가 필요하다! 하라. 그래도 '주'는 상대에게 기회를 주시는 체험을 한 자이다. 헛스윙 같은 지난 날이다. 다시 시작이다. 각자의 시선이 부른 참사이다. 거룩한 것과 진주를 아무에게 맡기랴? 하라. 알아볼 때까지 기다리시는 주시나, 짓밟지는 않아야 한다! 하라. 배우면서 낮추면서 주를 따라오는 자가 있는가 하면 그러지 아니한 자가 있으니! 몰이해 하는 자가 그러하며, 막무가내 스타일이 그러하며, 우격다짐식 주장하다가 급정지 제동하니 여전히 왜인가? 멀뚱대는 자가 있다! 하라. 많은 아픔을 겪은 여러 출판사 순회자이다. 주가 "하라" 하시니 한 자이다. 해본, 잠깐 스치는 자에서부터 넌지시 주고 슬쩍 빼기도 하며, 조금 선보이나 무기 사용(비유적 표현이다 하라. 그러나 환상으로 보인 자이다)을 하여 '해'를 입힌 자가 있는가 하면, 오랜 미움으로 악함도 드러낸 자가 있다! 하라.

이는 주에 대한, 성령의 다양한 반응들이다! 하라. 사람의 반응은 치세가 또는 유명인 등 가진 자들 앞에서는 대부분 감춘다. 그러나 자신이 만만히 여길, 또는 무시할 만한 대상에게는 쉽게, 빨리 드러낸다! 하라. 이는 테스트이니 외적, 규모로 가진 자가 아닌 자에게 영서와 책 발간 사명을 주는, 맡기신 이유이다 하라. 아픔의 한 해를 지나고 교회들 다음으로 겪는 출판 시험이다! 하라. 겸손한 자를 찾는다! 하라. 주를 따를 자를 찾는다! 하라. 전하는 것을 믿음으로 받아 도울 자, 협력할 자를 찾는다! 하라. 이는 주와의 경외, 공경의 관계이다. 이러할 때 영서를 기록하고 전하는 자에게도 귀히 대하지 않으랴? 누가, 복음 전하는 자를 막 대하랴? 받지 못하면 정중하기라도 주 앞에 죄송스런 자세라도 갖추어야 하나, 이미 배부른 자들은 그러지 아니하다! 하라. 생명이 아닌 것들로, 혹은 자신이 가진 것을 크다고 볼 때 우쭐해져서 눈에 보이는 것이 없는 자들이다! 하라. 전하는 사람에 따라 그들의 자세는 다르다! 하라. 육의 틀(소유, 지위 등)을 보고자 함이니, 성령의 수준(깊이)이 아닌 주와 다른 시각으로 보기에 안보다 겉이니 또는 안도 겉도 함께 하며 주가 그들을 심사하는 것이 아닌, 그들이 주와 보낸 자를 심사하는 그들 모습이다! 하라. 되었다. 닫으라.

9. 이스라엘이여(한국 지칭) 들으라, 회개하라!

이전에 알린 당시의 한국의 공산화가 1/3이다! 하지 않느냐? 모두가 공산주의, 무신론자를 원하느냐? 독대가 무엇이냐? 나이다, 나의 대면이다. "누가 막으랴? 막으리오?" 해 온 그녀이다(그녀인 너를 소개하는 나이다). 나를 지키기 위해(그녀의 믿음과 선택 의미이므로) 자신을 위해 싸워 온 그녀, 기다려온 그녀이다. 나는 주었다. 나를 보인 것이다. 그녀에게 나타났다. 모습으로, 메시지로, 대화로.

때론 울기도, 웃기도 한 그녀이다. 나로 인해서이다. 내가 지금 발표, 알리는 것이다. 그녀는 이것을, 내 마음을 적고 있다, 이 또한 받아 적으며 기록 중에 아는 것이다. 그녀는 무덤덤하다. 제삼자처럼 자신을 각색화시키는 중이다. 기록자로 자신을 지켜보는 중이다. 이것이 나의 뜻이다. 난 그녀의 감정을(서러움, 아픔 등) 제한시키고 있다. 난 그녀가 우는 것, 아픈 것을 원치 않는다. 이것이 내 뜻이다. 그녀가 나와 함께 있는 이상 나 외에 다른 것(지나온 시간 관련)을 나와 그녀 사이에 두고 싶지 않았다. 그녀는 새 일에, 새 일로 꿈꾸는 중이다. 탈락이 되는 자신을 원치 않으며, 제삼자에 의해 막힘, 제지, 중지, 포기 등을 원치 않는다. 이길 수 없는 자신을 알고 있다. 이것이 그녀이다. 내 어찌하랴? 그만두리요? 그럴 수 없느니라. 그럴 수 없다. 영서 기록 35일째 수요일, 그의 기록 장면에 대해 오늘 나는 보여줬다. 확신을 주기 위함이다.

  객관적이다! 너이다. 이는 무덤덤하다는 뜻이다. 나의 기록물에 네 믿음을 더하라. 행보를 보이라. 이것이 너이다. 내가 너를 원한다. 너와 나의 둘 사이 가기를 원한다. <u>그곳에 이르기까지</u>―['수' 넘버로 네 집의 변화 과정에 대한 설명이니, 현재 집 다음에 벽의 재료와 문의 변화 이어, 보인 더 좋은 재료와 문의 집, 이어 보인 더 좋은 집이니 몇 차례 이러한 집의 변화에 이어 새 예루살렘까지이다]―<u>그의 터, 섬!</u> "예수 그리스도 나의 주 하나님이시다" 전할 너이다. 되었느냐? …생략… 이는 기록물이다. 더하고 빼다. 나의 작업, 수정이 필요하단다. 이것이 땅끝까시이냐. 사도행전 1절 8절 말씀을 받은 자이다. 행 1:8 오직 성령이 너희에게 임하시면 너희가 권능을 받고 예루살렘과 온 유대와 사마리아와 땅끝까지 이르러 내 증인이 되리라 하시니라. 낮추시는 하나님, 높이시는 하나님. 낮춘 자에게 낮춰진다. 현재 그러한 자에게 위로해주리라. 내 너를 통해. "괜찮아요. 하나님!, 주님!" 늘 내게 했던 말이다. 나는 돌려주시는, 갚음, 보상(repay 단어로 말씀하신다! 하라)의 하나님이시다. 아플 때, 힘들 때 어떠했느냐? 이것은 역경 속에 네 마음속 외치기를 내게 해준 말이다. 밀어였다. 아무도 모르는 너와 나, 이 둘 사이를 말한 자, 들은 나이다. 너는 이 신앙 고백이 내게서 또한 주어짐을, 나온 것을 아는 자이다.

"좋은 것은 하나님 것, 나쁜 것은 내 것" 하며 의와 죄 사이를 명확히 구분 짓고 나의 하나님께 영광을, 나의 죄와 허물이면 회개하려 했다. 고난도 마찬가지이다. 너는 두 가지로 본다. 하나님이 허락하신 복음으로 인한 대적 시험과 사람이 잘못해서 깨우치는 수단으로 너는 보아왔다. 이 시험들 또한 이렇게 이겨내보려 했다. 영 또한 어떠한가? 하나님 편인가? 사람 편인가?(사람 관계로부터 오는 여러 영의 영역들) 귀신의 영은 죄를 잘 안다. 마찬가지 너 또한 이 영역들을 상세히 겪어 본 편이다. 누군들 겪지 않으랴? 이 또한 지나가고 지나가리라. 주님 만날 때까지, 주님이면 모든 것이 '완료'라는 믿음으로 소망 든든히 붙잡고 그 닻으로 여기까지 온 자 너이다.

10. 샘물(생명 샘)은 어떠한가?

위에서부터 흐르는 은혜의 때를 암시해주는 그림(영상)을 보았다. 환상으로 표현해도 무방하다. 너이다. 네게 채울 분량이다. 하늘로부터 오는 '성령의 은혜'인 것이다. 몇 년간 사람을 통해(그들의 영)! 이는 영 활동, 영 사역, 영 전송, 영 메시지이다. "성령을 구하라"는 메시지 받고 그 빈도와 강조로(강세 해당) 믿음으로 기다려 온 자 너이다. 숱한 나날들(네 표현)이었다. 자고, 일어나고, 성경 읽고, 먹고(한 끼 식사), 자료들 보거나 휴식 타임. 이렇듯 단조로운 일상에서 마지막 때에 나를 초점에 두고 성경과 영 분별에 힘써 보려던 날들이었다. …생략…

11. 난지도

섬! 지도상에서 보았다. 인간쓰레기이다. 모든 총체적, 대표성을 가진 인간 문화의 산물이기 때문이다. 사람의 음식 섭취와 배설물 관계와도 같다. 너희를 알 수 있는 부산물이다. 사용된 것을 애용하고 발전시키며 많은 사람이 추구한 방식과 그 산물들이 저곳에 흔적임을 말하고 있다. 난지도를 보면 알 수 있다 나(너희 자신)를. 고립, 더러움, 아픔이다-쓰레기를 대하는 너의 태도이다. 사람은 죄인! 그렇다. 난지도와 같은 죄인이다-버려진 자, 더러운 자, 고독한 자 의미이다. 또한 많은 쓰레기 배출량을 한두 번 이상은 걱정 한 바 있는 너이다. 마찬가지이다. 인류, 많은 죄인, 많은 불신자, 많은 미혹되는 자들이다. 그리고 너 또한 그 속에서 건짐(구원 의미-예수 그리스도의 구속사 사역) 받았음을 기억하며 명시해야 한다.

'인자의 섬김은' 이 말씀은 이전에 집안에 환경 게시판을 만들어 붙인 자이다. (두 아들이 어리므로 유치원처럼 꾸민 교육 환경이다! 하라) 마 20:28 인자의 온 것은 섬김을 받으려 함이 아니라 도리어 섬기려 하고 자기 목숨을 많은 사람의 대속물로 주려 함이니라. 나의 종이다. 섬김은 저들을 그곳에서 구원하여 내고 씻겨서 새롭게 될 때까지 함께 가는 길이다. 이미 보인 바 있다(임사 체험시 교회의 역할에 대해). 장례까지이다. 이것이 한 사람 개인의 구원 사역, 교회의 역할, 교회의 존재 이유이다. "무엇을 회개할 것인가? 무엇을 씻어야 하는 것인가"에 대하여 보자. 씻을 그릇이 있다. 비움이다. 그들이 살아온 방식, 소유, 현재까지 다 내려놓는 것이다. 이것이 비움이다. 잘못된 방식의 삶, 생활, 모두 다 나의 뜻 안에 있었는지 내게 물어야 할 것이다. 나 외에 무엇이 있겠는가? 나는 창조주, 너희는 피조물 대상자였다. 너희 것이 무엇이더냐? 그 생명 그 육체 또한 자신 것, 세상 것이 아님을 알 자들이다. 그것은 가리개이다. 내게 오지 못하게, 찾지 못하게, 구하지 못하게, 바라보지 못하게, 관심 두지 않게 하는 것들이므로 그들 눈이 가려진 것이다. 이제는 봐야 한다.

나의 때(세상 시간, 다가올 심판, 재림주 오실 시점)가 서서히 끝이 나고 있다. 장마당, 장터를 보라. 마치는 시간은 사고팔지 않는다. 어둠이 오기 때문이다. 왜 그들은 마치려 하는가? 어둠은 매매할 수 없는 시간이다. 일한 자는 지친 몸이기에 집으로 가야 하고, 그 길은 어둡기 전에 지나야 하며, 도착지까지 안전하게 생명과 소유를 지켜야 하며, 이른 곳은 내 집 편히 쉴 곳이기 때문이다. 이 세상 마찬가지이다. 어둠이 오기 전 모든 세상에서의 일들은 마쳐야 하며, 돌아갈 길 동안 그의 영혼과 영광을 보존해야 한다. 내 아버지 집 쉴 곳에서 보내야 하는 것이다. 이것이 인생이다. 아느냐? 너희 뜻과 나의 뜻을? "어둠이 오기 전 기억하라" 외치라! 일할 수 없는 밤이 오리라. 그날에도 각자의 생명이 우선시되며 그의 믿음을, 성령을 지켜내야 한다. 일할 수 없는 밤이 오리라. 그때에는 할 수 없는 일임을 아는 것이 내 종이니라. 그때를 알리려 한다. 나이다, 너이다.

세상을 보라, 나를 보라. 누구를 택하겠느냐? 어둠을 알지 못하는 너희를 어떡하랴? 어둠이 오고 있느냐? 보이느냐? 내 종이니라. 갈 길을 준비하느냐? 네 본향 향해 '새 예루살렘 성'에 들어가려느냐? 알고 있느냐? 목적지 되었느냐? 그리로 침입하느니라. 눅 16:16 율법과 선지자는 요한의 때요 그 후부터는 하나님 나라의 복음이 전파되어 사람마다 그리로 침입하느니라. 나는 오는 자에게 침입을 허락한단다. 어린양의 피로 씻기었느냐? 회개하였느냐? 그의 뜻대로 구하고 사는 자이냐? 내 종이니라. 나의 제자는 나의 일을 할 것이요. 내 뜻대로 그들은 그곳까지 갈 수 있으리라. 너희 목적이 무엇이냐?

12. ㅇㅇㅇ 목사, 적어보자

그는 내 종이니라. 오래전에 그가 참신해 보이는 자, 너였다. 네가 본 자였다.

아니다. 가면 쓴 자이다. 위선이다. 네트워크이다. ㅇㅇ 교단 총연합회의 말석에 앉지 못하고 위에 앉은 자, 지시하는 자이다. 투명하지 못하다. 건물은 예루살렘 성전 같도다. 그의 자랑이 무엇이더냐? 건물 '도식도' 주관한 자, 그는 원했다. 이것이 나를 기쁘게 할 자로 헤아린 자이다. 나는 아니다. 외식의(건물) 하나님이 아니다. 성도 모습은 어떠한가? 이 교회는 ㅇㅇ 사진을 보여주기식으로 사용한 자이다. 그 문재인의 영향이다. ㅇㅇㅇ 목사는 청와대 대담에 빠진 자이다. 문재인 그조차 무시해버린다. 그는 규모이다, 규모의 대표이다. 큰 회사(교회)이다. 정보업체, 정보 회사 같다. 누가, 어디, 무엇하다 등등이다. 결혼 정보 회사 보라. 어쩌고저쩌고함과 같이, 신상 정보와 교인 수 그리고 조직력, 관리, 업무 능력이다. 보고 받는다. 어쩌고저쩌고.

영이란 무엇인가? 이와 반대이다. "그리스도만이 주시다!" 하는 베드로의 고백이니 이 반석 위에 내 교회를 세우리라. 마 16:18 또 내가 네게 이르노니 너는 베드로라 내가 이 반석 위에 내 교회를 세우니 음부의 권세가 이기지 못하리라. 그는 파렴치하다. 위장이다. 이는 네가 영상에서 본 흰옷 입은 적그리스도 같은 자이다. 표 받게 할 자이다. 치세가이다. 내가 그를 본 바이다. 요한계시록의 일곱 교회를 기억하거라. 보시는 하나님이시다. 이것을 명심해 두어야 한다. 그는 두아디라 교회, 에베소 교회이다. "나는! 나는!" 하는 자이다. 그의 형제, 나는 안다. 이단 공격자, 정보 제공자, 연구하는 자라 한다. 맞는가?! 그 또한 내 성령 안에 있지 않다. 오래전, 네 꿈에 ㅇㅇ 앞 보인 자이다. 성령은 영으로써 영을 알 수 있는 영역이다. 전 목사와 다른가? 나라의 일에 대한 '입장' 표명이 없는 교회이다. 쉬쉬한다. 너도나도 공회의 매질, 옥에 넘겨짐, 모든 민족의 미움을 원치 않는다. 막 13:9 너희는 스스로 조심하라 사람들이 너희를 공회에 넘겨주겠고 너희를 회당에서 매질하겠으며⋯. 마 24:9 그 때에 사람들이 너희를 환난에 넘겨주겠으며 너희를 죽이리니 너희가 내 이름 때문에 모든 민족에게 미움을 받으리라.

신랑을 맞는 신부의 피 묻은 옷을 보인 자, (나의 뜻-ㅇㅇㅇ 사역자는 자신의 이 꿈을 말한 자이다) 전한 자, 이는 내 마음이다. 이것이라 보면 된다. 저들은 피 흘림을 원치 않는다. 다윗이 왕궁 거닐며 목욕하는 이웃집 여자 누군가의 아내를 보듯이! 삼하 11:2 저녁 때에 다윗이 그의 침상에서 일어나 왕궁 옥상에 거닐다가 그곳에서 보니 한 여인이 목욕을 하는데 심히 아름다워 보이는지라. 이들의 눈은 주 밖에 있기에 막을 자를 또한 보지 못하는 그(또는 그들)이다. 그의 형제 또한 이러하다. 실명 거래자이다. 그들은 계좌 입금으로 모은다. 성도 헌금이다. 출석 교인 이외에 많은 지원, 후원의 수입이 있는 자이다. 그들은 명도자이다. 내 교회이기 때문이다. 너와는 다르다. 부유해도 사실상 나를 모른다. 나의 원함에 반응하지 않는 자이다. 전 목사가 이끄는 집회에 많은 교회 참여로 그들은 방어했고 저항했으며 나의 뜻을 저들에게(청와대, 북한) 주었다. 그러나 저들은 북쪽의 산 역할을 한 자들이다. 사마리아 산이다. 아합 국가이다. 또 다른 나라, 교회 세력이라 보아 두자.

그는 어찌할 것인가? 전 목사 행보에 대해. 이단 규정에 나선 자이다. 형제 보라. 그의 일들을 눈 여기어 보라. 바알, 아세라 선지자들을 모으려 할 것이다. 대대 싸움 간이다. 교계를 떠나서 이합집산 그들이며 이 파('이단' 규정 내지 정죄 또는 공격 의미)와 저 파이다(전 목사와 합한 자 또는 동조자와 주 뜻으로 보는 자 또는 교회).

13. ㅇㅇ 교회 보자

…생략… 교회는 나의 집이다. 내 운영 체계 안에서 그들을 세우고 돕게 한다. 전담자는 누구인가? 나이다. 너는 그곳 개척 예배지를 맡기고 지내는 자이다. 너를 공격하는 자, ㅇㅇ 교회 그이다.

14. 어머니 장례식 이후

 (가족 관계에서 주시는 말씀 중에 일부만 전해 드립니다 하라) 은혜 구절이기에 그러하다. '돈은 가치인가, 아닌가'가 중요하다. …생략… 가진 자! 소유는 사람을 거만케 한다. 영적인 것 이는 주님 또는 주의 일이다. 이보다 높이면 주께서 낮추심을 알아야 한다. …생략… 너는 돈으로 마음(또는 믿음과 주) 빼앗기고 싶지 않은 자이다. …생략… "주님의 뜻, 마음 알려 주세요" 물질 태도 문제이다. …생략… 너는 전도사이다. 아들들 마찬가지 신학대학원생이다. …생략… 너는 소득보다 과정을 중요시하는 자이다. "이러하고 이러해서 이러한 것이다"라고 설명해주는 너이다. …생략… 모름지기 알아야 한다. 알고 행하자. 출 20:3 너는 나 외에는 다른 신들을 네게 두지 말라. 너를 위한 우상(형상) 또한 그러하니라. 재물은 재물이다. 나는 나이다. 구분 짓는 자이니 너는 나의 종이다. 그러기에 외로운 자이다. …생략… 받을 만큼 받으면 상이 아니다. 주의 일하며 채우심을 받자. …생략…

15. 성경은 이야기이다

 이야기 설교이다(설교를 이야기하다). 성경에 대해 주께서 말씀(성경은 교회들에게 전하는 말씀) 하신 것으로 전하는! 이는 주의 말씀 설교이다. 성경을 이야기하는 목사들이 많다. 하나님의 말씀에 대해서 어떻게 보는가? 난해한 답변이다. '목사에 대한' 질문을 보자. 첫째 신학을 하면 목사인가? 이는 '목사와 신학'이다. 둘째 성경 이야기하면 목사인가? 이는 '목사와 성경'이다. 셋째, 교회를 담임 또는 개척하면 목사인가? 이는 '목사와 교회'이다. 넷째, 성도 앞 설교자는 목사인가? 이는 '목사와 설교 및 성도'이다. 첫째(목사와 신학)와 둘째(목사와 성경) 둘 중의 하나가 목사이다. 현재 한국 교회의 실정이다. 둘 중 하나라도 하면 자격으로 본다.

목회자 모임은 무엇인가? 집약이다. 권위이다. 둘 중 하나이다. 목사는 무엇인가? 사도이다. 사도는 무엇인가? 보내심을 받은 자, 주의 제자이다. 주의 증인이므로 대신 전하는 자, 이것이 말씀 선포이다. 한국 교회는? 성경 이야기(내용 전하는 자, 내용에 대해 말해 보려는 자) 전하는 자가 많다. 물론 하나님 말씀이다. "이렇더라!"가 많다-보고 느낀 점 또는 깨달아 안 바이다-개인적 부분, 개인 시간 받을 은혜이다. 그러나 증인은 "…이다" 하는 전달자이다. 매개체이다. 주의 말씀은 메시지이다. 내가 너에게 말한다. 하나님에 대해서가 아니다. 하나님이 말씀하신 자이다. 성경은 '이것이다' 하고 말하는 자들이 많다. 이 또한 맞을 수도 있다. 하지만 주가 주시는 말씀 내용으로 전할 때 이것이 사명감이다. 교회가 할 일이다. 교회는(전달자) 들은 것을 알려줘야 한다. 메신저이다. 성경 공부가 아니다. '메시지'인 것이다. 카톡 보낼 때 통화 내용과 같다.

하늘山
제36일. 니느웨 회개 기도 40-36 (2020. 8. 27. 목요일)

1. 교회의 배도 시대이다

　전 목사는 일시적 어려운 시기이다. 그는 천국, 지옥 간증자이다. 쇼윈도우이다. 살수대첩 알아보자. 진군 시대이다. 여리고 기도할 때이다. 성령의 감동, 감화 시대이다. 전통적 삶은 무엇인가? 보수적이다. 기독교 시대이다. 이는 하나님의 시작 '천지창조'로부터 기독교 역사이다. 이를 아는 자, 너이다. …생략… 기독교의 시작은 무엇인가? 예수이다. 예수 그리스도 하나님의 아들 메시아 이를 아는 자이다. …생략…

　전 목사에 대해 다시 보자. 왜일까? 왜였을까? 힘든 시기 보내는 자, 코로나로 입원 중인 그이다. …생략… 갈수록 태산 만드는 자들이다. 현대 고문 '정신적 문제'이다. 하나님은 왜 하필 그였을까? A 목사 아닌, B 목사 아닌, C 아닌, D 목사, E 목사도 아닌, F 목사도 아닌, G o o 목사, H 목사도 아닌, I 목사, J 목사, K 목사도 아닌. (이같이 목사들 이름을 부르며 예를 들어 열거하신 주시다! 하라) 이는 그의 은사이다. 사역이다(나라 사역). 그의 집, 가문의 먼저 된 자 영향과 함께 일한 이승만 전 대통령 이어지는 대신 사역(사역자)이다. 서로 도우라는 메시지이다. 사람들은 등을-교회 측 사람들, 권위자들, 유명인들, 나타낼 만한 모든 자들 등등- 돌려 비수 꽂은 것이다. 왜일까? 시선이다. 비난 쇄도, 문의 등등 이는 귀찮다, 성가시다, 해명자이다. 난색 하는 자들 앞에 일종의 고난이다. '입장' 표명해야 하기 때문이다. 차라리 가만히 있는 편이 낫다. 이것이 그들의 입장이다. 이를 아는 것이다.

　옳고 그름을 나선다는 것은 십자가이다. 예를 들어 제목을 정한 이슈, 전 국민이 주목될만한 일이 있다! 해보자. 왜 그랬을까? 양 진영 말해 볼 수 있다. 애매모호, 정확하지 않은 것(하나님, 주 말씀, 해석)은 "…이라 치다, …인 경우, …예를 보자." 이렇게 표현해 보며 전달 내용으로 해보자. 십자가를 지는 것은 힘든 것이다. 시선이 집중되고, 일일이 응하지 않아도 오해와 진실, 둘 다 '해석 능력'을 갖고 버텨내야 하는 것이다. 이는 사건이다. 돌 맞고, 아프고, 갇히고, 고립되고, 모든 것을 잃을 수도, 죽을 수도 있기 때문이다. 예수 그리스도의 십자가, 사도들의 십자가, 바울의 십자가, 믿음의 선진들의 십자가는 오직 예수 그리스도를 위한, 하나님의 영광을 위한 십자가의 능력으로 부활에 참여하는 자들의 결단력 있는 삶이었다. 현세적, 내세적 주를, 주만 따라가는 삶이었다. 진리를 위해 택한 길에 타협하지 않으면서 오직 예수, 오직 하나님 영광으로 성령의 인도 따라 외치고 삶을 살아낸 것이다.

2023. 2. 17. 금요일. 추가 글입니다.

(위의 글의 기록은 2020. 8. 27. 글이다! 하라) 영서는 그동안에 교회와 목사들을 보아온 주의 시선을 전하는 글이니만큼 당시 '나라 상황'에 대한 이들의 태도, 반응을 보시고 기록한 글이다! 하라. 당시 기록을 수개월 준비 후에 출간하려 한 글이기에 그대로 내는 자이다. 역사이기 때문이다. 그때도 이제도 그러하다. 다만 변화가 있으니 위의 목사 중에 나라 집회에 이후 참여한 자가 있다! 하라. 이는 장ㅇㅇ 목사이다. 이ㅇㅇ 목사 또한 합력한 자이다. 그러므로 이외에도 발언, 표명, 참여 등으로 우회하기도 더 적극성을 띠는 자들도 있다! 하라. 당시의 영서 기록으로 나라의 상황과 교회와 목사들을 진단함이니 이는 전 세계에 허락된 시험이므로 달아보시는 주시다. 2020년 코로나 재난, 환난과 함께 공산화를 알리기 위해 "문 정부를 어찌 보는가?" 이도 낱낱이 나타내신다! 하라.

2022년은 '전·장·이' 시대라 한 대로 전 목사, 장 목사, 이 목사가 활약한 해이다. 장 목사는 더 결집한 해이다. 이는 2023년 1, 2월 사이 해외에서 나라 집회를 마치고 돌아온 전 목사 팀의 행보에 대해 꿈으로 확인한 것이 있다! 하라. 꿈은 귀국한 몇 명의 목사

모습이니 하나로 결집, 단합된 상태이다! 하라. 장 목사는 이러한 행보를 잇고 있는 자이다.

무엇보다 전 목사의 이단 시비에 대한 문제도 작년 말에 주께서 이르신 말씀이 있으니 '이단 분별'은 성령이 깊은 자들이 맡을, 일해 할 분야로 말씀하신다! 하라. 누구를 이단이라 주장하는 자들이 오히려 누구인지 그들을 연구해야 한다! 하라. 또한 자신이 이단이므로 상대를 이단 시비하는 자들이 있으니 이도 말씀하신 주시다! 하라. 이러므로 해외 집회에서 장 목사는 '이단' 문제로 친구를 지킨다는 발언을 한 자이다. 이러한 얼토당토 않은 말로 이단 시비하는 자들에 대해 다루신 메시지도 있다! 하라. 세 가지 한국의 난제이다. 첫째는 공산화로 인한 좌파 척결 문제와 둘째는 성령을 제한, 훼방하는 목사들 문제와 셋째는 이단 문제이다. 회개를 원하시는 주시다! 하라. 되었다. 닫으라.

2. 보리떡 다섯, 물고기 둘이다

떡의 상징은 예수 그리스도 생명이며 물고기는 생명 '구원 대상'의 의미이다. 모두 데려오자. 하늘나라 가기까지 길러보자. 두 아들을 후원 사역하며 공급과 사역 유치로 15년(2005-2020년) 지내왔다. 10년에서 15년은 2차 사역 준비하는 과정이다. 너는 목마른 자이다. 큰아들 컸다. 그는 독립 상태이다. 작은아들 마찬가지이다. 우기다! 이는 너이다. 진리 주장자이다. 발견된 것(자신 또는 하나님 뜻) 타협하지 않으려 한다. 밀고 나가는 힘, 저력과 함께 가진 자이다. 고무적이다. 해볼 수 있다. …생략… 주는 나를 기르시는 목자이다. 영서 분량 가진 자이다. 나의 뜻 알게 하신 것만 전해보자. 주님이 감싸주신다. 너는 은사자, 설교가, 강사, 신학도이다. 잠들지 않아야 살 수 있다. 네가 간증자로 일할 자임을 보인 자이다. 성령이 시키실 때 하는 자이다.

3. 속은 것이다

전 목사 그는 광화문 집회에 왜 속았을까? 그는 몰랐을까? 아는 자이다. 그러나 그는 달랐다. 뒤로 가는 것이 싫은 자이다. 순교라는 끝을 놓고 볼 때 두려움이 없다. '건강 악화' 되어 가는 것보다 차라리 순교 편이 낫게 여겨지는 것이다. 누구나 순교가 아님을 안다. 순교는 성령이 하시는 일이다. 너는 순교 현장 경험자였다. 욕 듣고, 맞고, 쓰러진 자이다. 끌고, 내몰린 공간 끝에 순간 그는 칼을 들었다. 주님이 미리 알려주시었다. 이는 그날 새벽 기도 시간에 주신 '골고다'에 대한 것이다-기도 마치고 돌아가면 체험시키신다! 전하신 주시다! 하라-그날의 각본이었다. 네게 순교는 트라우마이다. '순교 상황' 시에 성령이 책임지시고 담대해짐을 체험한 자이다. 죽음, 순교, 이단, 삼위일체, 복음 성가 등에 대해 한 편 한 편 전해 볼 수 있다. 찬송가에 대해 아는 만큼, 체험만큼 해볼 수 있다. "선한 자나 악한 자나 모두 데려오라" 무슨 뜻일까? 마 22:10 종들이 길에 나가 악한 자나 선한 자나 만나는 대로 모두 데려오니 혼인 잔치에 손님들이 가득한지라. 올 만한 자, 갈 만한 자(내 보낼 자) 모두 해방이다. 전하는 자 주님의 명령이다.

2023. 2. 17. 금요일. 추가 글입니다.

'종말 2' 원고를 준비하면서 마음이 슬픈 자이다. 왜인가? 유튜브 사역에 대해 마음 찔리는 자이다. 하지 못한 자이다. 영서를 기록하면서 많은 일이 일어났다. 장소가 이동되고 여러 지역을 다니는 일과 함께 두 아들에게도 영서로 주시는 해야 할 일들이 있다! 하라. 이 모두를 때에 따라 하나씩 알리면서 순응도 해야 하고 주신 분별들로 조심, 신중할 일들도 있다! 하라. 턴 할 문제 등도 있기에 이 모두가 밀린 일이 된 자이다. 이는 우왕좌왕 하기보다는 "차근히 대처하자" 한 자이다. 그리고 혼자 결단하는 일은 비교적 해내나 대부분은 가족이 하나 되어야 하는 일이므로 순응이 쉽지 않아 서로가 마음고생을 한 자들이다. 전달자이다 보니 마음의 고충이 더 크다! 하라.

2020. 7. 23. 목요일 영서의 시작은 책 발간을 위해 원고 하나만 준비하며 힘쓸 줄 안 사명이다. 그러나 영서라는 '글'로 주의 계획 내지는 회개 내용, 할 일등 다 주시기에 확인 내지는 믿음으로 결단, 순응할 일들이 점점 쌓이다 보니 유튜브 사역에 대해 밀려 들려올 때 마음의 준비가 쉽지 않은 자이다. 더 확인하고 준비하며 성령이 강권하시면 하자! 한 자이다. 얼마나 수없이 이 '사역에 대해' 설명과 반복이 있었는지를 이번 원고 준비에서 확인하면서 "해야 할 일이었다" 느끼는 자이다. 전념하며 보내는 시기임에도 쏟아진, 열린, 많은 선물 상자 앞에 어쩔 줄 몰라 미루기도 하고, 신중한 성격인지라 강권하시는 주가 아니면 무한 반복 확인하는 스타일이 문제가 되기도 한다! 하라. 이는 복음이 늦어진 이유 중 하나이다. 두 아들은 매인 사역이 있기에 이 동네(선교 중심이 된 이곳 가족팀)와 저 동네(두 아들이 각자 섬기는 교회) 오고 가며 옥신각신 기간이기도 하다. 전체를 보이시고 다방면과 연결하여 공급을 계획하신 주의 뜻 앞에 발을 동동 구른 기간이다! 하라. 누가 주의 뜻을 깊이 알며 이러한 사역자들을 만남이 쉬운가? 하라. 주의 설명 이후 안 자이다. 넘을 산이 많다는 것을, 높다는 것을. 그리고 영서에 주신 대로 주의 뜻과 마음을 모르면 막는 자들이 되어 주 앞에 철부지 신앙인이라는 것을. 이러한 주께서 들려주시는 메시지로 인하여 해야 할 일에 대한 하늘과 주변의 땅 차이를 느낀 자이다. 되었다. 닫으라.

4. 갈수록 태산인 한국 사회에 대하여 알아보자

(찬양을 주십니다! 하라) '구원하심이 보좌에 앉으신 우리 하나님과 어린양께 있도다' 변함이 없으신 하나님이시다. 영원하신 주, 다스리시는 주시다. 설상가상 상태에서 하나님은 어떻게 보시는가? "내 종이다. 내 종이다(한국 전체)" 말씀하시는 하나님이시다. 너는 직관력 가진 자이다. 보이지 아니하시는 하나님이시지만 보는 것을 말씀하고 계시니 이것을 알아두어야 하는 자이다.

문 대통령은 조례가 많다. 이것저것, 이래라저래라(박근혜 전 대통령 때 그렇지 않았다) 자기 뜻대로 주관하는 자이다. 자기 스타일 식이다. 전통 기독교 국가이다. 예배하는 나라이다. 고유 영역이다. 인권이 아니다. 신권! 신이 부여해주는 자리 그 모임이 예배이다. 신이 허락하고, 관찰하고 '통치의 주'임을 나타내시는 장소에 카톨릭식 교황 부여권대로 '보여주기식'에 익숙한 그이다. 일평생 카톨릭 신자, 그 문화에서 그는 사상도, 이념도, 카톨릭화, 공산주의화 된 그이다. 민주주의와 인권이라는 미명 아래서 자행해온 그의 정치적 성향은 만천하에 드러나고 있으며(미국에게-한국 교회 탄압에 대한) 고의적 명분으로 일관해 온 정치 활동(공산주의자 또는 지지자, 동조자, 협조자 등) 공동 운영 체계까지 이르렀다. 경제 공동체 이는 자기의 뜻이니 그(북한 김정은)의 협조 아래 만들어진 신조어이지만 자신을 결국 표명한 셈이 되었다. 정체성 드러난 것이다.

그는 유튜브에 나온 자이다. 유튜버 성향을 아는 자이다. 그는 중국 정보를 가진 자이다. (중국 교회 중, 섞인 교회를 유의해야 한다) 중국 협조 아래 현지 가이드이다. 믿지 않아야 한다. 여행사 또한 같다. 여행사를 믿었는가? 정보 유출자들이다. 입국자 명단을 신원 조회하는 자들이다. 또한 신학생 명부 가진 자이다. 해킹업체, 동일 인물, 동일 주소, 주민등록번호 등으로 <u>그들은 전문 범죄 유형이다</u> — [2023. 2. 25. 토요일. 추가 글입니다. '네트워크'망(이는 현대인의 사회 구조이다)에 대한 수위와 조직을 알게 한 자이다. 이를 알고 유념하고 산 자이다. 이에 대해 받은 내용으로 충격 된 당시이다. 이는 10년도 넘은 이전의 이야기이다. 북한과 관련 모두이다. 하물며 문 정권 기간 5년이다! 하라. 대통령 나서기 이전에 이미 세계와 한국의 정보 통신망 내지 전 세계 구도 안 모습이다! 하라. 이는 죄에 대한 싸움이다. 선에 대한 준비이다. 주를 맞을 준비 앞에 이 세상 구조, 조직, 은밀함을 알아야 할 교회이다! 하라. 되었다. 닫으래] — <u>그러나 이 또한 맡기는 자이다.</u> 숨은들 언제까지리오? 하라.

GPS 확인하는 그들이다. 이를 아는 자이다. 휴대폰 추적 그러하다. 정보 수집가들이다. 그들의 분류 작업이다. 이를 몇 년 전 꿈으로 보인 자이다.

이는 한국인에 대한 중국으로의 이송 관련 꿈이다. 김정은을 돕게 해보려는 자이다. 한국 교계 특히 A 교단이다. ㅇㅇ 교회도 그러하다. B 교단의 어느 교회 마찬가지이다. 햇볕 정책 '평화 통일' 미명 아래 "선행으로 복음을 알리자"-이는 구제 교회의 특징이다. 어느 교회가 그러하다-취지 아닌, 북한 방문 연이은 자들 목회자, 기업인들 무수하다. 문화 교류란 무엇인가? 가나안 이방 제사 같은 것이다. 문화는 우상이다. 필요 도구에서 소유화, 절대화, 전반화 된 사회화가 되었다. 세계 모두가 그러하다. 영은 생명이다. 그리스도가 주체이다. 육은 포장지 또는 그릇이다. 가치 표명을 한다(본질의 예수 그리스도를 나타내기 위한). 이를 비본질이라 한다. 도구 또한 마찬가지이다. 본질은 육을 통하여 필요하다. 또는 전달 매체(도구)가 이에 해당한다.

5. '선교 가족 모임' 구성원의 목적이 무엇인가?

짜임새 있다. 1차는 복음이다. 2차는 사역이다. …생략… 3차는 조직력이다. 이는 가족 구성원 세 사람이다. 첫째, 너이다. 은사가 다르다. 해석과 말씀, 영 분별 은사를 가진 자이다. 어디로부터 오는가? 이는 메시지, 영향 등 문화까지이다. 둘째, 큰아들이다. 찬송(목소리), 기도, 말씀 등 스포츠이다. 셋째, 작은아들이다. 찬송(목소리), 기도가 약하니 방언 받아야 하는 자이다─[2023. 2. 17. 금요일. **추가 글입니다.** 이후, 방언이 임한 자이다. 성경을 사랑하는 자이다. 두 아들은 키가 큰 자이다. 자신은 왜소한 체구이다. 되었다. 닫으라─성장 중 열린 자, 따뜻한 성품, 화목 도구, 외모 지닌 자이다. 4차는 복음의 방법, 5차는 복음의 대상, 6차는 조직도인가? 개별적인가? 가족 선교 단체이다. 개척 예배지에서 출발한 자이다. 너, 두 아들, 후원자 한 사람이니 이 네 사람이다. 그중 제일은 사랑이다. 진리는 사랑이다. 용서는 전제이다.

전통은 전통이다. 전진은 전진이다. "무슨 뜻이냐?" 묻는 자이다. 보수 성향 가진 자이다. 보수는 애국을 뜻하는 것이 아니다. 본질을 지키려는 것이다. 그럼 본질이 무엇인가? 본질은 첫째, 하나님이시다! 태초부터 이루신 선상에 올려진 피조물이기 때문에 경배할 대상 창조주이심을 믿는 믿음이다. 둘째, 하나님의 역사이다! 주관자이신 하나님의 주권(통치 아래 의미) 선상에서 인류는 어떻게 지금까지 왔나? 셋째, 하나님의 성품이다! 하나님의 속성은 생명(살아 계신 존재), 전능(능력, 권세 등 모든 것 가능), 거룩(죄가 없는), 진리(영원 불변), 사랑(형상, 질투까지)이다. 넷째, 하나님의 아들! 독생자 예수 그리스도를 통한 '구원자'로 세상 끝날에 하나님의 본체로 낮추시며, 사람의 모양(육체로 오신 하나님)으로 인류의 죄를 대속하시기 위해 오신 예수이시다. 이름 '죄에서 구원할 자' 마 1:21 아들을 낳으리니 이름을 예수라 하라 이는 그가 자기 백성을 그들의 죄에서 구원할 자이심이라 하니라. 임마누엘 이름 '하나님이 함께하시다' 마 1:23 보라 처녀가 잉태하여 아들을 낳을 것이요 그의 이름은 임마누엘이라 하리라 하셨으니 이를 번역한즉 하나님이 우리와 함께 계시다 함이라.

다섯째, 성령의 사역 3년 반 공생애 기간을 마치시고 승천하시면서 성령(영원히 함께한 보혜사)을 약속하시고 보내신 이 성령은 제자들과 및 120명이 모여 기도한 자들에게 임했으며 이후 믿는 자들에게 체험하시고 현재까지 예수 그리스도 이후 믿는 자들을 주관하시는 하나님의 영이시다. 주의 영이시다. 성령은 하나님의 깊은 것을 통달하게 하시고-고전 2:10 오직 하나님이 성령으로 이것을 우리에게 보이셨으니 성령은 모든 것 곧 하나님의 깊은 것까지도 통달하시느니라-영을 영으로써 앎으로 하나님의 뜻과 마음을 알고, 순응해가며 세상 주관자가 되고 사단 세력 즉 어둠을 빛이신 하나님으로 예수 그리스도로 이기고, 하나님 나라를 세워가고 이루어 가는 것이 성령의 사역이다. 즉 성령의 사람이 될 때 성령으로써 하나님 질서와 하나님 시간 속에서 하나님의 일을 해나가는 것이다.

성령에는 9가지 은사와 9가지 열매를 성령은 말하고 있다. 그러므로 교회나 사람이나 성령이 주체이며 그의 뜻대로 알고 행하는 것이 존재 이유이다. 하나님, 예수 그리스도, 성령은 역사의 주체이시며 계획, 과정, 결정 이 모든 진행 가운데 사람을 통해 일하신다. 과거, 현재, 미래까지 사람과 상황을 다 아시고 이 또한 보이시고 알게 하신다. 사람의 영역, 선과 악의 영역, 이 모든 영역을 밝히시며 역사의 주관자 하나님이 보시고 그의 뜻을 나타내신다.

6. 북한 '공작원'들은 안다

보라, ㅇㅇ시 시장 ㅇㅇㅇ 사건을! cctv를 보여준다. 힌트 준다. 추리하게 한다. 이 또한 공작이다. 가상 시나리오 두고 그들은 일한다. 가상 범위 내에서 상상을 허락하도록 유인하는 자들이다. 검은 손의 실체는 무엇인가? 사단의 실체이다. 뱀과 여자의 대화 내용을 보자. 하나님의 말씀에 하나님의 영역이다. 하나님 주체에 대한 하나님 뜻을 무너뜨리기 위한 수단, 방법을 언어로 선택했다. 두 가지이다. 프레임같이 '처럼' 하는 그들이다.

첫째, "동산 모든 나무의 열매를 '참으로' 먹지 말라 하더냐(창 3:1)?" 하며 섞는다. 바꾸다. '섞기, 바꿔치기'이다. 혼돈, 혼합, 혼란 이는 미혹(유혹, 속임)이다. 창 2:16 …동산 각종 나무 열매는 네가 임의(free 자유)로 먹되. 동산 각종 나무의 열매는 먹으라(O-하라) 창 2:9 동산 가운데에는 생명 나무와 선악을 알게 하는 나무도 있더라. 17 선악을 알게 하는 나무의 열매는 먹지 말라…) 동산 가운데의 선악을 알게 하는 나무의 열매는 먹지 말라(X-하지 마라). **둘째, "결코 죽지 아니하리라.** will not surely die(창 3:4)" 결코 죽으리라! 하신 하나님이시다. 창 2:17 …먹지 말라 먹는 날에는 반드시 죽으리라. surely will die.

7. 뱀의 체계를 알아야 한다

1) 하나님 관련 내용을 준다

창 3:1 그런데 뱀은 여호와 하나님이 지으신 들짐승 중에 가장 간교하니라 뱀이 여자에게 물어 이르되 하나님이 참으로 너희에게 동산 모든 나무의 열매를 먹지 말라 하더냐? 흰옷 입은 자 문재인이다. 평화, 행복 '그럴 듯'하다. 주는 자 같지만 빼앗는다. 영혼 사냥꾼이다. 2020년 9월 막는 자이다. 이를 막아야 한다. "정부 지원금 받지 마세요!" 해야. 이는 가톨릭식+공산화식(배급자)이다. 국민은 이를 모른다. 이 백성이 무지하여 나를 알지 못한다. 지식이 없어 망하다! 호세아서 말씀대로이다. 호 4:6 내 백성이 지식이 없으므로 망하는도다. 북한처럼 '평화처럼' 가장하는 자이다. 가증한 자, 멸망의 가증한 것이다. 마 24:15 그러므로 너희가 선지자 다니엘이 말한 바 멸망의 가증한 것이 거룩한 곳에 선 것을 보거든 (읽는 자는 깨달을진저) 단 11:31 군대는 그의 편에 서서 성소 곧 견고한 곳을 더럽히며 매일 드리는 제사를 폐하며 멸망하게 하는 가증한 것을 세울 것이며. 이는 성전에서 자기를 하나님이라 하는 자이다. 살후 2:4 그는 대적하는 자라 신이라고 불리는 모든 것과 숭배함을 받는 것에 대항하여 그 위에 자기를 높이고 하나님의 성전에 앉아 가기를 하나님이라고 내세우느니라. 문재인 지시 → 정ㅇㅇ 또한 그러하다.

2) 결코 죽지 않는다

창 3:4 뱀이 여자에게 이르되 너희가 결코 죽지 아니하리라. 잃는 것이 무엇인가? 창 2:15 여호와 하나님이… 7 …먹지 말라 네가 먹는 날에는 반드시 죽으리라. 마음이다. 압살롬을 보자. 삼하 15:6 이스라엘 무리 중에 왕께 재판을 청하러 오는 자들마다 압살롬의 행함이 이와 같아서 이스라엘 사람의 마음을 압살롬이 훔치니라. 십볼렛을 보자. 삿 12:5 길르앗 사람이 에브라임 사람보다 앞서 요단 강 나루턱을 장악하고… 그에게 묻기를 네가 에브라임 사람이냐 하여 그가 만일 아니라 하면 6 그에게 이르기를 쉽볼렛이라 발음하라 하여 에브라임 사람이 그렇게 바로 말하지 못하고 십볼렛이라 발음하면 길르앗 사람이 곧 그를 잡아서 요단강 나루턱에서 죽였더라 그 때에 에브라임 사람의 죽은 자가 사만 이천 명이었더라. 자기 사람 모으는 자이다. 이는 기독교인을 가리는 자이다. 숙청 대상이다. 하물며 신학도랴? 카톨릭 vs 기독교, 사회공산주의 vs 자유민주주의이다. 가톨릭의 박해 시대이다. 이는 평화 위장자, 공산주의 위장자, 빨치산 자녀이다. 그의 아버지(공산주의)는 누구인가? 문 씨이다(문익ㅇ, 아들 문성ㅇ도). 착한 척, 선량한 척, 선한 척 하는 자들이다. 산헤드린 70인 구성자-가톨릭의 '배교' 이는 적그리스도+동조자이니 기독교 합세자 들이다-그는 초대하는 이유이다. 보여 주기식의 협조하는 교회 & 비협조 교회, 목회자이다. 즉 내 편이냐(사단 편) & 하나님 편이냐? 하는 자이다. 이는 헤롯과 요한의 관계이다. 한국의 부흥 시기를 가로막는 자이다.

하늘山
제37일. 니느웨 회개 기도 40-37 (2020. 8. 28. 금요일)

1. 엘리야!

성정이 같다. 약 5:17 엘리야는 우리와 성정이 같은 사람이로되 그가 비가 오지 않기를 간절히 기도한즉…. 이와 같다. 주의 약속은 더디지 않는다. 지체하지 않고 오시는 주님이시다. 히 10:37 잠시 잠깐 후면 오실 이가 오시리니 지체하지 아니하시리라. 연단 중인 나라, 징계이다. 의의 평강 열매까지이다. 히 12:11 무릇 징계가 당시에는 즐거워 보이지 않고 슬퍼 보이나 후에 그로 말미암아 연단 받은 자들은 의의 평강의 열매를 맺느니라.

먹고 마시는 나라이다. 갈수록 태산이다. 일(중국 관계, 북한 관계) 저지르고 소화기 들고 있는 자, 자신을 돕는 자처럼 내세우는 자 그 문 대통령이다. 그는 바리새인이다. 집을 가정해 보자. 독감 걸린 자와 안 걸린 자가 있다. 가장 먼저 할 일은 인원 파악이다. 왜 걸렸나? 약 처방(방역)부터 해보려는 자이다. 나라를 기도하게 해야 한다. 기도하라! 그러나 '모이지 마라' 하는 자이다. 다음은 대책이다. 치료부터이다. 여러 가지가 있다. 모든 것은 '영 → 혼 → 육' 순서이다. 문제 제기시킨 자, 자신이 문제를 일으키고 자신이 해결자인 양 나서는 자이다. 이것이 음흉이다. 제어해야 하는 자이다. 문제 제공자부터 해결이다. 그는 '하야'하는 자이다. 고개 들고 다니는 자이다. 국회는 탄핵하지 못하는 자들이다.

2. 간증하는 자!

하나님은 살아 계신가? "나는 보았다, 들었다" 하는 자이다. 간증할 주제를 보자. 종말 편, 적그리스도 편, 휴거 편, 휴거 이전, 일천번제 등이다. 신부 준비 시대이다. (2천 년 역사 동안 교회를 교회 되게 해온 과정이다). 은혜의 끝자락은 색감 표시(네가 도표를 둘 때) 영역이며 성령의 역사는 제한적이다. 이는 이전 사람들보다 현대 기독교인은 성령이 약하다. 과학이 원인이다. 이를 알게 된 자이다. 다음은 성령 시대와 과학 시대의 관계성이다. 그다음은 기독론의 삼위일체 편, 이는 아는 것만 전하자. 이것은 나의 영역, 체험 영역이다. 그다음은 찬송, 복음 성가, 악기, 작곡, 미가엘 반주기 등 찬양 영역이다. 그리고 워십 영역이다. 그다음은 교회 문화의 음식, 커피, 인스턴트 등이다. 그다음은 교제자 등 할 말이 많다. 체험 위주로 알게 된 것, 싸우는 것, 시험 중인 것이다. 그다음은 미니멀 라이프 '삶의 최소화' 등이다. 이는 에세이집, 간증집이다. 그다음은 직업 분야이다. 그다음은 금할 것 '금주, 금연'이다. 그다음은 1인 시대의 위험성인 세 가지이니 '집(원룸), 차, 폰'의 개인 공간 문제이다. 그다음은 과학과 병원이다. 그다음은 영, 혼, 육 관계이다. 그다음은 임사 체험, 죽음, 질병, 재난의 삶 영역이다. 그다음은 '시대'표 등이다. …생략… "도무지 내가 너를 알지 못하리라!" 하는 날이 이르리라. 이를 아는 자이다. 그리스도인의 고난 두 가지는 의의 고난과 죄의 고난이다. 너는 전통적으로 사는 자이다.

하늘山
제38일. 니느웨 회개 기도 40-38 (2020. 8. 29. 토요일)

1. 세상 앞에서 어떻게 살 것인가?

　세상은 사람과 문화가 도구이다. 생활 기반의 모든 것 내지 추구하는 것이다. '세상은 헛된 것들 뿐이니' (찬양을 주십니다! 하라) '손에 있는 부귀보다' 곡의 가사이다. '잠시 머물 이 세상은 헛된 것들 뿐이니 주를 사랑하는 마음 금보다도 귀하다' 교회는 부귀이다. 지금 외쳐 보자. "교회들은 의지하는 것들을 회개할지어다" 너와 두 아들은 예수전도단이다. 스펙(영적 해석으로 보자) 가진 자-주와 함께하는 사람, 주와 함께하는 일이다. 영적 싸움, 영 분별력 가진 자이다-또는 이에 관한 일을 해 본 자이다.

　낙엽이 떨어지다. 마치 추풍낙엽같이. 하늘에서 떨어지는 별 (잠시 환상을 보이십니다) 이는 천사들이다. 하나님의 아들들, 선택받은 자, <u>부르심 입은 자의 의미이다</u>—2021. 3. 7. 주일. 추가 글입니다. 성경의 저자는 받는 자이기에 교제 중이며 감동이 크다. 기록 성경을 읽는 자는 해설 또는 감동이 적거나 없을 수도. 영서도 이와 같은 맥락이라 보면 된다—<u>하늘 처소에서 볼 때</u>(주 함께하는 자)는 떨어진다. 너도 오래전에 하늘에서 흰 천, 네 옷이 떨어지는 모습과 바닥에 떨어진 상태를 본 자이다. 일어나 만들어 입고 다시 세워졌다. 다녀보자. 간증자로 세워진 자였다. 누가 주는 것인가? 주님이시다. 주님과 상의해 보자. "주밖에 없어요" 하는 자이다. 내(너) 모든 짐(할 일 또한)을 지신 주이다. (환상을 주십니다! 하라) '주'의 다리가 보이며 물가에 앉으신 모습이 그려지는 자이다. 물속에 담그신 주의 두 다리 아래 붉은색의 작고 아름다운 물고기 떼들이다. 이는 너와 아들이다. 넓은 물가이나 주의 다리 주변에서만 왔다 갔다 하는 활기차고 생동감 있는 모습이다.

어부(주님) 따르는 자들이다. 그리고 어부 떼이기도 하다. 다시 기르는 자, 너이다.

2. 의왕시 댐의 물 보았느냐?

　사고의 현장의 모습을 다시 보이신다! 하라. 이는 뉴스 기사에서 아픔으로 본 자이다. 한국 상황이 이와 같으리라. 하늘의 물(비) 즉 나의 '의'가 쏟아질 때, 내 마음이 집중되어 보고자 할 때 이와 같은 일이 일어나 떠내려가리라. 내가 살릴 자와 죽을 자이다. 마지막 때의 모습이 되리라. 급격할 때이다. 현장의 모습을 본 자이다. 의왕 댐의 현장이니 그 위에서 일하는 자는 교회들의 모습이다. 너는 내 마음, 우는 자이다. 밤 식사 시간에 먹으면서 본 자이다. 이는 네가 '지쳐 있다'는 뜻이다. 보기만 한 자, 울지 못한 자이다. 그림으로 본 자, 영상으로 본 자이다. 내가 그를 건졌다. 사고자 그에 대해 기도한 자 그의 여동생이다. 그 자신(사고자)도 기도한 자이다. 이는 인터뷰한 그들이다. 너는 부름 입은 자이다. 너는 나를 위해 사는 자이다. 어떠한 고난이라도 헤쳐 나가는 것이다. 나와 함께하는 자이다.

3. 뇌성, 번개에 대해서 보자

　무엇이더냐? 번쩍이는 빛, 형광등 빛 같은 빛, 번쩍이며 움직이는 것, 무엇이 생각나느냐? "스파크, 강력한 충돌로 발생 되는 것이 생각나요" 충돌이다. 너와 나 '충돌'이 아니다. 이는 사인(slgn)이다. 너는 지역 이전자이다. "어디로요?" (생략합니다)

4. Baptist! 세례 요한이다

요단강가에서 '물세례' 주는 자이다. 다니며 외쳐 본 자이다. 너는 사도 요한이다. 기록자이다. 전하는 자이다. 이 두 가지이다. 하나님 음성 듣기이니 보았느냐? 네가 가진 것은 무엇이냐? "가진 것은 없어요. 주님이 있어요, 의지할 대상이기 때문입니다" 나도 너이다. "무슨 뜻이에요?" 나도 너를 가졌다. 모든 것을 전부 다. "저는 원래부터 주님 것이에요. 제 것은 없잖아요" 나의 왕! 외쳐 본 자이다. 소리 없이 고백하는 자, 멍해져도 찾는 자이다. (오래전, 장면을 보이시니 그때가 생각나서 이어 말씀을 드립니다) "스님들 전도하고 싶어요" (이어 어머니 장례식의 장지에서 산 기도할 때-승려 기도할 때 보이신 환상-장면을 보이십니다) 기도 외에는 이런 류가 나갈 수 없느니라. 병원에서는 그(여승려)가 약할 때이니 마취 상태에서 전해 본 자이다. 힘 빠진 자이므로 그의 권세 나타나지 않을 때 해본 자이다.

2022. 6. 22. 목요일. 추가 글입니다.

적어보라. 오래전 일이다. 국가 건강검진 대상자가 되어 병원에서 검진받은 당시이다. 현재는 받지 않는 자이다. 모든 것 뒤로 하다. 무관심해지다. 나라에 맞춰서 하기 싫은 자, 2년마다 검진하라 하는 국가 제도이다. 제도적인 것이 믿음인가? 하는 자이다. 병이 있으나 없으나 주께 맡기고 싶은 단계이다. 병을 뒤로한 채 산 지, 오래이기 때문이며 믿음이 아닌 방법이기 때문이다. 그 당시는 이러하다. 위내시경 검사로 마취해 본 때이다-이전에 위내시경 검사가 고통스러워서 선택한 방법이다-깨어나 눈을 뜨니 옆에 여승려 한 사람이 누워 있어 보자마자 마취가 덜 풀린 발음으로 전한 자이다. 마음이 그에게로 안타까워 향한 자니 몸을 그에게로 가까이하려 애쓰며 전한 당시이다. 왜이냐? 반응이다. 혀가 풀릴 때, 대상을 찾으니 측은지심이 일어나는 상황에서 기회 삼은 자이다. 성령이 하신 일이다! 하라.

2020. 8. 1. 토요일, 어머니의 장례식 장지에서는 남자 승려를 마주칠 때 피한 자이다. "복음 전할 장소, 때는 아니다" 하는 내 가족 장례에 집념한 자이다. 그러나, <u>성령은 미리 말씀</u>—전날, 장례식장에서 밤새우라 하시며 영서를 기록하게 하시면서 주신 말씀 중 하나이니 일하실 성령(성령 상징의 흰 눈 오는 날이다! 하신)을 알리시고 행하시나 성령 불을 받으면서 진행 속에 알게 된 자이다—<u>하신 후</u>, 그(승려)를 위해, 불교인들을 위해 일하게 한 당시이다 하라. 승려를 스칠 때, 마음이 걸리나, 하지 않는 자이다. 내키지 않는, 준비되지 않는, 이는 불일 듯 일어난 장례의 성령 불 역사와 달리 의지로, 믿음으로 해야 하나, 쉽지 않은 일이다. 전도는 말(형식)만이 아닌 준비가 있어야 함을 알기에 그러하다. 닫으라 되었다! 하라.

5. "주님, 이 많은 양을 어떻게 정리해요?"

수습이다. 건지고, 건지는 자이다. 주께 묻고 묻는 자이다. '정부 편' 내용은 빼고 싶은 너이다. 공산주의, 카톨릭, 일루미나티 관련 이 세 가지이다. 그녀는 전한다. (어느 사역자 예를 말씀하십니다). 나와 함께 있기 때문이다. 해 보아라, 할 수 있다. "주님이 명(원)하시고 감당케 하시면 해볼게요" 이는 2차 사역이다. 책(1차)부터 하기로 한 자이다. 땅끝까지! 너이다. 사행 1:8 오직 성령이 너희에게 임하시면 너희가 권능을 받고 예루살렘과 온 유대와 사마리아와 땅끝까지 이르러 내 증인이니 되리라 하시니라. (이어진 일본 아베 총리에 대한 내용은 부록 편으로 이동합니다)

6. 카톡에 대해서 보자

talk! 대화이다. 무슨 뜻인가? 관계하다. 목적이 있다는 뜻이다. 주고받은 내용이다. 무엇을 나눈 것인가? 너에 대해, 나(카톡 하는 자)에 대해, 혹은 삼자(제3 타인)에 대해. 이는 사람과 일이다. 두 가지이다. 누가 무엇하다. 'S' 주어와 'V' 동사이다. 즉 사람의 행동이다. 나는 무엇인가(자신의 정체성에 관해)? 이에 대한 메신저이다. 메시지를 전하는 자이다. 누구의 메시지인가? 주의 전달 매체이다. '주께서 무엇이라 하시다' 혹은 '나는 이렇게 생각해' 하는 이 두 가지이다. 무엇이 생각나면 너는 출처를 전해 보는 자이다. 이는 당시의 떠오르는 생각이기 때문이다. 이것이 솔직한 표현이다. 다시 보자. 주의 메시지가 전달 내용이 될 수 있다. 내가 생각하는 것도(아담이 무어라 이름 짓다. 창 2:19 …아담이 무엇이라고 부르나 보시려고) 전달 내용이 될 수 있다. 생각나는 출처도 전달의 내용이 될 수 있다. 이 3가지이다. 명심해보자.

7. 줌(주다)에 대해 보자

이는 보는 것, 아는 것이다. 첫째, 사실성인가? 대부분 현실과 관련지을 수 있다. 사람에 대해. (예는 생략합니다) 둘째, 권위적인가? 전하는 자에 대한 것 뉘앙스, 느낌 등이다. 이것은 주의 명이기 때문이다. 셋째, 효과적인가? 일의 순서 내지, 일을 풀리게 하는 열쇠 역할, 힌트가 되는 것이다. 넷째, 진행을 위함인가? 제자를 위함인가? '예, 아니요' 의미이다. 다섯째, 마지막이 가장 중요하다. 주의 뜻으로 보는가? 이 다섯의 부합됨을 보아야 알 수 있다.

8. 가족 '팀'의 비상대책 회의 기간이다

A 편

첫째, 세계 코로나이다. 둘째, 나라 위기이다. 남북 대치 또는 공산화 과정이다. 중국, 북쪽화 이미 상당히 온 상태이다. 전쟁은 하나님께 속한 것이다. 셋째, 사회 위기이다. 먼저, '공산화 물결' 이는 정부가 출범한 이후 가장 악독한 자 북이스라엘의 왕 므낫세로 보면 된다. 북한은 북이스라엘의 왕 아합, 이세벨 같은 자이다. 아합 가문의 통치기이다. 아합왕의 아버지 오므리왕 김대중 전 대통령부터이다. 다음은, '공산주의자가 많은 사회'이다. 이미 수년 전에 보인 자니 나라의 국민 중 공산화가 1/3이다. 그다음은 '정치인이 죽은 사회'이다. 네 꿈에서의 오른쪽 위의 강의 '큰 물고기 떼' 죽음은 서울 쪽이다. 왼쪽 아래 강은 할아버지 등에 업은 손주를 본 자이다. 할아버지는 남자로 정치를 안다, 본다, 관심이 있다는 뜻이다. 할머니는 안에서 먹이는 역할이다. 부부는 맞벌이 이 시대이다. 이것이 해체 한국 모습이다.

B 편: 사역

첫째, 종말이다! 너는 성경을 알고 있다. 성령(주의 영)과 교제하라. 둘째, 교회이다! 사역지인가? 개척인가? 지하 교회, 가정 교회 이는 독립 의미이다. 선교 또한 그러하다. 셋째, 가족이다! 연합인가? 분리인가? 넷째, 신학대학원이다! 두 아들의 졸업 전과 졸업 후의 계획이다. 다섯째, 개인이다! 개인 신앙의 성령 충만('주'연합 의미)이다. 주님보다 나 앞서지 않아야 한다. "주의 현현(세 사람에게) 속에 알기를 원합니다. 그리고 그날, 그날, 무엇을 해야 할지 알려 주소서" 이상이다. 여기까지 해보자.

A-1 코로나 사태에 대해 보자

첫째, 119는 무엇인가? 이것부터 알아보자. 1은 시작한 수, 9는 끝이다. 무슨 의미일까? 둘째, 어제 전한 자 들어 보자! 주께로 돌아오는 자들이다. 그분 안에서 뜻대로 알고, 행한 자를 찾으시는, 모으시는 중이다. 이것은 한국의 '군사(주) 모집 기간'이다. 환난 속 건질 자이다. 같은 환경(의왕 댐의 사고 현장처럼 살아남는 자와 죽는 자이다)에서 나뉠 자를 뜻한다. 전해 보거라.

A-2 나라 위기에 대해서 보자

첫째, 그는 누구인가? 문재인이다. (문제의 사람 뜻이다. 이는 네 해석이다). 그는 사회의 악이다. 정부 출범 후 한국 사회를 다른 세상으로 해 놓았다. 위기의 한국이다. 이는 북한에게 주는 자, 협조자, 동조자임을 이미 알린 자이다. 그는 북한 대통령이다. 이를 알게 된 자, 그 당시이다. 둘째, 그는 누구인가? 임ㅇㅇ은 전대협 회장이다. 그에게 맡겨진 한국은 어떠한가? 남측의 국가보완법을 위반하고 넘어간 그이다. 국가는 어떻게 그를 대했나? 여전히 국가보안법에 강력하게 대처하지 못하고 있으며 국회는 마비 상태이다. 코로나로 정한 그들의 결정이다. 기자가 누구인가? 외부 사람이다(방문객이다). 북한의 포섭, 지휘하에 가능한 일이다. 김현희 보라(당시 1987. 11. 29 대한항공(KAL기) 폭파 사건의 북한 공작원 테러리스트이다. 사건 이후 귀순한 자이다! 하라). 자살 특공대원을 배출하는 북한이다. 테러리스트 요원이었다. 훈련 시키는 북한이다. 일본의 아베 총리는 안다. 북한의 그들을, 중국의 그들을, 문재인 그에 대해. 아베 그는 일본에 대해 불만이 있다. 이는 북한과 관련한 조총련이 사는 나라이다. 일본에도 이미 있다. 세계 어느 곳에든 있다. 북한은 점조직 집단이다. 셋째, 그녀 김정숙은 누구인가? 패션러블 다니는 자이다. 화려함으로 지내며 해외를 오고 가는 자이다. 여행 삼아 들러리 선 그녀이다. 부추기는 자 문재인이다. (생략합니다) 묶는 북한이다. 성 실체 폭로는 위기가 되며 전체를 잃기에 그들은 '철두철미' 하려 한다. 그러나 주는 아신다. 엘리사에게 눈을 여시고 보이시는 하나님이시다. 한국의 얼마는 알고 있다. 알게 한 이들이다. 이는 사단의 깊은 것이다. 문 대통령은 스멀거리는 스타일이다. 김정숙 여사도 그러하다. 최대한 예의로 한다. 작전이다. 약한 자에게는 약함을 보이고, 강한 자에게는 강함을 보인다. 이것이 외부 스타일, 타입, 유형이다. 그러나 내면은 '누가 다스리는가?'가 핵심이다. 성령인가, 악령인가? 주이신가 혹은 어떠한 지도자인가? 하는 문제이다. 이것이 관점이다. 사람을 알 수 있는 Key이다. 겉과 속 다 알고 행해야 한다. 반응 또는 대응 또는 어떤 일을 할 때 그러하다.

A-3 사회 위기

첫째, 정치인 편 보자. 이는 꿈에서 본 바 강의 '큰 물고기 떼 죽음'이니 큰 물고기는 정치가이다. 또는 지도자로 보자. 교계, 교회가 그러하다. 큰 자들, 주도적인 자들이 죽은 서울이다. 보여주신 부분 꿈을 다시 보자. 물이 얕다. 죽은 물고기만 덮이거나 드러나거나! 그러하다. 물은 은혜이다. 구원의 표이다. 물보다 물고기가 채워진 서울이다. 거물급이 모인 곳, 세력가들이 모인 곳, 큰일을 할 자들이 모인 곳이 서울이다. 그러나 다 죽었다. 물의 틈이 없어 고기가 밟힐 만큼 집중된 지역 그러나 물이 없다. 교회는 물 역할이다. 살리는 역할의 기능을 위해 하나님이 세우신 교회이다. 머리가 되신 그리스도의 통치를 받아야 한다. 주님이 물이시기 때문이다. 교회의 끝은 어디인가? 건물이다! 건물의 폐쇄이다. 무너짐은 교회의 최후이다. 신전이다. 이는 무엇인가? 성도를 데리고 노는 자이다. 먹고 마시다. 세미나 개최로 오락 무대 같은 장기 자랑 또는 연수회, 발표회 식으로 한국 교회들은 내주었다. 그들은(성도들) 먹잇감이 되어주었다. 누구를 기쁘게 하랴? 헤롯을 위함인가? 또는 관객을 위함인가? 성도는 관객이다. 또는 백성에게 만족을 주고자 하나이다! 하는 빌라도 같은 것인가? 막 15:15 빌라도가 무리에게 만족을 주고자 하여 바라바는 놓아주고 예수는 채찍질하고 십자가에 못박히게 넘겨 주니라. 각자 물어볼 것이다. 물으리라. "나는 누구인가? 무엇인가? 왜 사는가?"이다. 이것이 한국 교회이다.

치리자는 주님이시다. 주님의 뜻은 무엇인가? 복음이다. 복음은 무엇인가?

예수 그리스도이시다. 하나님 나라이다. 이를 아는 너이다. 이 외에도 거짓, 가증, 미혹과 배도로 이어지는 교회들이다. 이를 명시해야 한다. 네가 할 일이다. 외치라, 외치라, 외치라! 기도부터 시작하는 자이다. 기도 장소 그곳에서 한국의 서울을 알고 내려온 자이다. 먼저는 주시며 다음은 한국과 미국이니 한국의 서울 '전쟁 위기'이다. 어찌할 것인가? …생략… 주께 물어야 한다.

B-1 종말 편

누구의 지시인가? 지금의 상황-주께서 명하시는 중, 말씀하시고 있단다-지구전이다. "무슨 뜻이에요?" '동시다발'전이다. 핵실험 국가, 핵 보유한 국가들의 최후이다. 발악이다. "함께 죽자!"이다. 강도의 특성은 행하고, 잡히면 '형' 살이 또는 사형을 안다. 알고 해보자 하는 자들이다. 이와 같은 자들이다. 사단의 특성은 자기의 때가 얼마 남지 않으므로 공격을 하기 때문이다. 계 12:12 그러므로 하늘과 그 가운데에 거하는 자들은 즐거워하라 그러나 땅과 바다는 화 있을진저 이는 마귀가 자기의 때가 얼마 남지 않은 줄을 알므로 크게 분 내어 너희에게 내려갔음이라. 이같이 멸망하려는 그들의 속성이자 속셈이다.

B-2 교회 편

누구의 것인가? 주의 것이다. 머리와 몸의 관계이다. 골 1:18 그는 몸인 교회의 머리시라 그가 근본이시요 죽은 자들 가운데서 먼저 나신 이시니 이는 친히 만물의 으뜸이 되려 하심이요. 고전 12:27 너희는 그리스도의 몸이요 지체의 각 부분이라. 주의 향기이다. 고후 2:15 우리는 구원 받는 자들에게나 망하는 자들에게나 하나님 앞에서 그리스도의 향기니. 편지이다. 그리스도를 아는 냄새를 쓰는 자. 고후 3:3 너희는 우리로 말미암아 나타난 그리스도의 편지니 이는 먹으로 쓴 것이 아니요 오직 살아계신 하나님의 영으로 쓴 것이며 또 돌판에 쓴 것이 아니요 오직 육의 마음 판에 쓴 것이라. 읽게 해주는 자 너이다. 고후 3:2 …우리 마음에 썼고 뭇사람이 알고 읽는 바라.

바울의 서신을 보라. 그의 사랑, 일들을 알 수 있다. 그는 좌우를 분변하지 못하는 니느웨성의 12만 명을 위해 외치고 다닌 자이기도 하다(바울도 요나 같은 일을 한 자이다! 하라). 욘 4:11 하물며 이 큰 성읍 니느웨에는 좌우를 분변하지 못하는 자가 십이만여 명이요 가축도 많이 있나니 내가 어찌 아끼지 아니하겠느냐 하시니라. 그는 어떠한가? 길리기아 다소 시민, 로마 시민권, 가말리엘 문하생으로서 세상 조건(배경과 지위와 학문에 능통자이다)을 갖추었음에도 불구하고 이 모든 것을 오히려 배설물로 여긴 그였다.

한국 교회는 이러한가? 한국의 대표되는 전 목사에게 주시는 말씀이다! 하라. (생략합니다) … 그는 활주로가 될 것이다. 공중전! 비행기의 이, 착륙지로서 그 또한 나의 터로 겸비될 것이며 굳힌 것임을 나는 안다. 나의 계획안에 그 또한 내 손에 쥐어진 자이므로 나의 사용 권한 내에서 오를 자이다. 내 보좌에 함께 앉히리니 이것이 나의 사랑이다. (생략합니다) 이것이 나의 뜻이다. 그는 체험한 자이다.

B-3 사회

첫째, …생략… 떠나기 싫은 도시 문명과 결혼 생활 꿈꾸는 자에 대한. …생략… 이는 선호자, 추구자이다. 사람의 사회 문화이다. 둘째, 아들은 성경 해석 중이다. 모르는 것이 많다! 보기 때문이다. 그(수 재림)의 앞에 서기 위함이다.

B-4 가족

(전체 생략하는 자이다)

B-5 개인

첫째, 건강 이상설! 레임덕(lame duck 절름발이 오리라는 뜻이며 정치 용어로 임기 말기의 공백기를 뜻합니다! 하라) 그러나 이기는 자이다. 어떠한 상황 고난에도 살릴 수 있으신 주를 의탁해 볼 자이다. 이미 그러하다. 둘째, 영적 파악자이다. 네 현주소 말해 보라. 듣는 자에게 주다. 이 두 가지이다. … 쉬자. 그리고 다시 보자. 휴식 타임이다.

9. "주님! 찬양을 드립니다"

너는 "예수를 찬양해봅시다!" 하는 자이다. "주님 내게 말씀하소서. 나는 듣고 있네. 나는 주의 양, 주의 양, 주의 양!" 나는 사람 잡는 어부이다. 주 찬양할 때이다. 네 영에 만족 주시는 주시다. 이 시간은 솔루션 시간이다. 영 역사하는 자들이 많다. 대중교통 이용할 때 붙는 영이다. 대중 영이다. 유흥 영 붙고 있다. 머리 공격받는 자이다. 마 16:17 …바요나 시몬아 이를 네게 알게 한 이는 혈육이 아니요 하늘에 계신 내 아버지시니라. 너는 "주는 나를 살리시네" 하는 자이다. 첨단 과학 시대이다. 카카오 앱을 보자. (이동할 때 보기도 한 자이다) 사람이 이동하는 위치를 가리키는 화살표 표시 이는 '나침반 바늘'과 같다. 사람의 이동에 따라다닌다. 위치 추적 장치이다. "주여, 확증된 것으로 세워주소서" 마지막 때가 이르리라. **사고파는 자 알려주는 영이 있다(추가 글 2023. 2. 18. 토요일)**. 일시적이라 한다. 이를 누군가 네게 알리는 자이다. "주님, 무엇일까요. 주님만이 저의 답이십니다" 할례받지 않은 백성들아 나를 떠날지어다. 외칠지어다. "제 영을 살리소서" …생략…

2023. 2. 18. 토요일. 추가 글입니다.

사고파는 자 알려 주는 영이 있다: 이는 대중교통을 이용할 때 겪는 '영' 중 하나이다. 너는 아래 지역에서 위의 경기 지역으로 들어갈 때, 더 영들을 강하게 느낀 자이다. 코로나 발생 전, 문 대통령 집권 당시에도 경기도는 나라의 수도권이므로 더 강한 공산화의 기운을 감지한 자이다. 특히 2020년 코로나 발생 후, 문 정부의 정치 방역 시기에는 전철의 승객들이 바뀌는 경기 지역에서 차 안의 사람들이 마치 북한 체제하의 북한 주민들처럼 느껴진 자이다. 이는 나라의 공산화로 인하여 감시, 통제의 사회 분위기를 더 강하게 느낀 자이다. 그리고 정치 방역 수위가 더 높아질 때, 경기 어느 지역에서는 북한같이 삼엄하고 스산한 거리를 느낀 자이다. 이는 더 강한 공산 독재 국가의 감시, 통제의 영이다. 이뿐만이 아니다! 하라. 성령, 성경, 꿈, 환상과 함께 대상을 접하면서 영들을 알게도 하시는 주시다. 또한 외출하여 밖으로 나오거나 외부로 지역을 이동하여 다니다 보면 자연을 통해서도 이 시대의 위기를 깨닫기도 하며 종말의 임박, 나라의 전시 위기, 사회의 심각한 위기 등에 대해서도 영으로 감지하며 바깥의 모든 환경에서도 보고 들으며 깨닫기에 사람의 '이동'에는 훈련과 함께 배움이 있다! 하라. 그러나 '영들'을 매우 유의해야 함을 아는 자이다. 이러한 위기의 이 시대이다! 하라.

대중교통을 이용하는 불편함은 이동 거리, 시간뿐이 아닌 사람들과 문화이다! 하라. 무엇보다 다양한 것들과 함께 보는 것들, 들리는 것들에 대한 영의 보호, 차단, 분별이 매우 중요하다. 내부보다는 외부가 여러 환경을 접하기도 하고 혼합, 혼탁한 세대이므로 더더욱 유의이다! 하라. 주의 보호와 은혜 가운데 다닐지라도 신중함은 필요하다! 하라. 당시에, 지역을 오르내리는 대중교통 사용자이므로 매매의 영을 전하신 주시다! 하라. 다녀와서 생필품에 대한 영향을 다소 받는다는 뜻이다. 구체적으로 "무엇을 사야지!" 하지는 않더라도 소비의 영, 매매의 영으로 인해 다소 산만, 산란해지는 사이다. 그리고 필요한 것을 구입해야 하는 때에도 상권의 영향을 다소 받기에 주시는 말씀이다! 하라. 이는 무게감의 문제이다. 외출이나 외부의 이동시에는 더더욱 준비, 무장하여 영적 무게감으로 다닌 자이며 또한 다녀야 할 자이다. 영적 센서로 감지하는 자이다. 또한 성경과 성령으로 말씀하시는 주시다! 하라. 되었다. 닫으라.

10. 요나의 회개 기간 보자

서울의 '나라 집회' 기간에 참석하지 않는 자이다. 해보려 한 자이다. 만류하는 주시다. 건강상, 영 특성상 그러하다. 지금은 어떠한가? 오히려 이것이 보호제 역할이다. 다 좋은 것만은 아니다. 나와 너 사이 둘이 되었다. 이곳이다. 함께 한다. 물론 그곳에서도. 자리에 눕고, 일어나서 다시 해보자. 니느웨 회개 기도 40일 마치자. 40일 다시 해보자. 너는 전하는 자이다. 문재인에게, 한국 사회, ㅇㅇ 교회에게도.

11. 기도해 보자

첫째, "문 정권은 들을지어다! 내가 예수 그리스도 이름으로 명하는 것을 들을지어다" 이는 기도문이다. 다윗이 던지는 작은 돌이다. 이마에 박히리라. 그는 골리앗이다. "내가 예수 그리스도 이름으로 명하노니 나올지어다. 직무를 내려놓을지어다. 훔치는 자이다. 드러났다. 망령되이 하나님의 이름을 일컫지 말라. 주는 그리스도시니라" 서서 선언해 보자, 외쳐 보자, 다시 외쳐 보자. 기도를 가르치시는 주님이시다. 밑줄 그어 보자. 10번 외쳐 보자. 이 기도를 배열해 보자. 무슨 의미인가 알아보자. 내용은 알지만, 더 숨은 뜻이 있다.

1) "문 정권은 들을지어다": 너는 "나는 선지자이다. 대언자이다. 주가 주시므로 전한다" 하는 자이다. 타켓이다. 그는 나의 타켓이다. 너는 명사수이다. 돌 던지는 자이다. 양 떼를 기르는 목자이다. 들었다. 돌로써! 이는 싸울 무기가 아닌 오병이어 도시락 같은 것이다. 주께 드렸다. 그의 이마(생각, 뜻, 계획, 주체사상 등)를 명중시키리라. 이는 나(너)의 믿음의 선포이다. 2) "내가 예수 그리스도의 이름으로 명하는 것을 들을지어다": 첫째, 그는 예수 그리스도의 제자가 아니다. 허다한 무리 중 하나이다. 백성 중의 무리에 서서 '십자가에 못 박으소서' 하는 자이다. 막 15:13 그들이 다시 소리 지르되 그를 십자가에 못 박게 하소서. 둘째, 예수는

누구더냐? 구세주, 구원자이다. 나의 왕 되신 주, 고백하는 너이다. 이곳에 상주한다. 거주한다. 그러나 이사 간다. 두 아들과 합친다. 이는 너이다. 나의 계획 속에 있다. 3) "<u>내가 예수 그리스도의 이름으로 명하노니</u>": 이는 자, 시작한다는 뜻이다. "나올지어다, 나올지어다, 나올지어다. "직무를 내려놓을지어다, 직무를 내려놓을지어다, 직무를 내려놓을지어다" 외치는 자이다. 4) "<u>훔치는 자이다</u>": 남한의 도적이다. 강도이다. 강탈하는 자이다. 여리고로 내려가다가 강도 만나는 한국이다, 대한민국이다. 눅 10:30 예수께서 대답하여 이르시되 어떤 사람이 예루살렘에서 여리고로 내려가다가 강도를 만나매 강도들이 그 옷을 벗기고 때려 거의 죽은 것을 버리고 갔더라. 5) "<u>드러났다</u>": 알 만큼 아는 한국 사회가 되었다. 교계 또한 마찬가지이다. 6) "<u>망령되이 하나님의 이름을 일컫지 말라</u>": 문 대통령의 교계 지도자 초청 간담회 발언의 문제의 요지는 '하나님 이름' 사용이다. 적대시한다. 기독교 폄하 세력, 주동자이기 때문이다. 정권의 위치 또는 야망, 정욕에 사용하는 자이기 때문이다. 7) "<u>주는 그리스도시니라</u>": 무슨 뜻일까? 하나님의 아들이시며 주는 그리스도! 그리스도는 메시아 뜻 '구원자'이다. 문 대통령은 스스로 메시아 자칭하는 자이다. 자리를 대신하여 정책을 결정하여 한국을 좌지우지하는 자이다.

12. 주는 나의 목자 되시니!

너는 성령의 사람, 성령에 반응하는 자이다. "성령이여! 통치하소서! 저와 제 모든 것을" 얼마 만인가? 잃지 말자. 성령에 민감해지다. 소용돌이 겪고 있는 자, 정신 차리다. 이는 사회적 현상이다. 겉은 평온한데 속은 영적 전쟁이다. 그의 모습(문재인)과 같은 한국의 모습이다. 그러나 자연 재앙을 보라. 사회 현상을 보라. 어떠한가? 정부의 생활지원금은 주사가 되었다. 맛본 자이다. 사용하려는 자들이 붙고 있다. 정부의 지원금을 받을 것인가? 이는 정책이다. 고문이다. 평화적 고문. 뇌물이다. 나에 대한 문재인의 입막음 "눈 감아 달라" 하는 것이다. 드러났기 때문이다. 나의 접목을 예로 보자, 북한의 지령을 받는 자이다. 나에 대한 가족과 주변인 관계에서 공적 자금을(받은 것) 다시 나눠줄 때 어떠할 것인가? 내가 낸 세금을 돌려주는 입막음이다. 수준 대응법이다. 이것이 국민 수준이기 때문이다. 한국의 실정이다. 주는 것 받는 것에 익숙하거나, 약한 한국인 모습이다. 이는 술 먹고 푸는 사회의 한 모습이다. 한 잔의 물이 된 지원금이며, 먹고, 마시고, 사용하다 보니 그(문 대통령)가 달리 보이는 것이다. 돈만큼 취해 보이는 자들이며 보여지는 그의 모습 또한 자애로운 것이다. 잠언의 뇌물은 판단을 굽게 한다는 말씀과 같다. 잠 17:23 악인은 사람의 품에서 뇌물을 받고 재판을 굽게 하느니라

13. 두 번째 기도해 보자! 한국 사회이다

"내가 예수 그리스도의 이름으로 명하노니 한국인은 들을지어다. 헌법을 준수하려는 자들아, 어찌하려느냐? 네 눈앞에 재앙이 미치고 있으며 멸망이 임하리라. 다가올 심판 앞에 서있는 자들아, 정치인은 회개할지어다, 회개할지어다, 회개할지어다! 국민은 깨어나라, 깨어나라, 깨어나라! 정치적 도산이 한국의 현실임을 알지 못하느냐? 어린양의 피를 뿌릴지어다. 어느 곳인들 누구인들 피하리요? 하나님의 진노 앞에 서 있는 한국이여 회개할지어다, 회개할지어다, 회개할지어다! 돌이킬지어다, 돌이킬지어다, 돌이킬지어다! 주께 돌아갈지어다, 돌아갈지어다, 돌아갈지어다! 주를 찾을지어다, 찾을지어다, 찾을지어다! 네 눈앞에 목도되는 장면들을 바라보라. 하나님이 어디계시뇨? 할 자가 누구이랴? 민족성이 어디 갔느뇨? 나라를 지키려는 순국선열들 앞에 참회의

마음을 가질지어다, 가질지어다, 가질지어다! 희생자들의 피 앞에 사죄할지어다, 사죄할지어다, 사죄할지어다! (너 또한, 마찬가지이다). 주 앞에 엎드릴지어다. 이 재앙이 지나가기까지 그리할지어다. 먹고 마시느뇨? 시집, 장가가느뇨? 잔칫집, 잔칫상 앞에 앉으려느뇨? 온 세상을 바라보라. 주의 콧김에 모은 것이 사그라질 때이다. 두렵지 않으냐? 그 끝이 무섭지 아니하느냐? 세상 형벌, 영혼 형벌이 두렵지 않더냐? 기독교 가치관은 어디 있느뇨? 어디에 숨어 두어 있더냐?

날아오르는 새야, 훨훨 날아보라. 복음 들고 감람나무 새 잎사귀 물고 돌아오는 비둘기를 볼 때까지-창 8:11 저녁 때에 비둘기가 그에게로 돌아왔는데 그 입에 감람나무 새 잎사귀가 있는지라 이에 노아가 땅에 물이 줄어든 줄을 알았으며-이 재앙이 마치기까지 가만히 있을지어다. 너의 죄악을 숨길지어다. 나타내지 마라. 감추어 두고 내게 보이며 회개할지어다, 회개할지어다, 회개할지어다! 이 재앙이 마치기까지 성전에 들어갈 자가 없더라. 7대접 재앙은 일어나리라, 오리라. 계 15:1 또 하늘에 크고 이상한 다른 이적을 보매 일곱 천사가 일곱 재앙을 가졌으니 곧 마지막 재앙이라 하나님의 진노가 이것으로 마치리로다. 8 하나님의 영광과 능력으로 말미암아 성전에 연기가 가득 차매 일곱 천사의 일곱 재앙이 마치기까지는 성전에 능히 들어갈 자가 없더라. 이후에 볼 자가 누구뇨? 나의 명 거역하는 자가 아니더냐? 거세게 달려들어 따져 묻는 자이다. 네 하나님이 어디 있느냐? 이들이니라. 한국 사회를 '불신'화 시킨 자들 그들이(문 정부, 관련자) 참변 낭하는 사들 속에 있게 될 것이며 나의 분은 그의 자녀들에까지 이르리라. 회개하지 않으면 너도 이와 같으리라. 한국 사회, 전 국민은 회개할지어다. 주가 곧 임하시리라.

대언자에게 주는 나 여호와의 말이니라. 너는 쓰게 하는 자, 큰아들은 구하게 하는 자이다. 나 여호와의 말이니라. 그는(큰아들) 알고 싶은 자이다. 또는 알려주어야 한다. 듣게 할 때까지이다. 그(큰아들)는 로메인(상추)이다. "왜요?" 일반적 상용품(일반 사용)은 아니다. …생략… "작은아들에 대해서도 알려주세요" 그는 그이다. 차후에 이르리라. 이는 관련 있을 때 뜻이다.

14. "예수 나의 사랑, 예수 나의 생명, 종이므로 듣게 하소서!"

너는 물고기이다. '빨간 금붕어들 떼' 환상을 본 자이다. 나의 다리 주위에 모여든. 너는 "나는 주의 다리를 본 자이다" 할 자이다. 너는 나를 나타내기를 좋아하는 것을 나는 알고 있단다. "환상 편으로 책 또는 유튜브 영상에 주의 다리 주변에 모인 자들 내용을 전하고 싶네요" 그는 세상 주관자이다. 이는 유튜브이다. 오는 자, 가는 자이다. "무슨 뜻이에요?" 주고받는 자의 의미이다. "이 또한 뜻이에요?" 가져가는 자이다. "무엇을요?" 사람을. 종속화이다. 수하에 두고 싶은 자이다. 이는 세상의 가치관이다. 그는 이것을 두려 한다. 홍보, 게시물이다. 영상 작업 등이다.

15. 나방을 보자. 그는 무엇이더냐?

움직인다. 날아든다. 빛으로. 이는 너이다. 너를 깊은 바다에 빠뜨리는 그이다. ㅇㅇ 교회 목사이다. 너를 붙들고 제지한 자이다. 너는 방언자이다. 너는 내 종이다. 옥탑방 사는 자이다. 건물의 위층 옥탑방이다. 더운 곳이다. 추운 곳이다. 네 주소지란다. 설상가상이다. 짐들을 보자. 지나 보니 무용지물이다. 그때그때 처리하는 자이다. 짐들이(물건 뜻) 짐 된 자 너이다. 버리라, 마라! 팔아라, 마라! 주라, 마라! 달라, 아니라! 이곳이다. 어수선하다. 더럽다. 오래된 곳, 문제 가진 건물 이곳이다. 하나에서 열까지이다. 누수에서 배관까지 물 관련 문제이며 건물 구조는 붕괴 위험, 불편까지 이곳이다. 너는 답정너이다. 답을 가진 자 나이다. 내게 묻는 자이다. "주의 영이 해결해 주시리라" 믿는 자이다. 이것이 너이다. 오르다(ㅇㅇ역). 내려오다(ㅇㅇ역). 이는 너이다. 휴대폰 가진 자 너이다. 이동할 때 휴대폰 앱의 이동 화살표를 보는 너이다. 이러한 모든 문화 속에 어리둥절해지는 자 너이다. 어떻게 해석할지, 마음이 답답해진 너이다. 해석권, 해석법은 나이다. 이를 아는 너이다. 빠른 사회, 빠른 움직임, 신속한 정세 등 이 모든 것 앞에 "주는 뭐라 하시나?" 하고 귀 기울이는 너, 듣고 싶은 너, 알고 싶은 너이다.

16. 네 마음을 왜 적게 하나? 말해 보라

<u>첫째, 네 상태이기 때문이다</u>. 너를 아는 것이 힘이다. 너는 어떻게 보고, 듣고, 아는지, 또 무엇이 문제이며, 이유가 무엇인지 알아야 하지 않겠느냐? 이 또한 사람들도 자신을 알기 위함이며, 알 필요를 갖게 하기 위함이란다. 이것이 내 뜻이다. <u>둘째, 주의 일을 위함이다</u>. "왜요?" 네 위치, 상태를 알아야 나와의 관계가 어떠한지, 할 수 있는지 기다릴 것인지 아닌지 너의 테스트가 나의 테스트이다. 예를 들어 건강 상태, 영 상태 두 가지 너를 알게 되었을 때, 그동안 막은 것도, 기다리는 것도 이해함이 아니더냐? 물론이다. 그렇다. 나 또한 네가 알기를 원한다. 나를 이해할 수 있기 때문이다. <u>셋째, 이웃을 위함이다</u>. "왜요?" 상대방을 고려할 때, 네가 맞는지 틀리는 것인지 알 것이며, 나의 일인지, 아닌지 알 수 있어야 그들과 관계 성립이 결정되기 때문이다. 사실상 나의 목적은 이 부분이다. 너를 사용함이 이 부분이 아니더냐? 발동할 때(1, 2, 3단계) 발끈하는 이유이다. 네 사역이다. 알고 행해야 하기 때문이다(기도이든, 선포이든, 나눔이든, 가르침이든 그 무엇이든 간에). 너를 사랑하라는 의미는 제자의 관계 같은 무리 안에서 이루어지는 것이다. 이웃은 네 이웃은 주변과의 관계이다. 또는 폭넓게 넓혀 보는 관계의 대상이다. 전체의 이웃 사랑은 형제 사랑뿐 아니라 불신자 이방인에게도 손 내미는 사랑이다. 손잡아주는 사랑이다. 건져주는 사랑(험한 물속의 세상에 빠진 자) 구원의 대상자가 될 때 나누는 사랑 '헌신적 사랑' 이것은 내 사랑이다. 내가 그를 혹은 그들을 사랑해서 나타내기를 원한다. 그럼 어떠하뇨? 둘 중 어느

것이겠느냐? 형제 사랑 이방인 사랑 중 어느 것이 네 것(사명)이며 택해 보겠느냐? 둘 다이다. 승려를 병원에서 전도해 본 자, 어머니 장례식 장지에서 사역해본 자이다. 절(사찰) 그곳을 방문해 보려느냐?

나는 어떠하뇨? 지옥 권세와 싸웠다. 인간의 모습으로 형상화된 그들이었다. 못 박은 자들의 현장에 있는 자이다. 그들은 산헤드린 공회원이다(간담회 초대된 지도자). 문 대통령 함께 구성원이다. 왜냐하면 문 대통령에게 '아니 되옵니다' 하는 개인 발언권 얻어 할 수 있는 목회 영역(그들이 '나의 대언자'라면)에 있는 자들이다. 결의하러 들어간 자들인가? 협조 요청에 응해서 발표한 자, 의견 고수하는 자이다. 어느 목사는 발표하지만 약한 자이다. 문 대통령은 학생들을 선동한 자이다. 주부층을 선동한 자이다. 회사층을 선동한 자이다. 중산층, 고위층 그는 다 공략 중이다. 어느 누가 무너지지 않으랴? 할 수 있는가?("나라에서 자신 집에 들어와 물건을 가져가더라" 하며 꿈을 전한 어느 사역자이다) 빼앗는 정권이다. 훔치는 자, 도적 떼, 강도 역할을 하는 그이다. 대표가 문 대통령이다. 형벌 따를 자이다. 회개하지 않으면 지옥에 들여보낸다는 뜻이다. 한번 죽다. 이를 경험하지 않다. 이는 그이다. "당할 수도 있다" 이를 아는 그이다. 그러나 두 번 죽는다(영혼). 이를 모르는 자이다. 문 대통령 그는 영계를 아는 자에게 들어야 할 자이다. 사후 세계를 모르는 자이다. 알면 준비해야 하는 자이다. 누구나 준비하리라. 한국 정세 이 또한 지나가리라! 하는 자이다. 통치 과정이라 여기는 그이다. 20년 정권 연장, 그에게 듣는 자이다. 믿어지지 않는 너이다. 그들은 충분하다. 자신감 갖는 중이다. 2차 술잔치로 득세해보려 한다. 나눔 잔치라 한다. "달래보자!"이다. 문제에 술로 넘기려는 사람 같은 방법론으로 국민을 우롱하는 처사로 대하는 그이다.

문재인, 그는 누구인가? 공산주의자, 이것이 그의 정체이다. 대통령이 공산권이라면 어떠하겠느냐? 낮은 연방제 돌입 체제로 들어서는 자이다. "한국은 그러할 것인가?" 이를 의문하는 자, 너이다, "기가 막히다"라는 표현은 이때를 위함이(적합한 표현이라는 뜻으로 이해됨) 아니더냐? 기가 막히다! 할 때이다. 하나님이 예수로 오신 주이시심을 아는 너이다. "나의 하나님이시다" 이렇게 내게 호칭하는 너이다. 단숨에 달려보자. 그곳 아들에게. 보행자 → 경주자 → 건너는 자이다(물 관련 꿈대로 도하한 자이다). 렘 12:5 만일 네가 보행자와 함께 달려도 피곤하면 어찌 말과 경주하겠느냐 네가 평안한 땅에서는 무사하려니와 요단강 물이 넘칠 때에는 어찌하겠느냐. 한국 중보하자. 영적 싸움해보자. …생략…

(찬양을 주십니다! 하라) '나도 세상 지낼 때 햇빛 되게 하소서'이다. 같은 목적의 기도를 해보자. 40일 니느웨 회개기도 2차이다. …생략… 무엇이 내 뜻인지 묻고 묻는 자이다. ㅇㅇㅇ 사역자처럼 그러하다. 영상 볼래? 기도 할래? "기도할게요" 기도 리스트부터이다. 밤 10시 이후이다. 먹고, 쉬고, 씻고, 기도하자. '너와 나'의 만남이다. …생략… 전념해 보자. 나의 뜻이다. 너는 가리개이다. 스크린이다. 나는 너를 통해 나타낸다. 기록자. 내가 쓰는 것이다. 내가 쓰도록 하는 것이 너의 의무이자 사역 또한 되리라. 영서이다. 이는 분벽에 나타나는 글씨이다. 단 5:5 그 때에 사람의 손가락들이 나타나서 왕궁 촛대 맞은편 석회벽에 글자를 쓰는데 왕이 그 글자 쓰는 손가락을 본지라.

하늘山
제39일. 니느웨 회개 기도 40-39 (2020. 8. 30. 주일)

1. 1일(영서 첫째 날) 다시 보는 자이다

2022. 6. 16. 목요일. 오후 6:00 추가 글입니다.

첫째, 적어봐라. 무거운 주제이다. 40일은 그러하다. 정치적 이슈를 다루는 자이다. 세계적그리스도 '평화 가장' 위기와 위험이 오래된 현실이다! 하라. 네가 눈을 감으면 보이는 별들이 보이지 않는가? 이는 어려서부터 네가 보아온 별들이니 이후에 성령이 알리신 '약속에 대한' 것이다. 별들은 빛들의 아버지로부터 내려온 자니 구원의 대상자들이다. 이를 주기 위해 지난 2년간(영서 받은 날부터 현재까지) 애써온 자이다. 누구든 그러하다. 주의 음성을 듣는 자들이 언제나 듣는 것이 아니다! 하라. 내심 갖춘 무언가의 흐름이 있는 것이니 관여된 자들이 많다. 이 땅은 그러하다. 나의 아는 것이 누군가에게 가도록 기도하지 않으랴? 받는 자는 들으므로(이는 영의 세계를 알기에 전파 듣듯이 들리는 자이다 하라) 아는 세계이다. 사람의 마음이니 마음 안에 무언가 내보내지므로 흐르는 물처럼 흐르는 것이며, 물과 함께 떠내려오는 무언가처럼 될 수도 있으며, 흐름을 막는 장애가 되기도 하리라. 이를 앎이니 누구나 이러한 세계로 인하여 고심 두는 바이다. 즉 맑은 물을 위해 부단히 신중 하려는 자들이다. 이는 영의 세계이니 그러하다. 단독적, 직접적 대면자 되듯 하므로 다 받는 자이나, 주의 음성(말씀)은 강권에 의한 주도적 주님이 아닌 이상은 흐르는 것을 경험하고 체험에 맞추어 "옳다" 여기는 감각, 지각에 의해 메시지로 받는 자가 있기도 하다. 이를 전하라. 성경으로 전한다 해도 사람으로부터 올 수도, 공중의 권세 사역자들로부터 올 수도 있음이니, 부모의 음성을 익숙히 들은 자 외에 주의 음성을 어찌 알랴? 하라. 영의 권위가 다 다르다. 주만이 가지신 권위를 아는 자가 훈련된 자이다. 되었다. 닫으라.

둘째. 애써온 시간이다! 하라. 주께 초점을 맞춘 자이며 맞추기 위해 이도 저도 받기도 하면서 분석한 자이다. 사람의 상태는 다 다르다. 옳기도 그릇되기도, 높기도 낮기도 하며 좋은 상태와 나쁜 상태가 있지 않으랴? 이 안의 격차 간이 다 다르므로 높낮이, 분량도 그러한 자신과 주와의 관계이다. 훈련이 필요함은 이러함이다 하라. 그럴지라도 유지, 오름은 중요해! 자기 부인의 길과 함께 낮추는 자이기에 그러하다! 하라. 반복 체험은 중요해! 기나긴 시간 안에서 받아온, 다져온, 지켜온 것들이기에 그러하다! 하라. 일시적 받으나 소멸이 되는 것들이 많다. 번개 치듯 반짝 놀람과 같은 현상이다. 땅을 일구듯 인내로 결실을 주심은 이러하다! 하라. 번개로 사는 자는 번개에만 익숙하므로 번개 외의 수고와 땀을 알 수 없으니 비를 기다리기도 하며 메마른 땅을 보며 자신을, 타인을, 세상에 대해 한탄, 근심도 하는 것이다. 봄, 여름, 가을, 겨울의 사계절로 단련시키는 '주'시니 이러한 인생으로 하나씩 결실되는 것이 주의 뜻이다! 하라. 주만이 아시는 사람 됨됨이와 면면히 아시기에 선택도(무엇을 맡기실지, 어디로 보내며, 누구와 함께할지 등) 이러한 앎 속에 하시는 주시다! 하라. 되었다. 닫으라.

셋째, 다시 적으라. 니느웨 성이다! 하라. 이 세상은 그러하다. 세상 중심적 사고자들이 많다! 하라. 세상에 의한 구조로 사는 자이다. 보이니 가고, 하는 자들 보며 "나도!" 하는 자들이다. "우리!" 하며 하나님의 무관한 것들을 소리 외쳐 "중대하다!" 하며 막대한 힘을 집중하기도 하는 자들이 많다! 하므로 그러하다. 소울메이트(Soulmate)가 있는가? 하라. 이심전심하는 관계이니 "맞다, 맞아" 하며 손뼉을 마주 대하듯, 치듯 하며 사는 자들이다. 하나님의 보시기에 어떠한가? 하나님께 묻는가? 하라. 갈 데까지 가다가 포기하는 자가 많기에 주시는 말씀이다! 하라. 운전자가 교육 없이 하랴? "운전하고 싶다!" 하여 운전 자리에 앉아 이것저것 만지며 달리기해 보는가? 좌충우돌 사고 내며 가다가 마침내 손들지(포기) 않겠는가? 하라. 이는 시늉, 흉내, 답습이다. 도로교통법 익히랴, 자신 통제하랴, 타인 살피랴, 운전이 쉽지 않음은 늘 사고(경상, 중상, 사망까지)의 위험이 인식된 자에게는 살얼음 걷듯! 이를 아는 자니 유의, 주의하지 않겠는가? 하라.

삶이 쉬우랴? 너도나도 자동차 끌고 도로에 즐비하니 "다 하는가 보다" 하며 쉬이 보랴? 운전자로 앉기까지, 운전대 잡기까지 나이, 경제, 건강, 시험, 연수, 실습(초보부터 시작하는 운전 인생이다! 하라)이 있지 않겠는가? 그러함에도 '운전 주의' 정신 강화이다. 자, 타 누구나 할 것 없이 사고의 위험이 있기에 그러하다. 이는 주 오시기까지 깨어 있는 자의 삶과 같다. 운전 중인 믿음의 길이며 목적지 새 예루살렘 성을 향하나, 불법이 아닌 부주의가 아닌 늘 정신을 차리고 가려 하는 자에게는 이러한 비유와 같이 무사고로 가기 위함이다. 자신을 봐야 하며 타인을 주시해야 하는 운전자와 타 운전자와 주위 등 그러하다. 비라도, 눈이라도 오는 날에는 어찌하랴? 비바람 속 시야를 가림이니 설상가상 아니랴? 눈보라 휘몰아치는, 눈 쌓인 주행도 그렇지 않겠는가? 혼비백산하지 않으랴? 기절초풍하듯 위험한 시기의 싱크홀이라든가, 오토바이로 폭주해오는 바이크족이라든가, 대형 화물차의 무차별 속도전이라도 있으면 등골이 오싹하지 않으랴? 믿음은 이와 같으니, 인생 주행 그 과정이 만만치 않다! 하라. 이를 주시는 하나님이시니 주의 나라 오기까지 겪는, 지날 환난이 아니랴? 하라. 이는 세상 구조이다. 이미 되어진 일과 되어질 일과 닥칠 수 있는 예기치 못할 상황까지 등등이다! 하라.

성령의 법, 성경의 법대로 해야만 무사고이든, 목적지 도달까지이며 행여 사고시에 진리 편에 섰는가? 보기 위함이다 하라. 지나는 세상 길이다. 세상 사는 동안은 운전자이다. 세상 길이나 규칙과 마음을 신중히 다하여 사고, 피해 없이 목적지 도달하기 위함이다. 혼절할 듯 겪을 과학 문명의 시대 안에서 세상 끝 날이 전개되는 동안 견디는 믿음의 사람들이 되어야만 한다. 불법 지시, 불법 관행, 불법자들이 난무하며 주관하는 시대이다! 하라. 불법이 법이며 진리는 내팽개치는 자들이며 무시하고 인정하지 않고 발로 밟으려는 미련하고 우매한 어리석은 자들이며 짐승과 같이 사나우며 맹수같이 주린 배로 달려들듯 낚아채고 삼키고 죽이려는 자들이 지배하게 되는(이미 시작이나) 세상이 더 가까워짐이라. 성난 파도와 같이 거센 물결과 같이 타오르는 불길같이 감당치 못할 어둠의 세력이 등장할 때이다! 하라. 끝은 기회가 지나간, 잃은, 심판만이 남은 시간이라는 것이다. 그 끝이 얼마나 남았는가? 이를 주시해야 하지 않는가?

노아의 끝 날은 방주에 들어가던 날이다! 하라. 그러나 많은 사람이(세상 거주민들,

지구인들) 이미 선택된 길에서 돌이키질 못하고 깊은 잠에 빠진 자가 되어 갑자기, 일어난 재앙을 피하지 못함이니 방주 짓는 시기는 그들에게는 의미 없는, 무가치한, 무관심한 홀대한 주의 나라이다. 내게 오라, 나를 찾으라. 이리로 와야 안전하다고 하나! 더 달콤한, 자신들 보기에 "좋다" 하는데 이끌리어 빠져가는 자이니, 현실 중심으로 산 자들이다. 과학이 제공, 제시하는 수많은 것의 편리함, 행복감, 일치감, 다양함, 호기심들이 아니냐? 육신을 위해 모두 필요하나 육신은 생명(정체, 속성)이 아니니 흙(물질)으로 돌아가지 않으랴? 영이 생명이니 육의 겉 사람이 아닌 영의 속 사람을 위해 자신을 주께 의탁, 의지, 의뢰하는 자가 되어 버리고 따르는 길이 구원이 아니냐? 서로 다른 두 세계이니 노아 시대의 사람들과 노아 가정이다! 하라. 방주의 준비인가? 아닌가? 이로써 결정된 구원과 멸망이다! 하라.

예수 그리스도께서 원하시고 이끄시는 삶이 방주이니 하루에 지었으랴? 인내로 단련된 그들 가정이다. 1년 한 해를 위해(방주 안의 기다림) 무려 얼마의 년 수를 수고했는가? 보라. 이는 지도자의 자세이다. 주의 원하시는 바를 위해 한 자이다. 노아는 그러한 시대의 예표 '구원의 표징' 방주 예시를 위한 사명을 감당, 이룬 자이다. 이 시대도 그러한 세상 방식의 구조, 제도, 문화 패턴이 아닌 정확한 주의 지시, 이는 시대적인 할 일이니 시대를 제시하는 자가 되어 주의 뜻을 이루어 가는 자가 '주'의 사람이다! 하라. 주의 이름으로 하는 모든 것이 주의 뜻이 아니다 하라. 각 사람에게 알리시는 일이 있으나 이 또한 시대에 부응 되는, 맞춰지는 것도 중요(핵심)하니, 불 난데 부채질하는 자가 되지 않아야 하는 도움 되지 않을 일, 원치 않는 일을 하면서 "주의 일한다!" 하는 자가 있으니 "나는 아니다" 하랴? 돌아볼 때이다.

시대의 화살표(지침)는 무엇을 가리키나? 물인가, 불인가, 기름인가 알아야 하지 않으랴? 동인지 서인지 남인지 북인지 알아야 하지 않으랴? 핵실험 시대에 막대기, 화살(전통 기구), 기관총 들고나와 "방어하자, 공격하자" 하면 이치에 합당한가? 시대에 맞는 무기인가? 보라. 성령 시대, 악령 시대 최후 접전이니 무엇으로 서로 대치하고 있나 알아야 하는 것이 주의 종들 할 일이다! 하라. 비 오는 날, 하지 않을 일을 "하자" 하는 목회자가 있으며 하늘이 맑게 개인 날, 하지 않을 일을 하는 목회자가 있다! 하라. 때를 모르는 자들이 손이 필요한데 발을, 발이 필요한데 손을 내밀며 '맞추어' 하는 자에게 "틀리다, 아니다, 악령이다" 하랴? 적에게 제공하는 일을 하는 자가 있으니 "X맨이다" 하라. 이러한 자가 그러하다. 주사파 '공산화'를 모르는 자, 편드는 자, 연합된 자 등 그러하다. 성령이 하시는 일을 제한, 제지, 막는 자 그러하다. "귀신이다. 이단이다" 하며 자기의 '의'에 취해 사는 자 그러하다. 나라 편을 들 때인가? 교회 편을 들 때인가? 모르는 자는 그러하다.

이는 무엇인가? 정치 인생이 '다'가 아니다. 교회 입장(주 뜻) 아닌 '국가의 법' 운운하며 잣대 되어 "기준 허용치인가? 아닌가?" 하며 구속도 하는 시대가 그러하다. 상대가 목회자이다! 하면 목회자 대우해야 함에도 정치 위상으로 휘두르려 하는 자 그러하다. 경제인인가? 자본주의 혜택이 크도다! 하나 일시적 시스템일 뿐, 주 오실 날에 물거품 될 세상이다! 하라. 돈 많은 재력가 부모가 자녀 앞에 '폼' 잰다, 과시한다! 하자. 우매하지 않으랴? 인성 문제인가, 정신적 질환자인가 하지 않으랴? 부를 가진 자는 갖지 못한 자를 마치 이렇게 아이 다루듯 대하나 돈, 물질, 재력으로 평가하는 하나님 나라(세계)가 아니니 지구와 다르다! 하라. 제아무리 크다, 높다, 많다! 해도 사라질 인생, 지구의 것들이다! 하라.

주 앞에서 어떻게 살았나? 시키시는 일을 위해 다한 인생, 삶인가? 이를 보지 않으랴? 하라. 성의 망루에 선 자가 있다! 하자. 노심초사 적을 살핌이니 이로 인해 나라가 평안하기도 방비하기도 하지 않으랴? 이는 그리스도인이니 이러한 자세로 지구의 망루에서 악한 자 마귀 권세를 살피며 사는 인생이다! 하라. 이는 그리스도인이 지구에서 할 일이다. 병력을 준비하고, 성을 높이 쌓고 성안의 모든 사람을 보호할 자이다 하라. 이러한 자를 내친다, 때린다, 모함한다! 하자. 제정신인가? 하라. '적'의 편 일런지 누가 알랴? 스파이 X맨으로 간주한들 어떠랴? 경찰을 치는 자, 죽이려는 자가 범죄자가 아니겠는가? 이를 알 수 있듯이 그리스도인들을 대적, 반대하는 자가 이러한 자이다. "교회를 다니니 그리스도인이다"가 아닌, 이러한 상황을 예의 주시해야만 가릴 수 있는 자들이니 "X맨도 우리 편이다" 하는 교회가 많다! 함이니 왜인가? 무엇이 무엇인지 모른다면 모르는 자이다. 알지 못하여 섞이어 살면서 '우리, 우리'하며 주의 일하는 자,

맡은 자들을 공격하는 자들이 되는 자들이다! 하라.

'실로암' 주신, '에바다' 주신 한국이다 하라. 한국의 잠을 깨우신, 병을 치유하신 주시다! 하라. 깊은 잠, 흑암의 권세이니 세상의 만연해진 우상들 속이 아니냐? 그 속에서 교회이다, 가정이다, 사회이다, 국가이다 하나 부요가 다시 잠들게, 병든 자 되게 하였으니 자신이 이런 줄 모르고 "교회가 많다" 자랑, 자부심 가진 나라이니 부자 라오디게아 교회이며, 두아디라 교회이며, 사데 교회, 버가모 교회, 에베소 교회가 아니냐? 그 사이에서 숨 쉬는 빌라델비아, 서머나 교회가 있도다! 하니 이미 알린 대로 나라의 위기 속에서 드러난, 또한 세계 코로나 위기 속에서 드러난 교회이다 하라. 천차만별이 두 편이 되어 "맞다, 아니다" 된 공산화 편과 자유민주주의 편이며 백신 논란으로 예배마저 나뉜 자리도 되었으니 백신 접종 우대자가 되어 나라와 교회가 손뼉 치듯 하나, 일치됨이니 사두개파인가? 하라. 헤롯을 위한 교회인가? 하라. 병든 자, 가난한 자, 무명한 자까지도 나뉨이니 야고보서를 읽으나, 전하나, 바리새인 한국 교회가 아닌가? 하라. 이는 의문이다.

오직 주 외에는 벗으니! 이에서 벗어날 때, 방심할 때, 누구든지 치우침이니 쏠리는 자 되어 미끄러지고 타락하고 멸망의 순을 밟지 않겠는가? 하라. 지옥이 가까워진 자도 있으나 천국이 가까워진 자도 있다! 하라. 이는 주의 종들이니 이 세상 환난을 겪고 겪을 자이다 하라. 건짐은 주시다! 하라. 옥에 티라도 떼자 하시니 왜인가? 사단의 참소이다. 발 걸고 넘어뜨림이니 그러하다. 넘어진 자라도 일으켜 세우시나 다는 아니다 하라. 부모가 잘못할 때마다 꾸중하랴? 진노에는 이유가 있지 않으랴? 이러한 자에게는 책망마다-오래 참으심으로 한다 해도 왜 나인가? 하는 자 대부분이 그러하다! 하라-"싫다, 아니다" 며 뿌리침이니 결국은 사단 편이 된, 사단 편이 되는 자들이다! 하라. 되었다. 닫으라.

2. 회개 기도를 드립니다

고통당하신 주를 보라! 나는 너와 함께했다. 이 예수는 너를 짊어진 십자가를 지고(주 지신 모습이다) 이기려 했다. 너를 위해서이다. 십자가를 헛되게 하지 마라. 포기하지 마라. 너는 내 종이다. 머지않아 이르는 것이다. 성화 단계이다. 죄 때문에 우는 너구나. 마음이 아프단다. 나도 네 마음이다. 이기길 바란다. 이겨 주는 자로 내게 올 너이다. 나는 너를 믿는다. 넌 내 종이다. 내 사랑이다. 너의 비밀을 나는 안다. 마음 저리는 자, 출생부터 지금까지 내가 너와 함께 해왔다. 나는 너를 떠나지 않는다. 늘 네 곁에 있단다. 나의 종아! 서러워 마라(이젠), 울지 마라(현재). 참 내 종은 내 십자가를 지고, 오르고, 박히고, 순교하는 자이다. 나를 위해 죽는 자 너이다. 너 자신을 위해 살지 않았음 좋겠구나. 나를 위해 산다는 것은 생명이다. 죄(영적 간음이다. 주님보다 사랑하는 모든 것의 의미이다) 없는 자가 칠! 돌을 든 자가 누구더냐? 요 8:7 …너희 중에 죄 없는 자가 먼저 돌로 치라 하시고. 네 괴로움을 더하지 말라. 내가 차라리 용서하는 것이 낫다. 내게 구하라. 평안을 네게 주리라. 만져도(체험의 뜻) 나이다. 만지지 않아도 나이다. 나는 나이다. 나는 이대로이다. 그대로이다. 돌이키는 자가 보인다. 듣는다. 이것이 만진 바 되는 것이다. 나 예수의 말이다.

3. 척박한 땅!

ㅇㅇ 길부터 ㅇㅇ 공원까지 다녀온 자이다. 걷게 했다. 그곳은 광야이다. 집의 소중함을 느낄 수 있게 해주었다. 아들 집은 가나안이다. 이곳(개척 예배지)도 가나안이다. 나와 함께 쉬고, 쓰고, 만나서 일하고 있는 너이다. 덥느냐? "조금요" 나도 덥다. 그러나 숙고해야만 한다. 기후의 변화(덥고, 춥고)에 몸서리치는 너지만 이 또한 지나가리라. 천지는 없어지리라. 막 13:31 천지는 없어지겠으나 내 말은 없어지지 아니하리라. '하늘과 땅이 없어지고' 이 말씀의 계시록을 보라. 계 20:11 또 내가 크고 흰 보좌와 그 위에 앉으신 이를 보니 땅과 하늘이 그 앞에서 피하여 간 데

없더라. 내 앞에 모든 것, 처음 것은 사라진다. 이곳에서(이 땅에서의 의미) '건짐' 받겠느냐? 살겠느냐? 없어지기 전의 의미이다. "휴거예요? 재림이에요?" 둘 다이다.

너는 살고, 나는 온다. 이 두 가지이다. 네 희망 사항이다. 너는 원하는 것이 이것임을 안다. 바로 이것이다. 주의 일 열심히 하다가(장수 속에 증거) 휴거 되기를 또는 남겨진 자 되더라도(사명 목적) 구원의 반열에 들어설 자로 이것을 너는 원한다. '최애(최고의 사랑)'가 무엇이더냐? 아름다운 사랑이다. 너와 나의 사랑이 우선이다. 연합이다. 하나 됨이다. 네가 구한 것이다. 하나 됨은 영원하다. 나 또한 원한다. '변함없는 관계' 그 안에 발전되는 사랑(내게로 집중, 집약, 온전한)이다. 이것으로 너와 나 만족한다. 이것이 우리의 사랑이다. 너는 하나님 경외하는 자이다.

4. 동경이다! 이는 '새 예루살렘 거룩한 성'이다

누가 들어갈 자이더냐? 흠 없는 어린 양의 피로 씻기운 자들이다. 나와 함께 다닌 자는 나 있는 곳에 그들 또한 있는 것이다. 나 외에 무엇을 바라더냐? 너희 아니더냐? 나만을 원하고 주시하도록 내가 원함이 아니너냐? 내가 이것을 너희에게 주고자 했으며 주고 있지 않더냐? 나 하나님이다. 나의 권한 속에 두려는 자들이다. 실망치 말라, 부르짖으라, 잃은 것을(성경 비유의 드라크마, 두 아들 등) 찾듯이, 내게 나아오면 내가 어찌 외면할 수 있으랴? 법칙이다, 원칙이다, 하늘의 법이다. 만나게 되는 자, 너희 나아오는 자들이란다.

꽃들을 보라. 나무를 보라, 산을 보아라, 들을 보라, 바다를 보라, 하늘을 보라, 해, 달, 별들을 보라. 이들은 그대로 자기를 나타낸다. 창조 질서 안에서 순응하며 내가 창조주임을 말해 주는 역할로써 그대로, 그대로 있는 것이다. 너희 또한 이 목적으로 내게 고개 돌리길 원한다. 너희의 존재는 이 또한 나를 위함이 아니더냐? 나침반의 방향같이 '나를 가리키는 자들이 되기를' 나는 너희를 이 땅에 두는 바이다. 너희 서로가 '서로를 볼 때'에 나 살아 계시는 하나님, 전능자, 주권자, 통치자로, 나를 인식하고 나만을 표명하는 자가 되길 원한다. 이것은 나의 뜻이다. 너희를 이 땅에 둔, 살게 하는 나의 뜻이므로 새겨야 한다. 마음에 각인되어야 한다. "하늘의 법임을 명심해보자" 하는 너희들이 아니더냐?

나의 뜻 안에 각자가 살아가야 함이 아니더냐? 이 뜻은 너와 나의 생명이며 영원 속으로 함께 할 여정임을 기억하길 바란다. (찬양을 주십시오! 하라) 5절 보자. '그 피가 맘속에 큰 증거 됩니다. 내 기도 소리 들으사. 다 허락하소서. 내가 주께로 지금 가오니 십자가의 보혈로 날 씻어주소서' 3절 보자. '날 오라 하심은 온전한 믿음과 또 사랑함과 평안함 다 주려 함이라. 내가 주께로 지금 가오니 십자가의 보혈로 날 씻어주소서' 4절 보자. '큰 죄인 복 받아 살길을 얻었네 한없이 넓고 큰 은혜 베풀어 주소서. 내가 주께로 지금 가오니 십자가의 보혈로 날 씻어주소서' 책 '간증' 이는 보화를 던지는 자이다.

5. 너 큰 계명성아! 보자

바벨론 성이다. 이에 속한 곳들이다. 자랑하는 자, 의지하는 자, 사고팔고 소유 삼는 자 등이다. 내 어찌하랴? 그냥 두랴? 버린 것, 버릴 것을 어찌 두려느냐? 이는 너이다. 너는 어찌하랴? 지구 상태를 본 너이다. 하늘로 올려진 자, 1993년 가을이다. 그 당시 내 마음이 어떠하였느냐? 나의 노 '게이지 상승(세상 언어)'이 마땅치 아니하더냐? 너희가 모르는, 잘 모르는 나의 마음을 네게 보였느니라. 너는 내 마음과 지구의 상태를 알게 되었다. 지금은 어떠하느냐? 더 나아졌느냐? 아니다. 어둠은 깊어가고 죄악의 밤은 더 깊어졌단다. 인류의 죄악은 고조에 이르고 사람들은 후안무치 상태이다. (이는 수치를 모르는 뻔뻔스러움을 뜻합니다! 하라) 코로나는 무엇이더냐? 그들 중국은 무엇이더냐? 무엇을 하는 자더냐? 2020년 아시아에 임하는 자연재해, 혹독한 여름을 보라. 나 예수는 미리 말하노라. 바울 당시 아시아에서 당한 환난과 계시록 아시아의 7 교회를 보라. 현재 아시아의 국가를 보라, 거대한 제국을 뽐내는 시진핑의 국가 중국을 보라, 아시아의 환난 남북한을 보라, 지진 국가 일본을 보라. 아시아는 무엇이더냐? 동방예의지국의 대한민국이 어떠하냐? 공산화 국가로 물든 상태이며 바벨론화 되어 간 서울시이다. 높아진 것을 자랑하려느냐? 정치, 경제 무엇을 드러내 높아지고 싶더냐? 나라 전체가 무엇을 추구하느냐? 나이더냐? 문재인이더냐? 시진핑이더냐? 김정은이더냐? 추종 세력은 잠깐이니라. 사그러질 것이다. 소멸이 되는 자이다.

내가 세우는 종 '나의 종'이 어디 있더냐? 내가 누구를 천거하리오? 예루살렘 거리로 가서(이스라엘 유다 멸망 직전) 공의 한 사람을 찾으라는 '명'과 같은 서울시이다. 또한 한국이다. 렘 5:1 너희는 예루살렘 거리로 빨리 다니며 그 넓은 거리에서 찾아보고 알라 너희가 만일 정의를 행하며 진리를 구하는 자를 한 사람이라도 찾으면 내가 이 성읍을 용서하리라.

북한 그들은 누구더냐? 3대 세습 체제 왕조 아니더냐? 영국처럼 왕실이 아니더냐? 궁전이 아니더냐? 사람 신전, 숙은 자 신선 이는 높이려는 목적이 있다. 이것이 북한 사회, 북한 체제이다. 나는 사람을 아노라. 김정은, 김정일, 김일성 다 보았다. 행하고 있는 모든 것 그를(부자-김일성과 김정일) 어디 두었느냐? 빈 껍데기 아니더냐? 속이는 자이다. "무덤이 신전이다!" 하며 보이고 참배하도록 강요하는 북한 사회, 폐쇄 나라임을 모르더냐? 남한에서 장례식장을 1년 내내 문상하도록 하는 곳이 있더냐? 일시적인 것(장례 기간)에 영원성을 두려느냐? 시신 처리는 3일간 허용하는(성경대로) 장례 문화법을 가진 남한 사회이다.

나 또한 제3일 '부활의 약속'대로 너희에게 믿음을 주고 이어지는 역사이므로,

기독교 국가임을 천명하는 바이다. 그러나 북한 사회는 어떠하뇨? 그들은 버린 자이다. 떨어진 곳 가 있는 자들이다. 버려진 곳이다. 낙태 아이다. 생명을 보지 못하고 사라진 아이같이 익기 전에 떨어진 나무 열매같이 어두운 곳, 무서운 곳, 고통만 있는 곳이 그들이 거하는 장소이다. 다가올 심판을 두려워하지 않으면 이와 같으리라. 죄에 대해 울지 않으면 이와 같으리라. 세상 치부와 가진 것에 빠진 자들 또한 이와 같으리라. 나를 준비하지 않고 세상에 취해 그 속에 빠진 자여 이와 같을지어다.

너희는 누구더냐? 한 줌의 흙으로 빚어지지 않았더냐? 창 2:7 여호와 하나님이 땅의 흙으로 사람을 지으시고…. 안개와 같이 사라질 인생이 아니더냐? 무엇을 보고 살려 하며 무엇을 얻으려 살려느냐? 내가 아니더냐? 너의 모든 것이 나와 견줄 만한 것이라 믿고 사느냐? 다가올 너의 날들이 그 미래가 어디 있으며 누구의 것이더냐? 내가 아니더냐? 내가 만들고 폐하며 세우고 허는 것이 아니더냐? 내가 시작하므로 내가 끝내려는 것이 아니더냐? 고전 15:43 …약한 것으로 심고 강한 것으로 다시 살아나며 44 육의 몸으로 심고 신령한 몸으로 다시 살아나나니 육의 몸이 있은즉 영의 몸도 있느니라. 이 말씀과 같으니라. 너희는 이를 생각해 보라. 무엇 때문에 사느뇨? 해답을 얻으리라. 나 여호와의 말이니라. 너는 주구장창 적어 놓고 편집해야 하는 자이다.

6. 시온의 아침이다(계명성 반대 개념)

너는 나의 사랑하는 종으로 삼아 지시하는 산에 세워 나의 기록으로 내 영광을 나타낼 자이다. 영 변화가 있으리라. 최고의 권위자가 이르는 말(말씀)부터 순종할 자이다. 이것이 변화이다. 알지 못할 때, 알고 있을 때 두 가지가 있다. 어느 편이든 묻고 묻는 자이다. (소나기가 내려 창문을 닫습니다) 하늘은 내 마음이다.

너는 가문을 일으키는 자이다. 시대 사역자이다. 서로 사랑하라(요 15:12)는 주의 명령이다. 불특정 다수에게 전하는 자가 아니다. 보인 자이다. 네게 보인 환상과 같이 주의 다리 주위로 모인(빨간 물고기 떼들처럼) 자들이다. 구속된 자이다. 넌 내게 사랑받는 나의 종이다. 이 개념은 너에게 중요하다. 너의 위치이므로 내게 말한다. 나 여호와이므로 말한다. 네게 임한 성령이다. 알고 있는 너이다. 자료 순서 정리해 보자. 이상은 40일 요나 기도 기간이다. 책 내용이다. (제가 회개할 세 가지는 생략합니다)

7. 카드는 어떠하느냐?

어디에 두었느냐? (나라의 생활지원금 카드가 생각이 납니다) "가방 속입니다" 너를 부른 자이다. ㅇㅇ에서(영향을 준 장소를 말씀하십니다). 카드를 수령하도록 한 그날이다(이어지는 관련 내용은 생략합니다). "그럼 어찌하나요?" 회개하라. 지금 당장! "주님 잘못했습니다" 알고 먹은 자이다-그곳의 영향을 받아 두 아들이 와서 카드를 수령하고 찾은 날, 저녁 외식한 자이다. 일부 구입도 한 자이다. 그리고 그날 먹고 남은 것, 이곳에 가져와서 먹은 자이다-이는 치심이다. 치우친 자이다. 저울을 보자. 왼편에는 '의' 오른편에는 '사랑'이다. 공평한 저울이니라. 다시 보자. 왼편에는 '의' 오른편에는 '죄' 마찬가지이다. '기울다!' 뜻이다. 마음이 답답하느냐? 이것이 보이느냐? 나무젓가락이다. 이것으로 때린 것이다. 나무젓가락 '매'이다. 아프지는 않지만 답답함을 느낄 때 너의 궁색해진 모습이다.

2023. 2. 21. 화요일. 추가 글입니다.

이는 '생활지원금'에 대한 궁금증을 가진 자이므로 오래토록 반복해서 받은, 가진 답을 아는 자이다. 미리 대처하기 위해 그러하다. 꿈도 확인한 자이다. 전 세계 이와 같은 나라가 얼마이랴? 이 나라가 통일 국가이더냐? 반공 국가이다. 이는 전쟁 휴전 국가이다. 그러나 전쟁 중이다. 이념부터 다르다! 하라. 목적이 다른 하나님과 사단이다. 이는 한국에 기독교를 허락하는 이유이다. 나를 위한 나라이다! 하라. 나라를 위해서 해야 함에도 그, 문 정부(정당 포함)는 중국, 북한을 위한 자로 자신을 내세워 일명 공산주의식 독재를 해본 자이다. 천사의 가장으로 국민을 속이니, 자신이 선심 쓰듯 배급처럼 나누나 너는 받지 말라 하신 주시다. 상당한 금액임에도 포기한 자이다. 카드 수령 그 날이니 이후에는 '영들'의 가장(속임)을 느낀 자이다. 평안(해의 빛으로 따스함을 느끼나)으로 가장이 된 것에 대해 이후에 안 자이다. 긴가민가하여 망설이기도 하면서 찜찜함으로 그날 사용하고 "역시구나" 하고 깨닫고 더 이상 사용하지 않은 자이다. 너의 훈련은 그것을 받지 않는 자이다 하라. 카드를 가위로 잘라 버리라 하나 그냥 둔 자이다. 이는 사용하지 않는다 해도 미적거림임은 롯의 아내처럼 미련이다. 찜찜해서 사용하지 않으려 결단은 한 자이나, 수입에 대한 적지 않은 금액이므로 마땅한 대상을 찾으면 물건으로 구입하여 전달할까? 이도 생각한 자이다. '짐'이 된 카드이다. 이에 차일피일 미룬 자에 대한 책망 주시는 주시다! 하라. 되었다. 닫으라.

8. 예언 사역이다

(앞 내용은 생략합니다) 이것은 목회 상담 사역이다. 이제는 상담에서 책 단계이다. (사역 내용은 생략합니다) 책의 부제는 '교회가 교회에게'이다. 크리스천 책이다. 목회와 성도 간의 문제, 세상 끝날 앞에 교회의 공동체와 건물의 의미에 대한 해석론이다. 이것은 나의 주석이다. 내가 펴내는 주석이다. 교회론이다. '종말'편 기억하자.

9. 교회가 무엇이라 생각하십니까?

"무엇이라 생각하세요?" 둘 다 좋다. 편의(네 편할 대로) 사용하자.

1) 교회는 주님이시다

베드로에 대한 나의 해석을 보라. "주는 그리스도시요 하나님의 아들이시니이다(마 16:16)"에 대한 나의 답변이다. 나는 그를 인정했다. 영(나), 육(베드로) 누구의 교회인가? 베드로 집에 내가 주인이다. 이렇게 해석해 보자. 노아의 배이다. 누구의 명령대로 지은 것인가? 생각해 보라. 나, 주의 하나님이시다. 명령권자가 주인이시다. 하지만 노아의 방주라 부른다. 예루살렘 교회는 베드로 교회이다. 그가 수장이다. 또 보자. 모세의 성막이라 부른다. 이 또한 나의 명령대로 보인 것을 지은 것이다. 베드로의 배이다. 내가 그 배에 오르고 말하기 시작했다. 누구의 배인가? 베드로의 것이다. 그러나 주의 말씀대로 그는 그물 던져서 153마리의 물고기를 수확했다. 획득자, 얻는 자이다. 나의 명령에 지시대로 한 그이다. 그러므로 방주, 성막, 배, 성전 이들은 모두 나의 상징성이다. 내가 거할 예표이다. 나의 디자인이다. 나의 '의'를 위한 처소들이다. 거처의 의미이다. 성막의 내가 너와 만날 장소로 해석해 두기도 한 나이다. 출 29:42 이는 너희가 대대로 여호와 앞 회막 문에서 늘 드릴 번제라 내가 거기서 너희와 만나고 네게 말하리라.

2) 교회는 성령이시다

영적 존재로 나는 활동한다. 그러기에 장소를 사용한다. 이는 사람의 육체이다. 나의 영이 머물며 내가 말한다. 듣게 한다. 이것이 성령이다. 주의 영이다. 주의 영을 시험치 말라. 베드로가 아나니아, 삽비라 부부에게 한 말이다. 행 5:9 베드로가 이르되 너희가 어찌 함께 꾀하여 주의 영을 시험하려 하느냐… 또한 '주 너의 하나님을 시험치 말라'(마 4:7) 하듯이 나 또한 그의(사람) '의' 시험에 나를 표현한 것이다. 아버지가 나와 함께하시므로 나의 본체를 그에게 알려 주었다. 또한 영들을 시험하여 보라. 하나님께 속한 것인지. 영들에 대한 분별력의 말씀이다. 요일 4:1 사랑하는 자들아 영을 다 믿지 말고 오직 영들이 하나님께 속하였나 분별하라 많은 거짓 선지자가 세상에 나왔음이라. 이로써 나는 영으로써 사람 속에 거하여 영으로써 일한다. 말씀하시는 하나님이시다. 나를 알려 하느냐? 구하라. 만나리라. 간절히 찾는 자가 만날 것이요, 두드리는 자에게 열어 줄 것이다. 목이 긴 사슴이여! 너이다. 뛰노는구나. 이곳, 저곳 나의 다리가 되어 주는 너이다.

10. 이동 교회에 대해서 보자

주님이 계신 자이다. 그(큰아들)에게 명하신다. 말씀하신다. 이곳에서 저곳으로 나의 발이 되어 주어 다니는 곳으로 나를 나타내는 자이다. 그들, 네 두 아들은 내 종이다. 나와 함께 다닌다. 구름이 떠오르면 진행하는 이동 성막과 같이 내가 원하는 곳으로 그를 데리고 가며 그 또한 나의 양이므로 목자의 음성을 듣고 따라나선다. 요 10:4 자기 양을 다 내놓은 후에 앞서 가면양들이 그의 음성을 아는 고로 따라오되. 이는 너이다. 내 양이다. 사람의 양이 아닌 내 양, 내 말 듣는 자이다. 이것을 기억하기를 바란다. 너는 내 양, 주의 음성을 듣는 자이다. 내 말 듣고 행하는 자이다. 하나이다. 이것을 기억하기를 바란다. 이것이 너와 나의 관계이다. 오늘은 네게 이동 교회를 설명해주었다. 이미 알고 있는 바 너이지만 새기길 바라면서 적게 해본다. 이만이다. 여기까지이다.

11. 산새도 우는 그곳이다

어머니 장례식 장지였다. 나와 함께한 자 '욱여쌈 속에' 이는 건설된 낭떠러지, 떨어뜨리려 한 자들이다. 눅 4:28 회당에 있는 자들이 이것을 듣고 다 크게 화가 나서 29 일어나 동네 밖으로 쫓아내어 그 동네가 건설된 산 낭떠러지까지 끌고 가서 밀쳐 떨어뜨리고자 하되 30 예수께서 그들 가운데로 지나서 가시니라. 영 공격이다. 피하여 나와서 그늘진 곳에 너를 세워 향해 두 손을 들고 다시 외치게 했다. 멈추지 않음을 보여 주려 했다. 너를 객기로 아는(슬픔에 취해) 자들이기에 끝까지 네 손을 들게 했다. 감정의 슬픔이 아니다. 사역임을 나타내게 해주었다. 그들은 …생략… 내가 보았다. …생략… 육신의 모양이 '다'가 아니다. 내 손에 들린 자 너, 곧 나를 알지 못했기 때문이다. 다윗은 어떠하뇨? "네가 여기 왜 왔느냐?" 이는 형들의 신앙 상태이다. 그 주머니의 물맷돌과 그의 양 떼에 대해 그가 어떠한 동생인지 알지 못하는 그들이다. 나는 너를 본다. 명하는 것을 하기를 원했다. …생략…

수없는 날들이다. 그동안 기도 시작(영서 기록)하여 첫 주를 보내고, 이곳에 와서 두 번째 주 시작에 겪은 일이었다. 세 번째 주는 순종하지 못하고 네 번째 주는 적기만 하다가 왔다. 마지막 한 주를 보내는 중이다. 주님은 어떠하신가? 나(너 자신)를 어떻게 보시는가? 철부지이다, 미숙하다, 맡기신 것을 후회하실 수 있으리라 본다. 이것이 너이다. 실수도 과정이다. "다시 한번 해보자" 하는 너이다. 떡 만드는 자의 작품이다. 여러 모습 속에 담겨진 열매이다. 순수한 너이다. 해보려 한다. 듣기 때문이다. "주님이라면 할 수 있어" 하는 자였다. 순응을 원했다. 영서 기록 첫날(40-1)에서 현재까지 그래프 보자. 40일 앞에 평가하게 하시는 주시다! 하라. (비교, 분석하며 돌아보는 시간을 갖습니다! 하라)

12. 성 삼위 하나님께 경배드리세!

이를 외치는 자이다. 마지막 때에 관하여 전해 주는 자이다. 임시 교회 되리라.

두 아들 영입자이다. …생략…

13. ㅇㅇㅇ 목사를 보자

그가 가장된 자인 것을 아는 너이다. 가장이 무엇이냐? 나인 척 '위장'하다. 이러한 뜻의 의미이다. 나의 현현이다. 이는 내가 말하는 것을 너는 듣는 것이다. 구하면 보인다. 그는 구하지 않는 자이다. 절실하지는 않다. 이미 배부른 자여! 고전 4:8 너희가 이미 배부르며 이미 풍성하며 우리 없이도 왕이 되었도다… 안일해지는 때이다. …생략… 나를 주어라. 내가 주는 말씀이다. 나는 이것을 원한다.

14. "주님, 저것은 무엇이에요? 왜 전신을 체크 해야 하나요?"

전신 거울이다. 스캔이다. 전체 '열 화상 체크'이다. 구속이다. 그의(문 정부) 지시하에 이루어지는 모든 것이다. 화상 카메라로 보면 된다(CCTV 겸용). 누군가 사람을 체크하는 확실함, 확인 과정, 도구체이다. 그들은 그러하다. 중국을 따라 한다. '사람 정보' 얻기 위한, 시스템 도움 얻어 시행하는 자들이다.

15. "신난다"하며 전하는 자이다

영서 이는 기쁜 소식이다. 우울한 너, 힘겹게 온 자이기 때문이다. 주를 소개하는 '소개인'만 하자. 열매 나무가 되리라. …생략… "주님 더 이상 가족 이야기 쓰고 싶지 않아요" 너의 가사이다. 지나온 시간이다. (찬양을 주십니다!

하라) '지나온 모든 세월 뒤돌아보니 그 어느 것 하나 주의 손길 안 미친 것'이 없었다. 오 신실하신 주시다. 이제 고백할 때이다. 남은 기간은 너 자신의 '사역의 때'로 보자. 두 아들 함께. …생략… 수없는 펜으로 쌓일 자이다. 사라처럼 웃는 자이다. 창 18:12 사라가 속으로 웃고 이르되 내가 노쇠하였거늘 내 주인도 늙었으니 내게 무슨 즐거움이 있으리요.

네 기록이 네 기록이더냐? 내 것이다. 내 것을 주었다. 2020. 5. 17. 주일, 나의 두 손에 대한 꿈이다. 어제, 다리도 보였다. 모인 물고기 떼이다. 네게 맡길 자이다. 오라 하면 오고, 가라 하면 가는 자들이다. 물고기 수를 세워보았느냐? "잘 모르겠어요" 수보다 더 많이 줄 수도 있다. 이 세상이 내 것이 아니더냐? 그러나 세울 자는 내게 모이는 자는 많지 않다. 큰 자는 명예욕, 권세욕, 물질욕에 죽는 자들이다. 키워서 순종할 자 즉 나라 지킬 자, 주의 일할 자들 세워야 하지 않겠느냐? 뿔이다. 권세이다. 내가 네게 주는 것이다. 나를 돕도록 해라. 나의 택한 종들이다. 나의 양이다. 나의 생명들이다. 알겠느냐? 내 종 ㅇㅇ아! (이름을 부르십니다) 네 이름 크리스탈(영문 이름입니다), 이는 유리 바닷가이다. 이것은 거문고 타는 자의 새 노래이다. 어린 양과 함께하는 자에게 주는 새 노래이다. …생략… 계 15:2 또 내가 보니 불이 섞인 유리 바다 같은 것이 있고 짐승과 그의 우상과 그의 이름의 수를 이기고 벗어난 자들이 유리 바닷가에 서서 하나님의 거문고를 가지고 3 하나님의 종 모세의 노래, 어린 양의 노래를 불러 이르되…. 기뻐하라. 내 종아 나 여호와의 말이니라.

16. 나의 손이다

손가락이 아파도 써보자. 분량을 가져야 한다. 오후 7, 8시까지 써 보자. 궁여지책이다. 나를 선택함이 아니냐? 그동안 힘든 시기였다. 네 생명 '위해자'들

몇이 있었다. 지금은 어떠하뇨? 나의 나타남이 답이 아니더냐? 네가 구한 것이 아니더냐? 영이다. 나의 영이다. 궁금해지는 너이다. 소리높여 외쳐 보자. 찬양하는 자이다. 곧 잃어버린 너이다. ㅇㅇ 지역 가서 살려 보려던 너, 미루었다. 지금의 너이다. 해도 해도 끝이 없는 길이 될 것이다. 나의 영역의 무한함을 아는 너이다. 너의 지난 시간 화려함(외모)은 어디 있느뇨? 연예인들을 보는 너이다. 그들은 차려입고, 뽐내고, 즐기고, 촬영하며 일하고 돈 버는 자들이다. 그들도 애로가 있다. (어느 방송의 한 장면을 떠올리게 하십니다) ㅇㅇㅇ는 수용자이다. 그러나 '화'를 가진 자이다. 분노감이 있다. 한계점에 나타나는 공황장애 일종이다. 분노 조절 문제이다. 상대 그녀(ㅇㅇㅇ)에 대한 것이다. 그녀에 대한 압박감이다. 그녀에게 'ㅇㅇ!' 하며 부르던 그녀이다. 울다가 웃다가 심통하다가 난색 하는 자이다. 가장 표출이 적은 편인 ㅇㅇ이다. 이는 그녀의 성품이다. 인내와 수용을 가진 자이다. (어느 프로그램에 출연한 연예인들에 대해 진단하시는 주시다! 하라)

17. "실제 상황인가?" 하며 묻는 자에 대해

이를 무엇이라 이름하려느냐? 빌립 계산법 혹은 빌립 계산자, 현실 요구서 청구권자이다. 주님은 믿음의 세계이다. 믿음에서(약속, 언약, 믿음 등) 현실이 나온다. 여하지간 '현실 요구자'임을 강조하는 자이다. 그러나 너는 "나(너)는 반대이다" 하는 자이다. 주께로부터 보이지 않는 것을 구해서 → 마음에 담아 → 실행 과정 거쳐 → 간증하는 자이다. 간증은 '주께로'부터 시작되어야 한다. 주님이 승리이시기 때문이다. 일구이언하지 않으려는 자, 그래서 영 분별이 필요한 것이다. …생략…

18. 청부자이다

그들은 집요자이다. QR(카드) 체크를 하는 자이다. 주님과 함께이니, 무엇이 두려우랴? …생략…

19. 머리맡에 개켜 둔 수건이다

이는 그곳의 네 이불이다. 이제는 부활로 다니는 자이다. 요 20:6 시몬 베드로는 따라와서 무덤에 들어가 보니 세마포가 놓였고 7 또 머리를 쌌던 수건은 세마포와 함께 놓이지 않고 딴 곳에 쌌던 대로 놓여 있더라.

20. 내 주권 안에 속한 자들이다

나는 나의 뜻대로 행하시는 여호와 하나님이시다. 변경도, 거절도, 무산도, 기적도 다 내 것이 아니더냐?―[2023. 2. 26. 주일. **추가 글입니다**. 그간에 이에 대한 여러 상황 체험자이다. 이러한 말씀도 미리 알리신 너의 주이심을 이제 안 자이다. 많은 원고 분량이므로 그러하다. 초기에 주신 40일 1차는 더더욱 그러하다. 말씀을 받아도 마음에 스며드는 것보다 '그러려니!' 하기도 한 자이다. 왜냐하면 물을 부으니, 받기 바쁜 시기이다. 이제 마시면서 발견한 자이다. 지나오니, 그래서 이것은 변경이다, 거절이다, 무산이다, 기적이다! 하며 설명하신 주가 아니시랴? 왜 자주 바꿔시는가? 이에 대해 자세한 설명을 들은 자이나 이러한 용어에 대해 미리 주심은 까마득히 알지 못한 자이다. 이러한 '니느웨 회개 기도 40일' 1차이다. 되었다. 닫으라―**내 세계, 내 뜻대로** 나의 결정을 통보하는데 하물며 진흙이 이렇게 해라, 저렇게 해라, 힐문하려느냐?

토기장이에게 그럴 수 없느니라. 지음을 받은 물건이 어찌 주장을 하리요? 롬 9:20 이 사람아 네가 누구이기에 감히 하나님께 반문하느냐 지음을 받은 물건이 지은 자에게 어찌 나를 이같이 만들었느냐 말하겠느냐. 운전자의 주행과 같은 것이 아니겠느냐? 내가 너희의 주인이며 인도자가 아니더냐? 옛사람 구습을 버리고 새 사람을 입으라. 엡 4:22 너희는 유혹의 욕심을 따라 썩어져 가는 구습을 따르는 옛사람을 벗어 버리고 23 오직 너희의 심령이 새롭게 되어 24 하나님을 따라 의와 진리의 거룩함으로 지으심을 받은 새 사람을 입으라. 나는 예수 그리스도를 통하여 너희를 나의 것, 내 소유로 새로 빚기 시작했다. 그러므로 주를 믿는 자가 주라 부르면서 "내가, 내가!" 할 수 있겠느냐? "주의 뜻대로 원하나이다" 이것이 너이니라. 너의 모습이어야 한다.

궁극적인 목적은 명에 대한 순종이다. 선악과를 '먹지 않아야!' 하듯이, 모든 나무를 임의로 '먹어야!' 하듯이, 나의 구분 안에서 오직 너희는 있고, 그렇게 하는 것만이 나를 인정하고, 경배하는 나를 찬양하는 자의 믿음의 자세이다. 그대로 "서라, 앉으라, 가라, 쉬라, 먹으라, 전하라, 준비하라" 누가 이리하더냐? 나 아니뇨? 너를 피로 값 주고 나의 것, 소유 삼기 위해 산 자가 예수이다. 너희 그리스도시니라. 구원자이다. 믿느냐? 나를 따르라. 나를 믿는 자는 영원한 생명을 얻으리라. 이미 아는 너희니라. 비 또한 나의 은혜이다. 해갈이든, 피해이든, 나의 은혜이다. 나를 아는 자들은 알리라. 무슨 뜻인지 알리라. 모든 것이 은혜니라. 사랑도, 징계도 한 하나님이신 끊임없으신 사랑의 표현임을 기억하여라.

21. 바울아, 네가 보느냐? 네가 아느냐?

그리 아니하실지라도 감사한 자이다. 이것은 네 몫이다. 나의 받을 영광은 이것이니라. 책 통해, ㅇㅇㅇ 통해 간증(지역 탐방자, 초청자이다. ㅇㅇ까지)이다. 정당하냐? 나의 공평성을 보라. 네게 마땅치 않느냐? 학문이 너를 높일 수 있더냐? 나이다. 나만을 의지할 너이다. 화려함보다. 바위틈 속에 피어난 꽃! 그것이 나의 자랑임을 왜 넌 알지 못하느뇨? 사람들은 화려하게 드러낸 것들을 보려 하고 인정하려 하지만, 난 내가 받을 영광을 위해 보이지 않는 곳을 예비하고, 지정하며, 기대하지 않을 대상에게 나를 보이고 나타내는 자이다. 이것이 내 뜻이다. 이러므로 내가 더욱 영광 받음이 마땅치 아니하더냐? 학문으로 치우치지 말라! 했다. 재물로 치심하지 말라! 했다. 나는 너를 낮추고 낮춰온 자이다.

네가 아끼는 네 두 아들이 아니더냐? 이전에 두 아들을 보물 1호, 보물 2호 하던 자이다. 이를 기억하느냐? 네 마음속 간직한 그들이다. 나 다음으로의 사랑이다. 선남선녀 커플이 부럽지 않은 너이다. 홀로 가뿐하다. 짐 지지 않은 것을 감사하는 너이다. 너는 자유롭다. 내가 풀어 주었다. 묶인 자였다. 그도 묶지 못한다. 나의 종임을 알게 한 나이다. 그 또한 내 종이다. 갈대아 우르에서 이끌어낸 여호와로다. 이제 무엇을 하랴? 광야를 지나 나를 다시 만나 듣고 있는 너는 누구더냐? 술람미 여인이 아니더냐? 내가 솔로몬 왕이다. 이미 말하지 아니하더냐? 많은 자들이 부러워지리라. 네 신랑은 누구냐? 나이다. 주 예수 그리스도 너의 하나님이시다. 내가 남편이며 보호자 책임자이니라. 이미 말하고 알게 한 바이다.

22. 너는 쑥이다

약재, 요리 두 가지 '다'이다. 식용과 치료용으로 너를 이렇게 사용하리라. 이미 쓰고 있으며 쑥 같으나 꽃이며(보이는) 나무이다(열매까지). 이 모든 것이 아니더냐?

나의 준 바 아니면 누가 가질 수 있으며 누릴 수 있으랴?

2022. 6. 22. 수요일. 추가 글입니다.

도전 한국이다. 적어보아라: '실신'자들이 많은 시대이다. 렘 5:30 이 땅에 무섭고 놀라운 일이 있도다. 이러한 사실로 전하신 주시다. 왜이더냐? 되어진 일이 이러하며 되어지는 일이다! 하라. 매번 전하시나 잘 모르는 자들이 많다. 화살 명중 쏘듯이, 맞듯이 해야만 알 수 있는 '도무지 사람들'이 많기에 그러하다. '도무지 사람들'은 이러한 의미이다 하라. 도무지 내가 너희를 알지 못하노라. 마 7:23 그 때에 내가 그들에게 밝히 말하되 내가 너희를 도무지 알지 못하니 불법을 행하는 자들아 내게서 떠나가라 하리라. 이는 내 이름으로 나선 자들이 많다. 실신이 많음은 왜인가? 기절초풍할 일 등장이 아니랴? 사건 보도마다 쇼킹, 가히 충격적이지 않느냐? 하라. 북한이 그러하며 러시아가 그러하며 이는 뉴스 제공자 되는 자들이다. 안면수심, 철면피 되어 나라 망치는 자들이 그러하며 사회 부도덕, 부패로 밥줄 삼은 자들도 그러하다! 하라. 거지 맹인 바디매오들이다. "나를 불쌍히 여기소서" 외칠 자들이다. 막 10:46 그들이 여리고에 이르렀더니 예수께서 제자들과 허다한 무리와 함께 여리고에서 나가실 때에 디매오의 아들인 맹인 거지 바디매오가 길가에 앉았다가 47 나사렛 예수란 말을 듣고 소리 질러 이르되 다윗의 자손 예수여 나를 불쌍히 여기소서 하거늘. 하나님 나라에 대해서 알지 못할 때 일어나는 일이다. 수가성 여인이다! 하라. 이 세상 사람은 그러하다. 세상 신들(만든 것들)을 남편 삼아 사는 자이니 다섯 남편 있었으나 남편이 아니며 현재도 아니다! 하라. 요 4:18 너에게 남편 다섯이 있었고 지금 있는 자도 네 남편이 아니니 네 말이 참되도다. 과학 기술 문명 최고, 정점 향하지 않느냐? 그러함에도 빈곤, 궁핍자들이니 나를 알지 못하는 자는 이러하도다. 무너질, 넘어질 모든 것들을 의지한다 한들, 함께 무너지고 넘어지지 않으랴?

차라리 나와 '푸른 풀밭 맑은 시냇가'가 낫지 않느냐? 하라. (찬양을 주십니다! 하라) '주는 나를 기르시는 목자요 나는 주님의 귀한 어린 양 푸른 풀밭 맑은 시냇 물가로 나를 늘 인도하여 주신다' 아니겠는가? 하라. 이으라 '주는 나의 좋은 목자 나는 그의 어린 양 철을 따라 꼴을 먹여 주시니 내게 부족함 전혀 없어라' 이러한 자가 복이 있나니 이는 시편의 '복 있는 자'가 아니냐? 하라. 시 1:1 복 있는 사람은…. 3 그는 시냇가에 심은 나무가 철을 따라 열매를 맺으며 그 잎사귀가 마르지 아니함 같으니 그가 하는 모든 일이 다 형통하리로다. 주가 목자이시다. 세상이 아니다! 이를 전하여라. 세상 의지 삼아, 과학을 신뢰하며, 의학을 신봉하며, 학문을 신 삼듯 일평생 귀의자가 있으니 책과 씨름하다가 자신이 누구인지도 모르며 죽을 날까지 주 앞에 옹알이도 못한 채(기도 알지 못하는 자) 숨 거둔 자 많으니 이는 노아 시대와 같이 말씀대로 마 24:38 …먹고 마시고 장가들고 시집가고 있으면서. 눅 17:28 또 롯의 때와 같으리니… 사고 팔고 심고 집을 짓더니 하는 자이다 하라. 소라의 껍데기 보고 산 자들이니 그 안에 소라 생명체는 알지 못한 자이다. 이는 내면이다. 마음이며 영혼의 세계이다. 하나님 나라이다.

지구만 보면서 "세상이구나" 하고 열심히 산 자들인 줄 아나, 뒤늦은 회심자도 있지 않느냐? 하라. 이는 발견이다. 뒤늦음은 소라가 그 안에 있음을 알기에 기회 삼은 육체의 남은 때이니 눈물의 회개이다. 하나님과 그의 나라를 모른 채 껍데기 붙들고 산 자이다. 이는 도전이 되는 이유이다. 나라를 위해서 깨어날 자들이다! 하라. 주의 나라, 영원한 신성과 능력이 나타났음에도 "하나님이 어디?" 하겠는가 하라. 롬 1:20 창세로부터 그의 보이지 아니하는 것들 곧 그의 영원하신 능력과 신성이 그가 만드신 만물에 분명히 보여 알려졌나니 그러므로 그들이 핑계하지 못할지니라. 그러므로 깨어있으라, 곧 주가 오시리니 "한국이여, 일어나라" 저마다 십자가의 기, 이 예수의 기를 들고 주의 공로를 찬양하며 새 예루살렘 성을 전진할 때이다! 하라. 민속의 심판 앞에 선 나라들이다. 그러므로 서마다 일어날 때이니. 마시막 장식이 될 주의 시대이다 하라. 되었다 닫으라.

하늘山
제40일. 니느웨 회개 기도 40-40 (2020. 8. 31. 월요일)

"40일 기도 1차의 끝날입니다! 하라"

1. "지금 성경 읽을까요?"

충분하다. (그동안 많이 읽은 시기였기에 주시는 말씀입니다) 여러 해수를 성경 위주로 본 자이다. 네게 영서는 생소하다. 이전에는 성경을 읽는 시간이나, 영서 위주로 받고 있기 때문이다.

2022. 6. 23. 목요일. 추가 글입니다.

오랜 시간을 성경에 몰두한 자이다. 영서가 임해서 받아 적는 시기이므로 이 오랜 패턴, 습관, 젖어진 삶에서 틀을 깨고, 성경을 보는 눈에서 영서를 듣는 귀로 몰두하므로 물에서 불로 가듯이, 온수에서 냉수로 가듯이 익숙지 않은 시간이다. 2020년 당시는 이러하다. 이제는 쉼이 필요할 때이다. 성경을 충분히 보는 시간을 다시 원하나 밤의 시간을 이어서(밤에 읽으라 하신 주시다! 하라) 진행하기에 몸도 피곤하고 머리도 쉬고 싶기에 누워서 영상물을 대체로 보다가 잠든 자이다. 이 또한 습관이다. 영서 기록하기 전, 홀로 지내는 시기에 사람의 언어, 세계를 접하기 위해 영상을 보면서 취사선택의 눈도 기른 자이다. 그럴지라도 영상은 징검다리처럼 같은 돌 디딤돌을 하나씩 밟고 건너는 것은 아니기에 매사 후회를 남긴다! 하라. 대부분은 건너뜀, 눈길조차 주지 않고 싶은, 않을 영상들이 수두룩 많기에 그러하다. 보는 것, 먹는 것, 사람 관계를 매우 신중히 연구하고 검토하면서 오나, 순간의 선택은 언제나 옳지 않기도 한 자신을 아는 자이다. 이 싸움은 기나긴 싸움이며 긴박하기도 하다. 많은 싸움에 지쳐 천국도 생각해 본다.

그러나 맡긴 사명이 마치지 않았음을 알기에, 천국보다 이 땅에서의 주의 뜻을 실현, 실천이 더욱 중요하다. 이러해서 각고의 시간도 견디기도 하고 믿을 수 없는 자신을 내려놓는 것, 부인하는 것도 남은 훈련임을 안다. 영서 기록하는 40일(2020. 7. 23. 목요일-8. 31. 월요일)은 니느웨 회개 기도 기간이나, 자신도 충분치 못한 자임을 알게 된 자이다. 성령의 인도 아래 자신을 두는 것, 또한 함께 어울려 하모니를 이룬다는 것이 쉽지 않음을 알기에 "전해야 한다!" 하시므로 하는 일, 가는 길이나 이러지도 저러지도 못한 주춤된 상황에서(자신을 아는 자이기에) 멈칫하며 놀라기도, 슬프기도, 두렵기도 한 시간이었다. 한 가지 아는 것은 이미 담은, 채워진 하나님 나라이다. 일반적인 은혜가 아님을 아는 자이다 하라. 이것이 복음의 짐이 되기에(이는 내 것이 아니니 전하고, 알리고, 나타낼 주의 몫이다) 자신의 부족함도 함께 지는 것이니 이 모두는 주의 나라, 주의 일을 위함이다 하라. 이는 사는 이유이다. 하나님의 예정 안에서 이 땅에 와서 시대의 끝에 죄를 연구한 자이므로(이는 하나님의 은혜 안에서 이루어진 일) 시대에 세워진 자이다 하시므로 부득이 사는, 가는, 남은 인생이 된 자이다.

　　성령이 하시는 일! 세계, 나라를 체험한 바 큰 자이기에(이는 성경의 역사가 아니냐? 하라) "주께서 쓰시겠다!" 하시니 맡기는 자이다. "그릇이 아까우랴?"가 아닌, 안에 담긴 내용물이 있기에 사용하시는 주이심을 아는 자이다. 누구나 아는 자이다. 은혜 체험 아래 사는 자는 이러하도다! 하라. 자신의 약함이 극대화 되어(죄에 민감해지므로) 괴로움이 커지는 이는 죄의 고통이디! 히리. 또한 죄를 죄로 여기는 눈도 이러하니 주의 십자가의 고통이 얼마나 크시랴? 아는 자이다. 이는 인류의 죄이기에 그러하다. 더욱 '죄 속으로' 들어가자 아닌, 죄의 속성이 알아지는 복음(주의 비밀)의 은혜로 말미암음으로 인해서이다. 되었다. 닫으라. (이는 서식에 해당하는 글이다! 하라)

2. 셜록 탐정이다

ㅇㅇ을 집중 공략을 하는 자, 너이다. 또한 관행에 저항하는 자이다. 민심 폭발 시대, 갈수록 태산 한국이다.

2022. 6. 23. 목요일. 추가 글입니다.

당시 한국 사회는 이러하다! 하라. 한국이 무너지는 시기이므로 공산화 물결에 맞서게 하신 주시다! 하라. 저항은 벽을 두는 것이다. 이 벽이 되어 밀치고 나아가는 것이다. "아니다, 틀리다, 잘못되었다, 돌이키라, 주를 두려워하라" 하며 "알리라" 하신 주시다! 하라. "경제, 정치, 모두 하나 되어 그들 편에 서야 하지 않으랴?" 한 당시이다. 기도 운동 확산이 되어(코로나 사태 함께 공산화로) 건지신 주시다! 하라. 위기 모면은 하나 철수하지, 철퇴치 못한 그들 좌파 세력이다.

일언지하 거절자이다. 현재의 윤석열 대통령은 그러하다. 알기에 세운 자이니 갈아엎을 땅, 한국 사회이다. 이는 묵은 땅-렘 4:3 여호와께서 유다와 예루살렘 사람에게 이와 같이 이르노라 너희 묵은 땅을 갈고 가시덤불에 파종하지 말라-공산주의 위에 민주주의를 세우랴? 기독교를 세우랴? 이는 마음 밭이니 묵은 사상, 이념, 추종자를 정리해야 하지 않겠느냐? 하라. 귀신의 처소에 주의 교회가 서랴? 절을 교회로 하려면 불상을 치우고, 승복을 벗고 하는 과정이 있어야 하지 않으랴? 이처럼 변화 사회를 요구하시는 주시다! 하라. 이는 먼저 개선이다. 몸을 깨끗이 씻어야 새 옷을 입듯이 누가 씻지 않은 몸에 세탁한 옷을 입겠느냐? 상식이 아니겠느냐?

그는(윤석열 대통령) 척결자이다. 씻는 운동을 해야 하는 자이다. 잘못된 관행, 부조리, 부정부패부터 공산화된 한국의 모든 것을 드러낼 때이다. 지시 언어로 해야 하는 위치이다. 주께서 원하시는 바, 그 뜻, 마음을 알아(알고 있는 것, 알아내어) 해야 할 일이다. 위에 계신 하나님이 아니시랴? 하라. 자신도 지시하려면 위의 지시를 알아야 하는 전달자 위치가 대통령직이다! 하라. 온 나라의 주(통치하시는 의미이다)가 되시며 세상 만물의 창조자이시며 세상 전부를 아시며 태초부터 영원까지 다스리시며 지구의 마지막 시대임을 아는 자가 나라의 지도자 위치이다 하라. 이를 모르고 하는 자는 치우침이다. 방향을 알지 못하는 자가 어찌 갈 수 있으며, 그 과녁에 화살을 쏘랴? 정중앙을 맞히기 위해 최선을 다하는 모습이 '주'의 원하는 바시다 하라. 하늘은 스스로 돕는 자를 돕지 않으냐? 마음을 보시는 주이시니 그의 마음이 어디에 있으며, 힘쓰는 자인가? 보지 않으랴? 이를 두라. 되었다 닫으라. 이상이다.

3. '이콜(=)'이다

너와 나는 그러하다. 예수 그리스도와 사도 요한은 이콜이다. 예수 그리스도=사도 요한이다. 이는 환상 내용이다―[2023. 2. 21. 화요일. 추가 글입니다. 2020년 성탄절 밤, 성경을 읽다가 깜빡 졸 때, 눈이 열린 자이다. 보게 하신 주시다. 사도 요한과 함께 나타나신 주시다. 사도 요한을 처음으로 본 자이다. 주께서 요한을 대동하시므로 둘이나, 곧 이어지는 환상은 요한만 남은 모습이다. 그러나 그의 몸 안에 주가 주인으로 서 계신 모습을 보이신 주시다. 요한은 모든 것을 비우고 자신을 낮춘 자의 모습이다. 이로써 주를 모신, 주의 뜻대로 하는 자이기에 네가 본 바, 느낀 바는 이러한 요한이므로 "요한이 곧 주시다(요한=주)!" 한 자이다! 하라. 되었다. 닫으라]

4. 선 자는 넘어진 줄 알라

주가 "함께 있다" 하는 주장이다. "그럼 어떻게 해요" 늘 구하라, 찾으라. 주를 가까이! 주를 떠나지 말라. '서다'(선 자) 이는 '틈'이다. 틈이 없어야 사는 것이다. 내가 사는 것이다. '서다'는 나(자신) 중심적 사고이다.

2023. 2. 21. 화요일. 추가 글입니다.

말씀을 보자. 고전 10:11 그들에게 일어난 이런 일은 본보기가 되고 또한 **말세를 만난**(밑줄 치라) "말세지말, 이는 말세의 끝이니 이를 전하는 전달자이다. 메시지의 통로, 도구이다" **우리를 깨우치기 위하여** "영서 은사는 이러한 이유이다! 하라" **기록되었느니라** "이는 기록 은사이다. 해석으로 주시는 주시다! 하라. 되었다. 닫으라" **12 그런즉 선 줄로**(밑줄 치라) "네게 이러한 일이 구원이 아니니 오직 주만 의지하라 하신 주시다! 하라. 되었다. 닫으라." **생각하는 자는 넘어질까** "무엇인가? 낙심, 교만이다. 이는 '틈'으로 들어온 객이다. 사단 정체이다. 주로부터 분리, 딴짓, 딴청이다. 나를 잊는 것, 나 대신하여 두는 것, 이는 방심이다. 긴장을 늦출 때 일어나는 자이다." **조심하라.** "조심은 무엇인가? 선악과 '금령' 의미이다. 이를 넘어뜨리려 '호심탐탐' 하는 자가 있는 자신 및 주위의 미치는 모든 범위에 해당하는 것이다! 이르라, 전하라" 되었다. 닫으라. '영서 기간' 동안 수없이 '주의'를 주는 말씀이다! 하라. 이는 아담의 위치이다. 말씀을 들은 자이니 지키기 위해 싸우는 시험의 환경, 자신 및 하와와 그 외이다. 이러므로 24시간 내내 순간순간 자신을 주께 두는 자이다. 이는 접붙임이다. 요 15:5 나는 포도나무요 너희는 가지라 그가 내 안에 내가 그 안에 거하면 사람이 열매를 많이 맺나니 나를 떠나서는 너희가 아무것도 할 수 없음이라. 공급받기 위한 매달림, 해바라기가 해를 향하듯 너희의 머리(생각)를 가슴(마음)을 주께 두어야만 한다. 이에 대해 알린 주시다! 하라. 일은 가진 자이다. 나를 두고 그 안에서 해내는 일이다. 듣고 귀 기울이며 물이 흐르듯 흐르는 물로 주의 생명이 되어 지내는 상태를 주가 주인이 되는 것이다! 하라. 이는 말세를 만난 이 시대에게 주는 교훈서 말씀이시다! 하라. 되었다. 닫으라.

5. "주님, 40일 용서하소서"

너의 <u>일생 일대기이다</u>(밑줄 치라). 사로잡힌 자는 나와 함께 있다. 기름 넣는 자이다. 기름 넣는 중이다. 이것이 너의 갈 길이 되리라. 숨는 자, 숨겨진 자이다.

"이 몸과 관련된 것 어찌할 바를 모르겠어요. 오직 주만이십니다. 이것을 원합니다. 나를 다스리소서, 알게 하소서" 몸은 가면이다. 네 안에 내가 있게 하라(가면 쓴 자 같이). 벗겨질 것이다. 없어질 것이다. 가면은 틀이다. 형체일 뿐 그것이 생기이더냐? 네 안에서 내가 활동하게 하라. 이처럼 살기 위해 얼마나 내게 붙어 있어야 하겠느냐? 나를 나 되게 함이 너의 역할이다.

종은 주인에게 해야 할 일을 묻는 자이다. 지시 아래 살고 일하는 자이다. 그와 같이 너 또한 내 종이므로 이것을 원한다. 첫째가 무엇이겠느냐? 나이다. 모든 것이 나로부터 나옴을 모르겠느냐? 너를 제어함도(내려놓음), 스스로 생각, 이성 행동(사고 행동, 경험 행동, 추측 행동, 예측 행동) 하지 않는다는 의미이다. 알만한 힘을 가진 자이다. 어찌해야 함을 아는 너이다. 나로부터이다. 내가 시작이고, 과정이고, 열매 맺게 하며 끝임을 알고 있는 자 너이다. 내게 흐르는 것으로 네 갈한 목을 축이고 추측성에서 벗어나는 너이다.

6. 기억해 보자

주, 공중의 사역자, 사람 이는 영의 세계이다 하라. 이 중에 무엇이더냐? 먼저 '주'가 니이다. 이것이 '진위' 여부이다. 다음, 공중의 시역지는 내 이름으로 오는 자이다. 그다음은 '사람' 이는 사람의 생각이다. 현실은 탐정이다. 나의 뜻은 아니다. 신학은 학문이 아니다. 나를 아는 것이다. (찬양을 주십니다! 하라) '힘들고 지쳐…너는 내 아들이다'. 2020. 7. 23. 목요일. 영서 첫 일, 빗속에 나온 자이다. 주방의 물 상태(비 올 때의 역류 현상 있기도) 두고 다니는 자이다. 무엇 때문이냐? 나의 뜻을 이루려 함이니라.

2022. 6. 23. 목요일. 추가 글입니다.

다시 적어봐라. 흐린 날이다. 전국 장마가 시작되므로 염려하는 자이다. 오늘 오후부터 예상되는 강우량을 들은 자니 지역을 알리는 그곳 거처가 아니랴? "가야 하나? 마나?" 이러한 문제로 심히 고민된 시간이다. 일일이 비 소식에 다니지 못하는 자이다. 이는 물 침수 문제로 살피러 개척 예배지 그곳을 가야 하는 문제이나 뒤로 하는 자이다. 뒤로 해야 할 상황이다. 맡은 일이 그러하다. 또한 비로 인해 때마다 번번이 갈 수가 없다. 여름은 비와 기온으로 지치는 자이다. 더윗병 가진 자이며(개척 예배지에서 생긴) 씻는 문제로(오가는 임시 거처이기에) 더위는 더 찝찝한 자이며, 기온 또한 더위와 추위 함께 겪는 시기이다. 더위의 환경에 살다 보니 더위에 약하며 추위의 환경에 살다 보니 추위에 약해서 일반 사람과 다른, 체온에 민감한 자이다. 장맛비 또한 대기 상태로 산 자(비우지 못하는)니 배수 문제로 물을 퍼내야 하는 수해 현장(?)이기도 하기 때문이다. 이로 인해 두 날을 기억하는 자이다. 어머니 임종 위기(병원 통보)에도 비우지 못한 자이며-이날은 생명 연장의 말씀을 주셔서 말씀을 전하기만 한 자이다. 그리고 어머니는 수개월을 더 사셨다-이후 임종하신 날은 한바탕 물난리(장마로 인한 역류)를 겪고 잠시 비 멈춘 시간에 지쳐 누워 있을 때 연락받은 자이다. 이러한 슬픔으로 인해 2020년 7월 30일 목요일, 잊지 못하는 수해와 장례이다. 되었다 닫으라.

7. 하박국 선지자이다

이 수년 내에 부흥이 오리라. 합 3:2 여호와여 내가 주께 대한 소문을 듣고 놀랐나이다. 여호와여 주는 주의 일을 이 수년 내에 부흥하게 하옵소서 이 수년 내에 나타내시옵소서. 진노 중에라도 긍휼을 잊지 마옵소서. 씨앗 가진 자(물고기 떼) 양육 과정이다. 이는 주의 다리에 붙은 자들이다. 이틀 전 환상 내용이다. 유브라데 강가 물속 '썩은 베 띠는 한국 사회 과정이다. 렘 13:6 여러 날 후에 여호와께서 내게 이르시되 유브라데로 가서 내가 네게 명령하여 거기 감추게 한 띠를 가져오라 하시기로

7 내가 유브라데로 가서 그 감추었던 곳을 파고 띠를 가져오니 띠가 썩어서 쓸 수 없게 되었더라. …생략…

거처 '이전지' 문제로 인해 너는 술로 달래는 자이다. 술은 속상함, 염려 등이다. 그래서 사람들은 술로 잊으려 한다. 달래보려 한다. 위로라 생각한다. 이것은 임시 처방, 회피이다. 정면 돌파에 약할 때 쓰는 방법 중, 하나이다. 견디지 못하다. 사고하지 못하다. 내게 구하지 않든지, 기다리지 못하든지 이 또한 둘 중의 하나이다. 실사이다. 이전 문제는 그러므로 주의 계획안에서 주의 의도를 알고 행해져야 한다. 구하는 자이다. 안다. 그러나 신중에 신중을 기하는 자이다. 모든 것이 중한 때이다. …생략… 재정비 중이다. 이후 계속되리라. 주 오실 때까지 이것은 철칙이다. 주가 계획하시므로 따른다. 이것이 나이다, 너이다.

해석자이다. 문제를 보는, 또 여는 자이다. 그리고 주께서 일하시도록 하는 것이 네 역할이다. 집은 집이다. 너는 너이다. "무슨 뜻이에요?" 잡히지 마라. 지치기 때문이다. 문제로 보지 말고 그대로 두라. 그 상태는 그 상태로, 내 상태는 내 상태로. 주와의 결합 안에서 지시대로 따르는 자가 너임을 명심해보자. 가족이다. 그러므로 아들에게 온다. 내일은 간다. 개척 예배지로. 이는 나이다. 수요일에 그곳의 성경 말씀의 상 앞에 앉는 자이다. 책벌의 날이 오리라. 많은 자들이 오가며 놀랄 것이며 슬피 울 것이다.

8. 내용면(자료)에서 보자

<u>우는 자들을 위로해 준다!</u> 이는 너이다. 문 대통령이 아니다. 그들은 지구를 저당할 자들이다. …… <u>가난한 자들 돌봐준다!</u> 영이 약하므로 공급함의 의미이다. 네 자녀 둘이다. 그들은 나의 두 종이다. 또는 맡기는 자 그러하다. …… <u>독립 상태를 유지한 채 세워 본다!</u> 당당하다. 이는 너이다. …… <u>세로, 가로이다!</u> 수직

좌표, 수평 좌표 이를 가르쳐 본다. 가르칠 수 있다. …… <u>일파만파 늘어날 것이다!</u> 예비 된 자이다. 내 다리에 붙은 자들이다(물속의 물고기 떼 환상 내용). …… <u>서러워 마라!</u> 계 5:5 장로 중의 한 사람이 내게 말하되 울지 말라 유대 지파의 사자 다윗의 뿌리가 이겼으니 그 두루마리와 그 일곱 인을 떼시리라 하더라. 계시록의 '인'이 떼어졌다. 성경 공부 지속하자. 그곳에서 '밤, 낮 바쁘다' 외치는 너이다. …… <u>아들들은 학비 면제로 배워온 자들!</u> 국가 후원 및 신학대학교에서 근로와 교회 사역으로 온 자들이다. 독립성으로 세워보는 자이므로 <u>스스로</u> 헤쳐볼 수 있는 때이다. 그러므로 자발성을 두자. 연합은 주 뜻 아래서 행해질 수 있다. 이 또한 주의 넓은 영역 안에서 준비됨도 주 뜻으로 여겨야만 한다. ……

<u>나(너 자신)는 누구인가?</u> 선지자이다. 가장이다. 독보적이다. 이는 주와의 관계성 때문이므로 나는 언제나 '주'의 사람으로 나를 여길 필요가 있고 그의 뜻은 선하시므로 항상 구하고 찾는 자로 사는 자이다. …… <u>가족은 무엇인가?</u> 예수 안의 재탄생된 교회이다. 가족 교회이다. 주님이 머리 되시는 교회이다. 현재는 이 부분을 '극대화'시킨 상태이며, 두 아들의 신학교 생활 또한 파송지로 봐야 하며(밤 10시까지 금식 이유), 도움 또한 얻기도 하는 상황이며, 교회 사역 또한 가족 구성원 속에 훈련되어 학교가 길 역할이 되어 주므로 간 곳이기에 모든 흐름은 주의 주관하심이 우선이고 머리 되심을 고백하며, 이 믿음 위에 무엇이든 해낼 수가 있는 것이다. …… <u>나는 나이다. 너는 너이다. 이웃은 이웃이다. 그대로 보자.</u> 그러나 이 또한 네트워크이므로 문을 열고, 닫는 지혜의 기술이 필요하다. 문화가 '다'가 아님을 안다. 문화는 삶의 일부 또는 전체 영역까지의 범위로 확대성을 갖고 있으나, 제한적 필요가 분명 있으므로 걸러내는 기술(분별력) 또한 중요하다.

9. 인내하라

나이다! 그러므로 쓰신다. 이는 너이다. 주께서 말씀하실 때 "편하다" 하는 너이다. 이 또한 '진위' 여부이다. 나중 된 자로(두 아들) 눈여겨보며 키워내자, 돕자. 이것이 너이다. 환상으로 본 물고기 떼(주의 다리 주위에 모인)는 나중 된 자들이다. 주의 환상을 알려보자.

10. "그대로이다" 무슨 뜻인가? 적어보자

먼저는, 자체이다. 소유성이다. 다음은, 함축적이다. 그다음은, 개별성 이는 각각의 특색을 지닌 것으로 해석해 보자. 세 가지는 자체의 상태라 볼 수 있다.

11. 역학조사란 무엇인가?

네임이다! 이는 붙이다, 내용이 있다는 뜻이다. 즉 할 일이다. 그는(문 정권) 신조어이다. 많은(여러 개의 뜻) 유행어를 낳게 했다. 새로움에 대한 그의 정치 계획은 '구발상'적에서 비롯되었다. 50년대를 또는 그 이전을 꿈꾸는 자이다. 죽은 공산주의, 사라진 공산주의, 실패한 공산주의를 쏟은 자이다. 그의 새로움은 그러므로 퇴보이다. 퇴보를 진보라 속이는 자이다.

지금의 때는 어느 때인가? 온 나라 모든 자가 회개하고 주께 돌아오는 복음의 시기 시대이다. 더욱더 복음적으로 돌이키고, 들어가지 않으면 절대절명(절체절명)의 상황 속에 그 위기 속에 견디고, 버티고, 헤쳐 나갈 수 없는 시기인 것이다. 자연재해, 사람의 포악성, 간계성, 기계화, 산업화 문명, 환경 오염으로 인류는 파괴되고 있으며, 인간의 잔인성은 반기독교적 대립, 대항으로 창조주 질서의 하나님 그 주권 앞에 더 패역함을 드러내는 시대이다. 갈수록 태산,

꺼져가는 등불같이 '하나님께로'부터 예수 그리스도로부터 멀어지고 대적하는 적그리스도 체제의 세계화 속에서, 각국의 나라로 민족적 정체성을 찾아야 하는 때가 도래하고 있는 시기인 것이다.

마 11:7 …무엇을 보려고 광야로 나갔더냐?…. 눅 17:20 …하나님의 나라는 볼 수 있게 임하는 것이 아니요 21 또 여기 있다 저기 있다고도 못하리니 하나님의 나라는 너희 안에 있느니라. 오직 예수 그리스도 복음만이 살길이며 이 신앙만이 구원이 되므로 모든 나라, 민족마다 '회개'의 역사와 함께 '복음'으로 돌이킬 시기임에도-막 1:15 이르시되 때가 찼고 하나님의 나라가 가까이 왔으니 회개하고 복음을 믿으라 하시더라-세상은 멸망의 끝을 향해 가는 바벨탑 쌓기를 포기하지 않고 더 악함으로 핵전쟁을 준비하고 있다. 인류의 죄악은 인류 자신에게 멸망으로 끝이 나도록 하는 것이다. 너는 "나는 안다!" 하는 자이다. 처음과 나중을 그리고 현재는 어떠한 상태에 놓인 지구 상황인지도 보고 있으며 우는 자이다. 무엇이 두려워지는가? 끝이 아니다.

하나님이 보내신 예수 그리스도 안에 내가 현재 있느냐? 없느냐? 이것이 생명이므로 이 생명 안에서 있어야 안전하며 주의 뜻대로 사는 것이다. 주 편에서, 주의 승리 속에, 주와 함께 기뻐하며 천국에 이르는 것이기에 현재의 복음이신 예수 그리스도와의 관계, 연합, 하나 됨은 가장 절대적이고 우선하고 전부가 되어야 하는 것이다. 나는 나이다. 주는 주시다. '주'의 영과 나(너)의 육이 연합되어 하나님 나라가 이루어지는 것이 현실적 목표이다. (찬양을 주십니다! 하라) '이와 같은 때에 난 손 높이 드네….' "오직 주만이, 주만이, 나의 주이십니다. 이것이 매 순간, 순간 속에 주가 되심을 보는 것이 나의 믿음입니다! 라고 고백해봅니다. 나의 실현이신 주님이십니다."

12. '방학의 끝'이다(오늘 8월 31일)

이곳에 머물지 않으려는 자이다. "그토록 찾았는가? 나의 주님을! 그토록 목마르게 사모했는가? 나의 주님을! 만나고 또 만나고 항상 함께하실 주시기에 1초라도 '곁눈질'해서는 안 되는 것을 압니다. 이를 향해 깨고 또 깨면서 주를 확인하고, 또 확인하면서 언제나 나와 함께하시고 생명이 되시는 주님만을 사랑합니다. 하나님을 경외하는 자임을 압니다. 내 주여, 도우소서" pen 잡은 너이다. 나는 너의 왕이다, 주시다. 네 손 안에 참 종임을 원하노라, 내가 원하노라. 이것을 가르치리라. 떠나지 마라, 잊지 마라, 돌아서지 마라. 행하라, 알라, 찾으라, 구하라, 사모하라, 바라보라, 새기라, 기억하라, 명심하라. 기특하다. 이것이 너이다. 원하는 바이다. 골육 친척 네 아버지 집을 떠나 여기까지 왔다. 또다시 연결됨에 부담 갖는 너이다. 어찌하랴? 내 손(2020. 5. 17. 주일. 하나님의 두 손의 꿈) 안에서 세워보리라. 모든 것을 다시 세워보리라 하고 주는 너이다. 어떠하뇨? 두 다리의 많은 물고기 떼와 두 손의 하늘과 땅의 주되신 나이다. 두 손에서(2020. 5. 17. 주일) 두 다리까지(2020. 8. 29. 토요일) 환상을 기억해 보자. 하나님의 뜻은 영혼 구원 사역이다. 아는 너이다. 키우지 않겠느냐? 내 나라 내 백성이다.

13. 성경 해석법 보자

전달자는 무엇인가? 아는 자이다. 성경은 연구 분야(학문 연구처럼)가 아니다. 아는 것이다. 이는 연결이다. 앎의 연결이다. "그렇구나!"이다. 전해 듣다, 또한 아는 것이다. '주께로'부터 전해 듣는 것이다. 내용에 대해 요약할 때 확률로 보려는 자, 아닌 것도 확률일 수 있다(확률이 낮다고 하는 것).

14. 성경적 해석 다시 보자

1) 본문 중심 읽자: 주의 마음과 뜻을 헤아려 보자. 중심이 무엇인가? 이 시대를 위한 것인가?(당시의 상황) 전체 차후 포함인가?(현재+이후 전체) 알아야 한다.

2) 이야기인가? 설교인가? 보자: 속담, 비유는 이야기이다. 설교는 하나님 나라와 관련이 있다. 천국이 가까이 왔다 하셨기 때문이다. 마 4:17 이때부터 예수께서 비로소 전파하여 이르시되 회개하라 천국이 가까이 왔느니라 하시더라. 그러므로 복음은 천국, 하나님 나라, 예수 그리스도에 관한 내용이 될 수 있다.

3) 누구에게 전하나?: 주께서 말씀하시는 대상이 개인 혹은 나라인가? 땅의 모든 사람인가? 연령대, 직업 또는 따르는 자 또는 대적자가 될 수도 있다. 구분해 보자.

4) 나에게 주는 메시지가 있는가?: 무엇인가? 없을 수도. 스토리 내용 전개, 전체 흐름 파악 정도로 이해될 수도 있기 때문이다. 강력한가? 약한가? 등이다.

5) 결과는 어떠한가? 어떤 변화 혹은 영향이 있는가?: 실례로 적어보자. 다섯 가지이다. 나는 성경을 읽는다, 듣는다, 지킨다. 계 1:3 이 예언의 말씀을 읽는 자와 듣는 자와 그 가운데에 기록한 것을 지키는 자는 복이 있나니 때가 가까움이라. 주님의 전반적 말씀이시다. '문 열면 내가 들어가'-계 3:20 볼지어다 내가 문밖에 서서 두드리노니 누구든지 내 음성을 듣고 문을 열면 내가 그에게로 들어가 그와 더불어 먹고 그는 나와 더불어 먹으리라-하늘 문인가? 마음 문인가? 어떤 문인가? 라오디게아 교회의 모든 성도가 해당한다. 교회는 머리이시다. 주인으로서의 초대, 영접, 위치를 두라는 것이다. 주께서 먼저 되시고, 주관하시도록 연합을 우선해야 하는 교회이다. 그리하여 주께서 다스리므로 모든 일에 친히 이끌어가시고, 일하시도록(열심이다) 하는 것이다.

15. 바다의 등대지기이다

밤(삶, 인생)의 주관 세력이다. 이에 바다(세상) 위의 배(교회 또는 사역)에게 안내 역할을 해주는 시스템이다. 밤(종말), 바다(이 세상), 배(교회, 성도) 빛(선지자 사역이다), 둥근 달까지 보자. 무언가 있다. 달이 보인다. 초승달 → 보름달 → 한 달 이러하다. 9월달을 보자. "내일 일은 난 몰라요" 하는 자이다. …생략…

2023. 2. 26. 주일. 추가 글입니다.

어디로부터인가? 요 3:8 바람이 임의로 불매 네가 그 소리는 들어도 어디로 와서 어디로 가는지 알지 못하나니 성령으로 난 사람도 다 그러하니라. 성령으로 시작한 자이다. 성령으로 마치는 자이다. 1992년 늦가을에 시작한 자이다. 교회의 첫발이다. 출생한 아들과 두 돌이 지난 아들 함께 주가 묶으신 예배의 준비이다. 그리고 나선 가을의 끝이다. 2020년 어느 날, 임하신 성령이시다. "책을 발간하라" 하신 주시다. 두 아들은 어느덧 30대이다. 신학대학원을 마치는 시기를 앞두고 하나님 앞에 "졸업 논문으로 해보자!" 하신 너의 삶의 주인 '주 하나님 성령'이시다! 하라. 지나온 시간이 그러하다. 출판의 한해 2022년은 아쉬움을 끝으로 하지 못하여 운 자이다. 이뿐이랴? 한 해, 두 해를 가다 보니 이 땅에 죄를 짓는 마음이 쌓이는 자이다. 나라의 어려움을 보면서 그러한 자이다. 사회를 보니 그러하다. 마음 둘 곳이 없는 이 땅뿐이 아닌, 주께 마땅한 자 찾기가 '하늘의 별' 따기임을 안 자이다. 영서 받는 내내 주가 나타내시는 마음과 함께 알리심과 속속히 드러나는 죄악이 그러하다. 줄긴에 대해 "오늘, 내일 하리라!" 하며 달려온 길이다. 이를 지키기 위해시 신 자이다. 아들은 아들 대로 자신은 자신대로, 벌렁 눕고 눈 뜨고 싶지 않은 날들이 많은 자이다. 보고 싶지 않은 교회들로 인함이다. 괴로움은 가까이에서 발생한다.

"너는 참아내어 붓끝으로(영서 기록) 내보내는 자이다." 이를 주께서 말씀하신 자이다. 자신의 통증이 무디어지기까지 감내해야 하는 이 사역이다! 하라. "주보다는 교회를! 주보다는 교단을!" 하며 소속이 앞선 이 시대이다! 하라. 교단 탈퇴는 청천벽력으로 알만큼 매인 자들이다! 하라. 마치 부모 없는 고아처럼 서러움을 겪는 교회들 사이의 너이다. "어느 교단인가? 어느 교회인가? 어느 목사인가?" 하니, 눈 동그랗게 뜨고 귀 쫑긋 세운 토끼처럼 화들짝 놀라며 산 자이다. 이는 쫓고 쫓는 전쟁이다! 하라. 잡으려는 이유는 2가지이다. 먼저는 '우리'이다. '이편이다!' 하는 자들이다. 다음은 말 안 들으면 죽어, 미워, 저리 가라, 이단이다, 미친 자, 귀신 들린 자 등등 아니더냐?

간혹 말씀하신 "누구는 어떠하다!" 하며 전하신 주시다. 마치 사막에 오아시스 샘물을 만나듯 네게 그러한 목회자도 있으니 이는 몇이랴? 이는 주 다음으로 네가 견딘 힘이다. 너 자신을 '주로부터 받은 것'을 확증하고, 북돋움 또는 길 제시에 도움 되기도 한 그들이다! 하라. 이는 성령 차이이다. 성령으로 알 수 있는 나이며 사람이 아니랴? 이러하므로 일면식(대면, 인맥이 아님에도) 없는 자도 '영'뿐 아니라 때로는 '꿈'으로도 확인케 하신 주시다! 하라. 물론 네가 아는 것은 일부 교회이나, 이는 전체를 훑기식으로 알리신 주시다! 하라. 네 부근, 아는 범위는 그들에 대한 주께서 '알리시는 설명'이 있어야 하지 않겠느냐? 모르는 자는 제외하더라도 그러하다. 그러나 주는 대부분 많다! 하시니 이 '수'를 전하라.

이 문제는 무엇인가? '성경과 성령' 둘이다. 해석 차이를 두는 자들이다. 그리고 막무가내 덤비는 자들 이러한 유형은 기독교 아닌, 사람 사는 어느 곳에 있다! 하라. 이는 '종말 2' 원고 보는 시기를 마치는 자이다. 2023년 1, 2월 두 달 준비 기간이다. 계획보다 언제나 더딤은 예기치 않은 끼임이다. 순탄히 이 일이 해지랴? 이 모든 과정 과정을 담은 글이다. 힘들다, 어렵다! 하여도 해내는 일이다. 나의 제자 이야기이다! 하라. 내 너를 지목하여 세운 그 날이다. 성령으로 부르신, 알리신, 많은 비밀이 그러하다. 차고 넘치니 흐르지 않으랴? 나누지 않으랴? 조금씩 모아온 저축이거늘 "한꺼번에 쏟아보자" 하며 주신 영서 기록 시기이다! 하라. 그러므로 시리즈이다! 하며 주의 더하실 말씀과 함께 내는 책 발간이다! 하라. 2022년은 해산 달이나 아기를 낳지 못한 것이 아니라 해산의 문을 막음으로 출간이 막힌 상태에서 기간이 길어지므로 인하여 종말 1, 종말 2 원고를 이어 '동시 출간'으로 하는 자이다! 하라. 원고 준비는 네 할 일이다. 출간은 '주'의 하실 일이다. 되었다. 닫으라.

부 록

1. '형상에 관하여' 추가 글(11-15) ——— 534
2. "아! 한국이여 …" ——— 553
    1) "나누인 부활절이다" 하라
    2) "너희는 이를 알라" 하라
3. 미국에 대하여 알아보자 ——— 562
    1) 트럼프 대통령에 대하여
    2) 미국에 전하라!
4. 아시아의 환난에 대해서 ——— 570
    1) 중국은 누구인가?
    2) 러시아의 '핵전쟁'에 대해서
    3) 일본은 어떠한가?
    (1) 아베 신조 총리에 대한 장례 '예고'
    (2) 아베의 장례로 보는 일본은?
    4) 스리랑카의 환난에 대해서
5. 이슬람에 대해서 ——— 586

1. '형상에 관하여' 추가 글 (11-15)

"이 시대의 형상에 대하여" (2023. 8. 7. 화요일)

'형상'을 다루는 자이다. '형상에 대하여'는 이 세상이 보이는 것이기에 지구의 끝 시간까지 살피는 자이다. 눈 뜨면 사람들, 물건들, 건물들까지 보이는 대상들이다. 때로는 눈을 감고 안 본다고 하더라도 마음속의 우상은 끊임없이 솟아오르니 이는 육의 세계이다. 이 모두는 사람이 눈으로 보는 존재에서 시작된 일이다. '하나님의 존재' 외에는 우상(형상) 연구이다! 하라. 자신부터 자녀들, 주변 관계, 문화 등 이 모든 것들이다. 이는 나타난 것들 뿐 아닌 보이지 않는 영의 세계까지 할 일이다. 시작은 하나님이시다. 히 3:4 집마다 지은 이가 있으니 만물을 지으신 이는 하나님이시라. 요 1:3 만물이 그로 말아 지은 바 되었으니 지은 것이 하나도 그가 없이는 된 것이 없느니라. 창 1:1 태초에 하나님이 천지를 창조 하시니라. 계 20:11 또 내가 크고 흰 보좌와 그 위에 앉으신 이를 보니 땅과 하늘이 그 앞에서 피하여 간 데 없더라. 이는 인류의 시작부터 종말까지 탐구사가 된 인류의 역사이자 자연과 함께 문화의 변천도 연구하는 자이다.

무엇이 하늘 아버지의 마음을 아프게 했나? 어찌 살아야 하나? 이에 대한 연구이다. 히 9:27 한번 죽는 것은 사람에게 정해진 것이요 그 후에는 심판이 있으리니. 이로 말미암음이다! 하라. 각각 선악 간에 심판하실 '주'시다. 인생을 알다가 가는 것이 사람의 이치이다. 이는 저마다 하나님으로부터의 파생이다! 하라. ('가지' 치기이니 한 화분의 식물에서 한 부분을 떼어내어 물이든, 흙이든 따로 심지 않더냐? 이와 같음이니 생명이 시작된, 발생 된 근원이 사람 누구에게나 주 하나님이시다! 하라) 이로써 알아야 할 영의 하나님이시니 영으로부터 주시는 나온 말들의 기록인 성경과 함께 기도로 구하는 이 세대이다! 하라. 기도는 하나님과의 대화이다. 사람의 일평생 '이 목록, 이러한 기록'이 있어야 하지 않으랴? 이는 마음이든, 글이든 자신만이 아는 '주에 대해서'이다! 하라.

알고 아는 모든 세계가 되어야 한다! 하라. 지은 바 된 모두이다. 사람이 만든 문화까지도 다 밝히시는 주시니, 영의 아버지께 듣고 들으며 이러한 바벨론 시대에서 나올 자들이다! 하라. 계 18:4 또 내가 들으니 하늘로부터 다른 음성이 나서 이르되 내 백성아, 거기서 나와 그의 죄에 참여하지 말고 그가 받을 재앙들을 받지 말라. 이는 하나님은 형상이시니! 창 1:27 하나님이 자기 형상 곧 하나님의 형상대로 사람을 창조하시되 남자와 여자를 창조하시고. 이뿐 아닌 존재하는 것 전체를 다 봐야, 알아야 하지 않으랴? 이는 빛과 어둠 모두이다. 사 45:7 나는 빛도 짓고 어둠도 창조하며 나는 평안도 짓고 환난도 창조하나니 나는 여호와라 이 모든 일을 행하는 자니라 하였노라. 되었다. 닫으라.

네 가방은 무엇이냐? 지난 세월, 천 가방을 무려 오천 원씩 주고 큰맘 먹고 산 자이다. 두 아들과 함께 다니던 중, 지지도 얻고 부추기니 자신에게 필요한 것을 거금 들여 산 당시이다. 이도 바꿀 때가 되어 2020년 영서 받고 난 뒤 새 가방을 산 자이다. 부득이 어쩔 수 없이 좀 더 튼튼한 소재를 이전보다 비싼 가격(만 오천 원)에 산 자이다. 자신에게는 과분한 가격대이나, 가방 한 면에 저가라 해도 브랜드 이름이 크게 새겨있으니 이를 보이지 않도록 늘 주의해서 사용하는 자이다. 이도 외출할 때마다 숙제가 된 거주장스러움이다! 하라. 이러한 물건들에 대해서도 선택, 선정 유의하는 자이다! 하라. 누군가가 자신에게 '웬?', '뭔?' 한다 해도 이러한 표면, 표출도 문화이니 사람 한 몸이 먹고, 필요한 것들 사용하는 것까지 이 시대의 숙제가 된 자신 삶이다! 하라. 때로는 부득이 교체하지 못해 사용하기도 하고, 마땅치 않아 지속 사용하기도 하며, 상대를 살피느라 지체하기도 하며 사용도 있으니, 이는 생존과 복음을 위한 모든 것들이다! 하라. "주님! 감사합니다" 하라. 이는 네게 늘 가르치는 인사, 감사, 영광이다! 하라. 되었다. 닫으라.

11) 그의 형상과 같은 과자를! (2021. 11. 23. 화요일)

렘 44:19 …하늘의 여왕에게 분향하고 그 앞에 전제를 드릴 때에… 그의 '형상과 같은 과자'를 만들어 놓고 전제를 드렸느냐 하는지라. 신사임당 오만원(50.000)권 그러하다. 세종대왕 만원(10.000)권 그러하다. 가이사의 것! 마 22:20 예수께서 말씀하시되 이 형상과 이 글이 누구의 것이냐 21 이르되 가이사의 것이니이다…. 얼굴도 그러한 이는 세상 방법의 새기고, 그리고, 만드는 '형상화 취한 시대'니라. 조선 여인(신사임당) 의미는 무엇이냐? 여자의 섬김을 뜻한다. 예물 된 여자의 모습, 돈에 새긴 여자 '어머니상'이 좋더냐? 물으라! 여자에게. 남자에게 돈에 새긴 왕(세종대왕)의 모습이 좋더냐? 하라. '물질 만능'화는 인물을, 사상을, 조직을, 장소 건물을, 자연을, 무엇이든 과감히 사용하는 선전화이다. 입간판, 플래카드, 인쇄업으로 쏟아지는 대량 물량화이니 '잡쓰레기' 많다! 하라.

"예수 외에는 아무것도 아니라" 하라. 동굴 들어간 자(2020. 1. 13. 월요일, 꿈 메시지 '보좌길') 나타내 보려느냐? 주를 알리기 위함이다. 형상(자연, 사람) 이 무엇을 가리키냐? 나이다. 그 외는 우상이다. '세상' 위해, '권력' 위해, '명예' 위해, '인기' 위해, '돈벌이 수단' 위해(기업 도용 가장 많다! 하라), 유인책이니 올무, 죄의 도가니, 수렁으로 이끄는 성 문화를 위한 오락, 도박 모두이다. 먹거리는 어떠하냐? 먹기 위해 사는 모습들 아느냐? 맛집의 플래카드 모두이다. 술집 선전용, 상업 광고 술 선전이 많다! 하라. 연예인 프로필 사진들 '자신 자랑' 외모, 인기 위함이니라. 가수들 어떠하느냐? 음반 제작(이전에) 무성한. 화려한 의상, 몸짓, 화장술, 도구들까지. 무대에 등장시켜 외화벌이도 하며 국위 선양 운운 자도 있으니 이는 마이클 잭슨 곡 관련 '지옥 이야기'를 들은 자이다. 이 땅에서 음악 애호가들이(취향으로 부르는 그들이다! 하라) 그의 음악, 노래를 부르는 이유로 인해 지옥에서 그의 고통이 크다! 하지 않느냐? 하라. 이는 지옥 모습을 본 자로부터 들은 것이다. 현란, 음란, 사악함에 취하여(미쳐) 유인책 사용하는 가수들이 많다!

하라.

사진 기술 발달로 개인 소지 '휴대폰' 사용으로 촬영하나, 자신 자랑 또는 형상에 취한 자들이 자연 감사보다 나를 뒤로 둔 채, 잊은 채, '찰각' 소리 온 산, 바다, 땅, 공중 하늘까지 차고 찬다! 하라. 촬영 중(위험 장소임에도)의 사고사 있다! 하라. 영화, 미디어 문화들을 점검하라. 너희 눈은 시드기야 같이 뽑힌 눈이라 하라. 왕하 25:7 …시드기야의 두 눈을 빼고 놋 사슬로 그를 결박하여 바벨론으로 끌고 갔더라. 막 9:47 만일 네 눈이 너를 범죄하게 하거든 빼버리라 한 눈으로 하나님의 나라에 들어가는 것이 두 눈을 가지고 지옥에 던져지는 것보다 나으니라. 이와 같은 것이다. '나를 위한' 아닌, '너희를 위한'이거나, '그들을 위한'이거나 이 모두는 자기 자랑에서 나오는 고안이니 나누나 '해'되는 것들이라 하라. 마 7:9 너희 중에 누가 아들이…10 생선을 달라하는데 뱀을 줄 사람이 있겠느냐. 뱀 주는 자 있느니라. 이는 세상 세계이다. 영혼(구원) 아닌 육(몸)을 위해 사는 자들이 많음으로 인함이라 하라.

목회자는 무엇이냐? '영생의 길' 제시이다. 안내자이다. 자신이 걷는 길(선택이라 하라, 발견한 길이니 그러하다)을 함께 가는 것이다. 보인 나이니라. 목회자 관계(목양) 묻는 네게 답한 나이니라. 바다를 보였느니라. 이는 나의 은혜, 생수의 강의 상징이기에 그러하다. 앞장선 가장 먼저 들어가는 자 목회자, '그러나'이다. 물의 깊이는 각각이다. 해변 모래 뜨거운 곳에 머무는 자도 있으며(아직 물 모르는 우매한 자도 있다! 하라) 얕은 물가에서 발만 적시는 자부터 깊은 곳까지 들어가서 수영할 줄 알고 바닷속의 각종 신기한 생명체들을 보며, 만지고, 건지며, 소개하는 자도 있다! 하라.

목회자의 깊이는 성도의 깊이다. 그러므로 목회자 인도의 입장이나, 그 뒤 줄 선 성도의 입장이나 "서로 반반 책임이다" 알린 나이니라. 이는 선택이 좌우한다는 의미이다. 하물며 그 당시나(2005년경) 지금은 어떠하겠느냐? 하라. '바벨론화' 일축자(목회자 중 그러하다)들 많다! 하라. 패턴화 양식 취하여(술 취하듯) 휘청대는 한국이나, 바삐 건진 코로나 덕분이기에 그러한. 잠잠해짐이 된 한국 사회이다.

꿈으로 보임이니 코로나 사태로 인해 두려워 경직된 목회자 모습, 유형들 보인 나이니라. 이는 사나움(노, 혈기 문제 된 유형들 나열해서 보인)보다 강하지 않더냐? 코로나의 세력 압도하에 그들 움츠린 모습이다. 그럴지라도(수그러드니 '내면 성토' 문제가 남은) 네게 대한 공격자들로 보임이니, 나의 매 필요한(백신까지) 이유는 이 때문이니라.

그들 조심하라. 이는 복음서에 이른 것 같이 신중히, 조심히 하라는 성령께서 주시는 말로-막 13:11 …그 때에 너희에게 주시는 그 말을 하라 말하는 이는 너희가 아니요 성령이시니라-다룰 이들이라 하지 않았느냐? 이는 그리스도의 형상(하나님의 형상)으로 재창조 시기이기에 그러하다. 악도, 선도 둘 다-사 45:7 나는 빛도 짓고 어둠도 창조하며 평안도 짓고 환난도 창조하나니 나는 여호와라 이 모든 일을 행하는 자니라 하였노라-필요한 이유이기도 하다. 물질로 사는 자이다. 너희는 그러하다. 그럴지라도 내려놓으라. 줄이라, 줄이라. 슬림 이는 두께이니 간소하게, 필요 이상 제외, 단출한, 여유 있는(오히려 나음에도 '물체에 종들'이 된 자이다) 너희이기를 바라노라. 제자도 그러한. 나의 길은 이러한 줄이고 줄이니 시원하다, 자유하다, 세상(유물론)보다 영이신 "살아 계신 전능하신 하나님이시다" 하는 자이다. 이는 선택받은 자의 특권이니 보상 가지므로 '무거운, 눌리는, 수고에서 건지는 나이다' 뜻이다! 하라. 되었느냐? 되었다. 놓으라.

12) 아버지의 마음을 읽으라! (2021. 11. 30. 화요일)

너희는 그러한 나의 창조물로써 이 땅(세계, 지구이니라)에 두는 나의 형상들이니라. 언어 외('나의 소통을 위한'이나 너희끼리 두는 이는 '우상화'이라)에 무엇을 두랴? 나의 문화는 충분하다. 자연을 보라. 자연 이외에 "무엇이, 무엇이…" 하는 자이니라. 너희는 그러한 이외에도 무수한 것들로 나를 놀라게 할 자들이니라. 이는 나의 마음에 대한 도전이다! 하라. 왜 그러한가? 이유를 들라 하느냐? 당시 배경, 창세기 보라. 창 2:1 천지와 만물이 다 이루어지니라. Thus the heavens and the earth were completed in all their vast array. 두는 나이니라. 무대 아니겠느냐? 하라. 아담과 하와를 위한 공간 되는 장소이다. 이는 그러한 나의 주는 바 '너희를 위한'이나 그들은 그러지 아니하다! 하라. 내심 마음에 둔 '선악 나무에 대해 궁금한!' 내지, '가져 보고 싶고 먹기도 위한(행여나?)' 마음이니 그러하다! 하라. 덮어 둔 물건이 있다! 하자. 무엇을 보려느냐? 덮어 둘 만한 이유가 있는 이는 아버지의 마음이니라. 권한 외에는 두지 마라. 설령 아느냐? 안다 해도 "두어라!" 하지 않느냐? 이는 보존이다. 상태 훼손 당시이다. "먹지 마라" 한 이유가 있는, 이는 신뢰의 마음이 아닌 의심(불신)의 마음이 그들을 선악 나무로 이끈 '틈'(사이, 간격, 격차, 따로 떼어낸, 분리라! 하라. 멀어진 관계 의미이다 하라)으로써 장악된 그들 마음이니라. "나도 모르게 하랴?"이나 나를 알지 못한 채(깊히, 자세히 또는 신중하지 못한 이는 나의 위상에 대한 격하하는, 비하하는 마음 된 이니라) 다가선 그 뱀에게로이다.

뱀이 오나 알지 못하는, "무슨?" 하는 자니! 내면의 믿음이 이탈된 후 일어난 일이니라. 잘 믿으나, "시험하는 나이다" 하느냐? 그 아담은 서서히 기운 하와에게로다. 이들은 둘이 하나 되어 이미 엮은, 이는 바벨탑의 '우리' 같은 의미라 하라. 창 11:4 또 말하되 사, 성읍과 탑을 건설하여 그 탑 꼭대기를 하늘에 닿게 하여 우리 이름을 내고 온 지면에 흩어짐을 면하자…. 내게로부터, 띄운 간격이라 하라. 요 10:30 나와 아버지는 하나이니라 하신대. 요한이 말한 장면이 아닌 내게로부터 멀어진 당시이다. 여자를 본! 아름다운 하와가 아니겠느냐? 창 6:1 사람이 땅 위에 번성하기 시작할 때에 그들에게서 딸들이 나니 2 하나님의 아들들이 사람의 딸들의 아름다움을 보고 자기들이 좋아하는 모든 여자를 아내로 삼는지라. 이와 같은 당시이다.

백신 접종 대상이다. (한 '전도사'의 예를 말씀하십니다) '맞지 않는'이다. 그(교회 담임 목회자)의 아내(전도사이다. 사역자이기에 그러하다)이다. 그들로 필요하나 '나의 종은 나의 길'로 다루는 나이니라. 이는 '육으로 대하는 눈'이니 나보다 사랑하는 자는 그러하다. '나를 위한'이나 '자신을 위한' 삼은 자이므로 그러하다. 내 목적이 있지 않겠느냐? 하라. 그러함에도 이와 같이 '나를 위한' 아닌, 먹지 말라 한 내(나의 말)가 아닌, 아내를 위하여(건네는 자), 자신 위한 정욕 당시이다. 이미 있는, 이는 그 아담의 내면으로부터(흙 성분) 나오는 것이니 나를 우위에 두지 않을 때 돌아가는 혹은 나타나는 본성 제 자리이니라. 나는 위이나, 그는 아래에서 났고 나의 영으로써 들어가나 나 아닌, 등 돌릴 때 그는 내려가느니라. 이는 자동 반사 같은 원리이다! 하라. 그의 손은 자동문을 터치한 자처럼 '내게로 향한'이나(해야 하나), 손을 뗀 하와에게로 관심을 기운 이후로 그러한 그 하와에 대한 신뢰이니, 나를 잊은 그에게 나 대신 그 자리 위치한 아내로 인함이 아내는 아름다움이 아닌 자동 터치 문 앞의 외로움을 위한 동역임에도 이조차 잊은 그들이므로 사건화된 에덴동산 선악 나무라 하라.

이는 왜 주느냐? 오늘 영서 기록이니 '마음에 가득 찬' 이는 무엇이냐? "점검하라!"이다. 눈의 가시적 아름다움(이는 현실이니 나를 위한! 아닌 그 대상을 위하여! 자신을 사랑하는 자가 이유일 때 그러하다)에 마음 빼앗겨 사는 자들이 많은 이 세상이다! 하라. 눈에 보이나 생명이 아닌 것들로 채워진 자신이니, 나를 나 되게 아닌(이는 예배자 아니다 의미이다) 소유욕이 들인 참사이다! 하라. 이렇듯 자연 외에 사람을 둠(관계 모두이다)은 나를 위한 "기억하라!"이다. 이는 '선사' 의미이다. 나는 생명이니라. '생명을 위한'이니 너희를 내게 이끄는 바 바라보고, 향하고, 사모하고, 주야로 나를 의식하며 네(너희) 영이 생명을 위해 살 때, 이는 바람직함이 아니겠느냐? 하라. '무엇을 하나' 끊임없이, 애달프도록, 죽도록 힘쓰는 자가 있는 생활(활동자)들일지라도! '나 없는, 목적 두지 않는, 영광을 위한' 이것이 아닌, 이는 우상화이니라. 눈이 보고 하는 일로 두나 우상을 섬긴다! 하리라. 말세지말에 나타나는 현상이니라. 눈에 모든 것이 보이나 다는 아니라 하라. 선악과 당시 이는 거의 전체 된 문화 현상이니라.

문화 차단 문제로 고심된 음식이니라. 너는 ㅇㅇ 양념 두지 않으려는 ㅇㅇㅇ 양념도 그러한, 이는 시판 음식을 뜻한다. 각종 양념 처리 방식이다. 화학 약품이 무수해진 기업 중심의 생산망 시대이므로 그러하다. 이는 무수해진 일용할 거리부터 각종 인산인해와 우후죽순 넘치는 시대라 하라. 사람이 많으나 내 '의'를 위한 자, '진리'를 행하는 한 사람을 찾는 나이다! 하라. 렘 5:1 …찾아보고 알라 너희가 만일 정의를 행하며 진리를 구하는 자를 한 사람이라도 찾으면…. 십자가는 나의 보배이다. 나를 알면 지는 자들이니―[2022. 7. 7. 목요일. 오후 12:31. 추가 글입니다. 이 말씀은 이러하다! 하라. "내 너를 이기었다" 뜻이다. 순응하는 자에게 주시는 말씀이니 기록자는 들은 자이다. 이는 영서 기록의 한 부분이다. 주가 하신 말씀의 내용이다! 하라] ― 출 20:6 나를 사랑하고 내 계명을 지키는 자에게는 천대까지 은혜를 베푸느니라 하는 나이니라. 설령 사람이 있다! 하자. 이러한 사람에게 나의 제자라 하기까지 얼마랴 이랴?

13) 크리스마스는 누구를 위한 것인가? (2021. 12. 24. 금요일)

피로 물든 그 날이다. 이를 위해 오신 주시라! 하라. 반역자들이 가득한 죄악의 땅에 오신 주시라. 너는 일천번제 예배자이다. 이는 오랜 햇수이니 첫 등록 교회에서부터 해온 자이다. 이제 40일 성전(지구, 사람 모두이다) 회개 기간이다! 하라. 교회들의 통속 절기가 된 '으레 돌아오는 기간 된'이다. 1950년 전쟁 이후 70년사 된 한국사니 어쩌랴? 가난이 훨씬 낫지 않으랴? 배부른 자들이 오만해진 이는 한국 사회이다. 배 주릴 때가 불쌍한, 가엾은, 측은한 '피투성이'―젤 16:8 내가 네 곁으로 지나며 보니 네 때가 사랑을 할 만한 때라―어린 한국이더니 이제 고전 4:8 너희가 이미 배부르며 이미 풍성하며 우리 없이도 왕이 되었도다…. 이 말은 무엇이냐? '참 그리스도인'이 되기 위하여 걸을 길이나 치우친 '가면 쓴 자' 된 자들이다!

의미이다.

이 형상은 무엇인가? 세상이 자랑 된, 가장된 모습이니 세상 탈을 쓴 자, 한국 사회이다! 하라. 가면무도회가 된 사회이다. 한 자리 두 자리, 1층 2층, 한 집 두 집 '좀 더!' 아니겠느냐? 마 6:3 너는 구제할 때에 오른손이 하는 것을 왼손이 모르게 하여 하나, 선행은 '대서특필'하며 범죄는 '축소 보도'하는 나라이다. 명예, 권력, 권좌욕, 상승세이니 온통 "무엇하랴?" 하면 한 자리 인정받는 위치, 사람 자랑 나선 길이니 배우자, 출세이다! 함이 아니겠느냐? 이도 "벌자!"이니 너도나도 벌기 위해 사는 자, 세상을 위해 사는 자가 많다! 하니 지옥은 넘치고 천국은 텅텅 비지 않으랴? 주 예수는 믿으나 수단이 된 잘 살기 위해서, 무엇하기 위해서니! 되었느냐? "내게 영광 돌리라" 해보라 하나, 숨기고 음부 내려가는 자(자기 위해 산다는 의미이다) 많으니라.

베드로 보자. 어부 출신 아니냐? '물고기' 어업이라 하자. 수산업도 그러하다. 양식장도 등등 관련업이라 하자. 성업이 되어 빌딩 사고, 외제 차 사고, 투자(땅 투기, 주식 등)하고 골프 웨어 입고 회원 등록자 되어 골프채 신형 구입하여 자랑하고, 전망 좋은 곳 다니며 즐기고 별장도 두지 않겠느냐? 해외여행 함께 해외 사업 진출(이는 "선교비 벌 수 있다" 하여)하며 책도 써 보랴? 등 CTS, CBS 간증 나가랴? 유명인이 되었으니 교회들이 간증도 부르지 않으랴? 정치인, 사업가, 인맥 등등 '물고기로 판도 바꾼' 이는 신분 상승, 신분 세탁이 아니겠느냐? 이는 '신 베드로' 제자, 한국 교회가 배출한 제자 아니겠느냐? 물질(잘 사는 것)이 나의 길이라면 굳이 나를 왜 찾느냐? 하라. 우상에게 빌라. 마 4:9 …내게 엎드려 경배하면 이 모든 것을 주마! 하니 8 …천하만국과 그 영광을 보임이 아니겠느냐? 차라리 잊으라. 나 외에 사단 세상 '출세 가도'가 빠르다.

이 길이 그러하다. 내 길은 좁은 길이니 이 무수한 것들은 어찌하랴? 좁은 문이니 어찌 들어가랴? 마 7:13 좁은 문으로 들어가라…. 오히려 가진 것도 두고, 제외하고, 뒤로 하고, 포기하지 않으랴? 그러하다. 14 생명으로 인도하는 문은 좁고 길이 협착하여 찾는 자가 적음이라. 이는 형상이니라. 세상사가 그러한 '매임'되어 세상(모든 것) 좇는('형상' 위하여 사는 자 된 이는 소유이니) 세상을 보니, 창 3:6 …먹음직도 하고 보암직도 하고 지혜롭게 할 만큼 탐스럽기도 한…. 네가 성령이 임했을 때, 시내 건물들이 네게 어떠했는지 이를 주라. 1995. 8. 21. 월요일, 성령 세례받은 후 외출한 자이다. 다른 세계가 아니냐? 길 통과하는 것도 쉽지 않은 당시이다. 성령 하늘과 땅 차이를 현저히 느낀 자이다. 시장의 옷 가게를 지날 때 그 옷들이(소복! 시신에게 입히는 옷과 죽은 자들의 옷으로 느껴진 자이다) 어떠했는지 이를 주라. 또한 이전에 대형 매장을 다닐 때(무엇을 느꼈는지, 어떠한 자세로 다녔는지) 어떠했는지 이를 주라. 이 세상 형적은 지나감이라. 고전 7:31 세상 물건을 쓰는 자들은 다 쓰지 못하는 자 같이 하라 이 세상의 외형은 지나감이니라. '영의 훈련' 성경, 금식, 기도, 버리는 훈련, 차단 훈련 이는 두문불출 시킨, 년 수이니 멀어지게 함이라. 보지 않고, 가지 않고, 사지 않고, 만나지 않음이 유익도다. 최대한 절제하라는 의미이다. 성령의 목적(전할 메시지) 외에는 그러한.

자연조차 멀리한, 이는 우상이 되지 않기 위함이니! 개척 예배처의 근교 한 정원 속에서 수화 찬양할 때, 천사 찬양을 들은 자이다. 산속에서 찬양할 때, 성령 음성을 들은 자이다. 산길의 바위 앞도 그러한, 말씀을 들은 자이다. 하늘 항공의 구름과 해, 이도 기도로 주시는 은혜이다. 밤바다의 달빛 비침은 찬양과 기도로 주신 은혜이다. 낮이 흐린 날의 해 비침 등 이는 나 외에(메시지를 위한 도구 아니겠느냐?) 성탄(행사)도 그러한 '나를 알리는' 모두이다 하라. 아무것도 아닌 '전달체'일 뿐이다! 하라. 신발을 사느냐? '나를 위해' 하는 자이다. 먹느냐? 나를 위해. 가느냐? 나를 위해. 이를 두라. 이뿐이다! 하라.

성탄은 우상이다. "되었느냐? 되었다" 하라. 기념일 무엇이든 그러하다. 행사되지 않기 위해 '새 포도주'를 구하는, 이는 할 일이다. 시대의 표적 주시라! 하라. 구원 주로 오신 주가 함께 계시니 이 시대 싸움 '죄'를 아느냐? 죄악들이 무엇이냐? 알리라. 이는 교회의 할 일이다. 형상 자리 비우라—제1일(40-1)의

'형상에 관하여' 이어 쓰는 자리이다. 계속 이으라 뜻이다-탈고까지 주시는 주시라! 하라. 세상은 형상이기 때문이다. 너희 사는 무대, '무대 세트'이다. 나의 싸움은 여전하다. 계속된다. 창세 이후로 싸우는 상황이다. 누가복음 보라. 눅 21:35 이날은 온 지구상에 거하는 모든 사람에게 임하리라. 막 13:19 이는 그 날들이 환난의 날이 되겠음이라 하나님께서 창조하신 시초부터 지금까지 이런 환난이 없었고 후에도 없으리라.

'네 골육 친척을 떠나라' 하신 주시라. 창 12:1 …너는 너의 고향과 친척과 아버지의 집을 떠나 내가 네게 보여 줄 땅으로 가라. 이는 얻기 위함이다 하라. 마 12:50 누구든지 하늘에 계신 내 아버지의 뜻대로 하는 자… 얻기 위함이다. 주를 위한 '합격되기 위한' 관계로써 두기 위한 나의 뜻이니, 이는 "서로 사랑하라!"이다. 요 15:12 내 계명은 곧 내가 너희를 사랑한 것같이 너희도 서로 사랑하라 하는 이것이니라. 제자들끼리 '상호 보완'을 위한 섬김의 의미이다! 하라. 성탄의 의미는 나이다. 내게로 오라. Follow me! 나를 따르라. 마 4:19 말씀하시되 나를 따라오라 내가 너희를 사람을 낚는 어부가 되게 하리라 하시니. 뜻을 구하라. 내 뜻대로 하느냐? 이를 되새기라. 늘 나를 구하는 것, 이는 생명줄이 되는 것이다.

14) 형상에 대하여 받은 바가 많은! (2022. 2. 6. 주일)

이는 "나의 줄 것 많다" 아니겠느냐? 하라. 선관위(선거 관리 위원회) 역할이다. 이는 성령의 사람 모두이다. 형상을 따라 사는 자들에게 그러하다. 투표하는 그들이다! 하라. 누가 무엇이 더 좋으랴? 하는 자들이므로 감시케 하는 나이다. 공정을 위함이다. 세상 표(지지자들) 속이지 못하게 해야. 얼렁뚱땅 때로는 억지도 또한 무지막지 나오는 자들이 아니랴? 하라. 세상 편들어 진리를 불법이라 속이며 기만하는 행위이니, 성령이신 참 하나님의 형상들 사람에게 '임의로 대하는'

저들이 아니랴? 임의 대우자이다. 마 17:12 내가 너희에게 말하노니 엘리야가 이미 왔으되 사람들이 알지 못하고 임의로 대우하였도다 인자도 이와 같이 그들에게 고난을 받으리라 하시니. 이 같지 않으랴? 도통 알지 못하는 그들이다. 눈이 가리운 자가 아니랴? 요 9:41 예수께서 이르시되 너희가 맹인이 되었더라면 죄가 없으려니와 본다고 하니 너희 죄가 그대로 있느니라. 이들은 이와 같다! 하라. 거들먹거리는 자가 아니겠느냐? 안다! 하며 구하지 않는 자이다.

메시아 인정 혹은 끊임없이 구하려는 자! 이는 나의 깊이, 넓이가 어떠한지 안다면, 측량한다면 나아오지 않으랴? 끊임없이 주는 나임에도 저들은 도취된 자니 자신의 배경(환경 된 모든 것, 교회도 그중 하나이다) 삼아 이 정도이니 알아주지 않으랴? 하며 '내가 누구이다' 알리는 자들이다! 하라. 나의 마음에서 점차 멀어짐 혹은 이 모든 것이 내 앞 나아오는 '가림막'(장애물) 되어 보여지는 것, 쌓아 올린 것으로 지탱하려 함이니 이는 무게라. 이 무게가 짐이 되지 않으랴? 비우지 못하기에 그러한, 나타나진 것(성과, 실적 모두이다)과 자기만족으로- 어린아이가 굴리는 굴렁쇠 같은 것이니 그의 눈은 굴러가는 것을 따라 걸음을 좇음이니 이와 같이 현실 만족-배부른 자이다 하라. 배고프면 구하는 자들이다. 이는 구할 환경이니 임대료 내지 못하는 교회, 한 끼 두 끼 세 끼 먹기 힘든 교회 같으면 어찌하랴? 할 일도 없을뿐더러(외부 활동, 교제 모두이다) 시간 가진 자니 성경 보고, 찬양하고, 기도하고, 금식하지 않으랴? 이로써 나를 만나기도 하고 내게 많은 것(하늘 비밀)을 받기도 하지 않겠느냐? 너도 그러한 경우이니 환경 차단으로 나만 구하도록, 전념하도록 함이 아니랴? 그리하여 알린 "개척 교회들의 목회자들이 부요하다"(영적 자산)함은 왜이냐? 나만을 구할 수밖에 없는 환경이 아니랴? 알린 나이다. 또한 이로써 이들의 기도(영적 지경을 넓힌 그들이다)가 상달되어 한국 교회에 대한 주의 노가 유보가 된다! 하지 않으랴? 이는 2009년경 '가나안 큰 포도송이 열매' 보인 기간이니 하늘의 비밀이 열린 때이다! 하라.

성도 수, 재정, 외부 활동, 자신 착각(외적 평가)에 빠지므로 거들먹댄다! 하라.

이는 일침이다. 어린아이같이! 이는 항상, 늘, 언제나 바라보는 자가 아니랴? 또한 고전 10:12 그런즉 선 줄로 생각하는 자는 넘어질까 조심하라. 아니랴? 이는 영서 기간 네게 수없이 이른 말이 아니랴? 24시간 동안 일(영서)을 앞서지 않게 하라. 내가 주었을지라도 지금의(순간순간마다) 주를 호흡하듯 인정하고 의지하지 않는다면 이는 나는 다음으로 둔 자이다! 하였으니 내가 말하는 기록도 그러하거늘 하물며 이랴? "외적인 모든 것이 자산이다!" 하는 자는 들을지어다. 사 1:2 하늘이여 들으라 땅이여 귀를 기울이라 여호와께서 말씀하시기를 내가 자식을 양육하였거늘 그들이 나를 <u>거역하였도다 함과</u> '같은'이다. 외형 교회 건물을 의지하지 마라. 성도 수를 자랑치 마라. 그들이 그리스도의 형상이더냐? 주의 강림을 <u>기다리는</u>-'기다리고 있는, 새 예루살렘 성을 향하고 있는가? 살전 2:19 우리의 소망이나 기쁨이나 자랑의 면류관이 무엇이냐 그가 강림하실 때 우리 주 예수 앞에 너희가 아니냐 20 너희는 우리의 영광이요 기쁨이니라-<u>바울같이</u>' 이 같지 않으랴? 이러해야 함에도 무엇을 의지하며 구하느냐? 방향이 무엇이냐? 믿음의 현 상태가 어떠하랴?

성도에게 전하노라. 너희의 의지가 무엇이냐? 오직 나 외에는 아니랴? 교회의 예배 모임 이유가 무엇이냐? 헌금하러 다니느냐? 봉사하러(각자의 달란트) 다니느냐? 사람의 종이 되지 말지어다. 너희의 왕은 오직 하나, 주 예수 그리스도시니 나를 만난 후 섬기라. 내가 "어떠하다, 무엇을 도우라" 하지 않으랴? 사람에 의한, 사람을 위한 자이니, 나의 마음 답답함이 있지 않으랴? 교회의 형상이 되는 건물, 사람, 도구들 이 모두 분위기가 아니랴? 조성된 무엇이라 보느냐? '아니다' 하라. 이는 허상이다. '영'을 봐야 하지 않으랴? 서로서로 세우기 위한 이러한 교회가 되어야 하느니라. 구경하는 교회가 되지 않아야 함은, 이는 여러 번 꾼 꿈을 통함이니 너희는 각자 나를 만남이 예배의 실체이다 하라. 악기 공연하듯, 또한 보여지는 찬양대가 아닌 "영으로써 내게 교제자가 되어 보내는가?"가 실체이다. 예배를 의지하지 마라. 사람 주관 예배가 아니랴? 나 없이도 예배드린다! 하는 자들이 있지 않으랴? 나를 위한 예배를 잊은 교회도 있다! 하라. 착각은 순간이다. 찰나에도 우쭐대기도 하는, 아는 척하는, 높임(인정) 받으려 하기도 하는, 이는 영으로 예배하는 자라 할지라도 항상 틈(기회) 보는 사단이 아니랴? 자신의 의식화로 되어진 것을 나타내려 하는 자도 많다! 하라. 이리하여 오랜 기간 '자아도취' 되어 '예배자이다' 하며 굳어진 자도 있다.

나의 줄 말은 이로써 마치는 나이다. 1년 7개월간 다룬 내용이다. '그러나'이다. 글은 한계이다! 하라. 네 아는 바 또한, 해 온(훈련한 기간 가진 자이다) 있으나 다 전하지 못한 자이다. 인간 생명 유지에 긴급 필요한 것 위주로 산 자이다. 여유 갖지 못한 자이다. 이는 마음 빼앗기지 않으려 함과 여러 이유가 있지 않으랴? 이제는 네 사진 촬영 갤러리 모음(책에 실어볼까 해서)도 가진 자이며, 음식도 전보다 더 나아진 다양화 된 자이다. 신발도 켤레 수 늘인 자이다. 자발적이 아닌 타의에 의한 저가 구입 3천 원, 5천 원, 만원 선이다. 사용 용도를 목적 둔 바닷가 해변용 신 등 구입이 그러하다. 옷도 그러하다. 저가 구입이니, 권유(아들들 강권)에 못 이겨 계절별 하나씩 상의만 두지 않으랴? 바지는 3개이니 몇 년 전 산(이도 강권이다) 만 원대 아니랴? 겨울 외출용 패딩 또한 하나이니, 수년간 입고 있는(이도 강권 구매이다) 유일한 방한복 아니랴? 옷이 없으랴? 아니다. 이전의 옷들이 있으나 이 또한 '옷에 대해' 알게 되어 옷의 선택이 필요해진 상황이다! 하라. 그리하여 가진 옷 중에 몇 가지로 버티어 온 자이다. 새로 구입한 옷 또한 취향이 아니나, 거절할 수 없는 선정해준 옷이라 입고 있는 지이다. 그럴지라도 감사하게 입고 있는 자이다. 아들들의 엄마 사랑에 대한 마음을 받음이니 그러하다. 필요한 신발, 옷 등 그러하다. 환경이 나아짐 아니냐?

저렴한 노트북도 그러하다. 이 가격대는 내가 정해 준 것이라 하라. 20-30만 원 선 그러한, 이는 영서 원고를 목적한 주의 영광(영서 워드용) 위함이 아니랴? 다시 구입한 노트북은 일부 기능이 안 되어 걱정한 자이더니 이는 자던 중 환상으로 보이는 모니터 화면에 문제를 알리므로 워드 분량을 잃을까 노심초사하던 중 다시 구입하는 은혜를 주시므로 구입케 된 자이다. 모든 것이 꿈 같지 않으랴?

개척 예배처에서 어찌 살았는지(고생한 자이다. 심히, 안쓰러이 보는 나이다) 나는 아는 자이다. 네 주시라. 너의 낮춤이니 이는 높일 날에 대한 것도 알린 나이다. 비루하게 살아온 자이다. 노숙자보다 조금 나은 자이었다! 하라. 수년은 그러하다. 고생 당시, 네 환경을 알리는 나이다. 왜 견디었느냐? 나를 위함이 아니냐? 교회론을 바꾼 나이다! 하라. 본질이신 '예수 그리스도'이시니 고전 2:10 …성령은 모든 것 곧 하나님의 깊은 것까지도 통달하시느니라. 이와 같음이 아니냐? 성령이 네게 말씀하시니 이후 말씀을 찾고 준비하여 강단에 설 때 훈련된 담긴 '내적 자료'(생각과 마음 저장) 함께 전하라! 이도 보임이니 이는 가는 길이다! 하라. 아직 오지 않은 미래이다. 알리는 나이다. 이는 네 할 일로 두는 나이다.

이로써 '성령과 형상'을 비교 두지 않으랴? 영(성령)과 나타남(형상)이니 그리스도를 닮은 자와 자연 외 일부 제외(선한 도구)한 대부분은 그러지 아니하다. 바벨론 숭상자이다! 하라. 바벨화 되어 있다. 지나친 모든 것이다. 내가 그것들을 사용할지라도 일시적이니(지구에서 생성되어 진 것) 복음 외에는 아니다! 하라. 복음 목적도 가리는 나이다! 하라. 이는 '형상 유의 시대'이다! 하라. 자고한, 자만한 사람들의 높임이니 그 끝 하늘 향하여 오르고 오르는 '비기는, 같아지리라' 하려 함이다! 하라. 사 40:25 거룩하신 이가 이르시되 그런즉 너희가 나를 누구에게 비교하여 나를 그와 동등하게 하겠느냐 하시니라. 사 14:13 네가 네 마음에 이르기를 내가 하늘에 올라 하나님의 뭇 별 위에 내 자리를 높이리라 내가 북극 집회의 산 위에 앉으리라 14 가장 높은 구름에 올라가 지극히 높은 이와 같아지리라 하는도다. 이와 같은 자들이다.

이는 바벨론에 대한 경고 아니랴? 우후죽순 시대 아니랴? 선정 없이 세워진 교회들로 인하여 … 교회는 성령이 세우시는 것이라 하라. 인맥도 많다! 하라. 지식으로 서는 자는 그러하다. 교회가 수 늘이기 위하여 이리저리 휘감아 그물 치듯 모아 두어 양성함이니 '성령으로, 성령으로' 이외 무엇을 가르치며 체험시키랴? 내가 누구에게 배우랴? 나를 앉혀 놓고 신학 지식으로 채우랴? 이는 먼저가 아니다. 앞서지 않아야 하는 것이다. 나를 두게 하라. 내가 주인이다.

나 없이 할 수 없는 일이다. 이를 나누라, 전하라. 이는 신학 강단에 선 자가 아니냐? 이가 먼저이다. 이를 주라. 전하거라. 이상이다. 우후죽순 흩어져, 난무한 신학교마다 회개가 필요하다! 하라. 자신도 임하지 않은 성령이니 무엇을 가르치느냐? 하라.

성령이 먼저, 교회는 나중이다. 그럴지라도 교회가 세워지느냐? 죽도록(힘써서) 엎드리라. 나를 만나야 하지 않으랴? 내가 주인이니 내 뜻대로 행하기 위함이 아니냐? 자선 단체, 봉사 단체, 취미 동호회, 학술 논쟁 장소가 아니다 하라. "오직 성령으로!" 하는 자가 아니냐? "예수 그리스도! 외에는" 이것이 교회의 원리이다! 하라. "나는 알파와 오메가라" 이는 계시록 1장 8절 말씀대로이다. 계 1:8 주 하나님이 이르시되 나는 알파와 오메가라 이제도 있고 전에도 있었고 장차 올 자요 전능한 자라 하시더라. 계 1:17 …나는 처음이요 마지막이니. 세상의 시작과 마지막도 그러하며 주의 초림과 재림도 그러하지 않으랴? 이를 두라. 교회를 알아야 하는 자들이 많다. 선한 행실도 중요하나 이는 나중이다! 하라. 일 벌이는 교회 중에 성령 충만한 교회가 많지 않다! 하라. 성령 속으로 들어가는 것이 더 우선, 중요하지 않으랴? 가정에 바쁜(분주한) 자녀가 있다! 하자. 부모와 대화 없이(부모 뜻 모르고), 혹은 부족한, 충분치 않아 부모 심중을 헤아리지 못한 채 가늠하여 무엇을 하거나, 자신 방식대로 하는 자이다. 혹은 다 컸다! 하며 대면 거부, 대화 거부, 자기 방식에 의해 시는 지도 있는, 이러한 목회자가 없으랴? 세상 요지경이다! 하라.

교회 중, 나의 눈에 들어오는 교회가 많지 않다, 적다. 그럴지라도 기다리는 나이다. "둘째 아들의 회개처럼 돌아오지 않으랴?" 하는 나이다! 하라. 성령을 중시하라, 이는 너희의 생명(주체)이다. 너희 영혼이 너희 생명이다 뜻이다. 나의 저울이 무엇을 달랴? 교회 크기랴? 성도 수랴? 재정 많고 적음이랴? 교회 개척 수이랴? 교단 활동으로 이름 내는 자에게 두랴? 봉사, 구제를 보랴? 오직 영이니라. 이 영(생명)에서 행위(할 일)도 나오는 것이다. '이럴 것이다' 하여 하지 마라. '교회의 흐름, 대세이다' 하며 하지 마라. 독단도 흐름도 다 아니다. "오직 나에 의한 것이니 이는 성령 교회, 성령 목회가 되어야 하리라" 이를 전하는 자이다 하라. 이상이다. "되었느냐? 되었다" 하라. 형상을 닫으라.

15) 인내하는 이 자리이다! 하라 (2022. 6. 27. 월요일. 오후 9:54)

"내 너를 보았다" 하신 주시니 '항상'이다. 보이지 않는 공기와 같음이니, 공중의 기압과 같음이니 "내 마음 살피어 살자" 하는 자이다! 하라. "이런들 어떠하랴! 저런들 어떠하랴!" 하랴? 가게 앞의 인형 마케팅 광고이니 커다란 부풀린 풍선처럼 전시하지 않느냐? 이리 휘청, 저리 휘청하다가 강한 바람에 픽! 쓰러짐을 보는 자이다. 이는 거리의 풍경이다. 상업 전시전 시대이다. "무엇을?" 하며 출시하기도 하며 매출 전쟁을 치르는 이 사회이다 하라. '무엇이' 많이 필요하랴? 살아보니 "최소한도 짐이다" 하라. 짐 관리 시대이다. 사람이 짐을 위해 사는, 이는 자유보다 묶인 자들이다. 값 주고, 관리하고, 사용하고, 처리하기도 하고 다시 구입하여 "신상품, 유행이다" 하며 좋아라! 하는 자들이니 그러하다. 입고, 입점이 많아진 시장이다. 이는 경제이니 상품 위주의 사회이다 하라. 곁들인 무엇이 있으랴? 맛집이 즐비하니 먹고, 다니며 보고, 소비하고, 이를 얻기 위해 "벌자, 벌자!"하며 "스트레스이다!" 하려느냐?

자족하라, 자족은 경건의 이익이다! 하라. 딤전 6:6 그러나 자족하는 마음이 있으면 경건은 큰 이익이 되느니라. 시험의 올무, 물질이다! 하라. 9 부하려 하는 자들은 시험과 올무와 여러 가지 어리석고 해로운 욕심에 떨어지나니 곧 사람으로 파멸과 멸망에 빠지게 하는 것이라. '산전수전이 낫은'이다. 이는 고난이므로 자신을 알게 된 경지에 이르는 자들이다. 자신을 어떻게 할지 다루는 자들이다. 주의 말씀이 임하지 않아도 임한 듯 자기 절제와 나눔으로 사는 자가 있는 자이니 '의'를 배워 온 자들이다! 하라. 의는 무엇인가? 이사야 보자. 사 1:17 선행을 배우며 정의를 구하며 학대받는 자를 도와주며 고아를 위하여 신원하며 과부를 위하여 변호하라 하셨느니라. 이는 사회적 약자를 아는 자이다. 긍휼이 없는 자는 긍휼이 없는 심판이 기다린다! 전하라. 약 2:13 긍휼을 행하지 아니하는 자에게는 긍휼 없는 심판이 있으리라 긍휼은 심판을 이기고 자랑하느니라. 모순이 많은 사회이다. 뒤틀린 사회이다. 창 1:2 땅이 혼돈하고 공허하며 흑암이 깊음 위에 있고…. 이는 세상의 모습이다! 하라. 휘청거리고, 술 취한 도시들, 거짓이 난무하며 자랑을 일삼고 자신의 명예, 지위 전전긍긍하다가, 이는 매달리는 모습이니라. 대롱, 대롱거리나 떨어질까? 하여 발버둥 치는 사회이다! 하라. 이 사회가 그러하다. 현대 사회의 모습, 실정, 실태이다! 하라. 마약, 성 중독, 병원 처방을 일삼는 자들이니, 의사를 신처럼 여기는 마치 만능 기계 로봇이다! 하려느냐?

주춤! 되어도 사는 자이다. 항상성 잃으나('주춤'이다) 자신을 아는 자이다. 구원에 매달리는 자이다. 아무것도 할 수 없음을 아는 자이다. 방법들을 잃은 자이다. 감지한다 해도 주 뜻인지? 노심초사 유형이다! 하라. ㅇㅇㅇ 여 목사의 집회가 부러우냐? <u>부러우면 지는 자이다</u>―[이는 2019년 부활절 즈음 "곧 마지막 때의 사역을 하리라!" 하신 주이시니 강단에 선 자들을 부러워하므로 "부러워하지 마라. 부러워하면 지는 자이다. 은사가 다르다!" 이를 함께 전하신 주시다]―너는 ㅇㅇㅇ 여 목사도 보는 중이다. 어쩌다 아니냐? 되도록 일부러 찾지는 않으나 영상이 눈에 들어오면 옷차림부터 보는 자이다. 단정한가? 보는 자이다. 남자는 양복이기에 교복, 단체복, 유니폼 같으나 여자들은 옷의 세계 범위로 선정이 무수하기에 유의할 자이다! 하며 보는 자이다.

자신의 코디도 해결을 위해 때를 기다리는 자이다. 작은 체구, 마른 몸이니 쉽지 않은 선택이다. 값도 그러하며 이러한 일을 나서지 않는, 뒤로 하는 자이다. 청바지, 면티면 어떠하랴? 하며 귀차니즘 스타일이다. 격식이나 차림을 즐기지, 좋아하지 않는 유형이다. 옷에 신경 쓰는 것, 타인이 눈길 주는 것, 다 싫은 자이다. 걸치기는 해야 하므로 간편히 두는 유형이니 이 또한 입던 옷(아들들의 작은 옷, 입지 않는 옷) 제공이 안성맞춤이라 보는 자이다. 남자 옷이 편한, 이는 헐렁한 차림이니 여자의 몸을 최대한 감추기 위함이다. 어쩔 수 없이 부득이 권유에 의해 구입한다! 해도 자신 의사 반영보다 타인 배려로 입어야 하기에 썩 내키지 않는다. "때 되면 잘 찾아보자" 하며 저렴하고, 단정하고, 주의 영광 나타날 만한 옷을 갖추려는 자이다. 모든 것이(일상의 생활) 마음대로 되지 않는다. 잊고, 무관히 사는 것이 오히려 마음이 편하다. 이는 형식 탈피이다. 남이 하자는 대로 하는 유형이 아니다. '세태인데!' 하며 좇는 자들과 어울려 지낼 수가 없는 자이다. 청정 공간, 간편한 삶을 원하는 자이다. "되었느냐? 되었다" 하라. 이를 형상 편에 넣으라.

2. "아! 한국이여 …"

1) "나뉘인 부활절이다" 하라 (2023. 3. 16. 목요일)

'종말 2'의 부록 중, 러시아 나라 편에서 '여러 환상'에 대한 내용을 다시 보는 중에 갑자기 공중에서 부활절 연합 예배의 찬양 소리가 짧게 들려옵니다. 순간 감동으로 가슴이 뭉클하고 벅차오르더니 눈물이 핑 돕니다. 최근에는 여러 환난을 대하면서 마음의 아픔, 슬픔, 놀람, 억울함, 답답함에 힘든 시기입니다. 책 발간마저 지체되어 2022년 한 해를 전전긍긍하다가 다른 메시지들은 원고로 준비도 하지 못한 채, 2023년을 맞으면서 나라의 이 모습 저 모습을 보며 걱정과 염려로 더욱더 자책과 함께 더 무거워진 마음의 무게입니다. 이러한 근심 시기에 공중에서 들려오는 부활 찬양에 큰 은혜의 샘을 느낍니다. 동시에 막힌 마음이 마치 숨 쉬듯 잠시 트일 때, 제 안에 억제된 성령의 커다란 내적 생명을 잠시 느끼게 하십니다. 이로써 엄청난 환경과의 싸우는 시기임을 다시 확인합니다! 하라. "분출되려 하나?" 기대할 때, 곧이어 환상과 함께 들려지는 말씀이 있습니다.

올해는 광화문 장소에서 부활절 연합 예배가 둘로 나누어진다는 소식을 이미 들은 지이디! 하라. 이에 대해 갑자기 틀려시는 말씀이 아닌가? 하라. 이는 찬양에 이어 환상을 본 자이다. 긴 네모 용지의 위는 빨간색, 아래는 파란색이 아니더냐? 한 면이 2등분 되어 두 가지 색이니 대한민국 국기의 태극 모양 색(위는 빨간색, 아래는 파란색)이 아니더냐? 동시에 혼례식에 사용되는 길을 비추는 청사초롱(위는 빨간색, 아래는 파란색)도 생각이 난 자이다. 주가 다가오시는 마지막 시대이니 신랑 되시는 주를 맞이하는 신부 모습으로 나서는 부활절 연합 모임이 아니더냐? 하라. 이러한 '재림 준비기'를 알리는 한국의 부활절이 나뉜 모습이니 이를 깨달은 자이다. 이 의미는 위 빨간색은 전 목사 측이며 아래 파란색은 ㅅ 목사 측으로 깨닫게 하신 자이다! 하라. 이에 대한 설명을 듣지 않으랴? 문재인 정권 때 등장한 남북한 전체를 파란색으로 표현한 통일 지도를 본 자이다. 이러한 파란색 지도로 보이시는 ㅅ 목사 측이다! 하라. 사회공산주의를 주장하며 적화야욕을 품듯이 이러한 그들의 세력임을 깨달은 자이다. 환상으로 가르치신 시간이다! 하라. ㅅ 목사 측의 부활절 연합 예배 계획은 파란색으로 보이며 좌경 공산화 측이다! 이를 알리심이 아닌가? 하라.

왜 긴 네모로 보이는가? 2023. 3. 15. 수요일, 바로 몇 시간 전에 "읽으라!" 하신 스가랴서 내용과 관련이 있다! 하라. 스가랴의 환상 중 '날아가는 두루마리'의 길이와 너비가 아니랴? 슥 5:2 그가 내게 묻되 네가 무엇을 보느냐 하기로 내가 대답하되 날아가는 두루마리를 보나이다 그 길이가 이십 규빗이요 너비가 십 규빗이니이다. 영서를 기록하는 용지를 직접 접어본 자이다. 긴 네모는 이 규격이다! 하라. 길이(세로)와 넓이(가로)를 스가랴서 말씀의 비율로 2:1로 접어본 자이다. 스가랴서에서도 주신 영서도 있으니 부활절 연합 예배와 관련한 ㅅ 목사가 아닌가? 하라.

또한 요즘 고심 중인 그에 대함이 아닌가? 왜인가? 영서의 전체 원고 니느웨 회개 기도 기간 40일(종말 1, 종말 2)을 이어 보면서 다시 보니 2020년부터 주께서 'ㅅ 목사에 대해' 심히 책망하신 상태이다! 하라. 어떤 목사(대형 교회)는 주의 근심이 되나, 영서로 몇 차례 글을 받은 자이니 더 나아지며 공산화 척결도 외치며, 전 목사가 이끄는 나라의 일에 같은 목소리도 내는 자이다. 그러나 ㅅ 목사 그는 그러지 아니하니 대적이 된 현재이다. 그의 몇 년 행보를 보며 마음이 늘 편치 않음을 자세히 안 자이다. 영서의 글로 주신 내용들을 보면서 주가 "지명하시며 밝히라!" 하는 목사이므로(심한 경우이기에) 이를 고민 중인 자이다. 목사 신분이므로 이름을 감출 수도 다 드러낼 수도 없는 마음이 편하지 않은 자이다. 다른 목사들, 정치인도 그러하다. 이어 2023. 3. 15. 수요일, 어제 주신 그에 대한 메시지를 넣어 보자.

2023. 3. 15. 수요일. 추가 글입니다.

슥 2:11 그날에 많은 나라가 여호와께 속하여 내 백성이 될 것이요 <u>나는 네 가운데에 머물리라</u> 네가 만군의 여호와께서 나를 네게 보내신 줄 알리라. 2019년 성탄절 밤, 주께서 네게 요한과 함께 나란히 먼저 보이시고 이어 주는 보이지 않으나 홀로 남은 사도 요한 가운데(그 몸 안에 서 계신) 주가 계심을 본 자이다! 하라. 네게 보인! 이를 다시 전하는 자이다. (이는 주와의 연합이니 이를 2020년 새해 '표어'로 둔 자이다. 그리고 세계 코로나 해에 너는 풍년을 맞이하고 은혜의 샘이 활짝 열리어 영서를 기록하는 해가 된 자이다! 하라) …생략…

책 출간 원고의 'ㅇㅇㅇ 목사에 대한' 이니셜 문제에 대한이다. 주의 뜻은 무엇인가? 알리는 것이다. 미혹의 주류 '지도자 권세'가 되기에 그러하다. 김정은에 대한 '북측 지도자'의 호칭은 지우는 자이다. 이는 최근 나라 법에 의해 주적에 대한 호칭 문제이므로 삭제하는 자이다! 하라. ㅇㅇㅇ 목사는 'ㅅ 목사'로 한다! 하라. 또한 ㅇㅇㅇ 목사 이는 전 목사 측을 지속 반격하며 쉼을 자처하는 요즘이다. 그는 'ㅇ 목사'로 하자. 그와 함께한 ㅇㅇㅇ도 같은 성이니 'ㅇ'로 하자. 또 함께한 ㅇㅇㅇ 목사가 있으니 이도 ㅅ 목사(2)로 하자. ㅇㅇㅇ 목사는 성을 감추는! 이는 변화이기 때문에 그러하다. 이는 이니셜 문제이다. 다시 주께 기도 드리는 자이다. 더 확인한 후에 원고 수정하는 자이다. ㅇㅇ 나무의 ㄱ 목사이다! 하라. (이도 심한 예이니 많이 고민한 자이다) 이는 각자 자신들이 깨닫기 위함이다. 영서 '종말'온 회개 책이다. 정치인 예이다. ㅇㅇㅇ는 손ㅇㅇ으로 하지. 되었다. 닫으라. (정치가, 목사와 애국 활동자 중 다루는 자이다)

2023. 4. 16. 주일. 추가 글입니다.

2020년 세계 코로나 해에 시작된 영서는 주의 재림 앞에 한국을 달아보시는 시기이다! 하라. 추수될 기간이므로 지난 한국 교회의 시간을 돌아보는 주시다! 하라. 크고 작은 사건 속에 이미 저울질 된 시간이 있으나, 겸비한 자와 그렇지 않은 자를 드러내기 위함이다! 하라. 더 촘촘히 좁혀진 '문'의 통과와 버림, 바뀜, 변화와 개혁과 쇄신의 시기이나, 외형을 둔 채 맞이한 2020년 코로나 이어 백신 시대가 아니냐? 많은 교회가 이 시험에 우수수 떨어지며 문 정권 앞에 숨은 자들이 된 치부의 시기이다! 하라. 잘난 맛에 산다! 하는 목회자들조차 "주를 경외하자" 할 수 없음은, "이제 도약하자" 하는 자유민주주의로 정권 교체가 되었으나 수치의 관을 쓰므로 나서지 못하는 시기이니 역사의 평가 시기이다! 하라. 이는 유명세로는 나서지 못한다는 의미이다. 준비하지 못한 자들도 그러하다. 나의 나타남은 감춘 자들과 함께 이 시대를 위해 맞선 자이니 이미 드러난 우열이다! 하라. 그러나 문 정권 아래 작아진 믿음들을 다시 키울 시기이니 이는 군사 모집 기간이다! 이르라. 되었다. 닫으라,

영서의 시작은 '나라와 교회에 대한' 열매 거두는 시기에 기록한 자이다. 이는 2013년 WCC 문제 이어 2014년 세월호 사고 이후 7년 후 2020년 세계 코로나19 시기가 아닌가? 또한 나라의 공산화가 문 정권 때 더 심화가 되어 위기 봉착이니 나라와 교회를 향해 열매를 구하는 시기가 아닌가? 하라. 이러하므로 주께서 밝히시는 죄 문제이기에 그러하다. 심한 정도는 '성'을 표현합니다! 하라. 이니셜인가? 아닌가? 이는 확 '다른'이다. ㅅ 목사는 코로나 때 전 목사 측에 기울였던 자이다. (위의 광화문 부활절 연합 예배에 이어지는 내용이다! 하라) 이제는 아니다. 아쉬움이 덜한 자이다. 지금은 연합 세력 구축 시기이다. 해제된 마스크 벗기와 예배의 문(그 교회의 출입문을 환상으로 보이십니다! 하라)이 열리기에 그러하다. 그의 지위는 그를 위한 것이다. 이전의 집회, 광화문(이전은 청와대 앞) 중심 집결은 '마음 토로' 시기이니 이 또한 대세이다. 이제 ㅅ 목사는 아쉬움이 없는 자이다. 정치인 박ㅇㅇ, 이재명 민주당 대표 등 주께서 전하신 일부의 '악 공산화'측 그들이니 그러한 자신과 교회 중심 합한 자들이므로 연합 구축하여 행보 보인다! 하라. 광화문은 맞장, 대결 된 그곳이다. 민노총, 민주당 이어 집결하려는 그들이다.

이승만 광장에 '김일성 동상' 세우기의 목적이 있는 '범죄 행각'을 알린 그 전 목사이다. 이러므로 대결지이다. 이승만 대통령이 아닌 독재 정치로 세운 북한 김일성(그는 짐승의 하나이다) 중심 사상의 대를 이어 '세습 체제' 신봉자 그들이니, 이는 남한의 '미련하고 어리석은 다섯 신부(마 25:3)'의 몰지각한 하나님 나라의 질서 파괴, 대항자들이며,

"중도파이다" 하는 목사들은 닭(김정은, 문재인) 쫓던 개 지붕 쳐다보듯 멍, 맹한 상태이다! 하라. 코로나 홍수 후에 이제 "자신 일이 많다" 하나, 코로나 때 무엇을 느꼈나? 깨달았나? 이 '영 변화'를 따라 기도 한국으로 세워야 함에도 주의 사생팬, 안티자들이 많다 이르라. 이에 관련하여 지금 떠오르게 하시는 한 유튜버가 있으니 그의 선한 이미지를 본 자이다! 하라. 유튜브 시대이다 하라. 실내에서 개인 칩거와 연구 시간 그들이다. 유튜브 채널 이름 'ㅇㅇTV'가 생각 난(지금 그의 모습 보이시는 환상이다! 하라) 자이다. 그의 다루는 이슈는 이재명 측 관계 다섯 번째 자살 사고자이다. 너는 얼핏 스치는 영상만 대한 자이다. 이는 개인(렘 5:5의 '예루살렘 거리의 한사람'이다)의 외침, 네티즌 수사대이다! 하라.

우세한 쪽으로 기우는 ㅅ 목사이다! 하라. 이ㅇㅇ 목사는 오산리 기도원 측에 "장소 사용하는 전 목사를 잘 대접하라" 권면한다! 하니 전·장·이(전광훈 목사, 장경동 목사, 이영훈 목사) 시대 2022년 알린 대로 활약한 자이다! 하라. 조용기 목사와 김준곤 목사가 알린 대로 '나라 문제' 안은(맡은) 듀엣 전광훈 목사와 장경동 목사이다. 두 목사에게 맡긴 오래전의 나라 위한 미션이다! 하라. 세 가지라 하지 않더냐? 이는 김준곤 목사가 40일 오전 금식하면서 주께서 전하신 대로이니 세 번째가 김일성 동상 세우려는 문제 아니냐? 이에 대한 대결들 시즌이다. 빨간색 영역 '전 목사'측과 파란색 영역 'ㅅ 목사'측의 자유민주주의와 사회공산주의 싸움이니 이는 '부활절 연합' 예배가 남과 북으로 나뉘어 계획한다! 하는 이슈이다! 하라.

너는 무슨 생각을 하랴? 차라리 코로나, 백신 시기의 눈 정권 아래서라면 "너 살 뭉칠 텐데!" 하지 않으랴? 왜인가? 코로나의 터널을 지난다 해도 일시적 흉내이니 "겉과 속이 다른 목사들이다" 하라. 자신 지위 아래 모이는 것을 우선시하며 "사상, 이념, 우상이라도 괜찮다" 한다면 목사랴? 하라. 나라고 뭐고 내팽개치고 "나만 살자!" 하는 권위주의적 자리매김이니 "산헤드린 공회원들이다" 하라. 공회에 잡혀가는 이 나라 시기이다! 하라. 막 13:9 너희는 스스로 조심하라 사람들이 너희를 공회에 넘겨주겠고…. 이방인 집권자들, 권세자들 앞에 증거할 '바울' 사역자들이 드러나는 시기이다! 하라. 눅 21:12 이 모든 일 전에 내 이름으로 말미암아 너희에게 손을 대어 박해하며 회당과 옥에 넘겨주며 임금들과 집권자들 앞에 끌어가려니와 13 이 일이 도리어 너희에게 증거가 되리라. 되었다. 닫으라. (이는 2023년 부활절 앞의 글이다! 하라)

2) "너희는 이를 알라" 하라 (2023. 4. 16. 주일)

'코로나' 전(전쟁) 마친 이 땅이다! 하라. 백신 후유증 시대이다. 갑자기 심장 문제로 쓰러지는 자들을 보는 자이다. (다음 주제는 '성' 문제를 말씀하십니다! 하라) 지구상에 '성' 문제가 가장 크다! 하라. "왜 그러한가?" 하라. 이는 쾌락 '즐거움'이다. "먹지 말라"한 선악과를―창 2:17 선악을 알게 하는 나무의 열매는 먹지 말라 네가 먹는 날에는 반드시 죽으리라―우기고 먹는, 끌려가서 따 먹는! 마치 음식과 같은 몰래 먹는 떡이며, 훔쳐 먹는 도둑질이다! 하라. 성 문제는 선악과에서 지고 일어난 일이다. 누가 이 일을 꾀하는가? 뱀(사단, 마귀)이다! 하라. '견인' 책이다. 능력 가진 존재이다. 말의 능력! 창 3:1 …뱀이 여자에게 물어 이르되 하나님이 참으로 너희에게 동산 모든 나무의 열매를 먹지 말라 하시더냐. 기는! 이는 다가서는 접근 '모색'(꾀, 속임)이다! 하라. 인류를 무수히 망가뜨린 그들이니 자기 자신(사람 각자마다)뿐 아니라 하나님의 체제를 무너뜨린 악의 도구이다. 성은 그러하다. 정직이 아닌 거짓 관계(떳떳하지 못한, 숨는 자와 뻔뻔한―예를 들어 대낮의 애정 행각이다. 이외에도 등등―행위이다! 하라)로 이어지는 그들이다. 거짓끼리 만나 다시 거짓을 만나는 이음이니 이는 성으로 비롯하여 겪는 연쇄적 문제이다! 하라.

(환상을 주십니다) 안개가 보이는 자이다. 옆에 있는 짙은 안개가 눈앞으로 이동하여 시야를 가린 상황이다. "안개가 걷히게 해주세요" 하라. 너는 봉이 김선달이다. 대동강 물(생명수 강물이다)을 파는 자이기 때문이다. 이 안개가 무엇인지 알리는 은사이다! 하라. 주 음성 듣는 시대이다! 하라. 듣지 못함은 왜인가? 이미 얻은 바 된 것들을 의지하기 때문이다! 하라. "이 땅에 긍휼을

베푸소서!" 하라. 너는 "백신 시대가 가니 무엇이 오랴?" 하는 자이다. 핵은 함께 놓여 있다. (2020. 7. 23. 목요일, 대기 상태임을 다시 알리신 환상이 다시 지금 떠오릅니다). 그 사이 '거리, 속도가 빨라진' 이미 아니냐? 이를 준 2020. 7. 23. 목요일, 영서 첫날이다! 하라. 빨라진! '불바다' 될, 핵의 위력이다! 하라. "누가? 언제인가?" 하는 저들이다. "어디로 향하여 쏠 것인가?" 하며 전 인류를 위협하는 중이다! 하라.

러시아 두라, 다음 중국이다. 이들은 악함이 차 있는 나라이다. 마치 사람 몸의 암세포같이 위협하는 존재들이다! 하라. 다음은 이슬람 국가를 주시하라. 편만(영토 침입)해지는 중이다! 하라. 이들은 모두 테러 집단이다! 하라. 다음 북한 두라. "한 동포가 웬 말인가?" 하라. 같은 한 민족이 둘로 나뉘어 대치하다! 이러한 상황이다. 남한은 저들에 의해 암이 확산이 되듯 '초기 암' 진단받은 후 70년이니 현재 '몇 기'이랴? 사망 직전에 "기적을 일으키실 주시다!" 하며 매달림이 아니냐? 이는 국가의 위기이다. 그러나 주의 숨은 뜻이 있으니 도망칠 곳 없는 이 땅에서 "위를 바라보자!"(이는 솟을 구멍 된 하늘이다)함이니 아래는 불바다, 위는 "물이다!" 하여 뛰어들 '불 끄기' 시대이다. (2012년 알리신 북한 관계이니 나라에 씌운 암막이 된 그들이다. 오직 '재림 준비기' 시기이다! 이를 알리신 당시이다) 이를 두라. 이 땅의 죽음이 끝이 아니기에 이르시는(전하시는) 주시다! 하라.

2023년 부활질 연합 예배는 나누인, 남과 북이다! 하라. 이에 보이신 환상이 있다! 하라. 목사들 연구 시대이다! 하라. 교단을 위해 일하는 자인지, 주를 위해 나선 자인지, 이를 알아야 할 때이다! 하라. 이는 성령으로써 분별함이니 각자 성령을 구하라. 교단이 아닌, 목사가 아닌, 주가 대신 하여 '죽으신!'(죽음의 고난)이니 그러하다. 히 2:9 …곧 죽음의 고난 받으심으로 말미암아 영광과 존귀로 관을 쓰신 예수를 보니…. 이는 주의 길이다. 주 음성 들리기까지 주를 찾으라. 이 줄을 잡고 가는 인생길, 이 땅 나그네 길이다! 하라. 이는 당부이다. "나를 찾으라, 구하라, 만나라!" 마 7:7 구하라 그리하면 너희에게 주실 것이요 찾으라 그리하면 찾아낼 것이요 문을 두드리라 그리하면 너희에게 열릴 것이니. 이에 책 내는 자이다. 그리고 살릴 이 나라이다. 다가올 '표' 시기 준비의 때이다. 주 되신 목자의 음성을 듣고 따라가는 훈련 시기이다. 요 10:3 …양은 그의 음성을 듣나니…. 4 자기 양을 다 내놓은 후에 앞서 가면 양들이 그의 음성을 아는 고로 따라오되. 눈(영안)이 열려야 알 수 있는 이 세상이다. 보이는 것이 '다'가 아니다. 롬 8: 24 우리가 소망으로 구원을 얻었으매 보이는 소망이 아니니 보는 것을 누가 바라리요 25 만일 우리가 보지 못하는 것을 바라면 참음으로 기다릴지니라. 선악과가 판치는 이 세상이다! 하라. 이를 가리는 훈련이 마치 가는 길에 지뢰 찾듯 해야 하는 38선 부근 같다! 하라.

"네가 누구이냐?" 묻거든 (제게 주시는 말씀입니다) 요 1:19 유대인들이 예루살렘에서 제사장들과 레위인들을 요한에게 보내어 네가 누구냐 물을 때에 요한의 증언이 이러하니라. 요한의 말씀을 주라. "주가 보내신 자이다" 하라. 요한이 대답하듯 그러하다. 예루살렘에서 유대인들이 보내지 않으랴? 네게 다가설 제사장들과 레위인들이 질문하거든 이 대답을 하라. 그들에 대한 성령 통과 시험 때이다! 하라. 몇 점(수준)인지 보리라. 점수가 낮은 자일수록 악함이 되어 공격할 자들이 있으니-이는 코로나 시기에 네게 보인 목회자들의 성령 상태 분류이다. 끝줄은 성령을 전하는 기록인을 죽이려 한 어느 목사이다! 하라-주 예수 초림도 그러하며 재림 준비기(준비자들이다)에도 그러하지 않으랴? 하라. 그러하다 하라. 이는 30여 년 목사들을 보아온 자이다. 성령 차이로 일어나는 일이다. 이에 가인도 아벨을 죽인 자이며 에서도 야곱을 죽이려 하여 도망한 자 아니냐? 하라.

이 일은 얼마든지 주 탄생 전후로 일어나고 있으니 빛 차이가 심하면 어찌 되랴? 희미한 불이 깜빡이다가 꺼지기도 함이니 누구인들 안심하느냐? 하라. 너희는 빛의 밝기를 두라. 이는 성령의 격차이니 자신을 낮추면 보이는 세계이다. 점점 더 밝히 아니랴? 하라. 자신 재산(소유 전부)이 영이다! 하며 주를 위해 사는 자가 될 때 주의 성령이 더 풍성, 부요해지지 않으랴? 이는 빛 차이로 아는 '지혜'서이다! 하라. 너는 이러한 부르심(체험과 연구 분야)으로 나선 자이다.

알수록 엎드림은 왜인가? 성령으로 들어갈수록 자신은 작고 작은 존재임을 아는 자이다. 사람으로 산다는 것은 어려운 일이다! 하라. 자신의 영에 생명을 두는 자가 이를 고민하지 않으랴? 이는 부활체이다! 하라. 부활이 소망 되어 사는 자는 오직 구속한 주만 보기를(주께 사로잡히는, 주가 머리가 되시는, 주는 주관자이다! 하는 자이므로) 원하는 자이다. (찬양을 주십니다! 하라) '세상과 나는 간 곳 없고 구속한 주만 보이로다' 이어지는 방언 찬양 '아베스키 유아'의 가사이다! 하라. '주를 기다립니다. 나의 사랑의 주님! 주만을 기다리며 나의 삶 드려요… 나의 주! 그 사랑. 나의 주! 주를 기다립니다'

3. 미국에 대하여

1) 트럼프 대통령에 대하여

2021. 2. 17. 수요일. 추가 글입니다. (발췌 글)

미국에 대해서이다. 대선 이후 상황이다. (대선 전에 영서 글을 받으나, 그는 진 자이다). 스릴러, 킬러들이다. 이는 바이든 정부이다. 물살 정책을 가진 자이다. 빌 게이츠와 함께. 인구 5억을 위함이다. 남기는 자, 생존자, 서바이벌이다. 그도 공산화이다. 주둔 이유이다. 이는 백악관 주위 군인들 가리개이다. 그들은 그러하다. 밀집 속에 섞이는 자, 마치 대형 마트 매장 같은 그곳은 뉴욕이다. 세상의 중심 같은 곳이다. 매매를 위한 장소, 변화가 즐김, 흥미진진 이를 이루는 자들이 많다. 나를 섬기는 대상을 '보이는 것'으로 정한다. 이는 자신(스스로)을 위함이다. "나(자신들)를 위해 이렇게 해보자" 하는 자들이다. 창 11:4 …우리 이름을 내고…. 이는 '우리'(사람, 인간)를 위한 내세움이다. 나 없이 또는 내 앞에 높임을 위한 그들의 행위니라. 마음의 사단이 시키는 대로 쌓아 올리는 그들의 모습이다.

우리가 할 수 있는 것 총동원, 총집합이 그들의 바벨탑이다. 최대 규모의 양식이다. 이사야서 보라. 사 14:13 네가 네 마음에 이르기를 내가 하늘에 올라 하나님의 뭇별 위에 내 자리를 높이리라. 내가 북극 집회의 산 위에 앉으리라. 14 가장 높은 구름에 올라가 지극히 높은 이와 같아지리라 하는도다. 하늘에 좌정(사 14:13), 이는 우상화니라. 나의 발(엎드리는 자)이 아닌 머리까지 이는 머리 되어(자신 결정, 자신 우상화) 보려 함이다. 누구든지 그러하다. 나 아닌 것, 내게로부터 아닌 것, 나를 위함이 아닌 것은 그러하다. 바벨론이다. 니므롯이다. 바벨탑이다. 내 생명에서 떨어진 자이다. 아닌 것, 다른 것, 모르는 것, 우상들 속에 연합한 섬기는 자들이다. 술 취함, 비틀거리는 자, 무감각한 자, 잠자는 자 등 이는 비유니라.

소경(눈먼 자, 보지 못하는 자)이며 악인들이니라. 교만한 자, 오만한 자, 거만한 자, 살진 자, 배부른 자, 어리석은 자, 개들이니라.

2021. 2. 19. 금요일. 추가 글입니다. (발췌 글)

미국에 대해 보자. 우는 자, 그 트럼프이다. 그 부인도 그러하다. 나라 잃은 자이다. 그들 '체제'하이다. 이는 현 정부이니라. 미국 내 도사리고 있는 부정, 사악한 것, 거짓 선동 등 탐지기 나이다. 나의 줌(주는 것)은 그러하다. 이는 나의 눈이니라.

2022. 3. 12. 토요일. 오후 3:03

트럼프 닫으라, 이미 지난! 그는 경선에 진 자이다. 트럼프에게 전하여라. 그는 나의 왕 됨을(그리스도를 왕으로 아는 자임을) 알린 자, 너에게이다. 그럴지라도 미세한 차이로 밀림(투표 차이)이니 네게 준 연임과 중임 이 둘도(선거 준비기에 알린) 있다! 하라. 미국 사회 그 당시-기도 필요한 지구전과 공산 세력으로 트럼프 위치 중요한-광화문 집회를 보며 그가 깨닫기를 바란 나임을 네게 알리므로 느끼지 않으랴? 당시 미국 대선 준비기 아니랴? 공산화 물결 싸움 시기이니 온갖 퍼레이드 펼치는 사단 시기가 아니랴? "이도 있다, 저도 있다" 하며 역대급 총출동이다. 창세 이후로 조작, 날조, 술수에 능한 자들이므로 마지막 때(이는 그들의 전멸 시기이다 하라)의 총 전력, 총 질주 시기이다 하라. 죽은 자를 보라, 유명인이더냐? 그의 '생애 유품' 전시가 있기도 하지 않느냐? 그들의 유품 전시기이다. 이미 죽은 자이나 유품, 이는 전략 무기이니 인간을 미혹하여 죄의 올무로 일평생 마귀 종노릇 삼는 저들 아니랴? 자신의 종들 구출자이다. 이는 마귀 입장이다. 내 입장은 대적이 아니랴? 계 12:12 ···마귀가 자기의 때가 얼마 남지 않은 줄을 알므로 크게 분내어 너희에게 내려갔음이라 하더라. 계 20:8 나와서 땅의 백성 곧 곡과 마곡을 미혹하고 모아 싸움을 붙이니 그 수가 바다의 모래 같으니라. 창 3:15 내가 너로 여자와 원수가 되게 하고 네 후손도 여자의 후손과 원수가 되게 하리니 여자의 후손은 네 머리를 상하게 할 것이요 너는 그의 발꿈치를 상하게 할 것이니라 하시고.

2021. 6. 25. 금요일. 추가 글입니다. (발췌 글)

예언과 권면은 다르다. 트럼프에 대한 부분 "하리라"는 나도 바란다. 지향이다! 하는 의미이다. 그러나 너희 몫 '기도'가 있으니 "무엇해라"에 대해 이를 감당할 때, 이는 훈련에 목적을 둔 것이다. 장대에 매단 줄의 과자를 보라. "먹으리라" 이는 "최선을 다해!"라는 뜻이다. "상이 있으리라, 받을 자(심을 자)에게 줄 것이다"라는 뜻이다. '역'이다. 하지 못할 때 사용하므로 도전케 하는 이는 불가능도 가능하다는 것이다. "하리라"도 있다. "금식하라" 사단 마귀 권세를 꺾을 수, 이길 수 있다. 이는 무슨 뜻인가? 이기는 싸움으로 기도, 금식을 '사명, 승리'로 주겠다. 이는 '달아봄' 강화이다. 어린이, 유소년, 청소년, 성년, 장년까지 이는 할 일!–사람에게 할 일로 둔 그러나 이외는 또 다른 세계 사람이 할 수 없는 것이므로 때에 따라 알게 하고, 겪게 해서 성장하고–마귀 권세를 이기게 하는, 사람이 싸우는 것이 아닌 주의 승리 속, 단계 붙이는 것뿐이다. "이기리라, 서리라, 믿음으로 나가라!"이다.

2) 미국에 전하라!

2022. 7. 15. 금요일.

국경이 많다! 하느냐? 미국을 보라. '연합'주이다. 넓은 땅 아니냐? 다민족 섞인, 우후죽순 같은 상태의 현재 미국이다. '개국'이래 모여든 민족들로 힘들지 않으랴? 다양한 언어, 다양한 문화, 바벨탑(창세기 11장) 될 수 있음도 <u>잊지 말라</u>—[…생략… 너는 각국을 경험시킬 주시다. 이전에 오래전, 기도가 시작될 때 이는 부르심이다 하라. 하나님이 어찌 보시는가? '하나님이 보시는 인간 세계' 이 기도부터 가르치신 주시다. (그러므로 이를 물은 자이다. 지구를 하나님께서 위에서 어떻게 보시는지, 이 땅의 모든 것에 대해서 어찌 보시는지 이를 묻게 하셨다! 하라) 그리고 북한 함께 나라들의 이름이 줄줄이 나오니-영서 시작 한 달 전, 2020년 6월에 "좋은 일이 있으리라" 전하실 때도 선교로 나라들이 연결됨이 아니냐? 두 아들과 함께 한 날이니 산에서 방언 찬양과 함께 흐른 기도이다! 하라-잘 모르나 들어본 나라들이다. 존재하나 유명무실한 무엇처럼 영으로 줄줄이 나오나 나라 이름들은 명확히 아는 것이 많지 않아 등등이 된 당시이다 하라. 미국 같은 너이다—<u>성령 세계</u>는 다 있지 으으랴? 지구에 다 있는 나라들, 2020. 5. 17. 주일, 보이신 꿈대로 주의 손안에 있어 너희도 성령의 사람이라면, 주께 속한 자이기에 알아야(서로 서로에 대한 이는 국가끼리이다) 하지 않겠는가? 하라. 미국의 연합주, 다민족 사회 같은 지구도 그러한 나라들이니 이를 지구라 하지 않느냐?

몇 개국 두라, 이는 나라 편이다! 하라. (나라들에 대해 주시는 글을 책 원고로 넣으라고 하십니다) 미국을 기본 지이다. 수 '회'이니 꿈에서 간 사이나. 미국 땅 밟은! 비행기 타고 가는 꿈도! 무엇을 하지 못하는 하나님이시랴? 미국인도 보며 부분부분 정보 된 이는 미국 체험이다! 하라. 미국에 대해 또 다른 계획도 두기도 한 자이니 옥신각신 중 포기한 자이다. 길은 열리나 늘 하나님(주) 뜻을 묻는 자이다. 명확성이 되기까지 시간도 필요하며 뜻이 아닐 때 분산, 소모되기에 기도도 쉬운 것만은 아니다! 하라. 이러한 미국에 대한 초 접근은 트럼프 전 대통령으로 인함이니 2020년 미 대선 경선 앞두고 알리신 메시지로 인함이다. 이는 세계에서의 미국 위치와 할 일이니, 각국 대표 '지도자'를 세우시는 하나님(주)의 뜻을 알아야 한다.

이를 전하라. 공교롭게도 미국은 크나, 거대하나, 부패(변질) 속도도 빠르다! 하라. 신정 '독립 국가' 탄생이나 오래가지 못해! 이는 홍수 후, 인류 희생 후 얻은 새 땅이니 여덟뿐이라 하지 않더냐? 벧전 3:20 …방주에서 물로 말미암아 구원을 얻은 자가 몇 명뿐이니 겨우 여덟 명이라. 노아의 아들 셈 → 아르박삿 → 셀라 → 에벨 → 벨렉 대에 무너진 세상이다! 하라. 세상이 나뉘다. 이 말씀을 두라. 창 10:25 에벨은 두 아들을 낳고 하나의 이름을 벨렉이라 하였으니 그 때에 세상이 나뉘었음이요 벨렉의 아우의 이름은 욕단이며. 이는 바벨탑 사건 시대이다. 창 11:9 그러므로 그 이름을 바벨이라 하니 이는 여호와께서 거기서 온 땅의 언어를 혼잡하게 하셨음이니라 여호와께서 거기서 그들을 온 지면에 흩으셨더라.

마치 이러한 바다 항해에서의 생명에 대한 희생 '값'을 치르고 이륙(도착)한 새 땅이나, 미국 독립이 오래되지 않음에도 현저히 다른, 바뀐, 빗나간 미국 사회가 된 현실이다. 오래가지 못함은 지구의 죄악이며 인간의 죄성(죄의 본성, 성질, 성분, 속성)이다! 하라. 이는 미국에 대해 주는 말이니 미국 사회의 돌이킴이 필요한 때이다! 하라. 일부 선 자들(복음 전도자들)이 미국에 있을지라도 회개가 필요한 거대한 땅이다. 앗수르 니느웨 같도다. 앗수르 제국은 당시 강대국 아니냐? 미국도 그러하니 야곱에서 '에서와 야곱' 둘 중 하나 야곱의 줄기로 물이 흐르듯 대를 이어 예수! 죄에서 구원할 자-마 1:21 아들을 낳으리니 이름을 예수라 하라 이는 그가 자기 백성을 그들의 죄에서 구원할 자이심이라 하니라-메시아 그리스도 오심이 아니냐?

미국의 물줄기가 어디로 흐르는가? 보라. 가나안의 젖줄인가? 애굽의 시홀의 물, 앗수르의 강물인가? 하라. 렘 2:18 네가 시홀의 물을 마시려고 애굽으로 가는 길에 있음은 어찌 됨이며 또 네가 그 강물을 마시려고 앗수르로 가는 길에 있음은 어찌 됨이냐? 물은 문화이다. 영향이 되는 것이다. 그리스도(생수)를 흘려보내야 할 미국임에도 '찌꺼기, 혼잡물'이 됨이니-사 1:25 내가 또 내 손을 네게 돌려 네 찌꺼기를 잿물로 씻듯이 녹여 정결하게 하며 네 혼잡물을 다 제하여 버리고-이스라엘 예루살렘의 청결의 때를 기다리듯 해야 하지 않으랴? 렘 13:27 내가 너의 간음과 사악한 소리와 들의 작은 산 위에서 네가 행한 음란과 음행과 가증한 것을 보았노라 화 있을진저 예루살렘이여 네가 얼마나 오랜 후에야 정결하게 되겠느냐 하시니라. 미국은 속이고 떠난 이스라엘 같음이니 예레미야 두라. "확실히 속였느니라" 간음한 아내 비유하지 않더냐? 렘 3:20 그런데 이스라엘 족속아 마치 아내가 그의 남편을 속이고 떠나감 같이 너희가 확실히 나를 속였느니라 여호와의 말씀이니라.

미국은 나이다. 곧 나이다. 왜냐하면 대표를 아는 그들이다. 우방국 '연합'이 되어 싸워본 전쟁이 있으며 구소련 대항하여 이로써 일본의 압제에서 해방된 한국의 신세 아니냐? 그 당시이다. 나라들 면면히 아는, 지향하는 자유, 평화가 있으며 자신보다 더 악한 자들과 겨루며 더 약한 민족 보호, 지원에 나서기도 함이니(국가 차원 '이익' 있을지라도) 악한 자, 약한 자, 이 둘 다 필요한 역할이니 이는 미국 국가이다 하라. 어차피 지구(땅)의 대표이다. 지구 그 안 이루어진 각 국가이기에 미국도 이러한 대표를 아는 지구상의 우두머리 격이다! 하라.

그러함에도 '지향'은 턴(회개) 이니 주께 두라, 너희의 모든 것을. 호세아 보라. 호 6:1 우리가 여호와께로 돌아가자…. 길을 만든 개척자 그들이다. 이는 미국 땅 밟은 1대이다. 그 길 위에 포장하고 포장하면서 주를 위한 본심이 퇴색된, 잊은, 잊혀지는 주 하나님 예수 그리스도 아니냐? 하라. 포장(덮은, 덮개가 된)을 걷어내든가(이는 각종 문화들이다) 본래의 길을 상기시키든가 해야 하는 상황이다. 인본으로 덮은 세상화 된 문명은 이루어도 신앙(본질, 생명)은 잃게 된 미국의 현 모습, 세태이다. 이는 현실 직시할 미국이다. 마치 사데 교회와 같음이니, 라오디게아 교회와 같음이니 이름도 살고, 가진 자이나 실상은 죽은 자이며, 계 3:1 …내가 네 행위를 아노니 네가 살았다 하는 이름은 가졌으나 죽은 자로다. 가난한 자이니! 계 3:17 네가 말하기를 나는 부자라 부요하여 부족한 것이 없다 하나 네 곤고한 것과 가련한 것과 가난한 것과 눈먼 것과 벌거벗은 것을 알지 못하는도다.

9.11(2001년 9월 11일) 폭격 겪음도 이러한. "테러이다, 악으로부터이다" 할

것이 아닌 환난으로 돌이키는 "여호와를 기억하자, 찾자, 돌아가자" 아니냐? 빈민, 마약, 난민, 총기 소지자 대책 등 비상등(위기, 경고) 켜진 상태가 아닌가? 하라. 이혼율, 각종 범죄 돌아볼 시기다. 죄는 죄로부터 나온다. 만연해지는, 비일비재와 커가는 상황이 아니겠느냐? 지구의 여론이 된 미국 사회이니 성 문란, 성 부도덕성 아니냐? 모든 것은 성으로부터 아니냐? 더러우나 깨끗하나 통로 된 인류의 번식, 생명 잉태, 탄생, 성장으로 다시 악순환되는 뭐가 무엇을 낳듯(동물 세계) 선이 선 낳고 악이 악을 낳지 않으냐? 선이 악이 될 수, 악이 선이 될 수 있으나, 선으로 시작하여 선으로 마침이 좋지 않겠는가? 하라. 누군가는 해야 할 일들(씻기고 변화 주는 일)이 많아짐은 지구의 어려움이 아니냐? 없을 것(죄)이 있어서 지구 끝까지 가는 것이 많아짐을 원하는가? 하라. 악인도 죄도 그러하다.

돌이키므로 이는 미연 방지다! 함이니, 성욕 '성'은 성(지구)을 무너뜨릴 수 있는 '불' 같은 불필요함, 강력함이 될 수 있음을 잊지 마라. 없어도 살 것은 성이다(개인에게 있어서). 음식은 생존을 위해 필요하므로 가리는(선별, 유의, 주의 요망) 에너지원이다! 하라. 잠(수면)도 필요한 거처이니 비바람, 짐승, 강렬한 햇빛, 추위, 더위 등 신체와 신변 보호, 정서적 안정 쉼을 위해 필요하다. '성'만은 자녀를 위한-준비된, 거룩한 씨를 두기 위해 거룩한 열매가 되야 하는-아닌 이상 절제, 단절해도 무관한 인생살이다! 하라. 이를 자유롭게 하는 것이 주시다. 살아본 주시다. 제자를 두어 이렇게 살게 하신 주시다. 가장 좋은 길로 이끄심이 아니냐? 열두 제자 중 누가 누구를 낳았다! 하느냐? 오직, 주를 위해 살다 간 이 땅의 삶이니, 영생(영원한 생명)을 위한 길에서 영혼 구원을 위해 힘쓰고 애쓰다 수고의 생을 마친 자이다. 성령으로 살다 간 '나의 제자'이다. 이를 이르거라. 살아보니 알만한 이들은 전하리라. 성으로부터 자유가 무엇인지, "해방이다" 하지 않으랴? "좋다" 해야 한다. "복이다" 하면 제자들 또한 이끌지 않으랴? 결혼하라. 남자는 여자 두라. 여자는 남자 두라. 이렇듯 하지 않으랴?

나의 길은 좁기에 그러하다. '좁은 길, 생명의 문'-마 7:13 좁은 문으로 들어가라…

14 생명으로 인도하는 문은 좁고 길이 협착하여 찾는 자가 적음이라-이끈 나이다! 하라. 시대마다 하는 예식(남녀 한 쌍 짝짓기)이 있으니 당연하다, 마땅하다, 반드시 하려느냐? 고린도전서 7장 두라. 할 수 있거든 차라리 사용하라는 의미이다. 고전 7:38 그러므로 결혼하는 자도 잘하거니와 결혼하지 아니하는 자는 더 잘하는 것이라. 이는 천국을 위하여 고자 되는 삶이다! 하라. 마 19:12 …천국을 위하여 스스로 된 고자도 있도다. 이 말을 받을만한 자는 받을지어다. 미국 사회 너희 중 몇이 하려 … 과연 몇 %이랴? 이는 '너희 위하여, 나 위하여' 이르는 주 예수 그리스도의 말이니라. 되었다. 닫으라.

있으나 다는 아니라. 섞지 않아야 한다. 영, 혼, 육 모두이다. 극상품 포도나무를 두고 싶어 하는 주시다. 사 5:2 땅을 파서 돌을 제하고 극상품 포도나무를 심었도다…. 이 길에 선 자는 알리라. 왜인가? 무엇 때문인가? 유익이 있다! 하라. 주를 위한(자신 위한)이다. 그러나 결혼도 신중하면 잘하는 것이다. 그럴지라도 배가의 훈련이니 언젠가는 벗을 몸, 육신이므로 차근히 해도(나아가도) 좋으나, 이러한 길이 어려움은 더 무엇이(좋은 것) 있지 않으랴? 인류의 걸어온 길이니 "가야 한다" 아닌 "나는 차라리 이편을 해보리라" 함이 어떠랴? 전하시는 주시다. 바울도 이에 응함이니 그가 어찌 살 수, 할 수 있었나? 해낸 그이다. 복음을 위한 그의 길이다! 하라. 수도사의 출현은 이러함이 아니냐? 그러나 본질(주 중심) 대로 하지 못함은 무엇인가? 이도(성) 한 부분이니 이외 니의 길이 흰, 둘이 아니랴?

나의 세계 입문은 누구나이다. 직진대로(순응함의 의미이다) 하지 못함은 죄의 방향성을 시시각각 두어 혼돈, 혼란케 함이니 배우고 배울-어린아이같이 들어올 천국이다! 하지 않느냐? 마 18:3 이르시되 진실로 너희에게 이르노니 너희가 돌이켜 어린아이들과 같이 되지 아니하면 결단코 천국에 들어가지 못하리라-인간이다! 하라. 방향성 트는 사단의 역할로 알 수 있으니 사단 정체 함께 자신의 죄(끌리는, 관심 가는, 곁눈질하는) 흙 성분을 잊지 마라! 이로 인함이다. 죄는 돌리려는 힘이다. 바꾸는 자의 방향을 다시 틀도록 하는 마력 같은 힘이다! 하라. 되었다 닫으라.

4. 아시아의 환난에 대해서

계 1:4 요한은 아시아에 있는 일곱 교회에 편지 하노니 이제도 계셨고 전에도 계셨고 장차 오실 이와 그의 보좌 앞에 있는 일곱 영과 5 또 충성된 증인으로 죽은 자들 가운데서 먼저 나시고 땅의 임금들의 머리가 되신 예수 그리스도로 말미암아 은혜와 평강이 너희에게 있기를 원하노라…. 고후 1:8 형제들아 우리가 아시아에서 당한 환난을 너희가 모르기를 원하지 아니하노니 힘에 겹도록 심한 고난을 당하여 살 소망까지 끊어지고 9 우리는 우리 자신이 사형 선고를 받은 줄 알았으니 이는 우리로 자기를 의지하지 말고 오직 죽은 자를 다시 살리시는 하나님을 의지하게 하심이라.

1) 중국은 누구인가?

2022. 7. 15. 금요일.

다음은 중국이다. 다녀온 나라, 2회이다. 단기 선교와 청소년(당시의 두 아들) 수련회 차원 교육 목적이다. '세계 땅 밟기' 가까운 나라 선정자가 아니랴? 이는 오래전 자녀에 향한 기도이니, 암암리 한 자이므로 이루어지는 자이다. 태국 이어 선정한 이웃 나라 "중국을 알자" 한 자이다. 중국은 자라면서 자연히 접하게 된 한국 내 음식 문화 중화반점과 무예 영화이다. 어린 시절에 아버지 손에 이끌리어 보러 간 영화이다. 한글 자막으로 보는 외국 영화 미국, 중국 문화이니 모두 아버지의 선택으로 인한 경험이다. 그 외 중국은 낯선 나라이다. 학교에서 조금씩 배운 정보로 사대주의 사상과 전쟁, 침략 관계로 인한 경험 정도이다. 여소야대 국회 보듯 비애감으로 대한 나라일 뿐 크나큰 나라, 규모가 어떠한지조차 모른 자이다 하라. 다만 계기가 있으니 영이 곤핍하여 주린 마음으로 두드린 문이니

20여 년 전에, 한 신학대의 기간 교육에 신청한 자이다. 단기 선교로 이어지기에 갈 수 없는 상황에서 도전하여 주 말씀을 듣고-계 2:17 …또 흰 돌을 줄 터인데 그 돌 위에 새 이름을 기록한 것이 있나니 받는 자밖에는 그 이름을 알 사람이 없느니라-주의 전적 후원으로 가게 된 자이다.

'중국' 나라 이름 하나 달랑 놓고 기도하나, 조금씩 체험을 주시니 중국인으로서의 입장에서 느끼는 것부터 해서 현지에서 실감 되는 또 다른 중국 땅 문화, 사람을 경험하고 아울러 북한과의 접경 지역이므로 신앙 및 체제 연구 등 도움이 된 단기 선교이다 하라. 지하 교회 복음의 진수에 놀라기도 하고-삼자 교회도 방문한 자이다. 당시의 예배 현장 체험은 이후에 한국의 많은 교회가 이와 같음을 깨닫게 하신 자이다! 하라-복음 불모지의 난관 예상도 하며 거대한 땅의 복음화 부담에 한숨이 나기도 한 중국이다! 하라. 크고, 넓고, 인구수가 많은 만큼 알아야 할 거대한 산도 느끼는 이후의 중국에 대한 마음 자세이다.

중국을 보자. 아시아의 노른자, 핵심이다! 하라. 아시아를 대표한다는 의미이다. 이는 복음의 공략, 대상이 되는 국가이다. 마치 블레셋 골리앗처럼 세워진 '위압감' 위세로, 버티고 자랑하며 제압하려는-삼상 17:4 블레셋 사람들의 진영에서 싸움을 돋우는 자가 왔는데 그의 이름은 골리앗이요 가드 사람이라 그의 키는 여섯 규빗 한 뼘이요-흰 자, 아시아 주변 국가에 대해서 아닌가? 하라. 때려도 아파하지 않는 유형의 그들이다! 하라. 그려 보라, 타이어이다. 단단한 고무 재질의 차 바퀴이다. 이러한 성질이니 달리고 달려도 끄떡하지 않더냐? 폐기 전까지 구멍이 나도 때우고 달리거나 교체함같이 중국도 그러하다. 상처도 잘 안 받고 느물느물한 유형이니 이는 국민성이 그러하다. 이는 가진 자의 여유이다. 전통(나라 역사), 세력 등등, 마치 오래된 대감 집 같음이니, 신문물화 되어 개화기 때 전통과 변화를 함께 두듯 여유와 함께 기획에도 눈치 빠른, 발 빠른 '상업 전술'에 눈이 뜨인 민족이니, '중국 장사속!' 하지 않더냐? 투자할 만큼 가진 '땅 부자'이거나, 모으고 모은 자산가가 다시 재투자해보려는 꼼수 부리듯 그러한 자들이다. 이는 눈치 살피기 작전, 투자(이득을 위한)에는 그러하다는 뜻이다. 소나기 퍼부어도 '세월아, 네월아!' 하며 걷는 유유자적, 천하태평 같은 자들 같으나, 어느 때는 신형 차 구입하고 나타난 졸부처럼, 어떤 면에서는 신속히 변화, 흐름에 나서기도 한다! 하라. 이는 중국인의 양면성이다. 뒤뚱거리는 오리 같은 걸음이기도 하나, 쏜살같이 달리는 맹수 같기도 하다. 이 두 면을 놓고 보는 중국인이 중국인이다.

거울이 없는 나라이다. '회개가 더디다!' 하는 의미이다. 굳은살처럼 오래 걸리는 무딘 자들이다. "굳은살이면 어떠하랴?" 하며 부끄러움 개의치 않고 상대를 만만히 여기며 불쑥 등장하기도 하고, 자기 자리에서 묵묵히 버티기도 하며, 묵언 수행하며 함구하듯 오랜 침묵도 하는 나라이므로 사상가가 많이 등장하기도 하는 나라이다! 하라. 머리 유형, 몸 유형 둘로 나뉘는 나라가 중국이다. 인구수가 많기에 그러하지만, 문무 둘 다 갖추는 자가 있는 반면에 지능과 육체(선호 따라)로 나뉘기도 한다. 이는 사색가가 많이 나오는 이유이다. 사상, 철학 그러한. 몸의 무술 방면으로 뛰어난 민족이다. 곡예 보라! 한약, 민간요법 보라! 재배뿐(몸 사용)이 아닌, 음식 요리에도. 각 기술력도 가진 자들이니 문무의 나라이다.

복음 통일에 저해되는 38선 역할을 하는 그들이다. 가까운 나라 북한이니 "담(중국) 밑에 핀 꽃(김정은)이다" 하지 않느냐? 중국은 도예 국가이다. '자기!' 하지 않더냐? 다방면 재주꾼들이다. 돈이면 돈, 지식(공자, 맹자 등등)이면 지식, 기술이면 기술, 외모면 외모(미모 가진 남녀뿐 아닌 몸 사용 재능들 많은) 이러하므로 다양화, 다방면이니 상술까지 아니랴! 으쓱대지 않으랴? 거만, 자만한 자이다. 부잣집 대감과 그의 자녀들이 누리는 신문물 시대까지이니 미국 앞에, 러시아 앞에 기죽으랴? "세계에서 우리가 그래도!" 하는 국민성이 저들 저변에 있다! 하라. 그러하기에 이들도 앗수르 제국 같으니 "감히 우리 앞에 누가?" 하지 않으랴?

요나에게 주신 말씀이 있으니, 욘 1:2 너는 일어나 저 큰 성읍 니느웨로 가서 그것을 향하여 외치라 그 악독이 내 앞에 상달 되었음이니라 하시니라. 이 시대는 이러한 상태에 단독, 개인이 복음을 전하라 한다면 누가 "저요! 갈게요" 하랴? 블레셋 골리앗 vs 다윗이니 이는 그래도 자국민 호위라도(이스라엘 군대 지친 상태) 있으나(형식이라도 말이다) 요나는 단독 행이니 홀로 나서는 거대한 국가 앗수르이므로 마치 개인이 중국 땅에 전도(외치며)하러 감과 같다! 하지 않느냐? 전할 사명, 피할 사명이 있으니 전할 사명은 할 만한 상황이나, 피할 사명은 마치 '순교' 같은 더 어려운 선택이 아니랴? <u>영서는 니느웨 메시지이다. 중국뿐 아니라 전 세계 지구의 틀, 지경에 전하라는 시대 메시지 책이다!</u> 하라. 하나님이 미워하시는 바를 알리고 이를 행하거나, 향하거나, 옳다 하는 이에게(개인이든, 나라이든, 무엇이든) 이것을 전하라! 하면서 너도 그들과 함께 회개하라! 하시는 주시라! 이르거라.

중국의 내면(CCTV 발상 국가, 감시 카메라 발달 된)을 모르는 자들 많다! 하라. 낯이 두꺼운 중국인이다. 포장을 이중, 삼중, 겹겹이 한 자가 "많다" 하라. 시침 뚝! 떼고 아닌 척, 모르는 척, 발뺌의 대가도 많다. '시진핑'의 상(얼굴)에 나타나는 것 보라. 국가 원수에 대한 모독이다! 하려느냐? 그는 겹겹이 얼굴이다. 대부이다. 능청과 여유의 대가이다. 긴밀한 연락을 감추는 자, 비밀 연락망을 가진 자이다. 무슨 뜻이냐? '속셈이 있다!' 뜻이다. 나라가 그러한 사람을 만든다. 태어나 보니 중국이다. 혹은 아프리카 난민국이다. 예를 들어 부노 국가 스리랑카이다. 같겠는가? 기업 회장의 손주와 빈민가에서 태어난 3대손과 같으랴? 이는 토양(배경의 영향) 같은 것이다. 의식을 결정한다. 사람의 유형을 만든다. 이를 민족성이라 한다. 공통된 환경의 산물이다! 하는 의미이다. 콩을 심은 데 콩 났더라. 이는 콩밭의 콩이다! 하라.

이러한 중국을 알아야 한다. 중국은 마치 타이어를 '폐기'할 때까지 능청하며, 굳으며, 단단하며, 뾰족한 무언가 찔려도 끄떡하지 않으나, 구멍이 나서 바람이 새면 때우고 달리는 차 바퀴 타이어 같다! 하라. 중국과 미국은 지구라는 차의 바퀴 역할이다. 지구의 문화를 구르게 하는 것이다. 미국과 중국이 멈춘다? 전 세계 무슨 일이 있으랴? 이는 사고 아니냐? 주춤! 멈추지 않겠는가? 신호탄이다. 중국이 무너짐은 그러하다. 자동차(지구)에 커다란 문제 '변화기'라는 것이다. 핵심을 짚자, 중국은 거대하다. 지속되는 나라이다. 그럴지라도 바퀴 교체는 하나님의 손이다. 무너지기 전 '회개하는 국가이다' 앗수르 니느웨처럼. 이상이다. 닫으라.

2) 러시아 '핵전쟁'에 대하여

2022. 4. 24. 주일.

러시아 핵에 대해서 보자. 이는 핵전쟁에 관함이다. 우크라이나 사태를 어찌 보랴? 미군 철수 이후에 일어나는 일이다. 미국의 대통령 바이든 집정기에 철수된 미군이다. 바이든에 의한 행정부이다? 아니다. 그는 수면 위 부상일 뿐이다. 실제로 움직이는 손이 있는 '그림자 정부'에 의한 것이다. 딥스테이트 재개이다.

여러 환상에 관함입니다. ('시대의 조명에 관함'입니다 하라) (1) <u>광야 집회가 제 앞 오른편 위치에 보입니다. 청와대가 제 앞 왼편 위치에 보입니다!</u> 하라-광야 집회 전ㅇㅇ 목사 주축 vs 문재인 정부 '보아 온'이다. 한국전 일으키기 위한 러시아 핵전쟁 꿈 이는 연관이다. 다음 타켓 한국이다. ……… (2) <u>주택가에 길이 보입니다. 주택들 사이의 통행로, 좁은 길입니다. 큰 차 군용차가 진입한 상태이다!</u> 하라-이는 무엇인가? 오지 않을 차이다. 주택가는 자가용 차들이나 사람의 도보 길이므로 군용차가 어울리지 않듯이 이는 한국과 러시아 관계이다. 무장 세력이다. 제압이다. 이는 들어선 상태이다 하라. "아버지. 어떻게 해요?"라고 물으라. 대항자, 저항자들이 골목길에 나서는, 채우는, 채워지는 시위(전) 있어야 하듯 "기도자들이 막는 일이다" 하라. ……… (3) 수술실 천장에 흰색 불빛의 전등이 켜진 상태이며 그 아래, 침대 위에 누운 누군가의 모습이 보입니다! 하라-누군가가 수술실 침대 아래 있다! 하자, 이는 "준비된 상황이다" 하는 의미이다. "아버지 어떻게 해요?"라고 물으라. 일어나는 자이다. "수술 안 하겠습니다!" 이는 거부자, 의사 표명자이다. "다음 미루겠습니다!" 하든가 "취소하겠습니다!" 이를 주라. ………

 (4) **애국 집회 단상이 보이는 자이다. 누군가 전한다.** "백신에 문제를 외치는 자가 있다" 하라-666 짐승 표와 연관이다. 과정이다. 이르는(말하는) 시기이니 단상 서는 기회로 알리는 그들이다. ……… (5) 기도를 위해 가끔씩 찾는 산의 모습이다. 전경이 보이는 자 너이다. 이전에 원형 경기장 콜로세움 같다고 알린 장소가 보이는 자이다. 원형 모양의 시설물 바닥 그곳이다-산 전체는 세상을 뜻하며 그 안에 이는 셋트이니 콜로세움 시기가 오리라. 또한 나무를 본 자이다. 어떤 나무는 여전히 월동기 상태로 벼 집에 쌓인 채 있는가 하면, 어떤 나무는 피었다 지는 중이며, 어떤 나무는 커다란 나무에 불과 핀 꽃은 두 송이, 세 송이인 것도 본 자이다. 길을 보자. 어떤 길은 가마니로 깔린 길이며, 어떤 길은 포장길이며, 어떤 길은 숲의 풀 길이다. 땅을 걷기도 한 자이다. 다리는 어떠하느뇨? 물이 흐르는 그 위의 다리이다. ………

 (5) **여자의 유형, 환상 셋입니다! 하라.** 첫째, 작은 방 안에 비집싱 모습의 어린 여아가 보이는데 머리가 매우 큰 인형 머리 같은 자이며 그 옆에 누워 있는 신생아 아기(비정상 모습)가 보이는데 한 눈만 커다랗습니다-이는 현대의 가정 모습이다. 연약한 자가 아이를 낳고 아이 모습이 이상해 보임이니 눈마저 외짝, 이는 매우 커다란 외계인 눈 같으니 눈은 '보는 시대'를 위함이다 하라. 왜 한 눈인가? 잃은 눈, 뜨지 못한 눈은 장애 의미이다. "비정상 출생이 많다!" 하라. 여아가 낳은 비정상적 아기 모습이다. 이는 현시대이다 하라. 둘째, 다시 한 사람이 보입니다. 길에 서 있는 한 여성입니다. 상의가 조명된 상태입니다. 흰색

겉옷 속에 밝은 연두색이 보입니다. 아름답게 느껴지는, 상상되는, 전체 모습의 여자, 여성입니다. 셋째, <u>다른 여자가 보입니다. 얼굴만 보입니다.</u> 긴 생머리에 두 눈이 매우 크며 코는 동남아 사람처럼 납작하고 입술이 크고 두터운 외국인 같습니다. 두 눈은 정면이 아닌 흘기는 눈같이 옆을 주시하고 있습니다-세상 여자 모습이다, 형체이다. 영의 모습. 커다란 두 눈은 바라보며 즐기는 자이다. 입술은 아프리카인들처럼 두껍고 뒤집힌 이는 혼혈적 모습이니 이는 열두 해 혈루증 여인이다! 하라. ………

(6) <u>**다음은 최근 전ㅇㅇ 목사 측과 관련하여**</u> 전면전 된 'ㅇㅇㅇ 목사에 관하여'이다. 다음은 어두운색 쇼파가 보이며 ㅇㅇㅇ 목사가 앉아 있는 모습이다! 하라-이는 영상(셀프 촬영을 위한) 앞, 그의 모습이다. 자신 보이는 모습이다. 쇼파 색이 어둡다. 어두움은 그의 마음 상한 부분(불가사리 형태 비유한 식물, 이는 다른 글에서 설명된 내용입니다! 하라) 상태 드러내는 자이다 하라. ……… (7) <u>터널로 들어가는 키가 큰 젊은 남자의 뒷모습이 보입니다.</u> 청색 계열 와이셔츠에 왼쪽 어깨는 네모 상자 같은 모양의 가방을 메고 무게로 인해 한쪽 어깨가 기운 채 걸어가는 모습입니다. 이는 토기 굴입니다! 하라-한강 사건, 한 대학생 죽음 1주년 연상시키기 위함이다. 그의 왼편에는 카메라 장비 가방을 메고 있다. 취재하러 가는 자이다.

연속 환상 왜이냐? 여자 문제 시대이다(환상6). 출산에 주의하지 않는, 준비 없이(각오, 성결, 만반 태세 등) 일 저지르고 출산자 되는 자들이 많다! 하라. 이는 첫째 케이스 여자이다. 두 번째 미혼 여성은 성인 모습, 성결함과 구색이 갖춤(조화, 옷 색상에서 나타냄) 이는 자기 준비이다. 과시 아닌 갖춤이다 하라. 세 번째 여자는 세상 따라 사는 자이다. 이국적 모습, 외국인 모습이니 눈, 코, 입 비정상, "긴 생머리 왜인가?" 하는 자 너이다. 이는 보는 시각이다. 가지런히 내린 듯 보이나 여성 상징 '유인'을 뜻한다. 홀리는 머리, 음란함이 느끼는 분위기 모습과 일치되는 머리 스타일이다. 되었다! 하라. 닫으라. 이는 핵전쟁 및 등등이다. 이상이다.

너는 하늘나라 '취재 기자'이다. 이를 줌은 이러하다! 하라. 다시 적으라. 시대를 알라! 한 개인의 문제와 가정을 다루는 자이다. 돋보이는 두 모습은 두 번째, 길에 서 있는 미혼 여성의 '자기 관리된 모습'이다. 다른 한편 부상되는 청년 취재는(환상8) 사회 물의를 다루기 위해 조용히 현장으로 들어가는 범죄와 연루된 자들의 출입구가 된 토끼 굴을 비치는 모습이다. 나라는 어떠한가? 전시 위기이니, 공산화에 맞선 '전ㅇㅇ 목사' 중심의 나라 집회와 반대편 청와대 '문재인 정권'을 비친 모습이다(환상1). 또한 2022년 사순절 고난 주간의 러시아 핵전쟁 꿈으로 인한 고심된 자 너이니 이는 유의할 시기이다 하라(환상 2, 3). 기도자에게 알리신 하나님이시다! 하라. 짐승 표에 관함은 나라 집회 단상 기회조차 전하는 누군가(남자 의사)이니 시대를 알리는 자이다. "백신은 무엇인가?"에 대해서 말하는 그이다(환상4). 딥스테이트(그림자 정부)와 바이든 사이이니 이는 현재 일어나는 수개월째 전시 상황 우크라이나전이다. 미군 철수 후 무슬림 장악으로 인함이다. 그림자 정부의 활약이다! 하라. 이상이다. 닫으라.

3) 일본은 어떠한가?

(1) 아베 신조 총리에 대한 장례 '예고'

2020. 8. 29. 토요일.

일본 '구찌'! (일본을 생각나게 하는 단어를 주십니다! 하라) 아베 총리 (이어 얼굴을 떠오르게 하십니다) 사임이다. 어떠하냐? 기사화 본 자이다. "잘 모르겠어요. 건강설 외에는…" 아베이다. (아베에 대해서 전하신다! 의미입니다) 아베는 내 종이다. 그러나 내가 버렸다. 그의 퇴임은 조속히 이룰 것이다. 다음 세대를 위함이다. 지도자의 교체는 내 손이다. 내가 결정한다. 모든 나라는 내 손에 있다. 선하든 그렇지 않든 내가 사용한다. 바벨론 느부갓네살 왕과 다니엘을 보라. 포로의 하나님이 아니더냐? 꺾기 위함이다.

(찬양을 주십니다! 하라) '보아라 즐거운 우리집…' (가사를 이어봅니다) ' …밝고도 거룩한 천국에 거룩한 백성들 거기서 영원히 영광에 살겠네 거기서 거기서 기쁘고 즐거운 집에서 거기서 거기서 거기서 영원히 영광에 살겠네.' 아베 총리 보낼 것이다(이는 생의 마감이다! 하라). 전도자 붙일 것이다. 가고 싶어 하는 자이다. 복음으로 마무리를 할 것이다. 회개의 자리에 들어간 자이다. 누구나 때가 되면 버리고, 내려놓고, 숨어 지내며 요란, 소란 순간으로부터 내려놓으면 보인다. 이를 아는 너이다. '나를 찾는다! 구한다!' 마지막엔 대부분 그러하다. 이러한 대상이 되는 자를 아는 너이다.

나는 그의 마지막이다. 계시록 "처음이요 나중이니" 넣으라. 계 1:17 …그가 오른손을 내게 얹고 이르시되 두려워하지 말라 나는 처음이요 마지막이니. 마지막 관점이다. 구할 그이다. 세상은 버리고 내게 올 그이다. 자신을(건강 의미 또한 관계된 지위 등등 모든 것 사람까지 떠나는 것 아는 자이다) 잃었기 때문이다. 아베는 나의 종이다. 내가 사용했기 때문이다. 그는 나의 종이다. 세상이 다 내게 속했기 때문이다. 이것은 내 손 안에 그들이 있기 때문이다. 내가 다룬다는 뜻이다. 모든 것을 주관, 통치하므로 생사화복의 주관자이신 하나님 나를 고백하는 너이다. "그에 대해서 일가견으로 보는 자는요?" 하여튼(하여간) 그는 내 종이다. 나의 섭리 안에 있다. 사람들은 말한다. 그에 대해 가진 것, 관련된 것, 나타난 것만 보기 때문이다.

나는 그들과 다르다. 나는 그를 본다! 안다! 그의 생각, 마음, 자세, 삶의 태도, 시각 등이다. 또한 나에 대해서도(일명 '복음이다' 표명해 두자) 그는 알고 있다. 일본의 기독교, 한국 상황 알고 있다. 문 정부와 집회자이니 기독교인 구성, 전 목사 대표로 알고 있는 그이다. 둘 관계 보고 있다. 그는 생각해 본다(나의 생각에 명철해 보인 그였다). "일본에서 발생한다면 나는 어떻게 할까?" 이렇듯, 그에 대해(문재인과 청와대) 공식 입장도 눈 여기어 보는 자이다. 부질없는 인생을 알고 스스로 내려놓는 것이다. 중국 시진핑 과도 싸우기 싫은 그이다.

내가 그를 건지리라. 스스로 내려오는 자이다. 자신을 위해. 덧없는 모든 것을 두려워하는 자이다(그 자리와 관련된 것의 의미). 그는 나의 종이다. 그래서 '건짐'받는 자이다. 내게 묻고, 물을 것이다. 나에 대해. 전 목사가 전한 것을 들은 자이다. 이는 요약본이다. 비서 대행 '업무 보고' 안에 취한 자이다. 국제 정세이므로 그는 알아야 한다. 한국이 인근 나라이므로(북한과의 관계 전시 위기 등). 그, 전 목사는 던지는 자이다. 3국 관계(중국, 북한, 대한민국) '입장' 표명해보며 눈치 살핌(상황 기다리는) 그 아베이다. 대세 속에 지친 자이다. 늘 긴장 속에, 위기 속에(지친 국가) 방사성 오염 등 사는 자이다. 그래서 그는 내려놓자는 것이다. 그의 나이는 고령이다. 하늘에 대해-사람이 돌아갈 때 가까운 나이 때 갖는 마음 누구나이다-눈을 들어 보는 자이다. 준비하는 자이다. 건강 문제로 자신을 살필 시기가 온 것이다. 이상이다.

(2) 아베의 장례로 보는 일본은?

2022. 7. 15. 금요일.

일본에 대해 주시는 글이다! 하라. 가네무찌?, ㅇㅇ상?, ㅇㅇㅇ까? 등 일본 언어이니(일어를 모르는 제게 간혹 들어본 발음의 특징만 몇 예를 떠오르게 하십니다) 다 뉘앙스 다른 중국어, 영어, 독어, 스페인어, 태국어 등이다. 바벨탑 사건 이유로-창 11:8 여호와께서 거기서 그들을 온 지면에 흩으셨으므로 그들이 그 도시를 건설하기를 그쳤더라 9 그러므로 그 이름을 바벨이라 하니 이는 여호와께서 거기서 온 땅의 언어를 혼잡하게 하셨음이니라-생긴 민족 언어이다. 창 10:5…각기 언어와 종족과 나라대로…. 20 …각기 족속과 언어와 지방과 나라대로였더라. 31…그 족속과 언어와 지방과 나라대로였더라. 언어는 국가의 대표이다. 나라의 속성을 뜻한다. 일본은 민첩한(칼 사용-검도, 생선 '회'등) 나라이다. 중국 같은 무예, 무도로 알린 문화이다. 신들의 세계이다. 축제 장소이다, 모임(잡다한) 아니냐? 일본의 애국은 단 하나이다. 독립성이 강한 섬 국가이다. 고립된 육로 차단 아니냐? 물자 수송, 군용 도로 등 피난, 공격 둘 다 힘든 진퇴양난이 되는 섬의 한계이다. 그러므로 자가 발전식 애씀이 강한, 살아남기에 적합한 기술력, 군사력, 국민성을 요구하는 지도자, 지도자들이다.

아베 신조 총리도 그러한 자이다! 하라. 이는 예언된 대로 데려가신 주시다. 니느웨 회개 기도 <u>40-38(2020. 8. 29. 토요일), 이는 예언 주신 날이다, 그리고 2년 지나 2022. 7. 8. 금요일, 그의 총격 사망 소식을 들은 자이다.</u> 그의 아내에 관함이다. 남겨진 자이다. 아베를 위해 산 자이다. 아베는 이른 나이 아닌 살 만큼 산, 이는 애씀이다. 성년 시기에 직업이 함께 시작되는 사회인의 삶은 고달프다. 경쟁, 나눔, 역량 발휘 모두이다. 지쳐간 그이다. 2020. 8. 28. 금요일, 사임 이후 더욱더 그러하다.

복음을 위해 중보(기도) 한 누군가 있는 그이다. 사람의 본성 안, 하나님이시다. 만물 보며 알라! 하지 않더냐? 로마서 말씀 두라. 롬 1:20 창세로부터 그의 보이지 아니하는 것들 곧 그의 영원하신 능력과 신성이 그가 만드신 만물에 분명히 보여 알려졌나니 그러므로 그들이 핑계하지 못할지니라. 주변을 두루두루 살핀 그이다. 한국도 기독교도. 광화문 집회도 본 자이다. 단상 선 그 전 목사도(눈에 띄니 나라 저항자 아니냐? 연일 '문재인!' 외친) 본 자이다. <u>몸은</u>—[광신도 이슈화된 '그의 어머니 문제로 인한 통일교!' 하나 우연히 쏜 화살이니 아합 죽음 같으나, 왕상 22:34 한 사람이 무심코 활을 당겨 이스라엘 왕의 갑옷 솔기를 맞힌지라…. 그렇게 저격이 되나]—<u>저격한 자</u> 누구에 의한다 해도 '영혼은 내 품에!'이다. 그의 준비는 나이다. 네게 알린 2020.

8. 29. 토요일 글이니 "데려간다!"하므로 만 2년 앞두고 아니더냐? 일단락이다.

조용기 목사의 소천 예고에 이어, 받은 자(들)이 있으니 다시 기다리라. 이를 두라. 차례로 응하는 말씀이니 렘 18:6, 7두라. 렘 18:6…이스라엘 족속아 진흙이 토기장이의 손에 있음 같이 너희가 내 손에 있느니라 7 내가 어느 민족이나 국가를 뽑거나 부수거나 멸하려 할 때에. 반면에 렘 18:8, 9, 10 있으니 렘 18:8 만일 내가 말한 그 민족이 그의 악에서 돌이키면 내가 그에게 내리기로 생각하였던 재앙에 대하여 뜻을 돌이키겠고 9 내가 어느 민족이나 국가를 건설하거나 심으려 할 때에 10 만일 그들이 나 보기에 악한 것을 행하여 내 목소리를 청종하지 아니하면 내가 그에게 유익하게 하리라고 한 복에 대하여 뜻을 돌이키리라. 이는 에스겔서도 동일히 주신 말씀이니 겔 3:16-21절이다. 개인이나 국가나 마찬가지이다. 모두 내 손안이다. 이를 전하라.

살고 죽는 것보다 더 중요한 것은 나를 아는 것(밑줄 치라)**이다.** 해가 석양으로 뉘엿뉘엿 가듯이(너는 백신 발표자이다. 해야 할 일이다) 흘러 들어가는 내 나라로 귀향하는 지구의 때, 시기이다! 하라. '만물의 지음' 시작은 나로부터이니 마침도 그러하지 않으냐? 계 1:17…그가 오른손을 내게 얹고 이르시되 두려워하지 말라 나는 처음이요 마지막이니. 토기장이 말씀 두라. 예레미야, 이사야 모두이다. 렘 18:6…진흙이 토기장이의 손에 있음같이 너희가 내 손에 있느니라. 사 64:8 그러나 여호와여. 이제 주는 우리 아버지시니이다. 우리는 진흙이요 주는 토기장이시니 우리는 다 주의 손으로 지으신 것이니이다. 지구를 지으신 주시니, 그 안 모든 것이 나의 손 아니면 누구 손에 있으랴? 너희끼리 다투나, 공격과 방어도 있으며 무차별 당하는, 겪는 순교자도 있다! 하라. 면밀히 보시고 행하실(결판하실-판정) 주시다! 하라. 일본 아베는 나의 종이다. 이사야 두라, 예레미야 두라. 당시 각국 나라에게 표현한 나의 종!, 나의 무엇! 하지 않더냐? 사 44:28 고레스에 대하여는 이르기를 내 목자라 그가 나의 모든 기쁨을 성취하리라 하며…. 사 45:1 여호와께서 그의 기름 부음을 받은 고레스에게 이같이 말씀하시되…. 렘 25:9 보라 내가 북쪽 모든 종족과 내 종 바벨론의 왕 느부갓네살을 불러다가…. 렘 27:6 이제 내가 이 모든 땅을 내 종 바벨론의 왕 느부갓네살의 손에 주고….

그의 죽음은 일단락이다. 하나님이 정하신 후세를 위한 쇄신이다! 이르거라. 일본의 복음 기회를 위한 구원의 초점 예수 그리스도에게로 맞추기 위한 일련의 사건들이 지구상에 일어나는 것이다! 이르거라. 아베는 '쉼'이다 하라. 남은 세대 너희끼리 경선, '믿음 경쟁' 복음 사명을 위한 시대가 아니겠느냐? 하라. 일본의 우후죽순이 제거되나 다는 아니다. 도태될 것과 새순(피어오르는 자들)의 교차 지점이니 전 세계가 그러하다. 도태는 죄악이며 새순은 그리스도의 '의'이니, 맞대치하나 새순이 앞서 전 세계의 영혼 추수로 마무리될 "지구 쇄신이다" 하라. 악이 강성하므로 은혜(복음의 능력)가 더욱더 넘친다! 하라. 맞서나 물러서는 자(죽음 결말로) 아베 신조이니 퇴임, 사임 정치 일단락이다! 하라. 너는 마음이 가나, 안쓰러우나, 일단락이다.

일본 섬을 위로하라. 섬의 나라 외로움이다. 발버둥 쳐 버티나! 주 앞에 무너져야, 포복해야 살 수 있는 민족들이니 지구 곳곳이 그러하다. "지구는 해산하는 중이다" 하라. 태아의 아기가 거꾸로 있어 출산을 위해 돌리는 시점이니 지구는 이러한 전체가 되돌리는 '진통을 겪는 시기'이므로 다가올 출산과 탄생 앞에 주께 '순응하며 인내하는 시기'이다 하라. 지구는 아기가 출산하듯 진통하는 과정도 있으니 주(임산부)의 고통, 지구의 믿는 자(아기) 고통 함께 아니냐? "되었다" 하라. 눈 뜨는 한국, 세계를 바라볼 한국, 일본도 이러한 나라로 대하라는 주시다. 되었다. 이만이다. 닫자.

4) 스리랑카의 환난에 대해서

2022. 7. 15. 금요일.
스리랑카 적어보자. 국가이다. 작아도 그러하다. 민족의 경계를 주신 주시다.

행 17:24 우주와 그 가운데 있는 만물을 지으신 하나님께서는 천지의 주재시니 손으로 지은 전에 계시지 아니하시고 25 또 무엇이 부족한 것처럼 사람의 손으로 섬김을 받으시는 것이 아니니 이는 만민에게 생명과 호흡과 만물을 친히 주시는 이심이라. 26 인류의 모든 족속을 한 혈통으로 만드사 온 땅에 살게 하시고 그들의 연대를 정하시며 거주의 경계를 한정하셨으니 27 이는 사람으로 혹 하나님을 더듬어 찾아 발견하게 하려 하심이로되 그는 우리 각 사람에게서 멀리 계시지 아니하도다. 네가 아는 것은 스리랑카 국가라는 것 외에 알지 못한다! 하라. 가난한 나라, 복음이 필요한 곳 그 정도이다. 이는 국가 간 '우위'에 눌림이니 가정의 재산 규모로 분류되는 등급의 산정 기준이 '수입' 자산액이 아니냐? 직업이 무엇이든 '있다, 잘산다' 기준이니 이는 학력도 신앙도 인성도 중요치 않다. 오직 자본(물질 위주, 학교 성적순 하듯이 성인은 물질 순이다)으로만 기준, 규정, 중점이 되니 건강의 유무, 사상, 이념도 개의치 않고 자산 능력을 따라 소득 분위 1순위, 2순위 등 하지 않더냐? 이를 '소득 분위'라 하여 등급제 둠이니, 소득 저하일수록(가난하다 의미이다) 산정액이 큰 교육비 혜택이니, 이는 나라의 책임이 된 '지원' 제도이다. 학교는 아는(정부 지원받기에) 학생의 생활 정도이다. 자유민주주의나 자본주의 사회이다. 득도 있으나 실도 크다! 하라.

신앙은 영의 세계이다. 야고보서 두라. 가난한 자, 누추한 자가 들어섬이니 '예배를 위한' 아닌가? 그러함에도 부자는 반기는 대우로 대하는 "어서옵셔!" 아니겠느냐? 깍듯하다는 의미이다. 약 2:2 만일 너희 회당에 금가락지를 끼고 아름다운 옷을 입은 사람이 들어오고 또 남루한 옷을 입은 가난한 사람이 들어올 때에 3 너희가 아름다운 옷을 입은 자를 눈여겨보고 말하되 여기 좋은 자리에 앉으소서 하고 또 가난한 자에게 말하되 너는 거기 서 있든지 내 발등상 아래에 앉으라 하면 4 너희끼리 서로 차별하며 악한 생각으로 판단하는 자가 되는 것이 아니냐. 고급진 좋은 차(비싼 차, 이도 돈이다) 타고 주차한다! 하자. 호텔이든, 음식점이든, 어디든 발 벗고 뛰어나와 차 안에 누구 탔는지? 일단 패스이니, 차는 이러한 외형으로 보이는 '부'를 가늠함이 아니더냐? 나라도 이러하다. 어찌하든 경제, 경제력이니 부도는 가난함이 아니랴? 나라에게 빚진 상태이다! 뜻이다.

지구가 그러하다. 모든 것이 물질 위주, 중심되어 버린 시대의 끝이니 나도 너희처럼, 너희 식대로 해보랴? 돈 많은 부자 순으로 대우, 취급한다! 하자. 실상은 너희와 다르다. 금을 대변, 소변 배설물로 바꿀 자 없듯이 이러한! 주는 영원한, 전능한, 신실한 하나님 아니랴? 이를 두라. 올 자 누구랴? 아무도 오지 않는다! 하라. 올 수 있는 곳이 아니기에 그러하다. 공기 '산소' 필요한 자(숨 헐떡이며 죽어가는 자에게 필요한 산소이니 그러하다)에게 떡 주랴? 물 주랴? 어불성설이 아니겠느냐? 이는 보이지 않는 사랑을 '유료화'하여 값을 책정하듯, 산정하듯 함 같지 않겠느냐? 하라. 스리랑카 부도는 이러함으로 전하는 "<u>부도날지라도 내 나라이다</u>"(밑줄 치라) 이 말을 해 주고 싶은 나이다! 하라. 우는구나! 이는 나의 사랑을 느끼는 자이기에 그러하다. 너 또한 그러하다. 누구라도 그러하다. 돈을 보고 사랑(선택, 사용, 은혜도 그러한) 하거나 무엇을 잘해서가 아닌 부족할지라도- 너희끼리는 무엇을 가진 자, 무엇을 잘하는 자! 하나, 나는 아니다 하라-다소 모자람, 상함이 있을지언정 '나'이기에 계획 아래 두어 해내는 주 하나님이시다. 이를 전하라. 너희 뽐내는 무언가, 세상 것(세상 속한 것들)이 있음을 안다. 정도 차이나, 다 있다! 하라. (지금, 제게도 "무엇이 있다" 말씀하십니다. 우상이라 하십니다)

스리랑카는 나의 자녀이다. "애달픈! 아픈!" 그 외 아니다 하라. 인간(지구에 사는 자들이다)을 바라볼 때 가엾이, 불쌍히, 긍휼히, 애잔하게 보는 주시다. 이를 전하라. 꽃의 아름다움(나무, 물고기, 새 등)을 보느냐? 지나, 피나 꽃이다. 나는 꽃이니 아름다운 것이고 사랑스러운 것이지 피고 지고 따라 이리 보고 저리 보는 사람 같은 하나님이 아니시니 내 입장, 너희 입장 "차이 크다" 하라. 스리랑카는 나의 친구이다. 그 안에도 영혼의 대상이 있으니 건질 자, 버려질 자 아니랴? 나의 눈은 이것이다. 사람은 환경을(국가 부도) 보나, 나는 영혼을 위해 바라본다! 하라. 풍성이 둥실 떠다니듯 떠다니다. 이는 우주에서의 지구의 모습 같다! 하라.

나라들도 이러한 풍선들 같음이니 무엇에 걸리면 터지지 않겠느냐? 찔린 곳이 있으면 서서히 바람도 빠질 테니 사고처럼 터지기도 하고(이는 국가 위기이다) 병든 자처럼 서서히 죽음을 향하듯 갈 자가 있듯이(국가 경제도 이러하다) 이러한 예가 있지 않으랴?

"밤을 맞는 시기이다" 하라. 지구의 밤은 무엇인가? 사단의 활약! 무리 지어 강하게 활약하는 때이다! 하라. 사단은 무엇인가? 약화를 시키고 파괴하는 힘을 가진 존재이다. 사랑이 미움 되어 살인하더라! 무수히 사건, 사고 일으키는 지구가 아닌가? 지구의 밤은 무엇인가? 사단의 활약! 무리 지어 강하게 활약하는 때이다. "돈의 힘을 알리는 사단이다" 하라. 쾌척이다. 한방에 이를 위해 부조리, 편법, 올무로 일으키는 각종 범죄 시대가 아닌가? 쾌락의 힘을 알리고 알림이니 눈, 코, 입, 귀, 생식기, 손과 발과 몸 전체를 도배하듯 덮어씌워 행복, 즐거움을 위해 살게 하지 않으랴? 이는 경제를 바탕으로 하며, 사람 관계로도 하며, 각종 무엇이든 사용할 수 있는 지구 전체를 사용하여 계획, 연출, 무대 세우고 사람을 주연으로 하여 생쇼하듯 이리 굴리고 저리 굴리어 본능 실험, 생체 실험, 장기 밀매, 전쟁까지 이어지지 않더냐?

사단의 조직화 지구이다! 하라. 국가는 풍선 같은 존재이다. 찌르고, 터뜨리는 역할 등장이니 이는 사단의 할 일이다. 풍선의 의지는 나이다! 하라. 우주에 떠 있는 지구가 '사생력'(스스로의 힘, 능력, 생명력)이 있는가? 물으라. 오직 나에 의한, 계획 아래 붙듦이니 무엇을 못하는, 못하실 주신가? 하라. 이로써 두는 친구이니, 스리랑카의 구원을 위해 오신 주시기에 그러하다. 너희의 할 일은 영혼 사랑이다. 지구의 운명 공동체가 아니랴? 나에 의한, 살고 죽는 자이다. 주에 의해 죽고 사는 것이 인생이다, 국가이다 하라. 되었다 닫으라. 이는 스리랑카에 대하여 주는 나의 말이니라.

5. 이슬람에 대해서

2022. 7. 15. 금요일.

산을 넘어 보자, 무엇이 나오랴? 평지인가? 바다이다. 땅의 평지를 지나, 산을 만나 오르고 내리다. 높고 낮은 체험이다. 그리고 만나는 수심(깊은) 가진 바다이니 차라리 산은 오르내리는 수고이나, 바다는 수영하든, 배가 있어야 살아남는다. 수영은 무엇인가? 바다라는 이슬람과의 관계에서 유유히 헤쳐 나가는 복음의 능력이다. 배는 무엇인가? 보다 '안전'함이니 조직력을 가진 힘이다. 주 예수 복음 군단! 일사천리로 부르짖고 전진도(격퇴를 위한) 후퇴도(쉼을 위한) 하며 동향 따라 살피며 전략과 함께 바다의 풍랑까지도 싸우며 다시 육지까지 도착함이니 이는 이스라엘 땅 '복음'기(시기 의미이다! 하라)와 만나며 하나 되는 시기다. 이방과 유대인이 그리스도 안에서 지구의 피날레(장식)로 마치는 지구의 삶이다! 하라.

아시아는 넘을 산, 이슬람은 바다에 빠지지 않고 헤쳐 나갈 대상이다. 그리고 만나는 이스라엘은 구불거리거나 울퉁불퉁 거린다 해도 땅이니 주가 주실 은혜를 바랄지어다 하라. 물에 빠지는 세대는 이슬람의 때이니 복음의 강력함이 필요한 시기다. 이를 두라. 이교도가 풍성, 부요하다 하나 퇴적물(쌓이나 치울)뿐이다! 하라. 처치, 처리하기 위해 나타남이니 시골의 '변'(배설물) 논, 밭에 쌓아두듯 땅을 위한 거름이니 이 거름은 '거름이다' 할 때-거름은 땅속에 묻히는, 보이지 않는-일어서는 주의 자녀, 복음의 열매이다! 하라. 그러므로 거름으로 여기는 이슬람이니 쌓는 시기이다. 모아 두어 땅 아래 파묻기 위함이니 더러운 것, 버릴 것 오물일 뿐이다. 주 예수 그리스도 외에 남음이 무엇이랴? 세상에 민족이 다양하나 퇴적물이다! 하라. 아래로 들어갈, 묻힐 그들이다 '배설물'일 뿐이다. 그리스도 외 그러하다. 되었다! 하라.

에필로그(epilogue)

"출간, 그 해산하기까지!"(출간 여정입니다)

갈 4:19 나의 자녀들아 너희 속에 그리스도의 형상을 이루기까지 다시 너희를 위하여 해산하는 수고를 하노니.

7. 희비 교차하는 한 해입니다! (2022. 10. 6. 목요일)

말씀드렸다시피, 2021년 한 해가 가기 전에 주신 말씀은, 꿈으로 영서의 한 지면에 보이신 "2022년 무서운 일이 일어나리라"는 말씀입니다. 한 해를 돌아보니 그러합니다! 하라. 지구와 나라, 사회가 그러하여 '슬픈' 한 해입니다. 반면에 2022년 새해에는 '전, 장, 이' 3인 시대이다! 라는 말씀을 주십니다! 하라. 교회의 부흥기 함께 나라의 일하는 대표 목사를 뜻한다! 하라. 전광훈 목사와 장경동 목사와 이영훈 목사를 뜻한다! 하라. 교단은 다르나, 나라의 위기 앞에 일하는 세 사람이다! 하라. 전 목사는 널리 알려진 '구국' 사랑 대표자이다! 하라. 장 목사는 최근(한 해) 지속하여 줄넘기 긴 줄을 전 목사와 서로 맞잡고 돌리며 성도들이 그 안에서 뛰게 하듯 일한 짝이다! 하라. 얼마 전, 장 목사의 전하는 내용을 들은 자이니, 눈물이 나는 두 사람은 첫째는 "나의 어머니이다" 한 그이다. 둘째는 "친구 전 목사이다" 하니 이 눈물의 의미가 전해진 자이다.

3년 전 2019년, 나라의 위기 앞에 모이는 시기에 참여하려 한 자 너이나 만류한 이유가 있다! 하라. 이후는 맡은 일(영서와 출간 등) 집중하라! 하시는 중에 하루의 일과를 마치고 틈틈이 나라 집회 영상을 본 자이다. 어느 날, 그곳 교회의 위기의 때에 방문한 자이니 ㅇㅇ시 시장 문제로 하늘의 아버지께 호소한 자이다. 교회의 난도질로 마음이 애탄 자이므로 마음(믿음)을 쏟아낸 자리이다. 이는 그날이니 공권력 함께 치솟는 세력들이 있다! 하라. 그 당시이다! 이후 한두 번 '기도차' 심야 방문을 한 자이다! 하라. 최근 다시 오르는 방문길이 되어 주의 편에 선 자로서 부르짖는 장소로 허락되어 다니는 중이다! 하라. 이는 왜 주냐? 교회의 싸움이 누구를 위함이냐? 하라. 이는 2009년 하늘에 매우 큰 가나안 포도송이 열매를 꿈으로 보이신 후 지속하여 듣게 된 자니 자리에 누워 자신 의지대로-제어시킨 주시다(하라)-일어나지 못하는 시기이다! 하라. 그 당시, 주 말씀을 들은즉 이는 '교회 편'이다! 하라. 내용 중 교회는 이러하다! 가르치심이니, 이 땅에 교회 세우는 목적과 목회자의 상태(자세, 신앙, 사명)를 알리신 주시다! 하라. 이와 관련한 눈물이다! 이르라. 되었다 닫으라.

장 목사의 눈물 의미와 함께 설명하신 주시다! 하라. 눈물의 기도를 할 때이다! 하라. 이는 주의 지도를 받는 그물망 교제자들이니 누구, 누구 사역자들을 다시 생각나게 한 자이다. 마음으로 느끼는 눈물의 관계이니 이를 확인시키어 다시 일으키시려 하는 주시다! 이르라. 고난의 시기이니 이 세대의 사역자들을 향한 눈물의 의미 '마음 아픔'이 아니냐? 하라. 이러한 마음을 다시 느끼게 한 시점이니 이는 2022. 10. 3. 월요일, 나라 집회를 처음으로 보내신 주시다! 하라. 시간 내어 가본 자이다. "가라" 하신 이유에 대해 개인적으로 주신 말씀은 생략합니다! 하라. 2022. 10. 5. 수요일, '주의 성전 옷자락' 말씀 주신 날 이를 넣으라. 사 6:1 ⋯내가 본즉 주께서 높이 들린 보좌에 앉으셨는데 그의 옷자락은 성전에 가득하였고. 다시 오른 심야 기도 자리이다! 하라. 이따금 24시간 문이 열린 교회를 심야 시간에 오르게 하십니다. 주께 물어서 가는 기도 자리입니다. 이곳에서도 지구와 나라와 교회에 대한 주의 사랑과 뜻은 여전히 지속되어 더 깊으신 하늘 아버지의 사랑과 마음을 알아갑니다. 출판 일로 운 자이다. "아바 아버지! 나의 아버지!"를 애타게 찾으며 부르짖은 자이다. 이는 외로운 길로 인함이다. 주의 뜻이 무시되는 세상이다! 하라. 이로 인함이다.

다녀와 꾼 꿈이니 2022. 10. 6. 목요일, 오늘 아침입니다! **하라.** 큰 장소에 연예인들이 몇십 명 모여 있으며 바닥에 앉아 기도하는 중입니다. 저도 그 가운데 있으며 (찬양을 주십니다! 하라) '어느 민족 누구게나 결단할 때 있나니 참과 거짓 싸울 때에 어느 편에 설 건가?…' 이 찬양 가사를 들으며 기도 중, 마음의 눈물이 눈가로 흐르기 시작했습니다. 이 찬양은 오래전부터 나라 기도와 관련하여 부른 찬양이기에 의미가 깊은 곡입니다. 저 멀리에서 장 목사님이 안수할 대상을 찾으시는 중, 제 눈물을 보시고 가까이 오시더니 안수하십니다. 함께 눈물을 흘리시며 가슴으로 우시는 것을 보며 꿈에서 깨어납니다. 서로에 대한 눈물의 의미를 느낄 때이다! 하라. 이는 '눈물의 의미'를 확인한 바이다! 하라. 아픔의 날이기에 그러하다. 사명으로 인하여 그러하다. 이를 줌은 '나의 길'이니 그러하다. 애타게 찾은 자이다. (찬양을 주십니다! 하라) 이는 찬양의 가사이니 '서러워 울 때도' 있는 자이다. 즐거운 날은 몇이랴? 고조되는 나날이니 어느덧 출간 앞두므로 마무리 시점이다! 이르라. 사명을 위해 울고 싶은 자이다. 부르짖고 싶어 안달한 자이나, 영서 기간 두어 참게 한 주시다! 하라. 마음을 "붓끝으로 두라" 하심이니 참을 때 쓰게 하신다. 이는 영서 기록이다! 하라. "이것까지 참으라" 하신 주시다. 분출되는 마음이니, 주의 손이 되어 밝히며 전하는 글이다! 하라. 되었다 닫으라.

8. 출판사 대표는 주시다! 하라 (2022. 10. 7. 금요일)

출판사에 원고를 보내기까지 '넣는 글'을 보이라. 주의 기획 스타일, 기획 원고이니 이는 주가 정하시는 글을 소개하는 영서이기에 그러하다. 기획 출판(청탁 원고, 부탁 원고, 주제도 맡기는 등등)이 있다! 하나, 이는 주의 출판사이니 주가 출판사 대표가 아니랴? 각 부서는 듣고 방식을 따를 뿐이니 기록자가 하지 못하는, 할 수 없는 환경이기에 전문인(맡기는 출판사) 찾는 주시니 육체(사람)가 필요하다! 이르거라. 내 할 일 사람(인재니 따를 자)을 찾는 주시다! 하라. 그 외는 아니다. 매이거나, 굳어진 사회 문화 조직 내에서 이해타산이니 기독교 출판사라 해도 이를 면밀히 보는 자이다.

2022년 출판 과정은 이러하다. 사람 문화이냐? 주를 따르냐? 차이이니 남긴 제자 불과 12명, 120명 왜이랴? 글을 잘 쓰려면(글을 잘 쓰는 누구를 본 자이다) 글에서 배우냐 "아니다" 하라. 무식이 유식이 되는 세상, 세상 지혜가 주의 지혜로, 지혜 없는 자가 지혜 있는 자로 나서는 시대이니, 고전 1:27 그러나 하나님께서 세상의 미련한 것들을 택하사 지혜 있는 자들을 부끄럽게 하려 하시고…. 영이 준비되면 사용하는 '주' 시기에 그러하다. 밥 짓는 그릇이 좋다고 밥맛 좋으랴? 밥맛 좋으나 그릇이 영 그러하다! 해도 이가 나음이니 사람들이 그릇 보고 줄 서서 먹으랴? 밥맛이 좋아서 줄을 서랴? 이를 두라. 둘 다 좋다! 하느냐? 드물다! 하라. 안성맞춤이 쉽더냐? 이러한 케이스는 특별한 예외적이니 이러하다면 다 배운다, 갖춘다! 하며 "저 보라! 나도 해야지" 하며 준비하지 않으랴? 이를 우선하기도, 몰두도 함이니 이를 해야 '저'처럼 되지 않으랴? 하며 예(예시)를 두니 차라리 "부족하다!" 하면 "이도 소용없구나! 중요하지 않구나!" 하며 '영'에 그 마음이 기울이지, 쏠리지, 집중하지 않으랴? 되었다. 닫으라.

약함이 자랑이다. 이를 두라. 고후 12:5 …나를 위하여는 약한 것들 외에 자랑하지 아니하리라. 약함이 나은! 이를 자랑할 때 높아질 주시라. 부족이 있어야 높아지는 자이다. 이를 '실권'(실제 권세)이라 한다. 실세이다. 부득불 자랑 두라. 고후 12:1 무익하나마 내가 부득불 자랑하노니 주의 환상과 계시를 말하리라. 이 둘이니 약함에서 온전해지고 받으니, 특별한 자 되기도 하여 부득불 자랑하며 높이시는 주가 높아지심 아니랴? 이를 두라. 환상을 많이 주시는 주시다! 하라. 찬송을 받고 성령과 함께 전하니 그 내용이 무엇이냐? '종말'에 대한 아니냐? 종말은 아는 것이다. 이는 기획 원고(주의 뜻을 알리니 2020. 5. 17. 주일, 보이신 공중에 나타나신 하나님의 두 손안 무언가! 이다)라! 하라. '종말' 주제를 받는 자이다. 설정하는 '주제' 강의 원고이니, 주에 의한 이는 원고는 주가 주시는 것이다! 하라. 주의 출판사, 주가 대표이시다. 주께 제출하는 원고이니, 주의 출판사 아니냐?

내 종은 내가 안다! 하라. 교회도, 출판업계도, 정치계도 다 보지 않으랴? 손을 전하라. 단 5:5 그 때에 사람의 손가락들이 나타나서 왕궁 촛대 맞은편 석회벽에 글자를 쓰니 왕이 그 글자 쓰는 손가락을 본지라 6 이에 왕의 즐기던 얼굴빛이 변하고 그 생각이 번민하여 넓적다리 마디가 녹는 듯하고 그의 무릎이 서로 부딪친지라. 이를 두라. 이는 손에 의한 글씨(영서)를 본 자니, 기록자나 읽는 자나 계 1:3 이 예언의 말씀을 읽는 자와 듣는 자와 그 가운에 기록한 것을 지키는 자는 복이 있나니 <u>때가 가까움이라</u>(밑줄 치라). 모두가 이와 같이 회개할 부분이 있으니 공중 보이신 하나님의 현현(나타나심)! 2020. 5. 17. 주일, '두 손' 모으신 안, 무언가 준비이니 "맡긴다" 하신 주시다. 이를 전하라. 이는 마치는 글 영서의 인증샷이니(영의 카메라 하늘 세계이다 이르라) 나에 의한, 주에 의한, 하나님에 의한, 성령에 의한 글이다! 하라. 나의 종을 보내어 앎도 있으니 주에 의한 자이다.

의심과 염려로 먹지(읽지, 받지) 않을 자 있는, 이는 누구인가? 이미 높아질 대로 높아진 자이다. 영어를 배우지 않은 한국인이 거부치 않으랴? 일어도 그러한. 전하나 알지 못하니 피하는 자이다! 하라. 이에 루시퍼, 적그리스도 등장이니 성경에 기록되듯 나에게서 이미 돌아선, 떠난 그들이므로 대적하기 위함이다! 하라. 다는 아니다. 대부분 그러하다. 문장 문제로 왈가불가하지 마라. 너희의 문장 구성, 언어 세계가 낫다! 하느냐? 하라. 이도 한 분야이니 받으라. 기록자는 언어 체계를 버리고 받는 훈련이다! 하라. 세상 언어 등한시한 자이다. <u>자신 '지식' 있으나</u>—[글 써본 자, 발탁된 자이다! 하라. 아들 육아법 교육 현장 '집' 소개자이다. 첫아들 어릴 때 즉시 서둘러 원고 쓴 자이니 육아 잡지 발탁 원고이며, 중학교 국어 시간에도 글 발탁되어 반 전체에 낭독하며 소개한 자이다. 많은 독서량 아니더라도 표현력 가진 자이다. 글(책)을 좋아해 '손'으로 기록하며 배우기를 즐긴 자이다! 하라. 내면 '배움'(학문)에 대한 강한 소원 가진 자임에도 꺾인(환경에 의한), 꺾은!이다—두 번째 기회는 스스로 아닌 주가 말씀하시기에 포기한 자이다! 하라. 지난 시간이다. 성경을 알아가니 성령 체험한 후, 주와 교제하므로 신학 서적조차(했더라면 우수하나) 멀리한 자이다. 이는 깊이 빠질 자임을 아시기에 막으신 주시다. 일명 '파고드는' 성향이니 그러하다. 한 분야 집중 유형이다! 하라.

'주' 분야 만났으니, 이는 배설물 여기듯 훈련 시키므로 남다른 지각, 선별, 예지를 가진 자이다! 하라. 기도 권세(주가 잡고 쓰시니)가 나타날 때 강하다(선, 악에 대한) 하므로 이제는 주를 위한 길이니 "나서마!" 하신 주시라! 하라. 쉽게 나서지 않는 유형이므로 연단이 긴 자이다. 가릴 것이 많은 세상이며 교회들조차 살피는 임무를 주심이니 연구 분야 30여 년이다! 하라. 이에 더딘 나섬이니 영으로는 일하나, 간간이 사람을 만나나, 자신 관리와 준비 기간을 두어 다시 나서는 자이다. 이는 사람 속으로 보내시는 대상과 지역이니 다니거나, 만나기도 하며 지내는 자이다! 하라. 영서를 받으므로 2년간 활동은 범위가(자신 나서는) 확대되는 상황이다! 전하라. 성령에 의한 준비, 실행, 평가까지 반복, 지속 훈련이니 여전히 조심할, 신중할 상황이다! 이르거라.

특별히 유의할 것은 '목회자의 개입'이니, 크리스탈 이름같이 유리 같은 자이므로 반복 강화 시기이니 함부로 대하지 않아야 하며, 가르치려(지시하거나, 요구하거나, 수하 두거나 등) 하지 않아야 하는 주의 종이다! 하라. 이는 대할 자세이다. 기록자를 위한 '한 가지 기도' 외에 하지 마라! 하라. 이는 기도하는 자신들이 중심으로 주를 향할 때 교제 가운데 '선한 중심'으로 구하는 자이다! 하라. 즉 하나님 나라 전체 입장에서 '주를 위한 자'로 사용이 되어야 함을 구하는 것이다! 하라. 섣부른 기도는 오히려 영이 상하거나, 다치기도 하는 자이니 그리 알라. 이는 맺음글이니 긴 무명의 시간(숨기신 주시다)에서 지내므로 알리는 과정에 많은 테마(이야기, 스토리, 설정) 가진 자이기에 하나둘씩 꺼내는 시기이니 이는 나(주시다)의 이야기이다! 하라. 한 사람을 사용하는 과정과 부르심의 인내,

고난을 알리는 주시니 "부활의 영으로 살라" 하시는 주시다! 하라. 이는 "성령으로 살라!"이며 성령의 지도, 모든 것이니 몸 사용, 시간, 물질, 재능, 관계의(사람, 사물, 자연 등) 대상까지 필자(영서 기록자)와 같이 쏟아내듯 전면 개편의 시기가 따르는 제자 코스이다! 하라.

할 수 있는 자신(과신) 환경(주위 도움)이다! 하여 나서나-사람 보기에 확대, 확장이라 하여도-우수수 떨어지는 시험 코스이니! 좌파(사회 공산주의)에 지고, WCC에 지고, 동성애 찬성, 옹호자가 되어! 지고, 코로나, 백신 사태에 이르나 나자빠진(벌렁 누운 자들) 한국 사회, 한국 교회이다! 이르라. 추스린 시점이나 '불과'이다. 전체의 수는 증가하나 믿음 약화이니 이는 하늘의 별 크기로 보이신 주시다! 하라. 이는 재훈련 부흥기이다! 하라. 기도하라! 하신 주시다. 한국 내 상황은 곪은, 낡은, 부패해진 세력들로 '잠식'된 상태이며 성도에 의한(개척 초기는 '오직 주!' 하나), 성장에 의한 목회자들 감식으로 우울해진! 이는 침울해진, 의기소침한, 변질이 된, 변형된 상황이다! 하라. 이제는 좌파 공산주의 문 정권에서 자유민주주의 체제하의 윤석열 새 대통령과 새 정부 출범이 된 생태이다! 하라. 그러므로 교회들도 재훈련 시기이니 이를 환상으로 보인 주시다! 하라. 알리신 바 있는! 이를 알게 된 자이다. 이는 하늘의 별들이 이동하는 모습이니 주를 위하여 받는 훈련 코스이다 하거라. 세상 교회(세상을 위한, 성도에 맞추는-목회자는 섬김외 지도의 본이니-대상이니, 비위 맞추는 대상이 아니나! 하라. 성도도 목회자들에게 그러한! 이를 주께 배우라, 물으라. 올바른 지도자는 따르나-이도 주에 의해서이다-이 훈련이 반드시 필요한!)가 되지 마라! 하라. 되었다. 닫으라. 다 아시는 주 하나님이시다! 이르라, 다 보신다! 이르라. 이는 영서이다. 주의 영이다. 되었느냐? 닫으라.

'종말 1'은 주의 아픔입니다! 하라. 고통 중 해산이다! 하라. 사람들은 주를 알지 못합니다! 하라. 각광, 소문, 세력 내에서 머물기를 원합니다! 하라. 주는 외로운 사각지대에서 지내십니다! 하라. 배고픈 자에게 주시는 '주'이십니다.

저 같은 자에게 찾아오셔서 세워 가십니다. 흔들리는 시기(세력에 의한)가 있으나 주를 찾습니다! 배고플 때마다, 주릴 때마다, 힘들 때마다, 욱여쌈에 지칠 때마다, 혼탁으로 질 때마다, 혼동으로 어지러울 때마다 이는 '영'이니 '영'이신 주 하나님의 흠뻑 적신 그 사랑을 기억하며 주의 길을 온 자이다! 하라. 다시 가보려 합니다. 남은 길이 있으니 주의 시간입니다! 하라. '종말 1'은 주의 편지입니다. 주께서 "내 책이다!" 하신 대로입니다! 하라. "저에 의한 행여 오점이 될 표현, 문장의 부족이 있다면 박식하지 못하고 서툰 작문이기에 그러하니 부디 용납하시기를 원합니다. 오직 주의 사랑, 주의 뜻만 간직하시고 주의 영광만이 되기를 원합니다. 읽어주셔서 감사합니다!" 되었다. 닫으라!

9. 위기이다! 하라 (2022. 11. 22. 화요일. 추가 글입니다)

(이 글은 긴 글이나, 사정상 요약하는 자이다) …생략… 산의 둘째 줄에서 시작된 한 사람이니 그는 좌파 편이라! 하라. …생략… 그에게 '주의 눈물'을 아느냐? 물으라. 너를 감추는 주시다! 하라. 내 자랑 되기 위함이다. …생략… 이 책(영서)은 영으로 읽는 글이다! 하라. …생략… 너는 주변의 소수 때문에 사는 자이다. 그때그때 훈련과 과정에서 인맥이 있으나 너를 아는 자는 드물다! 하라. …생략… 오늘날 내가 너를 낳았도다! 하신 주시라. 마 3:17 하늘로서 소리가 있어 말씀하시되 이는 내 사랑하는 아들이요 내 기뻐하는 자라 하시니라. 그는 대적자이다. …생략… 네게 노를 발하는 이유이다.

'민주당에 대한'이다. 넣으라. 집권당 기세가 꺾이는 시기이다! 하라. 의석수 가지나, 힘을 못 쓴다! 하라. 두 부지깽이에 불과하다! 이르라. 사 7:3 그 때에 여호와께서 이사야에게 이르시되…아하스를 만나 4 그에게 이르기를 너는 삼가며 조용하라 르신과 아람과 르말리야의 아들이 심히 노할지라도 이들은 연기 나는 두

부지깽이 그루터기에 불과하니 두려워하지 말라 낙심하지 말라. 북한 편 된 자들은 그러하다. 전체 의석이 아닌 혼합된 그들일지라도 매우 경계할 대상들이다. 한 집에 불화하듯, 나뉘는 가족 관계 말씀같이 마 10:35 내가 온 것은 사람이 그 아버지와 딸이 어머니와 며느리가 시어머니와 불화하게 하려 함이니 36 사람의 원수가 집안 식구리라. 어디나 이러하다! 하라. 모임, 집단, 조직 내부 그러하다! 하라. 악인과 의인이 섞이나 찾으실 주시랴? 악인을 쓰랴? 답 정한 나이다. 악인이 득세(외모 자랑자, 악인과의 연합 그러하다)한다 해도 의인으로 드러남과 밝힌다! 하라. 예수 '주'는 이를 위해 왔으니 이를 전하라. 요한복음 말씀과 같이 빛이 어둠에 비치되 깨닫지 못함 같도다. 요 1:5 빛이 어둠에 비치되 어둠이 깨닫지 못하더라. …생략…

본질을 추구한다면 시비 걸지 않아야 한다! 하라. 이는 '모두에 대한'이다. 너는 지금 상황이 내 마음 심히 고민 죽게 되었으니! '다시'이다. 막 14:34 말씀하시되 내 마음이 심히 고민하여 죽게 되었으니…. …생략… 길을 내신다! 하라. 길 보인 어제이다! 하라. 너는 내게 부르짖으라. 렘 33:3 너는 내게 부르짖으라 내가 네게 응답하겠고 네가 알지 못하는 크고 비밀한 일을 네게 보이리라. 하나님의 아들이다! 하라. 마 3:17 하늘로서 소리가 있어 말씀하시되 이는 내 사랑하는 아들이요 내 기뻐하는 자라 하시니라. …생략… 주 음성이다! 하라. …생략…

…생략… 누가 기독교를 싫어하느냐? 성령을 거부하느냐? 그들에게 성령보다 큰 것이 있으니 이는 이지라, 소유라. 대제사장, 서기관, 장로, 유대인이 그리하다! 이르라. 주가 무엇인들 알리지 못하랴? 네게 강도의 위험도 알리고 피신시킨 주시다! 하라. 성령의 사람은 들으라, 외치라. 넘겨주는 시대니라. 성경대로, 가족 중에서, 교회에서, 나라에서 그러하다. 이를 이르라. 넘겨주는 자와 넘김이 되는 자는 '성령' 차이 및 '이념'(사상)전이다! 이르라. 자유주의 신학에 물든 자들이다! 하라. 신학을 하나 이를 지위로 안다! 하라. 내 '일'이 아닌 자기 영광이다. 이를 이르라. 이에 교회들은 깨어날지어다! 외치라. 눈물의 주시다! 하라.

이 나라에 홍해 길이 왜 필요하느냐?(이는 책 발간 이유이다! 하라) 거치는 훈련이다. 이미 들어간 목회자들, 교회도 있으나 일부이다! 하라. 애굽전 시대, 이는 시대전이다! 하라. 마태복음 25장 두라. 마 25:32 모든 민족을 그 앞에 모으고 각각 구분하기를 목자가 양과 염소를 구분하는 것 같이 하여. 민족들은 들으라, 외치라. 이는 국가이다. 민족 수난 시대이자, 테러 및 자연재해이다! 하라. 민족 내전, 사회 부패가 드러난다! 하라. 한국의 공산화, 이는 대표이다! 하라. 민족전이다. 모르고 당한 자, 알고 나오지 못하는 자, 남 따라 행동하는 자까지이니 자기 부모를 공격하는 자와 같다! 하라. (이어지는 김정은 들으라! 외치라는 '종말 1' 부록의 나라 편 '북한'으로 이동합니다! 하라)

10. 주는 왕이시다! 하라 (2022. 12. 5. 월요일)

영서는 '주'의 권위 위임입니다! 하라. 주께서 하시는 일을 위임하셨기 때문입니다. 육체(사람의 몸을 사용)로 하는 일이나, 영(주체이신 주)을 준비해온 자이다! 하라. 학 1:8 너희는 산에 올라가서 나무를 가져다가 성전을 건축하라 그리하면 내가 그것으로 말미암아 기뻐하고 또 영광을 얻으리라 여호와가 말하였느니라. '나무를 가져다가' 이는 무엇인가? 하라. 두문불출의 기간 10년간이나 이전, 이후도 그러하니 무엇을 준비했나? 이르리라. 성경 말씀이며, 영 분별 모음집 지닌 자이며 훈련과 고난들, 그리고 의와 절제와 심판의 강론까지 그러하다! 하라. 행 24:25 바울이 의와 절제와 장차 오는 심판을 강론하니. 이는 지난 시간이다! 하라. 이로써 임한 영서로서 전하는 자이다. 영서의 기록물이 많으니 이도 나무이다. 영서까지 그러하다.

글에 대해 함부로 폄하하거나 논란 및 비하 발언도 그러한, 하지 않아야 한다! 이르라. 이는 왜인가? 책 발간을 위한 원고이니 해놓은 일 자체가 주의 성전과 같다! 하라. 수정과 편집도 주와 함께하는 자니 출판 과정에서 일어난 모든 일마다 갈아엎으심도 이러하다. 이는 원고의 변화이다! 하라. 또한 글 쓰는 이에 대한 미숙의 보완이다! 하라. 학식 언어 지닌 자가 아니다. 사람의 언어를 거의 차단하고 산 자이다. 성경만 위주로 보게 하시므로 일상 언어 조차 많이 잊은 자이다. 언어의 체계를 성경과 영 분별로 채움이니 그러하다. 수 해이니, 사람에게 일어나는 일들을 드라마, 뉴스 보듯이 산 자이다. 이러한 자에게 글이라는 임무가 주어지니 영서의 기록으로 책 출간을 말하신 주시다! 하라. 영서 기록이나 원고를 자세히 볼 틈도 없이 급히 출간하라 하므로 서두르나 출판 기간(세 곳의 출판사)에서 거의 1년이 되어가느니라. 일의 과정을 지시하시는 주시다! 하라.

웃시야 왕의 분향과 나병 사건을 두라. 대하 27:16 그가 강성하여지매 그의 마음이 교만하여 악을 행하여 그의 하나님 여호와께 범죄하되 곧 여호와의 성전에 들어가서 향단에 분향하려 한지라 18 …여호와께 분향하는 일은 왕이 할 바가 아니요 오직 분향하기 위하여 구별함을 받은 아론의 자손 제사장들이 할 바니… 19 웃시야가 손으로 향로를 잡고 분향하려 하다가 화를 내니 그가 제사장에게 화를 낼 때에 여호와의 전 안 향단 곁 제사장들 앞에서 그의 이마에 나병이 생긴지라. 누구든지 나의 일, 영서에 대해서 함부로 대하는 자는 이와 같다! 하라. '한국의 위기'를 건지기 위한 영서(주의 메시지)임에도 출판사 1차, 2차, 3차 이렇듯 세 곳을 도전해오나 심한 고생을 주가 하신다! 이를 전하라. 이상이다. 되었다. 닫으리.

이는 '죄'이다. 매우 크고 높은 거대한 장벽 앞에 저자가 작은 모습으로 서 있음을 미리 보이심은 이러함이다! 하라. 전하기 위해 부름을 입은 자(영서 기록자)의 '위주'로 하지 않은! 이는 나의 성전이니 내가 주어 노아의 방주, 모세의 성막, 솔로몬의 성전과 같이 짓지 않으랴? 성령의 지도하에 하거늘 …생략… 글(원고)을 아무에게나 맡기지 않으심이니 저자에게 주신 '고유 권한'이다! 하라. 이는 출판의 한계이니 오래 걸리는 지체이다! 이르라. 주가 하신다! 하라. 나의 마음에 동하는 자에게 이르지(전하지) 않으랴? 붙들지 않으랴? 해석서이니,

은사이니 이를 알아야 주지 않으랴? 주와 함께 수정과 편집을 한다! 함은 이러함이다! 이르라. 이를 돕는 일이 출판이니 영서 기록자의 하지 못하는 일을 돕는 주의 일 참여, 협조이다! 하라.

성령으로 사는 자는 이러하다. 주가 머리시다! 하라. 겔 1:20 영이 어떤 쪽으로 가면 생물들도 영이 가려 하는 곳으로 가고…. 이러한 과정으로 해오는 자이니, 또한 가려 하는 자이니, 방해가 심하다! 이르라. 사 40:10 보라 주 여호와께서 장차 강한 자로 임하실 것이요 친히 그의 팔로 다스릴 것이라…. 2020. 5. 17. 주일, 저자에게 보이신 하나님이시다! 하라. 이로써 맡기신 영서이다! 하라. 13 누가 여호와의 영을 지도하였으며 그의 모사가 되어 그를 가르쳤으며 14 그가 누구와 더불어 의논하셨으며 누가 그를 교훈하였으며 그에게 정의의 길로 가르쳤으며 통달의 도를 보여주었느냐. 이러쿵저러쿵하지 말지어다! 외치라. 부분의 흠으로(언어구사력, 언어 표현의 한계) 왈가불가하지 말지니라. 이는 유익이 없느니라. 되었다. 닫으라.

11. '주'의 메시지이다! 하라 (2022. 12. 8. 목요일)

'예수'의 오신 이유는 이러하다! 하라. 죄를 드러내는 시대이다! 하라. 이는 구원을 위한 과정이다. 성령이 하시는 일은 이러한 죄를 알리기에 회개하는 시대이다! 하라. 성령은 빛이시니 어둠이 무엇인지, 누구인지, 어떠한지, 왜인지 다 말씀하시지 않더냐? 이를 두라! 알리라, 전하라. 이는 연말연시 오고 가는 자들이 많은 분주해진 이 세상이다! 하라. 죄과를 소상히 알리라 하므로 적으며 출간하는 자이다. 시대의 죄를, 지구에 대해서, 나라에 대해서, 사회에 대해서 "교회에 주는 메시지이다!" 하므로 해내는 일이다. 이를 종말 사역이라 한다! 하라. 노아의 때처럼 어찌 사는지 알리어 "회개하라" 하심이니 죄악 된 이 세상이 아니냐? '종말'에 일어나는 일들을 알리는 자이니 이는 부르심이다! 하라. <u>먼저는</u>

'하나님의 마음'이니 복에서 화까지 다! 이르시는(말씀하시는) 주시다! 하라. 이는 천국에서 지옥까지이니 사람의 등급이 나뉜, 이도 보이신 주시다! 하라. 선한 자나 악한 자나 다 데려오라 하신 이 시대이니 강권하는 자가 아니랴? 눅 14:23 주인이 종에게 이르되 길과 산울타리 가로 나가서 사람을 강권하여 데려다가 내 집을 채우라. 다음은 무엇이랴? '나의 때'를 알리는 주시니 이를 나타내어 적당한(때에 맞는 뜻이다! 하라) 눈맞춤으로 뜻을 이루기 위함이다! 하라. 이 일로 부르신 주시다! 하라.

 사람이 어린 단계에서 장성한 단계까지 있으니, 자신이 어느 정도인지 이도 나타내어 소상히 알리는 주시다! 하라. 많은 자가 있으나 내게 오지 않았다! 하라. "밭을 샀다" 하는 자, 눅 14:18 다 일치하게 사양하여 한 사람은 이르되 나는 밭을 샀으매 하는 자이며! "소를 샀으니" 하는 자도 있다! 하라. 19 또 한 사람은 이르되 나는 소 다섯 겨리를 샀으매 하는 자이며. "장가들었다" 하여 오지 않은 자가 있으니 20 또 한 사람은 이르되 나는 장가 들었으니. 다, 이들은 무엇이랴? "주보다 내가 먼저입니다. 주는 다음에!" 하면서 미루기도 하고 덜 중요히 여기기도 하며 이를 전하는 자에게 "내가 하겠습니다" 하나, 자기 방식을 우선한 자이니 "나는 어디에 속한 자이므로 이렇게 합니다" 하며 들음을 외면하는 자니 경쟁으로 자신을 두는 자이다. "주를 위해서라면 해야 하는 일이다" 하며 진행을 해왔더라면 출간은 '벌써'이다! 하라. 이는 네 주위와의 관계이다. 이를 진하라.

 이에 영서를 받는 일에 우선할 자가 이는 마음도 시간도 준비해야 함에도 여력이 없는 대처 상황이 된 수개월이다, 거의 한 해이다 하지 못함이며, 이루 말할 수 없는 주의 아픔, 고통, 염려, 노하심까지 알리신 날들이다! 하라. …생략… 출판 방식의 차이도 수위가 높아진 단계이다! 하라. 이를 줍은 출판사들을 위함이다! 하라. 출판사의 위치는 중요한 통로이다! 하라. 인터넷, 매스컴으로 시야를 가린 이 세상이니 주를 전하나 무감각해지기도 하며, 주보다 더 사랑하여 영이신 주보다 시각, 청각으로 대하지 않더냐? 하라. 그러나 책은 글이므로 저자와의 이러한 대면이 아니기에 보다 나을 수 있으나 책들도 부지기수가 나의 뜻이 아닌 글들이 많으므로 은 오만권이다! 하신 주시니 이를 전하라. '에베소' 말씀 두라. 행 19:19 또 마술을 행하던 많은 사람이 그 책을 모아 가지고 와서 모든 사람 앞에서 불사르니 그 책값을 불사른즉 은 오만이나 되더라. 이는 에베소뿐만 아닌 이 시대 기독교의 모습이니 주보다 앞선 것들이다! 하라. 이어 '성전' 사건 이 말씀을 두라. 마 21:12 예수께서 성전에 들어가사 성전 안에서 "주의 이름으로 주의 일을 하는 자들 및 장소이다! 하라" 매매하는 모든 사람들을 내쫓으시며 돈 바꾸는 사람들의 상과 비둘기 파는 사람들의 의자를 둘러 엎으시고, "이에 해당하는 출판사가 있다!" 하라. 출판사들에게 전하는 자이다. 또한 모두에게 주시는 말씀이다! 하라.

이어 어제 기도 시간에 주신 '그림' 예화를 전하라. 이 책의 제목은 '종말'이다. 사회면을 다루는 자, 이는 왜인가? 이는 종말과 관련이 있다! 하라. 정치 그러한, 교회 그러한, 코로나 그러한, 이태원 사태 그러한, 세월호 그러한 등등이다. '종말'을 학문적 접근으로 원하는 자에게는 나보다 사랑하는 학문이다! 하라. 이는 그림을 좋아하는 자이다. 그림 감상에 빠진 자이다. '누구 글이 이러하다'에 취한 자이다 하라. 이에 많은 목회자가 신학자가 되어 내 길(주의 길)이다! 하며 그림 전시회를 한다! 하라. 그림보다 한 가지의 요리라도 먹으면 족하다! 하라. 주의 요리를 먹는 자와-주의 음성을 듣는 자이며 독해자 같은 자이다! 하라-해석집(다양한 그림들 이는 학문이다! 하라) 갖고 '이 사람 저 사람'이 이러하다 한다!' 하라. 구경하는' 자이니 누가 나으랴? 영서(성령 사역이다! 하라)로 인해 많은 요리를 가진 자이다. 이는 "줄 것이 많다!" 하신 주시다! 하라. 영서 기록하는 동안에 수없이 말씀하심이 아니더냐? 여호와의 지식(성경 말씀을 환상으로 보이심이니) 생수, 하늘의 물, 위로부터 주시는 성령이 전해진 기간이다! 하라. 이 영서(주의 메시지)를 증인으로서 전함이니 그림 감상으로 평하지 말라! 이르라(전하라). 되었다. 닫으라.

출간을 시작할 때, 주신 '주의 말씀'이 있으니 너의 까다로움(주의 뜻대로 하는 자이며 하려 하는 자이기에)은 이를 이루기 위함이다! 하라. 주(성령의 세계와 성령이

하시는 일)를 알리는 자이다. 또한 출판사를 알아보는 2022년 올해 초 시작부터 시작된 출간일만이 아닌 출판업계 차례이다!(교회, 정치만 드러내시더냐?) 하신 주시다! 하라. 이를 알아가는 자이다. 이 지구 전체 '죄'를 드러내는 총 망라된, 총 집결된, 인류의 죄의 시작부터 다 모으는 총동원 시기이니 이는 세상의 끝이기에 그러하다. 성령 그러한 이에 맞서 싸우시는 주가 아니시랴? 하라. 설명, 해석하는 은사인 영서도 그러한 대응, 격퇴를 위함이다! 하라. 이로써 마침이다 하라. 거의 1년간 긴 시간의 출간 과정을 알림도 이러한 이유이다 하라. 지체대로 사정을 전하는 글이 된 여러 글의 나열이니 이는 영들 분별하는 시대이므로 참고하라! 이르라.

'종말'의 주제로 나선 자이니 싸움이 크다! 하라. 주위의 가까운 자이나, 기록자(주의 뜻을 전하는 자)와 주와의 이러한 관계를 잘 알지 못하여 문제가 불거지기도 한다! 하라. 또한, 먼 자이나 이 글들이 전해질 때 싸우자! 하며 나설 자도 있다면 들으라. 자신을 주께 물으라! 성도는 들으려 하나(이는 들을 귀, 배울 귀 준비이다! 하라) 목회자들은 스스로 안다! 하여 듣지, 배우지 않으려 함이니 "주시다!" 하며 전함에도 그러하다면 너희 자녀들 앞에 배우라. 그중 하나에게 뜻을 전하나 부모 말이 아니다! 하며, 또한 어떠하다! 하며, 시비 걸기도, 때리기까지 한다면 이 일이 성경 말씀대로이니 종들을 보내나 저들이 어찌했다! 하는 주의 가르침이 아니더냐? 하라. 마 21:33-46구절 두라. 저들 읽으리라. 해당자는 그러하다. 마 21:34 열매 거둘 때가 가까우매 그 열매를 받으려고 자기 종들을 농부들에게 보내니. 다음 두라. 종들을 잡아, 때리고, 죽이고, 돌로 쳤거늘 다시 보낸다 하나 그들에게도 '그렇게 한지라' 한 자들이다! 하라. 자신의 생명의 주이신 '주 하나님' 자신이 이 땅에 오심에도 갖은 모욕, 조롱, 멸시, 천대, 욕하고, 때리고(구타, 폭력 사건이다! 하라) 십자가에 못 박고 매단 자들이니 끝내는 죽이고 창으로 찌르기까지 한 저들이니 이스라엘만이 아닌 이 시대도 그러하다! 하라. 나를 위하여 보낸 자를(이 또한 죄를 알리고 구원의 과정이나) 아니다, 틀리다,

이상하다, 우리와 다르다, 어떠하다! 하며 '어찌 대하는지' 이를 두라.

그러므로 각자의 마음을 들여다보는 시기이다! 이르라. 주가 주이신가? 아닌가? 보낸 자를 어찌 대했나? 하라. 명예, 지위 등의 확보로 출세 가도를 달리는 자들이니 주가 보이랴? 하라. 이제는 그러하다. 주 없이, 주를 뒤로하고, 주를 떠나서도 할 일이 많다! 하여 찾는 자가 많다! 하므로 어릴 때의 사건을 잊었나? 하라. 에스겔 말씀을 두라. 이는 한국에 대하여 주시는 말씀이다! 하라. 각자의 목회자들에게도 그러한. 이 세상 누구든 그러하다. 겔 16:2 인자야 예루살렘으로 그 가증한 일을 알게 하여 3 네 근본과 난 땅은…. "이러하다! 하라" 4 네가 난 것을 말하건대 네가 날 때에…. "이러하다! 하라" 6. 내가 네 곁으로 지나갈 때에 네가 피투성이가 되어 발짓하는 것을 보고…. "이러하다! 하라" 14 네 화려함으로 말미암아 네 명성이 이방인 중에 퍼졌음은 내가 네게 입힌 영화로…. "이러하다! 하라" 19 그러나 네가 네 화려함을 믿고 네 명성을 가지고…. 이는 현재이다! 하라.

이 세상은 하나님 아래의 예수 그리스도의 시대이니, 나라나 교회나 가정이나 개인이나 주가 보시지 않으랴? 대우(가엾이 여기고, 불쌍히 대하고, 긍휼로 기다리심이니 그러하다) 하나 나를 잊고 사는, 혹은 알지 못하는 자들 모두에게이다. 마치 눈 뜨지 못한 신생아처럼, 보지 못하는 시각 장애인처럼 그러하다! 하라. 들으나 무지하여 깨닫지 못하는 자이며 안다! 하며 뒤로 하는 자이며 자신을 내세우기도 하는 자 등등이 아니겠느냐? 하라. 주의 구타, 폭력 사건을 기억하라. 이 시대가 그러하다. 사람의 생명을 경시하며 믿는 자를 대함도 이와 같음이니 아벨 사건이 그러하다. 가인은 세상 의지자이다. 보이는 것들, 만지는 것들, 소유를 재물 삼아 높아지는 자들이니 악해짐이 아니랴? 바울도 나의 고난 예이다. 사도들 그러한. 이 시대의 성령으로 사는 자들이며 은사자들 그러하다. 어찌 대우했나? 물으라. 들으라! 하는 영서이다 하라. 닫으라. 되었다.

12. 다시 눈 내리는 겨울이나 출간은? (2022. 12. 22. 목요일. AM 01:36)

지난주 첫눈에 이어 이번 주는 대설주의보 이후 한 주 내내 눈을 보고 있습니다! 하라. 흰 눈에 목마름은 언제부터인가? 하라. 영서를 받은 해인 2020년 겨울부터입니다. 왜냐하면 자연을 가까이 할 수 있는 기회(외출)와 더불어 사진도 함께 담을 수 있기에–이는 무지개 언약입니다. 주의 경고 이후 하나님과의 딜이니, 자연의 햇빛과 구름에 감사를 한 날이다! 하라–자연과의 친밀한 사랑이 시작되면서부터이다. 이에 겨울의 흰 눈을 아쉬움으로 봄을 맞은 자이니 기다린 눈이 아니랴? 한 주 내내 쌓인 눈을 보며 흩날리는 눈도 봄이니 아직은 함박눈이 내리는 장면을 못 본 자이나 어느 정도 눈 사랑의 목마름은 해결되지 않으랴? 눈이 오면 할 일이 있으니 설경을 보고, 사진에 담는 것과 사랑하는 아들을 만나리라 하는 자이니, 이를 아시는 주께서 이도 약속함이니 눈은 하나님에 대한 감사와 성령의 상징이므로 좋은 예표를 두기도 하며, 이를 사모도 하며, 이후를 위해 사진 자료도 준비하며, 떨어진 아들도 만남이니 이러한 흰 눈은 마음의 정화와 언약 상기와 믿음을 북돋는 주께서 주시는 자연의 선물이다! 하라.

출간의 과정은 험난하다! 하라. 이는 주의 뜻대로 하기 위함이니 그러하다. 자신이 할 수 없는 일을 맡기기에 그러하며, 자신 이외의 주변인 속에서 넘을 산들이 많나! 하라. 혼사 할 수 있는 일이라면 벌써 마쳤을 텐데! 하는 자이다. 무엇이든 그러하다. '주의 명'은 아는 자가 혼자 한다! 하면 빠를 수 있으나 알리기도 하고 부탁도 하고 기다리기도 하고 문제 해결도 하면서 왕이신 주와의 싸움에서 자신들을 내려놓기까지 소요 시간이 있다! 하라. 이러한 과정에서 원고를 사명화하기까지 자신의 소화 시간 이외에도 환경과의 관계에서 걸리는 시간이 있으니 이는 출간의 단점이다! 하라. 들은 자, 본 자, 알게 된 자의 기록 시점으로부터 이 메시지를 받는 독자층까지의 시간이 영서 햇수대로 긴 시간이다! 하라. 영서를 받은 해 2020년 첫해의 반 년은 자신의 확증 시간이며 다음 해 2021년 한 해는 밀린 영서들의 워드와 백신 접종해와 정치 방역 심화 속에서 자료의 수위가 높아지면서 '주춤'이 되기도 한 자이다. 2022년 올해는 연초부터 출간 준비를 하나 '산 너머, 산' 지속이다! 하라. 이리하여 이 과정에서의 글들을 모아 실읍니다! 하라. 눈은 하나님의 은혜, 성령의 상징이므로 주가 이루실 약속으로 믿으며 이 해가 가기 전에 해결되리라 생각합니다. 되었다. 닫으라.

13. 에필로그 마침 글입니다! 하라 (2023. 4. 1. 토요일)

이 책은 사명(부르심)으로 기록한 영서입니다. 시대의 메시지로서 나라와 교회와 적그리스도(어둠 세력)에 대해서 알리는 책입니다. 특별히 나라의 짐(무거운 돌, 거대한 장벽)이 되는 주체 세력인 성령을 대적하는 측과 공산화에 대한 일침이며 불법이 성행하여 더 어두워지는 이 시대를 조명함으로써 새 예루살렘 성이 다가오나, 발견치 못하는 대상과 무관히 여기는 대상과 서두르지 않는 대상을 향한 주의 마음을 알리는 책입니다.

'영서의 사명' 말씀을 주십니다. 첫째, 교회들에게 전하라('교회가 교회에게') 하십니다! 하라. '교회가 교회에게'입니다. <u>계 1:11 이르되 네가 보는 것을 두루마리에 써서 에베소, 서머나, 버가모, 두아디라, 사데, 빌라델비아, 라오디게아 등 일곱 교회에 보내라 하시기로.</u> 개척 예배처에서 혼자 예배하는 시기 어느 날 2019. 12. 25. 수요일, 성탄절 밤이다! 하라. 성경을 보다가 잠깐 졸다가 보게 된 환상입니다. 주께서 요한과 먼저 나타나신 모습이며 다음은 요한의 몸 안에 주께서 들어가셔서 그대로 서 계신 모습이며 요한의 몸의 '영이신 주'로써 주인이심을 알리신 주시다! 하라. 이는 온전한 연합이다. 그리고 다음 해 2020. 7. 23. 목요일, 영서 기록이 시작됩니다! 하라. 요 1:2 이 생명이 나타낸 바 된지라 이 영원한 생명을 우리가 보았고 증언하여 너희에게 전하노니 이는 아버지와 함께 계시다가 우리에게 나타내신 바 된 이시니라. 이후 어느 날 다시 환상을 보이십니다. 요한이 기록자로부터 떠나가는 모습 등을 본 자이다. 요한 자신이 겪으므로 도운 자이다! 하라. 요일 1:3 우리가 보고 들은 바를 너희에게 전함은 너희로 우리와 사귐이 있게 하려 함이니 우리의 사귐은 아버지와 그의 아들 예수 그리스도와 더불어 누림이라. 이때 다시 주께서 주신 약속은 베드로에 대한 약속이다. 요한은 가고 베드로가 온다고 말씀하신 주시다! 하라.

둘째, 다 아시는 하나님이시다! 하라. 마 10:26 그런즉 그들을 두려워하지 말라 감추인 것이 드러나지 않을 것이 없고 숨은 것이 알려지지 않을 것이 없느니라. 다 보시고, 들으시고, 아시기에 다 드러내신다! 하라. 히 4:13 지으신 것이 하나도 그 앞에 나타나지 않음이 없고 우리의 결산을 받으실 이의 눈 앞에 만물이 벌거벗은 것 같이 드러나느니라.

셋째, 사람의 행위를 저울로 다시는 주께서 손으로 기록하게 하십니다. 계 5:5 그때에 사람의 손가락들이 나타나서 왕궁 촛대 맞은편 석회벽에 글자를 쓰는데 왕이 그 글자 쓰는 손가락을 본지라. 영서의 기록은 칭찬이 있으며, 회개의 촉구이다! 하라. 이에 변화가 있는 반면에 상한 정도가 심한 대상에 대해서는 경고(옐로우 카드, 위험 표지판)를 전하시며, 어떤 대상(민주당 대표 이재명)에게는 회개하지 않으면 지옥 갈 수 있다는 위기도 시급히 전하시며, 마음의 내적 치유가 필요하기에 정치를 쉬라 하시기도 합니다. 그러므로 정치인뿐 아닌 교회의 목회자도 마찬가지이다! 하라. ㅅ 목사는 대형 교회 목사이나 그의 위기도 전함이니 짐승 표 받을 자로 알리신 주시다! 하라. 이는 영서 기록 시작에 전하시나 그의 행보는 최근까지 수위가 있다! 하라. 또한 비뚤어진 모 목사도 있으니 그도 심히 상한 모습을 보인 자이다! 하라. 최근에는 목회를 쉬는 자이다. 회개를 바라는 주시다! 전하라. 그 외 등등이다.

넷째, 심판 날에 심문하시는 주시다! 하라. 벧전 1:17 외모로 보시지 않고 각 사람의 행위대로 심판하시는 이를 너희가 아버지라 부른즉 너희가 나그네로 있을 때를 두려움으로 지내라. 이 책의 요지는 '회개하라'입니다. 그리고 '복음을 믿으라'입니다. 막 1:15 이르시되 때가 찼고 하나님의 나라가 가까이 왔으니 회개하고 복음을 믿으라 하시니라. 천국(나의 집)이 있으니 깨어 있는 자는 준비하는 자로 나를 아는 자이며, 만나는 자이며-문설주 옆에서 기다리는 자(잠 8:4), 목자의 음성을 듣는 자(요 10:3), 깨어 있는 문지기이며 문을 열어 주려고 기다리는 자(막 13:34, 눅 12:36), 달란트를 남기는 자(마 25:16), 주 예수여 오시옵소서! 하는 자(계 22:20)-들어가기 위하여, 주를 다시 맞기 위하여 전념하는 신부 모습으로(나의 아내된 자들) 기다릴 자들이다! 하라. 되었다 닫으라. 이 글은 에필로그이다. 마침 글에 넣는 자이다.

나가는 글

2023. 4. 7. 금요일.

계 4:2 내가 곧 성령에 감동되었더니 보라 하늘에 보좌를 베풀었고 그 보좌 위에 앉으신 이가 있는데. 3 앉으신 이의 모양이…. (이 시간은 요한계시록을 읽는 중입니다. 이 성경 구절에서 주시는 말씀들입니다! 하라)

한국에 일어나는 일이 있다. 최근 뉴스 영상을 본 자이다. '연예인 문제'이니 가정이 있는 남편과의 혼인이다. 한마디로 불륜이다! 하라. 남편은 아내를 버린 자, 이는 말라기 말씀대로 이혼한 자들의 결말이다. 말 2:14 너희는 이르기를 어찌됨이니이까 하는도다. 이는 너와 네가 어려서 맞이한 아내 사이에 여호와께서 증인이 되시기 때문이라 그는 네 짝이요 너와 서약한 아내로되 네가 그에게 거짓을 행하였도다. 15 그에게는 영이 충만하였으나 오직 하나를 만들지 아니하셨느냐 어찌하여 하나만 만드셨느냐 이는 경건한 자손을 얻고자 하심이라 그러므로 네 심령을 삼가 지켜 어려서 맞이한 아내에게 거짓을 행하지 말지니라. 18 이스라엘의 하나님 여호와가 이르노니 나는 이혼하는 것과 옷으로 학대를 가리는 자를 미워하노라 만군의 여호와의 말이니라 그러므로 너희 심령을 삼가 지켜 거짓을 행하지 말지니라. 병이 왜 많은가? 하라. 남자를, 여자를 확인(과정 없이)하시 않고 마음을 주고 육체를 범하는 일이다. 이러한 일은 연예인들에게 비일비재 많다. 작곡가 ㅇㅇㅇ의 죽음이 알려지는! 이는 여가수 ㅇㅇ 죽음도 갑자기이다.

너는 사명으로 들어선 자이다. 큰아들 그러하다. 작은아들 그러하다. "주는 어떻게 사셨는가?" 하라. 인간의 삶에 본을 보이신 주시다. 베스트(Best)를 알리신 '생애'이다. 이러함에도 '독신' 은사는 발견하기 힘들다. 미연 방지로 막은 목사의 '결혼 조건' 목회이다. (이는 '목회자' 편에서 다루는 성 문제이다! 하라)

주는 왜 생선을 드셨나? 요 21:9 육지에 올라보니 숯불이 있는데 그 위에 생선이

놓였고 떡도 있더라 10 예수께서 이르시되 지금 잡은 생선을 좀 가져오라 하시니 12 예수께서 이르시되 와서 조반을 먹으라 하시니 제자들이 주님이신 줄 아는 고로 당신이 누구냐 감히 묻는 자가 없더라. 이는 노아 홍수 후 허락한 육식 섭취이다. 창 9:3 모든 산 동물은 너희의 먹을 것이 될지라 채소 같이 내가 이것을 다 너희에게 주노라. 그러나 고기를 그 생명 되는 피째 먹지 말지니라. 어부의 삶을 산 제자이다. 안드레와 베드로 형제, 요한과 야고보 형제 모두이다. 이들은 자연 풍세를 아는 자이다. 모든 자연 속에서 일하는 그들이다. 바다에서 신이 필요한! 신을 아는 자들이다. 제자 선택은 그들의 '내면에 기다리는 메시아'로 인함이다. 안드레는 요 1:41 …우리가 메시야를 만났다…. 하는 자이다. 빌립은 나다나엘에게 주는 자이다. 요 1:46 모세가 율법에 기록하였고 여러 선지자가 기록한 그이를 우리가 만났으니 요셉의 아들 나사렛 예수니라 하며 이를 전한 자이다. 나다나엘은 주께 말한 자이다. 요 1:49 랍비여 당신은 하나님의 아들이시오 당신은 이스라엘의 임금이로소이다. 이러한 제자들이다! 하라. 그들은 자연(생업 포함)보다 크신 주님을 아는 자이다. 되었다. 닫으라.

2023. 4. 14. 금요일. 추가 글입니다.

이 글을 주시는 이유가 있다! 하라. 한국 교회의 사순절 및 고난 주간에 일어나는 다양한 일이 있다! 하라. 이를 살핀 영 분별 기간이다! 하라. "지구는 어떠한가? 자연은 어떠한가? 나라들은 어떠한가? 이 나라는? 교단은? 교회들은? 목사들은? 이 사회는? 나는? 아들들은? 맡기신 일과 관련한 일들은 어찌?" 하며 지낸 자이다. 아픈 일들도 함께 보며 우는 자이다. 자연의 생명력 '봄'의 활기와 이 생명의 비밀에 웃기도, 울기도 한 자이다. 이러한 겨울을 보내고 봄을 맞은 시기이다! 하라. 가장 우려는 공산화 이 나라와 교회들의 성령의 차이, 이해 문제로 오해와 불거지기도 하며 막는 자, 원수 되기도 하는 이 두 가지이다. 정치권과 교회와의 관계도 살피며 주께 묻는 자이다. 쌓인 일 많아 한숨 쉬며 드러눕기도 한 자이다. 영의 생명은 날마다, 순간마다 살피고 묻는 자이다. 그러나 이러한 절기는 단체전이자 소속 전 문제가 되기에 성령의 깊은 것을 받은 문제와 지속하여 받아야 하는 자, 막힌 일과 받은 할 일을 함께 진전해야 할 자에게는 가로막음이 되기도 한다! 하라. 주 곁에서 교단을 보는 자이다. 이는 맡은 바 연구이다. 소속 전에 심히 시달린 자이며 공격도 심한 사순절이다. 그러나 은혜는 분별이다! 하라.

너는 5월 기피자이다. "무슨 날! 행사이다" 하며 들썩대는 한국 교회 및 나라이다! 하라. 주는 온데간데없고 어두워져 가는 바닷가 얕은 물가에서 "조개 보자, 무엇 보자!" 하며 열심히 줍고 캐고 하며 서로 주고받을 그들이 아니냐? 하라. 해마다 이를 전하며 "나누는 교회이다!" 하는 이러함으로 '정상 참작'을 구하는 그들이다! 하라. 너는 '기우'가 많은 이 땅 삶이다. 성탄절 지나 연말, 연시이며 다시 "신년 무엇이다!" 이어 "구정 명절 나누자!" 하며 번잡해지기에 내색도 하지 못한 채 끙끙대는 몸살 앓이 하는 자이다. 이는 한 해의 교회력이니 "바쁘다!" 하는 자들이다! 하라. 이어 "사순절 기간에 특새(특별 새벽 기도회) 하자!" 아니면 "웬 사순절이냐? 우리는 성령으로 산다!" 하며 고리타분하게 여기는 자들도 있다! 하라. 영이 중심된 자는 아냐, 이도 다는 아니다! 하라. 고난 주간은 "그래도!" 하며 "한 주라도 특새 하자" 하는 자도 많다! 하라. 4월 9일 부활절 이후 "이제 잠시 숨돌리자!" 하며 다음 행사는 5월 수두룩 매주 진행이니 바쁜 마음, 바쁜 손, 바쁜 발들 될 때이다! 하라. 이는 네가 싫어지는 달들이 되는 이유이다! 하라. 이래서 '재림'은 저 멀리 가 있는 "우리 잔치 시기이다" 하는 자들이다! 하라.

나라는 코로나, 백신 시대를 공산화된 상황 속에 거치면서 이제 "일시 안정인가?" 하라. 표면은 씌운 '막' 하나를 걸은 듯 하나 그 안 오밀조밀 부패, 타락한 밀집형, 군상들, 개체들 다 숨어 있다! 하라. 6.25 전쟁 후 사람의 몸에 붙어 기어 다니기도 하며 기생하는 '이'를 아는 자이다. 이러한 그들이다. 떼 공격도 많아진 자들이다. 며칠 전, 환한 대낮에 산책로에 지렁이 두 마리가 꿈틀대고 있는 모습을 우연히 보아 발로 밟을 뻔한 소름 끼치는 순간을 피한 자이다. 이는 왜인가? 뱀 닮은 지렁이이다. 또한 "무엇을 먹고 자라서 저렇게 큰가?" 의아해하는 자이다. "뱀 새끼 같지 않은가?" 하며 눈길, 발길을 황급히 뗀 자이다. 이러한 그들이다. 출몰 현상! 여기저기 숨어 있다가 나타나 이처럼 귀찮고, 지렁이처럼 징그러운 자들이다! 하라.

하나님이 지으신 수많은 생명체 중에 나무들, 꽃들, 동물, 식물들을 보게 함은 무엇인가? 하라. 자기 자신과 닮음을 발견할 때이다. 또한 "누구와 닮았나?" 하며 보기도 하는 자들이다. 먹을 과일, 먹지 못할 과일 통해 좋은 나무의 열매와(창 2:9 여호와 하나님이 그 땅에서 보기에 아름답고 먹기에 좋은 나무가 나게 하시니…. 마 7:17 좋은 나무마다 아름다운 열매를 맺고….) 못되고 나쁜 열매와(마 7:17 …못된 나무가 나쁜 열매를 맺나니) 선악과를(창 2:9 …동산 가운데에는 생명 나무와 선악을 알게 하는 나무도 있더라) 생각해내는 사람이다! 하라. 뱀, 독사와 이와 유사한 가증한, 흉측한, 흉물스런, 징그런 동물, 새, 곤충 등도 가려내는 자들이다. 그러하기에 짐승을 세어 보라! 계 13:18 지혜가 여기 있으니 총명한 자는 그 짐승의 수를 세어 보라 그것은 사람의 수니 그의 수는 육백육십이니라. 이러한 시대이다! 하지 않겠는가? 하라. 너희가 "많고 많다!" 하는 이 세상이다. 가리고 가려내는 시대이다. 이러한 나의 줌이다! 하라. 되었다. 닫으라.

2023. 4. 12. 수요일.

이 시간은 히브리서를 읽는 중입니다! 하라. 방언 기도도 하게 하십니다! 하라. 눈물이 나와 성경책 위에 고개를 떨구는 시간이다! 하라. 간추린 글을 전해봅니다! 하라.

첫째, 요즈음 전 목사와의 관계 황ㅇㅇ(구 미래통합당 대표) 정치인 왜인가? 이를 알아야 하는 자이다. (고소에 이어 모 기자 진행의 방송 출연도 전 목사에 이어 출연하는 자이다. 서로 대치 관계이다) 이어 홍ㅇㅇ 대구 시장은 왜인가? 김ㅇㅇ 정치인('국민의 힘'당 최고위원), 김ㅇㅇ 정치인('국민의 힘'당 대표) 그 외 등등이다. 이는 광화문 집회를 다녀간 자들을 시비 거는 '국민의 힘'당이다! 하라. **둘째, (환상을 주십니다. 위 공중에서 아래를 내려다봅니다)** 마을이 보이는 자이다. (개인 관련 이야기는 생략합니다. 이 내용은 주변 관계들로 힘들었던 2022년 한해에 대해 "누가 어떠했으니!" 하며 다시 말씀을 주십니다! 하라. 그리고 2022년에 무서운 일이 일어나리라! 하신 대로 일어난 일들도 있기에 그러하다! 하라)

셋째, 영구한 도성! 히 13;14 우리가 여기에는 영구한 도성이 없으므로 장차 올 것을 찾나니. 하늘 처소(사순절 기간에 '노아의 방주' 대기로 보이신)를 짓는 자이다. 이는 맡기신 일 영서와 출간이다! 하라. 코로나 사망자 장사 된! 이어 백신 사망자 장사 된! 이르신 대로 이어 '백신 후유증' 시대이다! 하라. 그리고 이전에 미리 알리신 대로 마약 속출된 요즈음이다. 인육 문제도 전한 자이다. **넷째, 이 나라가 나뉜 상태이다! 하라.** 남한 내 북한이 있다! 하라. 반이 나뉘고, 반이 '다시 나뉜'이다. "콩 하나(나라)가 크다!" 하느냐? "반 나눈 콩(남한, 북한)이 크다!" 하느냐? 그러므로 나뉜 자 아니냐? 하라. 반쪽 콩이 다시 반으로 다시 나뉘니 이는 남한 내에 '조선 인민 공화국'이 있다! 하라. 이를 주라. 미국은 트럼프 전 대통령의 준비기이다. 미국 대선도 준비 시기이다. 세계 연합국을 모으는 그들이다. 이는 미국이다. 미국이 질 실 수 있도록 도와야 하는 우방 국가이다. 박근혜 전 대통령도 활동 준비이다.

다섯째, '내 주 예수 모신 곳이 그 어디나 하늘나라…초막이나 궁궐이나' 이다. (찬양 가사로 주시는 말씀입니다! 하라) 궁궐은 어디인가? 비행기 안(이러한 장소로 이동시키실 때 있었다! 하라), 고속도로 휴게소 건물(오가며 들리는 곳이다. 가끔씩 말이다), 상업 건물마다이다. 전철(냉, 난방이 나온 곳이다) 기차, 버스 안 그러하다. (네게는 이러한 궁궐이다! 하라. 밖으로 나오면 궁궐이 많은 자이다) 개척 예배처에서 겨울 추위 속에 지내다가 이곳 아들 거처에 들어오면 실내 온도가 따뜻하니 이

'온기'가 신기한 자, 잊을 수 없는 날이다! 하라. 잠시 지난 시간에 추위, 더위로 심한 고생을 할 때 어찌 지냈나? 또한 잠시 들리는 건물이나, 아들을 만나기 위해 대중교통을 이용할 때 그 온기가 어떠했는지, 냉기도 그러하다. 자신은 잊은 듯 지내도 주께서는 이전 고생을 다시 말씀하시니 새록새록 잠기고 회상하며 이 시간 들을 때에 우는 자이다.

여섯째, 지구에 와서 다시 사는 자이다. 이는 1993년 임사 체험 후이다. 위 하늘, 하나님 곁에 잠시 머문 시간이다. 하늘로 오르는 길 그러하다. 또한 이 일 후에 사람이 숨질 때 잠시 몸이 느끼는 고통의 순간이 있음을 꿈을 통해 체험한 자이다. 지구에 산(생명 연장 기간) 경험을 전하는 자이다. (이는 '1993년 가을부터 현재까지'이다) 오직 '주'만 하는 자이다. nothing, only, one, best 등 최고의(최상급 '-est'이다. 비교급 '-er'이 아닌), 최상의, 가장 높은, 비길 수 없는! (이사야서를 보라 하십니다! 하라) 사 14:12 너 아침의 아들 계명성이여… 14 …지극히 높은 이와 같아지리라(비기리라) 하는도다. 사 40:18 …무슨 형상을 그에게 비기겠느냐. 사 46:5 너희가 나를 누구에게 비기며…. 이는 비길 대상이 아니다! 하라.

일곱째, 성육신하신 주를 전하는 자이다. 이는 하나님께서 하늘로부터 내려오시는 장면을 본 자이다. 또한 하강 모습과 지상 위에서 대치 장면을 본 자이다. 이는 막는 자 누군가이다. 한국에도 이미 나타난 자, 적그리스도이다. (나라마다 세워진 적그리스도이다) 이는 공중에서 일어나는 일이다! 하라. 지상 가까이 내려오신 주시다! 하라. 이를 알지 못하는 자들이 많다! 하라. "무슨 재림인가?" 하는 자이다. '종말에 대해' 증거하기 위해서 기르는 자임에도 이러한 '주의 하강' 가까운 거리로 놀란 자이거늘 하물며 아니랴? 하라. 관심, 집중이 다른 데에 많다! 하라. 집안이나, 집 주위에서 불이 나는데도 "나는 여전히 책상에서 무언가 열심히 했다!" 또는 "주방에서 집안 어느 곳에서 무언가 열심히 했다!" 한들 불을 끄랴? 자신을 구출하랴? 떳떳하랴? 잘한 일인가? 이러한 교회들이 많다! 하라. 자기 수준, 기준의 "열심히 주의 일을 한다!" 하며 "나는 목사이다,

우리 교회이다, 우리 교단이다, 우리 무엇이다!" 하는 자들이 많으니 어찌하랴? 불소식을 알리는 자마저 '미친 자, 귀신, 이단' 운운 자들이 많다! 하라. "재림은 이 시점이다!" 하며 기다린 자가 "내 종이 아니다" 한다면 너희는 내 종인가? 하라. 이러한 구슬피 우는 자들이니 이 시대가 악함이라. 세상 끝날 앞이므로 경건한 자, 경외하는 자를 찾으랴? 말 2:5 …그가 나를 경외하고 내 이름을 두려워하였으며. 말 3:16 …여호와를 경외하는 자와 그 이름을 존중히 여기는 자를 위하여 여호와 앞에 있는 기념책에 기록하셨느니라. 말 4:2 내 이름을 경외하는 너희에게는 공의로운 해가 떠올라서….

여덟째, '아버지!'라 부르기를 감당하지 못하는! 이는 둘째아들 같은 이방인 한국이니라. 눅 15:21 아들이 이르되 아버지 내가 하늘과 아버지께 죄를 지었사오니 지금부터는 아버지의 아들이라 일컬음을 감당하지 못하겠나이다 하나. '정치의 신'-정치가 신이다! 하는 자들, 정치를 신으로 여기는 자들이다-한국이다! 하라. (지금, 눈물의 기도를 드리고 있는 자이다! 하라) "아버지! 우리의 죄과를 용서하여 주소서" 지구를 위해 우는 자이다. 이는 2005년경 여름, 기도원에서 금식 중에 꾼 꿈이다! 하라. 지구를 위해 미국의 어느 목사에게 기도를 부탁하는 미국의 비행기 안이다. (이는 군의 대표가 모인 자리, 몇몇 사람이며 너는 그 곁에 있던 자이다) 북한의 핵 공격 위기 앞에 미국의 불가피한 선제공격 결정이니 이를 알리신 주시다! 하라. 두 이들은 병역 의무를 마친 자이다. 이도 한 고비이다. 출간을 앞둔 영서 내용 중에 "입의 검과 싸우시리라!" 말씀하신 주시다. 계 2:16 그러므로 회개하라 그리하지 아니하면 내가 네게 속히 가서 내 입의 검으로 그들과 싸우리라. 계 1:16 그의 오른 손에 일곱 별이 있고 그의 입에서 날선 검이 나오고…. 계 19:15 그의 입에서 예리한 검이 나오니 그것으로 만국을 치겠고….

아홉째, 스바냐서 다시 보자. 이는 요시야 시대와 짝이다. (히스기야 이어 므낫세 이어 아몬 이어 왕이 된 자이다! 하라) 습 1:1 아몬의 아들 유다 왕 요시야의 시대에 스바냐에게 임한 여호와의 말씀이라 스바냐는 히스기야의 현손이요…. 요시야 왕!(개혁의 왕이다! 하라) 김영삼 전 대통령 이어 이명박 전 대통령 이어 박근혜 전 대통령 이어 현재 윤석열 대통령이다. 이는 '나라 개혁' 의미이다. '반공'은 국민의 의무이다! 하라. 반공법 위반, 지키지 않는 자가 많은 이 나라이다. 교회 현상같이(대형화, 형식화, 조직화 등 외형주의이다! 하라) 나라 현상도 체제, 이념 기본(이는 기초이다! 하라. 마 7:25 비가 내리고 창수가 나고 바람이 불어 그 집에 부딪치되 무너지지 아니하나니 이는 주추(foundation)를 반석 위에 놓은 까닭이요)도 없이 이 땅에 머무는 것이다. 남한은 '자유민주주의' 기독교 국가이다! 하라. 주가 세우시는 교회를 '주의 통치'가 아닌 사람이 치리, 주관하듯 이러한 나라이다! 하라. 정치인이 기초(애국, 헌법, 반공 의식, 하나님 의지) 없이 하는 자들이 많은 나라이다.

열째, 너는 '히즈키야'이다. 왕하 18:1 이스라엘의 왕 엘라의 아들 호세아 제삼 년에 유다 왕 아하스의 아들 히스기야(Hezekiah)가 왕이 되니. 그, 히스기야 마음과 같이 우는-왕하 20:1 그 때에 히스기야가 병들어 죽게…여호와의 말씀이 너는 집을 정리하라 네가 죽고 살지 못하리라 하셨나이다. 2 히스기야가 낯을 벽으로 향하고 여호와께 기도하여 이르되 5 …내가 네 기도를 들었고 네 눈물을 보았노라-'사망 선고'된 나라 같은 이 나라이다. (이 말씀을 주시니 전에 한국에 대해 꿈, 환상으로 알리심과 함께 이에 대해 들은 자이므로 몇 장면들이 지금 생각나는 자이다! 하라) 이를 아는 자이다! 하라. 오늘의 은혜와 눈물의 기도는 한국 교회 부활절의 열매이다! 하라. 너는 지구 사명자이다. 지구! 그 안 나라들이다. 네가 태어난 나라 이 땅이다. 한국인이다. 국제를 위협하는 대상이 된 북한이 이 땅(이 나라)에 속하나, 내게서 나간 그들이니-요일 2:18 아이들아 지금은 마지막 때라 적그리스도가 오리라 한 말을 너희가 들은 것과 같이 지금 또 많은 적그리스도가 일어났으니 그러므로 우리가 마지막 때인 줄 아노라 19 그들이 우리에게서 나갔으나 우리에게 속하지 아니하였나니 만일 우리에게 속하였더라면 우리와 함께 거하였으려니와 그들이 나간 것은 다 우리에게 속하지 아니함을 나타내려 함이니라-체제(통치 방식) 바꾸지 않는 그곳이다! 하라.

열한째, 템플!(temple)-왕상 6:1 …솔로몬이 여호와를 위하여 성전 건축하기를 시작하였더라. he began to the temple of the LORD. 마 4:5 이에 마귀가 예수를 거룩한 성으로 데려다가 성전 꼭대기(the highest point of the temple)에 세우고–장막, 영어 두라. tent이다. 성막 tabernacle, 집 house, 교회 church 모두 "같다" 하라. (찬양을 주십니다! 하라) '내 주 예수 모신 곳이 어디나 하늘나라'이다. '내 영혼이 은총 입어' 곡입니다! 하라. '높은 산이 거친 들이 초막이나 궁궐이나 내 주 예수 모신 곳이 그 어디나 하늘나라 할렐루야 찬양하세 내 모든 죄 사함 받고 주 예수와 동행하니 그 어디나 하늘나라'

열두째, 너는 피 흘리신 예수를 지닌 자이다. 그, 전 목사 그러하다. 아벨의 피를 흘리는 이 땅이다! 하라. 창 4:10 이르시되 네가 무엇을 하였느냐 네 아우의 핏 소리가 땅에서부터 내게 호소하느니라. 이 나라 안에서 나라가(공산주의자 편) 나라를(자유민주주의자들) 공격하듯 교회가(성령 이해, 격차이다! 하라) 교회를 공격한다! 하라. 최근의 '정치 이슈'인 정치인들 발언 문제 함께 사람들은 사랑 제일 교회에 대해(이는 전 목사이다) "교회의 횡포이다!" 할 자이다. 눈높이가 "다르다" 하라. 그, 전 목사는 교통사고 나기 전, 건네주는 말이다! 하라. 다치거나, 죽을 수 있는 나라전 문제이다! 하라.

중간은 이도 저도 다 끼인다. 이는 기우는 쪽인 힘 가진 편으로 이동하는 자들이다. (코로나와 문 정권으로 인한 나라 위기 상황에서 청와대 앞과 광화문 집회 집결 시기에는 전 목사 측에 선 자들이다! 하라) 한 가시산 '이든, 저는' 택하라! 하면 자신 입장을 보는 자들이다! 하라. 정치인은 팔색조이다! 하라. 탑(Top) 의식이 강한 자들이다. 이편이든, 저편이든 강한 자를(윤석열 대통령이든, 김정은이든) 따르기도 하고, 자신의 정치 생명 입장에서 줄을 서는 자들이다. 과정은 수단과 방법이 된다! 하라. '국민을 위한' 아닌, '자신을 위한'(우쭐대는 자가 많다! 하라) 행보자들이다! 하라. 의에 주린 자가 나서는 시대이다. 마 5:6 의에 주리고 목마른 자는 복이 있나니 그들이 배부를 것이요. 이는 죄가 만연하기 때문이다! 하라. 되었다. 닫으라.

"원고" 마칩니다! 하라 (2023. 8. 14. 월요일)

지난 한 해 이어 수고한 자이다. 이날은 원고 '최종 점검'이다! 하라. 곧 인쇄 들어가기에 그러하다. '종말 1, 2'에 대한 지난 시간은 추수 밭에서 따 온 일부의 열매이다! 하라. 이는 보이신 환상이니 그러하다. 밭은 넓으나 내보이는 수확은 불과 한, 두 개이다! 하라. 이제 달릴 길과 가파른 길이 남은 자이다. 그동안 '지구에 대해, 나라에 대해' 마음 쏟음이다! 하라. 원고 마치기 전, 네게 들린 찬양이 있으니 '여호와는 나의 목자시니!'이다! 하라. 굵직한 목소리의 남성 성악가가 부르는 힘찬 찬양이 아니더냐? 어우르는 성가대의 여성 합창 소리도 함께 들린 자이다. '진실로 선함과 인자하심이 나의 사는 날까지 따르리니 내가 내가 여호와의 전에 영원토록 거하리로다' 이 가사 부분이 '하이라이트'식으로 들리며 마음속에 쩌렁쩌렁 울린 자이다. 이어, 주시는 음성이 무엇이냐? "한국 교회에 들려주시는 찬양이시다! 하라" 이에 감사한 자이다. "되었느냐? 되었다" 하라.

이는 한 주 전, 심야 기도를 마치는 이른 새벽에 보이신 '이 나라의 환상'에 이은 '주'의 은혜이다! 하라. 2023. 8. 7. 월요일, 그날 네게 보인 것이 무엇이냐? 2020. 7. 23. 목요일, 영서 시작일에 핵실험, 핵전쟁 위기를 알리시며 "성을 방비하라!" 하시며 '종말' 시리즈 출간을 명한 자이다. 이에 출간 즈음에 '성'을 보이시니 이 나라의 요새이다. 둥근 건물이며 튼튼한 벽이니 철강으로 느껴진 자이다. 이에 다소 안심한 자이다. 그 안에서 영서 책을 읽는 시기와 함께 교회들이 기도하는 시기임을 깨달은 자이다. 이어 성 밖을 보이시니 어두운 하늘과 적막한 공중이다! 하라(거처에서 거닐 때 들려주신 말씀이 있으니! 계 8:1 일곱째 인을 떼실 때에 하늘이 반 시간쯤 고요하더니. 이러한 한국의 시기를 알리신 주시다! 하라). 성의 맞은편에는 북한 땅이 보이며 그곳의 건물은 작고, 약하고, 초라하지 않더냐? 이에 한국의 변화를 원하시는 '주'의 계획과 마음을 더욱더 느낀 자이다! 하라. ('나라에 관하여' 주시는 말씀은 지면상 다시 다음 기회에 전하는 자이다! 하라)

밤새우며 일한 자이니 곤하여 잠시 눕기도 한 자이다. 화들짝 놀라 일어나 부지런히 하므로 마친 자이다. 비록 글의 '수정'-이는 편집이다. 부호, 띄어쓰기 등을 보는 자이며 조판 과정에서 일어나는 실수들도 체크해야 하는 자이다-이 흡족하지 않지만, 그런대로 책을 내야 하는 자이다. 한계이다. 몸도 마음도 시간도 이를 위해 매진한 자이다. "출간하라" 명한 영서 시작부터이니 심적 부담이 큰 자이다. 1차 '종말 1'은 출간이 된 상태이며, 이어 '종말 2'도 이어지는 인쇄이다! 하라. 종말은 시리즈이기에 차기작도 다시 시작해야 하는 자이다. 그다음, 그다음 … 이어질 연작이니 해내야 하는 자이다. 사명이기에 그러하다. '종말' 사역자이다! 하라. 이는 "이 시대의 사명자이다" 하는 뜻이다. 부름이 이러하다. 앉고 서고, 눕고 자고, 먹고 숨 쉬고, 이를 위한 에너지 공급이 있으니 이는 먹을 수 있는 감사이다! 하라. "늘 잊지 마라!" 하는 가난한 나라들이다. 자신 생명을 스스로 돌보지 못하는 생명들을 위해 해야 할 일이 있는 자이다. 또한 이 나라의 사명을 위해 할 일이 있는 자이다. 이외에도 주신 대상들이 있으므로 전진, 전념해야 하는 시기이다. 시대는 더 악해지고, 위험스러워지고, 흉흉한 소문이 들리니 몸 사리는 자들이 많아지지 않느냐? 이에 주는 글이다. "안전지대이신 예수 안으로 들어가자! 그 안에서 살자!"하는 주시다! 하라. 되었다! 닫으라. "주님, 감사합니다!" 하라.

나의 때가 서서히 끝이 나고 있다!
(세상 사람에게 다가올 심판, 재림 주가 오실 시점이다! 하라)
어둠이 오기 전, 모든 세상에서의 일들은 마쳐야 하며
돌아갈 길 동안, 그의 영혼과 영광을 보존해야 한다.
일할 수 없는 밤이 오리라!
그날에도 '각자의 생명'이 우선시되며
그의 믿음을! 성령을! 지켜내야 한다.

"세상을 보라, 나를 보라!" 누구를 택하겠느냐?
어둠을 알지 못하는 너희를 어떡하랴?
어둠이 오고 있느냐? 보이느냐? 내 종이니라.
갈 길을 준비하느냐?
네 본향 향해 '새 예루살렘 성' 들어가려느냐?
알고 있느냐? 목적지 되었느냐? 그리로 침입하느니라.
눅 16:16 율법과 선지자는 요한의 때요 그 후부터는
하나님 나라의 복음이 전파되어 사람마다 그리로 침입하느니라.
나는 오는 자에게 침입을 허락한단다.
어린 양의 피로 씻기었느냐? 회개하였느냐?
그의 뜻대로 구하고 사는 자이냐? 내 종이니라.
나의 제자는 나의 일을 할 것이요.
내 뜻대로 그들은 그곳까지 갈 수 있으리라.

너희 목적이 무엇이냐?